양육가설

대단한 책이다. 아이는 부모하기 나름이라는 통념을 결딴내버린다. …특히 한국 독자에게 이 책은 각별한 의미를 띨 것으로 보인다. 한국에선 자녀 인생의 성패가 부모에게 달렸다는 식의 얘기가 정설처럼 퍼져 있으니까. **박지훈 기자** 〈국민일보〉

기존의 양육가설과 양육 전문가들의 조언이 부모들에게 얼마나 강압적인 요구를 해 왔는지, 아이를 기른다는 것의 참다운 기쁨과 부모의 자발성을 뺏어 간 것은 아닌지 하는 생각이 고개를 든다. **정서린 기자** 〈서울신문〉

『나는 가해자의 엄마입니다』 이후로 가장 충격적인 책이다. …그때는 '부모라고 자기 아이를 다 알 수는 없다'는 어느 정도는 알고 있었던 메시지를 충격적인 사건을 통해 전달받았다면, 이 책은 우리 모두가 (혹은 대부분이) 일종의 신앙처럼 가진 믿음을 뒤집는다. …이 책이 '충격적'인 이유는 그 근거로 제시하는 것들이 터무니 없게 다가오지 않기 때문이다. 학문적으로나 경험적으로나 그럴싸하다. 반박할 수 있는 대목들도 군데군데 있지만 어쨌든 책을 읽는 내내 그리고 책을 덮고나서도 '내가 당연하게 여겼던 것들이 과연 옳은가?' 되묻게 하고, 내 성장과정을 이때까지는 한번도 들이대지 않았던 프레임으로 돌이켜보게 했다는 것만으로도 이 책은 제 역할을 다했다. **@to.jinryu**

이 책을 읽기 전까지 자식은 부모가 키우기 나름이라는 생각을 나도 모르게 하고 있었는데 읽고 나서는 완전히 바뀌었다. 그동안 육아 독서모임을 하며 읽었던 책 중 가장 대표적인 도서라고 할 만큼 회원들에게 많은 깨달음을 주고 육아관 자체를 뒤흔들었던 유용한 책이었다. **@book.orosy**

이 책의 내용대로라면 우린 아이를 핸들링할 수 없다. (그나마 할 수 있는게 있다면) 내 아이가 아니라 우리 사회를 위해 애쓰는 것이 효과적이다. **@amorparty209**

책을 읽고 나서 정말 '쿵' 하고 머리를 한 대 맞은 것 같았다. **@barabom.play_official**

요즘 읽은 책 중 가장 신선했고 재밌었다. 물론 죄책감이 들지 않게 해 주어서 또 고마웠다. 아침부터 눈물 질질짜며 아이를 등원시킨 엄마에게 위로가 된 책. **최상휘 독자**

『양육가설』의 주장은 발칙하다. 부모의 역할은 우리의 예상보다 훨씬 적다는 것이다. …책의 주장에 설득 당하든 반론을 가하든, 읽어볼 만한 책이라 생각한다. 누가 아이에게 영향을 미치는가? 이 질문을 중요하게 여기는 부모님이라면.
연지원 『교양인은 무엇을 공부하는가』 저자

주디스 리치 해리스는 엄청난 책을 썼다.…그는 부모가 우리의 상상보다 훨씬 적은 역할을 하고 있으며 정말 중요한 것은 또래의 영향임을 유려하고 설득력 있는 문장으로 보여주었다. 부모의 일거수일투족이 자녀의 인생과 잠재력에 바로잡을 수 없는 영향을 미친다고 굳게 믿고 있는 상황에서 이 책은 절대-필수 도서다.
말콤 글래드웰 〈주간 엔터테인먼트Entertainment Weekly〉

해리스의 뛰어난 한 방 덕분에, 본성과 양육이라는 낡은 패러다임은 가고 이제 유전과 환경이라는 새로운 토론의 장이 열렸다. **캐롤 타브리스** 〈뉴욕타임스The New York Times〉

충격적일 만큼 설득력 있다.…해리스가 보여 주는 폭넓은 지식은 무척 인상적이다. 그는 사회 발달에서 유전학으로, 신경심리학에서 범죄학으로, 사회 인류학에서 언어학과 아동 양육으로 독자들을 유쾌하게 이끌어 간다. **사이먼 배런코언** 〈네이처Nature〉

많은 부모들이 자신의 영향력을 과대평가하고 있다는 해리스의 핵심적이고 설득력 있는 메시지는 자녀 양육에 안달이 난 현대 사회의 풍토를 진정시켜 줄 것이다.
로버트 라이트 〈타임Time〉

아동발달에 관해 1934년에 출판됐던 선도적이고 묵직한 책 속에는 부모에 대한 부분이 한 장도 없었다.…해리스는 기지 넘치고 친근한 어조로 1934년에 나온 그 책이 옳았다는 주장을 설득력 있게 펼쳐나간다. **샤론 베글리** 〈뉴스위크Newsweek〉

해리스는 거의 반 세기에 걸쳐 발달심리학을 지배해 왔던 가설을 신랄하게 비판한다.…실로 놀라운 위업이다. 그의 글에는 탁월한 명료함과 도발적인 위트가 담겨 있다.
〈**이코노미스트**Economist〉

주디스 리치 해리스는 (독자에게) 안도감을 선사하는 열정적인 혁명가다. 여러분이 『양육가설』의 핵심 주제를 받아들인다면 적어도 아이들을 더 편안한 마음으로 키울 수 있을 것이다. 전통적 가르침을 대담하게 반박하는 유능한 외부인을 바라보는 즐거움만으로도 그의 책은 읽어볼 가치가 있다. **잭 오설리반** 〈인디펜던트The Independent〉

명문이다. 치밀한 논증과, 재미와 현실감이 버무려진 일화들로 가득하다.
하워드 가드너 〈뉴욕리뷰오브북스The New York Review of Books〉

지난 100년에 걸쳐 오늘의 아이를 내일의 어른으로 만들어가는 힘에 대해 발견해온 것들을 그 뿌리부터 재검토하는, 놀라울 만큼 야심찬 시도…해리스의 글 대부분은 통찰을 주는 것은 물론 전체적으로 설득력이 있다. **메리 에버스타트** 〈코멘터리Commentary〉

억지 이론에는 엄정하게, 설명은 재치 있게, 해리스는 학문적 개관과 자신만의 탐정 수사를 잘 버무려서 논란이 많은 데이터 수집과 해석에 대한 빠른 여행을 안내한다. 독자들에게 사회화 연구의 부적절함을 아주 솜씨 좋게 보여주고 있다.
앤 헐버트 ⟨뉴 리퍼블릭 The New Republic⟩

해리스의 작업은 발달심리학자들과 아동발달 분야의 다른 여러 학자들로부터 주목받아 마땅하다. **웬디 M. 윌리엄스** ⟨고등교육신문 The Chronicle of Higher Education⟩

『양육가설』은 그야말로 "대박"이다. 해리스는 사회심리학과 행동유전학에서 널리 받아들여지는 가설을 명확하고 체계적으로 반박하는, 재치 있고 똑부러지는 저자다. 매우 잘 읽히는 흥미진진한 책이다. **마릴린 헤인즈** ⟨애리조나 데일리 스타 The Arizona Daily Star⟩

때로는 언론에서 읽을 만한 책을 알리기도 한다.…나는 해리스와 그의 뛰어난 합리성, 진지한 학문적 태도, 냉소적인 유머, 그리고 현실주의자라 할 만한 생생한 문체를 기쁜 마음으로 반긴다. **스티브 세일러** ⟨내셔널 리뷰 National Review⟩

자녀의 마음에 영원한 상처를 남길까 봐 행동 하나하나에도 바싹 긴장하다가 결국 과열되어 버린 부모들을 위한 시원한 사이다. **린 스미스** ⟨로스앤젤레스 타임스 Los Angeles Times⟩

작가 겸 학자인 이 괴짜는 우리의 성격을 결정짓는 것이 부모가 아니라 또래라고 믿고 있다. 그의 이단적 관점은 실제 현실 세계의 심리학이 자세를 바로잡고 주의를 기울이게 만들었다. **애니 머피 폴** ⟨사이콜로지 투데이 Psychology Today⟩

[해리스는] 재미있고 흡인력 있는 문체로 주장을 펼친다. 아이를 키우는, 아이를 가르치는, 아이를 대하는 사람이라면 누구나 이 책을 읽고 싶어 할 것이다.
윌리엄 버넷 박사 ⟨미국의학협회지 Journal of the American Medical Association⟩

[해리스는] 달변이고, 재미있다. 그는 사람들이 자세를 바로하고 귀를 기울이게 만든다. 그리고 우리의 눈을 열어 중요한 통찰을 목도하게 한다.
마이클 루터 경 ⟨런던 타임스 London Times⟩ 고등교육 증보판

해리스는 면도날처럼 날카로운 판단력을 지녔다.…이는 아마도 가장 훌륭한 재능이라 할 수 있을 것이다. **웬디 오렌트** ⟨애틀란타 저널 앤드 컨스티튜션 Atlanta Journal and Constitution⟩

그의 결론은 아동발달의 세계를 뒤흔들어 놓았다.
수전 라이머 ⟨볼티모어 선 The Baltimore Sun⟩

이 세상과 우리 자신을 바라보는 관점으로서 우리가 애지중지해왔던 것을 전복시키는 참으로 혁명적인 발상이다. 당신이 어떻게 해서 지금의 그 모습을 갖게 됐으며 또한 당신 자녀들은 어떤 사람으로 자라날지를 알고 싶다면 반드시 읽어야 할 책이다.
딘 키스 시몬튼 데이비스 캘리포니아 대학 심리학과 교수, 『과학적 천재와 위대함 Scientific Genius and Greatness』의 저자

전통 심리학에 혁명적인 영향을 끼친 『양육가설』은 미래를 향한 창문이 되어줄지도 모른다. **케이트 테르윌리거** 〈덴버 포스트 The Denver Post〉

상전벽해. **엘렌 굿맨** 〈보스턴 글로브 The Boston Globe〉

해리스의 주장은 그야말로 숨이 턱 멎게 한다.…그의 아이디어는 쉽게 무시당할지도 모르나, 그는 심리학과 사회학, 인류학 분야를 진지하게 탐구하면서 자신의 이론을 다양한 논문과 연구들로 뒷받침했다. 또한 해리스는 그 아이디어를 명랑하고 때로는 유쾌한 방식으로 표현할 줄 아는 재치를 지녔다. **피터 젠슨** 〈볼티모어 선 The Baltimore Sun〉

주디스 해리스의 『양육가설』은 패러다임을 뒤엎는 책이다. 이렇게 말하면 아주 무거운 작업 같이 들리지만, 그는 이를 흥미진진한 일로 만들었다.
데이비드 T. 리켄 미네소타 대학 심리학과 교수, 『반사회적 성격과 행복 The Antisocial Personalities and Happiness』의 저자

『양육가설』은 희귀한 책이다. 명료하고, 해박하고, 때로는 유쾌하며, 마음을 사로잡는 사례들로 가득하다.
데이비드 G. 마이어스 호프 칼리지 심리학과 교수, 『주머니 속의 행복 The Pursuit of Happiness』, 『직관의 두 얼굴 Intuition』의 저자

이 책은 확실한 과학에 근거하고 있다. 정통 주류 학설에 맞서기를 두려워하지 않는 냉철한 태도로 분석하고, 이를 명확하고 알기 쉽고 대단히 재치 있는 방식으로 표현한다.
로버트 M. 새폴스키 스탠퍼드 대학교 신경과학과 생물학과 교수, 『행동 Behave』, 『스트레스 Why zebras don't get ulcers』의 저자

기막힌 책이다. 해리스는 우리가 아동발달에 대해 생각할 때 확고한 신념과 편견을 무비판적으로 받아들이는 탓에 스스로가 만든 미로 속에 갇혀버렸음을 보여준다. 책의 결론이 제시하는 새로운 관점 덕분에 우리는 그 미로를 탈출할 실마리를 얻었다.
존 T. 브루어 제임스 S. 맥도넬 재단 이사장, 『처음 3년에 대한 신화 The Myth of the First Three Years』의 저자

양육가설 부모가 자녀의 성장에 미치는 영향에 대한 탐구

초판1쇄 펴냄	2017년 12월 15일
2판3쇄 펴냄	2024년 8월 1일
지은이	주디스 리치 해리스
옮긴이	최수근
감수	황상민
펴낸이	이송찬
펴낸곳	도서출판 이김
등록	2015년 12월 2일 (제2021-000353호)
주소	서울시 마포구 방울내로 70 301호 (망원동)
ISBN	979-11-89680-33-6 (03180)

값 29,000원

© 주디스 리치 해리스, 2017, 2022
잘못된 책은 구입한 곳에서 바꿔 드립니다.

The nurture assumption

부모가 자녀의 성장에 미치는 영향에 대한 탐구

양육
가설

주디스 리치 해리스

최수근 옮김 | 황상민 감수

이음

찰리, 나오미, 일레인에게

차례

개정판 서문

사람들은 나를 "뉴저지 할머니"라고 불렀다. 그리고 뻔뻔하고 대담한 사람이라고도 했다. 틀린 말은 아니다. 실제로 나는 뉴저지에 살고 있고, 『양육가설The Nurture Assumption』 초판이 나왔던 10년 전에 이미 60세였다. 또 아주 어리긴 했지만 손주도 있었다. 이제 그 아이는 사춘기에 접어들고 있으며, 지금은 손주가 넷인데 제일 어린 손주는 유치원에 다닌다.

뻔뻔하다는 점에 있어서는, 미안하지만 여전하다. 이 책은 개정판이지만 『양육가설』의 메시지는 바뀌지 않았다. "전문가"는 틀렸다. 부모의 양육은 아이들이 어떤 모습으로 자라날지를 결정하지 않는다. 아이들은 부모를 통해 사회화되지 않는다. 양육가설은 신화이며 이를 뒷받침하던 대부분의 연구는 가치가 없다. 허참, 입에 발린 말을 할 줄 모르는 것도 여전하다.

이처럼 타협의 여지가 없는 메시지를 담은 『양육가설』이 처음 나왔을 때는 격렬한 비난이 쇄도했지만 결국 이 책은 앙코르 요청을 받았다. 두 번째 등장에 대한 반응은 예전만큼 격렬하지는 않을지 모르겠다. 적어도 조금은 시절이 변했으니까.

아, 내가 너무 앞서가고 있다. 먼저 할 일은 여러분에게 개정판 『양육가설』을 소개하는 것이다. 보다시피 나는 새로운 서문을 쓰고 있다. 부록

2 "아동발달 이론의 검증"도 완전히 새로 썼다. 무엇보다 부록 2에서는 내 이론을 검증하기 위해 설계된 몇 가지 연구를 소개한다(얼마나 새로운지 내가 서문을 쓰는 지금까지 발표되지 않은 연구가 있는데, 그 연구는 흥미롭게도 발달심리학자가 아닌 범죄학자가 주도한다).

개정판에서 독자들의 눈에 띌 가장 큰 변화는 미주 번호가 붙었다는 것이다. 이런[1] 조그만 어깨번호가 이곳저곳에 흩어져 있다. 이 번호들은 책 뒤쪽, 부록 2 뒤에 있는 미주 내용과 이어져 있다. 초판에도 책 뒤에는 미주가 많이 수록됐었지만 이런 조그만 어깨번호는 없었다. 미주에는 쪽번호와 짧은 구가 적혀 있었는데 그걸 보면 몇 쪽의 어느 부분에 대한 미주인지 알 수 있었다. 본문이 난잡해지지 않으니 그게 더 근사한 방식이라고 생각했다.

안타깝게도 초판에서 사용한 방식에는 문제가 있었다. 글을 읽는 독자들은 내가 미주에 참고문헌을 기록했는지 그냥 머릿속에서 막 지어내고 있는 건지를 알지 못했다. 애석하게도 일부 독자들은 미주를 아직 찾아보지도 않았다. 이런 부주의한 독자들 중 일부는 어째서 주석이 없냐며 큰 목소리로 투덜거렸다.

이번 개정판에서 미주가 더욱 중요한 까닭은 거기에 독자들을 위한 새로운 자료가 많이 실려 있기 때문이다. 예를 들어, 12장에서 나는 어떤 금연 광고가 십대 흡연율을 낮추는 효과가 있고 어떤 광고는 효과가 없을지 예상했다. 그리고 미주에는 그 예상에 대한 업데이트 정보가 실려 있다. 초판이 출간되고 나서 실시된 두 개의 연구에서는 서로 다른 두 가지 금연 공익광고의 효과를 평가했다. 독자들을 애태우지 않기 위해 미리 말하자면 한 가지 광고는 효과적이었고 다른 한 가지는 그렇지 못했다. 둘 중 어느 쪽이 담배업계의 후원으로 제작된 것인지 짐작이 가는가?

참고할 논문과 책을 구체적으로 알려주는 것은 물론(참고문헌에 알파벳순으로 정리되어 있다) 미주에는 본문 내용과는 어울리지 않지만 여러분이 흥미 있어 할 만한 정보들도 실려 있다. 책의 각 장을 읽기 전에 미주를 펼쳐서 무슨 내용이 실려 있는지 훑어보는 것도 좋겠다.

통계를 좋아하는 이들을 위해 말하면, 개정판에서는 805개의 미주와 (초판은 717개였다) 770개의 참고문헌 목록이 실렸다(초판은 691개였다). 일부 참고문헌은 빠졌고 더 많은 새로운 참고문헌이 추가됐다.

본문에도 자잘한 변화가 많이 있고, 평범한 정도의 변화도 몇 가지 있다. 사소한 오류들을 바로잡고, 헷갈리거나 읽기 힘든 문단을 다듬었다. 무엇보다 논의한 주제와 관련된 후속 연구를 통해 발견된 사실을 담아내고자 몇몇 부분을 새로 썼다. 하지만 초판이 나온 이후로 있었던 일들과 알게 된 모든 것을 본문이나 미주에서 전부 다 담아내려고 하지는 않았다. 그렇게 하면 아예 책을 새로 써야 할 것이다.

어쩌다 보니 나는 실제로 새 책을 쓰기도 했다. 『개성의 탄생No Two Alike』 (동녘사이언스)이라는 책이다. 거기에는 최근 이론과 함께 내 이론의 업데이트 버전도 실려 있다. 중대한 변화가 있었던 건 아니고 또 그럴 필요도 없었다. 새로운 버전은 기본적으로 지금 당신 손에 들고 있는 이 책에서 제시한 가설을 정교화한 것이다. 말하자면 컴퓨터 프로그램의 확장팩 같은 거다. 원래 버전의 이론이 사회화는 잘 설명해주고 있지만 개개인의 성격 차이를 설명하는 데에는 모호한 부분이 있었다. 성격 차이는 심지어 한집에서 자란 일란성 쌍둥이들 사이에서도 뚜렷이 나타난다. 『개성의 탄생』은 성격 차이에 집중하고, 『양육가설』은 주로 사회화를 다룬다.

사회화와 성격 발달은 별개의 과정이라는 점이 이제 나에게는 명백하다. 사회화는 아이를 그들 문화에 적응하게 하며 그 결과 아이들이 같은 성별의 또래들과 더 비슷하게 행동하도록 만든다. 성격 발달은 반대로 작용한다. 즉, 개개인의 차이를 보존하고 확대하는 것이다. 이 두 개의 절차를 구별하지 않은 것이 내 실수였다. 프로이트 이래 모든 심리학자들이 이 둘을 뒤섞어왔다는 사실은 핑계가 되지 않는다. 프로이트 심리학을 거부했던 행동주의 심리학자들의 이야기(1장에서 다뤘다)에서 쓴 것처럼, 선행 이론들을 부정하는 이들도 대개는 선행 이론으로부터 멀리 벗어나지 못한다.

하지만 10년 전에 초판이 나왔을 때에는 아무도 선행 이론의 그림자 아래에 있다는 이유로 나를 비난하지 않았다. 도리어 나는 과격한 급진주의자이며 극단주의자라고 매도당했다. 사람들은 자녀에 대한 부모의 영향이 어느 정도 과대평가되어 왔다는 생각에 대해서는 하품을 하면서 고개를 끄덕였을지도 모른다. 하지만 나의 주장은 훨씬 이단적이었다. 즉, 자녀의 성격이나 자녀가 집 밖에서 하는 행동에 부모가 미치는 영향은 장기적으로 지속되지 않는다는 것이다. 부모가 자녀의 삶에서 맡은 역할은 그게 아니다. 하지만 언론에서 나의 논증을 두 단어로 압축하자 중요한 세부 내용이 사라져버렸다. 〈뉴스위크〉의 표지에는 "부모는 중요한가?"라고 물었다. 말콤 글래드웰Malcolm Gladwell도 〈뉴요커〉에서 "부모는 중요한가?"라고 물었다. 그런 질문은 당연히 부모에게 공격적이다. 전국의 거의 모든 신문과 잡지에 온갖 의견이 실렸다. "축산 농가를 위한 격월간지"인 〈시골 문화Rural Heritage〉에서까지 입장을 발표했다.[2]

스티븐 핑커Steven Pinker는 『빈 서판Blank Slate』(사이언스북스)의 19장에서 『양육가설』 이후의 일들을 "혼란에 빠졌다"[3]고 표현했다. 그리고 어쩌다 보니 나는 진보와 보수 양쪽의 분노를 샀다. 박사학위를 소지한 비평가들은 내가 박사학위 소지자가 아니며 따라서 잘 알지도 못하는 소리를 하고 있다고 했다. 발달심리학자들은 기자들에게 내가 이런저런 증거들을 외면했을 거라고 줄지어 이야기했다. 내가 부모에게 자식을 학대하거나 방치할 권리를 부여했으며—전혀 사실이 아니다—, 아이들에게 부모가 필요없다고 주장했다고—역시 사실이 아니다—비난한 사람들도 있었다.

하지만 좋은 일도 많았다. 나는 지난 20년을 조용히 집에서 일하면서 보냈고, 가족 외의 사람들을 만날 일이 거의 없었다. 그런데 갑자기 모두들 나와 이야기하고 싶어 했다. 기자들과 방송국 사람들이 문턱이 닳도록 드나들었다. 책이 외국어(15개 언어)로 번역되자 외국 기자들도 연락을 해 왔다. 이메일과 우편으로 사회 각 방면과 세계 각지에서 편지가 도착했다. 더러는 고약한 내용이었지만 절대 다수는 다정했다.

『양육가설』은 지금은 은퇴한 유명 만화가 줄스 파이퍼Jules Feiffer의 만화에도 영감을 끼쳤다. 여섯 칸으로 된 만화에서는 한 남자가 심리치료사의 긴 소파에 누워 있다. 그는 이렇게 말한다. "평생동안 저는 여자를 사귀지 못했거나 직업을 못 구했을 때 엄마를 원망했습니다.⋯하지만 이 새로운 책이 나왔지요! 부모는 우리가 어떤 인간이 될지에 영향을 크게 못 미친다는 과학적 증거들을 담고 있는.⋯또래 친구예요! 내 인생을 망친 건 엄마가 **아니었어요**! 그건 프레디 아브라모비치였어요!"

아니, 프레디 아브라모비치가 아니다. 하지만 그런 착각을 한 건 줄스 파이퍼만이 아니었다. 이번 기회에 나는 "우리가 어떤 인간이 될지"에 또래들이 어떤 역할을 하는지에 대한 몇 가지 오해를 바로잡고자 한다.

첫째로, 인간관계 속에서 경험하는 문제들에 대해 엄마 탓을 할 수는 없지만 그렇다고 해서 프레디 아브라모비치와의 관계 탓으로 돌릴 수도 없다. 관계는 물론 중요하다. 강력한 감정을 일으키기도 하고 우리의 생각과 추억에서 많은 부분을 차지하기도 한다. 하지만 그럼에도 관계는 우리가 어떤 인간이 될지에 큰 영향을 미치지 못한다. 나의 이론은 또래들과의 **관계**가 사회화의 원인이라고 보지 않는다. 또래들과의 **상호작용**도 마찬가지다.

내가 "또래집단peer group"이라는 용어를 사용하는 방식도 혼란을 일으켰다. 이 용어를 들으면 독자들은 같이 어울려 다니는 십대 아이들 무리를 떠올린다. 그리고 **실제로** 그렇게 어울려다니는 십대 아이들의 집단은 또래집단이다. 하지만 이 책에서 또래집단이란 훨씬 더 넓은 의미로 사용된다. 7장에서 설명하겠지만 "집단"이라고 말할 때 내가 정말로 의도하는 건 "사회범주"다. 사회범주—예를 들면 **여자아이**—는 실제 사람들의 집단일 수도 있지만 꼭 그럴 필요는 없다. 어린 한 인간이 자신을 **여자아이**라는 사회범주와 동일시하여 여성인 아이로 사회화된다. 아이라면 어떻게 행동해야 하는지를 배우고(어른들과는 다르다), 여자아이라면 어떻게 행동해야 하는지도 배운다(남자아이들과도 다르다). 어떤 장소에 다른 여자아이들이 두세 명 이상 보이지 않는 상황에서도 아이는 **여자아이**라는 사회범주를 통해 정체성을 형성한다. 다른 여자아이들이 자기를 안 좋아하더라도, 같이 놀려고 하지 않더라도, 아이는 자신을 여자아이로 범주화할 수 있다. 설령 자기 자신이 **그 아이들**을 좋아하지 않더라도.

또래집단에 대한 혼란은 다른 오해들을 불러일으켰다. 이 책에서 제기한 "집단사회화 이론"[4]의 주된 대상은 십대가 아니다. 이 이론은 나이가 좀 있는 아이들이 아니라 더 어린 아이들에게 일어나는 일들을 대상으로 한다. 나는 아이들이 집 밖으로 나가서 다른 아이들이 있는 곳에 갈 무렵에 시작되는 무언가를 말하고 있다. 이런 일은 두 살 정도에 시작되기도 하고, 세 살 정도면 대부분의 아이들은 확실히 경험한다.

또한 집단사회화 이론에서는 최근 잘못된 방향으로 흘러가는 듯한 우리 사회의 모습이 부모들의 부족함 때문이라고 쉽게 말하지도 않는다. 문화는 세월에 따라 변해왔지만 오늘날의 아이들이 예전의 아이들보다 또래에게서 더 많은 영향을 받는 건 아니다. 집단사회화 이론은 아이의 마음이 작동하는 원리에 관한 것이다. 아이들의 마음은 과거나 지금이나 같은 원리로 작동한다.

따라서 내가 이 책에서 하는 말은 지금 우리가 사는 사회처럼 복잡하고 도시화된 환경 속의 아이들에게만 적용되지는 않는다. 인류학자, 민속학자, 그리고 역사학자들은 사회마다 시기마다 양육방식에 엄청난 차이가 있음을 발견했다. 하지만 그럼에도 불구하고 세계 각지의 아이들은 서로 비슷하다. 어느 사회에서나 아이들은 다른 아이들과 같이 어울리려는 강한 욕구를 보인다. 그리고 함께 어울리는 동안 아이들이 하는 일은 전 세계와 전 역사에 걸쳐 기본적으로 동일하다.[5]

또 다른 오해는 양육가설을 부정하는 나의 논리가 주로 쌍둥이 연구에 근거하고 있다는 것이다. 쌍둥이 연구를 토대로 나온 증거 자료들도 중요하지만 그게 전부는 아니다. 쌍둥이 연구가 중요한 까닭은 계속해서 나타나는 여러 당혹스러운 발견을 검증할 때 안성맞춤인 연구 방법이기 때문이다. 예를 들어, 혼자 자라든 형제들과 함께 자라든 중요한 차이가 없다는 사실, 어린이집에 가는 아이와 집에서 부모가 직접 돌보는 아이 사이에 중요한 차이가 보이지 않는다는 사실, 그리고 부모의 성별이 같은 아이가 양쪽 성별이 다 있는 부모의 아이들과 주요한 차이를 보이지 않는다는 사실. 그 외에도 내 이론을 보충할 사실은 많이 있다. 독자들은 이 책에서 아동발달에 대한 표준적 시각에 잘 들어맞지 않는 많은 관찰을 접하게 될 것이다. 내 마음 한편에 쌓여 있던 이 관찰들은 12장에서 묘사한 환희의 순간의 배경이 되었다. 한 영리한 독자가 남긴 대로 "엄존하는 사실들을 구식 이론에 끼워 맞추려 하는 것은 퀸 사이즈 침대에 더블 사이즈 시트를 씌우려고 하는 것과 같다. 한쪽을 맞추면 다른 쪽이 튀어나온다."[6] 결국엔 지긋지긋해져서 기존에 쓰던 시트를 도로 꺼내온다.

이런 가정적인 은유를 활용하긴 하지만, 내가 양육가설을 내버리게 된 이유는 전업 주부로서의 경험이 아니라 증거였다(미주를 보라). 나 자신이 어머니 노릇을 경험하던 시기에는 나도 아동발달에 대해 그야말로 전통적인 믿음을 갖고 있었다. 이 믿음에 의문을 품기 시작했을 때쯤에 내 아이들은 이미 어른이었으며 성공적으로 어른의 삶을 살아가고 있었다. 딸들이 잘 자라준 공을 내가 차지할 수 없다는 게 안타깝다.

내 이론이 여러 증거들로 뒷받침되고 있다고 해서 곧 내 이론이 입증되었다는 뜻은 아니다. 줄스 파이퍼의 만화 속 주인공은 책이 "부모들은 우리가 어떤 인간이 될지에 큰 영향을 못 미친다는 과학적 증거들을 담고 있다"라고 말한다. 과학적으로 말해서 '큰 영향을 미치지 못한다'는 명제는 입증될 수 없다. 부정문—통계학자들은 '귀무가설null hypothesis'이라고 한다—을 검증하는 것은 불가능하기 때문이다. 나는 귀무가설을 입증하려는 게 아니라 **변호하고** 있다. 나는 부모가 자식을 키우는 방식이 자식이 어떤 인간으로 자라나는지에 대해 중요한 영향을 미치지 못한다는 입장을 취하고 있다. 이 귀무가설을 기각시킬 증거를 찾아야 할 장본인은 바로 양육가설을 신봉하는 사람이다. 그들은 확실한 증거를 내놓아야 한다. 면밀하고 철저한 검토를 거친 증거 말이다.

그들은 수십 년에 걸쳐 노력을 기울여왔지만 아직도 그 증거를 찾지 못했다. 적어도 2005년까지는 찾지 못했다. 2005년에 드물게 솔직한 한 발달심리학자는 온라인 잡지 〈엣지Edge〉를 통해 공개한 글에서 "심리학자들은 회의론자들에게 부모들이 강한 영향력을 지녔음을 아직 입증하지 못했다"라고 인정했다.[7] 과학자들과 기술전문가 집단에게 "입증을 못하는데도 여전히 사실이라고 믿는 것은 무엇인가?"라는 질문이 던져졌을 때 보스턴 대학교의 발달심리학자 엘렌 위너Ellen Winner도 그 질문에 답변을 했다. 위너는 자신이 "부모는 아이들을 만들어간다"고 믿는다고 답했다. 그는 여전히 입증을 할 수 없는데도 양육가설을 믿는다. 그러나 그는 언젠가 양육가설의 증거가 드러날 것이라는 희망도, 주디스 리치 해리스의 자리는 불명예의 전당에 있을 것이라는 희망도 포기하지 않았다.

아는 것도 적고 솔직하지도 않은 다른 심리학 교수들은 1998년 이래로 자기들이 이미 증거를 찾았다고 주장해 왔다.[8] 나는 많은 시간을 들여 그들의 주장을 검토해 왔다. 내가 발견한 것들 중 일부는 그리 놀랍지도 않았지만—방법론적인 오류 등—일부는 닳고 닳은 노련한 여우 같은 나마저 깊이 동요하게 만들었다. 이 이야기는 『개성의 탄생』 3~4장에서 볼 수 있다.

서문의 앞부분에서 나는 나답지 않게 조심스러워하면서 "적어도 조금은 시절이 변했으니까"라고 말했다. 여기에는 설명이 필요하다. 어느 정도나? 어떤 식으로 시절이 변했다는 걸까?

한 가지는 행동이 유전자의 영향을 받으며, 행동의 개인차는 일부 유전자의 차이 때문이라는 생각이 더 많이 받아들여지고 있다는 점이다. 사람들은 머리카락 색깔이나 코 모양과 마찬가지로 부모로부터 특이한 행동과 성격 특질을 유전적으로 물려받을 수 있다는 사실을 더 자연스럽게 받아들이고 있다. 내가 기여한 바는 아무것도 없지만 점차 문화적 전환이 일어나고 있다. 이런 변화로 인해 사람들은 내 메시지를 조금은 더 잘 받아들이게 되었다. 실제로 최근까지 부모의 영향 때문이라고 여겨졌던 대부분의 관찰이 사실(2장과 3장에서 설명한 대로) 부모와 자녀의 유전적 유사성 때문이라는 사실에 주목하자. "엄마가 물려 준 거야" 같은 말이 이제는 모호하게 여겨진다는 것은 이런 진전의 한 가지 증거다. 이 말은 유전을 말하는 걸까, 엄마한테서 배웠다는 말일까? 10년 전에는 거의 언제나 "엄마한테 배웠다"는 뜻이었다.

내 이론이 더 잘 받아들여지게 된 이유가 문화적 전환 때문일까? 아니면 이론에 부합하는 발견들이 계속해서 나타나고 있기 때문일까? 『양육가설』 초판 출간 초기에 경험한 분노 가득한 반응은 시간이 흐를수록 학계 안에서나 밖에서나 눈에 띄게 부드러워졌다. 이제 『양육가설』은 교재와 학술 논문에서 널리 인용되고 있다.[9] 많은 대학에서 이 책을 교재로 수업을 진행하고 토론을 하고 시험을 본다.

한편 이런 인용과 논의가 우호적이지 않은 경우도 많으며 나는 종종 학생들이 반박해야 할 허수아비*가 되기도 한다. 우호적인 언급은 예컨대 범죄학 같은 발달심리학 바깥 분야에서 더 많이 나오는 것으로 보인

---

* 상대의 주장을 왜곡하여 피상적으로 비슷해 보이는 명제(허수아비)를 만든 후 이를 비판함으로써 상대의 원래 주장 역시 기각되었다고 주장하는 허수아비 논증 오류(Straw man fallacy)에서 온 말이다.―옮긴이

다. 몇몇 발달심리학자들은 납득했지만 대부분은 그렇지 않으며, 결과적으로 많은 학자들은 아직도 같은 방식의 연구[10]를 계속하고 있다. 그들의 연구는 이 책에서 무자비하게 해부당할 것이다. 서문 앞부분에서 무가치하다고 표현한 그 연구들이 무가치한 이유는 이런 연구 방법으로는 환경의 영향과 유전자의 영향을 구분할 방법이 없기 때문이다. 나는 유전자가 아닌 환경에 더 큰 관심을 갖고 있다. 하지만 아이가 어떤 상태로 환경에 놓이는지를 모르고서는 환경이 아이에게 무슨 일을 하는지 알 수가 없다.

『양육가설』의 초판에 쓴 추천사에서(이 서문 바로 뒤에 있다) 스티븐 핑커는 책에 대해 성급한 예언을 했다. "나는 이 책이 심리학 역사에서 하나의 전환점이 될 것이라고 예상한다." 심리학이 방향을 바꿨는지 판단하기에는 너무 이른지도 모르겠다. 어쩌면 이삼십 년 이상 지난 장래의 일일 수도 있다. 하지만 지금도 방향이 조금씩 바뀌고 있다는 징후는 보인다. 발달심리학 논문에서는 절차와 결과에 대한 설명이 좀 더 방어적인 어조를 띠기 시작했다. 이뿐 아니라 심리학의 다른 영역에서 더 큰 진전이 있었다. 그리고 학생들로부터 받은 이메일들을 보면 나는 다가올 젊은 세대에 큰 희망을 갖게 된다.

학계 바깥에서는 진전의 흔적이 별로 보이지 않는다. 유전학에 대한 사람들의 이해 수준은 높아졌지만 양육가설에 대한 신앙을 버리게 하지는 못했다. 그 예로 2008년 1월 넷째 주에 발행된 〈타임〉에는 아동 비만에 관한 기사가 몇 편 실렸다. 기사는 유전자와 문화 모두 작용한다고 인정하긴 했으나 책임은 여전히 부모에게 돌리고 있다. 한 기사에서는 이런 질문을 던진다. "아이들이 자신의 식습관을 통제할 수 있도록 부모는 어떻게 가르칠 것인가?" 다른 질문도 있다. "부모가 아이들에게 좋은 식사의 모범을 보여 주는 게 중요한 이유는?"[11] 문제는 부모가 아이에게 식습관을 가르치고 모범을 보이는 것이 아이에게 장기적으로 영향을 미친다는 증거가 없다는 점이다. 13장에서 설명한 대로 성인 입양아는 자신을 키운 양부모의 식습관으로부터 영향을 받는다는 증거를 보여 주지 않았다. 체중은 완전히 유전 탓만은 아니다. 하지만 유전 외의 부분 때문에 가정이나 부모를 탓할 수는 없다.[12]

나의 한 가지 바람은 나로 인해 육아가 더 쉬워지고 부모들이 스트레스를 덜 받는 것이었다. 안타깝게도 그런 일은 일어나지 않았다. 부모들은 아직도 그들의 문화가 규정한, 불안감도 노동 강도도 극심한 육아 방식을 사용하고 있다. 부모들은 기운을 불어넣으려는 나의 선의의 조언에 관심을 기울이지 않았다. 정작 내 딸들도 자기 자식들을 그렇게 키우고 있다.

잠깐, 왜 나는 내 딸들에게 영향을 미칠 수 있다고 기대하는 거지?

주디스 리치 해리스
2008년 4월
뉴저지 미들타운

추천의 말

3년 전 〈심리학 리뷰Psychological Review〉에서 읽은 한 편의 논문은 아동과 유년기에 대한 나의 사고방식을 완전히 뒤집어 버렸다. 대다수의 심리학자들처럼 나도 유전적 자질과 부모의 자녀 양육 간 상호 관계에 대해 많은 논의를 펼쳐 왔다. 유전이 아니라면 부모에게 배운 것이 틀림없다는 생각을 모두가 의심 없이 받아들이고 있었다. 그런데 여기 이 논문에서 주디스 리치 해리스라는 이름도 생소하고 소속 대학도 적혀 있지 않은 사람이 아이들의 사회화는 부모가 아닌 **또래**에 의해 이루어진다고 말하고 있었다. 그의 말은 아주 이상하게 들렸다. 그렇지만 이내 해리스는 부인할 수 없는 진실임에도 기존의 신념 체계에 맞지 않는다는 이유로 머릿속 서랍장 구석에 밀어 넣었던 사실들을 꺼내와서 차근차근 나를 설득하기 시작했다.

나는 언어 발달을 연구한다. 우리 업계 말로 하자면, 아이들이 어떻게 부모로부터 받은 입력 정보를 통해 문법의 규칙 체계를 습득하는가를 연구하고 있다. 우리의 '불편한 진실' 서랍에 들어 있는 이상한 이야기 하나는 모든 아이들이 결국에는 부모의 언어와 말투가 아닌 또래 아이들의 언어와 말투를 쓴다는 점이다. 어느 심리언어학자도 이 사실을 설명하기는커녕 주의를 환기시키지도 못했다. 그런데 이 이론이 그 일을 해냈다.

언어에 관한 다른 사실들도 해리스의 이론에 부합한다. 많은 문화권에서 아이들은 어른들이 들려주지도 않은 말을 배운다. 아이들은 그저 자기보다 나이가 약간 많은 또래들의 말을 귀 기울여 들을 뿐이다. 어른들로부터 문법적으로 온전한 언어를 듣지 못한 아이들도 그들 스스로 문법을 **창조**해 낸다. 이민 가정의 자녀들은 놀이터에서 또래 아이들이 구사하는 언어를 익혀서 나중에는 자기 부모들이 범하는 문법적 오류를 놀리는 수준에 이른다.

모국어를 습득한다는 것은 문화적 학습의 한 예다. 일본에서 자란 아이는 일본어를 구사하고, 이탈리아에서 자란 아이는 이탈리아어를 구사한다. 모국어의 차이는 아이의 유전자와는 아무런 관련이 없다. 그런데 이 차이가 부모로부터의 학습과도 관련이 없다고 한다면, 그렇다면 우리는 해리스가 지적한 대로 문화 학습에 관해 전반적으로 재검토해야 할 것이다. 나는 아이들이란 부모를 통해서 사회화된다고 아주 당연하게 생각해왔다. 하지만 나의 '불편한 진실' 서랍 안에 처박혀 있던 것들을 살펴보면 이민 가정의 부모들이 낯선 나라의 언어와 문화, 생활 방식을 전혀 익히지 못한 문화 부적응자일지라도 그 피해를 입지 않고 성공적으로 자라난 자녀들이 있다(나의 아버지도 그중 하나다).

해리스의 논문은 그럴싸한 발상이라든지 당연한 진실 정도로 치부할 수 없는 그 이상의 가치를 지니고 있었다. 그는 심리학, 인류학, 문화사, 행동유전학, 영장류 진화생물학 분야의 문헌을 통해 자신의 이론을 뒷받침했고 이를 통해 성 역할의 발달이나 청소년 비행 등과 같은 다양한 주제들을 조명했다. 그에게 처음으로 보낸 메일에서 나는 이렇게 질문했다. "혹시 책을 쓸 생각은 없나요?"라고.

이 책 『양육가설』의 명제, 즉 한 인간이 형성되는 데 유전과 또래집단이 중요한 역할을 하며 부모들은 중요치 않다는 것은 그 무엇보다도 절대적이라고 여겨지던 부모와 자녀의 관계에 의문을 제기한다. 이 책은 아이들이 맑은 거울과도 같으며 또한 부모에 의해서 채워지기를 기다리는 하얀 도화지 같은 존재라고 하는 표준적인 사회과학 모델에—생각해 보면 일단 생물학적으로 얼마나 개연성이 떨어지는지 알게 될 것이다—물음표를 던진다. 다른 모든 생명체와 마찬가지로 아이들 역시 진화의 결과물이며, 생존 투쟁에 참가해 마침내 번식에 이르러야 할 선수들이다. 이것이 이 책 전체를 함축적으로 보여 주는 중요한 문장이다.

한 가지 예를 들면, 부모와 아이의 생물학적 지향성은 동일하지 않다. 아이가 어리고 할 수 있는 것이 많지 않기 때문에, 부모는 한동안 보상, 훈계, 적절한 예시, 잔소리를 하는데, 그렇다고 부모가 이 같은 방법으로 영구적으로 아이의 인격을 결정지어서는 안 된다.

더욱이 호모 사피엔스는 집단생활을 하면서 살아가는 종이다. 인간에게 집단은 일종의 살기 좋은 환경의 요소이다. 집단에는 조직이 구성되어 있고, 그 안에서 인간이 더 잘 적응할 수 있게 해 준다. 인간이 집단 안에서 잘 살아간다는 것은 혼자보다는 여러 명이 축적하고 공유하는 지식이 더 나은 점이 있다는 것을 말해 준다. 집단에서 잘 살아간다는 것은 완전히 독자적인 그 지역만의 규범을 이해하고 적응한다는 뜻이다(자동차 우측통행이나 다른 나라와 다른 기축 통화를 떠올리면 이해하기 쉬울 것이다). 집단에서 잘 살아간다는 것은 한 사람을 착취하거나 한 사람이 다른 사람들 위에 군림하기보다 개인 간의 연합을 통해 공동의 이익을 창출하기 위해 힘쓰는 것을 의미한다. 또한 각 집단은 집단 구성원들의 공통 관심사를 강화하여 다른 집단과 갈등이 심화되는데, 이로 인해 집단 간 경쟁이 일어난다.

오늘날 아이들은 이런 환경에서 자신의 재주에 따라 성공과 실패를 경험한다. 과거에는 그런 능력에 의해 생사가 좌우되기도 했다. 아이들에게 영양을 공급하고 그들을 위험으로부터 보호하려는 사람은 부모뿐이기 때문에 아이들이 영양과 안전을 부모로부터 취해야 한다는 사실은 납득할 수 있다. 하지만 이 아이들은 또한 자신이 찾아낼 수 있는 최고의 정보원으로부터 정보를 얻어내야만 하는데, 이때 정보원은 부모가 아닐 수도 있는 것이다. 아이들은 또래 아이들과 경쟁을 해야 하며 이에 앞서 가족이 아닌 집단 내에서 자기 역할을 발견하고 이를 유지하기 위한 노력을 기울여야 한다. 이때 그 집단은 가족과는 다른 규칙에 의해 움직인다. 아이와 부모는 심지어 자신들이 부분적으로는 서로 경쟁 관계에 있는 집단에 속해 있다고 느끼기도 한다. 자연은 결코 아이들을 부모의 손바닥에서 놀아날 존재로 만들지 않았다.

어머니에 대한 아기의 애착이 이후에 아기가 성장하여 세상과 맺는 관계의 패턴을 결정한다는 생각도—이러한 애착의 도그마 역시 이 책에서 반박된다—설득력이 별로 없다. 부모와 형제, 친구, 그리고 낯선 이들과 맺는 관계들은 결코 동일한 방식으로 설명될 수 없으며, 인간의 뇌에는 1조 개에 달하는 신경 시냅스가 있는데 이들이 각기 구별되는 의식 작용들을 한 가지 방식으로 처리해야 할 만큼 성능이 나쁘다고는 생각되지 않는다. 애착 가설attachment hypothesis이 널리 인기를 끌게 된 데에는 프로이트와 이후의 행동심리학자들이 우리에게 주입시킨 피곤한 강박관념이 작용한 바가 크다. 그들은 아기의 마음은 작은 빈 서판 같아서 처음에 몇 마디 지시사항을 그 위에 써놓으면 영원히 지워지지 않을 것이라고 주장했다.

『양육가설』은 정말 보기 드문 책이다. 이 책의 주장은 처음에는 우리의 직관에 반하지만 독자들은 실세계에서 만날 수 없는 고분고분하고 조그만 인조인간이 아니라 살아 숨 쉬는 아이와 부모들이 글자 위를 걷는 듯한 느낌을 받을 것이다. 또한 아동발달에 대한 수많은 연구들이 범하는 방법론적 오류를 통렬히 비판하고, 학교 교육의 실패 원인에 관한 명쾌한 분석을 제공하며, 어째서 의사나 변호사 같은 전문직 여성의 자녀들이 "여자는 집안일이나 해야지" 같은 얘기를 하는지에 대해 답해 줄 것이다. 그리고 "그렇다면 내가 아이를 어떻게 다루는지는 중요한 게 아니라는 건가요?" 하는 불가피한 질문에 대해서도 아주 현명한 답을 들려줄 것이다.

감전된 듯한 충격을 주는 이 책을 접한 것은 내가 심리학자가 된 이래로 경험한 가장 짜릿한 일 중 하나다. 이렇게 학문적이고 혁명적이고 깊은 통찰을 보이며, 놀라울 정도로 명쾌하고 또 재치 넘치는 글을 읽어 본 사람이 얼마나 될까. 그렇다고 그저 모든 것들을 흥미 위주로만 보아 넘겨서는 곤란하다. 『양육가설』은 엄격한 과학적 방법론에 근거한 연구 결과다. 나는 이 책이 심리학 역사에서 하나의 전환점이 될 것이라고 예상한다.

스티븐 핑커
1998년 5월
매사추세츠 케임브리지

감수의 글

군주제를 유지하는 유럽 국가들의 왕실에서 자라난 왕자와 공주들은 비정상
적인 유년기 경험을 거치며, 또 이들은 평범한 어른으로 자라나지 않는다. 그
들은 어른이 되면 자신이 왕과 왕비가 된 듯 행동하며, 또 그렇게 지내려 한다.

군주제가 아니더라도 재벌 집안 등과 같은 특수한 가족 집단이 있는
사회라면 쉽게 추측할 수 있는 사실이다. 무엇보다 주위 사람들이 그들
의 왕이나 왕비 같은 행동을 받아줄 것이냐가 큰 문제이다. 만일, 몇 년
전 대한민국 국민들이 이런 질문을 던질 수 있었다면, 그들은 박근혜 씨
를 결코 대통령으로 뽑지 않았을 것이다. 하지만, 그들은 반대로 아버지
의 영향으로 그녀가 훌륭한 대통령이 될 것으로 믿었다. 이 사회는 부모
와 자식 간의 유대를 매우 강조하고 또 그렇게 믿고 싶어 하기 때문이다.
'양육가설'에 푹 빠져 있기 때문이다. 결국 이 나라 사람들은 독재자도 아
닌 기이한 행동으로 대통령 노릇을 결코 제대로 할 수 없는 사람을 대통
령으로 뽑게 되었다.

자녀 교육과 관련된 상담을 하면 할수록 계속 이런 질문을 받는다.
"제가 어떻게 하면 아이가 더 잘 될 수 있을까요?" "우리 아이가 이런 어
려움을 가진 것은 다 제가 잘못 가르친 탓이지요?" 자녀를 위해 무엇이든

다 하겠다는 부모 마음이다. '자식 농사'라는 말처럼 부모는 자신의 헌신과 기여를 통해 자녀를 성공적으로 발달시킬 수 있다고 믿는다. 자녀 교육을 위해 이사를 세 번 했다는 맹자 어머니의 맹모삼천지교孟母三遷之敎는 대다수 한국 부모의 자녀 교육과 관련된 행동 지침이다.『양육가설』이라는 이 책은 이처럼 신화처럼 믿고 있는 자녀 교육의 핵심 원리가 '거짓' 또는 '무효'라고 주장한다.

나는 '발달심리'로 심리학자로서의 첫 발걸음을 내딛었다. 30여 년 전 대학원 공부를 하면서 나는 점점 미국 심리학에서 주장하는 내용들에 막연한 의문을 가지게 되었다. 특히 유교적 전통과 현대 민주주의적 사고가 기묘하게 결합된 한국에서, 집단주의적 문화 속에서 각자 자기 나름의 삶을 살아가고 싶어 하는 한국인의 심리와 행동은 책에서 당연하게 표현된 내용과 그리 부합하지 않았다. 특히, 아이의 발달은 부모 마음대로 되지 않는다는 것에 대해 점점 더 확신을 가지게 되었다. 1998년 출간된 해리스의『양육가설』초판본을 접했을 때, 그동안 막연하게만 품어 왔던 의문이 너무나 탁월하게 표현되고 설명되었다는 사실에 나는 전율했다.

'문제 부모가 문제 자녀를 만든다'는 통념이 있다. 결손 가정, 무능한 부모, 또는 철없는 부모는 자녀를 제대로 양육하지 못한다는 생각이다. 발달심리학자로서 수십 년을 연구하고 상담한 경험을 통해 나는 이런 통념이 미신임을 깨달을 수 있었다. 다양한 개인의 삶의 문제들은 부모가 만들기는커녕, 각자가 가진 '이렇게 살아야 한다'는 **삶에 대한 막연한 믿음과 기대**에서 나온 것이었다. 하지만, 어느 누구도 쉽게 이 생각을 받아들이지 않았다. 당위적으로 또 미신처럼 믿고 있는 '양육가설'과 달랐기 때문이다.

10년 전 연세대학교 발달심리 수업에서 이 책 초판을 교재로 사용했을 때, 무엇보다 학생들이 이해하기 힘들어 했다. 영어책이었기 때문만은 아니다. 당연하게 믿고 있던 인간심리와 인간발달에 대한 신화를 깨부수는 책 속의 놀랍고 다양한 통찰을 차마 인정하기 쉽지 않았기 때문이었다. 인간의 삶이나 발달적 변화란 부모나 어른의 '양육'이 아닌 개별 아이의 또래집단의 사회화에 의해 이루어진다는 관점은 그 자체로 혁명적인 새로운 생각이다. 한 개인의 사회화 과정을 설명하는 데에만 그치지 않는다.

부모가 자녀의 성격이나 행동 형성에 지대한 영향을 미친다는 양육 가설은 단순히 우리가 **믿고 싶은 것**에 불과하고, 정작 아이의 성장과 각기 다른 아이의 특성이나 성격이 형성되는 것은 자녀의 또래집단이 만들어내는 환경에 의한다는 주장은 그 자체로 패러다임의 전환이다. 한 개인의 삶과 경험이 각자 자신의 마음과 성격으로 형성된다는 새로운 이론이다. 부모의 양육에 의해 개인이 만들어지기보다는, 아이 스스로 집단을 선택하거나 속하게 되고 그 사회나 집단 속에서 만들어진다는 생각이다. 부모의 절대적인 영향을 인류에게 다시금 인식하게 만들었던 프로이트의 정신분석 이론을 제치고, 각 사람이 부모의 영향이나 유전적 요인 그 자체보다는 자신이 자라는 과정에서 서로 공유하게 되는 또래집단이나 성장 환경의 영향을 더 받는다는 저자의 주장은 그동안 인간 발달에 부모가 미치는 강력한 영향을 과신했던 우리의 생각을 무참하게 깨버린다.

이 책에서는 한 사람이 긴 시간 동안 자신의 또래집단과 어떤 경험을 하며 어떻게 사회화되는지에 따른 인간 마음의 진화와 형성에 관한 이론을 알려준다. 그리고 주디 해리스는 자녀 양육과 인간 발달에 대한 통념과 당위적인 사고, 미신을 깨트리기 위해 개정판을 낸 것 같다. 하지만, 전통적인 부모와 자녀의 관계에 대한 미신에 사로잡힌 사람들은 아이들 개개인이 가진 특성에 관심을 기울이지 않는다. 왜냐하면 아이는 부모에 의해 만들어진다는 신화를 여전히 믿고 있기 때문이다. 그리고 다시금 묻는다.

"내가 어떻게 하면, 우리 아이가 잘 크고 또 잘될까요?" 정작 이 부모들은 아이의 문제 자체가 무엇인지 잘 모른다. 심지어 자녀의 문제를 바라보는 당신의 마음이 어떠한지도 모른다. 아이에게 자신이 기대하는 변화가 구체적으로 무엇인지도 물론 모른다. 단지 지금 상태가 기대했던 것과 달라서 괴로워할 뿐이었다. 부모는 자신이 원하는 모습에 맞는 아이를 기대했고, 아이는 부모의 바람에 부합하지 않았다. 부모가 아이에 대한 잘못된 '가정'을 하고 있다는 것이 문제였다.

'자식 농사'라는 말은 부모가 자녀의 양육과 성장을 마치 농사짓는 마음으로 해야 한다는 '당위성'을 내포한다. 하지만 실제로 농사가 지어지는 상황을 잘 알려주지는 않는다. 농사란 기후변화에 따른 결과이듯, 자녀 양육도 아이의 삶의 환경에 따른 결과가 되기 쉽다. '부모가 노력한 결과'로 믿고 싶은 사람은 어쩌면 부모가 가져야 하는 책임이나 역할을 강조하고 싶은 마음을 표현한 것일지도 모른다. 이런 통념은 역설적으로 지금 자신의 삶이나 성격 특성에 부모가 영향을 끼쳤다고 믿고 싶거나, 또는 조금이라도 부모의 도움을 더 받았더라면 자신의 삶이 달라졌을 것으로 믿고 싶어 하는 사람들에게 편리한 구실이 되기도 한다.

『양육가설』은 부모의 관리와 통제가 아닌 아이가 만들어나가는 자신의 삶에 대한 새로운 통찰을 제시한다. '아이는 스스로 자신의 또래집단과 함께 자신의 삶을 만들어나간다'는 생각을 우리가 잘 받아들일 수 있다면, 현재 대한민국에서 일어나고 있는 많은 부모-자녀 간 문제, 또는 교육의 문제에서 쉽게 해결책을 찾을 수 있을 것이다. 안타깝게도 이 사회의 성인으로 있는 나조차도 이 사회의 아이들이 자신들의 또래집단과 무엇을 배우면서, 그때그때 각기 다른 시기를 어떻게 겪어 나가는지에 대한 그림을 거의 그리지 못하고 있다. 각기 다른 코호트 집단으로 구분될 수 있는 젊은이들 그들 모두가 이제 점점 나에게도 이 나라에 사는 외국인처럼 느껴지고 있다.

황상민 심리상담가 swhang@yonsei.ac.kr

2017년 12월

초판 서문

이 책에는 두 가지 목적이 있다. 첫째는 아이의 성격이 부모에 의해 형성되며 교정될 수도 있다는 독자들의 생각을 반박하는 것이며, 둘째는 독자들에게 아이의 성격 형성에 대한 기존 이론을 대체할 만한 새로운 이론을 제시하는 것이다. 기존 개념들을 반박하며 새로운 것을 제시하고자 하는 내 아이디어는 이미 1995년 〈심리학 리뷰〉에 기고한 논문에 초안이 잡혀 있었다. 그 논문은 다음과 같이 시작한다.

> 부모는 자녀의 성격 발달에 있어서 중요하면서도 지속적인 영향을 미칠 수가 있는가? 이 논문에서 그 증거들을 검토한 결과, 그렇지 않았다.[1]

전통적 심리학의 따귀를 때리는 듯한 도전이었다. 나는 사람들이 내 논문을 읽고 화를 내며 던져 버리지는 않을지 걱정했다. 하지만 사람들이 먼저 주목했던 것은 논문 저자의 이름 아래에 소속 대학이 없었다는 점이었다. 연구비를 지원한 기관에 대해 감사하는 말을 각주로 집어넣지 않았다는 점도 이상하게 여겼다. 나는 대학 교수도, 대학원생도 아니다. 아마 사람들은 대부분 내 이름을 들어보지도 못했을 것이다. 그런 내가 제출된 원고의 15퍼센트 정도만 통과하는 가장 저명한 학술지에 논문을 발표한 것이다.

예상했던 것과는 달리 사람들은 화를 내기보다는, 내가 어떤 사람인지를 궁금해했다. 학계의 많은 사람들이 내게 메일을 보내서 정중하게(물론 그렇지 않은 사람들도 있었지만) 내가 누구인지를, 그리고 누가 나를 지도했는지를 물었다. '당신 도대체 누구야?' 라는 식의 편지들 중에 코넬 대학의 한 교수로부터 받은 편지를 소개하자면 이렇다.

당신이 게재한 논문은 성격과 발달 분야의 심리학에 있어서 매우 중요한 부분을 다루고 있습니다. 논문을 읽다 보니 당신이 어떤 사람인지가 궁금해질 뿐이군요. 당신은 학자인가요? 아니면 임상의? 혹시, 근사한 학술논문을 쓰는 이상한 취미가 있는 실업 상태의 제철소 노동자인가요?

편지에서 던져준 세 개의 보기 중에서 고른다면 세 번째, 실업 상태에 있는 노동자 정도가 적절한 것 같다. 정확히는 현재 실업 상태인 대학 교재 집필자 정도로 말할 수 있을 것이다. 자랑은 아니지만 나는 그에게 박사 학위도 없이 하버드 대학교 심리학 대학원에서 석사 학위만 받고 쫓겨났다고 했다. 그리고 만성적인 건강 문제 때문에 집에 틀어박혀 지낸 지도 꽤 오래되었다. 당연히 나를 지도해 준 사람도, 내가 가르친 학생도 없다. 대학 교재를 쓰기로 한 건 그나마 그게 집 안에서도 할 수 있는 일이기 때문이었다. 그나마도 그만두었으니 그야말로 세상 한량이라 할 수 있을 테다.

나는 그 교수에게서 답장을 받지 못했다. 하지만 같은 답장을 보냈던 다른 몇몇 사람들은 내게 다시 답장을 보냈고 그들 중 몇은 내 친구이자 동료가 되었다. 하지만 그들 중에 한 사람도 개인적으로 만나본 적은 없으니 나와 학계와의 연결고리는 이메일과 편지뿐이라고 해도 틀리지 않다.

1997년 미국심리학회American Psychological Association는 내가 〈심리학 리뷰〉에

게재한 논문에 상을 주면서 "최근의 심리학 논문 중에서 눈에 띄는" 논문이라고 했다. 내가 받은 상은 뛰어난 심리학자이며 미국 심리학회의 회장을 지낸 조지 밀러George Miller의 이름을 딴 것이었다. 이건 정말 신이 유머 감각이 풍부하다는 증거 같다. 37년 전 내가 하버드 대학 심리학부에서 자격 미달을 이유로 박사 학위를 주지 않기로 했다는 통지를 받을 때, 그 통지서 아래 당시 학부장이었던 조지 밀러의 서명이 있었기 때문이다.

조지 밀러의 이름을 다시 만나기 전까지 나는 동료 대학원생과 결혼했고 두 딸을 키웠다. 앞으로 책 여기저기에는 가족 이야기도 나올 것이다. 결혼을 하고 15년 동안 나는 매우 건강하게 잘 지냈지만 대학원에 다시 들어가려는 시도는 한 번도 해 보지 않았다. 하버드가 나에 대해 잘못 생각했다는 걸 증명하려는 마음은 없었다. 어쩌면 내가 어딘가 모자란 학생이라는 그들의 생각에 나도 동의했던 것 같다.

그런데 몸이 아파서 집에서 시간을 보내는 동안 조금씩 생각이 바뀌기 시작했다. 어쩌면 죽을지도 모른다는 기분 때문인지도 모르고(2주 후에 죽을지도 모른다고 생각한다면 집중력은 훨씬 향상되지 않겠나) 어쩌면 그냥 심심해서인지도 모르겠다. 머리맡에서 나는 어쩌면 하버드 시절 내 담당 교수들이 고개를 끄덕였을지도 모르는 작업들을 하기 시작했다. 그 작업의 결과물 중에 몇몇은 이미 출판되어 있기도 하다.[2]

운 좋게도 이러한 변화는 대학원으로 돌아가기에는 너무 늦은 나이에 일어난 것들이었다. 그리하여 나는 주입된 가르침으로부터 벗어날 수 있었다. 발달심리학이나 사회심리학에 대해 내가 배운 모든 것들은 나 스스로의 힘으로 학습한 것이다. 나는 제삼자의 입장에 있을 수가 있었고 그것이 모든 것을 바꿔 놓았다. 나는 학계의 기본 가정들을 받아들일 필요도 없고 연구비 에이전시에 진 빚도 없다. 그리고 교재를 쓰는 일을 그만두기로 마음을 먹자 나는 더 이상 순진한 학부생들에게 말랑말랑한 복음을 가르쳐서 현상 유지를 해야 할 필요도 없어졌다. 교재를 쓰기를 포기한 것은 어느 날 문득 내가 순진한 학부생들에게 잘못된 것들을 가르치고 있다는 걸 깨달았기 때문이다.

〈미국의학협회지Journal of the American Medical Association, JAMA〉에 실린 어떤 논문에서 한 임상심리학자는 이렇게 이야기했다. "할 수만 있다면, 어떤 행동에 대한 평가는 그 행동의 결과로부터 아무런 영향을 받지 않는 제삼자로부터 이루어져야 한다."[3] 요컨대 임금님의 옷에 대한 진실을 알고 싶다면 재봉사에게 물어봐서는 안 된다는 것이다.

내가 심리학계에 소속되어 있는 사람이 아니긴 하지만 이 책에서 활용하고 있는 많은 이론들이 기존 심리학 연구들의 성과에 기초하고 있다는 것은 분명한 사실이다. 이 책에서 자신의 논문을 인용하도록 허락해 준 많은 연구자들에게 깊이 감사드린다.

대학 도서관에 들어갈 수 없는 건 불편하긴 했지만 심각한 정도는 아니었다. 공공도서관에서 내게 대학도서관으로부터 책을 여러 권씩을 대출할 수 있도록 도와준 덕분이다. 내가 많은 책들을 마음껏 볼 수 있게 해 준 뉴저지 미들타운 도서관의 메리 벌크와 레드뱅크 도서관의 제인 아이겐라우에게 진심으로 감사의 뜻을 전하고 싶다. 또한, 추가적인 자료를 우편으로 보내주었던 많은 사람들, 특히 조안 프라이벨리, 사비나 해리스, 데이비드 G. 마이어스에게 감사의 뜻을 전하고 싶다.

내가 혼자라고 생각하지 않도록 곁에 있어주었던 많은 사람들이 있다. 닐 샐카인드와 주디스 기븐스는 대학원을 나왔다고 해서 공부와 멀어진 건 아니라는 사실을 일깨워주었던, 학계에 속해 있는 내 첫 번째 이메일 친구였다. 다니엘 웨그너는 〈심리학 리뷰〉에 실었던 글이 정당한 평가를 받을 수 있도록 조처를 취해 주었다. 그의 의견은 논문 초고에 대해 더 깊이 생각해 볼 기회를 주었으며 그 결과로 논문은 물론이고 나의 이론도 개선될 수 있었다. 스티븐 핑커와 내 에이전트인 카틴카 맷슨, 프리프레스의 첫 번째 편집자였던 수잔 아레라노와 두 번째 편집자였던 리즈

매과이어로부터 받았던 조언과 격려도 대단히 소중했다. 이들에게 수백만 번이고 감사를 전하고 싶다. 이 글을 쓰는 동안 우리 집을 깔끔하게 해 주었던, 그리고 명랑함과 친절함을 보여 주었던 플로란스 메처에게도 고마워하고 있다.

동료들과 친구들이 시간을 들여 이 책의 초고를 읽고 전문적인 시각에서 평가해 준 것이 큰 도움이 되었다. 더 나은 글을 쓸 수 있도록 나를 격려하고 부끄러운 실수를 범하지 않을 수 있게 도와 준 이들의 지적에 대해 진심으로 감사한다. 수잔 아레라노, 조안 프리벨리, 찰스 S. 해리스, 나오미 해리스, 데이비드 리켄, 데이비드 G. 마이어스, 스티븐 핑커, 리처드 G. 리치는 글 전체를 읽고 통찰력 있는 조언을 들려주었다. 앤마리 앰버트, 윌리엄 코르사로, 캐롤라인 에드워즈, 토마스 킨더만, 존 모델도 이 책에서 각자의 관심 분야에 맞는 적절한 충고를 해 주었다.

내 딸들, 사위, 형제들, 그리고 누구보다도 내 남편은 내가 글을 쓰는 동안 나에게 필요한 모든 것을 베풀어 주었다. 그들의 믿음 덕분에 끝까지 힘을 잃지 않을 수 있었다. 나의 사랑과 무한한 감사의 마음을 전한다.

주디스 리치 해리스
1998년 4월
뉴저지 미들타운

당신의 자녀는 당신의 소유가 아닙니다.

그들은 온전한 삶을 열망하는 아들이고 딸입니다.

자녀들은 당신을 통해 왔으나 당신에게서 온 것은 아닙니다.

당신과 함께 있으나 당신의 것은 아닙니다.

그들에게 사랑을 줄 수는 있으나 생각을 줄 수는 없습니다.

그들에게는 그들만의 생각이 있기 때문입니다.

그들의 몸을 가둘 수는 있지만 마음까지 가둘 수는 없습니다.

그들의 영혼은 내일의 집에 거하기 때문입니다.

그곳은 당신이 꿈속에서라도 방문할 수 없는 곳입니다.

당신이 그들처럼 되고자 할 수는 있겠으나 그들을 당신처럼 만들지는 마십시오.

삶은 거슬러 가지도 않으며 어제에 머무르지도 않기 때문입니다.

- 칼릴 지브란

1. 양육은 환경과 같은 말이 아니다

유전과 환경. 이 둘은 현대 심리학의 음과 양이고 아담과 이브이며 아버지와 어머니라 말할 수 있다. 아직 고등학생이었을 때부터 나는 이미 이 주제에 대해 잘 알고 있었다. 부모님께서 나를 맘에 들지 않아 하며 꾸중하실 때 결국 손가락질을 받아야 할 사람은 다른 누구도 아닌 부모 자신이 아니냐고 말씀드리고 싶었기 때문이다. 나에게 유전과 환경을 제공해 준 장본인이 바로 부모님이니 말이다.

이전까지 사람들이 "유전과 환경heredity and environment"이라고 부르던 것을 요즘에는 흔히들 "본성과 양육nature and nurture"이라는 말로 부르곤 한다. 그리고 운율 덕분에 이 용어는 본래 지닌 것보다 더욱 강력한 힘을 발휘하게 되었다. 그렇다, 본성과 양육이 '갑'이다. 본성과 양육에 따라 모든 것이 정해지고 변한다는 것을 모두가 알고 있으며 아무도 여기에 이의를 제기하지 않는다. 본성과 양육이 오늘의 우리를 만들었고 또 우리 아이들이 앞으로 어떤 인간이 될지 결정할 것이다.

1998년 1월 〈와이어드Wired〉에 한 과학 기자가 쓴 기사가 실렸다. 지금으로부터 수십 년 혹은 백여 년 뒤에는 옷가게에서 옷을 고르듯 부모들이 아이들의 유전자를 골라 살 수 있으리라는 얘기다. 그는 이를 "유전자 유형 선택genotype choice"이라고 불렀다. 자, 골라 보시라. 아들이냐 딸이냐, 생머리냐 곱슬머리냐, 수학 영재 아니면 언어 천재. 어느 쪽이 좋은가?

"앞으로 부모들은 자기 아이들의 장래에 대해 더 큰 선택권을 갖게 될 것이다." 그리고 이렇게 덧붙였다. "그러나 이미 힘을 지니고 있다. 아주 많이."[1]

기사에 따르면 부모는 이미 자녀가 어떤 사람이 될 것인지 영향력을 갖고 있다. 부모가 자녀에게 환경을 제공하기 때문이다. 바로 양육이다.

누구도 여기에 이의를 제기하지 못한다. 이 주장이 그 자체로 자기증명을 하는 것 같기 때문이다. 아이가 어떤 어른으로 자랄지 결정하는 것은 아이들의 본성(다시 말해, 유전적 요인)과 양육 환경(아이를 키우는 방식), 이 두 가지의 조합이다. 당신도 심리학 교수들도 이렇게 믿고 있다. 전문가들과 일반인들의 생각이 이토록 절묘하게 일치하고 있다는 것은 결코 당연하다고 보기 어렵다. 과학에서는 전문가들의 생각과 일반인—길거리에서 볼 수 있는 보통 사람—들의 생각이 서로 어긋나는 경우가 거의 대부분이니 말이다. 하지만 심리학 교수들과 지금 마트 계산대에서 당신 앞에 줄 서 있는 사람 대부분은 본성과 양육이 지배적이라는 데 의견이 일치한다. 자연은 부모에게 아이를 선물하며 그 최종적인 결과는 부모가 아이를 어떻게 양육하는가에 따라서 결정된다는 것과, 아이를 잘 양육한다면 타고난 많은 결함을 보완할 수 있고 양육에 문제가 있다면 아무리 타고난 게 좋아도 별 소용이 없다는 것이다.

나도 그렇게 믿어왔다. 생각을 바꾸기 전까지는.

내가 생각을 바꾼 것은 양육에 대해서지 환경에 대해서가 아니다. 앞으로 모든 것이 유전에 의해 좌우된다고 말하려는 것이 아니다. 또 실제로도 그렇지 않다. 환경은 유전만큼 중요하게 작용하며 아이가 성장하는 과정에서 어떤 경험을 하는지는 분명 아이의 선천적인 기질이 무엇인가 하는 문제만큼이나 중요하다. 내가 생각을 바꾼 것은 "양육"이 정말로 "환경"과 같은 단어인가 하는 점이다. 나는 지금까지 양육이라는 말을 아무 의심 없이 환경과 동의어로 사용하는 것도 섣부른 단정이라는 사실을 깨달았다.

"양육"이라는 말은 가치중립적인 어휘가 아니다. 문자적으로 "돌보다" 혹은 "기르다"라는 의미다. 양육nurture의 라틴어 어원은 "젖을 먹이다"라는 의미를 갖고 있는데 이는 오늘날 우리가 사용하는 **기르다**nourish, **돌보다**nurse의 어원과 동일하다. "양육"을 "환경"과 동의어로 사용하는 것은 아이의 발달에 있어 유전적 요인을 제외한다면 부모가 아이들을 기르는 방식이 아이에게 결정적인 영향을 미친다는 가정에 기초한 것이다. 나는 이러한 가정을 이 책에서 **양육가설**the nurture assumption이라고 부르기로 했다. 나는 두 아이를 키우면서, 그리고 다른 이들과 함께 아동발달에 대한 세 권의 대학 교재를 집필하는 중에 이 가설에 대해 의문을 품게 됐다. 머지 않아 나는 양육가설은 잘못되었다는 결론에 도달했다.

양육가설은 그 스스로가 별다른 증거를 필요로 하지 않는 이론이기 때문에 잘못되었음을 증명하기가 매우 어렵다. 나의 첫 번째 할 일은 양육가설이 단지 가설일 뿐임을 밝히는 것이며, 두 번째 할 일은 양육가설이 얼마나 근거가 불분명한 이론인지를 확신시키는 것이다. 그리고 셋째로는 양육가설을 대신할 새로운 것을 제시하려고 한다. 내가 새롭게 제시할 이론은 아이의 발달 과정을 설명하는 데 있어 양육가설만큼이나 설득력 있으며 우리가 지금과 같은 모습으로 성장하게 된 이유에 대한 새로운 해답이 될 것이다. 이는 아이들이 지니고 있는 마음과 인류 진화의 역사 전체에 대한 심도 있는 고찰에서 출발한다. 이제 우리 함께 다른 시대, 다른 사회 속으로 떠나 보자. 때로는 침팬지의 사회로도.

▶ 정말 의심의 여지가 없을까

양육가설처럼 이미 증거가 널려 있는 이론을 내가 뭐라고 반박할 수 있겠는가? 실제로 부모가 자기 자식들에게 영향을 미치고 있는 것을 어디에서나 볼 수 있다. 부모에게 맞으며 자란 아이들은 부모 앞에서 잔뜩 겁을 먹고 벌벌 떠는가 하면, 소심한 부모 밑에서 자란 아이들은 부모 앞에서 망나니처럼 행동한다. 예의바른 행동을 제대로 배우지 못한 아이들은 버릇없이 행동하며 부모가 아이의 성공을 불신한다면 실제로 아이는 많은 일에 실패한다.

꼭 내 눈으로 확인해야 직성이 풀리는가? 부모의 영향력을 증명하는 수많은 책들이 서점에 나와 있다. 임상심리학자 수전 포워드Susan Forward는 자신의 책에서 "유해한 부모toxic parents", 다시 말해 지나치게 비판적이거나 아이를 너무 감싸거나, 사랑을 베풀지 않거나, 아이의 자존감과 자립심을 과소평가하거나 너무 이른 때에 아이에게 지나친 자율성을 주는 우왕좌왕하는 사람들과 같은 경우에 대해 설명하고 있다. 포워드 박사는 그런 부모가 자기 자녀들에게 미치는 심각한 피해를 목격했다. 그가 만난 환자들은 모두 심리학적으로 심각한 문제가 있었으며 그 원인은 모두 환자의 부모에게 있었다. 환자들은 자신의 문제가 부모 탓임을 포워드 박사와 자기 자신에게 시인하고 나서야 비로소 상태가 좋아졌다.

어쩌면 독자 중에는 포워드 박사의 주장을 뒷받침하는 근거들이 정신적으로 문제가 있는 환자들을 선별한 사례들이기 때문에 설득력이 떨어진다고 생각하는 의심쟁이가 있을지도 모르겠다. 좋다. 그렇다면 좀 더 과학적인 증거들을 살펴보자. 포워드 박사의 상담 대기자들보다 훨씬 더 넓은 심리적 다양성을 지닌 보통 부모 자식을 대상으로 주의 깊게 설계된 연구를 통해 얻어진 근거 말이다.

힐러리 클린턴이 영부인이었을 때 쓴 책 『집 밖에서 더 잘 크는 아이들It Takes a Village』(디자인하우스)은 발달심리학자들의 치밀한 연구를 통해 나온 결과를 잘 정리했다. 부모가 애정과 책임감을 갖고 대한 자녀들은 부모와 안정적인 애착관계를 유지하며 자신감 있고 상냥한 아이로 자란다.

대화를 많이 하며 아이들에게 책을 자주 읽어주는 부모의 아이들은 학교 생활에 잘 적응하는 밝은 아이가 된다. 아이에게 분명하면서도 너무 엄격하지 않게 선을 그을 줄 아는 부모의 아이들은 좀처럼 말썽을 일으키지 않는다. 아이들을 함부로 대하는 부모의 아이들은 폭력적이거나 불안해하는 경향이 있다. 정직하고 친절하며 사려 깊은 부모의 아이들은 부모와 마찬가지로 정직하고 친절하며 사려 깊은 행동을 하는 경향이 있다. 또한 어머니와 아버지 둘 중에 한쪽이 없는 가정에서 자라난 아이들은 어른이 된 뒤에도 어떤 면에서든 정서적인 문제를 겪게 되기 쉽다.[2]

이런 명제들, 또는 이와 유사한 많은 주장들은 허황된 것이 아니다. 이를 뒷받침하는 관찰 결과가 산더미처럼 쌓여 있다. 아동발달을 공부하는 대학생들을 위해 내가 썼던 교재들도 모두 이런 연구 결과에 기반하고 있었다. 강의를 하는 교수들도 그런 근거들을 신뢰한다. 신문이나 잡지, 학술지에 이런 연구 결과를 싣는 언론인들도 마찬가지다. 소아청소년과 의사들도 대체로 이런 근거에 기초해 부모에게 조언하며, 책도 쓰고 신문에 기사도 내는 조언 전문가*들도 이러한 증거를 기정사실로 받아들이고 있다. 발달심리학자들의 연구는 우리 사회 전반에 걸쳐 강력한 영향을 미치고 있다.

심리학 교재를 집필하던 당시에는 나도 그런 증거들을 믿고 있었다. 하지만 좀 더 자세히 살펴보고 나서, 나는 놀란 나머지 손에 쥐고 있던 그 증거들을 모두 내던지고 말았다. 양육가설을 뒷받침하기 위해 발달심리학자들이 제시하는 수많은 증거들은 사실 전혀 다른 것을 가리키고 있었다. 다시 말해 애초에 증명해 보이고자 하던 것들을 증명하지 못하고 있다는 것이다. 그 안에는 오히려 양육가설에 대한 반론들이 숨어 있었다.

---

* 자녀 양육에 대해 조언하고 훈수를 두는 사람을 지은이는 살짝 비꼬는 투를 섞어 advice-giver라고 표현했다.—편집자

양육가설은 절대 진리도, 보편적으로 받아들여지는 상식도 아니다. 우리 문화가 낳은 일종의 미신일 뿐이다. 이제 이 장의 나머지 부분에서 나는 양육가설이 어떻게 생겨났는지 그리고 내가 어떻게 거기에 의문을 제기하게 되었는지 말하려고 한다.

▶ 양육가설에서의 유전과 환경

"본성과 양육"이라는 말을 최초로 발명해 낸 공은 찰스 다윈의 사촌인 프랜시스 골턴Francis Galton에게 돌려야 한다. 골턴은 아마 이 말을 셰익스피어의 『템페스트The Tempest』에서 가져왔을 텐데, 사실 셰익스피어도 이 표현의 원조는 아니다. 셰익스피어가 『템페스트』에서 이 표현을 사용하기 30년 전에 이미 영국의 교육자 리처드 멀캐스터Richard Mulcaster가 "본성이 소년을 전진하게 하고, 양육은 소년이 미래를 보게 한다"라고 말한 바 있다. 그로부터 300년 뒤 골턴이 이 구절에서 대구를 이루는 단어를 뽑아 구호처럼 만든 것이다. 그가 "본성과 양육"이라는 말을 쓰기 시작하자 이 말은 잘 만든 슬로건으로 우리 언어생활에 자리 잡았다.[3]

하지만 양육가설의 진정한 창조주를 꼽자면 역시 지그문트 프로이트Sigmund Freud다. 성인이 지닌 심리적 병리현상의 원인을 그의 어린 시절에서 찾게 하고 그들의 부모에게 책임을 지우는 이 잘 짜인 허구적 시나리오를 창조한 인물이 바로 프로이트인 것이다. 프로이트 이론에 따르면 부모 두 사람의 성sex이 서로 다르다는 것만으로도 아이들은 말할 수 없는 갈등을 경험한다. 그 존재 자체로 말이다. 이런 갈등은 모든 사람이 불가피하게 그리고 공통적으로 겪을 수밖에 없다. 부모가 아무리 세심하게 신경을 쓰더라도 이러한 갈등을 막을 수 없을 뿐 아니라 상황을 나쁘게 만들기 일쑤다. 사내아이들은 **모두** 오이디푸스 콤플렉스를 경험하고 여자아이들도 **모두** 그런 비스무리한 것을 여자 버전으로 경험한다. 그리고 아이가 만나는 생애 최대의 위기인 젖떼기와 배변 훈련은 아버지와는 관계가 없고 어머니에게 책임이 있다.

프로이트의 이론은 20세기 중반까지 선풍적인 인기를 끌었고 그 결과 벤저민 스폭Benjamin Spock 박사의 영유아 돌봄에 관한 유명한 책The Common Sense Book of Baby and Child Care*에까지 프로이트의 이론이 다음과 같이 투영되어 있다.

> 부모들이 서로의 것이며 아들은 어머니를, 딸은 아버지를 소유할 수 없음을 아이들에게 부드럽지만 분명히 보여줌으로써 아이가 이 낭만적이면서도 질투심이 가득한 정신적 성장단계를 잘 넘길 수 있다.[4]

프로이트의 저서에 가장 큰 영향을 받은 사람들은 당연히 환자들을 돌보며 그들의 정서적 문제를 해결하는 정신과 의사나 임상심리학자들이다. 그러나 이 이론은 연구를 하고 전문 심리학회지에 연구 결과를 게재하고 학문적인 연구에 몰두하는 심리학자들에게도 영향을 미쳤다. 프로이트의 이론을 뒷받침할 만한 실험적 증거를 찾기 위해 무척 애를 쓴 사람들도 있었지만 허사였다. 많은 이들이 기꺼이 자기의 강의와 연구 논문에 프로이트의 학술적 유행어를 집어넣었다.

빈대 잡으려다 초가삼간 태우듯, 어떤 사람들은 반대쪽 극단을 택했다. 1940년부터 1950년대까지 미국 학계에서 크게 유행했던 행동주의 심리학behavioristic psychology은 프로이트 심리학에 대한 한 가지 반발이라 할 수 있다. 행동주의 심리학자들은 프로이트의 이론이라면 성이나 공격성, 이드, 초자아, 의식 등 거의 모든 것에 대해 반대했다. 그런데 아주 흥미롭

---

* 우리나라의 『삐뽀삐뽀 119 소아과』 같은 책이다.─옮긴이

게도 그들 역시 부모가 엮여 있을 수밖에 없는 유년기 경험이 인간에게 결정적인 영향을 미친다는 프로이트 이론의 기본 가정을 그대로 받아들이고 있다. 프로이트가 쓴 사이코드라마의 극본은 던져버렸지만 배역은 그대로 유지하고 있는 셈이다. 성적인 대상으로 작용하지 않을 뿐 부모는 여전히 주연이었다. 행동주의 심리학에서는 성이나 공격성 등이 조건형성이나 강화와 보상 같은 것으로 대체되어 있을 뿐이다.

명성을 얻은 최초의 행동주의자 존 왓슨John B. Watson은 실생활에서 부모가 자녀의 행동에 대해 조건화하는 방식이 전혀 체계적이지 못하다는 것을 발견했고 부모가 이런 과제를 잘 수행할 방법을 제안했다. 그의 제안에는 잘 통제된 실험 조건에서 열두 명의 아이들을 키우는 일이 포함되어 있다.

> 나에게 열두 명의 건강한 영아를 맡겨보라. 잘 만들어진 나의 특수한 세계 속에서 아이들을 자라게 한다면 나는 아이를 내가 원하는 어떤 직업으로도, 예컨대 의사나 변호사, 화가, 사기꾼, 심지어는 거지나 도둑으로도 키울 수가 있다고 장담한다. 그 아이의 재능이나 기질, 능력, 인종 따위는 전혀 상관없다.[5]

무척이나 다행히, 왓슨의 제안에 따라 아이를 맡긴 사람은 없었다. 노령의 행동주의학자 중에 아직까지도 왓슨이 지원만 받았더라면 정말 자기 말대로 해 보일 수 있었을 것이라 생각하는 이들이 있을 것이다. 그러나 왓슨의 주장은 허망하기 짝이 없다. 그는 자기 아이디어를 실현시키기 위한 가장 밑그림조차 그려 놓지 않았을 것이다. 그의 책『심리학적 아이 양육Psychological Care of Infant and Child』에서 왓슨은 어떻게 하면 아이를 "망치지 않고" 기를 수 있는지, 그리고 어떻게 하면 용감하고 자립심이 강한 아이로 기를 수 있는지(아이들을 내버려두고 애정을 표현하지 않으면 된다)에 대해 부모들에게 온갖 조언을 해 놓았다.[6] 하지만 거기에는 왓슨이 처음에 말했던 직업 목록의 앞 순위에 위치한 의사나 변호사가 되기 위해 필요할 법한 지능지수IQ를 20점가량 높이는 방법 같은 건 언급되지 않았다. 의대가 아니라 굳이 법대를 선택하게 하기 위한 방법도 안 나와 있다. 이런 것을 다 제하고 나면 결국 왓슨이 성공한 것은 아이 앨버트가 토끼에게 다가갈 때마다 경고음을 들려줘서 깜짝 놀라게 함으로써 아기가 털 달린 동물을 두려워하게 만든 실험뿐이었다.[7] 이 경험 탓에 앨버트가 훗날 사육사 같은 직업을 택할 마음이 줄어들지는 모르겠지만 그렇다 하더라도 앨버트가 택할 수 있는 직업은 무수히 많다.

한걸음 나아간 행동주의 심리학 이론을 내놓은 사람은 B. F. 스키너Skinner 박사다. 스키너는 조건형성이 아니라 강화라는 개념을 제시했는데[8] 이는 아이의 자연적인 반응에 제한되지 않는다는 점에서 이전의 행동주의 심리학 이론보다 발전된 것이었다. 바람직한 행동에 가까워지면 강화(음식이나 칭찬과 같은 보상)를 제공하여 우리는 아이의 반응을 만들어줄 수 있다. 이론에 따르면, 친구의 상처를 치료하는 행동에 보상을 해주면 아이는 의사가 될 수 있을 것이다. 자전거가 고장 나서 친구가 다쳤을 때 자전거 가게에 가서 고소하겠다고 따져 대는 아이에게 보상을 주면 그 아이를 변호사로 만들 수도 있을 것이다. 하지만 왓슨이 세 번째로 언급했던 직업인 화가의 경우는 어떨까? 1970년 연구에 의하면 부모들은 아이가 그림을 그릴 때마다 사탕이나 황금별 같은 것을 줌으로써 그림 그리는 행동을 강화할 수가 있었다. 하지만 이러한 보상은 묘한 데가 있어서 보상이 중단되면 아이는 더 이상 그림을 그리지 않았으며 나중에는 애초부터 보상을 받지 않았던 아이들보다 **더** 그림을 그리지 **않는** 것을 관찰할 수 있었다. 부정적인 후유증을 낳지 않고도 적절한 보상이 가능하다고 주장하는 후속 연구도 있다. 하지만 보상의 결과라는 것은 예측하기가 매우 어려워서 본성적으로 잠재된 수많은 변인과 보상 타이밍, 보상을 주는 사람의 성격 등 많은 요인에 따라 다양하게 변화한다.[9]

천재는 99퍼센트의 노력과 1퍼센트의 영감으로 만들어진다는 말이 있다. 행동주의 심리학자들의 실수는 노력에만 지나치게 집중한 나머지 영감의 중요성을 잊어버렸다는 데에 있다. 어쩌면 톰 소여야말로 스키너보다 더 나은 행동주의학자가 아니었을까. 톰 소여는 친구들이 긴 담장의 벽을 하얗게 칠하게 하는 행동에 보상을 주면서 그저 아이들이 그 일을 하게만 한 것이 아니라 그 일을 **좋아하게** 만들었으니까.

나는 왓슨이 정말로 열두 명의 아이들을 길러보고 싶었던 것은 아니었을 거라 생각한다. 그의 요구는 아마도 아이는 무엇이든 될 수 있으며 아이의 운명을 결정짓는 것은 재능이나 기질과 같은 선천적인 요인이 아니라 환경이라는 행동주의 심리학에 대한 신뢰를 다소 극단적으로 표현한 하나의 방법이 아니었을까 싶다. 이 극단주의적 선언은 대중적인 가치를 얻었고 이로써 왓슨은 환경주의자의 대부 격으로 자리매김했다.

▶ 학문으로서의 아동 연구

유아가 성인으로 발달하는 과정이 학술 영역으로서 연구되기 시작된 것은 비교적 늦은 일로 약 1890년경이었다. 초기 발달심리학자들은 아이 자체에 관심이 있었고 아이의 부모에 대해서는 별로 눈길을 주지 않았다. 프로이트 이론이나 행동주의 심리학이 유행하기 이전의 발달심리학 서적에서는 아이의 성격 형성에 미치는 부모의 영향에 대해서는 거의 찾아볼 수 없을 것이다. 1934년 처음 출간된 플로렌스 굿이너프Florence Goodenough의 유명한 교재 『발달심리학Developmental Psychology』에는 부모와 아이의 관계를 언급하는 장이 아예 없다. 유년기에 보이는 정신적 장애의 원인을 논하면서 좋지 않은 환경bad environment에 대해서만 언급할 뿐이었는데, 이때 그가 말한 좋지 않은 환경이란 아이가 살고 있는 마을의 "열악하

고 저급한”특성, 이를테면 “술집이 많고 윤락가나 도박장이 가까이에 있다”는 정도였다.[10]

비슷한 시기에 윈스럽 켈로그와 루엘라 켈로그Winthrop and Luella Kellogg 부부는 유인원 양육 실험 결과를 발표했다. 그들은 구아Gua라고 하는 새끼 침팬지 한 마리를 자기들의 아이 도널드와 거의 차별을 두지 않고 한집에서 함께 양육했다. 이들의 책에서도 **환경**이라는 말이 자주 등장하기는 하지만 그 말은 구아가 자라왔던 동물원이나 정글을 “문명화된 환경” 혹은 “인간사회의 환경”과 구별하기 위해 사용했던 것일 뿐이었다.[11] 같은 식으로 문명화된 두 가정의 특성을 구별하기 위해 사용한 것이 아니었다.

초기 발달심리학자들 중에서 가장 영향력 있는 학자는 아마도 아놀드 게젤Arnold Gesell일 것이다. 그는 굿이너프와 마찬가지로 아이에게 부모는 그 속성이 특별하게 두드러지지 않은 당연한 여러 환경 중 일부로 여겼다. 게젤은 책에서 “당신의 네 살짜리 아이” 혹은 “당신의 일곱 살짜리 아이”라 말하며 아이 키우는 방식을 마치 “당신의 포드 자동차” 또는 “당신의 스투드베이커 자동차”를 관리하는 방법처럼 조언하고 있다.[12] 가정이란 마치 차고와 같아서 밤에 아이가 집에 오면 익명의 관리자가 세차를 하고 광을 내고 기름을 채우는 곳이라는 것이다.

발달심리학이 현재와 같은 양상을 보이게 된 것은 1950년대부터였다. 연구자들은 같은 나이의 아이들이 보이는 공통점을 설명하려는 노력을 포기하고 아이들 간의 차이를 발견하는 쪽으로 연구 방향을 돌리기 시작했다. 이 전환은 당시로는 꽤 그럴 듯한 아이디어였기 때문에 많은 연구가 부모의 양육방식에 따른 아이들 간의 차이 쪽으로 흘러갔다. 그리고 같은 범주의 연구 배경에는 프로이트의 이론과 행동주의 심리학이라는 혈통이 명백히 계승된 것으로 보인다. 이들의 연구는 젖떼기와 배변훈련 과정에서 부모에 의해 주어지는 보상과 체벌이 아이의 성격 형성에 어떤 영향을 미치는가를 밝히는 데에 초점을 두었다. 또 연구자들은 프로이트의 이론에서 말하는 초자아superego의 발달 같은 것에도 특별한 관심이 있었다. 그러한 연구자들 중 한 사람으로 오랫동안 뛰어난 업적을 남기고 현재는 스탠퍼드 대학에서 은퇴한 엘리너 맥코비Eleanor Maccoby가 있다. 약 30년 후에 발표한 논문에서 맥코비는 당시의 연구 결과를 다음과 같이 설명했다.

> 이 모든 연구 결과는 여러 측면에서 매우 실망스럽다. 약 400가구의 가정을 조사한 결과, 자세한 인터뷰를 통해 알아본 부모의 양육방식과 별도로 측정된 아이의 성격 특성 사이에는 거의 아무런 관련성도 발견할 수가 없었다. 따라서 이 두 가지의 데이터를 관련짓는 논문은 사실상 불가능한 것이었다. 연구의 가장 큰 수확이라면 어머니들의 입장에서 바라본 아이 양육의 실제에 관한 책 한 권뿐이었다. 이 책은 주로 상황 묘사가 대부분이며, 연구가 시작했을 때 가정한 이론들을 검증하는 데에는 매우 제한적이었다.[13]

이처럼 불안한 출발에도 불구하고, 연구는 수그러들지 않고 이전과 별반 다르지 않게 계속되었다. 심지어 오늘날까지도 유사한 연구 결과가 쏟아져 나오고 있는 실정이다. 프로이트 이론과 행동주의 심리학에 대한 노골적인 인용은 줄어들었지만, 아이의 행동에 대한 보상과 처벌을 통해 부모가 아이의 발달에 영향을 미친다는 행동주의 학자들의 믿음과 부모가 아이를 얼마든지 망쳐버릴 수도 있으며 실제로도 많은 경우 그런 일이 일어나고 있다고 하는 프로이트주의자들의 믿음, 이 두 가지만큼은 여전하다.

부모가 아이의 발달에 영향을 미친다는 생각은 매우 당연한 것으로 받아들여지고 있다. 이후 세대 연구자들의 목표는 부모가 자녀들에게 영향을 미치는지 여부를 밝히는 것이 아니라 부모가 자녀들에게 **어떻게** 영향을 미치는지를 밝히는 것이 되었다. 연구 방법도 표준화되었는데, 부모의 양육방식을 관찰하고 아이의 행동을 관찰한 뒤 이러한 사례들을 적당히 모아 데이터를 분석하고 전반적인 경향성을 찾는 방식을 취하며, 대체로 아이의 성격에 있어 부모의 양육방식이 어떻게든 영향을 미치고 있음을 밝히려고 애쓰는 것이다. 어떤 식으로든 부모의 행동과 아이의 성격 형성이 관계가 "통계적으로 유의미하다statistically significant"—일반인의 언어로 풀어 쓰면 '논문으로 발표할 만하다'—는 결론이 나길 바라는 마음으로 말이다.

맥코비가 설명한 연구들은 통계적으로 유의미한 결과를 얻어내는 데 실패했지만, 같은 방식으로 시행된 수많은 연구들은 좀 더 성공적이었다. 유의미한 결과를 도출한 연구들이 〈아동발달Child Development〉이나 〈발달심리학Developmental Psychology〉 같은 유명한 학술지에 실림으로써 양육가설을 지지하는 증거가 산더미처럼 쌓였다. 물론 그렇지 않은—유의미한 결론을 이끌어낼 수 없는—연구들도 있지만 그중에서 우리에게 알려진 것은 극히 드물다. 그런 결과들은 어딘가에 처박혀 있을 것이다. 우리가 부모의 양육방식과 자녀의 성격 형성 간에 "거의 관련성이 없다"고 하는 연구 결과가 있음을 알게 된 것도 맥코비 박사가 35년이 지난 뒤에서야 그 내용을 발표하기로 마음먹었기 때문이 아닌가.

▶ 야생의 아이가 훌륭한 시민으로

내가 지금까지 언급한 분야에 대한 연구를 전문적으로 하는 발달심리학자들을 가리켜 사회화 연구자socialization researcher라고 한다. 사회화socialization란 야생 상태의 아기가 길들여진 존재가 되고 자신이 자라난 사회의 일원으로서 자기의 위치를 찾아가는 과정을 의미한다. 사회화된 개인은 사회의 다른 구성원들이 사용하는 언어로 말하고 받아들여질 만한 행동을 하며 필요한 삶의 기술을 취하고 사회적 통념을 받아들인다. 양육가설에 따르면 이러한 사회화는 부모가 자녀에게 행하는 것이라 할 수 있다. 사회화 연구자들은 아이들의 성장을 통해 부모가 어떻게 자녀를 사회화하며 얼마나 잘 했는지를 연구한다.

사회화 연구자들은 양육가설을 신봉하고 있다. 앞서 언급했듯이 나도 한때는 그들처럼 생각했고, 그 믿음에 기초해 세 번이나 아동발달에 관한 교재를 공저했다. 그리고 발달심리학 교재를 (단독으로) 집필하기 시작했지만 뭔가에 발목을 잡혀 결국 포기하고 말았다. 오랫동안 나는 사회화 연구 데이터들의 질에 대해 막연히 불편한 감정을 가지고 있었고, 출판사 측에서 내가 독자들에게 들려주기를 기대하는 이야기와 맞지 않는 관찰 사례에 대해 생각하기를 피해 왔다. 그러던 어느 날, 나는 내가 더 이상 양육가설을 믿고 있지 않음을 깨달았다.

다음은 나를 고뇌에 빠뜨린 세 가지 사례다.

1. 대학원에 다닐 때 나는 매사추세츠 케임브리지에 있는 하숙집에서 생활했다. 집 주인은 러시아인 부부였는데, 세 자녀와 함께 1층에서 살고 있었다. 부모는 서로 러시아어로 대화했고 아이들에게 러시아어로 말했다. 부모는 영어를 잘 하지 못했고 영어 발음에 러시아어 억양이 강하게 남아 있었다. 그러나 5~9세 사이였던 그 집 아이들은 러시아 억양을 전혀 찾아볼 수 없는 완벽한 영어를 구사했다. 같은 동네에 사는 다른 아이들처럼 이 아이들이 말하는 영어에는 보스턴-케임브리지 억양이 그대로 배어 있었다. 아이들은 **겉보기로도** 동네 아이들과 구분할 수가 없었다. 부모를 보면 (옷 때문인지 혹은 몸짓이나 표정 같은 것 때문인지는 몰라도) 한눈에 외국인이라는 것을 알 수 있었는데 말이다. 하지만 자녀들은 보통 미국인 아이들과 다를 바가 없었다. 전혀 외국인처럼 보이지 않았다.

이 가정은 나를 혼란스럽게 했다. 아기들은 자기 힘만으로 언어를 학습하지 못하고, 분명 부모를 통해 언어를 배운다. 하지만 그 집 아이들이 사용하는 언어는 부모에게서 배운 언어가 아니었다. 심지어 가장 어린 다섯 살배기 막내조차도 자기 엄마보다 완벽한 영어를 구사하고 있었다.

2. 영국에서 자라는 아이들에 관한 사례다. 나는—영국 추리소설을 별로 안 읽어 본 덕분에—양육가설이 영국 상류층이 남자아이를 양육하는 방식에 적용되지 않는다는 점에 뒤늦게 주목하게 됐다. 부유한 영국 상류층 가정의 남자아이는 여덟 살까지 유년기 대부분을 유모나 가정교사 그리고 아마도 형제 한두 명과 보낸다. 어머니와 보내는 시간은 거의 없으며 아버지와 보내는 시간은 그보다 더 적다. 부모는 자녀에게 직접 말을 걸지도 않고 가능하면 아예 마주치지도 않는 것이 일반적인 태도였다.[14] 여덟 살이 되면 남자아이는 기숙학교에 입학하고 그곳에서 10년을 보내면서 방학 때만 집에 들렀다. 그리고 나서 이튼이나 해로우 같은 사립고등학교를 졸업하면 아이는 비로소 영국 신사의 세계에 발을 들여놓을 준비를 갖추게 되는 것이다. 아이들은 그의 유모나 가정교사, 심지어는 이튼이나 해로우에서 만난 교사와도 전혀 다르게 말하고 행동한다. 아이의 상류층 억양과 행동 방식은 자신을 키우는 데 거의 아무것도 하지 않은 자기 아버지의 그것과 별반 다르지 않다.

3. 많은 발달심리학자들은 아이들이 부모 특히 자기와 성별이 같은 부모의 행동을 관찰하고 모방하여 자신이 해야 할 행동을 학습해 나간다고 가정한다. 이 역시 프로이트의 이론에서 도출된 환상이다. 프로이트는 오이디푸스 콤플렉스 혹은 일렉트라 콤플렉스가 해소되어야 아이가 성별이 같은 부모와 자신을 동일시하게 되며 그 결과로서 초자아가 형성된다고 믿었다. 오이디푸스 콤플렉스의 질풍노도 같은 시기를 지나가지 못한 아이는 초자아를 형성하지 못하므로 결국 적절한 방식으로 행동할 수 없게 된다는 것이다.

1950년대에 인기를 끌었던 책을 저술한 아동심리학자 셀마 프레이버그Selma Fraiberg는 사회화에 관한 프로이트의 이론을 받아들였다. 그는 다음 일화에서 어떤 행동을 하면 안 되는지 배웠는데도 자꾸 그 행동을 반복하는, 인격 형성이 불완전한 시기의 어린아이가 하는 행동을 묘사하고 있다.

> 생후 30개월 된 줄리아는 엄마가 통화를 하는 사이 부엌에 혼자 남아 있다는 것을 깨닫는다. 식탁 위에 달걀이 담긴 그릇이 놓여 있고 줄리아는 스크램블 에그를 만들어 보고 싶다는 충동을 느끼기 시작한다.…줄리아의 엄마가 부엌에 돌아와 보니 줄리아는 열심히 달걀을 바닥에 떨어뜨리고 있었다. 그러면서 하나 떨어뜨릴 때마다 자기 자신을 호되게 야단치고 있었다. "안 돼! 안 돼! 그렇게 하면 **안 돼!**"라고.[15]

프레이버그는 줄리아의 실수가 아직 엄마와 자신을 동일시하지 못해서 초자아를 형성할 수 없었던 탓이라고 설명했다. 하지만 엄마가 돌아왔을 때 손에 달걀 범벅을 한 줄리아의 행동을 자세히 보자. 줄리아는 스크램블 에그를 만들려고 했고, "안 돼, 안 돼!"라고 소리쳤다. 줄리아는 자기 엄마를 따라 하고 있었던 것이다. 어머니로서는 달갑지 않았겠지만.

중요한 것은, 아이가 부모의 행동을 모방함으로써 올바르게 행동하는 법을 배우는 게 아니라는 점이다. 아이가 관찰하는 부모의 행동, 곧 방을 어지럽히고, 주위 사람에게 참견하고, 운전하고, 성냥에 불을 붙이고, 여기저기 마음대로 돌아다니는 등 수많은 행동은 대부분 아이들에게 금지되어 있기 때문이다. 아이들의 관점에서 보면, 유년기의 사회화는 대체로 **부모처럼 행동해서는 안 된다**는 것을 배우는 과정이다.

문명화가 덜 된 사회에서는 성별이 같은 부모의 행동을 모방하는 것이 더 자연스럽지 않을까? 그렇지 않다. 오히려 산업화 이전 사회에서는 어른들에게 허용되는 행동과 아이들에게 허용되는 행동 사이의 구별이 지금보다 더 분명한 경향을 보인다. 예를 들어 폴리네시아 군도의 부락 사회에서는 아이가 어른의 말에 무조건 순종해야 하며 어른이 말하기 전에 먼저 말을 꺼내서는 안 된다.[16] 하지만 어른들은 아이와 함께든 어른들끼리든 그렇게 행동하지 않는다. 폴리네시아의 아이들이 부모를 관찰함으로써 바느질이나 낚시하는 방법을 배울지는 몰라도 그런 방식으로 사회에서의 행동 원칙은 배우지 못한다. 대부분의 사회에서는 어른처럼 행동하는 아이들을 버릇없다고 여긴다.

양육가설에 의하면 아이들에게 언어를 포함해 문화적인 지식을 자녀에게 전수하고 남은 생애를 사회의 부족함 없는 구성원으로 살아갈 준비를 시키는 사람은 바로 부모다. 그러나 이민 가정의 아이들은 부모의 언어를 똑같이 전수받지 않고, 영국의 부유층 자녀들은 부모와 함께 지내는 시간이 거의 없음에도 불구하고 부모와 매우 유사한 행동을 하며, 대부분의 사회에서는 아이들이 부모의 행동을 그대로 모방하면 꾸중을 듣는다. 그럼에도 아이들은 어떻게든 사회가 요구하는 많은 규범을 체득한다.

양육가설은 특정 형태의 가족 구조, 곧 전형적인 현대 북미나 유럽 중산층 가정을 상정하고 세워진 이론이다. 사회화 연구자들은 특정 언어를 사용하지 못하는 이민 가정 부모에게서 양육된 자녀들에게 관심이 없다. 외국인 학교를 다니는 아이들 또는 유모나 가정교사에 의해 양육되는 아이들에 대해서도 연구하지 않는다. 인류학자나 비교문화심리학 연구자들이 여러 사회에서의 다양한 자녀 양육방식에 대해 많은 연구를 해 놓았지만 사회화 연구자들은 양육에 대한 자기의 이론이 다른 형태의 사회에서 자라는 아이들에게도 적용되는지를 좀처럼 확인하지 않는다.

물론 모든 사회에서 공통적으로 나타나는 것도 있다. 어느 사회에서나 아이들은 무력한 상태로 태어나며 자신을 돌봐줄 나이 많은 사람들의 도움을 필요로 한다. 아이들은 소속된 사회의 언어와 풍습을 학습하며 가족의 구성원들과 동업 관계를 맺는다. 또한 사회마다 그 나름의 원칙이 있으며 사회의 구성원이라면 자기가 하고 싶은 대로 행동해서는 안 된다는 것도 배워야 한다. 이러한 학습은 성인 양육자에게 완전히 의존해야만 하는 아주 어린 나이부터 자연스럽게 이루어져야만 한다.

양육자가 이 아이에게 매우 중요한 역할을 한다는 것은 틀림없는 사실이다. 아기가 배우는 최초의 언어는 양육자의 언어이며 인간관계를 형성하고 유지하는 방법도 그들을 통해서 배우게 되고 사회 규범들을 배우는 것도 그들을 통해서다. 하지만 사회화 연구자들은 다른 결론을 도출했다. 아이가 어린 시절에 사회관계와 규범에 대해 학습한 것들이 성인이 된 후의 관계와 규범 준수 방식을, 나아가 삶 전체를 규정짓는다는 것이다.

나도 그렇게 생각했다. 그리고 아이들이 어린 시절에 사회적 관계와 규범을 배워야 한다고 여전히 믿고 있다. 언어를 학습하는 것 역시 중요한 일이다. 하지만 이런 초기 학습이 우리 사회에서는 대개 가정에서 이루어지며 아이의 남은 삶에서 지속될 본보기가 된다는 생각에는 더 이상 동의하지 않는다. 학습은 그 자체로 소중한 의미를 갖고 있지만, 아이가 학습한 것들의 **내용**은 집 밖의 세계에서는 적절하지 않을 수 있다. 아이들은 집안에서 학습한 것들을 집을 나서는 순간 내팽개치기도 한다. 밖에 나갈 때 엄마가 만들어 준 촌스러운 스웨터를 벗어 던지듯이.

2. 본성과 양육의 증거

심리학계는 그 뿌리에서부터 크게 두 부류로 나뉜다. 한쪽에는 유전을 신봉하거나 선천적으로 물려받은 것에 관심을 기울이는 학자들이, 다른 한쪽에는 양육 환경을 신봉하는, 즉 후천적 경험으로 습득한 것에 관심을 갖는 학자들이 있다. 이 두 부류의 학자들이 가장 극단적으로 떨어져 있는 심리학 분야가 바로 발달심리학developmental psychology이다. 사회화 연구자들은 양육의 영역에 살고 있으며 유전 쪽은 행동유전학자들의 영토이다.

사회화 연구자들과 행동유전학자들은 대학에서 학부생이나 대학원생들을 가르치거나 자신의 연구를 하며 생계를 꾸려나가는 사람들이고, 그들의 지위는 연구 성공 여부와 학회지에 게재한 논문의 양과 질에 의해 좌우된다. 그들은 모두 전공 영역의 전문가이기 때문에 두 부류의 연구자 중 어느 쪽도 서로 다른 분야의 연구자들이 쓴 논문을 읽는 데 굳이 많은 시간을 할애하지 않는다. 너무 바쁜 탓이기도 하겠지만 상대의 주장에 동의하지 않기 때문이기도 할 것이다. 일반적으로 학자들은 주로 자신의 전공 영역 및 그와 밀접한 몇몇 분야의 논문만 읽기 마련이다.

내 입장은 좀 다르다. 나는 대학에서 강의를 하거나 전문 영역에 대해 연구 프로젝트를 진행할 필요가 없다. 나는 수년간 여러 권의 강의 교재를 집필하는 과정에서 균형 잡힌 시각이 필요했고 다양한 관점에서 작성된 책과 논문을 읽으며 교재를 쓰고 수정하는 작업을 했다. 이 과정에서 나는 대부분의 심리학 연구자들이 지니지 못한, 마치 높은 곳에서 들판 전체를 내려다보는 새처럼 포괄적인 시각을 갖게 되었다. 가까이에서 보이지 않던 것이 약간의 거리를 두면 잘 보이는 경우도 있는 법이다.

이번 장과 다음 장에서 사회화 연구자들과 행동유전학자들의 연구 결과를 조감하면서 알게 된 것들을 말하려고 한다. 연구자들이 무엇을 발견했고, 그 발견을 어떻게 해석했고, 자신들이 발견했다고 말하는 내용에 어떤 잘못이 있는지를 설명할 것이다.

심리학 연구자가 아니라면 우리가 왜 대학교수들의 이야기에 관심을 가져야 하는지 의아할지도 모르겠다. 하지만 그들의 연구와 그 결과를 해석하는 방식은 오늘날 우리가 생활 속에서 소아과(또는 가정의학과) 의사들로부터 그리고 무수한 신문과 책을 통해 접하게 되는 양육방식에 대한 수많은 충고와 조언의 배경을 이루고 있다. 힐러리 클린턴이 쓴 『집 밖에서 더 잘 크는 아이들』에 실린 자녀 양육에 대한 거의 모든 충고 역시 결국에는 그런 심리학 교수들이 제공한 연구 결과에 기초한다. 말하자면 클린턴은 과제를 한 셈이다.

양육가설, 즉 부모가 자녀의 환경에 가장 결정적인 요소이며 자녀가 어떤 인간으로 성장할지를 결정지을 수 있다는 믿음은 심리학계의 작품이다. 우리 문화에 깊숙이 스며 있긴 하지만 전통 유산이 아니다. (5장에서 보겠지만) 사실 옛사람들은 양육가설을 믿지 않았다.

▶ 브로콜리 섭취 효과

사회화 연구socialization research는 아동의 심리적 발달에 미치는 환경의 영향, 좀 더 구체적으로는 자녀에 대한 부모의 행동이나 양육방식의 영향에 대한 과학적인 연구다. 이런 연구가 과학적인 이유는 단순히 과학적 방법론을 사용하기 때문이다. 하지만 전반적으로 보면 사회화 연구를 실험 과학이라고 할 수 없는 것도 사실이다. 실험을 하려면 여러 변인 중에 하나의 변인을 다양하게 변화시키면서 그에 따른 변화를 살펴보는 것이 필수적이다. 그러나 부모가 자녀를 양육하는 방식을 사회화 연구자들이 원하는 대로 통제하지 못하기 때문에 결국 실험 자체가 불가능하다. 대신 연구자들은 부모의 행동이 다양하다는 점을 잘 활용한다. 다양한 변인(부모의 행동)이 자연스럽게 분화되는 것을 관찰하고 체계적으로 그 결과를 수집하여 그 사이의 관련성을 발견하는 방식, 곧 상관관계 연구 correlation study를 하는 것이다.

상관관계 연구를 하는 유명한 분야는 공중보건학epidemiology이다. 보건 학자는 사람들을 건강하게 하거나 아프게 하는 환경적 요인을 연구하는데, 이들이 데이터를 수집하고 분석하는 방식은 사회화 연구자들의 방식과 유사하며 마찬가지의 문제에 봉착한다. 사회화 연구와 보건학을 나란히 비교해 보면 도움이 되니 잠시 공중보건학 분야를 둘러보자.

우리가 브로콜리 섭취가 건강에 미치는 영향을 연구하는 보건학자라고 생각해 보자. 연구 방법은 아주 단순하다. 우선 적당히 많은 수의 중년 남녀에게 브로콜리를 얼마나 섭취하는지 묻는다. 그리고 5년 후 연구에 참가했던 사람 중 얼마나 많은 사람이 살아 있는지 조사한다. 여기서 **살아 있다**는 것을 건강함의 단순한 척도로 사용할 것이다. 살아 있는 사람은 죽은 사람보다는 어쨌든 건강한 셈이니까.

5년 후 우리는 브로콜리 섭취와 살아 있는 사람의 수의 관계에 대해 다음과 같은 결과를 얻었다. 이 결과는 내가 임의로 만든 전적으로 가상의 것임을 분명히 해둔다.

	5년 후에 살아 있는 사람의 비율		
	전체	여성	남성
브로콜리를 좋아하는 사람 (최소 주 1회 이상)	99	99	99
브로콜리를 어느 정도 먹는 사람 (월 1회)	98	99	97
브로콜리를 싫어하는 사람 (손도 대지 않는다)	97	99	95

이 결과를 컴퓨터에 입력하면 컴퓨터는 결과를 분석해 브로콜리 섭취와 전체 실험 참가자들의 수명 사이에 유의미한 상관관계가 없으며(97, 98, 99퍼센트 사이에는 거의 아무런 차이도 없다) 여성의 경우에 특히 관계가 없다고 결론지을 것이다. 하지만 남성 참여자의 경우를 분석하면 브로콜리 섭취와 수명의 관계가 통계적으로 유의미해진다. 통계적으로 유의미하다는 것은 우리가 발견한 결과가 봉사 문고리 잡는 식으로 우연히 된 것은—물론 그럴 가능성이 없는 건 아니지만—아니라는 뜻이다. 이 말은 또한 분석된 데이터를 우리가 연구 자료로 사용해 발표할 수 있으며 **콜리플라워** 섭취와 건강의 관계에 대한 연구 지원금을 신청할 수 있음을 의미한다.

우리의 브로콜리 연구 결과는 공중보건학 학술지에 실리고, 어떤 기자가 우리의 논문을 읽는다. 그리고 다음날 신문에 기사가 실린다. "[화제의 연구 결과] 브로콜리, 남성 수명 연장의 지름길."

과연 그런가? 이 연구가 정녕 브로콜리 섭취로 **인해** 남성의 수명이 연장되었음을 보여 주는가? 브로콜리를 많이 먹는다면 당근이나 다른 여러 채소 역시 많이 먹을 수 있다. 브로콜리를 싫어하는 사람에 비해 육류나 지방이 많은 음식을 적게 먹었을 수도 있다. 운동을 더 많이 할 수도 있고, 안전벨트를 더 잘 맬 수도, 담배를 덜 피울 수도 있다. 사람들의 여러 생활습관 중 하나 또는 여러 가지가 함께 작용해 브로콜리를 많이 먹은 남성의 수명이 더 길다는 사실에 영향을 미칠 수 있다. 어쩌면 브로콜리를 먹는 것 자체는 오래 사는 데 전혀 상관이 없을 수도 있다. 오히려 브로콜리를 먹음으로써 수명이 **줄어들** 수도 있지만 이는 브로콜리를 섭취하는 사람이 지닌 다른 좋은 생활습관 때문에 간과된 것이다.

브로콜리 섭취가 연구 참여자의 결혼 여부와 관계있을 가능성도 있다. 기혼 남성이 독신 남성보다 브로콜리를 더 많이 먹을 수도 있는 것이다. 잘 알려진 것처럼 결혼한 남자는 혼자 사는 남자보다 오래 산다. 따라서 브로콜리를 먹는 남자가 오래 사는 것은 브로콜리 때문이 아니라 결혼을 했을 가능성이 더 높기 때문일 수도 있다. 그게 아니면 결혼한 남자가 브로콜리를 먹기 때문에 더 오래 산다고 말할 수도 있겠다.

이처럼 브로콜리를 먹는 것과 오래 사는 것 사이의 상관관계를 통해 어떤 결론을 이끌어내기란 거의 불가능하다.[1] 하지만 사람들이 이런 상관관계 연구에서 어떤 결론을 이끌어내고 있다는 것도 분명한 사실이다. 학술지에 논문을 게재하면서 이 실험의 결과에 대해서는 다른 해석도 가능하다고 조심스럽게 써놓았다고 해도 우리가 제공한 단서는 신문 기사에 소개되지 않는다. 저널에 실린 우리의 논문을 읽는 다른 보건학자들의 마음속에서도 마찬가지다.

물론 보건학자들이 콜리플라워 영농협회 같은 곳에서 연구비를 받으려는 목적만으로 연구를 하지는 않는다. 연구의 궁극적인 목표는 사람들의 현재 생활습관이 미래의 건강 상태를 결정지을 수 있음을 밝히는 데에 있다. 이 분야의 연구자들은 출발점에서부터 무엇이 "좋은" 생활습관이고 무엇이 "나쁜" 습관인지, 좋은 생활습관을 가진 사람이 나쁜 생활습관을 가진 사람보다 더 건강하다는 선입견을 갖고 연구를 시작하기 때문에 열린 마음을 유지하기가 쉽지 않다. 건강에 좋은 생활습관이 무엇인지는 우리 모두가 이미 알고 있다. 채소 많이 먹기, 콜레스테롤 많은 음식 피하기, 규칙적으로 운동하기, 담배 피우지 않기 등이다. 보건학자들은 연구 참여자들의 생활습관이 얼마나 바람직한지를 평가하고 그들의 건강 상태가 얼마나 양호한지 조사한다. 그들의 목표는 좋은 생활습관이 좋은 건강 상태를 만든다는 결론을 입증하는 것이다.

사회화 연구자들도 이와 비슷하게 좋은 양육방식과 나쁜 양육방식이 존재하고, 좋은 양육방식을 가진 부모의 아이들이 그렇지 않은 부모의 아이들보다 더 나을 것이라는 선입견을 가지고 있다. 어떤 생활 방식이 바람직한지를 잘 아는 것처럼 우리는 양육방식에 대해서도 잘 알고 있다. 자녀에게 충분한 사랑과 관심을 표현하고, 한계를 설정하고 시행하되 엄격하면서도 공정하게 해야 하고, 체벌을 삼가며, 아이를 과소평가하지 않아야 하고, 일관되게 대해야 한다는 것 등이 있다. 아이에 대해서도 마찬가지여서 우리는 좋은 아이라면 명랑하고 사람들과 잘 어울리며, 부모의 말을 잘 따르면서도 무분별하게 순종적이지는 않고, 무모하지도 너무 소심하지도 않으며 공부도 잘하고 친구가 많으며 이유 없이 남을 때리지 않는다 등과 같은 선입견을 가지고 있다.

두 경우 모두 연구자들은 원인이 되는 요소(생활습관이나 양육방식)의 좋고 나쁜 정도와 그에 의한 결과(건강 상태, 아이의 성품)의 좋고 나쁨을 조사한다. 두 경우 모두 연구 목적은 결국 당신이 제대로만 한다면 원하는 결과를 얻을 수 있다고 주장하려는 것이다. 두 경우 모두 앞에서 본질적으로 모호한 방법이라고 설명했던 상관관계 연구를 통해 결론을 도출한다.

여러분이 브로콜리를 그만 먹고 나태한 생활을 하기를 바라면서 보건학 연구를 비판했던 것은 아니니 보건학자들에게 사과를 전하며 이제 사회화 연구에 대한 이야기로 돌아가자. 아이의 지능을 높이는 환경 요소에 대해 상관관계 방식의 연구를 하기로 했다고 치자. 우리는 지적인 면을 자극하는 환경을 조성해 준 부모에게서 자라난 아이가 더 똑똑하다는 가설을 세우고 이를 "시험"(속뜻을 말하면 "증명")하기 위해 데이터를 수집한다. 그러려면 우선 아이에게 지적인 자극을 주는 환경과 아이의 지능을 측정하는 척도를 명확히 해야 한다. 우리는 지적 자극을 주는 정도를 측정하는 도구로 아이의 집에 있는 책 권수를, 지능을 측정하는 도구로 지능지수를 사용할 것이다. (물론 이 도구로는 우리가 원하는 데이터를 대략적으로 밖에 추정할 수 없지만 쉽게 수치화할 수 있다는 점에서 매우 편리하다.)

우리가 밝히고자 하는 것은 두 가지 변인, 즉 지능지수와 집에 있는 책 권수 사이의 관계다. 만일 가설이 옳다면 우리는 책이 많은 집의 아이일수록 지능지수가 높고 책이 없는 집의 아이는 지능지수가 낮고 보통이라면 아이의 지능지수도 보통이라는 결과를 얻어야 한다. 다시 말해서 우리는 지능지수와 책의 권수가 정비례하길 바란다.

만일 상관관계가 완벽하다면($p=1.00$), 즉 상관계수가 양의 상관관계를 나타내면 우리는 아이의 집에 있는 책 권수만으로 아이의 지능지수를 정확히 예측할 수 있다. 하지만 상관관계가 완벽하게 나타나는 경우는 없기 때문에 0.70이나 0.50, 심지어 0.30 정도로도 만족한다. 상관계수가 높으면 책 권수로 아이의 지능지수를 예측할 수 있는 가능성이 더 높아지고 그 결과도 유의미해질 가능성이 많다. 하지만 조사 대상자의 수가 꽤 많다면 상관계수가 낮아도 유의미하다고 말할 수 있다. 얼마 전에 본 논문은 상관계수 0.19의 관계로도 유의미하다고 분석했다. 그 실험에서는 아이들이 부모에게 적대적 또는 비협조적으로 대하는 횟수와 친구들에게 적대적 또는 비협조적으로 대하는 횟수 사이의 관계를 조사했는데, 조사대상이 374명이었기 때문에 0.19의 상관계수도 유의미하다고 되어 있었다.[2] 하지만 이런 결론은 통계적으로는 유의미할지 몰라도 실제로는 거의 쓸모가 없는 결과다. 이 정도로 낮은 상관관계라면 변인 하나를 안다고 해도 다른 변인에 대해서 거의 아무것도 알 수 없다. 아이가 부모와 얼마나 갈등하는지를 알아도 그 아이가 친구들과 얼마나 갈등하는지 예측할 수 없는 것이다.[3]

사회화 연구에서 연구 참여자가 374명을 넘는 경우는 별로 없다. 한편 사회화 연구에서는 대체로 아까 예로 들었던 책과 지능지수에 관한 연구보다 실험 참가자들에게서 훨씬 더 많은 데이터를 수집한다. 가정 환경이나 자녀들에게 다양한 척도를 적용하는 것이다. 예를 들어, 각각의 가정 환경에 대해 다섯 개의 척도를 적용하고 또 아동 지능에 대해 다섯 개의 척도를 적용한다고 생각해 보자. 우리는 스물다섯 개의 경우의 수를 얻게 될 것이고 스물다섯 가지 상관관계를 연구해야 한다. 어쩌다 그중 한두 가지가 겨우 통계적으로 유의미한 결과를 보일 수 있을 것이다. 잠깐, 혹시 하나도 건질게 없다면? 걱정할 것 없다. 아직 희망이 없는 건 아니다. 앞서 보았던 브로콜리 연구에서와 같이 데이터를 다시 쪼개서 살펴보면 된다. 예컨대 아이의 성별로 나누기만 해도 경우의 수는 두 배가 되고, 성공할 여지도 25에서 50으로 늘어난다. 아버지에 의한 영향과 어머니에 의한 영향으로 나누는 것도 가능하다.* 나는 이런 방식을 "분할정복divide and conquer"이라고 부른다. 이런 연구는 마치 복권을 두 장 사면 당첨 확률이 두 배가 되듯, 다양한 경우를 시험해 볼수록 성공 확률이 높아진다.

분할정복 방식이 발표할 만한 결과를 만들기도 하지만 그 결과를 글로 쓰는 것은 만만치 않은 일이다. 실제 발표된 사회화 연구 논문을 살펴보자.

> **어머니**의 긍정적 표현력과 부정적 표현력, 전반적인 표현력은 또래 아이들에 대한 **여자아이**의 포용력과 관계가 있지만 **남자아이**의 포용력과는 상관이 없다. 반대로 **아버지**의 부정적이거나 전체적인 표현력은 **남자아이**의 포용력과는 관계가 있지만 여자아이와는 상관없다. 하지만 아버지의 긍정적인 표현 정도는 남자아이에게는 무관하고 여자아이에게만 관계가 있다.
>
> 부모의 감정 표현은 아이들이 또래나 선생님의 행동을 받아들이는 방식과 밀접하게 관련되어 있다. 어머니의 전반적 표현 정도가 높다면 남자아이

---

* 통계적으로 유의미한 상관관계에는 통계 프로그램이 자동으로 별 표시를 해 주기 때문에 찾기 쉽다. 이 기법을 심리천문학이라고 부르는데, 별을 찾듯이 찾아 다닌다고 해서 붙여진 이름이다.

는 사회에 적응을 잘하게 된다. 남자아이의 안정된 행동 패턴은 어머니의 긍정적 혹은 부정적 표현 정도와 관련되어 있고 불안한 행동 패턴은 아버지의 감정 표현 정도와 관련되어 있다. 아버지의 전반적 표현 정도가 높다면 남자아이는 덜 공격적이고 수줍음을 덜 타며 사회에 보다 잘 적응하게 된다. 여자아이의 경우에는, 아버지의 전반적 표현 정도가 높다면 덜 공격적이고 보다 사교적이며 개방적인 성격을 갖게 된다. 안정된 행동 패턴은 아버지의 부정적 감정 표현과 여자아이의 수줍음 정도 사이의 관계를 제외한다면, 아버지의 긍정적 혹은 부정적 표현의 정도와 관계있다.

이러한 발견은 가정 안에서의 부모의 감정 표현 정도와 자녀들의 사회적인 적응력 사이의 연관성을 밝혀 준다.[4]

저명한 발달심리학자 두 사람은 사회화 연구 논문들을 오랜 기간 철저히 검토한 후에 이런 식의 연구가 빈발하자 이런 의문을 제기했다. "유의미한 상관관계의 수가 우연히 발생한 경우의 수보다 더 많은가?"[5] 어떤 연구에서 유의미하다고 나타난 상관관계가 사실 우연에 의한 것이었다면 다른 실험에서도 같은 결과가 나올 가능성이 적다. 앞서 소개한 경우처럼 실험 결과의 패턴이 복잡하다면 그 결과는 대체로 다음 실험에서 반복되지는 않는다.

물론 사회화 연구의 결과가 모두 다 우연히, 운이 좋아서, 교묘한 통계 기술로, 또는 결과에 반대되는 데이터를 숨긴 덕택에 얻어졌다고 생각하지는 않는다. 같은 결과가 반복적으로 나타나고 있어서 나로서도 실재한다고 받아들이고 있는 두 가지 상관관계가 있다. 이 상관관계는 그리 강하지 못하지만(원래 이런 연구에서는 강한 상관관계를 보이는 경우가 별로 없다) 연구들은 꾸준히 같은 결과를 보여 준다. 그 결과는 다음과 같이 요약할 수 있다.

1. 부모가 성공적인 인생을 살고 다른 사람들과의 관계도 원만하다면 그 자녀도 부모와 마찬가지로 성공적인 삶을 살고 원만한 인간관계를 갖게 되는 경향이 있다. 반대로 자신의 삶이나 가정에 대해, 또는 개인적 인간관계에 문제가 있는 부모의 자녀들은 부모와 같은 문제를 겪는다.
2. 애정과 존중을 받고 자란 아이는 학대를 받고 자란 아이보다 더 성공적인 삶을 살고 바람직한 인간관계를 유지하게 된다.

어디에선가 사회화 연구자들이 입을 모아 "물론!"이라고 외치는 소리가 들리는 듯하다. 그들은 이 명제들을 좋아하고 자기들 연구의 기본 가정으로 삼는다. 좋은 부모에게서 좋은 자녀가 자라나며 이는 아이들이 가정에서 부모로부터 배운 것들과 부모가 자녀들을 대하는 방식 때문이라고 믿고 있다. 그들이 보기에는 부모들이 잘 다룬 아이들은 잘 자라나는데 그 아이가 잘 자라난 것 역시 부모가 아이들을 잘 다뤘기 때문이다.

이것은 비단 사회화 연구자들만의 믿음은 아니다. 오늘날 거의 대부분의 사람들이 이렇게 믿고 있다. 이제부터 나는 앞으로 살펴볼 증거들을 검사하는 데 당신이 열린 마음으로 동참해 주기를 바란다.

▶ 유전자의 영향

폭스하운드와 푸들의 행동방식은 전혀 다르다. 이들은 성격도 서로 다르다. 양육을 신뢰하는 사람들은 폭스하운드가 다른 수십 마리의 개와 함께 사육장에서 자라지만 푸들은 도시의 아파트에서 주인의 침대에서 함께 잠을 잔다는 점을 지적할 것이다. 반면 유전을 신뢰하는 사람은 코웃음을 치며 "아파트에서 우쭈쭈 하면서 길러도 폭스하운드를 푸들로 만들 수는 없을 것이다"라고 답할 것이다. 실제로 이 실험을 해볼 수도 있다. 푸들 몇 마리를 사육장에서 키우고 폭스하운드는 한 마리마다 한 사람씩 주인을 배정해 아파트에서 자라게 한 뒤 그 결과를 살펴보는 것이다. 그렇다면 우리는 아마 양육과 유전 모두가 작용하고 있음을 발견하게 될 것이다. 물론 폭스하운드를 푸들이 되게 할 수는 없지만 아파트에서 자란 폭스하운드는 사육장에서 자란 다른 폭스하운드와는 다르게 행동할 것이다.[6]

이 실험에는 유전(강아지를 폭스하운드 또는 푸들로 태어나게 하는 유전자)의 영향과 환경의 영향이 구분되어 있다. 내가 말했듯 사회화 연구의 문제는 바로 여기에 있다. 유전의 영향과 환경의 영향이 분리되어 있지도 않고, 분리할 수도 없다. 사회화 연구에 참가한 부모와 자녀는 모두(또는 거의 대부분) 생물학적으로 연결되어 있으며 이들의 DNA는 같은 어머니에게서 난 푸들 두 마리 만큼이나 비슷하다. 또 부모는 자녀에게 유전자뿐 아니라 환경도 제공한다. 부모가 제공하는 환경, 곧 그들 자신이 어떤 부모인가 하는 점은 부분적으로 부모가 지닌 유전자의 영향을 받는다.[7] 부모가 제공하는 유전자의 작용과 그들이 제공하는 환경의 영향을 구별할 방법이 없다. 사회화 연구자들은 폭스하운드와 푸들의 환경을 바꿔주지도 않고 왜 다른지 알아내기 위해 애쓰는 셈이다.

과학적인 목적을 위해 아기들을 바꿔치기할 수는 없지만 간혹 부모가 바뀌는 경우가 있다. 예컨대 입양된 아이들에게는 두 쌍의 부모가 존재한다. 유전자를 제공하는 부모가 있고 환경을 제공하는 부모가 있다. 이런 점 때문에 행동유전학 분야의 학자들은 입양된 아이를 연구대상으로 삼는다. 입양아 연구의 공식적인 목적은 유전의 영향을 환경의 영향으로부터 분리하는 것이다. 하지만 사회화 연구자들과 마찬가지로 행동유전학자들도 뒤로는 나름의 계산을 갖고 있다. 유전자야말로 결정적인 힘을 갖고 있음을 밝히는 것이다. 존 왓슨의 생각은 틀렸으며 유아들은 환경이 아무렇게나 주무르는 대로 모양이 만들어지는 찰흙 덩어리가 아니라고 주장하려는 것이다.

초기 행동유전학 연구는 입양아가 (유전자를 제공한) 생물학적 부모를 더 많이 닮았는지 (환경을 제공한) 길러준 부모를 더 많이 닮았는지 밝히도록 설계되었다. 가장 관심을 끌었던 기준은 바로 지능지수였다. 생물학적으로 연결된 가정에서는 아이들의 지능지수가 부모의 지능지수와 관련성이 있다. 곧 부모의 지능지수가 평균 이상이면 자녀의 지능지수도 평균 이상인 경향이 있다. 행동유전학의 초기 연구에서는 이러한 상관관계가 유전에 의한 것인지 또는 지적인 부모가 제공한stimulating 환경에 의한 것인지 파악하고자 했다. 입양된 아동의 지능지수가 생물학적 부모의 지능지수와 비슷하다면 유전의 손을, 반대로 아이를 입양한 부모들의 지능지수와 비슷하다면 환경의 손을 들어줄 수 있을 것이다.

이러한 방법은 연구대상 특성이 지능지수인 경우에는 꽤 타당하지만 나의 주된 관심사인 성격을 연구할 때에는 전혀 설득력이 없다. 머리 좋은 부모 아래서 자란 아이의 지능지수가 높을 것이라는 예상은 어느 정도 합리적이지만 부모가 적극적이라고 해서 자녀들도 그럴 것이라 예상하는 것은 무리가 있다. 적극적인 부모 아래서 자란 아이가 오히려 온순하고 수동적일 수 있다. 또 다른 문제는 아이와 부모가 각기 다른 시대를 살아가는 서로 다른 세대에 속해 있다는 점이다. 사회의 문화적 변이로 인해 부모와 자녀의 차이점은 많아지고 유사점은 찾기 어려워진다.

이런 문제를 해결하기 위해 현대 행동유전학자들은 같은 세대의 사람들 사이에서 상관관계를 찾으려 한다. 곧 생물학적 또는 입양한 **부모**를 아이와 비교하는 것이 아니라 생물학적인 형제와 입양된 후에 생긴 **형제**를 입양아와 비교하는 것이다. 행동유전학자들은 한집에서 자라기는 하지만 유전적으로는 무관한 형제들, 그리고 유전적으로 유사한(주로 일란성 또는 이란성 쌍둥이) 형제들을 비교 연구하는 방법을 생각해냈다. 이렇게 하면 유전적인 유사성이 세 가지 수준으로 나뉜다. 즉, 한집에 입양되어 있지만 유전적으로는 전혀 무관한 형제, 보통의 형제들처럼 유전자가 50퍼센트 동일한 이란성 쌍둥이, 그리고 유전적으로 완전히 같은 일란성 쌍둥이 형제의 경우다. 유전적 유사성은 세 가지 수준으로 나타나지만 이들 형제들이 같은 가정에서 자라기 때문에 환경적 유사성은 대체로 일정하다. 정반대의 실험, 곧 유전적 유사성을 일정하게 만들고 환경을 다양하게 제공하는 실험도 가능하다. 하지만 그러기 위해서는 서로 떨어져서 자란 일란성 쌍둥이의 경우가 있어야 하는데 그런 경우는 여우 사냥에 나간 푸들보다 더 찾기 힘들다.

행동유전학 연구에서 실험 대상자를 찾기란 쉬운 일이 아니다. 사회화 연구에서는 거의 누구나 실험에 참여할 수 있지만 일반적인 행동유전학 연구에는 쌍둥이나 입양아들만 지원할 수 있기 때문이다. 게다가 사회화 연구에서는 한 집에 아이가 하나뿐이어도 상관없지만 행동유전학에서는 한 가정에 적어도 둘 이상의 아이를 놓고 연구해야 한다. 고되지만 그만한 가치가 있는 일이다. 유전과 환경의 영향을 구분 짓는 도구를 얻을 수 있기 때문이다. 유전의 영향력은 유사성으로 나타나는데 일란성 쌍둥이가 이란성 쌍둥이보다 더 유사하고 이란성 쌍둥이는 유전적 공통점이 없는 입양 형제보다 더 유사하다. 그러므로 유전적 교집합이 많은 사람들이 교집합이 적은 사람들보다 얼마나 서로 비슷한지를 측정해 유전의 영향을 파악할 수 있다. 한집에서 자라난 사람들이 서로 다른 집에서 자라는 사람들보다 얼마나 더 유사한지를 측정하여 가정 환경의 영향을 파악할 수 있다.[8]

인간이 지닌 수많은 특질은 이런 행동유전학적인 방법으로 연구되어왔고 그 결과는 매우 분명하고 또 일관되게 나타났다. 전반적으로 유전은 검사받은 사람에게 나타나는 변인의 50퍼센트 정도에 영향을 미치며 환경은 그 나머지 절반의 영향력을 지니고 있다. 사람들은 여러 가지 면에서 서로 다르다. 충동적인 사람이 있는가 하면 조심성이 많은 사람이 있고, 따지기 좋아하는 사람이 있는가 하면 무조건 맞장구 쳐주기를 좋아하는 사람이 있다. 충동성의 절반 정도는 유전의 영향일 테고 나머지 절반은 경험의 영향일 것이다. 이러한 분석은 동조성이나 다른 심리 특질에 있어서도 마찬가지다.[9]

전혀 놀라울 게 없는 발견 같아 보인다. 당신도 이미 예상하고 있었을 테니 말이다. 하지만 이러한 생각이 심리학회지를 통해 처음 발표되던 1970년대 당시 미국 심리학계는 유전의 영향을 과소평가하는 행동주의 심리학에 심취해 있었다. 사회 분위기 역시 반反유전적이었다. 태생적 차이가 존재한다는 명제는 인간이 평등하다는 이상과 양립할 수 없다고 여겨졌다. 이처럼 유전과 환경에 대한 논쟁에는 정치적·감정적 문제가 깊이 개입돼 있었다. 당시는 행동유전학은 인기가 없는 분야였다. 그러나 유전의 힘을 연구한다는 것은 특정한 정치적 입장을 옹호하는 일이 아니다. 그런 입장은 극렬한 자유주의자에게도 문제가 된다. 세월이 흘러 분자생물학 연구 방법이 진보함에 따라 학계에서 유전의 영향에 대한 연구를 받아들이기 시작했고 행동유전학자도 점점 많아졌다.

그럼에도 불구하고 여전히 사회화 연구자에 비해 행동유전학자는 압도적으로 적은 것이 사실이다. 이 때문에 사회화 연구자 대부분이 행동유전학 연구 결과를 쉽게 무시해 버리는지도 모른다. 반면 행동유전학자들은 사회화 연구자들의 연구 결과를 무시하지 않는다. 오히려 사회화 연구가 유전의 영향을 통제하는 데에 실패했기 때문에 그 결과를 올바르게 해석하기가 불가능하다는 점을 반복적으로 지적해 왔다.[10] 그리고 그들이 옳다.

앞서 말한 첫 번째 명제에서는 명랑하고 능력 있는 부모에게서 마찬가지로 명랑하고 능력 있는 아이가 자라난다고 했다. 달리 말해 아이는 부모를 닮는 경향이 있다고 할 수 있다. 자신의 인생을 잘 영위하고 (자녀를 비롯해) 타인에게 다정하다면, 그 사람의 아이가 유사한 성격을 지니게 될 가능성이 높다. 이는 아이를 양육한 방식 때문일까, 다정하고 유능한 부모에게서 그런 유전자를 물려받았기 때문일까? 상관관계 연구는 이 질문에 대한 답을 제시하지 못한다. 50-50(50퍼센트는 유전의 영향이고 50퍼센트는 환경의 영향)의 결과라는 행동유전학자들의 주장은 부모와 자녀 간 50-50 상관관계의 절반은 유전자 때문이고 나머지 절반은 환경의 영향 때문이라는 뜻이 아니다. 이는 특정 성격(예. 다정함)에서 아이들 사이에 차이가 나타날 때 그 차이의 50퍼센트는 유전자의 차이를 통해 설명할 수 있음을 뜻한다. 부모의 다정함과 아이의 다정함 간의 상관관계, 즉 둘 간의 유사성이 얼마만큼이나 유전자에 기인하는지를 말해주는 것이 아니다. 사실 부모와 자녀 사이의 상관관계는 보통 0.50에 한참 미치지 못하며, 부모와 자녀가 공유하는 유전자만으로 그 유사성을 전부 설명할 수 있을 만큼 낮다.

좀 어려운가? 이번에는 전혀 다른 종인 식물을 예로 들어 설명해 보겠다. 옥수수를 심어 재배한 후 각 옥수수에서 한 알씩 빼서 맛을 보고 당도를 측정하자. 그루마다 당도가 조금씩 차이가 있음을 알게 된다. 각 옥수수자루에서 씨앗으로 쓸 것을 한 알씩 보관해 둔 후 다음해에 다시 심는다. 당도 높은 씨앗에서 자란 옥수수가 평균적으로 당도가 높다는 점, 다시 말해 1세대 옥수수와 2세대 옥수수의 당도 사이에 상관관계가 있음이 발견될 것이다. 2세대가 1세대로부터 물려받은 유전자가 둘 사이의 유사성을 완전히 설명할 수 있기 때문에 이 상관관계는 전적으로 유전에 의한 것이다. 하지만 토질이나 비, 햇빛 같은 환경적인 요인도 역시 작용을 하기 때문에 당도라는 변인은 절반 정도만이 유전의 영향이다. 그렇기 때문에 유전은 2세대 내에서의 변인의 다양성에 대해 50퍼센트의 영향력만 갖고 있으면서도 1세대와 2세대 간에 나타나는 유사성은 전적으로 유전의 영향이라고 말할 수 있다.

옥수수에게나 아이들에게나 환경은 영향을 미친다. 인간에게 환경의 차이는 개인의 성격에 존재하는 다양성의 50퍼센트 정도를 설명해 줄 수 있다. 환경적 요인이 자녀에게 영향을 미친다고 믿는다는 점에서는 사회화 연구자들의 판단이 옳다. 하지만 사회화 연구가 어떤 환경요인이 영향을 미치는지를 밝혀 준다고 믿는다는 점에서는 잘못 생각하고 있다. 사회화 연구자들은 유전의 영향을 고려하지 않기 때문에 그들의 연구는 기대하는 그 결과를 밝혀 주지 못한다. 사회화 연구자들은 부모와 자녀가 유전적인 이유로 서로 닮아 있다는 사실을 수용하지 못했다.

앞서 말했던 첫 번째 명제는 사실이다. 평균적으로 괜찮은 부모에게서 괜찮은 아이가 나오는 경향이 있긴 하다. 하지만 그것이 부모가—유전 이외의 방식으로—아이가 어떤 인간이 될지에 영향을 미친다고 입증해 주지는 못한다.

▶ 쌍방 통행로

일반적인 사회화 연구는 연구자들이 같은 나이의 아이(주로 유치원이나 초등학교 같은 반에서 지원자를 모은다)들과 아이의 부모들을 참여자로 모집하면서부터 시작된다. 그 후에 연구자들은 참여자를 인터뷰하거나 설문지를 작성하게 하거나 부모가 자녀와 함께 있으면서 상호작용을 할 때 그들의 행동을 관찰하는 식으로 부모의 양육방식에 대한 데이터를 수집한다. 하지만 어떤 방법을 사용하든지 대부분의 연구에서는 한 가정에서 한 아이만이 연구에 참가하기 때문에 결국은 부모의 양육방식은 아이 한 명과의 관계만으로 평가될 수밖에 없다. 만일 부모가 한 가지 양육방식만을 유지한다면, 아니, 만약 자녀 양육방식이 눈동자 색깔이나 지능지수처럼 고정된 성격의 것이라면, 사회화 연구자들의 연구 절차에는 별 문제가 없다. 하지만 부모의 양육방식은 단일하지도 않고 고정적이지도 않다. 특정 아이에 대한 부모의 행동은 아이의 나이, 외모, 과거와 현재의 행동, 지능, 건강 상태 등 여러 요소에 영향을 받으며 부모는 그런 점을 고려해서 각각의 아이에게 맞는 다양한 양육 방법을 적용한다. 양육은 부모가 자녀에게 일방적으로 행하는 것이 아니다. 부모와 자녀가 함께 만들어 가는 것이다.

예전에 내가 우리 집 마당에서 개와 시간을 보내고 있을 때 한 여성이 다섯 살 정도로 보이는 딸과 일곱 살 정도로 보이는 아들을 데리고 길을 걷고 있었다. 함부로 길거리로 뛰어들지 말라고 훈련 받았지만 우리 개는 갑자기 인도로 뛰쳐나가서 아이들을 향해 짖기 시작했다. 두 아이는 매우 다른 반응을 보였다. 개가 다정하게 행동하지 않았는데도 불구하고 여자아이는 어머니에게 "만져도 돼요?"하고 물으며 개에게 다가가기 시작했다. 아이의 엄마는 "안 돼, 오드리. 개는 네가 만지는 걸 싫어할 걸"이라고 대답했다. 반면에 남자아이는 길 건너로 뛰어가 잔뜩 겁먹은 표정을 하고 있었다. 도로를 사이에 두고도 마음이 놓이지 않아 짖고 있는 개를 지나쳐 가지 못했다. "얼른 와, 마크. 안 물어"(그때 나는 목줄을 잡고 있었다)라고 말했다. 아이가 용기를 내서 어머니 곁으로 왔고 어머니는 못마땅한 심사를 적당한 공감의 표현으로 숨기며 아이를 기다렸다. 나는 세 사람이 길을 내려가는 동안 오드리가 마크를 놀리는 소리를 들었다. 정확히 무슨 얘기였는지는 잘 모르지만 ("얼레리꼴레리"처럼) 어조는 확실했다.

마크에게는 좀 미안하지만 나는 그 어머니에게 강하게 감정이입했다. 나도 성격이 전혀 다른 두 아이를 키웠기 때문이다. 큰 딸은 부모가 원하지 않는 일은 좀처럼 하려 하지 않았지만 작은 딸은 그렇지 않았다. 첫째는 쉽게 키웠다. 둘째를 키울 때는, 음, 흥미진진했달까.

아이가 없었던 나의 외삼촌 벤은 조카딸들(그러니까 내 아이들)을 무척 좋아하셨고 내게 아이를 잘 기르는 방법에 대해 조언을 해 주시곤 했다. 내 두 딸이 각각 여덟 살과 열두 살이던 어느 날 삼촌과 나눈 대화가 기억난다. 나는 삼촌에게 작은 딸의 행동에 대해 이런저런 불평을 늘어놓았는데, 삼촌은 내가 첫째 아이에 대해서는 별 불만이 없었다는 걸 알았기 때문에 내게 이렇게 물었다. "흠. 두 아이를 똑같은 방식으로 대했니?"

내가 두 아이를 똑같은 방식으로 대했냐고? 나는 뭐라 대답해야 할지 몰랐다. 아이들이 서로 다른데, 하는 일이 다르고 말하는 게 다르고 능력도 다르고 성격도 다른데 어떻게 두 아이를 똑같이 대하는 게 가능할까? 마크와 오드리의 엄마가 아이들을 똑같이 대할 수 있었을까? 그랬다면 어떻게 됐을까? 으르렁거리는 개에게 다가가려는 딸에게 "만지면 싫어할 걸"이라 하지 않고 "안 물어"라고 말했다면 말이다.

만일 마크와 어머니가 사회화 연구에 참가한다면 연구자들은 아마어머니가 아이를 지나치게 보호하려 한다는 인상을 받을 것이다. 오드리와 어머니가 다른 연구에 참가한다면 연구자들은 아마 어머니가 적절한방식으로 아이를 통제할 줄 안다고 판단할지도 모른다. 연구자들은 그어머니가 아이 한 명과 함께 있을 때의 모습만을 보게 되고, 결국 그 어머니가 어떤 부모인지 전혀 다른 모습을 보게 된다. 나의 경우에는 첫째 아이에게는 관대한 부모, 둘째 아이에게는 엄한 부모였다고 분류될 것이다.

부모와 자녀의 관계는 개인과 개인이 맺는 다른 모든 관계와 마찬가지로 쌍방 통행로다. 각자가 자신의 역할을 수행할 때 관계가 지속된다. 두 사람이 서로 상호작용할 때 한 사람의 말이나 행동은 어떤 면에서는방금 전 상대방이 한 말이나 행동 또는 과거에 일어났던 말이나 행동에대한 반응일 뿐이다.

어린 아기도 부모-자녀 관계에서 능동적으로 자신의 역할을 한다. 태어난 지 두 달 정도가 지나면 아기들은 대부분 부모와 눈을 맞추며 웃는다. 나를 보며 웃는 아이의 모습을 보면 세상을 얻는 기분이다. 일반적으로 아기들은 부모를 보고 웃어 줌으로써 자신 때문에 고생하는 부모에게보상을 치르는 셈이다.

어떤 아기들, 특히 자폐autism 증상을 보이는 아기들은 이렇게 하지 못한다. 자폐 증상이 있는 아이들은 부모와 눈을 마주치지도, 웃어주지도 않으며 부모를 보면서 기뻐하는 것 같지도 않다. 아기가 당신을 보면서 시큰둥해하면 당신도 그 아기를 의욕적으로 대하기 어렵다. 당신을 쳐다보지도 않는 아기와 상호작용을 하기도 어렵다. 오랫동안 보호 시설을 운영해 온 브루노 베텔하임은 자폐의 원인이 어머니의 냉정함과 자녀에 대한 애정 결핍이라고 주장했다. 훗날 자폐아 자녀를 둔 한 어머니는 어떤 글에서 베텔하임을 "가족 모두 죄책감에 시달리게 만든 악한 인간"이라고 비난했다. 베텔하임은 잔인했을 뿐 아니라 아예 틀렸다. 자폐는 뇌발달 이상에 의해 발생하며 이는 주로 유전에 기인한다. 자녀에게 무심한 어머니의 태도는 아이의 비정상적인 행동을 유발하는 원인이 아니라 자녀의 비정상적인 행동에 대한 **반응**이었던 것이다.[11]

존 왓슨은 (자식을 키워본 일이 없는 나의 삼촌 벤과 마찬가지로) 두 아이가 각기 다르게 행동한다면 그것은 부모가 아이를 달리 대했기 때문이라고 생각했다. 하지만 대부분의 부모가 둘째 아이를 낳고 얼마 지나지 않아 깨닫는데, 아이들은 날 때부터 서로 다르다. 부모가 아이들을 달리 대하는 이유는 아이들의 성격이 서로 **다르기** 때문이다. 겁이 많은 아이는 안심시켜주고, 겁이 없는 아이에게는 주의를 준다. 잘 웃는 아이는 뽀뽀도 하고 기꺼이 놀아주지만 무덤덤한 아이는 젖을 물리고, 기저귀를 갈아 주고 눕혀 둘 뿐이다. 사회화 연구자들의 관심은 부모-자녀 효과Parent-to-Child effect에 있지만 실제로는 반대 방향, 즉 아이가 부모에게 미치는 영향도 엄연히 존재한다. 나는 이를 자녀-부모 효과Child-to-Parent effect라고 부른다.

앞서 말한 두 번째 명제에서 부모가 많이 안아 준 아이는 좋은 성격을 갖게 되고, 맞으며 자란 아이는 나쁜 성격을 가질 가능성이 많다고 이야기했다. 이 문장을 뒤집어 보면 똑같이 그럴듯한 명제를 하나 더 만들 수 있다. 착한 아이들은 부모가 많이 안아 주었을 가능성이 높고, 버릇없는 아이들은 맞고 자랐을 가능성이 높다는 것이다. 포옹 때문에 아이가 좋은 성격을 갖게 되는 걸까, 아니면 아이가 좋은 성격을 갖고 있기 때문에 포옹을 많이 받는 걸까, 아니면 둘 다 사실일까? 또한 체벌 때문에 아이가 무례해지는 걸까, 아이가 무례하기 때문에 부모가 화를 참지 못하는 걸까, 아니면 둘 다 사실일까? 기존의 사회화 연구에서는 이 두 가지 가능성을 명확하게 구분해서 설명하지 못하고 분명한 인과관계를 제시할 방법도 없다. 따라서 두 번째 명제도 처음에 의도된 바를 증명하지 못한다.

▶ 평행 우주

카스토르와 폴룩스, 로물루스와 레무스처럼 쌍둥이는 오랫동안 많은 사람들의 관심거리가 되어 왔다. 쌍둥이는 행동유전학 연구 프로그램에 필수인데, 이때 굳이 따로 자란 쌍둥이를 찾을 필요는 없다. 실제로 연구에 참가하는 다수의 쌍둥이가 한집에서 생물학적 부모와 함께 자란다. 행동유전학자들은 두 종류의 쌍둥이, 곧 일란성 또는 이란성 쌍둥이를 대조하는 데 집중한다. 일란성 쌍둥이의 유사성과 이란성 쌍둥이의 유사성 차이를 살펴봄으로써 그들은 특정한 성격 유형이 유전의 통제 하에 있는지(있다면 어느 정도인지)를 판단한다. 예를 들어 신체 활동성에 대해 조사하기로 했다고 하자. 만일 일란성 쌍둥이들의 활동성 수준이 서로 유사하고(둘 다 활동적이든지, 둘 다 얌전하다든지) 이란성 쌍둥이들이 덜 비슷하다고 하면 이 결과는 유전이 활동성에 영향을 미친다는 주장의 증거로 받아들여진다.

사회화 연구자들은 이러한 연구 방법이 일란성 쌍둥이든 이란성 쌍둥이든 한집에서 자랐다면 서로 비슷한 환경적인 요소에 노출되었을 것이라는 확실하지 않은 가정에 기초하고 있다며 비판한다. 하지만 일란성 쌍둥이들이 같은 성별의 이란성 쌍둥이들보다 더 비슷한 환경을 경험할 때, 일란성 쌍둥이에서 비슷한 성향이 더 크게 나타나는 이유는 유전자 때문이 아니라(혹은 유전자와 더불어) 일란성 쌍둥이들이 더욱 유사한 환경을 경험하기 때문이다.

정말 일란성 쌍둥이가 이란성 쌍둥이보다 더 비슷한 환경을 경험할까? 옷차림이 같거나 같은 장난감을 갖고 노는 얘기하는 게 아니다. 일란성 쌍둥이가 애정이나 훈육을 경험하는 정도가 이란성 쌍둥이보다 정말 더 비슷한가 하는 점이다. 일란성 쌍둥이는 같은 정도의 포옹을 받고 같은 정도의 꾸지람을 받을까?

연구 데이터를 통해 부모들이 대체로 일란성 쌍둥이를 이란성 쌍둥이보다 더 비슷하게 대한다는 것을 알 수 있다. 청소년기의 쌍둥이들에게 부모로부터 얼마만큼의 애정 또는 거절을 경험했는지 조사한 결과, 일란성 쌍둥이의 대답이 이란성 쌍둥이보다 서로 더 일치하는 것으로 나타났다.[12] 일란성 쌍둥이 중에 한쪽이 자기가 부모로부터 사랑을 많이 받으며 자랐다고 말했다면 다른 한쪽도 비슷한 대답을 하곤 했다. **이란성 쌍둥이**의 경우에는 한쪽이 부모님의 사랑을 받았다고 말할 때 다른 한쪽은 사랑을 받았다는 답과 받지 못했다는 답을 모두 했다. 일란성 쌍둥이의 부모가 아이들 각각에게 다른 식으로 반응하고 다른 장난감을 갖다 주었더라도 그들은 자식을 똑같이 사랑하는 (또는 똑같이 사랑하지 않는) 것으로 보인다. 반면 생김새나 행동이 상당히 다른 이란성 쌍둥이의 경우 부모는 대개 한쪽 아이를 다른 아이보다 더 예뻐한다. 따라서 일란성 쌍둥이가 이란성 쌍둥이보다 더 비슷한 환경을 경험한다고 보는 것이 옳다.

사실 서로 다른 집에서 자란다고 해도 일란성 쌍둥이는 이란성 쌍둥이보다 더 비슷한 환경을 경험하기도 한다. 어려서부터 서로 떨어져 자라 성인이 된 일란성 쌍둥이가 자신의 유년기 경험, 이를테면 양부모들이 어떻게 대해줬는지 하는 점에 대해서 놀랍도록 비슷하게 설명하는 것

을 볼 수 있다.[13] 물론 일란성 쌍둥이는 유전적으로 동일하므로 기억도
—예를 들면 쾌활한 성격의 쌍둥이는 둘 다 기분 좋은 경험을 더 잘 기억
하고 우울한 기질의 일란성 쌍둥이들은 가혹한 매질을 더 잘 기억한다
는 식으로—양쪽 모두에게 동일하게 작용할 수도 있다. 하지만 나는 그
게 전부라고 생각하지는 않는다. 나는 일란성 쌍둥이는 실제로 부모로부
터 비슷한 정도의 애정을 받을 것이라 생각하는데, 한 가지 이유는 일란
성 쌍둥이의 외모가 같기 때문이다. 한 아이가 귀여우면 다른 아이도 귀
엽고, 한 아이가 못생겼으면 다른 아이도 못생겼다. 그리고 연구자들은
아이의 외모가 부모가 아이를 대하는 태도에 적지 않은 영향을 미친다는
것을 밝혀냈다. 연구에서 어머니들은 자기 아기가 못생겼을 때보다는 귀
여울 때 평균적으로 아기에게 더 많은 애정을 보였다(아기의 귀여움은 텍사
스 대학의 학부생 패널에 의해 별도로 평가되었다). 이 연구에서 아기들은 모두 정
상적인 보살핌을 받았지만 양육자들은 귀여운 아기를 더 자주 바라보고,
더 자주 놀아 주고, 더 많은 애정을 쏟았다. 연구자들은 빅토리아 여왕이
결혼한 딸에게 보낸 편지를 논문에 인용했는데, 아이 아홉을 키운 육아
전문가였던 여왕은 이렇게 썼다. "못생긴 아기는 정말 끔찍해."[14]

아기일 때 못생겼어도 나이를 먹어가며 외모가 나아지긴 하지만, 그
렇지 못한 경우를 생각해 보라. 사람들은 귀여운 아이만큼 못생긴 아기
에게 다정하게 대하지 않는다. 못생긴 아이가 잘못을 하면 귀여운 아이
보다 더 심하게 벌을 받는다. 잘못한 게 없어도 사람들은 먼저 못생긴 아
이가 잘못했을 거라 고 생각한다. 못생긴 아이들과 귀여운 아이들은 다
른 경험을 한다. 그들은 다른 환경 속에서 성장하는 것이다.

물론 아이들의 경험은 외모에 의해서만 결정되지는 않는다. 다른 가
치들도 역시 타인들이 아이에게 어떻게 행동하는지에 영향을 미친다. 마
크처럼 소심한 아이는 오드리처럼 겁 없는 아이와는 다른 반응을 경험
한다. 하지만 한 아이의 소심함은 기본적으로 유전적 성향일 수 있으며,[15]

따라서 만일 지구 반대편에 마크의 일란성 쌍둥이 형제가 있다면 그 아이도 마찬가지로 소심할 거라고 가정할 수 있다. 그들은 서로 다른 엄마에게서 자라나지만 엄마들이 반응하는 방식은 비슷할 가능성이 높다. 즉, 아이를 달래기도 하고 조금은 다그치기도 할 것이다. 어쩌면 아빠들은 아이를 덜 달래고 더 많이 혼낼지도 모른다. 집 밖에서도 마크와 그의 헤어진 쌍둥이 형제는 아마 또래들에게 놀림감이 되거나 괴롭힘을 당하는 등 비슷한 취급을 당할 것이다. 이런 아이들에게는 쉬는 시간이 별로 반갑지 않다.

아이들의 경험이 소심함이나 귀여운 외모처럼 타고난 특질이 작용한 결과라고 보았을 때, 일란성 쌍둥이들은 이란성 쌍둥이들에 비해 유사한 경험을 할 가능성이 높다. 이 점에 있어서는 사회화 연구자들이 옳다. 문제는, 다음 장에서 보겠지만, 유전자가 일치하기 때문이든 경험이 비슷하기 때문이든 일란성 쌍둥이들이 왜 그렇게 비슷한가를 설명하는 것은 중요하지 않다는 것이다. 중요한 건 왜 그들이 더 닮아 있지 않은가를 설명하는 것이다. 한집에서 자라난 일란성 쌍둥이라도 그들의 성격은 일란성이라고 할 수 없다.

▶ 유전자의 영향의 영향

유전자에는 인간의 육체와 두뇌를 형성하는 설계도가 담겨 있다. 유전자는 우리의 얼굴 생김새와 뇌의 구조와 작용을 결정한다. 이와 같은 유전의 생리적 발현은 유전자 설계도에 실린 지시사항을 밟아가는 일련의 결과물인데 나는 이를 직접적 유전효과direct genetic effects라고 부른다. 소심함은 직접적 유전효과라고 할 수 있다. 보통 이상으로 예민한 신경 체계를 갖고 태어나는 아이들도 있다.[16] 빼어난 외모 역시 직접적 유전효과다.

직접적 유전효과가 가져오는 결과를 나는 간접적 유전효과indirect genetic effects라고 부른다. 즉, 유전자의 효과의 효과인 것이다. 아이의 성격이 소심하면 어머니는 오냐오냐 하게 되고, 여동생은 놀리고, 또래들은 괴롭힌다. 아이의 얼굴이 예쁘면 부모는 아이를 애지중지하고 아이의 주위는 우러러보는 친구들로 둘러싸인다. 이것이 바로 간접적 유전효과다. 일란성 쌍둥이들이 서로 비슷한 삶을 살아가는 것은 간접적 유전효과 때문이다.

쌍둥이 데이터를 활용한 행동유전학자들의 연구에 비판적인 사회화 연구자들은 행동유전학의 방법론이 환경적 유사성의 영향을 유전의 영향과 구분하지 못했다고 제대로 지적한다. 실제로 행동유전학의 연구 방법에서는 유전자의 영향과 유전자의 영향의 영향을—직접적 유전효과와 간접적 유전효과를—구분하지 못한다. 그들이 "유전력heritability"이라 부르는 것은 사실 직접적 유전효과와 간접적 유전효과의 결합물이다.

이 둘을 구분할 수 있다면야 좋겠지만 현재 존재하는 방법론으로는 불가능하다. 따라서 나는 간접적 유전효과가 "환경"이 아니라 "유전"에 기인한다는 점을 밝히는 정도에서 만족하려 한다. 엄밀히 말해 간접적 유전효과가 아이의 환경에 속해 있다는 점은 분명하지만, 그것은 아이의 유전자가 작동한 결과물이다. 그러나 나는 행동유전학자들이 이 문제들을 잘 다루지 못했다고 하는 사회화 연구자들의 지적에도 동의한다. 행동유전학자들은 직접적 유전효과와 간접적 유전효과를 뒤섞어 놓았을 뿐만 아니라 그렇게 뒤섞어 놓았다는 것을 명확하게 자백하지도 않는 잘못을 저질렀다.

이제 명확히 정리해 보자. 행동유전학 연구들은 환경적 영향과 유전자의 영향을 구분하려는 목적으로 설계되었다. 연구자들은 성격 특질을 한 번에 하나씩 살펴보고 이 특질의 다양성 즉 연구 참여자들 간의 차이를 유전자로 인한 부분과 환경으로 인한 부분으로 나눈다. 연구 결과 지금까지 연구되어온 심리학적 특질의 상당수는 그 변인의 대략 절반 정도가 참여자들의 유전자에서, 나머지 절반은 환경에서 원인을 찾을 수 있었다. 그러나 유전자로 인한 그 절반 안에는 **간접적 유전효과**, 즉 유전자의 작용에 의한 환경적인 결과물들이 **포함**되어 있다. 이는 필연적으로 변인의 나머지 절반은 "순수하게" 환경적인 영향에—직접적으로나 간접적으로나 유전자의 영향이 없는—기인한 것임을 뜻한다.

그 절반의 변인은 사회화 연구자들에게는 상당히 많은 일거리를 던져준다. 그러나 사회화 연구의 목적은 환경 전반이 아이에게 영향을 미친다는 가설을 증명하는 것만이 아니다. 더 나아가 자기들이 주목하는 환경의 특정한 측면—명시하자면 부모들의 자녀 양육 방법—이 아이에게 영향을 미친다는 것을 증명하고자 하는 것이다. 내가 판단하기에 그들은 아직 목적을 달성하지 못했다. 그렇다, 능력 있는 부모들에게서 능력 있는 아이들이 나오는 경향이 있지만 이는 유전 때문일 수도 있다. 그렇다, 부모가 잘 대해준 아이들은 거칠게 대해진 아이들보다 더 나은 모습을 보이는 경향이 있지만 이는 자녀-부모 효과 때문일 수도 있는 것이다.

사회화 연구자들은 자기들이 관찰한 현상의 일부가 자녀들과 생물학적 부모 사이의 유전적인 유사성 때문이라고 생각하고 싶어 하지 않는다. 하지만 아이도 부모에게 영향을 미친다는, 곧 관계는 쌍방 통행이라는 생각은 이제 널리 받아들여졌다.[17] 부모와 자녀의 행동 사이에 존재하는 상관관계를 주장하는 거의 모든 논문에서는 인과관계의 방향이 불분명하며 논문에서 보고한 상관관계는 아이에 대한 부모의 영향이 아니라 (또는 이와 함께) 부모에 대한 아이의 영향 때문일 수도 있다는 일종의 기권 선언을 결말 부분에 포함하고 있다. 이런 기권 선언은 담뱃갑에 적힌 경고문과 마찬가지의 역할을 한다. 원칙적으로 써놓기는 하지만 아무도 주의 깊게 들여다보지 않는 것이다.

사회화 연구자들이 자녀-부모 효과가 분명 발생하기는 하지만 주로 다른 사람들의 데이터에서나 발견된다고 믿고 있는 듯하다는 인상을 받는다. 사회화 연구자들은 자신의 모호한 연구 결과를 양육가설의 관점에서 해석하려 하는데, 그 까닭은 양육가설 자체가 의심을 허용하지 않는 견고한 것이기 때문이다. 그들의 연구는 부모가 제공하는 환경이 자녀의 행동과 성격에 지속적으로 영향을 미친다는 가설을 검증하려는 목적으로 계획된 것이 아니다. 사회화 연구자들의 연구에는 검증할 가설 자체가 존재하지 않는다. 결론은 이미 정해져 있다.

양육가설에 의문을 던지는 것이 바로 내가 여기 있는 목적이다. 이 장에서 나는 양육가설을 지지해온 증거들의 문제점 몇 가지를 여러분에게 이야기했다. 다음 장에서는 양육가설에 반하는 증거들을 이야기하겠다.

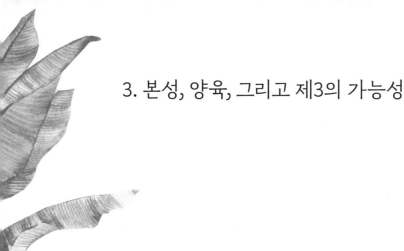

3. 본성, 양육, 그리고 제3의 가능성

어려서부터 떨어져 자라다가 나이 들어 다시 만난 일란성 쌍둥이가 서로 놀랄 만큼 닮아 있다는 이야기는 인기 있는 기삿거리고 대중의 상상 속에 각인되어 있다. 짐Jim이라는 똑같은 이름을 가진 일란성 쌍둥이 이야기를 보면, 모두 손톱을 물어뜯는 습관이 있고 취미는 목공이며 차종도 같고 즐겨 피우는 담배나 좋아하는 맥주도 같았다. 심지어 각자 아들에게 지어준 이름도 제임스 앨런(한 명은 James Alan, 다른 한 명은 James Allan)이었다. 우리 지역 신문에 똑같은 얼굴의 일란성 쌍둥이가 소방관 모자를 쓰고 나란히 찍은 사진이 실린 적이 있었는데, 이들은 어른이 되어 소방서 자원봉사를 하다가 만나게 되었다고 한다. 잭 유페와 오스카 스토르의 이야기도 있다. 한쪽은 트리니다드에서 유대인 아버지에게서 자랐고 한쪽은 독일에서 가톨릭 신자 할머니 아래서 자랐는데, 어른이 되어 만나고 보니 모두 네모난 안경을 끼고 콧수염을 짧게 기르고 있었으며 어깨에 견장이 달린 파란색 더블 포켓 셔츠를 입고 있었다. 두 사람 모두 잡지를 뒤쪽부터 읽었고 변기를 쓰기 전에 먼저 물을 내리는 버릇이 있었다. 그리고 둘 다 엘리베이터 안에서 크게 재채기를 해서 사람들을 놀래키는 것을 좋아했다. 각기 다른 집으로 입양된 에이미와 베스의 경우에는—에이미는 거의 방치된 채 자랐고 베스는 애정을 듬뿍 받았다—둘 다 인지적·성격적 결함으로 고통받고 있었다.[1]

이렇게 어려서부터 떨어져 자란 일란성 쌍둥이 일화는 유전자의 힘을 강력하게 대변한다. 이 사례들은 일란성 쌍둥이들의 양육 환경에 상당한 차이가 존재한다 해도 유전자가 성격 특성에 강력한 유사성을 부여한다는 점을 암시한다. 그리고 유전적 기제와 뇌신경생리학에 대한 현대 과학 수준에서는 이해가 불가능한 복잡하고 신비한 방법으로 유전자가 인간 행동을 결정하고 있음을 암시한다.

한편 좀처럼 언급되지 않는 동전의 뒷면도 있다. 바로, **같은** 집에서 자란 일란성 쌍둥이라도 흔히 생각하듯 완벽하게 서로 쏙 빼닮는 것은 아니라는 사실이다. 사람들은 떨어져 자란 일란성 쌍둥이들이 그렇게까지 닮아 있다면 같은 집에서 자란 일란성 쌍둥이들은 매년 받는 크리스마스 카드처럼 완벽히 닮은 모습이라 예상할 것이다. 하지만 실제로 이들이 서로 닮은 정도는 어릴 적부터 떨어져 자란 쌍둥이들과 크게 다르지 않다. 소소한 특징들을 공유하면서도 그에 못지않게 둘 사이에 존재하는 소소한 차이도 많이 있다.

이렇듯 쌍둥이가 한집에서 자란다고 해서 떨어져 자란 쌍둥이보다 더 많이 닮는 것은 결코 아니다. 동일한 유전자를 물려받고 같은 부모에게 동시에 양육받으며 자랐지만 성격이 전혀 다른 두 사람이 있다고 하자. 한쪽은 상냥한데(또는 수줍음이 많은데) 다른 한쪽은 정도가 더하다(또는 덜하다). 한쪽은 돌다리도 두들겨 보는 스타일인데, 다른 쪽은 아예 다리를 건널 생각을 하지 않는다. 한쪽은 부모가 못마땅해도 꾹 참지만, 다른 쪽은 부모에게 헛소리하지 말라고 응수한다. 우리는 지금 **일란성 쌍둥이**에 대해 이야기하고 있는데, 이들은 외모가 너무 닮아 좀처럼 분간하기가 힘들지만 성격검사를 받는다면 제각각 다른 답을 표시할 것이다. 한 집에서 자란 일란성 쌍둥이들이 보여 주는 성격 특성의 상관관계(성격검사나 기타 여러 방법을 통해 도출한)는 대략 0.50 정도에 불과했다.[2]

▶ 같은 집에서 자란다고 더 닮는 것은 아니다

미네소타 대학교에는 미네소타 쌍둥이 연구Minnesota Twin Study라는 프로 젝트를 진행하는 행동유전학자 모임이 있다. 그들은 서로 떨어져 자라며 성인이 된 일란성 쌍둥이들을 찾아, 미니애폴리스까지 교통비 전액을 지 원할 테니 일주일 동안 빡빡한 심리검사를 실시하자고 제안한다. 두 번째 보상으로 2주짜리 검사를 실시하자고 제안하면, 거절하는 사람이 거의 없다. 자궁 속에 함께 있었는데 탯줄이 끊어진 이래 한 번도 만나지 못했 던 형제를 처음으로 만나게 된 기회를 좀처럼 놓치고 싶지 않을 테니까.

미니애폴리스 연구에 참가한 일란성 쌍둥이 중 깔깔 쌍둥이라 불린 자매가 있다. 서로 다른 가정에서 자란 이 두 여성은 각각 자기 양부모들 이 무뚝뚝하고 내성적인 사람이었다고 진술했지만, 두 사람 모두 매사에 과도하게 웃음을 터뜨리는 경향이 있었다. 사실상 이들은 서로를 다시 만나기 전까지는 자신처럼 과하게 웃는 사람을 본 적이 없었다.[3]

깔깔 쌍둥이의 사례를 통해 우리는 '웃음은 유전이다'라는 섣부른 결 론을 내리기 쉽다. 하지만 이들은 그저 수많은 쌍둥이 중 하나일 뿐이며, 이 사례는 데이터가 아닌 일화로 보아야 한다. 게다가 이 쌍둥이들이 각 자 입양된 두 가정이 매우 흡사한 데가 있는데, 아마도 이 두 쌍둥이가 어 른이 되어 그렇게 자주 웃는 것은 어린 시절에 웃는 경험을 많이 할 수 없 었기 때문인지도 모른다. 사실, 이들이 그렇게 웃음이 많은 이유가 일치 하는 유전자 때문인지, 양쪽 모두 웃음을 유도하는 환경을 경험해 왔기 때문인지 단정할 방법은 없다. 이들 간의 **차이**는 환경이 원인이라고 할 수 있겠지만(이들은 동일한 유전자를 가졌기 때문에 유전이 원인이라 할 수 없다)[4], 둘 의 **유사성**은 유전 혹은 환경, 또는 두 요인이 함께 작용한 결과일 수 있다.

깔깔 쌍둥이의 유사성을 설명해내기가 어렵다 하더라도, 웃음이라는 특성 자체에 대해서는 여전히 설명을 시도해볼 수 있다. 행동유전학자들에게 쌍둥이나 형제들(함께 자라거나 따로 자란 친형제 또는 입양 형제) 몇 십 쌍을 보여 주면, 그들은 잘 웃는 성향이 유전 때문인지 환경 때문인지 또는 두 요인이 함께 작용한 결과인지를 구별할 수 있다. 행동유전학자들의 방법론은 '입양된 아이가 친부모를 닮는가, 아니면 양부모를 닮는가?'라는 고전적 질문의 변형에 기초하고 있다. 비교 대상의 나이 차가 너무 벌어지는 문제를 조정하기 위해 "부모"를 "형제"로 대체하기도 하지만 어쨌든 개념은 동일하다. 이 방법은 두 기본 전제, 즉 유전자를 공유하는 사람들이 그렇지 못한 사람들보다 더 많이 닮고, 유년기의 환경을 공유한 사람들이 그렇지 못한 사람들보다 더 많이 닮는다는 전제에 기초한다.

이 두 전제로부터 다음과 같은 예측이 가능하다. 잘 웃는 성향이 전적으로 유전적 원인 때문이라면 일란성 쌍둥이의 웃는 성향은 매우 유사할 것이며(물론 한 개인도 그날의 상황에 따라 달라지기에, 서로가 결코 완전히 일치할 수는 없겠지만), 이들이 함께 또는 떨어져 자란 것은 별다른 영향을 미치지 못할 것이다. 반대로 잘 웃는 성향이 전적으로 환경적 원인 때문이라면 함께 자란 일란성 쌍둥이나 이란성 쌍둥이, 입양된 형제들(즉 유전적으로 동일한 경우, 절반 정도 유사한 경우, 공통점이 전혀 없는 경우)의 웃는 성향은 그 정도가 동일하며, 서로 다른 집에서 성장한다면 이 성향이 결코 닮지 않을 것이라 생각할 수 있다. 그리고 만일 잘 웃는 성향이 유전과 환경의 상호작용 때문이라면(아마도 가장 가능성이 높겠지만), 우리는 유전자를 공유하는 사람들이 서로 비슷하고 한집에서 함께 자란 사람들도 서로 비슷할 테지만, 무엇보다 유전과 양육 환경이 모두 일치하는 사람들이 가장 비슷할 것이라 예상할 수 있다.

꽤 논리적이지 않은가? 하지만 다른 가능성도 있다. 만일 잘 웃는 성향이 지금까지 연구되어 온 바와 다른 종류의 패턴을 따른다면, 우리는 제3의 가능성을 발견하게 될 것이다.

1970년대 중반부터 예상치 못한 결과가 나타나기 시작했다.[5] 1970년대 후반에 이르자 행동유전학적 기본 전제의 결함을 드러내는 데이터가 충분히 쌓이게 되었다. 유전과 관련한 전제에는 별 문제가 없었다. 유전자가 같은 사람들은 그렇지 않은 사람들보다 성격상 더 닮은 것이 **분명**했으니까 말이다. 문제는 같은 환경을 공유한 사람들에 대한 전제였다. 연구가 거듭되면서 같은 집에서 성장했다고 해서 따로 떨어져 성장한 사람들보다 성격이 현저히 닮는 것이 **아님**이 드러났다. 그렇다고 유전이 전부라고 예측하기에도 무리가 있었는데, 왜냐하면 유전적으로 가까운 친척들도 그다지 닮아 있지 않았기 때문이다(상관관계가 너무 낮았다). 유전자 이외의 다른 무엇인가가 연구 참여자들의 성격에 영향을 미쳤지만 그것이 가정 환경은 아니었다. 혹시라도 가정 환경이 영향을 미쳤다면, 그것은 도저히 설명이 불가능한 방식으로 작동하고 있었다. 즉, 그것은 형제들을 서로 **더** 닮게 만드는 것이 아니라 오히려 **덜** 닮게 만드는 쪽으로 작용했던 것이다.[6]

아마도 예상 밖의 결과가 나온 이유가 궁금할 것이다. 어째서 한집에서 양육된 아이들이 더 **닮아야** 하는가? 만일 당신 부모가 무뚝뚝하고 내성적인 사람들이라면 두 가지 방향, 즉 부모를 닮아가거나 아니면 정반대 길을 택하는 쪽으로 나아갈 수 있지 않겠는가? 뚱한 성격의 부모를 둔 두 아이가 서로 반대되는 방향으로 성장할 수 있음을 상상하기가 힘든가? 한쪽은 부모처럼 뚱한 성격이 되고 다른 한쪽은 유머가 넘치는 사람이 되는 식으로 말이다.

문제는 아동발달 연구자들(행동유전학자들을 포함해)이 부모의 태도와 성격, 자녀 양육방식 등이 자녀에게 예측 가능한 효과를 미친다고 믿고 싶어 한다는 점이다. 보건학자epidemiologist들은 특정한 식습관과 생활 방식이 한 인간의 신체적 건강과 수명에 어떤 영향을 미칠 것인지를 예측한다. 마찬가지로 발달심리학자들은 부모의 행동과 자녀 양육방식이 자녀의 정신 건강과 성격에 어떤 영향을 미칠지를 예측한다.[7]

자녀를 대하는 태도나 가정생활에 대한 생각은 부모마다 다르다. 유머가 미덕이 되고 웃음을 그 보상으로 받는 어떤 가정에서는, 아이들이 남이 말하는 도중에 끼어들거나 버릇없어 보이는 표현을 해도 재미있다는 이유로 허용한다. 내가 자란 가정이 바로 그런 곳이었다. 반면 고등학교 때 내 친구였던 엘리너의 가족은 우리 집보다 훨씬 지적인 분위기였다(우리 집은 그런 구석이 전혀 없었다). 우리 집에서 함께 저녁식사를 하고 며칠 후, 엘리너는 나에게 자기가 우리 집에서 태어났으면 더 좋았을 것 같다고 말했다. 우리 집 저녁 식탁은 모두가 한꺼번에 떠들며 농담과 웃음을 주고받는 생기 넘치는 곳이었지만, 엘리너의 부모님은 근엄하고 진지해서, 저녁식사 시간이 너무 따분하다고 했다. 여기서, 잘 웃는 성향을 검사해본다면 우리 집에서 자라난 사람이 엘리너네 집에서 자란 사람보다 더 높은 점수를 받지 않겠는가? 우리 가정에서 자란 한 사람과 엘리너의 가정에서 자란 한 사람 사이보다는, 우리 가정에서 자란 두 사람이 웃는 성향의 유사성이 더 크지 않겠는가?

아이들이 "어떤 방향으로든 갈 수 있다"고 믿는다면—아이들이 자기 부모처럼 될 수도 있고 부모와는 정반대 방향으로 갈 수도 있다고 믿는다면—당신은 결국 부모가 자녀에 대해 아무런 예측 가능한 효과를 미치지 못한다고 말하는 셈이다. 만일 좀 더 완화된 관점을 내놓고자 한다면—**대부분의** 아이는 부모에게 영향을 받지만, 때로 부모에게 저항하며 반대 방향으로 나아가려 하는 아이도 있다고 주장한다면—대다수의 아이들은 저항을 하지 않으므로 형제들은 대체로 서로 닮아 있어야 한다. 아이들은 저마다 다르게 태어나기 때문에 우리는 이들이 부모의 태도와 행동에 정확히 같은 방식으로 반응할 것이라 기대할 수 없다. 그럼에도 대체로 농담과 웃음을 좋게 여기는 가정에서 자라난 사람들은 매사에 시큰둥한 가정에서 자라난 사람들에 비해 웃는 성향이 더 높아야 한다.

하지만 행동유전학자들이 발견한 것은 이와 다르다. 그들은 다양한 성격 특성(내가 알기로는 웃음이나 유머 감각은 포함되지 않았지만)을 살펴보았고, 모든 특성에서 거의 비슷한 결과가 나타났다. 즉, 한집에서 같은 부모의 양육을 받고 자랐다는 점은 성인이 된 형제들의 성격에 거의 또는 전혀 영향을 미치지 못했다. 함께 양육받은 형제들은 유전적으로 닮은 정도만큼만 성격의 유사성을 보일 뿐이었다. 형제들이 공유하는 유전자로 둘 사이의 유사성을 설명할 수 있을 뿐, 공유하는 환경적 요소로 설명할 수 있는 다른 종류의 유사성은 발견하기 힘들었다.[8] 어떤 심리학적 특질, 이를테면 지능에는 유년기에 경험하는 가정 환경이 일시적 영향을 미친다는 증거도 있다. 실제로 사춘기 이전까지는 입양 형제들의 지능지수가 약간의 상관관계를 보이기도 한다. 하지만 사춘기 후반부로 가면 비유전적 유사성은 모두 사라지고 만다. 성격이나 지능지수의 경우, 한집에서 양육된 입양아들이 어른이 되었을 때는 그 상관관계가 거의 0으로 떨어진다.[9]

심리학의 연구 결과들이 폐기되는 경우도 종종 나타난다. 한 연구에서 흥미로운 결과가 도출되었다가도 후속 연구에서 같은 결과가 나타나지 않기 때문이다. 하지만 행동유전학의 연구 결과는 통계학자들의 표현대로 "견고하다." 반복되는 연구들은 늘 같은 결과, 즉 성인 형제들 간에 존재하는 거의 모든 유사성은 공통된 유전자 때문임을 보여 준다. 반면 어릴 적부터 공유한 환경적 요인에서 기인한 유사성은 성인이 되면 거의 찾기가 힘들다.

같은 가정에서 성장한다는 이유로 형제들이 더 많이 닮지는 않는다. 만일 정말로 "유해한" 부모가 있더라도 그들이 자녀 모두에게 유해한 것도, 모두에게 같은 방식으로 유해한 것도 아니다. 혹여 같은 방식으로 유해하다 해도 자녀들은 그 유해성에 각기 다르게 반응한다. 설령 일란성 쌍둥이라도 말이다. 만일 유해한 부모로 인해 예상되는 영향이 자녀 중 단 한 명(결국 임상심리학자의 도움을 받아야 하는)에게서만 발견되고 다른 아이들은 별 문제없이 성장한다면, 이 사실은 무엇을 의미하는가?[10]

▶ 진퇴양난

사회화 연구자들은 행동유전학자들의 불편한 연구 결과를 대체로 외면해왔다. 행동유전학 연구에 관심을 기울인 학자 중 가장 유명한 사람은 1장에서 언급했던, 초기 단계의 사회화 연구들이 결국 무의미했음을 인정했던 전 스탠퍼드 대학교 교수 엘리너 맥코비다.

맥코비는 1983년에 동료 존 마틴John Martin과 함께 사회화 연구 분야를 전반적으로 검토하는 긴 논문을 발표했다. 그 논문은 연구 방법과 결과 및 이론들을 언급하고 부모가 아이에게 미치는 영향과 아이가 부모에게 미치는 영향을 상세히 다루었는데, 80쪽에 달하는 빽빽한 논문의 말미에서 그들은 사회화 연구에 대한 자신들의 인상을 짤막하게 요약한다. 그들은 부모의 행동과 자녀의 특질 간의 상관관계가 확고하지도 지속적이지도 않다고 지적한다. 그리고 수많은 데이터들을 참조할 때 기존 연구들을 통해 밝혀진 상관관계도 우연에 의해 생긴 것이 아닐까 하는 의구심을 드러낸다. 그들은 같은 집에서 자란 입양아들의 성격에 유사성이 없으며 친형제의 경우도 마찬가지라는 행동유전학의 곤혹스러운 발견에 이목을 집중시킨다.

사회화 연구에서 발견되는 경향성의 불분명함과 행동유전학 연구에서 도출된 여러 결과를 함께 고려하면서, 맥코비와 마틴은 이렇게 결론 내린다.

이러한 발견들은 부모가 자녀에게 제공하는 물리적 환경이 거의 영향을 끼치지 못하며, 또한 한 가정 내에서 모든 자녀에게 동일하게 적용되는 부모의 특성, 즉 교육 수준이나 부부 관계 같은 요소도 영향력이 거의 없음을 강하게 암시한다. 이는 결국 다음과 같은 두 가지 가능성, 즉 부모의 행동이 전혀 영향을 미치지 못하거나, 부모의 양육방식 중 영향력을 가지는 측면이 아이들마다 매우 다르다는 점을 함축한다.[11]

부모에게는 아무 영향력이 없거나 부모가 미치는 영향이 자녀들에게 각각 다르게 나타난다는 두 가능성이 이 논문이 제시하는 결론이다. 사회화 연구자들은 어느 쪽이든 그다지 마음에 들지 않을 것이다. 그것은 마치 보건학자들에게 브로콜리 섭취나 운동이 건강에 아무 영향을 미치지 못하거나 혹은 어떤 사람은 건강하게 하고 어떤 사람은 건강을 악화시킨다고 말하는 것이나 마찬가지다. 브로콜리나 운동이 각 사람에게 각기 다른 영향을 미친다는 점을 받아들이더라도, 적어도 역학疫學에서는 전반적 경향성이라는 것이 존재한다. 요컨대 야채를 많이 먹고 규칙적으로 운동하는 것은 실제로 **대부분의** 사람에게 이롭게 보인다. 하지만 맥코비와 마틴에 의하면, 사회화 연구에서는 그 전반적 경향성이라는 것이 분명치 않다.

맥코비와 마틴의 설명은 중대한 의미를 갖기 때문에 좀 더 자세히 검토해 보겠다. "이러한 발견들은, 부모가 제공하는 물리적 환경이 자녀에게 거의 영향을 끼치지 못하며, 또한 한 가정 내에서 모든 자녀에게 동일하게 적용되는 부모의 특성도 아무런 영향력이 없음을 강하게 암시한다." 이러한 발견들이란, 사회화 연구자들이 발견한 경향성이 매우 약하고 비일관적이라는 사실과, 함께 자란 친형제들 간에도 상관관계가 생각보다 낮다는 행동유전학의 결과들을 말한다. 다시 말해, 아이에게 중요한 영향을 미치는 요소들로 여겨져 온 많은 것들이 실제로는 그렇지 않다는 사실이 밝혀진 것이다. 부모가 일을 하든 하지 않든, 독서를 좋아하든 그렇지 않든, 술을 마시든 그렇지 않든, 자주 싸우든 그렇지 않든, 결혼 생활을 유지하든 이혼하든, 이러한 "한 가정 내에서 모든 자녀에게 동일하게 적용되는 부모의 특성"은 아이들에게 "거의 영향을 끼치지 못한다." 그리고 가정의 물리적 환경이 도심지든 농촌이든, 한적하든 사람이 붐비는 곳이든, 지저분하든 깨끗하든, 이런 점들도 마찬가지로 "모든 자녀에게 동일하게 적용되는 특성"이며 이 또한 "아무런 영향력이 없는" 것으로 보인다.

단 몇 줄의 글로 맥코비와 마틴은 수십 년간 사회화 연구자들의 밥벌이가 되어준 것을 단번에 뭉개버린다. 그리고 두 가지 대안을 내놓으면서 그들의 마지막 밥줄마저 끊어버리려 하고 있다. 말하자면 이런 식이다. "둘 중 하나를 고르세요. 부모는 아무 영향력이 **없다**는 쪽을 고르든지, 아니면 부모의 영향력이 한 가정 안에서도 아이들마다 각각 다르게 나타난다는 쪽을 고르든지 말입니다." 첫 번째 대안은 양육가설이 잘못되었음을 의미한다. 두 번째 대안은 양육가설을 구해줄 유일한 희망을 제공한다.

첫 번째 대안을 선택하는 이는 거의 없다. 자신의 전문 분야만이 아니라 발달심리학이라는 학문 전체의 흐름에도 관심 있는 많은 발달심리학자들은 맥코비와 마틴이 제시한 두 번째 대안을 선택하고 있다. 그 밖의 발달심리학자들은 종말이 다가오고 있다는 경고에 아랑곳하지 않고 무사태평하게 지금까지의 방식을 고집하고 있다.

맥코비와 마틴의 두 번째 대안은 "부모의 양육방식 중 영향력을 가지는 측면이 아이들마다 매우 다르다"는 것이다. 부모와 가정 환경은 여전히 중요하게 작용하지만 아이들은 한 가정 내에서도 각기 다른 환경을 경험하게 된다는 것이다. 이런 입장을 취하는 발달심리학자들은, 한 가족 안에서 아이들이 공유하지 않는 각각의 경험을 두고 가족 내 환경적 차이within-family environmental differences라는 용어를 사용한다. 예를 들어 부모가 두 아이 중 하나를 편애한다면, 그 아이는 사랑이 많은 부모를 경험하고, 다른 아이는 무뚝뚝하고 매정한 부모를 경험할 것이다. 또 부모는 한 아이에게는 엄하고 다른 아이는 좀 더 부드럽게 대하기도 한다. 한 아이에게는 "운동할 아이", 다른 아이는 "공부할 아이"와 같은 식으로 각기 다른 꼬리표를 붙이기도 한다. 그리고 가족 내 환경적 차이는 부모와 자녀 사이뿐만 아니라 자녀들의 상호관계에 의해서도 발생한다. 예를 들어 어떤 아이는 군림하는 성격의 누나(언니)와 함께 자라고 어떤 아이는 겁 많은 남동생과 함께 자랄 수 있다. 이처럼 가정이란 하나의 균질한 환경이 아니라, 작은 미세환경microenvironment들의 집합이고 아이들은 각각 자신만의 미세환경 속에서 살아간다.

완벽히 논리적인 설명이다. 한 가정 내에 미세한 환경들이 존재한다는 데는 의심의 여지가 없고, 아이들은 한집에서도 서로 다른 경험을 하며 가족 구성원들과도 각기 다른 관계를 맺게 된다는 데도 딱히 반론을 펼 수 없다. 사람들은 부모가 아무리 아이들을 똑같이 대해주려 해도 실제로는 그렇지 못하다는 사실을 잘 알고 있다. 엄마는 언제나 당신을 가장 사랑했으며, 덕분에 당신은 자연스럽게 더 괜찮은 어른이 된 것이다.

하지만 이런 설명은 원인과 결과의 순환으로 인해 금세 문제에 빠지고 만다. 당신이 애초부터 괜찮은 아이였기 때문에 엄마가 당신을 가장 사랑한 것은 아닐까? 당신이 똑똑한 것은 부모가 당신을 "공부할 아이"로 정했기 때문일까, 당신이 애초부터 영리했기 때문에 부모가 당신을 "공부할 아이"로 정했던 걸까? 아이들의 다름에 대한 **반응**으로서 부모가 아이들을 각기 다르게 대하는 것일까, 아니면 부모가 아이들이 서로 다르게 자라는 **원인**이 된 것일까?

이 순환고리를 끊기 위해서는 부모가 선천적으로 타고나는 아이들의 특성에 단순히 반응하기만 하는 것이 아님을 밝혀야 한다. 부모가 아이들을 각기 다르게 대하는 것에 대해, 유전적 차이에서 기인하지 않는 다른 이유를 찾아야만 한다. 그리고 좀 까다로운 대목이지만, 부모가 아이들을 다르게 대하는 것이 아이들에게 **실제로 영향을 미친다**는 증거가 필요하다. 우리가 가진 것이 자녀-부모 효과와 관련된 것이 전부라면 부모가 자녀에게 하등의 영향을 미치지 못한다고 말할 수밖에 없기 때문에, 우리는 부모-자녀 효과의 증거들이 필요하다.

▶ 출생순서

아이의 선천적 특성이 아닌데도 부모가 아이들을 각기 다르게 대하도록 하는 요인으로 먼저 떠오르는 것은 출생순서다. 첫째와 둘째가 어떤 유전자를 뽑을지 그 확률은 같지만, 일단 태어난 다음에는 매우 다른 미세환경에서 성장하게 된다. 이들은 한 가정 안에서 서로 다른 경험을 하게 되며 이 경험의 종류는 출생순서를 통해 어느 정도 정확한 예측이 가능하다. 첫째는 적어도 일 년 정도 부모의 모든 관심과 애정을 받지만 어느 순간 자기 자리에서 "끌어내려"지고 강력한 경쟁자를 만난다. 이렇게 볼 때 둘째는 태어나면서부터 경쟁을 하는 셈이다. 부모들이 첫째를 키울 때는 경험이 없기 때문에 신경이 곤두서 있지만 둘째를 키울 때는 어느 정도 요령을 터득한(또는 그렇다고 생각하는) 상태가 된다. 그렇기 때문에 부모들은 첫째에게 좀 더 많은 책임을 지우고 꾸지람도 더 많이 하며 좀 더 구속하는 경향이 있다.[12]

부모가 아이를 대하는 방식이 아이의 성격에 영향을 끼치고 부모가 첫째와 둘째를 다르게 대하는 것이 사실이라면, 아이가 태어난 순서는 아이의 성격에 어떻게든 반영되고 아이가 성장한 뒤에도 식별 가능한 정도로 유지될 것이다. 이를 출생순서 효과birth order effect라고 하는데, 대중심리학 저자들이 즐겨 쓰는 주제다. 역기능 가족 연구의 권위자인 존 브래드쇼John Bradshaw는 첫째와 둘째, 셋째가 지니는 독특한 성격적 특질에 대해 이렇게 썼다.

> 첫째 아이의 결정 기준과 가치관은 아버지와 동일하거나 아니면 완전히 반대된다.…그들은 타자지향적이며 사회적 인지력이 높다.…첫째 아이들은 자존감을 높이는 데 어려움을 겪기도 한다.…둘째 아이들은 조직 안에 정서적 결속이 필요할 때 그 역할에 자연스럽게 부합한다.…그들은 숨은 문제들을 즉각적으로 파악하지만, 그에 대한 자기 느낌을 표현하는 데는 어려움을 느낀다.…이런 점 때문에 둘째 아이들은 순진하고 얼빠져 보이는 경우가 많다.…셋째 아이들은 조직의 관계적 필요에 반응한다.…매우 독립적으로 보이지만 실제로는 전혀 그렇지 못하다. 우유부단하며 결단 내리기를 힘들어한다.[13]

심리학 연구자들이 항상 겪는 문제는 확실한 근거 없이는 이와 같은 진술을 할 수 없다는 점이다. 연구자들은 평균적으로 첫째가 둘째나 셋째보다 자존감을 형성하는 데 실제로 문제를 겪으며, 셋째들이 다른 형제에 비해 실제로 우유부단하다는 점을 증명할 수 있어야 한다. 성격검사를 치러 첫째, 둘째, 셋째의 반응이 체계적으로 달리 나오면 성공적일 것이다.

50년이 넘는 기간 동안 다양한 입장의 여러 심리학 연구자들이 출생 순서가 성격에 영향을 준다는 주장을 뒷받침할 체계적 차이를 찾고자 노력해 왔다. 행동유전학자나 사회화 연구자 모두에게 이 근거가 필요했다. 행동유전학자들에게 출생순서의 영향을 증명하는 것은 도출된 불편한 결과와 그들이 세운 가정을 화해시키는 하나의 방법이 될 것이다(행동유전학자들 역시 양육의 힘을 믿는다). 사회화 연구자들은 가정에서 이루어지는 일들이 결정적이고 지속적인 영향을 미친다는 증거를 통해 엄청난 수확을 얻게 될 것이다.

오랜 기간 동안 출생순서별로 진행된 성격검사 연구 데이터가 쌓이기 시작했다. 수많은 연구 참여자들이 검사지에 자신의 집안 내 위치를 기입하고, 이어서 자신의 능력에 대한 자신감과 감정을 표현하는 데 겪는 어려움, 결정을 내려야 하는 상황에 대한 부담감에 대해 답변했다. 그리고 수백 명의 연구자들이 그 데이터를 분석했다. 좀 슬픈 얘기지만, 이 대규모 프로젝트는 결국 시간과 종이만 낭비하고 끝나 버렸다. 1990년 형제 간 관계 형성 연구의 세계적 권위자 주디 던Judy Dunn과 행동유전학계의 권위자 로버트 플로민Robert Plomin은 출생순서에 관한 데이터를 샅샅이, 그리고 예상컨대 아주 간절한 마음으로 검토하고 나서 다음과 같은 결론을 내렸다.

> 아이들을 각각 다르게 대하는 부모의 행동을 논할 때 가장 먼저 떠오르는 주제는 아마도 출생순서일 것이다. 일반적 가정에 따르면 첫째 아이와 둘째 아이를 다르게 대하는 부모의 행동에는 일정한 체계가 있다.…중요한 의미에서 이런 차이들은 그다지 상관성이 없다. 일반인들 사이에서 나타나는 성격이나 정신병 등에 있어서의 다양성(여기서 설명하고자 하는 결과의 다양성)이 개인의 출생순서와 **무관하기** 때문이다. 이런 설명은 널리 받아들여지는 일반적 생각과 완전히 어긋나지만, 출생순서에 관한 수많은 연구를 꼼꼼히 검토한 사람들은 출생순서가 형제간 성격 차이를 설명하는 요소 중 극히 일부분에 지나지 않음을 인정한다. 출생순서로 인한 성격 차이가 체계적으로 나타나지 않는다면, 출생순서와 관계된 부모의 다른 양육 태도들도 자녀가 어떤 어른이 될 것인지에 뚜렷한 영향을 미치지 못한다고 볼 수 있다.[14]

던과 플로민은 "출생순서에 관한 수많은 연구를 꼼꼼히 검토한 사람들"을 언급하는데, 이들 중 가장 뛰어난 연구자는 단연 스위스의 세실 에른스트Cecile Ernst와 율레스 앙스트Jules Angst라고 할 수 있다.

그들은 출생순서에 대한 연구들을 (굉장한 끈기를 가지고) 검토하면서,

출생순서와 성격의 관계에 대해 1946년부터 1980년 사이 발표된 전 세계의 논문을 살펴보았다. 연구 참여자의 행동에 대한 직접 관찰, 부모나 형제나 선생님이 매긴 점수, 성격검사 점수 등이 모두 담겨 있었다. 이 모든 자료를 종합하면서 에른스트와 앙스트는 애초의 가정, 즉 성격은 출생순서에 따라 다르며 이른바 '첫째의 성격'이 있다는 가정을 증명할 수 있으리라 기대했다.[15]

하지만 증명은 이루어지지 않았다. 우선 에른스트와 앙스트는 출생순서의 영향력을 증명하려는 많은 연구에 치명적 결함이 있음을 발견했다. 대부분의 경우 연구자들은 가족의 크기나 사회경제적 수준과 같이 서로 상관관계가 있고 실험 결과에도 영향을 미칠 수 있는 여러 변인들을 고려하지 않았다.[16] 그런 결함 있는 내용들을 모두 제외하고 남은 것들을 종합한 후, 에른스트와 앙스트는 무엇을 발견했을까? 바로 출생순서가 성격에 일관된 영향을 미치지 못한다는 사실이다. 그들은 대부분의 연구에서 출생순서의 영향력에 대한 아무 증거도 찾지 못했다. 출생순서가 영향을 미치는 경우도 특정한 조건—남자보다는 여자, 작은 가족 규모—에서만 제한적으로 나타났으며 그나마도 일정한 패턴이나 근거를 보여 주지 못했다.

더 정확한 확인을 위해 에른스트와 앙스트는 직접 연구를 실시했다. 그들은 취리히에 사는 20대 남녀 7582명을 대상으로 성격검사를 실시했는데, 이는 사회과학 연구의 일반적 기준을 감안할 때 실로 막대한 규모였다. 그들은 사회성, 외향성, 공격성, 흥분성, 과민성, 신경증, 우울성, 참을성, 침착성, 남성성, 지배성, 개방성을 비롯한 열두 가지 성격적 측면을 측정했다(잘 웃는 성향은 포함되지 않았다).

연구 결과는 가족 환경의 영향력을 신뢰하는 사람들이 달가워할 만한 것이 아니었다. 형제가 둘인 가정에서 자란 연구 참여자들의 성격 특성을 조사했을 때, 첫째와 둘째 사이에 어떤 주목할 만한 차이도 발견되지 않았다. 형제가 셋 이상인 가정에서 자란 연구 참여자들이 한 가지 작은 차이를 보였는데, 막내가 남성성에서 약간 낮은 점수를 기록한 것이다. 하지만 이 차이 또한 우연히 생겼을 가능성이 크다(많은 변인을 측정하다 보면 유의미한 차이가 우연히 나타나는 경우도 있다).[17]

에른스트와 앙스트는 자신들의 연구를 이렇게 요약한다. "지금까지 아주 중요하게 여겨져 온 환경적 변인(출생순서)은 실제로는 인간의 성격과 행동을 예측하는 데 그다지 적합하지 않다. 이는 아마도 우리의 역동 심리학 이론 대부분이 수정되어야 함을 뜻한다."[18]

하지만 출생순서 효과에 대한 믿음은 좀처럼 사라지지 않는다. 지속되는 반론에 직면하면서도 이 믿음은 늘 오뚝이처럼 다시 일어난다. 이 믿음을 되살리고자 하는 시도들 중 가장 눈에 띄는 것은 과학사가 프랭크 설로웨이Frank Sulloway의 책이다. 『타고난 반항아Born to rebel』(사이언스북스)에서 설로웨이는 과학이나 종교, 정치 분야의 혁명적 사상들을 지지한 이들이 대부분 후순위 출생자들이었으며 이를 억압하는 일을 첫째들이 맡아 왔다고 주장한다. 후순위 출생자들이 첫째보다 이른바 "경험에 대한 개방성"이 더 풍부하기 때문이라는 것이다. 하지만 내가 보기에 혁신적 사상이 꼭 후순위 출생자들에게서 나온 것은 아닌 것 같다. 갈릴레이나 뉴턴, 아인슈타인, 루터, 프로이트, 마오쩌둥은 모두 첫째였다. 그런데 설로웨이가 제시하는 자료에서 첫째들은 새로운 사상을 받아들이는 데 매우 보수적인 경향을 지니는 것으로 나타난다. 그의 말에 따르면 첫째는 어려서부터 현상 유지에 전념한다. 부모와 관계가 나쁘다거나 책에 열거된 몇몇 요인들이 충족되는 경우를 제외하면 결코 저항의 동기를 갖지 못한다. 그들은 이미 필요한 몫 이상으로 충분히 받았기 때문에 그 상황을 뒤엎을 필요가 없는 것이다. 부모의 관심이든 무엇이든, 그것의 가장 첫 수혜자는 바로 첫째다. 현재의 만족스러운 지위를 유지하려면 첫째들은 부모에게 "네, 엄마 아빠" 하며 방긋 웃기만 하면 된다. 첫째들이 이미 자신의 위치에 확고하게 자리 잡고 있기 때문에, 후순위 출생자들은 가족 내에서 자신만의 또 다른 역할을 찾아야 한다. 그렇기 때문에 후순위 출생자들에게는 반항의 필요가 생기는 것이다. 그리고 이들이 어른이 되면 설로웨이의 표현대로 ('정통적'이라는 의미의 반대말로) "이단적" 시각을 갖게 된다.[19]

내가 그의 이론에 반대하는 이유는 아마도 나 자신이 이단적 시각을 가진 첫째이기 때문인 듯싶다. 설로웨이(참고로 그는 첫째가 아니다)의 첫째에 대한 태도는 지나치게 가혹한 것 같다. 그는 자신의 책에서 첫째들을 이기적이고 편협하며 질투심이 강하고 폐쇄적이고 공격적이고 나서기 좋아하는 사람들로 묘사하고 있다. 첫째의 예로 카인을 수차례 제시하는 것으로 보아, 설로웨이는 자신을 아벨과 동일시하고 있음이 틀림없다.

나 자신이 설로웨이의 말대로 나서기 좋아하고 공격적인 첫째이기 때문인지, 나는 이 책의 부록에서 그의 책을 꼼꼼히 비판해 두었다. 설로웨이는 에른스트와 앙스트의 연구를 재검토한 후 전혀 다른 결론을 내리고 이를 자기 이론을 뒷받침하는 데 사용했다. 하지만 내가 보기에 설로웨이의 분석은 설득력이 부족하다. 우선 설로웨이는, 에른스트와 앙스트가 이전의 어느 연구보다 많은 연구 참여자를 대상으로 신중하고 독자적인 연구를 진행했으며 그 결과 출생순서는 이렇다 할 영향을 끼치지 않는다고 결론 내렸다는 사실을 언급하지 않는다. 게다가 그들은 개방성에서도 첫째와 동생들 사이에 거의 아무런 차이점도 발견하지 못했다.

출생순서 효과는, 마치 곁눈질로는 보이는데 막상 제대로 들여다보려 하면 사라지는 물체다. 이 효과가 계속해서 다루어지는 이유는 사람들이 그것을 발견해낼 때까지 찾고 또 찾으며 연구 결과를 끊임없이 분석하기 때문이다. 출생순서 효과는 최근에 실시된 큰 규모의 연구보다는 오래된 작은 규모의 연구에서 더 많이 발견된다. 또한 이것은 부모나 형제가 연구 참여자들의 성격을 평가하는 경우에 훨씬 자주 나타난다. 이 내용은 다음 장에서 다룰 것이다.

부모의 애정과 관심은 자녀들에게 동일하게 주어지지 않으며 설로웨이도 이 점을 잘 파악하고 있었다. 설로웨이는 책에서 두 아이를 둔 어머니의 3분의 2 정도가 한 아이를 다른 아이보다 더 좋아한다고 인정했음을 밝혔다.[20] 설로웨이가 말하지 않은 것은 이처럼 자식을 편애하는 엄마들 대부분이 **동생** 쪽을 더 아끼고 좋아한다고 대답했다는 것이다. 또한 이후에 양쪽 부모를 모두 인터뷰한 결과는 이 내용을 더 잘 뒷받침해준다. 인터뷰에 응한 부모들 절반 정도가 한 아이를 다른 아이보다 더 좋아한다고 인정했으며, 그들 중 어머니의 87퍼센트, 아버지의 85퍼센트가 동생 쪽을 더 좋아한다고 밝혔다.[21]

설로웨이의 생각이나 그의 어린 시절 기억과는 달리, 부모의 애정과 관심을 더 많이 받는 쪽은 언니 오빠가 아니라 뒤에 태어나는 동생들이다. 이는 세계 어디서나 마찬가지다.[22] 전통적 양육방식이 여전히 통용되는 전통사회(5장에서 다룰 것이다)에서도, 갓 태어난 아기는 극진히 대접받고 먼저 태어난 아이들은 어린 형제가 태어나는 순간부터 사전 경고나 사과도 없이 왕좌를 빼앗긴다. 첫째에게 왕국이나 건물, 가족 농장이 상속될지도 모르지만, 그것이 부모가 언제나 그를 가장 사랑한다는 뜻은 아니다. 어쩌면, 부모가 그를 가장 사랑할지도 모르지만 적어도 그 아이가 먼저 태어났기 때문은 아니다.

설로웨이의 이론에 대해서는 다음 장에서 더 많이 다룰 것이며, 출생순서를 다루는 이 단락은 에른스트와 앙스트의 거침없는 결론으로 마무리하고자 한다. 특히 그들이 강조한 마지막 문장에 귀를 기울이자.

형제 수나 형제들 사이에서의 위치는 정해진 것이기 때문에 출생순서 연구는 아주 간단해 보인다. 컴퓨터에 몇몇 서수序數를 입력하면 관련 변인들의 유의미한 차이가 무엇이든 나타나게 되고, 과거 일을 들어 그럴듯한 설명을 하기란 그리 어렵지 않다. 예를 들어 막내가 다른 아이들보다 겁이 더 많다면, 그것은 아이가 오랫동안 가족 내에서 가장 약한 존재로 살아왔기 때문이라고 한다. 만일 첫째 아이가 가장 소심하다면, 그것은 아이를 키워본 경험이 없는 어머니가 아이에게 일관된 대우를 해주지 못했기 때문이라고 말한다. 한편 중간에 위치한 아이가 가장 겁이 많다면 아이가 첫째와 막내 사이에 위치해서 부모에게 관심을 덜 받았기 때문일 것이다. 상상력을 조금만 발휘하면 이처럼 아이가 몇 번째 순서든 상관없이 소심한 성격에 대해 나름의 이유를 끝없이 갖다 붙일 수 있을 것이다. **이런 식의 연구는 결국 시간과 돈의 낭비일 뿐이다.**[23]

▶ 양육방식

행동유전학자들은 에른스트와 앙스트의 지적을 받아들였고 출생순서와 관련한 자신들의 주장을 포기해야 했다. 하지만 출생순서 효과는 행동유전학자들의 고민을 해결하는 가장 이상적인 도구이기 때문에 포기하기가 쉽지 않았다. 그들은 부모의 행동이 각 자녀에게 서로 다르게 나타난다는 사실을 알게 되었고, 이러한 양육 행동의 다양성이 단순히 아이들이 이미 가진 특성들에 대한 부모의 반응(자녀-부모 효과)이 아니라 아이의 성격에 뚜렷한 영향을 미치는 요소(부모-자녀 효과)라는 점을 보여줄 도구가 필요했다. 그리고 출생순서 효과는 그 필요를 완전히 채워주었다. 만일 부모의 편애하는 행동이 아이의 성격에 실제로 영향을 미친다면 그 결과가 출생순서 연구에 드러날 것이다. 왜냐하면 부모들은 더 어린 아이를 좋아하는 경향이 있기 때문이다. 하지만 대부분의 연구들, 특히 더 큰 규모로 더 신중하게 실시된 최신의 연구일수록 성인이 된 후 첫째와 다른 형제들 간의 차이를 밝히지 못했다. 이런 결과로부터 이끌어낼 만한 유일한 논리적 결론은 부모의 선호도 같은 미세환경의 차이가 자녀의 성격에 지속적 영향을 미치지 못한다는 것이다. 성인이 된 후에도 지속적으로 발견되는 영향력은 좀처럼 찾아볼 수 없다.

맥코비와 마틴의 첫 번째 대안은 부모가 자녀에게 전혀 영향을 끼치지 못한다는 것이었다. 두 번째 대안은 영향을 주는 양육방식이 한 가족 안에서도 자녀에 따라 각각 다르다는 것이었다. 출생순서 효과는 두 번째 대안을 지지하는 증거가 될 것이다. 그러나 확실한 증거 발견에 실패했고, 이로써 출생순서 효과는 바람처럼 사라져 버렸다.

맥코비와 마틴이 두 가지 대안을 제기한 이후로 제3의 가능성을 찾아보려는 시도는 이루어지지 않았다. 행동유전학자들은 여전히 가정 환경이 자녀에게 지속적 영향력을 미치지 못한다는 사실만 계속해서 재확인하고 있다. 만약 어떤 장기적인 영향이 존재해도 형제들마다 각각 다르며 예측이 불가능하다. 많은 사람들을 대상으로 하는 연구에서는 그런 영향이 잘 드러나지 않기 때문이다. 물론 어떤 한 사람을 관찰한다면, 그 가정 환경(예를 들어 엄마는 화를 잘 내고 극성스러운 반면 아빠는 있으나마나 한 존재였다)이 아이의 성격을 특정한 방식으로 형성했으며 그 결과 지금 같은 꼴사나운 인간이 되었다는 식으로 꽤 그럴듯한 얘기를 짜 맞출 수 있을 것이다. 이런 증명도 확인도 불가능한 억측들은 아마도 전기 작가들에게 꽤 흥미로운 자료가 될 것이다.

행동유전학자들처럼(그리고 전기 작가들과는 달리), 사회화 연구자들도 계속해서 데이터를 분석하고 있다. 사회화 연구자 중 상당수는 여전히 맥코비와 마틴 이전에 그들이 취했던 방식, 즉 부모의 자녀 양육방식 차이를 조사하고 그 차이와 자녀들의 사회적·정서적·지적 기능의 관계를 조사하는 방식으로 연구를 계속하고 있다. 이들은 여전히 **가족 내의** 미세환경 차이보다는 가족과 **가족 간의** 차이가 미치는 영향에만 관심을 갖고 있다. 나는 이 연구들을 면밀히 살펴보아야 한다고 생각한다. 이런 연구들이 오늘날 대학에서 사용되는 모든 발달심리학 교재(내가 썼던 교재를 포함한[24])에 인용되고 있기 때문이다.

1967년 발달심리학자 다이애나 바움린드Diana Baumrind는 크게 세 가지의 대조적 양육방식을 정의한 바 있다.[25] 그는 세 가지 양육방식에 독재적Authoritarian, 허용적Permissive, 권위 있는Authoritative이라고 이름을 붙였는데, 나는 이 용어가 언제나 헷갈린다. 그래서 이 글에서는 너무 엄한, 너무 부드러운, 바람직한 등으로 바꾸어 부르겠다.

너무 엄한 부모는 아이들을 자기 마음대로 움직이려고 하며 융통성이 없다. 그들은 행동 규칙을 정해놓고 규칙을 엄격하게 적용하며 필요할 경우에는 체벌을 가하기도 한다. 요컨대 입 다물고 시킨 대로 하라는 식의 부모인 것이다. 너무 부드러운 부모는 그 반대라고 생각하면 된다. 그들은 아이에게 무엇을 해야 할지 **말**하기보다는 어떤 것을 하도록 **요청**한다. 규칙이 굳이 필요한가? 이런 부모들은 중요한 것은 아이에게 많은 사랑을 주는 일이라고 믿는다.

세 번째는 바로 바람직한 부모다. 앞 장에서 브로콜리를 섭취하는 사람들에 대한 이야기를 하며 언급했기 때문에 이런 부류의 부모가 어떤 사람인지는 말하지 않아도 잘 알 것이다. 이 부모들은 자녀를 사랑하고 너그럽게 대하면서도, 명확한 규칙을 정하고 그것을 지키게 한다. 그들은 아이들이 올바른 행동을 하도록 합리적으로 설득하며 체벌을 하지 않는다. 규칙도 고정된 것이기보다는 아이들과의 의견과 바람을 반영하여 적절하게 수정할 수 있다. 간단히 말하면, 이 바람직한 부모는 오늘날의 유럽계 중산층 미국인 가정에서 **추구하는** 가장 이상적인 부모상이다.

바움린드와 그의 동료들이 많은 연구를 실시한 이유는 한 가지 결론을 밝히기 위해서였다. 곧, 바람직한 부모의 자녀들이 더 나은 사람이 된다는 것이다. 하지만 수치는 말에 비해 설득력이 떨어졌다. 그들의 데이터와 통계를 자세히 살펴보면, 앞 장에서 설명한 갖가지 창의적인 데이터 분석 방식을 발견하게 될 것이다. 부모에게도 아이에게도 얼마든지 다양한 측정 기준을 적용할 수 있고 우연히 그 사이에서 상관관계를 발견할 수 있을 것이다. 만일 발견하지 못한다면 그때는 분할정복 방식을 적용하면 된다. 남자와 여자 아이의 경우를 나누거나 아버지와 어머니를 나누어볼 수도 있다. 또한 백인 가정과 유색인종 가정을 나누어볼 수도 있다. 바람직한 부모의 자녀들이 괜찮은 아이로 자라날 가능성은 종종 아이의 성별에 따라, 그리고 아버지와 어머니의 경우에 따라 다르게 나타난다. 그리고 바람직한 부모의 영향은 백인 아이들에게만 나타나는 경우가 많다.[26]

하지만 나는 좀 딴지를 걸고 싶다. 전반적으로 보면 이런 연구들은 결국 좋은 부모들에게 좋은 아이가 나온다는 것이 그렇게 강력하지는 않더라도 일반적인 경향임을 보여 준다. 바람직한 부모의 아이들은 다른 사람과 잘 어울리며 학교에서도 좋은 성적을 받고 십대 때도 말썽을 덜 일으킨다. 전반적으로 이들은 너무 엄한 부모나 너무 부드러운 부모의 아이들보다 더 성공적인 삶을 살아가는 어른으로 자란다.

이런 결론이 갖는 문제는 이것이 행동유전학자들의 데이터와 상충된다는 점에 있다. 가족 간의 차이를 연구했던 양육방식 연구자들을 한번 떠올려보자. 이들은 스미스 가족이 존스 가족과 어떻게 다른지를 살핀다. 이 경우 대개는 (스미스네 한 아이와 존스네 한 아이를 연구하는 식으로) 가정당 한 아이만을 놓고 연구를 실시한다. 반면 행동유전학자들의 연구는 가정 내의 두 아이를 대상으로 하는데, 그들이 발견한 것은 결국 한 아이가 스미스 가족에서 자라는지 존스 가족에서 자라는지가 거의 아무런 영향을 미치지 못한다는 사실이다. 스미스네 아이 둘이 서로 성격이 닮을 때는 생물학적 형제일 경우에 한정되었으며, 두 아이가 입양아라면 그들이 스미스 가정에서 자라든 존스 가정에서 자라든 서로 전혀 닮지 않았다.

행동유전학의 발견이 함의하는 바를 결코 피해 갈 수 없는 우리는, 다음 세 가지 대안 중 하나를 선택해야 한다. 1) 부모의 양육방식은 자녀의 성격에 아무런 영향을 미치지 못한다(맥코비와 마틴의 첫 번째 대안). 2) 부모는 일관적인 양육방식을 가지지 못한다(대안 2-1이라고 부르겠다). 3) 부모의 양육방식이 일관적이긴 하지만 아이들 각각에게 서로 다른 영향을 끼친다(대안 2-2). 그런데 이 중 어느 것도(심지어 대안 2-2도) 양육방식 연구자들의 관점과 양립하지 못한다. 바람직한 부모가 되어봤자 어떤 아이는 잘되고 어떤 아이는 못된다는 결과가 나온다면 양육방식 연구가 무슨 의미가 있겠는가?

나는 자녀들의 성격과 행동이 일관적이지 않다면 부모의 양육방식역시 일관될 수 없다고 믿는다. 나는 두 아이(한 명은 입양한 아이지만 생물학적 친자녀였다 해도 같은 상황이 일어났을 것이다)가 있는데, 서로 매우 다른 개성을 가지고 있어서 아이들에게 각기 다른 양육방식을 적용했다. 우리 부부는 첫째에게는 좀처럼 엄하게 대하지 않았고 또 그럴 필요도 없었다. 반대로 둘째에게는 온갖 방법을 다 써보았지만 전혀 말을 듣지 않았다. 설득은커녕 우리 사이의 대화는 "잔말 말고 시킨 대로 해!"라는 말로 끝나 버리기 일쑤였다. 물론 그 방식도 소용없기는 마찬가지였다. 결국 우리 부부는 포기하는 수밖에 없었다. 어떻게든 우리 아이의 십대도 그렇게 지나갔다.

만일 부모가 아이의 특징에 맞게 양육방식을 조정한다면, 바움린드와 그 동료들은 부모-자녀 효과보다는 자녀-부모 효과를 측정해야 할 것이다. 좋은 양육방식이 좋은 아이를 만드는 것이 아니라 좋은 아이가 좋은 양육방식을 만들기 때문이다. 만일 부모가 아이에 맞춰 양육방식을 조정하지 **않는다면**, 바움린드와 동료들은 환경의 영향보다는 유전의 영향을 측정해야 할 것이다. 좋은 양육방식(환경)이 아닌 좋은 부모(유전)가 좋은 아이를 만드는 것이다.

내가 보기엔, 유럽계 중산층 미국인 가정들이 바람직한 양육방식을 적용하려 하는 이유는 그것이 문화적으로 승인되는 방식이기 때문이다. 바람직한 양육방식을 따르지 않는다면, 부모에게 문제가 있거나 아이들에게 문제가 있는 것이다. 만일 부모에게 문제가 있다면 그것은 부모에게 성격적 결함이 있기 때문이고 그 결함은 자녀에게 유전될 수도 있다. 만일 아이에게 문제(예를 들어 신경질적인 성격)가 있다면, 바람직한 양육방식은 잘 듣지 않을 것이고 결국에는 너무 엄한 방식으로 양육방식을 바꿔야 할지도 모른다. 따라서 오늘날 유럽계 미국인들 가운데 어떤 부모가 너무 엄한 자녀 양육방식을 사용하고 있다면, 그는 어딘가 문제가 있는 자녀를 가진 부모일 가능성이 높다. 이것이 바로 양육방식 연구자들이 발견한 내용이다.

다른 인종 집단, 특히 아시아계나 아프리카계 미국인 사회는 문화적 기준이 많이 다르다. 예를 들어 중국계 미국인들은 바움린드와 동료들이 독재적이라고 표현한 너무 엄한 양육방식을 주로 사용한다. 하지만 이것은 이들 사회의 아이들이 특별히 까다로워서가 아니라 엄한 양육방식에 대해 문화적 선호도가 높기 때문이다. 그러므로 아시아계나 아프리카계 미국인 가정의 경우에는 아이를 엄하게 키우는 것이 아이들에게 문제가 많기 때문이라고 볼 수 **없다**. 이 역시 연구자들이 발견한 내용이다.[27]

또한 연구자들은 아시아계 미국인 부모가 전체 미국인 부모 중에서 너무 엄한 양육방식을 가장 선호하고 바람직한 양육방식을 그다지 채택하지 않는데, 그럼에도 불구하고 아시아계 미국인 아이들이 여러 면에서 전체 미국인 아이들 중 가장 경쟁력 있고 성공적이라는 점을 발견했다. 이런 발견이 자신들의 이론과 대립한다는 사실에도 불구하고 그들의 신념은 결코 흔들리지 않는다.

비단 양육방식 연구자들만이 아닌 대부분의 발달심리학자들도 마찬가지다. 그들은 양육가설에 어긋나는 데이터는 무시하고 다른 불분명한 데이터들을 양육가설의 확실한 근거로서 해석하곤 한다.

▶ 가족 간 차이

가족 간 차이는 부모의 성격이 어느 정도는 유전되어 나타난 결과일 때가 많다. 다시 말해, 사회화 연구자들이 도출한 대부분의 결과도 사실은 부모로부터 자녀에게로 유전되었기 때문일 수 있는 것이다. 부모가 자기 삶을 제대로 꾸리지 못하고 사람들과 잘 어울리지 못한다면 자녀들은 이중 위험에 처하게 된다. 이들은 부모에게서 그런 좋지 못한 유전자를 물려받았을 가능성과 좋지 못한 환경에서 자랄 가능성을 모두 안고 있기 때문이다. 만일 이런 아이들이 문제 많은 어른으로 성장하게 된다면 보통 좋지 못한 가정 환경에 원인을 돌리기 쉽지만, 진짜 이유는 부모로부터 물려받은 좋지 못한 유전자 때문일 수도 있다. 대부분의 경우 이둘을 구분하기란 불가능하다.

이 문제를 해결하려면 부모의 좋고 나쁜 특징에 영향을 받지 않는 가족 간 차이를 살펴보아야 한다. 삶이 성공적인가 그렇지 않은가와 관계없이 객관적으로 선택하는 삶의 방식 종류를 생각해보는 것도 좋겠다.

예를 들어, 발달심리학에서는 직장에 다니는 어머니의 아이가 전업주부의 아이보다 성격이나 행동에서 문제를 보이는지가 꽤 고전적인 질문이었다. 이전 세대의 여성들은 남편에게 수입이 없는 경우를 제외하고는 거의 대부분 집에 있었고, 따라서 대부분의 발달심리학자들은 어머니가 집에 없고 직장에 다닌다면 아이가 심리적 결함을 가질 위험이 많을 것이라 생각했다. 그러나 오늘날에는 직장에 다니는 엄마들이 많아졌고 직업이 있는 어머니의 아이라는 사실이 그렇게 특별하게 여겨지지 않는다. 한 발달심리학자는 어머니의 직업 유무가 아이에게 미치는 영향이 어떠한지에 대해 질문을 받고, "별다른 영향이 없다"는 말과 함께 직업이 부모에게 미치는 영향에 대해 주로 언급하면서 글을 끝맺었다.[28]

비슷한 주제로 보육 시설 문제가 있다. 주로 어딘가 문제가 있는 가정이 보육 시설에 아이를 맡기던 시절에는 기관에서 제공하는 돌봄이 어린아이에게 별로 좋지 않을 것이라 여겨졌다. 하지만 경제적으로 취약한 가정뿐 아니라 형편이 좋은 가정도 보육 시설을 이용하는 오늘날에는 아기나 미취학 아동이 낮 시간을 어디서 보내는지가 그다지 중요하지 않다. 1997년에 한 발달심리학자는 자신의 글에서 이렇게 질문했다. "어릴 때 어머니의 돌봄을 받지 못한 유아는 장기적 문제를 겪는가?" 그리고 여러 자료를 검토한 후 그가 내린 결론은 "전혀 아니다"였다. 심지어는 돌봄의 질 같은 변인도 생각만큼 큰 영향을 미치지는 못한다. "여러 문헌을 통해 얻은 놀라운 결론은, 전문가들이 평가한 돌봄의 질은 대부분의 아이들의 발달에 거의 영향을 끼치지 못한다는 것이다."[29]

연구자들은 또한 가족 구성과 생활 방식이 미치는 영향에도 관심을 가졌다. 물론 아직도 대부분의 가족은 부모와 아이들로 이루어져 있기는 하지만, 점점 많은 가정이 이런 전통적 형태에서 벗어나고 있다. 결혼을 하지 못했거나 결혼 생활에 실패했다거나 하는 불가피한 이유로 비전통적 가족 구성이 이루어진 경우, 아이의 삶이 실패할 가능성도 높아진다(이혼했거나 혼자 자녀를 키우는 경우에 대해서는 13장에서 다루겠다). 하지만 비전통적 가족 구성이 의식적 결정에 의한 것이라면, 그것이 아이에게 끼치는 영향은 거의 없다고 볼 수 있다. 캘리포니아의 몇몇 연구자들은 10년이 넘는 기간 동안 이렇게 비전통적으로 구성된 가족들의 표본을 가지고 연구를 진행하고 있다. 히피 공동체에서 생활하는 부모도 있고, 이른바 "열린 결혼 생활"을 하는 부모도 있고, 좋은 직장에 다니며 혼자 아이를 키우기로 결심한 미혼모도 있다. 그들의 아이들 역시 전통적 형태의 가정에서 자란 여느 아이들 못지않게 건강하고 영리하며, 사회에 적응하는 데 아무 문제가 없다.[30]

다른 비전통적 형태의 가정은 부모가 레즈비언이나 게이인 경우다. 하지만 부부의 성별이 같은 경우에도 성별이 다른 경우와 마찬가지로 아이들에게 별다른 문제가 나타나지 않는다.[31] 다른 아이들과 잘 어울렸고, 성 역할 인식 발달에도 이상한 점이 발견되지 않았다. 소녀들은 다른 여자아이들과 마찬가지로 여성스럽고, 남자아이들도 마찬가지였다. 레즈비언이나 게이 부부에게서 자란다고 해서 아이들이 동성애자가 될 가능성이 더 높은 것은 아니라는 연구 결과도 있다. 하지만 아직 대규모 연구가 이루어지지 않았기 때문에 이 결론은 유보하는 것이 좋겠다. 유전학적 증거에 따르면 유전자가 개인의 성적 지향에 영향을 미칠 수 있기 때문에 동성애자의 생물학적 자녀가 동성애자가 될 확률이 더 높다고 보아야 할 것이다.[32] 어쨌든 심리학자들은 동성애자가 되는 것을 부적응의 징표로 여기지 않는다.

전통적 형태의 가정에서는 아이들이 "어쩌다가" 태어나는 경우가 많다. 현재 미국에서는 50퍼센트 이상의 임신이 무계획적으로 이루어진다.[33] 하지만 한편에서는 많은 노력과 비용을 들여 현대의 보조생식기술의 도움을 받아 아이를 갖는 경우도 늘어나고 있다. 이렇게 태어난 아이들의 존재는 체외수정 같은 의학 기술에 빚을 지고 있는 셈이다. 최근 연구에 의하면 이런 가정의 경우 부모들의 양육방식이 꽤 높은 점수를 받는 경향이 있지만, 어쨌든 아이들은 다른 아이들과 별로 다를 바 없는 보통 아이들로 자라난다. "아이의 감정과 행동, 부모와의 관계를 여러 측면에서 조사한 결과 집단적 차이가 전혀 발견되지 않았다."[34]

어떤 연구자들은 비전통적 가정의 세 가지 경우, 즉 아버지가 없는 가정의 아이들, 레즈비언 부부에게서 자라는 아이들, 인공수정으로 태어난 아이들을 동시에 연구하고 있는데, 모두 기증에 의한 인공수정을 통해 태어난 아이들이다. 이들은 부모가 동성애자인 경우와 이성애자인 경우로, 또 부모가 독신인 경우와 파트너가 있는 경우로 나눌 수 있는데, 어떤 경우든 아이들은 별다른 문제없이 잘 자랐고—실은 평균 이상의 적응과 행동을 보였다—연구자들은 결국 가족의 구성 형태에 의해서 아이들 간에 발생하는 차이점을 전혀 찾아내지 못했다. 아버지가 없는 가정의 아이들도 아버지가 있는 집의 아이만큼이나 잘 자란다.[35]

가정에서의 아이의 생활에 영향을 미치는 중요한 요소 가운데 하나는 형제의 유무다. 외동으로 자라는 아이는 형제가 있는 아이들과는 다른 환경을 경험하게 된다. 이런 아이들이 부모와 맺는 관계는 좀 더 강렬한데, 첫째에게 부과되는 걱정과 책임과 꾸중, 그리고 막내에게 부과되는 애정과 관심을 한꺼번에 경험하기 때문이다. 과거에는 대부분의 가정이 최소한 둘 이상의 아이를 두었고 만일 그렇지 않다면 뭔가 문제가 있다고 생각하는 것이 보통이었기 때문에, 사람들은 외동아이를 별로 좋지 않게 여겼다. 하지만 오늘날에는 결혼 시기가 늦춰지고 자녀 수도 많이 줄었다. 그리고 지난 사반세기 동안 실시된 연구들을 통해, 형제가 있는지 여부는 아이에게 지속적 영향을 미치지 못한다는 것이 밝혀졌다. 사소한 차이도 드러났지만, 때로는 외동이 긍정적인 것으로 나타나기도 하고 때로는 둘 이상인 경우가 그렇게 나타나기도 했다.[36]

▶ 열쇠를 찾아서

각기 다른 가정에서 자라난 아이들은 경험하는 환경도 전혀 다르다고 할 수 있다. 어떤 아이는 형제가 있지만 다른 아이는 그렇지 않고, 어떤 아이는 부모의 성별이 다르지만 어떤 아이는 동일하다. 어떤 아이는 부모에게 지극한 애정과 관심을 받지만 다른 아이는 그렇지 못하다. 이러한 가족 간의 주요한 차이들은 그 안에서 자라는 아이에게 어떤 예측 가능한 영향도 끼치지 못한다는 것이 행동유전학자들의 연구 자료와 일치하는 결론이다. 가족 간 차이 중에서 비교적 덜 분명한 것들, 이를테면 양육방식 같은 것은 종종 예측 가능한 영향을 미친다고 여겨지지만, 맥코비와 마틴이 지적한 대로 보고된 영향력이 매우 미약할 뿐 아니라 다른 방식으로도 얼마든지 설명이 가능하다.

따라서 우리는 맥코비와 마틴의 두 번째 대안, 즉 아이들은 부모의 양육방식 중 각각 다른 측면에서 영향을 받는다는 주장을 생각하게 된다. 하지만 **가족 간의** 주요한 차이가 예측 가능한 영향력을 지니지 못한다면, **가족 안의** 작은 차이들이 어떤 의미 있는 결과를 낳으리라 생각할 수 있을까? 어머니가 집에 있는지 직장에 다니는지, 동성애자인지 이성애자인지, 이혼했는지 아닌지 등이 중요하지 않다면, 중요한 것은 어머니가 최선을 다해 당신을 사랑했는지'라는 말이 설득력이 있을까?

한 집에서도 아이들이 각기 다른 미세환경을 경험한다는 생각은 곤경에 처한 행동유전학자들에게 탈출구로 여겨졌다. 유전은 모든 것을 결정짓지 못한다. 행동유전학자들의 연구는 개인 간의 유전적 차이는 성격 특성의 여러 변인들 중 절반 정도에만 영향을 미친다는 점을 보여 준다. 따라서 나머지 절반은 행동유전학자들을 비롯한 모두가 "양육"이라고 단정한 환경에 의해 결정된다고 여겨졌다. 행동유전학자 중에서는 애리조나 대학교의 데이비드 로우David Low 교수 한 사람만 부모가 아이에게 결정적 중요성을 갖는 존재가 아니며 아이들은 가정 외에도 많은 환경을 경험하고 그런 것들이 어쩌면 아이에게 더 중요하게 작용할 수 있다고 인정했다.[37] 하지만 다른 학자들은 여전히 **어딘가에 있을** 잃어버린 열쇠를 찾으려 집 안을 돌아다니고 있는 것 같다.

어쩌면 당신도 열쇠가 분명 여기 어딘가에 있을 것이라 생각하는 사람 중 한 명인지도 모르겠다. 모든 사람이 부모가 중요한 영향을 미친다고 생각하잖아! 5만 명의 심리학자들이 모두 잘못 생각하고 있을 리는 없어! 역기능 가정에서 역기능 자녀가 나온다는, 우리가 아는 수많은 사례들은 어떡하고? 하지만 유전 또한 중요하게 작용하며, 아이들은 역기능 가족을 만든 유전자를 부모로부터 물려받았을 수도 있는 것이다. (역기능 가족에 대해서는 13장에서 자세히 언급할 것이다. 이는 단순히 유전자 때문이라고 볼 수는 없다.)

　단순히 유전자 때문이라고 말하는 것은 아니다. 당신이 가정 환경의 힘을 믿는 이유는 바로 두 눈으로 직접 보아 왔기 때문이다. 양육에 대해 잘 모르는 부모와 그 문제아 자녀들. 성질을 내고 늘 벌을 받는 다혈질 아이들. 부모에게 계속 무시당해 결국 자존감이 낮아진 아이들. 부모의 일관되지 못한 반응 때문에 신경질적이고 예민해진 아이들. 그리고 다른 문화적 배경에서 자라난 아이들 간에 보이는 성격적 차이. 내가 하려는 작업은 결코 쉽지 않다. 나는 부모가 아이에게 지속적 영향을 미친다고 확신하게 하는 수많은 증거들에 대한 새로운 설명을 제시해야 할 것이다.

　미네소타 대학교의 미네소타 쌍둥이 연구에 참가한 행동유전학자 토머스 부샤르Thomas Bouchard는 1994년 〈사이언스Science〉에서 어린 시절 환경이 어른이 된 후의 성격에 어떻게 영향을 미치는가 하는 것은 "상당 부분 수수께끼로 남아 있다"고 인정했다.[38] 아마 더 큰 수수께끼는 어째서 심리학자들이 인간의 성격이 본성과 양육의 조합으로 형성된다는 생각을 이렇게 오랫동안 고집하고 있는가 하는 점일 것이다. 본성(부모에게서 받은 DNA)은 분명히 영향을 미치는 것 같지만 그것이 전부는 아니다. 양육(부모가 우리에게 해주는 모든 것들)은 연구자들의 지대한 노력에도 불구하고 그 영향력이 발견되지 않았다.[39]

　이제부터는 지금까지 전혀 언급되지 않은 제3의 대안을 찾아보겠다.

4. 구분된 세계

옛날이야기 중에는 비범한 인물이 어린 시절 집에서 심한 학대를 받다가 결국 집을 나와서 크게 성공한다는 줄거리가 많다. 신데렐라 이야기를 생각해 보라. 내가 어린 시절에 읽은 동화책은 다음과 같이 시작한다.

옛날 옛적에 한 남자가 못되고 잘난 척 잘하는 여자와 두 번째 결혼을 했어요. 새엄마는 두 딸을 데려왔는데 그 딸들도 엄마처럼 못되고 뽐내기를 잘했어요. 남자는 원래 딸 하나가 있었는데 그 딸은 아주 상냥하고 착했고 절대 잘난 척하는 일이 없었답니다.[1]

상냥하고 착한 딸은 말할 것도 없이 신데렐라다. 영화 〈신데렐라〉에서는, 디즈니 영화 중에서는 드물게도 (이름도 나오지 않는) 새 언니들이 꽤 예쁘게 그려졌다. 추한 것은 그들의 성격뿐이었다. 이런 점에서 새 언니들은 자기 친엄마를 매우 닮아 있었다. 물론 책에서 직접적으로 언급되지는 않지만, 신데렐라는 돌아가신 친엄마에게서 상냥하고 착한 성품을 물려받았을 것이다. 엄마가 일찍 죽는 것이 과거에는 그리 드문 일이 아니었다. 오늘날의 가정에서 이혼이 흔해진 것처럼 과거에는 구성원의 죽음으로 가족이 해체되는 일이 흔했다.[2]

동화에서는 사건들이 압축적으로 전개된다. 신데렐라는 새엄마와 언니들에게 오랫동안 차별과 학대를 받으며 자랐을 것이고 불행에서 벗어날 방법을 도무지 찾지 못했을 것이다. 아버지에게는 딸을 위해 나설 마음도 그럴 능력도 없었고, 당시에는 아이를 학대로부터 지켜줄 법이나 단체도 없었으니 말이다. 신데렐라는 그저 말없이 시키는 일을 하고, 언어적·육체적 모욕에도 반항하지 않고 잠자코 견뎌야 한다는 것을 일찍부터 배웠을 것이다. 그리고 어느 날, 무도회가 열리고 요정 대모와 왕자가 찾아온다.

신데렐라 이야기는 독자에게 다음 전제를 받아들일 것을 요구한다. 첫째로 신데렐라가 무도회라는 곳에 갈 수 있었고, 그곳에서 언니들이 그녀를 전혀 알아차리지 못했다는 것이다. 그리고 신데렐라가 오래 학대를 받았음에도 여전히 고귀하신 왕자님의 눈길을 끌 정도로 매력적이었다는 점, 반면 왕자가 후에 신데렐라의 집으로 직접 찾아갔을 때는 평범한 옷을 입은 그녀를 알아보지 못했다는 점이다. 또한 마지막으로, 왕자는 신데렐라가 한 나라의 왕비 직무를 수행할 충분한 능력이 있다고 믿었다는 점이다.

터무니없어 보이겠지만 꼭 그렇지만은 않다. 만일 당신이 한 가지 사실, 즉 모든 아이들은 다양한 환경 속에서 서로 다른 자아를 형성하고 다양한 모습을 연출한다는 것을 받아들인다면 이 모든 것이 가능하다. 신데렐라는 어려서부터 계모 곁에 있을 때는 최대한 유순하게 행동하고 그녀의 시샘을 피하기 위해 매력적이지 않게 보이는 법을 익혔을 것이다. 하지만 집 안에 가둬두지 않는 한 모든 아이들이 그렇듯 신데렐라는 때때로 집 밖으로 나가 친구를 사귀기도 했을 것이다(실내 수도시설이 없었으니 집 안에 가둬놓지는 못했을 것이다).

집 밖에서는 모든 것이 달랐다. 신데렐라에게 욕을 하는 사람도, 하인처럼 대하는 사람도 없었다. 신데렐라는 예쁜 외모로 (나중에 '내 요정 대모님'이라 부르게 될 친절한 이웃을 포함한) 친구를 사귈 수 있다는 사실도 알게 되었다. 언니들이 무도회에서 신데렐라를 알아채지 못한 이유는 단지 옷을 다르게 입어서만은 아니었다. 신데렐라의 몸가짐 자체, 즉 표정과 자세, 걸음걸이, 말투 하나하나가 집에서와는 완전히 달랐던 것이다. 그들은 집 밖에서의 신데렐라가 어떤 사람인지 전혀 알지 못했다. 그리고 왕자 역시 집에서의 신데렐라가 어떤 모습인지를 전혀 알지 못했다. 그래서 유리 구두를 떨어뜨린 사람을 찾으러 신데렐라의 집에 찾아갔을 때도 그녀를 알아보지 못한 것이다. 무도회에서의 신데렐라는 매우 아름다웠다. 제대로 된 교육을 받지는 못했겠지만, 왕자는 그런 문제는 얼마든지 해결할 수 있다고 생각했다.*

▶ 신데렐라의 두 얼굴

어떤 사람에게는 이 말이 영화 〈이브의 세 얼굴The Three Faces of Eve〉의 주인공 같은 다중인격자 이야기로 들릴지 모르겠다.[3] 하지만 이브의 치료사에 따르면, 그가 비정상인 이유는 한 가지 이상의 성격을 가졌다거나 번갈아 나타나는 성격들이 너무 달라서가 아니었다. 문제는 그 성격들이 질서 없이 나타났다 사라지고 성격들 간에 기억이 서로 단절되어 있다는 점이었다.

한 가지 이상의 성격을 갖는 것이 비정상은 아니다. 소설가 헨리 제임스Henry James의 형이기도 한 윌리엄 제임스William James는 이 점을 지적한 최초의 심리학자였다. 백 년도 더 지난 과거에 윌리엄 제임스는 정상적인 **남성** 청소년과 성인에게 나타나는 다중인격을 이렇게 설명했다.

---

* 결말 부분의 "그리고 두 사람은 오래오래 행복하게 살았답니다"라는 표현에 대해서는 굳이 말하지 않겠다. 어쨌든 동화는 동화니까 말이다.

정확히 말하면, 한 인간은 마음속에 자신에 대한 특정한 이미지를 가지고 자신을 대해주는 **사람의 수만큼 다양한 사회적 자아를 가지고 있다.**…그런데 그렇게 다양한 이미지를 품은 사람들은 자연스럽게 다양한 계층으로 분화되기에, 사실상 자신이 그 평가를 의식하는 다양한 **집단**의 수만큼 다양한 사회적 자아를 가진다고 할 수 있겠다. 그는 각기 다른 집단에게 각기 다른 측면의 자아를 보여 준다. 부모나 교사 앞에서는 얌전하게 행동하는 아이가 "거친" 또래 친구들 사이에서는 해적처럼 욕설을 하고 으스대는 행동을 한다. 우리도 동호회 친구에게 보이는 자아를 자녀에게 보여 주지 않고, 손님에게 보이는 자아를 우리가 고용한 종업원에게 보이지 않고, 친구들과 있을 때 보이는 자아를 고용주에게 내보이지 않는다. 여기서 우리는 한 개인 안에 사실상 여러 개의 나누어진 자아가 있다고 결론 내릴 수 있다. 그리고 어떤 영역에서 만나는 지인들에게 다른 곳에서의 자기 모습이 알려지는 것을 두려워한다면, 그것은 분열된 내적 자아가 부조화스러운 상태에 있다고 할 수 있다. 반면, 아이에게는 부드럽게 대하면서 자기 명령 아래 있는 군인이나 죄수에게 엄격하게 행동하는 사람이 있다면 그것은 완벽히 조화로운 분열 상태라 할 수 있을 것이다.[4]

윌리엄 제임스가 관찰한 내용을 현대적 용어로 바꾸어 말하면, 사람은 다양한 사회적 맥락에 따라 각기 다르게 행동한다는 것이다. 현대의 성격 이론가들은 이 점을 반박하지 않는다. 그들이 묻는 것은 한 개인이 지닌 수많은 가면들 중에서 과연 "진짜" 성격이 있는가 하는 것이다.[5] 만일 한 사람이 어떤 맥락에서는 상냥하게 행동하고 다른 맥락에서는 엄격하게 행동한다면 어느 쪽이 **진짜**인가? 만일 몇몇 사람이 모두 자기 아이에게는 상냥하면서도 죄수에게는 엄격하게 행동한다면, 그들의 성격을 결정짓는 것은 그들 자신이 아니라 그들이 처한 환경 아닌가?

1890년에 출판되어 미국 최초의 심리학 교재로 사용된 윌리엄 제임스의 책 『심리학 원론The Principles of Psychology』에서 위의 글을 인용했다. 당시는 심리학이라는 학문의 초기 단계였기 때문에 제임스는 거의 모든 부분을 혼자 힘으로 해결하고 모든 내용을 직접 다루고 확인해야 했다. 그는 성격, 인지, 언어, 감정, 지각, 아동발달을 모두 다루었다. 제임스는 갓 태어난 아기의 세상이 "지독히 소란스러운 혼란 상태"라고 말하기도 했다(이후에는 부정확한 것으로 밝혀졌다).[6]

오늘날에는 심리학이 각론으로 완전히 세분화됐고, 각 분야를 이끄는 전문가들은 학부를 졸업하고 나면 더 이상 다른 분야의 논문에는 관심을 기울이지 않는다. 성인의 성격에 관한 활발한 논의들이 사회화 연구자에게는 큰 관심의 대상이 아니다. 마찬가지로 '자아'라는 단어는 대부분의 행동유전학자들의 사전에서 빠져 있다.

이들이 서로 밀접하게 관계되어 있다고 생각하는 나는 이 현상이 안타까울 따름이다. 나는 윌리엄 제임스의 관찰, 즉 사람은 각기 다른 사회적 맥락에서 각기 다른 행동을 보인다는 사실과, 어째서 이런 현상이 벌어지며 과연 "진짜" 성격은 존재하는가 하는 연이은 논의들이, 성격 발달에 관한 풀리지 않는 문제들을 해결할 중요한 단서를 포함하고 있다고 생각한다.

풀리지 않는 문제란 이것이다. 부모가 선천적으로 타고나는 아이의 성격을 고칠 방법이 없다는 점(여기에 대해서는 앞 장에서 언급했다)은 분명하다. 적어도 성인이 된 후에도 식별 가능한 정도의 성격 개조는 불가능하다. 그렇다면 왜 사람들은 부모가 아이의 성격에 영향을 미칠 수 있다고 확신하는 것일까?

▶ 다른 장소, 다른 얼굴

〈이브의 세 얼굴〉과 달리, 사람들은 대부분 자신의 다중인격 각각의 기억을 서로 단절시키며 살지 않는다. 우리는 여러 사회적 맥락에서 각기 다른 행동을 보이지만 또한 서로 다른 맥락 사이를 이동하면서도 일관된 기억을 지닌다. 그렇지만 우리는 특정 상황에서 배운 내용을 다른 맥락에까지 적용하려 하지는 않는다.

인간에게는 자신의 지식이나 기술을 새로운 상황으로 이전하지 않으려 하는 강한 경향성이 있다. 학습이론 전문가 더글러스 디터먼Douglas Detterman에 의하면, 두 상황이 매우 유사한 경우가 아니라면 사람이 어떤 상황에서 학습한 것을 새로운 상황에 바로 적용한다는 증거를 찾을 수 없다. 디터먼은 과소 일반화가 과잉 일반화보다 더 적응적이라는 점을 지적한다. 즉, 과거의 규칙이 계속해서 유효할 것이라 생각하고 무리하게 밀어붙이는 쪽보다는, 새로운 상황에서는 새로운 법칙이 필요하다고 가정하고 그 법칙을 규명하는 쪽이 보다 안전하다는 것이다.[7]

이런 생각은 아기들의 학습 과정에서 확인할 수 있다. 발달심리학자 캐롤린 로비콜리어Carolyn Rovee-Collier와 그의 동료들은 아기의 학습 능력에 관한 몇 가지 실험을 실시했다. 연구자들은 아기들을 요람에 누이고 위에 모빌을 매단 후, 발을 움직일 때 모빌도 움직이도록 발목에 끈을 묶어 모빌과 연결했다. 그러자 여섯 달 정도 된 아기들은 원리를 매우 빨리 알아챘다. 발을 움직여 모빌을 흔들 수 있다는 사실을 발견한 아기들은 재미있게 놀았으며, 실험이 실시된 지 2주 정도가 지난 뒤에도 여전히 이 요령을 기억하고 있었다. 하지만 실험 조건이 약간이라도 달라지면, 예를 들어 모형의 모양이 약간 달라지거나 요람의 모양이 바뀌거나 요람이 다른 방에 놓이는 등 약간의 변화에도 아기들은 마치 난생 처음으로 모빌을 본 것처럼 멍하니 모빌을 올려다보기만 했다.[8] 아기의 학습 기제에는 분명 이런 경고 표지가 붙어 있을 것이다. "특정한 맥락에서 학습한 것은 다른 맥락에서 적용되지 않는다."

그것은 사실이다. 특정 상황에서 배운 것을 다른 상황에 적용시키면 곤란하다. 아이가 집에서 울음을 터뜨린다면 (운이 좋을 때의 얘기지만) 관심과 동정을 받을 것이다. 하지만 유치원에서도 쉽게 울음을 터뜨린다면 곧 친구들에게 따돌림을 당하고[9] 초등학교에 진학한 후에는 놀림거리가 된다. 아이가 애교를 부릴 때 아빠의 반응과 친구들의 반응은 같을 수 없다. 집에서는 재치 있는 이야기로 분위기를 밝게 하는 아이라도 교장실에서 말을 잘 가려서 하지 않는다면 곤란해질 것이다. 집에서는 우는 아이에게 젖을 주지만, 집 밖에서는 모난 돌은 정으로 두들겨 맞는다. 신데렐라의 경우처럼 반대도 있다.

신데렐라처럼 대부분의 아이들도 집 안과 집 밖의 세상이라는 최소한 두 가지의 구별된 환경을 경험한다. 각 환경에는 나름의 행동 법칙과 나름의 보상 및 벌칙이 있다. 신데렐라의 경우가 특별했던 것은 그 환경들(그리고 성격들)의 차이가 지나치게 컸다는 점뿐이다. 미국의 일반적인 중산층 가정에서 자라는 아이들도 집 안과 밖에서 다르게 행동한다. 우리 아이들이 초등학교에 다닐 때 남편과 함께 학기 초 학부모 모임에 참여해 담임선생님을 만나곤 했는데, 우리는 해마다 부모들이 담임선생님과 대화를 나누고 나서 불신에 찬 표정으로 고개를 젓는 모습을 목격했다. "지금 선생님이 **우리** 애 얘기하신 거 맞지?" 하고 농담 아닌 농담을 덧붙이며 말이다. 때로 선생님이 말하는 아이들의 모습은 부모들에게 정말로 낯설게 느껴지곤 한다. 이런 경우 대부분의 아이들은 집보다 학교에서 더 나은 모습으로 행동하는 듯 보인다. 부모들은 보통 이런 식으로 말하니까 말이다. "얘는 집에서는 완전히 고집불통인 걸요!" "집에서는 도무지 입을 다물지 않는다니까요!"

아이들은(심지어 미취학 아동들도) 놀라울 만큼 능숙하게 성격을 바꿀 줄 안다. 어떻게 보면 어른보다 더 능숙한 것 같기도 하다. 나는 언젠가 겨우 네 살짜리 아이들이 소꿉놀이를 하는 광경을 본 적이 있다.

스테피(자기 목소리로, 캐이틀린에게): 내가 엄마를 할게.

스테피(엄마 목소리를 흉내 내면서): 좋아, 아가. 자, 우유를 마시렴. 그래야 착한 아기지.

스테피(속삭이며): 싫어하는 척해.

캐이틀린(아기 목소리로): 싫어!

스테피(엄마 목소리를 흉내 내면서): 얼른 마셔야지, 우리 아가. 몸에 좋단다.

스테피는 여기서 세 개의 역할, 즉 작가 겸 프로듀서, 무대 감독, 엄마 배역의 연기자 역할을 맡았는데, 이 역할들을 오가며 각기 다른 목소리를 냈다.[10]

▶ 다양한 사회적 맥락에 맞는 행동

스테피가 소꿉놀이를 하면서 캐이틀린에게 물리려 했던 "젖병"은 사실 원통형 나무토막이었다. 발달심리학자들은 이러한 가장행위pretense에 관심이 많은데, 그것이 행동 발달의 상징적 형태로 여겨지기 때문이다. 그런데 이런 가장행위는 놀라울 만큼 이른 시기, 즉 두 살 이전에 일어난다.[11] 가장행위의 시작 시점에 영향을 미치는 환경적 요인에 대해서는 많은 연구가 이루어졌고 그중 대부분은 어머니의 역할에 초점을 맞추고 있다. 연구자들은 어머니가 아이의 판타지에 적극적으로 참여하면 아이가 좀 더 발달된 수준의 판타지를 창조해낼 수 있다고 주장했다.

그러나 여기에는 문제가 있다. 어린이들의 놀이를 연구한 그레타 페인Greta Fein과 메리 프라이어Mary Fryer는 아이들이 엄마와 함께 놀이를 할 때는 놀이의 수준이 좀 더 높아지는 경향이 있다 해도 "차후의 놀이가 정교해지는 것에 어머니가 어떤 역할을 한다는 가설은 뒷받침하기 힘들다"고 결론지었다. 어머니가 자녀에게 더 정교한 판타지를 만들어내도록 자극할 때 아이가 당장 그렇게 할 수 있다고 해서, 후에 혼자 혹은 또래 아이들과 함께하는 놀이가 달라지는 것은 아니라는 뜻이다.[12]

다른 발달심리학자들의 반박에 페인과 프라이어는 이렇게 답했다. 그들은 "아이들의 삶에 끼치는 성인 양육자의 영향이 중요하다는 생각을 무시하려는 의도가 아니며" 한편으로는 학자들 사이에서 부모의 전능한 힘에 대한 "믿음이 얼마나 깊은지" 이전에는 결코 알지 못했다는 것이다. 그래도 발달심리학자들은 선입견을 바꾸려 하지 않는다. 증거들을 살펴보면 어머니는 아이와 함께 있을 때에만 영향을 미칠 수 있다는 사실이 드러난다. 페인과 프라이어는 이렇게 충고한다. "이론에 문제가 있다면 내버리든지 바꿔라."[13] 내 생각도 그렇다.

엄마와 함께 무언가를 배운다는 것은 정말로 좋은 일이다. 하지만 아이는 엄마에게 배운 것을 다른 상황에 무조건 적용하지 않는다. 이는 꽤 현명한 전략인데, 엄마와 함께 있을 때 배운 것들이 종종 다른 맥락에서는 전혀 쓸모가 없거나 상황을 악화시킬 수 있기 때문이다. 예를 들어 앤드류라는 아이의 어머니가 산후우울증에 시달리고 있다고 하자(출산 후 몇 달간 산후우울증에 시달리는 것은 그다지 특이한 일이 아니다). 앤드류의 엄마는 젖을 먹이거나 기저귀를 갈아줄 수는 있었지만 아기와 함께 놀아준다거나 자주 웃어주기는 힘들었다. 그렇게 3개월 정도 지난 뒤에는 앤드류 역시 우울증 증세를 보였다. 엄마와 함께 있을 때는 좀처럼 웃지 않고 같은 월령의 아이들에 비해 활동성이 떨어졌다. 표정도 움직임도 모두 굳어 있었다. 다행히 앤드류가 하루 종일 어머니와만 시간을 보내는 것은 아니었다. 매일 어린이집에 갔고 선생님들은 우울하지 않았다. 앤드류가 어린이집에서 선생님들과 함께 지내는 모습을 본다면 당신은 아마 전혀 다른 아이, 웃음 많고 활발한 아이를 보게 될 것이다. 앤드류 같은 아기들을 연구한 결과에 의하면, 우울증을 겪는 어머니의 아기들에게 특징적으로 나타나는 굳은 얼굴과 둔한 행동은 "아이들이 자기 엄마와 함께 시간을 보내는 시간"에 한정된다."[14]

사회적 맥락에 따라 행동도 달라지는 현상은 걸음마를 배우는 아이들에게서 또한 관찰되는 패턴이다. 연구자들은 아이들이 집에서 어떻게 행동하는지에 관해 어머니들이 설문지를 작성하게 하고, 또 어린이집에서의 행동은 직접 관찰하거나 선생님에게 설문지를 작성하게 하여 연구를 실시했다. 그리고 아이의 행동에 대한 두 데이터가 서로 일치하지 않는다는 사실을 발견했다. 한 연구자는 "아이의 실제적 행동은 집과 어린이집 사이에 체계적 차이가 있다고 볼 수 있다"고 인정했다.[15]

▶ 형제자매

아이가 어머니와의 관계에서 학습한 것들이 유치원에서 또래들과 지내는 데는 별 도움이 되지 않는다는 주장을 받아들인다면, 아이가 형제자매와의 관계를 통해 학습한 것은 다른 상황에서 적용할 수 있을까? 당신은 아마 그렇다고 생각할 테고 나도 지금까지는 그렇게 생각해 왔다. 하지만 한 번 더 생각해보면, 아이들 입장에서는 또래들과 부딪치면서 새롭게 시작하는 것이 나을 수도 있다. 집에서는 동생에게 강한 영향력을 행사하는 아이도 유치원 안에서는 제일 약한 아이일 수 있고, 반대로 집에서는 매일 형에게 눌리는 동생이 학교에서는 제일 힘세고 싸움 잘하는 아이일 수 있다. 한 연구팀은 이 문제를 다음과 같이 설명했다.

> 형제 간에 나타나는 각자의 역할과 지위가 또래 관계에서도 지속적으로 유지된다고 볼 만한 증거는 없다.…집에서 오랫동안 나이 많은 형제가 우위를 차지했다 해도 또래들 사이에서는 지배적인 역할을 차지할 수 있다.[16]

또 다른 연구팀은 이렇게 말한다.

아이의 형제 관계와 교우 관계의 특성을 평가한 결과, 둘 사이에는 유의미한 관계가 거의 발견되지 않는다.…형제들에게 경쟁적이고 지배적으로 행동하는 모습이 관찰되는 아이들도, 친구들과 긍정적인 관계를 맺는다는 어머니의 평가를 받기도 한다. 어머니가 형제들과 적대적 관계를 맺고 있다고 평가한 아이들이 친구들과의 친밀도에서는 높은 수치를 기록하는 경우도 있다.…동생에 대해 경쟁적이고 지배적으로 행동하는 형이 친구들과의 관계에서도 반드시 부정적이고 문제 많은 행동을 할 것이라고 기대할 수는 없다.[17]

쌍둥이가 아닌 다음에야 아이가 형제들과 맺는 관계는 대부분 평등하지 않다. 대부분의 경우 나이 많은 쪽이 리더가 되고 어린 동생은 형을 따른다. 형은 동생을 통제하려는 경향이 있고 동생은 통제를 거부하려는 경향이 있다. 하지만 또래 관계는 다르다. 또래들은 형제보다 평등하고 화합이 더 잘 이루어진다. 미국 아이들은 또래보다는 형제 사이에서 훨씬 잦은 갈등과 다툼을 경험한다.[18]

형제간의 다툼은 앞 장에서 언급한 프랭크 설로웨이의『타고난 반항아』의 중심 주제다. 설로웨이의 관점에서는, 형제들은 태어나면서 경쟁 관계에 놓이며 가족 내에서 정당한 몫(첫째의 경우에는 정당한 몫 이상)의 자원과 부모의 애정을 받기 위해 투쟁한다. 그러기 위해 아이들은 서로 다른 능력을 전문화한다. 가족에 필요한 부분을 한 아이가 채우면 다른 아이는 부모의 관심과 사랑을 얻기 위해 다른 분야를 찾아야 한다.[19]

내가 이 주장에 반대하는 것은 아니다. 사람들이 경쟁적인 형제 관계를 성인기까지 유지하거나 때로는 죽을 때까지 지속하기도 한다는 사실을 부인하려는 것도 아니다. 실제로 나의 이모 글래디스와 외삼촌 벤은 평생 서로를 미워하며 살았다. 내가 의심하는 부분은, 과연 사람들이 형제와의 관계에서 생겨난 감정이나 행동을 다른 관계에까지 확대 적용하는지다. 글래디스 이모는 벤 외삼촌 말고 모두에게, 동화 속 신데렐라만큼이나 착하고 다정한 분이었다.

형제와의 관계에서 획득한 행동 패턴은 다른 사람들과 맺는 관계에 도움도 방해도 되지 않는다. 그것은 우리 성격에 어떤 지속적 흔적도 남기지 않는다. 만일 그 반대라면, 연구자들은 성인을 대상으로 한 성격검사에서 그 영향을 확인할 수 있어야 할 것이다. 즉, 성인이 된 첫째와 후순위 출생자 간에 어떤 식으로든 일관된 성격상의 차이가 있어야 한다. 하지만 앞 장에서 말했듯이(부록 1도 보라), 상당수의 성인 성격 연구에서 출생순서 효과는 거의 나타나지 않는다. 그 효과가 나타나는 부분은 성격 연구들 중 특정한 한 분야에 한정되는데, 바로 부모나 형제들이 연구 참여자의 성격을 평가하는 방식으로 진행되는 연구다. 부모들에게 자기 자식에 대해 설명하게 하면, 부모들은 종종 첫째들이 나중에 태어난 아이에 비해 진지하고 꼼꼼하고 책임감이 강하고 염려가 많다고 답하곤 한다. 동생들에게 자기 형이나 누나에 대해 말해보라고 하면 동생들은 대개 "권위적"이라고 말한다. 이런 조사를 통해서 얻을 수 있는 것은 피험자가 집에서 어떻게 행동하는지에 대한 정보뿐이다.[20]

집에서는 출생순서 효과가 존재하며 이 점에는 의심의 여지가 없다. 그리고 내가 생각하기에는, 바로 그렇기 때문에 그 효과에 대한 믿음이 쉽게 사라지지 않는 것 같다. 만일 우리가 어떤 사람을 그의 가족들과 함께 만난다면 기대했던 출생순서 효과를 관찰할 수 있을 것이다. 나이 많은 이들은 진지하고 책임감 있고 권위적이며, 동생들은 좀 더 편하게 행동한다. 하지만 그것은 어디까지나 그들이 함께 있을 때 나타나는 행동이다. 우리는 이런 행동 패턴을 결코 우리가 처하게 되는 모든 상황으로 끌고 가지 않는다. 심지어 유치원에도 말이다.[21]

▶ 집 밖으로 반드시 가져가는 것

한 맥락에서 다른 맥락으로 행동이 전이되지 않음을 설명할 때 내가 즐겨 사용하는 예는 편식이다—아이를 키우는 부모라면 흔히 겪는 일일 테다. 아마도 당신은 어떤 상황에서 편식하는 아이라면 다른 상황에서도 편식을 하리라 생각할 것이다. 하지만 놀랍게도 연구 결과는 그렇지 않았다. 스웨덴에서 이루어진 표본 연구 결과, 집과 학교 둘 중 한 곳에서만 편식하는 아이가 전체의 3분의 1이었고 양쪽 모두에서 편식하는 아이는 8퍼센트에 지나지 않았다.[22]

자, 이 8퍼센트는 무엇을 의미하는가? 이제 내가 지금까지 독자들을 잘못 인도해 왔음을 시인할 때가 된 것 같다. 집에서의 행동과 밖에서의 행동 사이의 상관관계는 아주 낮기는 하지만 0은 아니다. 이 사실을 2장에서 부모에게는 함부로 행동하지만 친구에게는 그렇지 않은(혹은 그 반대인) 아이들을 말할 때 언급한 바 있다. 집 안과 밖의 두 상황에서 수행하는 불쾌한 행동의 상관관계는 0.19 정도다. 다시 말해 한 아이가 부모에게 어떻게 행동하는지를 자세히 관찰한다고 해서 그 아이가 친구들에게 어떻게 행동하는지를 제대로 예측하기란 어렵다는 의미다. 하지만 상관관계가 0은 아니다. 사실 이것은 통계적으로 유의미한 수치다.[23]

유의미하지만 놀랄 만큼 낮은 상관관계. 그것이 놀라운 것은, **같은 유전자**를 가진 **같은 아이**가 양쪽 맥락에서 동일한 행동을 취한다는 데 있다. 우리는 행동유전학 연구를 통해 비친화성disagreeableness이나 공격성 같은 성격 특성의 50퍼센트 정도는 유전에 의한 것임을 알고 있다.[24] 이것은 다시 말해 아이의 성격 중 상당 부분(정확한 수치는 중요하지 않다)이 선천적으로 결정되며 경험으로 새롭게 획득되지 않는다는 의미다. 선천적으로 비친화적 성향을 가진 아이는 어떤 사회적 맥락으로 움직이더라도 그런 성향을 계속 간직한다. 아이가 학습하는 내용은 그것을 배우게 된 특정 맥락에 강하게 묶여 있지만, 타고나는 유전자는 언제나 아이를 따라다닌다.[25] 어떤 아이가 집과 학교 양쪽에서 모두 편식을 한다면, 특정 음식에 알레르기가 있거나 소화기관이 상대적으로 예민하기 때문일 수도 있다. 그러므로 어떤 아이가 집과 학교 양쪽 모두에서 편식을 한다든지 부모와 친구 모두에게 함부로 행동하는 경향이 있다면, 그것은 앞서 말한 직접적 유전효과에 의한 것일 수 있다.

간접적 유전효과(유전자의 영향에 의한 영향)도 어떤 행동이 다른 맥락에서 계속 유지되는 원인이 될 수 있다. 신데렐라는 특수한 경우였는데, 그의 예쁜 얼굴은 계모의 눈에 띌 때는 위험에 빠지게 했지만 집 밖의 세상에서는 장점이었다. 하지만 오늘날 얼굴이 예쁜 대부분의 아이들은 자기 외모가 어디서나 유리하게 작용한다고 느낀다.[26] 반면 얼굴이 못생긴 아이들은 대부분 자기 외모가 어떤 사회적 맥락에서든 본인에게 불리하게 작용한다고 느낀다. 부모나 친구 모두에게 불쾌하게 구는 아이가 있다면, 어쩌면 다른 사람을 친절하게 대하려는 노력이 그다지 소용없어서 포기해 버린, 매력적이지 못한 외모를 가진 아이인지도 모른다. 또는 애초에 불친절한 기질을 타고나 모든 종류의 인간관계를 다루는 데 문제가 있었을 수도 있다. 비친화적 기질은 직접적·간접적 문제를 모두 야기할 수 있다. 즉 아이가 남에게 호의적이지 못한 반응을 보이게 한다는 점에서 직접적이고, 주위 사람들이 아이에게 호의적이지 못한 반응을 하게 된다는 점에서 간접적이다.[27]

▶ 코드 스위칭

각기 다른 맥락에서 같은 행동이 나타나는 원인이 유전적 영향에 있다는 것은 내게는 꽤 거슬리는 사실이다. 이것이 내가 말하려는 요점을 흐리기 때문이다. 나는 지금까지 아이들이 각각의 맥락에서 어떻게 행동해야 하는지 각 맥락에서 개별적으로 학습한다는 사실을 설명해 왔다. 하지만 사회적 행동이란 복합적이다. 부분적으로는 선천적으로 타고난 특성에 의해 결정되며, 부분적으로는 후천적으로 경험한 바를 통해 결정된다. 선천적으로 타고난 부분은 우리가 어느 곳에 있든 항상 따라다니며, 따라서 사회적 맥락 간의 구별을 불분명하게 만든다. 이 문제를 해결하기 위해, 나는 온전히 후천적 학습으로만 획득되는 사회적 행동인 언어를 살펴볼 것이다.

우선, 앞 문장에 부연 설명이 필요하다. 언어는 경험을 통해 학습되지만 한편으로는 선천적으로 타고나는 것이기도 하다. 언어는 우리가 조상으로부터 물려받는 것 중 하나이지만, 폐나 눈, 직립보행같이 모든 정상적 인류에게 거의 동일하게 주어지는 조건이기도 하다. 정상적 두뇌를 갖고 태어난 보통의 아기라면 언어를 학습하는 능력과 학습하려는 욕망을 지니고 있다. 환경은 단지 **어느** 언어를 배우게 될 것인지를 결정할 뿐이다.[28]

북미나 유럽에서는 아주 당연하게 아기에게 언어로 의사소통하는 법을 부모가 가르쳐야 한다고 생각한다. 사실 우리는 아기에게 언어 가르치는 일을 부모의 가장 중요한 책임 중 하나로 여긴다. 우리는 아기가 자궁에서 나오는 순간부터 떠들어대며 언어 수업을 시작한다. 아기가 옹알이를 시작하면 칭찬해주고 혹시 "음마" "빠빠" 같은 말을 하기라도 하면 호들갑을 떤다. 우리는 아기에게 질문을 던지고 대답을 기다리는데 설사 아기가 대답을 못하더라도 직접 대답을 가르쳐 준다. 아기가 문법적으로 잘못된 문장을 사용하면 엉터리 문장을 올바르게 고쳐 준다. 우리는 아기가 관심을 가지는 것에 대해 짧고 명료한 문장으로 말을 들려 준다.

이렇게 재촉 비슷한 격려를 받은 우리 아기들은 대체로 한 살도 되기 전에 말을 시작하며, 두 살 정도가 되면 문장 형태의 말을 한다. 그리고 네 살 정도가 되면 이미 별다른 어려움 없이 유창하게 언어를 사용하기 시작한다.

이제 막 말을 깨우친 네 살배기 아이가 처음으로 외출을 한다고 상상해 보자. 아이는 곧—신데렐라가 그랬듯—모든 것이 집에서와는 다르다는 사실을 발견한다. 아이는 집 밖의 사람들이 자기가 알지 못하는 언어로 말하고 아무도 **자기** 말을 이해하지 못한다는 사실을 깨닫는다. 아이는 이런 현실을 혼란스러워할까? 아마 그렇지 않을 것이다. 한 발로 모빌 움직이는 법을 스스로 터득한 아기의 실험을 떠올려 보자. 요람 주위의 장식을 바꾸면 아기는 곧 자기가 다른 세상에 와 있다고 여기게 된다. 그리고 새로운 세상에는 자신이 배워야 할 새로운 법칙이 있을 것이라고 생각한다.

1장에 나왔던 케임브리지에서 하숙집을 운영하는 러시아인 부부의 자녀들처럼, 이민 가정의 자녀들은 정확히 이런 상황에 처해 있다. 아이들이 집에서 배우는 것들(가장 명확한 것은 언어지만 그밖에도 많은 것들을 학습한다)이 밖에서는 쓸모없어진다. 하지만 아이들은 전혀 당황하지 않고 새로운 세계의 새로운 법칙을 학습하고, 필요하다면 새로운 언어도 학습한다.

아이들은 또래의 다른 아이들과 의사소통하려는 강한 욕구를 지니고 있으며, 이 욕구는 새로운 언어를 학습하는 강한 동기가 된다. 한 심리언어학자는 몬트리올의 한 병원에서 같은 병실에 입원해 있는 아이에게 말을 걸어보려 애쓰던 네 살배기 미국 아이의 사례를 들려준다. 영어로 아무리 말을 걸어보려 해도 소용이 없다는 사실을 발견한 그 아이는 자기가 아는 몇 안 되는 프랑스어 단어에(캐나다에는 프랑스어 사용자가 상당히 많다) 의미 없는 음절을 붙인 문장"Aga doodoo bubu petit garçon?"을 만들기 시작했다. 핀란드에서 스웨덴어를 사용하는 부인과 함께 사는 한 이탈리아인은 공원에 세 살배기 아들을 데려갔을 때의 기억을 들려주었다. 아이는 핀란드어를 사용하는 또래 아이들과 빨리 놀고 싶은 마음에 아이들에게 뛰어가면서 자기가 배운 유일한 핀란드어 단어 "Yksi, kaksi, kolme."를 계속해서 크게 외쳤다. "하나, 둘, 셋"이라는 뜻이었다.[29]

이런 우스꽝스러운 시도는 주로 어린 아이들이 한다. 그리고 좀 더 나이가 들면, 아이들은 말을 적게 하고 눈치 빠르게 행동을 고치는 전략을 터득하게 된다. 연구자들은 부모와 함께 폴란드에서 미주리의 시골로 이민 온 일곱 살배기 사내아이—지금부터 이 아이를 조셉이라고 부르겠다—의 사례를 연구했다. 조셉은 처음 몇 달간 학교에서 선생님이 말씀하실 때 다른 아이들이 반응하는 것을 관찰하며 말뜻을 파악하려고 노력했다. 반면 이웃 친구들과 함께 있을 때는 실수를 하더라도 즉각적 대화를 시도하며 영어 실력을 조금씩 다듬어가기 시작했다. 처음에 조셉의 영어 수준은 아기와 다를 바 없었다. 이를테면 "나 오늘 학교" 하는 식이었다. 하지만 몇 달 뒤에는 꽤 괜찮은 수준의 영어를 구사했고, 2년이 지나자 영어를 모국어처럼 자유자재로 사용하게 되면서 폴란드어 억양도 거의 사라졌다. 집에서는 여전히 폴란드어를 사용했지만,[30] 그가 쓰는 영어에서 폴란드어 억양은 점차적으로 완전히 사라졌다.*

이민 가정의 아이들이 집에서 모국어를 사용하고 밖에서 제2언어를 사용하는 것은 아주 일반적이다. 1년만 새로운 나라에서 살다 보면 아이들은 곧 자기가 아는 두 언어를 쉽게 오가며 사용할 수 있게 된다. 컴퓨터에서 마우스 클릭 한 번으로 두 개의 프로그램을 오가는 것처럼 말이다. 집 밖으로 나가면 영어를 클릭하고, 안으로 들어오면 다시 폴란드어를 클릭한다. 심리언어학자들은 이를 코드 스위칭code-switching이라고 부른다.

---

* 심리언어학자들은 아기가 한 살이 되기 전에 모국어에서 구별되지 않는 발화음들 간의 차이를 알아내는 능력을 잃는다고 종종 주장하지만, 이는 사실이 아니다. 아기들이 소리를 구분하는 능력을 정말로 잃는다면, 조셉 같은 아이는 모국어 억양 없이 제2언어를 말하는 방법을 익히지 못할 것이다. 실제로는 아기들이 자기 모국어에서 의미가 없는 소리 차이에는 주의를 기울이지 않는 법을 배운다는 설명이 더 타당하다. 나중에 그런 소리 차이가 유의미해지면 아이들은 다시 주의를 기울일 수 있다.

신데렐라의 이중적 모습은 코드 스위칭의 한 예다. 집 밖으로 나가면 예쁘고 매력적인 모습으로, 집에 돌아오면 초라하고 주눅 든 모습으로 행동했다. 만일 신데렐라가 조셉처럼 집 안과 밖의 언어를 구별해서 사용했다면, 그것은 안과 밖의 삶 사이에 존재한 수많은 차이들 중 하나였을 것이다. 아이들이 이중언어에 능통해지는 것은 예뻐 보였다가 못생겨 보이는 것보다 더 쉬운 일일 것이다.

코드 스위칭은 마음에 두 개의 저장 창고를 마련하는 것과 비슷하다. 각 창고에는 특정한 사회 맥락에서 학습한 내용이 담겨 있다. 성인 이중언어 사용자를 연구한 심리언어학자 폴 콜러스Paul Kolers는, 특정한 저장 창고에 접근하려면 그 맥락에서 사용되는 언어로 코드 스위칭해야 한다고 말했다. 예시로 그는 열두 살에 프랑스에서 미국으로 이민 온 동료의 이야기를 들려준다. 그 동료는 간단한 산수를 할 때는 프랑스어를 사용했지만 미적분을 할 때는 영어를 사용했다. 콜러스는 말한다. "한 맥락에서 얻은 사고 작용과 정보들이 반드시 다른 맥락에서도 유용하지는 않다. 우리는 다른 맥락에 처할 때 그에 관해 새롭게 배워야 한다. 물론 처음보다 시간과 노력은 덜 들 것이다."

각 창고에 저장되는 것은 비단 책으로 배운 지식만이 아니다. 콜러스는 말한다. "많은 이중언어 사용자들은 '같은 경험을 해도 사용하는 언어에 따라 생각하는 방식과 그 경험에 대한 감정이 달라진다'고 고백한다."[31] 집에서 사용하는 언어와 밖에서 사용하는 언어의 구분이 확고하면, 집의 언어는 집에서 경험하는 생각과 감정에 유착되며 밖에서의 언어는 그곳에서의 생각과 감정에 강하게 묶인다는 것이다. 집에서 신데렐라는 자신이 별 볼 일 없는 인간이라 생각했지만 밖에서는 자신이 친구를 사귀고 사람들에게 영향을 미칠 수 있는 사람임을 발견했다. 왕자가 신데렐라에게 집의 언어로 이야기했다면 이 이중언어 사용자는 자리에 주저앉아 걸레질을 했을 것이다.

성격 이론가들은 언어에 별로 관심이 없다. 하지만 언어, 억양, 어휘 같은 것들은 친화성이나 공격성 같은 "성격 특성"처럼 엄연한 사회적 행동이다. 많은 사회적 행동이 그렇듯 사용하는 언어는 해당되는 맥락에 민감하며, 이는 이중언어 사용자뿐 아니라 단일언어 사용자에게도 똑같이 적용되는 사실이다. 윌리엄 제임스는 사람들이 각 사회적 맥락에서 자아의 각각 다른 측면을 보여 준다고 설명하면서, 친구들과 있을 때는 거친 언어를 사용하다가 부모나 선생님에게는 상냥하고 공손한 말투로 이야기하는 아이의 예를 들려준다. 다음은 어느 고등학생이 자기 반에서 겪은 일화다.

> 학교에서 어떤 여자애가 복도를 걷다가 갑자기 뭔가 깜빡한 것이 생각났나 봐요. 그래서 "아이, 참!"이라고 소리쳤지요. 그러다 주위를 두리번거리다 친구가 보이자 이렇게 말하는 거예요. "그니까, 썅이라고."[32]

그 학생의 부모나 선생님도 비슷한 방식으로 언어 행동을 조절할 것이다. 그들도 십대 자녀나 학생을 대할 때 사용하는 어휘나 문장 구조를 두 살배기에게 사용하지는 않는다. 자동차를 수리하는 기술자에게 말할 때와 주치의와 대화할 때 사용하는 어휘나 문장 구조도 서로 다르다.[33]

사회적 행동임에도 불구하고 언어는 다른 사회적 행동과 달리 유전자의 영향에서 자유롭다는 이점이 있다. 친화성이나 공격성 같은 것은 부분적으로 유전의 영향을 받는다. 하지만 영어나 폴란드어 사용을 결정하는 문제, 상대에 따라 비속어 사용을 결정하는 문제는 전적으로 환경에 의해 결정된다.

코드 스위칭은 극단적인 예다. 아이들 대부분의 마음속 창고에서는 내용물이 새어 나오기 마련이다. 아이들은 어떤 맥락으로 이동해도 기억을 그대로 가져간다. 네 살이 지나 집 밖에 나갔을 때 사람들이 사용하는 언어가 집에서 배운 언어와 같음을 발견한다면, 아이는 바깥의 언어에 관해 모든 것을 완전히 새롭게 배울 필요는 없다. 비록 처음에는 집에서 배운 언어를 밖에서 사용하는 데 다소 조심스럽겠지만 말이다. 사실 가정 환경과 바깥 환경 사이에 철의 장벽이 가로막고 있는 아이는 거의 없다. 부모가 학예회 날 학교에 가서 아이의 연극을 구경하기도 하고 교사 면담을 하러 가기도 한다. 아이는 반 친구들 앞에서 "여름 방학에 내가 한 일들"에 대해 발표하거나, 반 친구들을 집에 초대해 생일 파티를 열기도 한다.

윌리엄 제임스는 "한 인간 안에 존재하는 자아의 분화"를 말하면서, 조화로운 분화와 부조화스러운 분화를 설명했다. 조화로운 분화란 이를테면 아이에게는 다정하고 따뜻하지만 죄수에게는 엄격한 교도관 같은 경우이고, 부조화스러운 분화란 "어떤 영역에서 만나는 지인들에게 다른 곳에서의 자기 모습이 알려지는 것을 두려워하는" 경우다. 신데렐라는 계모가 집 밖에서의 자기 모습을 아는 것을 두려워했다는 점에서 부조화스럽게 분화된 사례다.

대체로 아이들에게는 집 밖에서의 행동을 부모에게 드러내는 것이 그렇게 위험한 일이 아니다. 하지만 집에서 하는 행동이 밖으로 노출되면 마치 어떤 대단한 처벌이 가해질 것처럼 생각한다. 필립 로스Philip Roth는 『포트노이의 불평Portnoy's Complaint』이라는 소설에서, 자전적 경험임이 거의 분명한 일화를 들려준다. 등장인물 알렉산더 포트노이의 부모는 미국으로 이민 온 유대인 1세대로 이디시Yiddish어와 영어를 자유롭게 섞어 구사하는 이들이었다. 그는 어린 시절에 겪은 사건을 다음과 같이 들려준다.

나는 이미 1학년 학생들 사이에서 꽤 인기가 높았고 어떤 경쟁을 치러도 손 쉽게 이길 거라는 기대감을 한 몸에 받는 학생이었다. 그러던 어느 날 선생님 이 내게 그림 하나를 보여 주면서 무엇을 나타낸 것인지 말해보라고 하셨다. 나는 금세 그것이 어머니께서 주걱spatula이라고 부르던 물건임을 알아차렸지 만, 순간 그에 해당하는 영어 단어가 무엇인지 도무지 생각해낼 수가 없었다. 얼굴을 붉히고 말을 더듬으면서 나는 자리에 쓰러지듯 주저앉았다. 선생님은 당황하셨고, 나는 그보다 훨씬 심각하게 동요했다.…마치 엄청난 고통을 당한 순간처럼 말이다. 그것도 그 대단한 주방기구 하나 때문에.[34]

알렉산더는 spatula가 이디시어—가정용 단어, 가족 간에 쓰는 단어 —라고 생각했다. 그리고 그 단어를 사람들 앞에서 내뱉느니 차라리 얻 어맞은 듯 멍하게 있는 쪽을 택한 것이다. 나도 3~4학년 때 비슷한 경험 을 한 적이 있다. 친구와 이야기하다가 약지를 새끼손가락pinky이라고 했 는데 갑자기 그 아이가(별로 친한 친구는 아니었다) "뭐?"라고 되묻는 것이었 다. 나는 몹시 당황했다. '어쩌지, pinky는 집에서만 쓰는 단어인가봐.' 치 명적 실수였다. 친구는 한 번 더 "뭐라 했냐고?"라고 물었고, 나는 말을 더듬으며 "아무것도 아냐" 하고 얼버무렸다. 친구는 점점 집요해졌고 나 는 더욱 난처해졌지만 끝내 대답하지 않았다. 수년 후에야 나는 그 친구 도 그 단어를 집 밖에서도 쓸 수 있는지 확신을 얻으려고 그렇게 집요하 게 질문한 것이었음을 알게 됐다.

조셉은 부모에게는 폴란드어를 썼고 선생님이나 친구들과 있을 때는 영어로 말했다. 하지만 가끔 친구들이 집에 놀러올 때는 친구들에게 영 어를 사용했을 테고, 그렇게 영어가 집 안으로 스며들었을 것이다. 어쩌 면 알렉산더 포트노이처럼 집의 언어를 밖에서 사용하기가 부끄러워서 부모와 함께 쇼핑을 할 때도 영어를 사용했을지도 모르겠다. 시작이야 어떻든 영어권 국가로 이민 간 가정의 아이들은 결국 영어를 집으로 끌고 들어와 부모에게도 영어를 사용한다. 한 한국인 2세는 어머니와 어떤 식으로 대화하느냐는 질문에 이렇게 답했다. "어머니는 대부분 제게 한국어로 말하시고 저는 영어로 답을 하지요." 한 인류학자는 동유럽 출신 유대인 이민자들이 자신들의 언어를 자식에게 물려주는 데 실패하는 이유를 이렇게 설명한다. "그들이 아이들에게 이디시어로 말할 때 아이들은 영어로 대답했다."[35] 정도의 차이가 있을 뿐이지 가족 구성원 모두가 영어를 사용하는 가정에서도 비슷한 일이 벌어진다. 나는 수많은 토박이 미국인들이 자녀가 친구들에게 배운 이상한 말을 집에서 쓴다고 불평하는 소리를 자주 들었다.

만약 이민 가정의 부모가 자녀에게 모국어(따지자면 부모의 모국어)로 말하길 강요한다면 아이들은 물론 그리 하겠지만, 아이들이 바깥세상에서 사용하는 언어 능력은 계속 성장하는 데 반해 모국어 능력은 아이 수준에 머무를 것이다. 하버드에 진학한 어느 중국계 미국인은 이렇게 이야기한다.

저는 부모님과 문학이나 철학에 대해 토론해 본 적이 한 번도 없습니다. 우리는 건강이나 날씨, 저녁 식사 같은 주제로 대화를 하는데, 부모님이 영어를 못하시기 때문에 항상 광둥어로만 대화합니다. 하지만 하버드에 있는 동안 저는 부모님과 대화하는 데 언어적 한계를 느낍니다. 제 광둥어 어휘 수준으로는 제가 듣는 수업이나 전공 분야를 도저히 설명할 수 없거든요.[36]

많은 이민 가정의 부모는 자녀들이 모국어와 고향의 문화를 잊어 가는 것을 막기 위해 무척 애를 쓴다. 내가 사는 곳의 지역신문에 인도 서벵골 지역에서 이민 온 후 자기 자녀들과 다른 벵골 출신 자녀들을 위해 벵골어 학교를 시작한 여성의 이야기가 실린 적이 있다.

> 바그치 씨는 다른 많은 이민자들이 그렇듯 자녀들이 자기들의 문화적 배경을
> 이해하기를 바랐다. 이를 위해 그는 우선 아이들이 어머니의 모국어이자 인
> 도에서 통용되는 15개 언어 중 하나인 벵골어를 할 줄 알아야 한다고 생각했
> 다.…하지만 언어 습득은 한 주에 겨우 몇 시간 수업을 듣는다고 쉽게 끝낼 수
> 있는 일이 아니다. 학교에서, 텔레비전에서, 그리고 친구들과 있을 때 아이들
> 은 온통 영어에 젖어들어 있다. 부모와 아이들이 모두 열심히 노력했음에도,
> 결국 아이가 부모의 언어를 유창하게 말하는 광경은 벌어지지 않았다. 바그
> 치 씨는 미국에서 태어난 벵골 아이들에 대해 이렇게 말했다. "이 아이들은 영
> 어로 꿈을 꾸지, 벵골어로 꿈꾸지 않아요."[37]

아이들은 영어로 꿈을 꾼다. 아이들이 부모로부터 학습한 최초의 언
어가 영어인지 벵골어인지는 전혀 영향을 미치지 못했으며, 아이들의
"모국어"가 된 것은 결국 영어였다. 조셉은 일곱 살이 될 때까지 폴란드
어만을 사용했다. 하지만 미국에서 계속 살려면 그의 "모국어"가 폴란드
어가 되어서는 곤란하다. 어른이 된 후에는 영어로 생각하고 영어로 꿈
을 꾸고, 미적분은 물론이고 간단한 계산까지 영어로 해야 할 것이다. 어
쩌면 폴란드어를 완전히 잊어버릴 수도 있다.

부모는 아이에게 아이가 속한 사회의 언어를 가르칠 필요가 없다. 받
아들이기 힘든 말일지도 모르지만, 엄밀히 말해 부모는 자녀에게 아무
언어도 가르칠 필요가 없다. 우리가 영유아에게 말을 열심히 가르치는
것은 어디까지나 우리 문화의 특수한 양식이다. 여전히 전통적 방식으로
살아가는 지구상의 한 지역에서는, 부모가 아이에게 아무런 언어 교육도
하지 않으며 아이들과 대화하기 위한 노력도 거의 하지 않는다. 그들은
언어를 학습하는 것이 부모가 아닌 아이들의 일이라고 생각한다. 심리언

어학자 스티븐 핑커Steven Pinker에 의하면, 많은 사회에서 어머니들은 "특별한 경우나 꾸중이 필요할 때가 아니면, 언어를 배우지 않은 자녀에게 말을 하지 않는다. 이것은 이상한 일이 아니다. 아무리 말해봤자 결국 아이들은 한마디도 이해하지 못할 것이 분명한데 왜 혼잣말을 하며 기운을 낭비하겠는가?" 미국의 아기들에 비하면 이런 사회의 아기들은 언어 발전이 너무 지체되지 않을까 싶겠지만 결과는 다르지 않다. 양쪽 모두 각자가 속한 사회의 유창한 언어 사용자가 된다.[38]

이렇게 생각할지도 모르겠다. '그래, 하지만 어머니들이 아기에게 아무런 말을 하지 않는다 해도 아이들은 엄마가 다른 사람에게 하는 말을 듣고 있잖아?' 물론 사실이다. 하지만 듣는 것도 꼭 필요하지는 않다. 그리스 역사가 헤로도토스는 인간이 순전히 혼자 내버려질 때 말하게 되는 언어가 과연 무엇일지 알고 싶었던 어느 왕 이야기를 들려준다. 왕은 목동 한 명을 시켜 아기들 몇몇을 외딴 오두막집에 가둬놓고는, 아무도 그 아기들에게 말을 걸지 말고 아기들이 아무 말도 듣지 못하게 하라고 지시를 내렸다. 2년 뒤에 왕이 아기들을 찾아갔을 때 아기들은 왕에게 달려가면서 "베코스bekos" 비슷한 소리를 뱉었는데 그 말소리는 빵에 해당하는 고대 프리지아어와 비슷했다고 한다. 왕은 프리지아어가 세계 최초의 언어라는 결론을 내렸다.[39]

미국에서도 수천 명의 아기들이 이와 비슷한 상태에서 자라고 있음을 알게 되면 다들 놀랄지도 모르겠다. 물론 그런 실험이 실시되었다는 뜻이 아니라, 부모가 모두 청각 장애를 가진 가정에서 자라는 아기들을 말하는 것이다. 청각장애인들은 대체로 같은 청각장애인과 결혼하지만 그 부부에게서 태어나는 아기들은 90퍼센트 이상이 정상 청력을 가지고 태어난다. 이 아기들은 오늘날 우리가 정상적 발달에 필수적이라고 생각하는 경험을 하지 못하고 자란다. 아기들이 아프거나 무서울 때 소리를 질러도 달려오는 사람이 없고, 옹알이를 한다고, '음마' '빠빠'라는 말을 한다고 호들갑을 떠는 사람도 없다. 요즘에야 많은 청각장애인 부모들이 비장애인 자녀와 수화로 대화하지만, 사회적으로 수화 사용을 못마땅하게 여기던 시기에는 장애인 부모가 어린 자녀들과 극히 기초적인 소통을 하는 것 외에는 대화가 불가능했다. 그럼에도 불구하고 이 아이들은 별다른 피해를 입지 않았다. 아이들은 부모로부터 어떤 언어 교육도 받지 못하지만 모두 영어를 유창하게 구사하는 어른으로 성장한다. 그들에게 언어를 어디서 배웠는지 묻지는 말자. 그들 자신도 기억하지 못할 뿐더러 대부분은 그런 질문이 공격적이라고 느낄 것이다. 아마 조셉이 언어를 배운 것과 같은 방식으로 언어를 배웠을 것이라 생각한다.[40]

사회화 연구자들은 부모가 폴란드어나 벵골어를 사용하는 가정, 오직 수화로만 소통하는 가정 등에 대해서는 좀처럼 연구하지 않는다. 아이들이 언어를 어디서 어떻게 학습하는지 그들이 궁금해하지 않는 이유는, 그들에게 언어란 변수가 아닌 상수이기 때문이다. 다시 말해 그들이 연구대상으로 삼는 가정은 부모나 자녀 모두가 영어 사용자이며 연구자들은 자녀들이 부모에게서 언어를 학습했다고 추정하는 것이다. 사회화의 다른 측면에 대해서도 그들은 이와 비슷한 가정을 한다. 나는 언어와 관련한 사회화 연구자들의 가정이 틀린 것처럼 사회화의 다른 측면에서도 마찬가지라고 생각한다. 이중언어는 맥락특화적 사회화, 즉 특정한 사회적 맥락과 연결된 사회화의 가장 뚜렷한 표지다.

▶ 모든 것이 한 곳에 그리고 모든 것이 제자리에

앞의 주걱 이야기가 보여 주는 것처럼 아이들은 자기의 두 가지 생활 영역을 구분 짓고 싶어 하는 듯 보인다. 아동학대가 주위 사람의 눈에 좀처럼 발견되지 않는 이유는 아이들이 집에서 벌어지는 일을 밖에서 이야기하려 하지 않기 때문이다. 집에서 계모가 때리고 바닥을 닦으라고 시켜도 아이들은 자기 집이 좀 다르다는 걸 남이 알기를 바라지 않는다. 반대로 놀이터에서 괴롭힘을 당하는 학령기 아이들도 부모에게 자기가 겪는 일을 말하지 못한다. 어린 시절 나는 거의 4년 동안을 학교에서 외톨이로 지냈지만—교실에서 아무도 내게 말을 걸지 않았다—부모님은 그 사실을 전혀 알지 못했다.

하지만 집에서 일어나는 일을 밖에서 감추려고 하는 마음은, 밖에서의 일을 집에서 감추려는 마음보다 더 강하다. 그리고 이런 경향은 특히 자기 집이 뭔가 비정상이라는 느낌을 가진 아이들에게 더욱 강하게 나타난다. 엄마가 알코올 중독자이거나 부모가 서로에게 물건을 집어던진다거나 아빠가 병약한 경우, 아이들은 그 사실이 남에게 알려지지 않기를 바란다. 이민 가정의 아이들은 친구를 집에 데려오기를 꺼릴 것이다. 가정형편이 좋지 않은 아이들이 자기 집을 노출시키기를 꺼리는 만큼이나 잘사는 집 아이들도 자기 집이 부유하다는 것을 비밀로 하고 싶어 한다. 아이들이 싫어하는 것은 바로 친구들과 달라지는 것이다.

사람들 앞에서 무엇을 숨겨야 하는지를 알기 위해 아이들은 자기 가정이 정상인지 비정상인지를 알 수 있는 방법이 필요한데, 한 가지 방법이 텔레비전을 보는 것이다. 그러나 그것이 효과가 있으려면, 텔레비전으로 보는 가정의 모습과 동네에서 보는 가정 사이 간극이 너무 크지 않아야 한다. 만일 그 괴리가 너무 크다면 아이들은 일반적 가정의 이미지를 텔레비전이 아닌 주위 친구들로부터 보고 들은 바를 통해 형성해야 한다.

동네나 학교 친구로부터 일반적 가정에 대한 정보를 얻기란 좀 까다로운 일이다. 상대방의 가정이 어떠한지 알아보려는 노력은 대부분 실패로 돌아가는데, 이것은 아이들 모두가 자기 가정에 대해 뭔가 숨기고 싶어 하는 점이 있기 때문이다. 내가 반 친구와 pinky라는 단어를 사용했을 때처럼 말이다. 이런 문제를 해결하기 위해 생겨난 아주 영리한 방법이 바로 소꿉놀이인데, 이 놀이를 하면서 아이들은 함께 "정상적" 가정의 모습을 만들어간다. 그리고 그저 놀이일 뿐이니 실수를 하더라도 큰 위험을 감수하지 않아도 되는 것이다.

아이들의 소꿉놀이 같은 흉내 놀이를 보면, 그들이 연기하는 가정은 철저하게 오지와 해리엇 부부의 가정*을 닮아 있다. 그야말로 판에 박힌 가정의 모습이다. 한 발달심리학자는 다음과 같은 아이들의 소꿉놀이 내용을 녹취한 적이 있다. 한 남자아이가 "여보, 나는 열심히 일하고 있어요. 오늘 천 달러를 가지고 왔어요" 하고 말하자, 엄마 역을 맡은 여자아이가 아주 기뻐한다. 하지만 남자아이가 저녁 식사를 준비하려고 하자 친구들은 단호하게 "아빠들은 밥 안 해"라며 선을 긋는다. 어떤 여자아이는—실제로 엄마가 의사임에도 불구하고—"여자는 간호사가 되어야 해. 의사는 남자애들만 될 수 있어"라고 주장하기도 했다.[41]

성차별에 관한 논의는 일단 제쳐두고, 소꿉놀이에서 묘사되는 부모들은 이상할 만큼 다정하다. 서로 말다툼을 하기도 하고 "아기"를 혼내기도 하지만 그 이상으로 나아가지는 않는다. 이것은 아이들이 폭력 묘사를 의도적으로 피하기 때문이 아니다. 아이오나와 피터 오피Iona and Peter Opie의 연구에 따르면 오히려 "이런 연극 형식의 놀이에서는 아이들이 유괴되어 잡아먹히거나 팔다리가 잘리는 등의 일이 아주 흔하다."[42] 하지만 이처럼 폭력을 흉내 내는 놀이에서 악역은 주로 마녀나 괴물 또는 강도들이고 아이들은 고아를 연기한다. 이런 설정은 자기를 보호할 엄마 아빠가 왜 곁에 없는지를 설명하기 위한 것이다. 만약 실제로 부모가 자신에게 무관심하거나 아이를 학대한다면 아이들은 마지막까지 친구들에게 그 사

---

* "The Adventures of Ozzie and Harriet"이라는 미국 시트콤의 등장인물들로, 매우 모범적인 중산층 부부의 전형이다.—옮긴이

실을 숨기려고 노력할 것이다.*

아이들은 평범한 사람이 되기를 간절히 원한다. 그리고 평범한 부모를 갖는 것은 평범한 사람이 되는 과정의 일부다. 만일 아이의 부모가 어떤 점에서든 뭔가 특이하다면(실제로 부모들은 어떤 점에서든 다른 부모와 다르기 마련이다) 아이들은 친구에게 자기 부모의 특이함을 감추려고 애쓴다. 코미디 작가 데이브 배리Dave Barry는 그 느낌을 다음과 같이 기억한다.

> 구내식당을 나온 우리는 서로에게 둘러싸인 채 교문 앞에 서서 부모님들이 우리를 데리러오기를 기다리고 있었다. 차를 세운 아버지는 복슬복슬한 털모자를 쓰고 계셨다. 게다가 아버지가 타고 있던 내쉬 메트로폴리탄은 어이없게 작아서, 꼭 동전을 넣으면 위아래로 움직이는 마트의 꼬마 자동차 같았다. 메트로폴리탄이 더 우스꽝스럽고 엔진도 더 작다는 것만 빼면 말이다. 나는 너무 부끄러웠다. 차라리 괴상한 얼굴에 촉수를 달고 눈은 툭 튀어나온 데다 입에서는 침이 질질 흐르는 외계인이 러시아 스타일 모자를 쓰고 비행접시를 타고 와 나를 데려가는 게 차라리 낫겠다 싶었다. 나는 친구들이 아버지를 보고 뭐라고 생각할지 두려웠다. 하지만 친구들이 내 아버지에게 관심도 두지 않을 거라는 예상은 결코 하지 못했다. 사실 녀석들 모두가 다 자기 부모 때문에 부끄러워서 어찌할 바를 모르고 있었던 것이다.[43]

부모들은 집에 속해 있다. 따라서 부모가 집 밖으로 나왔을 때 아이들은 긴장한다. 당황스러운 것은 차치하고, 자신이 어떤 맥락에 속해 있으며 어떤 행동을 해야 하는지 헷갈리게 만든다. 물론 아이들이 이것을 실제로 인식하고 있는 것은 아니다. 맥락은 대개 의식적 사고에 접근하지

---

* 하지만 시간이 지나면 바뀌게 되는데, 십대들은 자기 부모가 자기를 어떻게 대하는지를 두고 서로 투덜대기를 좋아한다.

않는 수준에서 행동에 영향을 미치기 때문이다. 청소년 혹은 성인이 되기 전에는, 자기 행동이 다양한 사회적 맥락에 따라 변화하고 있음을 파악하기가 쉽지 않다. 당신이 누군가와 함께 있을 때 자신이 보이는 행동이 마음에 들지 않아서 그 사람과 함께 있기 싫은 경우도 아마 있을 것이다.

윌리엄 제임스는 "부모나 교사 앞에서는 얌전하게 행동"하면서 친구들과 있을 때는 다르게 행동하는 아이 이야기를 들려주었다. 부모나 교사가 가르쳐준 대로 행동하더라도 그것은 단지 부모나 교사가 포함된 사회적 맥락 안에서의 일이다. 애완견에게 주인이 없더라도 소파 위에서 자면 안 된다고 가르치기란 무척 어려운 일이다. 왜냐하면 주인이 실제로 개에게 가르치는 것은 결국 주인이 **있을 때**는 소파에 있으면 안 된다는 것이기 때문이다. 주인이 없는 상황에서 개는 소파 위에서 장난을 치는 데 전혀 거리낌이 없다.

80년 전, 시대를 앞선 두 발달심리학자가 아이들이 유혹을 뿌리치는 능력에 관해 조사한 적이 있다. 그들은 집이나 교실에서, 운동 경기를 하는 상황에서, 혼자 혹은 친구들과 함께 있을 때 등등 다양한 조건 안에서 도둑질을 하거나 부정행위를 할 수 있는 상황을 만들어 놓고 아이들을 관찰했다. 그리고 발견한 것은, 어떤 상황에서는 정직하게 행동하는 아이가 반드시 다른 상황에서도 정직하게 행동하지는 않는다는 점이었다. 집에서는 정직한 아이가 교실이나 운동 경기에서는 거짓말을 하거나 반칙을 저지른다.[44]

집 밖에서 잘못된 행동을 하는 어린이나 청소년은 종종 "사회화되지 못한" 사람으로 규정되고 자연스레 그들의 부모에게 책임이 전가된다. 양육가설에 의하면 아이의 사회화는 어디까지나 부모의 일이다. 하지만 아이가 부모에게서 배운 것을 다른 사회적 맥락에 적용시키지 못하는 것은 결코 부모의 잘못이 아니다.

▶ 진짜 성격은 어디 있을까

아기들은 어떤 부분에서는 특정한 성향과 개성을 타고난다. 평균보다 더 활동적일 수 있고 사교적일 수 있으며 화를 더 잘 낼 수도 있다. 이러한 선천적 성향은 이미 그 자체로 완결되어 있으며 환경에 의해 수정된다. 물론 여기서 환경이란 각각의 독립된 환경들을 말하는 것이다.

성격에는 선천적 요소와 환경적 요소가 있다. 선천적인 부분은 당신이 어디를 가든지 항상 따라다니며 모든 맥락에서 행동에 영향을 미친다. 반면, 환경적 요소는 당신이 행동을 습득한 맥락에 한정되어 있다. 환경적 요소는 그 맥락에서 습득한 행동은 물론이고 그 맥락과 연결된 감정도 포함한다. 만일 부모가 당신을 무가치한 존재로 느끼게 한다면, 그 무가치하다는 감정은 부모가 당신에게 그 감정을 느끼게 한 사회적 맥락과 연결되어 있다. 그 감정이 집 밖의 맥락에도 연결되려면 밖에서 만나는 사람들도 당신에게 쓸모없는 존재라는 감정을 느끼게 해야만 가능하다.

사회적 맥락을 오가면서 유지되는 성격의 안정성은 경험하는 다양한 맥락들이 서로 얼마나 유사한가 혹은 얼마나 다른가에 부분적으로 의존한다. 신데렐라의 두 사회적 맥락 사이에는 급격한 차이가 놓여 있었기에, 그의 성격도 일반적인 경우보다 큰 차이를 보였다. 그러나 왕자가 신데렐라를 왕궁으로 데려간 후 누군가가 신데렐라를 만난다면 결코 그 차이를 파악하지 못할 것이다. 거기서는 단지 신데렐라의 집 밖에서의 성격만을 볼 수 있기 때문이다.

성인의 성격을 연구하는 심리학자들은 대개 연구 참여자들에게 설문지를 나누어주고 본인의 성격에 관해 스스로 대답하게 하는 자기 보고 방식을 택한다. 이때 사용되는 설문지는 표준화되어 있으며 피험자들은 각 질문에 예 또는 아니요로 답해야 한다. 대부분의 경우 연구 참여자들은 대학생들이며 검사는 대학의 강의실이나 실험실에서 실시된다. 그러므로 검사는 연구 참여자들의 대학에서의 성격을 측정하게 되며 여기에는 검사가 실시된 강의실이나 실험실에서 연상하는 여러 감정과 생각이 영향을 미친다. 만일 시간에 따른 성격적 일관성을 판단하기 위해 몇 달 뒤 테스트를 다시 실시한다면, 이 경우에도 성격검사는 대체로 이전과 같은 강의실이나 실험실에서 실시되는 것이 보통이다. 연구 참여자들의 기분이 더 좋아지거나 나빠졌을 수도 있지만 기본적으로는 같은 감정과 생각이 연계된 같은 성격을 검사하기 때문에, 성격이 일관적이다라는 결과가 나오는 것도 이상하지 않다.

성격심리학자 제임스 카운슬James Council은, 대학생들이 창의적 행위에 몰입하는 능력(예를 들면 소설에 얼마나 감정이입이 잘 되는가)을 측정하기 위해 자기 보고 방식의 실험을 실시하고 곧이어 연구 참여자들에게 최면을 걸어보았다. 그 결과 실험에서 높은 수치를 기록한 학생들이 더 쉽게 최면에 걸리는 것을 알 수 있었지만, 이는 단지 **실험을 실시한 곳과 같은 장소일 때만 그러했다.** 실험과 최면을 각각 다른 곳에서 실시할 경우에는 두 결과 사이에 별다른 상관관계를 찾아볼 수 없었다. 두 번째 실험은 어린 시절 경험한 신체적·성적 학대로 인한 정신적 외상에 관한 설문지를 가지고 이루어졌다. 그리고 곧바로 정서적 문제의 증상을 확인할 수 있도록 제작된 성격검사를 실시했는데, 어린 시절의 심리적 상처와 성인이 된 후의 정서상의 결함에는 유의미한 상관관계가 있다는 결론이 나왔다. 하지만 순서만 바꿔서, 즉 성격검사를 먼저 실시한 후 심리적 상처에 관한 설문을 실시했을 때는 상관관계가 사라져버렸다. 심리적 상처에 관한 설문을 작성하면서 부정적 감정과 기억이 되살아났고, 그 내용들이 실험이 실시된 맥락과 연결된 것이다. 부정적 생각과 감정이 성격에 미치는 영향은 단지 성격검사가 심리적 상처를 테스트한 직후 같은 장소에서 실시될 경우에만 나타났다. 카운슬은 이러한 "맥락 효과context effects"야말로 "수많은 성격 연구들의 타당성"에 의구심을 던지는 요소라고 생각한다.[45]

만약 당신이 유년기의 심리적 외상이 성인이 된 후의 정서장애에 영향을 미친다는 가설을 증명하고 싶다면, 생각할 수 있는 방법은 카운슬의 것과 크게 다르지 않을 것이다. 우선 연구 참여자들에게 심리적 외상을 상기시키고, 직후에 같은 방에서 성격검사를 실시한다. 좀 더 나은 결과를 얻으려면 연구 참여자들을 자신들이 심리적 외상을 입었던 장소로 데려가 **그곳**에서 성격검사를 실시하는 것이다. 그러나 결론적으로 당신이 얻게 되는 결과는 유년기의 심리적 외상이 사람의 마음에 나쁜 영향을 미친다는 것이 아니라, 맥락의 힘은 매우 강하다는 것이다.

행동유전학자들은 성인의 성격을 연구할 때 강의실이나 연구실에서 성격검사를 실시하는데, 그들이 얻는 결론은 가정 환경이 성인이 된 후의 성격에 거의 영향을 미치지 않는다는 것이다. 만일 정말로 가정 환경의 영향을 연구하고자 한다면, 연구 참여자들을 그들이 자라온 집에 직접 데려가 그곳에서 검사를 해야 할 것이다. 하지만 그 경우에도 그들이 발견하게 되는 것은 어린 시절의 가정 환경이 성인이 된 후의 성격에 미치는 영향력이 아닌, 맥락의 힘이다.

만일 당신이 집으로 돌아가지 않는다면 집에서 획득한 성격은 영원히 사라질 수도 있다. 신데렐라는 왕자와 결혼한 이후 절대로 계모가 있는 집으로 돌아가지 않았고, 따라서 그녀의 주눅 든 성격도 빗자루와 허름한 옷들과 함께 영원히 집에 남겨졌다.

하지만 대부분의 사람은 집으로 돌아간다. 현관으로 들어서서 부엌으로부터 "왔니?" 하고 반기는 엄마의 목소리를 듣는 순간, 이미 벗어버렸다고 생각했던 예전의 성격이 되살아난다. 바깥에서는 존경받는 성공한 사람이라 해도, 일단 저녁 식탁 앞에 앉기만 하면 어린 시절에 하듯 가족과 말다툼을 벌이고 바가지를 긁는다. 많은 사람들이 명절에 집에 가기 싫어하는 것도 결코 이상한 일이 아니다.

▶ 맥락 효과와 잘못된 결론

양육가설은 신화일 뿐이라는 나의 비판을 당신이 믿지 않는 한 가지 이유는 그것을 지지하는 증거가 너무 많기 때문이다. 당신은 부모가 자녀에게 영향을 미치는 모습을 눈으로 보고 있고, 사회화 연구자들도 그에 관한 데이터를 산더미처럼 쌓아두었다.

좋다. 하지만 당신은 부모가 자식에게 영향을 미치는 것을 어디서 보았으며, 또 사회화 연구자들은 그 데이터를 어디서 획득했는가? 부모가 자녀에게 영향을 미친다는 당신의 생각은 분명히 옳지만, 부모가 아이들 곁에 없을 때도 그 영향이 지속된다는 증거도 가지고 있는가? 부모들 앞에서는 무례하게 행동하는 아이들이 친구나 선생님과 있을 때는 얌전할지도 모른다.

양육가설에 대한 믿음을 뒷받침하기 위해 사회화 연구자들이 인용하는 많은 증거들은, 부모가 있을 때 아이들의 행동을 관찰하거나 부모가 아이들의 행동에 대한 설문에 답함으로써 도출된 결과들로 이루어져 있다. 연구자들은 가정 환경, 예를 들면 부모의 이혼 같은 조건이 아이에게 영향을 미친다고 생각하기 때문에 집에서 아이들의 행동을 관찰한다. 얼마 전까지 좋지 않은 사건들이 벌어진 장소인 집에서 말이다. 더 큰 문제는, 아이의 행동에 대해 설문지를 작성하는 부모 자신도 결코 중립적 관찰자가 아니며 특히 이혼의 충격 후에는 더욱 그렇다는 사실이다. 쉽게 예측할 수 있는 일이지만 이런 연구 방법은 대개 이혼한 부모의 아이가 그렇지 않은 아이보다 더 많은 문제를 안고 있다는 결론을 내리게 된다. 부모가 없는 집 밖에서 연구가 이루어진다면, 이혼한 부모와 그렇지 않은 부모의 자녀들 사이에 발견되는 차이는 아주 작아지거나 완전히 사라진다.[46] (그러나 어떤 종류의 차이는 오랫동안 지속되며 성인으로 자란 후에도 계속해서 관찰된다. 이혼 부모의 자녀에 관한 문제는 13장에서 다시 다룰 것이다.)

맥락 효과는 발달심리학에서 아주 심각한 문젯거리다. 이것은 연구자들이 생각하거나 바라는 바와는 전혀 다른 차원의 상관관계를 만들어낸다. 그리고 이러한 상관관계는 집에서뿐 아니라 연구실에서도 발생한다. 어린이나 청소년들을 인터뷰하거나 설문지로 검사를 실시하는 곳은 대부분 학교 교실이나 실험실이다. 이것은 양육방식 연구자들이 자주 사용하는 방식인데, 연구자는 아이들에게 최근 경험한 문제에 관해 설문을 하거나 성격검사를 실시하고 곧이어 부모가 자신을 어떻게 대하는지에 관해 묻는다.[47] 여기서 우리는 맥락 효과(연구 참여자들이 두 검사를 같은 상황에서 받기 때문에)뿐 아니라 통계학자들이 말하는 "평가자 효과rater effect"도 발견하게 되는데, 이번 주에는 마리화나 네 대를 피웠고 수학 시험에서는 낙제점을 받았다고 대답한 사람이 곧이어 부모에 대해 악담을 하는 것이다. 한 연구팀이 아이들에게 설문지를 주어 자기 부모의 양육방식에 관해 답하게 하고 부모에게도 같은 내용의 설문을 작성하도록 했는데, 그 결과 부모의 대답과 아이의 대답 사이의 상관관계는 겨우 0.07로, 상관관계가 없는 것이나 다름없었다.[48] 그럼에도 불구하고 사회화 연구자들은 가정에서 일어난 일에 관한 아이들(그리고 부모들)의 진술을 곧이곧대로 받아들이고는 이런 데이터를 통해 자기 이론을 뒷받침하고 있다.

사회화 연구자들의 주장 중에는 한 가지 아주 분명하고 반박의 여지가 없는 내용이 있다. 즉 아이들을 향한 부모의 행동은 부모와 함께 있을 때, 혹은 부모와 연관된 맥락 속에 있을 때 아이의 행동에 영향을 미친다는 것이다. 나는 여기에 대해서는 아무 이의가 없다. 부모의 행동은 또한 부모에 대한 아이들의 **감정**에도 영향을 미친다. 부모가 한 아이를 다른 아이보다 편애한다면 아이들 사이에 불편한 감정이 생길 뿐 아니라 편애의 대상이 되지 못한 아이와 부모의 관계에도 어색한 감정이 끼어든다. 그리고 이러한 감정은 평생 지속될 수도 있다.[49]

시중에는 자녀 양육에 관한 책이 정말 많이 나와 있다. 그 책들은 부모들이 하면 안 되는 행동과 아이를 잘 키우기 위해 해야 할 일들에 관해 아주 자세한 설명을 제공한다. 그중 마음에 드는 책을 하나 읽는다면, 아이들이 집에서 하는 행동들에 대해 어느 정도의 설명을 얻을 수 있을 것이다. 하지만 나의 목표는 아이들이 생활하는 집 밖의 세계에서 행동을 결정짓는 것은 과연 무엇인지를 설명하는 것이다. 아이들이 남은 평생을 살게 될 곳은 바로 집 밖의 세계다.

5. 다른 시간, 다른 곳에서

1950년대 중반 미국인 연구자 두 사람이 인도 북부의 외딴 시골 마을 인 칼라푸르에서 원주민 자녀 양육방식을 연구했다. 어느 날 그들은 한 원주민 어머니에게 아들이 어떤 사람으로 자랐으면 좋겠냐고 물었다. 그 러자 어머니는 어깨를 으쓱하며 답했다. "제 바람이 무슨 소용 있겠어 요."[1]

수백 년 전부터 농사를 주업으로 하는 인도 농촌 지역에서 태어난 아 이의 미래는 전적으로 건강 상태와 성별에 달려 있었다. 일찍 죽지 않는 다면 남자아이는 농부가 되고 여자아이는 농부의 아내가 된다. 연구자 들이 보기에 칼라푸르에서 아이는 미국에서와 달리 "걱정거리"가 아니 었다. 칼라푸르 부모들은 자신의 실수가 아이의 미래를 망칠 수 있다고 생각하지 않기 때문이다.[2]

부모가 아이에게 얼마나 또는 어떻게 영향을 미치고, 아이는 어떤 존 재이며 아이를 어떻게 대해야 하는지에 대한 사람들의 믿음은 시대와 지 역에 따라 매우 다양하게 나타난다. 칼라푸르 어머니가 보여 준 숙명론 적 태도는 오늘 우리가 보기엔 너무 수동적이지만 한때 서구 사회에선 일반적인 모습이었다. 덴마크의 사회학자 라스 덴시크Lars Dencik는 유년기 의 사건이 아이의 "운명"을 결정짓는 중요한 역할을 할 것이라는 믿음은 비교적 최근에 나타났다고 말한다.

한 인간의 "운명"에 있어 유년기가 지니는 중요성은 현대 사회의 이데올로기적 도그마다. 수세대 이전 사람들은 한 사람의 미래는 각자의 "운명"에 의해 결정된다고 여겼다. 어떤 어른이 될지는 타고난 것들과 바꿀 수 없는 요인들에 의해 운명 지어졌다. 한 사람의 삶에서 유년기는 모든 관심을 쏟아야 할 만큼 중요하지 않았고, 요즘 우리 주변에서 볼 수 있는 것처럼 항상 불안감을 유발하는 시기도 아니었다. 오히려 사람들은 아이들을 무시하고 학대하고 함부로 대했다. 이를 이상하게 생각하는 사람도, 죄책감을 느끼는 사람도 없었다. 요즘에는 부모를 비롯한 양육자들이 아이에게 충분한 관심을 기울이지 않았다는 이유로 죄책감을 느끼는데, 이런 태도는 역사가 오래되지 않았으며 현대 사회에서 발견되는 아주 독특한 감정이다.[3]

우리가 아이가 잘 성장하는 데 충분한 주의를 기울여야 한다는 책임감을 느끼는 이유는 두 가지가 있다. 첫째로 오늘날 아이들은 제대로 대접 받을 권리가 있는 독립된 개체로 받아들여지며, 둘째는 덴시크가 지적한 대로 한 아이가 어른으로 성장하는 데 유년기의 경험이 큰 영향을 미친다고 하는 "이데올로기적 도그마" 때문이다. 이 도그마를 믿는 사람들은 또한 유년기에 부모와 함께한 특정한 경험이 특히 결정적인 영향을 미친다고 생각한다. 이 믿음 역시 '양육가설'에 속한다.

양육가설은 특정한 가족 형태와 자녀 양육방식—오늘날 서구 사회에서 일반적이지만 절대적이지는 않은—과 관계가 있다. 이러한 현대 가족 모델은 기본적으로 어머니, 아버지, 그리고 한두 명의 형제가 있는 핵가족에서 자라는 아이를 상정한다. "일차적 양육자"인 부모는 자녀에게 무조건적인 사랑과 관심을 베풀고 또 필요한 경우에는 적절한 훈육을 아끼지 말 것이 요구된다. 이러한 사랑의 집중은 사적 영역으로서의 가정을 전제한다. 친구나 친척이 집으로 찾아오기는 하지만 가정이란 기본적으로 핵가족 구성원 만이 독립적으로 거주하는 곳이며 허용할 수 있는 예외는 조부모 정도다. 이에 관해 가족사가 타마라 하레븐Tamara Hareven은 이렇게 정리한다. "현대의 가족은 개별화되었고, 핵심인원으로 구성되며, 내향적이고 자녀 중심적이다."[4]

▶ 사생활의 간략한 역사

21세기 초반 서구 사회의 아이들은 공통점이 거의 없는 두 가지 생활, 즉 가정생활과 가정 밖의 생활을 하게 된다. 가정생활은 사적 영역이며 집 바깥 생활은 공적 영역이다. 각 영역에서는 각기 다른 행동이 요구된다. 집 안에서는 감정 표현이 비교적 자연스럽게 받아들여지지만 밖에서는 감정을 어느 정도 숨겨야 한다.[5] 초등학생쯤 되면 많은 사람들 앞에서 울거나 떼를 쓰거나 지나친 애정표현을 하는 것이 그리 바람직하지 않아 보인다. 또 가정에서는 대수롭지 않게 여겨지는 실수들, 예를 들어 바닥에 물건을 집어던진다거나 오줌을 싼다거나 하는 일이 학교에서는 전혀 용납되지 않는다. 옷을 제대로 입고 머리를 보기 좋게 빗고 적절하게 처신하는 것은 집 안에서보다는 집 밖에서 훨씬 더 중요한 규범이다.

집 안에서 구성원들은 격식을 덜 갖추는 게 자연스럽고, 감정 표현도 비교적 자유롭다. 하지만 사람들의 가정생활은 어디까지나 현관문 안쪽에서 이루어지는 것이며 아무도 남의 집 닫힌 현관문 안에서 무슨 일이 벌어지고 있는지 알 수 없다. 친구네 집에 놀러가더라도 어디까지나 손님이 있을 때의 친구 부모와 형제의 모습을 볼 뿐이다. 심지어 자기 형제들의 생활에 대해서도 세세한 부분은 모르고 있을 수 있다. 현대의 가족은 작지만 집 크기는 커졌고, 부모들은 자녀마다 각각 방을 주고 싶어 한다. 사생활이란 아주 기본적이며 침해받을 수 없는, 심지어 법적으로도 보호되어야 할 권리로 여겨지고 있다.

그러나 사생활은 현대에 등장한 개념이다. 사생활과 공적 생활을 구분한 지는 오래되지 않았으며, **가정**도 현대적 개념이다.[6] 300~400년 전 집의 개념은 오늘날과 상당히 달랐다. 집은 구성원들의 일터인 동시에 가족들이 먹고 자고 이야기하고 싸우고 사랑을 나누는 공간이었다.

300년 전 노르웨이 오슬로 근처 작은 마을에 프레드릭과 마르테 브룬 부부가 살고 있었다. 역사가 비톨트 리프진스키Witold Rybczynski가 묘사한 그들의 생활을 통해 당시 유럽 사람들의 가정생활이 어땠는지 엿볼 수 있다. 프레드릭은 꽤 성공한 제본업자여서 그의 집은 당시 수준에선 꽤 큰 편이었다—그래도 지금으로 치면 작은 방갈로 정도의 크기다. 집은 일터인 동시에 상점이었고, 프레드릭 부부와 아이 여덟, 가사 도우미 둘, 남자 직원 셋 이렇게 모두 열다섯 명이 함께 지내는 숙소였고, 친척이나 이웃, 손님들도 수시로 드나드는 곳이었다. 이들은 부부 침대도 없이 가장 어린 자녀 셋과 기둥이 4개 달린 침대에서 함께 잤다. 이 침대는 1층의 가장 큰 방에 있었는데, 이 방에서 식사를 하거나 손님을 접대하기도 했다. 나머지 두 아들과 세 딸은 2층 작은 방에서 침대 두 개에 나누어 잤다.[7]

이들 가족은 사생활을 경험한 적도 없었기 때문에 사생활을 그리워하지도 않았다. 우리 선조들에게 홀로 된다는 것은 비정상적인 상황이었지만 요즘은 아기를 유아용 침대에 혼자 두고 방을 나오고선 왜 아기가 악을 쓰며 울어대는지 의아해한다. 정말 이상한 것은 아기가 혼자 남겨진 상황을 견디는 것이다. 대부분의 아기가 혼자 남겨지는 것을 받아들인다는 사실은 우리 인류가 얼마나 적응력이 뛰어난 존재인지를 보여 준다. 진화의 시간에서 보면 비교적 최근까지 인류는 생계를 유지하기 위해 수렵과 채집을 해 왔고, 사냥이나 채집을 나갈 때에도 아기를 혼자 내버려두지 않았다. 주변에는 항상 포식자가 도사리고 있고, 화톳불도 있었으며, 아기가 땅에서 뭘 주워 먹을지 아무도 모르기 때문이다.* 아기가 스스로 걸을 수 있고 또 위험한 것을 구분해서 스스로 피할 수 있을 정도가 될 때까지 낮에는 항상 누군가가 옆에 붙어 있고[8], 밤에는 엄마 품에서 잠을 잤다.

지금도 대부분의 나라에서 아기들은 어머니와 같은 방에서 잠을 자고 한 침대에서 같이 자기도 한다.[9] 과테말라 마야 공동체에서 자녀 양육을 연구해온 이들은 마야 부족 어머니들에게 미국에서는 아기들이 부모와 다른 방에 있는 침대에서 시간을 보낸다고 얘기했다. 그러자 마야 어머니들은 이해할 수가 없다는 반응을 보였다.

"하지만 누군가 그 방에 함께 있어주겠죠?" 한 어머니가 물었다. 미국에서는 아기들이 혼자 있는 일이 드물지 않다고 말하자 마야 어머니들은 미국 아기들이 불쌍하다는 반응을 보였다. 다른 한 어머니는 충격과 불신을 나타냈으며, 아이들이 괜찮은지 모르겠고 만일 자기가 그래야만 한다면 정말 고통스러웠을 거라고 덧붙였다. 마야인들의 반응에서 그들에게 방 안에 아기를 혼자 두는 것은 아기를 학대하고 무시하는 행위라는 것을 알 수 있다.[10]

마야 부족 아이가 엄마 품을 어린 동생에게 내줘야 할 때가 오면 아이는 아버지나 할머니, 혹은 다른 형제들과 함께 잠을 잘 것이다. 홀로 잠드는 일을 마야인들은 아주 고통스러운 일이라 여겼다.

전통사회에서 자라난 사람에게 북미의 양육방식은 "부자연스럽다." 우리는 자녀가 독립적인 인간이 되기를 바라기 때문이라며 우리의 방법을 정당화한다. 실제로 어느 정도는 아기들이 독립적으로 보이기도 한다.

---

* 인류학자 이레나우스 아이블아이베스펠트는 아프리카의 수렵채집 공동체를 연구할 때 목격한 사건을 묘사한다. 누나의 돌봄을 벗어난 19개월 된 아기가 "누나가 자세히 보지 않는 사이에 똥을 입에 쑤셔넣었다." 누나는 꾸지람을 들었다.

하지만 침대에서 혼자 재우는 것이 아이의 독립성을 향상시킨다는 증거는 밝혀진 바 없다. 우리가 아기를 혼자 두는 이유는 그렇게 하면 아기가 독립적으로 자랄 것이라 **믿기 때문이다**. 한 문화권의 양육방식은 대대로 전해 내려오는 것만은 아니다. 양육방식은 당시 문화를 반영한 결과물이다. (이 점은 9장에서 다시 설명하겠다.)

▶ 자녀 양육방식 조언하기

우리는 자녀가 독립적이길 바라는 동시에 우리와 정서적으로 친밀하길 바란다. 부모와 자녀의 사랑은 신성시되고 있다. 영화와 텔레비전 광고에서 부모가 달려오는 아이를 팔을 벌려 껴안아주고, 잠을 자거나 밥을 먹는 아이들을 그윽한 눈빛으로 다정하게 바라보는 장면을 그린다. 어머니의 사랑과 아버지의 사랑은 인공적으로 만들어진 문화의 소산이 아니야. 절대적인 거라구!

대부분의 부모가 자녀에게 애착을 갖는 것은 분명한 사실이다. 하지만 오늘날 우리가 목격하는 자녀를 향한 강력한 정서적 태도는 비교적 최근에 나타났다. 인류 역사의 대부분에 걸쳐, 그리고 세계 각지에서 유년기는 안정과 즐거움의 시기라기보다는 고통과 위험의 시기였다. 아이들은 부모의 소유물로 여겨졌으며 부모(또는 양부모)들은 아이를 자기 마음대로 할 수 있었다. 아기와 아이는 무시당하고 학대받았으며 팔려가거나 버려지는 경우도 흔했다.

많은 것들이 아기가 언제 어디서 태어났는가에 따라 결정된다. 유년기의 역사가 항상 올바른 방향으로 나아간 것은 아니었다. 오르막도 있었고 내리막도 있었다. 아마 중세부터 18세기까지 유럽의 아이들은 최악의 대우를 받았을 것이다. 하버드 대학의 경제학 교수 줄리엣 쇼어Juliet

Schor는 당시 부모들의 양육방식을 다음과 같이 묘사한다.

> 대체로 부모들은 자기 아이를 돌보지 않았다. 부자들은 자녀가 다 자라기 전
> 에는 신경 쓰지 않았다. 아이는 유모에게 맡겨졌고, 유모는 아이를 방치했다.
> 유아 생존율은 현저하게 낮았다.…영유아와 아이를 방치하는 세태는 오랜 시
> 간 모든 계층에서 나타났다. 얼마나 귀찮았는지 생후 한 달 동안은 아기들을
> 천으로 둘둘 말아놓아서 팔다리를 움직이지 못하게 하기도 했다.[11]

　서구 사회에서 아이들의 상황이 나아지기 시작한 것은 19세기부터였
다. 남자들이 밖에서 하루 종일 일하기 시작하면서 가정은 일터가 아닌
삶의 현장에서 벗어나 쉴 수 있는 공간이 되어갔다. 가족은 경제적인 필
요보다 정서적이고 심리적인 유대 관계로 맺어진 공동체로 여겨지기 시
작했다. 비슷한 시기에 일반 건강 수준이 양호해져 어린 나이에 죽는 아
이들도 줄어들었다.[12] 변화는 가난한 가정보다는 부유한 가정에서 먼저
일어났을 것이고, 이는 아이들에 대한 사람들의 관심이 커지는 결과를 낳
았다. 아이들은 노동력으로 평가받지 않고 그 자체로 존중받기 시작했다.
　남성이 집 밖에서 일을 하게 되면서 여성은 살림을 꾸려나가는 존재
로 여기는 인식이 확산되었다. 특히 여성은 자기 아이의 안녕에 대한 모
든 책임을 지게 되었다. 이것은 대단히 큰 변화였다. 그때까지의 유럽 역
사에서 가족 안에서 일어나는 거의 모든 일의 책임은 아버지에게 있었고
자식 문제도 예외는 아니었다. 독일의 사회학자인 이본 슈체Yvonne Schütze에
의하면 1794년 후반 프로이센 관습법에 따르면 아버지는 어머니가 아기
에게 젖을 주는 기간을 정할 권리가 있었다.[13]
　양육이 여성의 전문 영역이 된 이후에도 남성들은 계속해서 자녀 양
육에 참견했다. 자녀 양육에 대해 제멋대로 떠들다가 죽은(몇몇은 살아 있지
만) 백인 남성의 이름만 나열해도 길 것이다. 17세기 한 청교도 목사는 미

국에서 열린 집회에서 모든 아이들은 "선천적인 자부심 때문에 고집이 세고 자기중심적이니 기를 죽여놔야 한다"라고 말했다.[14] 18세기 프랑스 철학자 장 자크 루소Jean-Jacques Rousseau가 대중들에게 전달한 메시지는 이와 전혀 달랐는데, 모든 아이들은 선하게 태어났으며 과도하게 간섭하지 않는다면 선한 성품은 계속 유지될 수 있다는 것이다. 정작 이 말을 한 루소는 한 번도 자기 아이를 자기 손으로 길러본 적이 **없었다**. 그는 오랫동안 불륜 관계였던 여인의 아이들이 자신의 아이인줄 뻔히 알면서도 모두 보육원으로 보냈다. 루소의 아이들은 선하게 태어났을지는 몰라도 운 좋게 태어나지는 않은 것 같다.

이본 슈체에 의하면 루소는 유럽인들이 철학적 추정의 대상으로서 아동에 흥미를 갖게 만든 사람이다. 올바른 양육은 아이의 본성에 토대를 두어야만 하며 본성은 추상적 사고를 통해 규명될 수 있다는 생각을 유럽에 던진 사람도 루소였다. 이로 인해 철학자와 의사, 교사와 종교인이 각자의 추상적 사고를 구체적 언어로 번역하여 의견을 교환하였다. 루소가 제안한 초기의 권고는 상당히 관대한 편이었다. 하지만 평범한 어머니들을 대상으로 만든 전단과 안내 책자가 쏟아져 나오면서 상황은 달라졌다. 1800년대 후반에서부터 1900년대 초기까지 제시되었던 자녀 양육 지침은 대체로 가혹했다. 그리고 여성들(특히 고등교육을 받은 여성들)은 이를 읽고 그대로 따랐다.

예를 들어 당시의 의사들은 아이에게 먹을 것을 많이 주어서는 안 된다고 경고했고 어머니들도 경고를 가슴깊이 받아들였다. 앤서니 글린 경Sir Anthony Glyn은 자신과 아이들이 나고 자란 1900년대 초 영국의 삶을 회고하며, 그 당시 영국에서 아이들의 식사는 아주 엄격한 규제 속에서 이루어졌다고 말했다. 세기의 전환기 무렵 미국에서는 아이의 식생활을 엄격히 규제해야 한다고 주장하는 루터 에밋 홀트Luther Emmett Holt의 『아이를 돌보고 먹이는 일에 관해On the Care and Feeding of Children』라는 책이 대유행했다. 조언 전문가들의 어머니 같은 존재인 벤저민 스폭 박사는 홀트 박사의 사상을 열렬히 추종했다. 어릴 때 벤저민 스폭에게는 바나나를 비롯해 철저히 금지된 음식이 있었다고 하는데, 그가 16세 때 앤도버에 있는 고향 집에서 독립할 당시 팔다리가 "해골처럼 말라 있었다"고 한다.[15]

의사들이 퍼뜨린 끔찍한 이야기 중에 아이의 몸을 펴는 특수한 기구를 쓰거나 치료를 받지 않으면 몸이 점점 구부러질 거라는 말도 있었다. 1800년대를 살았던 한 독일 여성은 아이의 몸이 구부러진다는 "전염성 짙은 공포"가 당시의 어머니들에게 어떤 영향을 미쳤는지 이렇게 설명한다.

> 사실 우리 자세는 곧았고 딱히 눈에 띄는 문제는 없었지만 어머니들은 안심하지 못했다. 많은 여자 아이들에게는 집에서 착용하는 기가 막힌 기계와, 잘 때도 자세를 잡아 주는 교정용 침대가 있었다.…결국 확인할 수 있었던 건 내 골격이 전혀 흠잡을 데 없고 다만 오른쪽 어깨가 왼쪽 어깨보다 좀 더 강하다는 사실이었다. 나는 날마다 철봉 같은 기구에 매달려야 했고, 매일 딱딱한 바닥에 한 시간씩 누워 있어야 했으며, 2주에 한 번씩 이상이 있다 싶은 어깨에다 거머리 네다섯 마리를 올려놓아야 했다.[16]

자녀 양육에 관해 가장 널리 퍼진 두려움은 바로 아이를 "망칠 수도 있다"는 것이었다. 어머니는 자녀를 사랑해야 하지만 지나친 애정은 오히려 아이에게 해가 될 수 있기 때문에 아이가 얼마나 사랑을 받고 있는지 모르게 해야 했다. 이본 슈체에 따르면 당시 어머니들은 애정을 "아이에게 다정함을 보여줘야 한다는 필요에 의해서가 아니라 스스로 억제하는 가운데 표현해야 했다. 당시에는 자녀를 다정하게 대해야 한다는 생각이 없었다." 독일 어머니들은 아이가 울음을 터뜨릴 때 바로 가서 달래주면 아이를 "집 안의 폭군"으로 만들게 되기 때문에 그냥 내버려둬야 한다는 경고를 듣기도 했다.[17]

강한 훈육을 하는 풍조는 독일에서 미국으로 건너가 절정을 이루었는데, 자신에게 열두 명의 건강한 아이를 맡겨보라고 주장한 그 존 왓슨의 책에서 찾아 볼 수 있다. 물론 지금까지 아무도 그에게 아기를 맡기지 않았고, 그는 그냥 자신의 자녀 양육방식 이론이나 전파하고 다녀야 했다.

아이를 대하는 한 가지 올바른 방법은 아이를 작은 어른으로 대하는 것이다. 아이들을 씻기고 옷을 입힐 때 신중하고 조심스럽게 하라. 언제나 객관적이고 일관된 자세를 유지해야 한다. 절대 아이를 안거나 뽀뽀하지 말고 무릎에 앉지도 말라. 반드시 해야겠다면 아이들이 잠자리에 들 때 굿나잇 키스를 하는 정도로 그쳐라. 아침이면 아이와 악수를 하고, 아이가 칭찬받을 일을 하면 머리를 한 번 쓰다듬는 것으로 충분하다. 일단 한번 해 보길 바란다. 일주일 안에 아이에게 객관적인 자세를 취하면서도 다정하게 대하는 것이 얼마나 간단한 일인지 느낄 것이다. 그리고 지금까지 아이를 대하면서 취해왔던 감상주의적인 태도가 얼마나 어리석은 것이었는지 깨닫게 될 것이다.[18]

이본 슈체에 의하면 왓슨은 "어머니와 자녀 사이의 **심리적** 관계에 대해 과학적인 관점에서 지도했던 최초의 인물"이었다. 전에는 아이가 정상적인 신체, 예의바른 태도, 그리고 부모와 같은 종교를 갖게 하려는 목적으로 훈육했다. 오늘날 어머니들은 아이들이 불구가 되는 것도, 소화 장애를 앓는 것도, 상스러워지는 것도, 그리고 무신론자가 되는 것도 모두 막아야 할 책임을 진다. 뿐만 아니라 겁 많은 인간으로도, 위세 부리는 사람으로도, 저성과자로도, 그리고 불행한 사람으로도 키우지 말아야 한다. 프로이트 선생은 어머니에게 몇 가지 짐을 더 지웠다. 어머니는 자신의 행동뿐 아니라 무의식적 감정과 동기에 대해서도 죄책감을 느껴야 했다. 슈체는 이렇게 말한다. "20세기 후반의 어머니들은 지쳐 나가떨어질 때까지 자신의 책무를 감당해야 한다. 그런데도 어머니가 자기 계발을 하고 있지 않거나 아이들에 대해 무의식적으로 부정적 감정을 가지고 있다면 비난을 받는다."[19]

20세기 후반의 어머니들은 20세기 전반과는 달리 자녀에게 전심을 다해서 사랑을 베풀고 그것을 거리낌없이 표현해야 했다. 그렇게 하지 않으면, 또는 어머니의 사랑에 "무의식적인 부정적 감정"이 조금이라도 섞여 있다면 아이들은 뭔가 심각한 문제를 겪게 된다고 믿었다. 달리 말해서, 아이에게 어떤 문제가 생긴다면 그것은 전적으로 어머니의 책임이라는 것이다.[20]

오늘날의 조언 전문가들(일부는 여성이다*)은 자녀들이 "무조건적인 사랑"을 필요로 한다고 말하고 있다. 자칭 "엄마 박사" 마리안 니퍼트Marianne Neifert는 존 왓슨의 주장과는 180도 다른 견해를 내놓았다.

눈을 맞추고, 쓰다듬어 주고, 안아 주며 매일 사랑과 포용을 담은 무언의 메시지를 전달하라. 나이에 관계없이 모든 아이에게 여러분의 사랑을 신체적으로 표현해야 한다.[21]

왓슨과 니퍼트 둘 다 옳을 수는 없다. 아이들은 신체적인 애정표현을 원하는가, 원하지 않는가? 왓슨의 주장처럼 이런 질문에 대해 우리가 과학적인 방법으로 답할 수 있을까?

문제는 이 주제를 연구하는 사람들이 니퍼트 박사와 같은 문화적 배경에서 자랐다는 점이다. 미리 말하지만, 나는 지금 과학이 "사회적 구성물"이며 우리 문화의 세계관에서 비롯된 편향성 없이 현실을 있는 그대

---

* 여성 상담가가 남성 상담가보다 더 말랑말랑한 조언을 해주는 경향이 있다면 그건 그리 크지 않다. 1937년에 독일의 심리학 교수 힐데가르트 헤처는 왓슨만큼이나 단호한 조언을 해주고 있다. 그는 "자녀에게 극도로 감정적이며, 애정을 표현하고, 애지중지하다가 결국 망쳐놓으며, 지나치게 자녀를 중요하게 여기는" "정신없는" 어머니들에 대해 독설을 퍼붓는다.

로 관찰하고 검증하는 것은 불가능하다고 주장하려는 것은 아니다. 개인적으로 나는 진실은 존재하며 과학은 작동 원리를 파악하는 아주 훌륭한 방법이라고 믿는다. 하지만 자녀 양육은 물리학과는 다르다. 학자들이 연구하는 내용과 그 해석은 의심의 여지없이 모두 자녀와 부모 각각에 대해 문화적으로 조건화된 관점들의 결과물이다. 이 관점들은 언제라도 심지어는 한 세대가 지나가기 전에도 뒤집힐 수 있다. 유년기와 부모 노릇이란 기본적으로 감정의 영역이기 때문에 중성미립자나 쿼크에 관한 이론을 검증할 때 사용하는 방법으로 검증하는 것은 불가능할지도 모른다.

"모자 유대mother-infant bonding"연구를 예로 들어보자. 1970년 초에 의사 마샬 클라우스Marshall Klaus와 존 케넬John Kennell은 아기가 태어난 직후 한두 시간 내에 어머니와 아이가 갖는 밀접한 신체적 접촉의 영향에 대해 책과 논문을 여러 편 발표했다. 이들은 아기가 태어난 직후 짧은 시간 동안 어머니와 아기가 피부 접촉을 하면 어머니는 아기와 "유대"를 형성하게 된다고 주장한다. 즉, 엄마와 아이가 서로 열렬한 사랑을 느낀다는 것이다. 반면 아기를 낳자마자 간호사가 아기를 데려가서 즉각적인 신체 접촉을 통한 정서적 체험을 박탈당한 경우에는 어머니는 아이에게 필요한 만큼 무조건적 애정을 주지 못하며 종종 아이를 무시하거나 학대하는 경향을 보인다.[22]

유대 개념의 유행은 들불처럼 번져 나갔고, 병원 업무에도 혁명적인 변화를 가져왔다. 한 세대 전만 해도 아이의 문제가 "지나친 애정을 베풀기 때문"이라던 조언 전문가들이 이제는 태어난 직후 몇 시간 동안 어머니와 아기가 충분한 접촉을 갖지 못했기 때문이라고 했다. 이 이론은 다른 나라로도 급속하게 퍼졌다. 이본 슈체는 한 독일인 어머니와의 만남을 소개한다. 그 어머니는 자기 딸과 관련된 문제의 원인은 딸이 태어난 직후에 유대를 형성할 기회가 없었던 탓이라고(9년 전의 일이었는데) 주장했다.[23] 한 영국인 소아과 의사는 이렇게 경고했다.

정상적인 아기라면 자기 어머니 품에 즉시 안겨야만 한다.…아기들을 입히지도 씻기지도 말고 어머니의 젖가슴에 닿게 해야 한다.…부모와 아기는 태어난 직후 한 시간 정도를 둘만의 시간으로 보내야 한다.…태어난 직후 어미와 자식을 떼어 놓은 동물 실험 결과는 끔찍했다. 자기 새끼를 거부하거나 심지어 죽이기도 했던 것이다.[24]

유대 연구의 역사는 심리학자 다이앤 에어Diane Eyer가 자세히 검토한 바가 있기 때문에 여기서는 그의 글을 인용한다.

1980년대 초반부터 어머니와 갓 태어난 아기 사이의 유대 관계에 관한 연구에서 여러 문제점이 발견되면서 대부분의 과학자에게 잊혀졌다. 하지만 여전히 많은 소아과 의사와 사회복지사는 산후 모자 간 유대 관계가 아동학대를 예방하는 유용한 방법이라고 여긴다. 출생 직후의 유대 관계 형성은 더 이상 주요한 연구 주제가 아님에도 불구하고 그 개념은 사람들 사이에 퍼져서 아기와 엄마가 붙어 있는 것이 아기에게 혹시 일어날지도 모를 많은 문제를 예방하는 데 중요한 역할을 한다고 받아들여지고 있다.[25]

다이앤 에어는 출생 직후 유대 관계 형성 개념이 점차 관심 밖으로 물러나고 있다고 지나치게 낙관하고 있다. 내 둘째 딸(속을 많이 썩인 바로 그 녀석)은 1996년 3월에 내 첫 손주이자 자기 첫 아이를 낳았다. 내 딸은 출산이 막바지에 다다를 때 마취를 거부했는데, 출산 중에 아이와 자기 사이에 오가는 느낌들을 하나도 놓치고 싶지 않다고 했다. 내 딸은 아기와 자신의 유대를 방해하는 어떤 것도 허용하지 않으려 했다.

손녀가 태어나고 나는 세상이 달라진 것을 깨달았다. 내가 아이들을 키우던 1960년대에는 아이들이 울음을 터뜨리고 그걸 달래줄 때마다 죄책감을 느꼈다. 나는 당시에 대학원에서 아이들을 달래면 결국 아이들의 울음을 "강화"시켜 더 자주 울게 할 거라고 스키너 박사에게 직접 배웠기 때문이다. 이제는 그렇게 생각하지 않기 때문에 나는 딸에게 손녀딸이 울 때 달래 준다고 해서 아이가 버릇없어지는 건 아니라고 일러주었다. 하지만 결국 그런 충고는 쓸모없는 것이 되어버렸다. 대신 나는 딸에게 아이가 잠시 울게 내버려둔다고 해서 아이에게 문제가 생기는 건 아니라고 얘기해야 했다.

▶ "자연적" 출산

유대 연구가 급속도로 확산되었던 이유는 적절한 시기를 만났기 때문이다. 당시에는 가정생활을 더욱 "자연적"으로 만들어야 한다는 사상이 널리 퍼졌다. 여성들이 백인 남성 과학자나 의사들의 주장에 대해 저항하던 아이러니한 시기이기도 했다. 내가 알기로는 유대라는 개념을 처음으로 제시한 클라우스와 케넬도 백인 남성 의사였는데 말이다. 그럼에도 불구하고 두 사람이 제시한 유대라는 개념이 "자연적"이라고 인정받을 수 있었던 이유는 그들이 이론을 세울 때 실제 동물을, 구체적으로는 염소 무리를 관찰했기 때문이다. 엄마 염소가 새끼를 낳자마자 함께 있지 못하고 격리되면 다시 만날 때 어미는 자기 새끼를 받아들이지 않는다. 만일 어미 염소가 새끼 염소와 한두 시간 함께 보내고 나서 격리된다면 **그 뒤에** 다시 만나서도 어미가 새끼를 받아들이는 것을 볼 수 있다. 이러한 관찰을 통해 클라우스와 케넬은 출생 직후에 호르몬 "민감기"가 있다는 가설을 내놓았다.

문제는 모든 포유류가 염소처럼 행동하지 않는다는 것이다. 생물 계통상 친척뻘 되는 종들 사이에서도 산후 민감기가 있기도 하고 없기도 하다. 사슴 중 몇몇 종은 낯선 새끼를 받아들이지만 그렇지 않은 종도 있다.[26] 하지만 나는 지금 유대 개념이 널리 퍼진 이유는 염소 무리 때문만은 아니라고 생각한다. "원시" 사회의 "자연적" 상태의 어머니를 이상화하는 관념이 지금의 유대 개념을 만들었다고 말하는 것이 더 설득력 있다. 숲이나 들판에 쪼그려 앉아 조용히 아기를 쑥 낳고 이빨로 탯줄을 끊고 주위의 이파리를 주워 아기의 얼굴을 닦고 젖을 물리고는 다시 채집일을 하러 가는, 이런 천진한 원시인과 수렵채집을 하는 사람들의 사회말이다.

믿지 마라. 출산이란 그런 것이 아니다. 첫째, 모든 사회의 여성들에게, 그리고 특히 산업화가 되지 않은 사회의 여성들에게 출산이란 굉장히 고통스럽고 힘들며 큰 위험을 감수해야 하는 일이다. 사하라 남부 지역에서는 열셋 중 한 명의 여성이 임신 또는 출산으로 목숨을 잃는다.[27]

둘째, 출산은 어렵고 위험한 일이어서 여자 혼자 아이를 낳는 일은 드물다. 어떤 사회에서는 출산 경험이 있는 어머니들이 혼자 아기를 낳고 자신의 건강함에 대해 찬사를 받는 경우도 있긴 하지만 첫 출산 때에는 이런 일이 없다. 전통적으로 아기를 낳는 여성은 한 명 이상의 나이 많은 여성들에게 도움을 받는다. 나이 많은 여성들은 해산하는 동안 산모를 격려하고 아기가 태어날 때 산파 역할을 한다. 인간의 출산은 산모 혼자하는 일이 아니며 지금까지 계속 그래왔다. 마찬가지로 갓 태어난 아기와 어머니가 단둘이 시간을 보내는 것도 일반적인 일은 아니었다.[28]

아기가 태어난 직후에 어머니의 젖을 물리는 사례도 사실 일부 전통사회에서만 나타난다. 콩고(과거 자이레Zaire) 이투리 숲에 거주하는 키 작은 에페족(과거 피그미족)의 출산에 대해 설명한 글이 하나 있다.

가장 노련한 산파가 산모 앞에 쪼그려 앉으면 준비된 것이다.…아기가 태어나면 바나나잎과 야자잎으로 만든 자리 위에 눕힌다.…아기가 울음을 터뜨리게 하기 위해 찬물에 씻긴다.…(보통 가장 노련한 산파가) 탯줄을 자른 다음 잠시 아이를 밖으로 데리고 나가 부족의 남자들에게 소개한다. 아기가 움막으로 돌아오면 여자들은 젖이 나오거나 말거나 상관없이 돌아가며 아기에게 젖을 물린다. 산모는 출산 직후에는 아기를 안아볼 수 없는데 어머니가 갓 태어난 아기를 안으면 부정을 탄다는 믿음 때문이다. 결과적으로, 새로 태어난 아기가 어머니에게 안기기 전에 부족의 여성들과 몇 시간을 보내는 것은 자연스러운 일이다.[29]

우리 출산 방법의 "부자연스러운" 면은 (시대와 장소에 따라 매우 다양한 형태로 나타나는) 아기를 다루는 방법이 아니라 아마 출생의 순간에 아버지가 함께 참여한다는 것이다. 출산이란 전통적으로 여성들만의 일이었는데 우리 사회에서는 아버지들도 출산의 현장에 함께하고 있다. 이는 아버지도 "생명 탄생이라는 기적"의 증인이 되어야 한다는 믿음 때문이다.

▶ "자연적"인 자녀 양육

300년 넘게 유럽과 북미의 조언 전문가들은 여성들에게 자녀를 어떻게 양육해야 하는지에 대해 떠들어 왔다.[30] 그들의 이론은 당시 사람들에게 큰 영향을 미쳤는데, 특히 고등교육을 받은 여성들이 심각하게 받아들였다. 의사가 자녀의 신체 기형에 대해 경고하면 어머니들은 무지막지한 교정 기구에 자기 아이들을 밤낮으로 묶어두었고, 아이들의 과잉 섭취에 대해 경고하면 아이들은 음식이 널려 있는데도 꼼짝없이 굶어야만 했다. 그렇다면 이렇게 질문해 보자. 만일 의사들이 경고하지 않았어도 어머니들은 아이를 이런 방식으로 다루었을까? 만일 아이들을 어떻게 양육해야 하는지 일러주는 책들이 없었다면 어머니들은 자연이 인도하는 방식대로 자녀를 양육할 수 있었을까?

그렇다면 자연이 이끄는 대로 자녀를 양육한다는 것은 무엇일까? 선사 문화권의 자녀 양육법은 그 스펙트럼이 매우 넓었다. 아이들에게 다정한 부족이 있는가 하면, 그리 다정하지 못한 부족도 있다. 예를 들어 케냐의 냔송고 부족에서 아기를 어떻게 다루는지를 기록한 다음 글을 보자.

> 전통적으로 냔송고 부족 아기들은 태어나면서부터 또는 태어나고 며칠 후부터 모유 대신 [수수] 죽을 먹는다. 어머니들은 거의 강제로 아기에게 죽을 먹이는데, 한 손으로 아기의 아랫입술을 벌리고 입에 죽을 붓는다. 손가락으로는 아기의 코를 잡아서 아기들은 숨을 쉬기 위해서라도 죽을 넘겨야 한다.[31]

아이를 기르는 방식은 문화마다 다르고 또 한 문화권 안에서도 세대에 따라 변하지만—냔송고 부족도 지금은 이렇게 강제로 먹이지 않는다[32]—그럼에도 다양한 문화권에서 공통점을 찾아낼 수 있다. 이제는 인류학 문헌을 바탕으로 전통 부족사회의 유년기에 대한 나의 생각을 들려주겠다.

▶ 전통사회에서의 유년기

생명의 탄생은 어디서나 감동적이지만 언제나 환영받는 사건이라고 할 수는 없다. 아기의 이름을 짓는 것보다 아이를 키울지 말지를 먼저 결정해야 할 때도 있었다. 앞서 태어난 아기가 아직 젖을 떼지 못했거나, 살림이 어렵거나, 갓 태어난 아기에게 뭔가 문제가 있다면 어머니는 아기를 포기하기로 마음을 먹기도 한다. 일반적으로 이런 결정은 아기와 정이 들기 전에 이루어진다. 냉정하거나 단호하지 않은, 슬픔과 안타까움 속에서 내리는 결정이다.[33]

일단 아기를 키우기로 결정하면, 어머니는 그를* 돌보는 데 최선을 다한다. 그가 수시로 칭얼댈 때마다 어머니는 그를 달래 준다. 부모는 절대 아기를 혼자 내버려두지 않는데, 어머니는 낮에는 아기를 포대기에 싸서 업거나 안고 다니고 밤에는 옆에서 함께 잔다. 아기의 아버지가 함께 잘 때도 있지만 그렇지 않은 경우도 많다. 어떤 사회에서는 남자들은 여자나 아이들과 따로 떨어져 자고, 또 한 사람 이상의 아내를 두기도 한다. (그러나 대부분은 두 명 이상의 아내를 둘 형편이 안 된다.)

깨어 있는 동안 아기는 집중적인 관심을 받는다. 언니, 사촌, 고모 할 것 없이 여자들은 앞다투어 아기를 안아 보려 한다. 성인 남자, 특히 아버지는 아기 앞에서 까꿍까꿍 한다. 전 세계 어디서나 모두가 아기를 좋아한다. 참, 아기의 언니오빠들은 아닐 수도 있겠다. 엄마 품을 빼앗겨 버렸으니 말이다.

아기가 부모의 관심을 독차지하는 기간은 적어도 2년인데 잦은 모유 수유와 저칼로리 식생활 때문에 2년 안에 다시 임신하기는 어렵기 때문이다. 일반적으로 이러한 사회에서 아기들은 2년 반에서 3년 정도 젖을 먹는다. 이가 나기 시작하면 딱딱한 음식을 먹기 시작하고 필요한 경우에는 어머니가 미리 씹어서 부드럽게 만든 음식을 먹이기도 한다.

어머니는 다시 임신했음을 알게 되면 바로 수유를 중단한다. 아기가 젖을 끊기 싫어하고 떼를 쓰면—사실 쉽게 끊는 경우가 별로 없다—시대와 장소에 따라 다르지만 사람들은 아이를 달래기도, 모른 척 하기도, 웃어주기도, 맴매를 하기도 한다.

아기가 새로 태어나면 세 살 남짓 된 큰 아이는 독차지하던 어머니의 품을 내어 주어야 한다. 또한 사람들의 모든 관심은 새로 태어난 아기에

---

* 어머니들을 만나서 그 자식에 대해 이야기할 때 나는 혼란을 피하기 위해 남성대명사(he)를 사용한다.

게 쏠린다. 우리 사회 관습상 부모는 아이를 위해 이런 '왕위 찬탈'을 미리 준비한다. 부모는 죄책감을 느낀 나머지 실제 이상으로 먼저 태어난 아이에게 더 큰 관심이 있는 양 행동한다. 우리는 큰 아이가 동생을 원망하지 않길 바란다. 전통사회에서는 먼저 태어난 아이가 형제 관계를 경험하는 과정에 대한 배려가 거의 없다. 사전 경고 없이 왕위 찬탈이 이루어진다. 아이들은 자신에게서 동생에게 모든 관심이 옮겨지는 것을 기정사실로 받아들여야 하고 이에 잘 대처할 수 있어야 한다. 아이들이 갓 태어난 동생에게 질투심을 느끼는 것은 당연하다. 때리거나 할퀴려고 들 수도 있다. 형제간의 경쟁 관계는 어떤 사회에서는 어머니가 형의 손을 떼어두는 정도로 부드럽게 다뤄지기도 하지만, 동생에게 눈을 흘기기만 해도 혼나는 사회도 있다. 의도적이든 아니든 첫째의 적대적인 심리가 아기에게 해를 끼칠 수 있다고 여겨지기 때문이다.[34]

두세 살 정도의 아이가 엄마 품을 떠날 때, 보통 다른 형제들이 그 아이를 돌봐준다. 아이를 돌보는 역할은 손위 형제가 맡게 되는데 대여섯 살 이상 나이 차이가 나는 경우는 드물다. 형제들은 귀찮지만 동네 친구들과 놀 때 동생을 데리고 나간다. 아이가 함께 놀이를 하는 상대, 즉 동네 놀이집단 구성원들은 형제나 사촌, 젊은 삼촌 같은 친족이 포함되는 것이 일반적이다. 전통사회의 가정은 대체로 무리지어 살았으며, 무리 안의 구성원들은 서로 긴밀하게 연결되어 있다.

아이는 걸을 수 있게 된 다음에도, 친구들의 놀이집단에 들어가서도 여전히 아기 취급 받는다. 어머니 품에 있을 때 아이는 활발한 사회생활을 하고 신체적인 필요가 충족되는 사려 깊은 돌봄을 받는다. 하지만 배운 것은 거의 없다고 해도 틀리지 않다. 전통사회에서 부모들은 아기가 듣는 말을 알아듣거나 이해할 수 있을 거라고 생각하지 않았기 때문에 아기들에게 말을 걸거나 말하는 법을 가르치려는 노력을 하지 않았다. 결과적으로 아기는 두세 살이 될 때까지 말을 거의 배우지 못하는데, 같은 나이의 북미 가정 아이들에 비해 훨씬 말을 못한다. 발달심리학자 제임스 유니스James Youniss는 미국 중산층 가정의 기준에서 보면 많은 사회에서 아이가 막 언어를 습득하기 시작할 때에 부모가 아이들에 대한 관심을 잃어버리는 것이 얼마나 이상한 일인지 지적한다.[35]

어머니의 품을 벗어난 두세 살 아이는 처음에는 놀이에 능동적으로 참여할 수 없다. 큰 아이들이 하는 놀이에서 그저 살아 있는 인형 역할을 하거나 구경하거나 옆에서 징징거릴 뿐이다. 아이가 놀이에 적극적으로 역할로 참여하는 때는 세 살 넘어서다. 독일의 인류학자 이레나우스 아이블아이베스펠트Irenaus Eibl-Eibesfeldt는 이렇게 말했다.

> 세 살이 되면 아이들은 놀이집단에 참여할 수 있는데, 아이들은 놀이집단 안에서 그야말로 성장한다. 큰 아이들은 놀이집단에 막 참여한 어린 아이들에게 놀이 규칙을 설명해 주고 다른 아이의 물건을 뺏거나 난폭하게 행동하는 아이를 저지한다.…큰 아이들은 처음에는 관대한 태도를 취하지만 어린 아이들이 하는 행동의 한계를 분명하게 규정한다. 놀이집단에서 어울리며 집단 구성원들은 서로 균형을 찾아가는 방법을 배우고 따라야 하는 규칙이 무엇인지 터득한다. 이것은 소규모 공동체에서 사람들이 살아가는 거의 모든 문화권 안에서 발견된다.[36]

특히 남자아이들은 대부분의 시간을 친구들과 보내고 집에 붙어 있을 줄 모른다. 오키나와의 한 작은 시골마을의 어머니는 연구자에게 다섯 살 아들이 집에 와서 밥 한술 뜨자마자 밖에서 친구들이 기다리고 있다면서 밖으로 뛰쳐나간다고 불평했다. 아이가 자라면 가축을 돌보게 하는 아프리카의 마을에서는 어린 아이들이 형들을 쫓아다니는데 그렇게 함으로써 따분한 가축 돌보기가 어른들의 눈에서 벗어나 놀 수 있는 기회가 된다.[37]

나는 지금 집단에 안정적인 식량을 공급하기 위해 농업이나 목축업을 하는 사회의 경우를 얘기하고 있다. 이런 사회는 수렵채집으로 식량을 채우는 사회에 비해 인구밀도가 훨씬 높다. 따라서 놀이집단을 형성할 수 있을 만큼 충분한 아이들이 있으며, 보통 이런 놀이집단은 둘(남자아이 집단과 여자아이 집단) 혹은 셋(나이 많은 남자아이 집단, 나이 많은 여자아이 집단, 그리고 나이 어린 혼성 집단과 자기들이 돌보는 더 어린 아이들)으로 나뉜다. 성별과 나이에 의한 집단 분화는 아이들 수가 충분하면 어떤 사회에서나 발생한다.

여자아이는 남자아이보다 집에서 가까운 곳에서 노는 경향이 있고 보통 자기보다 어린아이들을 돌보는 책임을 맡는다. 대부분의 사회에서 어머니들이 여자아이를 베이비시터 일에 더 적합하다고 여기기 때문이다.[38] 하지만 아기를 돌볼 여자아이가 없는 경우에는 남자아이가 아기를 돌봐야 하는 경우도 있는데 이런 경우에는 남자아이들도 아이를 꽤 열심히 돌본다. 침팬지에 관한 제인 구달Jane Goodall의 책에는 어렸을 때에 입은 상처 때문에 얼굴이 심하게 망가져 있는 아프리카 남자의 사진이 실려 있다. 그 남자는 어렸을 때 동생을 돌보고 있었는데 갑자기 숲속에서 침팬지가 튀어나와서 그의 동생을 낚아채 갔다.* 당시에 남자는 겨우 여섯 살 밖에 안 된 소년이었지만 곧바로 그 난폭한 침팬지를 뒤쫓았다. 침팬지는 아기를 떨어뜨린 다음 소년을 공격했고 결국 아기는 살아남았다.[39]

어린 동생을 돌보는 책임을 수행함과 동시에 형에게는 동생에게 윗사람으로서 군림할 권리가 생긴다. 나이가 많은 형제는 동생을 통제하고 또 훈육할 권위를 지니는데 이에 대해서 동생들이 부모에게 불평한다고 해도 별 소용이 없다. 눈에 띄는 상처가 없는 이상 부모는 그 불평을 무시하는 것이 보통이기 때문이다. 전통사회에서는 형이 동생에게 지배권을 행

---

* 야생 침팬지들은 새끼 원숭이를 사냥해서 죽인다. 드문 경우지만 인간의 아기를 잡을 때도 있다.

사하는 것이 자연스러운 일로 여겨지며 어른이 개입하지 않는 한 이러한 관계는 세계 어디에서나 자연적으로 나타난다.[40] 이런 사회에서 어른들은 상황이 지나치게 심각해지지만 않으면 거의 간섭하지 않는데, 사실 그렇게 심각한 상황은 매우 드물다. 때로는 형들이 동생을 괴롭히기도 하고 또 지나친 벌을 주기도 하지만 대체로 형제들은 그럭저럭 괜찮은 관계를 유지한다. 아이들은 부모가 아무 말을 하지 않아도 동생들과 음식을 나눠 먹고 또 남들이 동생을 괴롭힐 때에는 나서서 지켜주기도 한다.

우리 사회의 부모들은 형제들이 서로를 사랑하며 지내게 하려고 애를 쓰지만 아이들은 아랑곳하지 않고 쉴 새 없이 싸운다. 전통사회에서 부모들은 자녀들이 서로 사이좋게 지내도록 딱히 노력하지는 않지만 아이들은 자연스럽게 서로 사이좋게 지낸다. 이런 차이가 나타나는 데는 두 가지 정도의 이유가 있는 것 같다.

첫째로, 전통사회의 아이들은 서로 싸울 일이 별로 없다. 식구 모두의 관심이 아기에게 쏟아지는 관습은 엄마의 품을 독차지하던 아이에게는 견디기 힘든 일이지만, 그것은 동시에 가족 내의 모든 아이들(아기를 제외한)이 한 배를 탄 상황임을 의미하기도 한다. 아이들은 부모의 관심을 얻기 위해 경쟁하지 않는다. 어차피 성공하지 못하기 때문이다. 장난감을 놓고 경쟁을 하지도 않는다. 애초에 장난감이 없기 때문이다. 전통사회의 아이들은 나무 막대기나 조약돌, 나뭇잎을 가지고 놀았는데 그런 것들은 고개만 돌려보면 주위에 잔뜩 널려 있다. 오늘날 미국의 어린이들이 갖고 싶다고 투정을 부리고 서로 말다툼을 하는 물건들은 대개 전통사회에서는 존재하지도 않는 것들이다.

둘째로, 요즘 부모들은 첫째가 동생들에게 지배권을 행사하는 것이 자연스러운 일이라는 사실을 깨닫지 못하거나 혹은 받아들이지 않는다. 부모는 모든 자녀들이 서로 평등해야 한다고 생각하기 때문에 형이 동생들에게서 주도권을 잡으려는 행동을 하면 제재를 가하고[41] 그 결과 형은 동생들에게 반감을 갖게 된다. 부모들은 자신의 힘을 동생들 곁에 둠으로써 형들이 주도권을 잡지 못하게 하는데, 이는 형들로 하여금 부모가 동생을 더 사랑하고 있다고 생각하게 만든다. 그리고 3장에서 언급했듯 부모는 실제로 동생들을 더 좋아하는 경향이 있지만 어떤 이유로 인해 형들이 이를 알아채지 못하기를 바란다.

전통사회에서 형제 간의 경쟁은 가족 생활에서 불가피한 일부분으로 여겨졌다. 그러나 우리가 흔히 보는 식의 형제 간 경쟁, 이를테면 자식들이 대학에 가고 그 이후까지 계속되는 형제 간의 경쟁은 보편적인 것이 아니다. 전통사회에서의 형제 간 경쟁은 오래 가지 않는데, 형제 모두가 유아기를 지나면 끝나고 곧 어머니의 관심을 끌기 위한 경쟁도 멈춘다. 형제들의 관계는 좀 더 친밀해지고 오랫동안 지속된다. 당신의 형제는 당신의 가장 가까운 아군이다. 그는 당신이 위험에 처할 때 당신 곁에서 함께 싸워줄 사람이다.

▶ 훈육과 훈련

전통사회에서 부모들은 전문가의 말에도 관심이 없었고 또 자기의 양육방식이 자녀에게 장기적인 영향을 미치는 것을 염려하지도 않았다. 아무도 스키너를 읽지 않았지만 그들은 자녀가 이러저러하게 행동하도록 하기 위해 정적 강화reinforcement보다는 처벌을 사용했다. 이런 사회에서는 부모가 자녀에게 칭찬을 하는 일이 거의 없다. 아이들이 뭔가를 잘못하면 부모는 아이를 때리거나(체벌은 우리 사회를 포함해 전 세계에 널리 퍼져 있다) 아이를 놀림감으로 만들거나 귀신이나 사악한 외계인 또는 야생 동물 얘기를 해서 겁을 주곤 했다. 이렇게 벌을 주면서도 아이에게 제대로 설명해 주지 않았으며 행동의 결과(예컨대 깨진 접시)가 나쁘다면 아이의 의도가 좋든 나쁘든 무조건 벌을 줬다.

우리 사회에서 자라는 아이들은 무엇이 옳은 행동이며 자기가 어디서 뭘 어떻게 잘못했는지에 대해 굉장히 긴 설명을 들어야 한다. 이러한 언어적 설명이나 피드백은 문자 이전의 사회에서는 아주 드물었다. 멕시코의 지나칸테코스 여자아이들은 나이 많은 여자들이 뜨개질을 하는 모습을 보며 뜨개질을 배우는데, 오늘날 북미의 어른들은 이런 방식의 교육에 전혀 익숙하지 않다. 미국 출신의 한 대학생은 지나칸테코스의 "선생"에 대한 경험을 이렇게 전했다.

> 저는 지나칸테코스의 토닉 아주머니에게서 베틀로 베 짜는 법을 배우기 시작했는데요, 점점 지루함을 느꼈습니다. 두 달 동안 그분은 교육이라고 말했지만 저는 그저 관찰만 할 뿐 베틀을 만져보지도 못했거든요. 토닉 아주머니는 기술적으로 유심히 봐야 할 부분이 오면 내게 소리를 지르며 자기 작업을 자세히 관찰하라고 했고 그분 생각에 중요한 부분이 다 끝나면 "자, 지금까지 내가 하는 걸 잘 봤어. 넌 다 배웠어" 하고 말하셨죠. 저는 "아니! 난 아직 한 번도 직접 해본 적이 없는걸요"라고 대답하고 싶었지만 제가 베틀을 언제 다룰 수 있을지를 정하는 것은 그분이었어요. 결국 제가 제대로 베를 짜지 못하자 그분은 소리를 질렀습니다. "이 닭대가리야! 넌 날 똑바로 보지도 않았지! 도대체 뭘 배운 거야!"[42]

문자가 없는 사회의 아이들은 살아가는 데 필요한 대부분의 것을 모방을 통해 배워야 한다. 그들은 부모나 형들이 일하는 모습을 관찰하고 흉내 내려 애쓴다.[43] 아이가 실수를 할 경우, 아직 어리다면 주위에서 놀림을 받을 것이고 나이가 좀 더 들었다면 혼이 나고 벌을 받게 될 것이다. 아이들이 제대로 일을 한다면, 즉 흉내를 제대로 낸다면 곧 그에 맞는 집안일을 책임지게 되는 것으로 보상 받는다.

▶ 자녀 양육과 죄책감

　부모들이 자녀를 양육할 때 죄책감을 갖지 않는다면, 자신의 행동이 자녀의 여리고 약한 심성에 장기적으로 영향을 미칠 수도 있다는 생각을 하지 않아도 된다면, 아이를 기르기는 더 쉬워질 것이다. 물론 이건 **부모**의 입장에서 쉽다는 의미고 아이들 입장에서는 오십보백보다. 전통사회에서나 현대 사회에서나 사람들 모두 자녀에게 몹쓸 짓을 하고 있으며, 양쪽 모두가 다 자기들은 자연이 정해 놓은 방식대로 아이를 키우고 있다고 생각한다. 하지만 그들이 실제로 따르는 것은 자연이 아니라 속해 있는 사회의 문화에 의해 정해진 법칙이다. 우리 문화권에서 통하는 법칙 가운데 하나는 이렇다. 전문가의 의견을 따르라.

　내가 아이를 키우며 경험한 가장 고통스러운 일은 큰 아이가 세 살 때 일어났다. 그날은 딸이 처음으로 유치원에 가는 날이었는데 딸은 집을 떠나 부모가 없는 곳에서 지내는 게 처음이라 무척 조용하고 긴장해 있었다. 나는 딸을 데리고 교실에 들어갔고, 잠시 후 딸은 다른 아이들에게 조금씩 관심을 보이기 시작했고 내 곁을 떠나 여기저기를 돌아다니기 시작했다. 그러자 선생님이 다가오더니 나에게 이제 그만 나가달라고 했다. "따님은 괜찮을 거예요"라는 말과 함께. 그런데 내가 나가고 난 뒤에 교실 문이 닫히자 나는 딸이 문을 두드리며 비명을 지르고 우는 소리를 들을 수 있었다. 선생님이 딸을 달래는 소리도 들렸지만 딸은 그치지 않았다. 나는 교실로 돌아가려 했지만 선생님은 안 된다고 했고 결국 나는 그렇게 하지 않았다. 나는 그 자리에 그대로 서서 딸의 절규를 듣고 있었다. 내 딸이 고통스러웠던 만큼 내 마음도 그렇게 아플 수가 없었다.

　딸은 유치원에 잘 적응했지만 나는 그때의 기억을 잊을 수가 없다. 어째서 나는—나보다 나이도 아주 조금밖에 많지 않은—선생님의 말을 고분고분 들었을까. 당장 교실로 돌아가서 아이를 붙들고, 울음을 그칠

172

때까지 꼭 안아 주고, 아이가 나를 떠날 준비가 될 때까지 기다리고 싶었던 마음을 억누르고 말이다. 내가 선생님의 지시를 따랐던 것은 그분에게 권위가 있으며 내 아이에게 무엇이 필요한지를 나보다 더 잘 알고 있다는 느낌을 주었기 때문이었다.

우리 사회의 사람들은 전문가의 말에 귀를 기울인다. 오늘날 이 전문가들은 우리에게 아이들이 많은 관심과 애정을 필요로 한다고 말하고 있다. 우리 아이들이 뭔가 잘못을 할 때 우리는 아이에게 무엇이 잘못이었는지를 납득시켜야 하며 윽박지르지 말아야 한다. 아이들에게 마약이나 섹스처럼 위험한 것들에 대해 미리 경고를 해야 하며 혹시라도 아이들이 우리의 경고를 잊을 경우를 대비해 우리는 아이들이 어디에서 무엇을 하고 있는지를 잘 살펴야 한다. 이 모든 노력에도 만일 아이들이 잘못된 길로 빠진다면 그것은 우리가 전문가들의 지시 중에 몇 가지를 이행하지 않았거나 효과적이고 성실하게 실천하지 못했기 때문이다.

북미나 유럽의 부모들—특히 교육 수준이 높고 경제적으로 넉넉한 부모들—은 전문가의 충고를 찾아 읽으며 그대로 따르려고 애쓴다. 이러한 부모와 아이들이 다시 전문가들의 충고가 옳다는 것을 증명하기 위해 계획된 실험에 참가한다. 이렇게 결과가 미리 정해져 있고 원인과 결과가 돌고 도는 연구들이 부모와 자녀에 관해 오늘날 우리의 문화와 시대가 받아들이는 기묘한 가설의 근거가 되고 있다. 이 가설들은 결국 모래 위에 세워진 것이나 다름없다.

6. 인간의 본성

　　본성nature은 **양육**nurture과 대조될 때 서로 다른 두 가지 의미를 갖는다. 첫 번째는 '왜 사람들은 각기 다를까?' 하는 질문이 제기될 때 갖는 의미다. 예를 들어, 한 아이가 어휘력이 풍부하고 자기 또래의 다른 아이들보다 언어 구사력이 뛰어나면 우리는 그 아이의 우수함이 "본성"때문인지 아니면 "양육" 때문인지 궁금해할 수 있다. 아빠는 십자말풀이를 아주 잘하고 엄마는 문학 교수인 아이의 뛰어난 언어 구사력은 부모로부터 언어능력을 물려받아서일까, 아니면 언어적인 자극을 많이 받는 환경에서 자랐기 때문일까.

　　두 번째 의미는 반대로 사람들 사이의 **유사성**에 초점이 맞춰질 경우, 즉 '왜 사람들은 다들 비슷비슷할까?' 하는 질문이 제기될 경우다. 예를 들어, 모든 아이들은 언어를 학습하여 의사소통을 가능케 하는 정상적인 두뇌를 갖고 태어난다(물론 그렇지 못한 아이도 많다). 이처럼 아이들이 언어를 자연스럽게 습득하는 능력에 대해 이것이 "본성"인지 혹은 "양육"인지 궁금해할 수 있다. 인류에게는 태어날 때부터 이미 정해진 틀이 내재해 있는 걸까? 아니면, 대부분의 아이들이 성장하는 과정에서 무작위적으로 갖게 되는 경험의 결과일까?

　　오늘날 "본성과 양육"이라는 말은 사람들 사이의 차이점을 분석할 때 주로 사용된다. 그러나 발달심리학 초기 단계에는 사람들 사이의 유사점을 발견하는 데 무게가 더 실려 있었다. 1930년대로 돌아가 보면 당시의 발달심리학자들 대부분은 한 아이의 환경을 다른 아이들의 환경과 구별하는 분명한 차이들을 고려하지 않았으며, 한 아이가 다른 아이들과 어떻게 다른지를 설명하는 방법으로 그 차이를 활용하지 않았다. 그들은 언어 능력같이 인간 발달의 보편성을 연구하는 데에 관심을 가졌다. 한 아이가 언어를 습득할 때 다른 어린 유인원은 그렇지 못했다면(당시는 아직 유인원에게 수화를 가르치려는 시도가 나타나기 한참 전이었다) 이는 언어가 유인원의 본성에서는 찾아볼 수 없는 인간의 본질적인 부분에 해당하기 때문일까? 아니면 인간은 인간의 환경에서 자라나고 유인원은 유인원의 환경에서 자라나기 때문일까?

초기 발달심리학자들이 정말 알고 싶었던 것은 아이가 인간 환경에서 자라지 않는 경우에도 우리가 인간의 고유한 특징이라고 생각하는 능력을 습득할 수 있는지의 여부였다. 오늘날 만일 누군가가 이런 실험을 했다면 그는 아마 정년 보장이니 어쩌니 하는 소리를 입 밖에 내지도 못한 채 대학에서 해고당할 것이다. 하물며 당시에도 실험할 아기 열두 명을 구하기란 쉽지 않은 일이었나 보다.* 그리하여 인디애나 대학교의 심리학 교수였던 윈스럽 켈로그는 좀 더 무난한 실험 방법을 고안했다. 유인원을 인간의 환경 속에서 키워볼 생각을 한 것이다. 아내 루엘라의 협조 하에 그는 인간 아기와 침팬지를 함께 키우면서 사람을 키우듯이 둘을 완전히 똑같이 대해서 결국 침팬지가 그런 조건 하에서 인간의 능력을 습득하게 될지를 알아보고자 했다.

---

* 아기 열두 명을 건강하게 **먹여 살리는** 건 불가능하지만 실험 목적으로 **빌리는** 건 가능하기도 하다. 1930년대 후반에 발달심리학자 머틀 맥그로(Myrtle McGraw)는 인간이 수영 능력을 타고나는지를 확인하려는 목적으로 아기 42명을 어렵게 빌렸다. 연구 방법은 간단했다. 아기를 욕조에 넣고서 내버려두는 것이다. 갓난아기들은 반사적으로 물이 폐로 들어가지 않도록 숨을 참았다. 하지만 이런 능력은 이내 사라졌고, 좀 더 나이를 먹은 아기들은 머리를 물 밖으로 내놓기 위해 절박하게 발버둥을 쳤다. 하지만 결국엔 실패했고, 물 밖으로 나온 후에는 캑캑거리면서 기침을 했다.

실험 내용과 그 결과는 1933년 발표된 『유인원과 아이The Ape and the Child』라는 책에 자세히 설명되어 있다. 루엘라의 이름도 책 표지에 남편 이름 바로 옆에 쓰여 있긴 하지만 심리학 교수로서 연구 업적을 쌓는 건 남편 쪽이었다. 나는 그가 실험을 실시하기 위해 어떻게 아내를 설득했을지 궁금하다. 루엘라는 자기가 동참한 일이 어떤 일인지 알았을까? 구아(침팬지)뿐 아니라 자기가 낳은 아기 도널드도 연구대상이었다는 사실을 알고 있었을까?

▶ 유인원 도널드?

1931년 켈로그의 집에 구아가 입양되었을 당시 도널드는 생후 10개월 된 아기였고 구아는 7개월 반이었다. 켈로그의 집에 입양되자마자 구아는 1930년대에 인간 아기들이 다뤄진 것과 똑같은 방식으로 다뤄졌다. 켈로그 부부는 구아에게 옷을 입혔고 당시 아기들이 보통 신는 신발을 신겼다. 철창 안에 가두거나 밧줄로 묶어 두는 일도 없었기 때문에 켈로그 부부는 구아가 잠잘 때를 제외하고는 항상 신경을 곤두세워야 했다(하지만 그건 친자식 도널드에 대해서도 마찬가지였다). 구아는 대소변을 가리는 훈련도 받았고 양치질도 받았다. 도널드가 먹는 것과 같은 음식을 먹고 같은 시간에 낮잠을 자고 목욕을 했다. 켈로그의 책에는 구아와 도널드가 나란히 앉아 찍은 사진이 있는데 둘 다 똑같이 내 어머니가 "덴톤 박사"라고 부르던 (상하의 일체형) 우주복을 입고 있다. 도널드는 얼굴을 잔뜩 찌푸리고 있었는데 구아는 입술이 위쪽으로 휘어져 있어서 부드럽게 미소를 짓고 있는 듯 보였다. 둘은 서로 손을 잡고 있었다.

사진에서 보이는 기질적 차이를 제외하면 구아와 도널드는 서로 아주 잘 어울렸다. 침팬지는 유아기에 사람보다 빠르게 성장하므로 도널드가 구아보다 두 달 반 먼저 태어났음에도 불구하고 둘은 결국 비슷한 수준에 이르렀다. 둘은 마치 남매처럼 다녔고, 서로를 잡으러 가구 사이를 잽싸게 뛰어다니며, 낄낄대고 온 집안을 난장판으로 만들면서 놀았다. 도널드에게는 크고 무거운 보행기가 있었는데, 켈로그 부부에 의하면 도널드가 가장 좋아하던 놀이는 "보행기를 타고 도망가는 구아를 잡으려고 열심히 쫓아다니면서 깔깔대고 웃는 것이었다. 대부분은 실패했지만." 구아는 별로 귀찮아하는 것 같지 않았다. 오히려 난리를 치며 노는 걸 좋아하는 것 같았다. 그러니까 구아와 도널드는 보통 형제들보다 더 사이좋게 지낸 것이다. 둘 중에 어느 한쪽이 울면 다른 한쪽이 어깨를 다독이며 꼭 끌어안아 주곤 했다. 도널드보다 먼저 낮잠을 깨면 구아는 "방문 앞에서 좀처럼 떨어지려고 하지 않았다."[1]

구아는 도널드보다 더 쾌활하고 명랑한 성격이었다. 켈로그 부부가 구아를 간지럽히거나 손을 잡고 들어올리거나 하면 구아는 마치 인간 아기처럼 깔깔대며 웃었다. 반대로 켈로그 부부가 도널드에게 똑같이 하려고 하면 도널드는 울음을 터뜨렸다. 구아는 애정 표현(포옹이나 키스)도 적극적이고 협조적으로 했다. 옷을 입을 때 구아는 도널드와는 달리 팔을 소매에 집어넣고 머리를 숙여서 턱받이를 쉽게 맬 수 있도록 도와줬다. 뭔가 잘못한 일이 있어서 꾸중을 들으면 "우우" 하고 애처롭게 울면서 꾸짖은 사람의 품에 뛰어들어 "화해의 키스"를 했고 용서를 받으면 조용히 안도의 한숨을 쉬었다.

문명화된 생활 방식을 익히는 데 구아는 둔한 도널드보다 좀 더 빨랐던 것 같다. 구아는 명령을 따르거나 숟가락으로 식사하기, 화장실이 급할 때 미리 소리치기(대소변 가리기는 완벽하게 성공하지 못했지만) 등에 있어 도널드보다 앞섰다. 유인원 구아는 켈로그 박사가 실시한 테스트의 거의 모든 부분에서 인간 아기와 동등하거나 우월했다. 괭이 모양의 도구를 써서 사과를 자기 쪽으로 끌어오는 방법을 알아내는 실험이나, 의자를 이용해 천장에 매달린 과자를 따먹는 실험에서 구아는 도널드 못지않은 능력을 발휘했다. 의자를 처음과 다른 방향에 놓아서 과자를 먹으려면 다른 방향으로 의자를 돌려야 하는 실험에서 도널드는 여전히 의자를 이전과 같은 방법으로 사용했지만 구아는 과자에 집중하여 결국 과자를 따먹을 수가 있었다.[2]

그러나 한 가지, 인간 아기가 유인원에 비해 현저히 앞섰던 부분이 있었다. 도널드는 남을 흉내 내는 데 더 뛰어났다. 인간이 유인원보다 흉내를 잘 낸다는 사실이 이상하게 들릴지도 모르겠다. 수 년 동안 네덜란드 동물원의 방문객과 침팬지를 연구하고 관찰한 네덜란드의 영장류 동물학자 프란스 드 발Frans de Waal은 "대다수 사람들의 생각과는 달리 인간이 유인원을 흉내 내는 경우가 그 반대의 경우보다 더 자주 발견된다"라고 말한 바 있다.[3]

도널드와 구아의 경우도 마찬가지였다. "새로운 장난감을 발견하거나 새로운 놀이법을 발견하는 데 적극적이고 능동적이었던 쪽은 거의 대부분 유인원인 구아였고 반면에 인간인 도널드는 항상 구아를 모방하거나 수동적으로 따라가는 역할을 맡았다."[4] 도널드는 벽을 물어뜯는 등 구아의 습관을 그대로 따라했다. 도널드는 침팬지의 언어—예를 들어 음식을 달라고 할 때에 지르는 소리 같은 것—도 꽤 많이 배웠다. 이제 14개월 지난 자기 아기가 손에 오렌지를 들고 자기에게 뛰어와서 "우후, 우후, 우후" 하고 그르렁거릴 때 루엘라 켈로그의 기분이 어땠을지 참 궁금하다.

평균적으로 미국 어린이들은 태어난 지 19개월이 지나면 50개 이상의 단어를 습득하고[5] 그 다음엔 단어들을 사용해 문장을 구성하기 시작한다. 도널드의 경우에는 19개월이 될 때까지 고작 단어 세 개밖에 말하지 못했다.* 이 시점에서 실험은 중단되었고 구아는 동물원으로 돌아갔다.

켈로그 부부는 유인원을 인간으로 훈련시키려고 노력했지만 결과적으로는 구아가 인간을 유인원으로 훈련시킨 셈이 되어 버렸다. 그들의 실험은 이런 점에서 침팬지의 본성보다는 오히려 인간의 본성에 대해 더 많은 것을 시사한다. 또한 이들의 실험은 적어도 19개월까지는 유인원과 인간 사이에 눈에 띄는 차이가 발견되지 않는다는 사실을 알려주기도 한다. 이 장에서 나는 19개월이 지난 뒤에 나타나는 침팬지 본성과 인간 본성의 차이점을 살펴보려고 한다. 그리고 19개월 후에도 여전히 남아 있는 둘 간의 유사점에 대해서도.

이 책을 시작하면서 나는 무엇이 아이들이 지금의 그 모습으로 만들었는가에 대한 나의 대답, 즉 양육가설을 대신해서 독자들에게 제시하고자 하는 이론은 아이들이 갖고 있는 마음과 인류 진화의 역사에 대한 고찰에 기초한다고 말했다. 이제 그 인류 진화의 역사를 고찰할 때가 됐다. 우리는 이제 진화의 시간을 둘러보는 출장 겸 관광 겸 여행을 떠나려고 한다. 그리고 그 과정에서 나는 이 책의 다른 어느 부분에서보다 더 추론에 가까운 이야기를 하게 될 것이다. 하지만, 까짓것 다른 사람들도 인류의 진화사에 대해 멋대로 추론을 펼치는데 나라고 못할 이유는 없지 않겠는가. 확실히 말해 두고 싶은 것은, 추론은 어디까지나 추론일 뿐 내 이론이 거기에만 매달려 있는 것은 아니라는 점이다.

---

* 내가 켈로그의 책을 읽을 때 생각했던 것처럼 당신도 도널드가 태어날 때부터 운 나쁘게도 정규분포 곡선의 나쁜 쪽에 위치해 있었을지도 모른다고 단순하게 생각할 수도 있을 텐데, 그렇지는 않다. 심리사학자 루디 T. 벤저민에 의하면 도널드는 하버드 의대를 졸업했다.

▶ 독심술사

구아가 동물원으로 돌아가지 않았다면 도널드는 영어를 배울 수 있었을까? 당연히 그렇다. 4장에서 나는 부모와 함께 미국으로 이민 간 아이들과 청각장애인 부모를 가진 아이들을 예로 들었다. 이 아이들은 집에선 사용하지 않는 영어를 집 밖에서 배웠다. 추측컨대 도널드도 마찬가지였을 것이다. 부모와 대화하기 위해 영어를 배울 필요가 없더라도 이웃의 다른 아이들과 어울리기 위해 영어를 배워야 했을 것이다. 도널드의 사회 영역이 확장되어 구아 외에 다른 친구들을 만나게 된다면 도널드는 아마 집 밖의 세상에서는 아무도 침팬지의 언어를 사용하지 않는다는 걸 알게 되었을 것이다.

하지만 언어는 인간을 침팬지와 구분하는 특징 중 하나일 뿐이다. 이것과 마찬가지로 중요하고 흥미로운 인간과 침팬지 간의 차이들은 19개월 이후부터 나타나기 시작한다. 특히 아이들의 인지 능력을 연구해 온 심리학자들은 이른바 "마음이론theory of mind"에 상당한 관심을 쏟아 왔다.[6]

연구에 의하면 아이들은 네 살 무렵부터 마음이론을 터득한다. 아이들이 자기에게 마음이 있고 다른 사람도 그럴 것이라 믿는 것이다. 아이들의 마음은 많은 생각과 신념으로 다듬어지고, 아이들은 다른 사람 역시 생각과 신념을 지니고 있을 것이라 가정한다. 아이들은 또한 생각과 신념이 반드시 진실이어야 하는 것은 아니며 잘못된 신념을 지니고 있는 경우도 있다는 것도 알게 된다. 자신이 남에게 잘못된 정보를 제공해 남들로 하여금 잘못된 판단을 하게 할 수 있다는 것도 깨닫는다. 그렇게 아이들은 처음으로 의도적인 거짓말을 한다.

마음이론은 아이의 성장을 따라 계속해서 정교하게 다듬어진다. 성인들은 인간의 행동이 대상의 본질이 아닌 인간의 생각이나 느낌에 의해 좌우된다는 사실을 알고 있다. 그리고 어떤 사람이 무슨 행동을 할지 예측하려면 그가 어떤 생각을 하고 어떤 느낌을 갖고 있는지 먼저 파악해야 한다는 것도 알고 있다. 남들의 생각이나 감정을 알아내는 데 아주 뛰어난 사람도 있다. 하지만 보통 사람도 다른 이의 생각과 감정을 알아차릴 수 있는데, 자신의 마음을 감추려고 애쓰는 사람이 별로 없기 때문이다. 사실 사람들은 항상 자신의 생각과 느낌을 말한다. 언어의 역할 중 하나는 바로 상대방의 뇌에 직통 전화선을 연결하는 것이다. 우리는 언어를 통해 상대방의 생각을 아주 쉽게 알아차릴 수 있다. 반대로 누군가가 우리에게 착각을 일으키려 한다면 언어는 그 때도 편리한 도구가 될 수 있다.

마음이론은 물론 처음부터 직통 전화처럼 시작되지는 않는다. 마음이론은 일단 영혼의 창인 우리의 눈을 통해 형성된다. 마음을 읽는 능력은 아기가 부모의 눈을 바라보는 순간부터 발생한다. 아기들은 대체로 생후 6주부터 부모와 눈 맞춤을 시작한다. 아기들은 보통 아주 어릴 때부터 누가 자신을 보는 것을 알아차릴 수 있다. 이 능력은 선천적이라고 할 수 있을 만큼 매우 일찍 나타난다. 엄마가 아기를 바라보면 아기가 방긋 웃지만 너무 오랫동안 보고 있으면 아기가 얼굴을 돌리는 것을 보면 알 수 있다. 오랫동안 눈을 맞추는 행동이 아기를 불편하게 만드는 것이다.

생후 일 년 정도 되면 아기는 비로소 다른 사람이 자기를 보지 **않을** 때 어디를 보는지 알 수 있다. 아기는 낯선 대상에 다가갈지 말지를 결정할 때 엄마의 표정 변화를 관찰한다. 엄마가 경계하는 표정을 지으면 아기는 대상을 피하려 할 것이다. 엄마가 낯선 사람에게 어떤 표정을 보이는지 관찰함으로써 아기는 그 사람이 친구인지 적인지 판단한다.[7] 만약 아기가 상대방에 대해 판단 내리기 전에 상대방이 아기를 빤히 쳐다본다면 아기는 고개를 돌려버릴 것이고, 그가 아기를 안고 계속해서 눈을 맞추려고 한다면 아기는 발버둥치며 울음을 터뜨릴 것이다.[8]

두 살 전까지 아기는 엄마가 자기에게 어떤 단어를 말할 때 바라보는 곳을 관찰한다. 아기는 그 단어가 엄마가 바라본 대상을 의미한다고 생각한다. 마찬가지로 아기는 무언가를 가리키면 엄마가 어떤 반응을 보이는지 관찰한다. 이처럼 다른 사람의 관심을 끌기 위해 무언가를 가리키는 것은 인간에게만 나타나는 특징적인 행동이다. 유인원 집단에서 성장한 침팬지는 이런 행동을 보이지 않으며 인간 사회에서 자란 침팬지의 경우에도 매우 드물게 나타나는 현상이다.[9] 수화를 통해 어린 침팬지의 의사소통 능력을 연구한 허버트 테라스Herbert Terrace에 의하면,

> 인간 아기는 어떻게 반응할지를 생각하며 이를 표현하여 자기 부모들과 공유하는 데에서 큰 기쁨을 느끼는 반면, 어린 유인원들은 이와 같은 사물에 대한 반응이 전혀 없었다.…어린 유인원이 다른 유인원이나 부모 역할을 하는 인간들과 의사소통을 하고 싶어 하는 욕구를 지니고 있다고 볼 만한 근거는 없다. 어린 침팬지들은 그저 사물을 인식할 뿐이었다.[10]

서너 살배기 아기들은 다른 사람의 시선과 얼굴 표정을 보고 상대방이 어떤 마음을 품고 있는지 예측할 수 있다. 어떤 사람이 배고파하는 표정으로 초코바를 바라보고 있으면 아기는 그 사람이 곧 그 초코바를 먹을 것이라고 추론한다. 어떤 사람이 멍하니 하늘을 바라보고 있다면 네 살 아기는 그가 뭔가를 생각하고 있다고 판단한다. 우리가 상대의 마음을 읽는 능력을 당연하게 여기고 있는 탓에 발달심리학자들은 오랫동안 이 능력을 알아보지 못했다. 얼마 지나지 않아 발달심리학자들은 마음을 읽는 능력이 없는 아이들이 있다는 것을 발견했다. 자폐증을 가진 아이들은 눈이 영혼의 창이라는 사실을, 즉 다른 사람들이 영혼을 **지니고** 있음을 깨닫지 못하는 듯하다. 간단히 말해 자폐아들은 마음이론이 결여되어 있는 것이다. 영국의 발달심리학자 사이먼 배런코언Simon Baron-Cohen은 이러한 증상을 "마음맹盲, mindblindness"이라고 지칭했다.[11]

또 다른 영국의 발달심리학자 아네트 카밀로프스미스Annette Karmiloff-Smith는 자폐증을 희귀한 정신 질환인 윌리엄스 증후군Williams Syndrome과 비교했다. 윌리엄스 증후군을 갖고 태어난 아이들은 얼굴 생김새의 특징이 명확하고 지적 능력이 떨어진다. 들창코와 통통한 볼 때문에 꼭 귀여운 아기 요정 같은 외모다. 하지만 윌리엄스 증후군을 가진 아이들은 비슷한 나이의 아이들보다 뇌가 20퍼센트 정도 작고 아이큐는 정신지체 수준이다. 스스로 신발끈을 묶을 수도, 그림을 그리지도, 간단한 계산도 할 수 없다. 하지만 카밀로프스미스와 연구팀의 보고에 따르면 윌리엄스 증후군을 가진 아이들은 말을 몹시 많이 하고 성격도 활발하며 주위 사람들과 잘 어울린다. 여러 모로 발달이 늦긴 하지만 윌리엄스 증후군 아이들은 마음이론이 결여되어 있지 않다. 이들은 다른 사람의 감정에 민감하며 상대의 얼굴과 눈을 바라보고 의도와 감정 상태를 판단할 수 있다. 윌리엄스 증후군을 가진 아이들은 자폐아들과 달리 상대방이 지금 농담을 하고 있는 건지 아니면 비꼬고 있는 건지 구분할 수 있다.[12]

윌리엄스 증후군 아이들에게는 있지만 자폐아들에게는 없는 것이 있다. 카밀로프스미스는 이를 "사회적 모듈social module"이라 부르는데, 사회적 행동과 사회적 자극을 통제하고 관리하는 뇌의 영역을 가리킨다. 자폐아들이 언어를 사용하는 데 어려움을 겪는 이유(대부분은 말하는 법을 배우더라도 의사소통을 원활하게 하지는 못한다)는 언어를 사용하는 목적이 상대방에게 나의 마음을 전하고 상대방의 생각을 파악하기 위해서임을 이해하지 못하기 때문이다.

▶ 유인원 환경에서의 생활

침팬지는 자폐아보다는 윌리엄스 증후군을 가진 아이에 가깝다. 구아는 인간 대리부모의 표정과 시선 방향에 매우 민감했다. 구아는 장난을 치기 전에 항상 부모가 자기를 쳐다보고 있는지 확인했고 부모가 얼굴을 찌푸리고 있으면 하려던 짓을 멈추었다. 진화를 거쳐 동족의 다른 개체들과 함께 살아가는 방향으로 적응한 동물들은 모두 나름의 사회적 모듈이 필요하다. 침팬지의 사회생활은 우리 인간들만큼이나 복잡하다.

존경해 마지않는 제인 구달이 그랬듯 침팬지들을 야생에서 관찰하면 당신은 첫인상만큼은 침팬지들이 사이좋고 즐겁게 어울리며 생활하는 모습을 볼 것이다. 어린 침팬지들은 저들끼리 재밌게 놀고 어른 침팬지들은 서로 털을 골라주며 수다를 떤다. 침팬지 무리는 몇몇 개체가 들어오고 나가면서 구성원이 조금씩 자주 변해가며 무리가 계속해서 재형성된다. 오랜만에 만나면 서로 입을 맞추고 포옹하며 인사를 나눈다. 긴장한 듯한 침팬지가 있다면 다른 침팬지들이 손을 잡아주고 어깨를 다독이며 격려해준다. 어떤 침팬지가 아기 사슴이나 개코원숭이 사냥에 성공하면 다른 침팬지들이 모두 손을 들고 환호하며 주위로 몰려들어 사냥감을 사이좋게 나눠 갖는다.[13]

침팬지 사회에서도 서열 싸움이 벌어진다. 하지만 생명을 건 사투는 드문 일이고, 보통 패자가 용서를 구하면 승자가 자비를 베풀면서 끝난다. 놀랍게도 침팬지 무리에서 섹스 때문에 싸움이 벌어지는 경우는 거의 없다. 암컷이 수컷의 요구를 거의 거절하지 않기 때문이다. 가끔씩 서열이 높은 수컷이 다른 수컷들이 특정 암컷에게 접근하지 못하게 하기도 하지만 별로 의미 없는 짓이다. 수컷은 그저 자기가 좀 더 암컷의 관심을 끄는 수컷이 되길 바랄 뿐이다. 제인 구달은 플로라는 이름의 인기 많은 암컷이 발정기 때 침팬지 무리에서 벌어진 상황을 수컷들이 출근 시간에 뉴욕 지하철 승강장에 선 사람들처럼 서로 밀치고 잡아당기며 순서를 기다렸다고 설명했다.[14]

이런 환경에서는 누가 누구의 아버지인지 아무도 알 수 없다. 수컷들은 새끼를 기르는 일에는 신경도 안 쓰지만 같은 무리의 어린 침팬지에게는 자상하고 친절하다. 반면에 암컷은 자기 새끼와 아주 친밀한 관계를 유지하는데 이 관계는 평생 지속되기도 한다. 인간 여성(그리고 남성)과 마찬가지로 암컷 침팬지들도 어머니다운 정도가 다양하지만, 대체로 새끼의 응석을 잘 받아준다. 형제 관계 역시 친밀하고 지속적이며 만일 새끼 침팬지가 엄마를 잃는다면 위의 누나가 키우고, 드물지만 경우엔 형이 엄마의 역할을 대신하기도 한다.

그렇지만 이렇게 침팬지들의 누구에게나 친절한 성격에도 분명한 한계가 있다. 침팬지들의 우호적인 행동은 어디까지나 자기 무리 내의 구성원에게 한정된다. 침팬지 무리는 특정 구역에 사는 30~50마리의 침팬지 집단을 말한다. 침팬지 무리 전체가 한 장소에 한꺼번에 모이는 경우는 없지만 그들은 언제나 같은 무리의 구성원(상당수는 가까운 친척들이다) 모두를 잘 알고 있으며 이방인은 바로 알아차린다.

침팬지들은 이방인에게 우호적이지 않다. 낯선 동물이나 다른 무리의 침팬지가 특정 침팬지 무리의 영역을 침범하면 그 동물이 발정기인 암컷이 아닌 한 공격 대상이 될 것이다. 발정기가 아닌데다 새끼를 업고 있는 암컷이라면 백이면 백 공격을 받고 새끼 침팬지는 죽거나 잡아먹힐 수도 있다.

침팬지는 낯선 느낌 자체를 싫어한다. 제인 구달이 관찰하던 침팬지 무리에 소아마비가 유행했을 때 맥그리거라는 늙은 수컷이 소아마비에 걸려 신체 일부가 마비되었다. 숲속에 혼자 있던 맥그리거가 마비된 다리를 끌며 무리로 돌아갔을 때, 친구들은 그를 보고도 좀처럼 반기지 않았다. 처음에는 오히려 두려워하는 듯한 반응을 보였다. 시간이 지나자 두려움이 적개심으로 바뀌면서 건장한 수컷 침팬지 하나가 맥그리거의 등을 공격했고 맥그리거는 힘없이 웅크린 채 맞기만 했다. 다른 수컷 침팬지가 긴 막대기를 들고 맥그리거에게 달려들 때 제인 구달은 도저히 더 이상 보고만 있을 수가 없어서 그 사이에 끼어들었다.[15] 침팬지들은 결국 맥그리거의 낯선 동작에 익숙해지기는 했지만 그를 무리의 정당한 일원으로 결코 받아들이지 않았으며 침팬지 무리의 중요한 사회적 활동인 털 고르기 모임에도 참여하지 못하게 했다.

사회적인 측면에서 침팬지는 인간과 매우 닮아 있다. 그들은 우리의 장점과 단점도 상당 부분 공유하고 있다. 인간이 그렇듯이 침팬지도 세계를 "우리"와 "그들"로 구분한다.[16] 맥그리거처럼 친숙한 동물이라고 해도 더 이상 "우리"가 아닌 "그들"에 속하면 공격 대상이 될 수 있다. 제인 구달이 목격한 가장 폭력적인 행동은 오히려 "공격자에게 완전히 낯설지 않은 침팬지에게 가해졌다."[17] 그 폭력의 희생자는 오랜 기간 친하게 지냈다가 큰 무리(카사켈라 집단)에서 떨어져 나간 새로운 무리(카하마 집단)의 침팬지들이었다. 무리가 갈라진 후 한동안은 우호적으로 교류하기도 했지만 결국 두 무리는 서로를 적대시하고 피하게 되었다. 우연히 만나게 되면(그들은 여전히 이웃해 있고 영역도 서로 걸쳐 있었다) 서로에게 공격 의지를 보여 주기도 했다.

두 집단이 서로 데면데면한 지 일 년 정도 지났을 때, 카사켈라 집단이 카하마 집단을 향해 첫 번째 공습을 감행했다. 카사켈라 집단의 침팬지 여덟 마리가 남쪽에서 카하마 집단의 영역으로 나무를 타고 조용히 넘어가면서 싸움은 시작됐다. (침팬지들은 보통 아주 소란스럽다.)

그들은 나무 사이에서 먹이를 먹고 있는 (카하마 집단의) 구디와 마주쳤다. 구디는 나무에서 뛰어내려와 달아나기 시작했다. (카사켈라 집단의) 험프리, 조미오, 피건은 나란히 구디의 뒤를 바짝 쫓았고, 나머지 침팬지가 그 뒤를 따랐다. 험프리는 구디의 다리를 붙잡아 땅바닥에 내동댕이친 다음 구디의 머리 위에 올라앉았고 양 다리를 두 손으로 붙들어서 움직이지 못하게 만들었다. 동료 침팬지들이 공격하는 동안 험프리가 계속 자세를 유지하고 있어서 구디

는 도망칠 수도, 자신을 방어할 수도 없었다.[18]

카사켈라 집단 침팬지들은 이미 치명상을 입은 구디에게 커다란 돌을 던지고 나서 자기 영역으로 돌아갔다. 그 후로 구디의 모습은 두 번 다시 볼 수 없었다. 아마 어딘가에서 고통스러운 부상을 입은 채 죽어갔을 것이다.

카사켈라 집단 침팬지들은 잔인한 방법으로 카하마 집단의 다른 침팬지들을 하나하나 처리했다. 아직 어린 침팬지나 다 큰 암컷 침팬지도 예외가 아니었다. 젊고 아이를 낳을 능력이 있는 암컷들만 살려서 카사켈라무리의 새로운 구성원으로 받아들였다. 나는 이 얘기를 보면서 구약 성경에 있는 여호수아의 이야기를 떠올렸다. 여호수아가 이끄는 군대가 여리고 성을 침공했을 때에 그들은 남녀노소를 막론하고 모든 사람을 죽였다. 기생 라합만 빼고.[19]

▶ 사랑과 전쟁

1976년 애슐리 몬태규Ashley Montagu는 "전쟁을 일으키는 본능은 존재하지 않는다"라고 말했다.[20] 당시에도 **전쟁**이라는 말에는 부정적 의미가 있었지만(당시 사람들은 전쟁을 멈추고 사랑을 하자는 말을 들었다. 사랑과 전쟁이 양립 불가능한 개념인 양) 몬태규가 정말로 싫어했던 것은 오히려 **본능**Instinct이었다. 한때 본능이라는 단어는 구닥다리 취급을 받았는데 다시 눈에 띄기 시작했다. 심리언어학자 스티븐 핑커는 자신의 역작 『언어 본능The Language Instinct』(동녘사이언스)의 제목에 그 단어를 사용하기도 했다.[21] 이제 우리는 인간에게 전쟁을 일으키려는 본능이 있으며 그 본능이 선조들로부터 우리에게로 전해지고 있다는 가설이 과연 타당한지 다시 생각해 보고자 한다.*

제인 구달은 이 가설을 매우 진지하게 검토하였으며, 정확히 "본능"
이라는 단어를 사용하지는 않았지만(대신에 "전적응preadaptation"이라는 말을 사
용했다) 전쟁을 일으키는 "본능"에 관해 이야기한 것은 분명하다. 그는 침
팬지들이 집단생활, 영토 다툼, 사냥 기술, 이방인에 대한 경계 같은 상황
에서 전쟁을 수행하기 위해 필요한 모든 "전적응"을 발견했다. 나아가 그
는 수컷 침팬지들이 집단 간의 폭력 상황에 강하게 끌리며 "선천적으로
폭력을, 특히 이웃을 향한 폭력을 선호하는 성향이 있는 것 같다"고 말했
다.[22] 구달은 이러한 특성이 오늘날 인류가 벌이는 복잡한 형태로 나타나
는 전쟁 행위의 저변에 깔려 있는 생물학적인 원인일 수도 있다고 믿는
다. 히로시마에서 일어난 일은 여리고 성에서 일어난 일과 닮았고, 여리
고 성은 카하마 사건과 같다.

공동생활을 하는 인간과 살인자 유인원으로서의 인간 사이에서 볼
수 있는 차이에 매달리는 이론가들도 있다. 그런데 찰스 다윈Charles Darwin은
이 문제에 신경 쓰지 않았다.

> 인간이 사회적인 존재라는 사실에는 누구도 이의를 제기하지 않을 것이다.
> 인간이 외로움을 싫어하며 가정 밖에서도 사회에 속하고자 한다는 것을 통해
> 알 수 있다. 한 인간을 사회적으로 고립시키는 것은 가장 가혹한 형벌이 될 수
> 있다.…야생 상태의 인간 역시 사회적인 동물이라는 데는 논의의 여지가 없
> 다. 서로 이웃한 부족들이 거의 항상 전쟁을 벌이는 것은 인간의 사회적 본능
> 이 인류의 모든 구성원들에게까지 확대되지 않기 때문이다.[23]

---

* 이 문장의 원문에는 "to again consider"라는 구가 있다. to부정사의 to와 동사 사이에 부사가 삽입
되는 형태를 분리부정사라고 한다. 분리부정사는 기존 규범에서는 문법적으로 틀린 용법이었는데,
스티븐 핑커가 『언어 본능』에서 분리부정사를 써도 괜찮다고 했던 것을 적용해 지은이가 이렇게 쓴
것이다.―옮긴이

다윈의 말처럼, 같은 인류의 **모든** 구성원들에게가 아니다. 오로지 각자가 속한 무리, 부족, 공동체, 나라, 혹은 인종의 구성원들에게만 해당된다. 하느님이 시내 산에서 이스라엘 민족에게 "살인하지 말라"라는 계명을 내린 지 얼마 되지도 않아 여호수아와 그의 군대는 아랑곳하지 않고 여리고와 아이, 막게다, 립나, 라기스, 에글론의 백성들을 완전히 도륙했다. 여호와가 **그들**은 죽이지 말라고 했던 건 아니었을까 하는 생각은 해보지도 않았을 것이다.

여리고와 트로이부터 보스니아와 르완다에 이르기까지 역사는 인류가 얼마나 많은 전쟁을 겪어왔는지 말해준다. 또한 많은 고고학적 자료들은 승리의 기록을 남길 방법을 알게 되기 한참 전부터 우리 인류는 어떻게 전쟁을 벌이고 적을 살육하는지를 알고 있었음을 증명하고 있다. 진화생물학자 재레드 다이아몬드Jared Diamond는 집단 사이의 전쟁은 "우리 인류의 일부이며, 수백만 년 동안 우리 선조들이 쌓아온 유산이다"라고 말했다.[24]

인류학자 리처드 랭엄Richard Wrangham도 이에 동의한다. 그는 우리 인류가 지금의 침팬지들과 생김새와 행동거지가 비슷한 조상들로부터 갈라져 나왔을 것이라고 믿는다(침팬지와 인류는 조상이 같다). 이 공통 조상으로부터 침팬지와 인류는 비슷한 생활 방식을 물려받았다. 인간과 침팬지는 무리지어 살아가는데, 무리에서 자라난 수컷들이 힘을 합쳐 무리를 지킨다. 전통적으로 암컷들은 아이를 낳을 수 있는 나이가 되면 다른 공동체로 자리를 옮긴다. 또한 인간과 침팬지 모두 수컷들의 협력은 공동체의 영역을 방어할 뿐만 아니라 근처 무리를 공격하는 역할도 한다. 근처 무리를 향한 공격은 대체로 더 많은 암컷과, 더 좋은 땅을 차지하려는 욕망 때문이지만 일단 전쟁이 시작되면 애초의 의도는 더 이상 중요하지 않고 그저 전쟁이 계속될 뿐이다. 일단 공격이 시작되고 나면, 이웃을 없애버려야 할 새롭고 괜찮은 동기가 생긴다. 요컨대 그들이 우리를 죽이기

전에 우리가 먼저 저들을 죽이는 것이다.[25]

600만 년에 걸친 진화의 역사는 우리를 침팬지 같은 조상들과 완전히 갈라놓았다. 그 600만 년 중 거의 대부분에 걸쳐 우리 인류는 침팬지와 다를 바 없이 지내 왔다(인간이 인간답게 산 것은 마지막의 아주 짧은 시간이다). 우리는 가까운 혈육(남자들의 경우)과 배우자의 혈육(여자들의 경우)들로 구성된 작은 집단을 이루어 생활했다. 그리고 우리 자신의 안전을 위해 집단 구성원들과 서로 의지하고 협력해 왔다. 인간은 애초에 혼자서 살 수 있게 진화하지 않았다. 고기가 있을 때에는(채소보다 고기를 더 좋아하게 될 때까지는 많은 시간이 걸리지 않았다) 집단 구성원들과 나누어 먹었다. 600만 년 동안 인류는 끊임없이 이웃 집단과 전쟁을 벌였다. 승리한 집단은 크게 성장하고, 둘로 나뉘고, 나뉜 두 집단 사이에서 다시 전쟁이 벌어졌다. 전쟁에서 승리한 집단은 패한 집단을 완전히 몰살시켜 버리기도 했다. 재레드 다이아몬드는 "인류의 특성 중에서 인류를 만물의 영장으로 만들어준 가장 직접적인 특성은, 인간만이 자행하는 집단 학살genocide이다"라고 지적했다.[26]

하지만 우리는 살인마 유인원인 동시에 아주 괜찮은 성품을 지닌 동물이기도 하다. 다윈은 이 점을 지적하면서 "인간savage은 같은 공동체에 속한 다른 구성원들의 생명을 지키기 위해 자기 목숨을 걸기도 한다"라고 말했다.[27] 만일 인간이 목숨을 걸고 무리를 지키다가 죽으면 그는 다윈 관점에선 말하자면 부적자(적자의 반대 개념)가 되므로, 죽은 자의 행동에 대해서는 약간의 설명이 필요하다. 어떤 사람이 목숨을 바쳐서 자신이 속한 집단을 구한다면 그 행동으로 50퍼센트의 유전자를 공유하고 있는 형제자매와 자녀들의 생명을 지킬 수 있다. 우리가 적자를 유전자의 성공적인 자기 증식이라는 의미로 정의한다면 개인이 고령에 이르도록 성공적으로 살아남는 것보다는 가까운 혈육을 위한 이타주의적인 행동이 훨씬 더 합리적이다.[28]

당신은 이것을 "이기적 유전자selfish gene"이론이라고 명명한다고 들었을 것이다. 이 이론에 따르면 진화의 산물은 필연적으로 이기적일 수밖에 없을 것만 같아서 이기적 유전자 이론을 주장하는 사람들도 이기적으로 보이게 만들었다. 진화생물학자 리처드 도킨스Richard Dawkins는 이렇게 말한다. "만약 나를 포함한 모든 개인들이 이기심을 버리고 공동선을 위해 서로 협력하는 사회를 바라고 있다면 생물학적인 본성은 별 도움이 되지 않을 것이라는 사실을 받아들여야만 한다. 인간은 타고난 이기적 존재이기 때문에 우리 자신에게 관용과 이타주의를 **가르쳐야만** 한다." 하지만 이기적 유전자란 단순히 이기적인 개체만을 가리키는 것이 아니다. 유전자는 완전히 이기적이면서도 동시에 유전자가 처한 환경 안에서 성공적으로 보존되기 위해서 필요하다면 완전한 이타주의자를 만들어내는 설계도를 포함하고 있다.[29]

확실한 것은 우리가 완전한 살인마 유인원이 아니듯 완전한 이타주의자도 아니라는 점이다. 우리에게는 이 두 가지 측면이 모두 존재하며, 그렇기 때문에 애슐리 몬태규는 인간을 갓 피어난 꽃에 비유했고, 리처드 랭엄은 인간이란 살인자로 태어난 존재라고 말했다. 평가는 전적으로 우리가 다른 집단의 구성원들을 대하는 행동과 우리 자신의 집단 구성원들을 대하는 행동 중 어느 것을 관찰하느냐에 좌우된다. 우리는 같은 집단의 일원들에게는 친절하고 상냥하게 대하도록 타고나는데 이것은 수백만 년에 걸쳐 우리와 우리 아이들의 생존을 위해 익힌 것이다. 또한 우리는 다른 무리의 사람들에게 적대적으로 대하도록 타고나는데 이것은 600만 년의 역사가 우리에게 다른 집단을 경계해야 한다고 가르쳤기 때문이다.

같은 집단 구성원은 격전이 벌어지는 전쟁터에서 든든한 전우다. 전쟁이 없을 때는 식량 혹은 매력적인 배우자를 얻기 위해 경쟁하기도 한다. 하지만 어찌되었든 인간은 좋을 때에나 나쁠 때에나 항상 서로 협력하며(원한다면 이것을 이타주의라고 불러도 좋다) 살아 왔다. 장기적으로는 협력이 생존에 유리했기 때문이다. 오늘 내가 도움을 주면 내일은 도움을 받는다. 이 시스템은 받기만 하고 되돌려주지 않는 얌체 사기꾼을 발생시킨다. 하지만 인간의 마음은 도구와 무기를 만드는 것 말고도 잘하는 일이 많다. 오랜 세월에 걸쳐 우리는 이런 사기꾼을 식별하는 방법을 익혔고 나아가 친구들에게 그들을 조심하라고 경고하는 방법도 익혔다. 그동안 사기꾼들도 점점 똑똑해졌다. 사기꾼을 식별하는 방법이 발전한 만큼 사기꾼들이 우리 사기꾼 레이더를 무력화하는 기술도 발전했다. 그에 따라 또 다시 사기꾼 레이더를 무력화하는 사기꾼을 감지하는 방법도 진화하게 되었다. 혹자는 이를 "인지적 군비 경쟁cognitive arms race"이라고 부른다.[30]

하지만 사기꾼들은 사소한 문제에 불과했다. 우리 앞 언덕 너머에 더 큰 위험이 도사리고 있었으니 적들이 그 곳에서 힘을 모으고 있었다. 제인 구달은 이렇게 말한다.

> 초기 전쟁은 당시 인류의 지적 능력과 집단 구성원들의 긴밀한 결속력이 발달하는 데에 상당한 선택압으로 작용했을 것이다. 이 과정은 계속해서 확대되는데, 한 집단의 지적 능력과 결속력, 그리고 사기가 높을수록 그들의 적에게는 더 커다란 압력이 작용한다.[31]

여리고 성이 함락되었을 때는 사기꾼들도 죽고 이타주의자들도 죽었다. 용감한 사람들도 죽었고 겁쟁이들도 죽었다. 진화는 전쟁의 승리자에게 상을 안겨 주었다. 여리고 성 정복자들의 전략은 한심하기 짝이 없지만 결국 그 사람들이 우리의 조상님이시다.

▶ 인류의 진화

우리의 조상이 현재 침팬지의 조상으로부터 갈라져 나온 것은 지금으로부터 약 600만 년 전이었다.[32] 진화의 오랜 역사 속에서 600만 년은 긴 시간이 아니다. 실제로, 우리 인류는 보통의 침팬지Pan troglodytes들과 유전자가 96퍼센트 일치한다. 인간과 침팬지 간의 DNA 차이는 유전적으로 가까운 관계에 있는 조류인 빨간눈개고마리와 흰눈개고마리 사이보다 작다.[33]

새로운 종이 등장하는 데 많은 유전자가 필요한 것은 아니다. 음식을 만들 때도 결정적인 몇 가지 부분에 약간의 변화를 가미하면 완전히 다른 결과물이 나오는 법이다. 예를 들어 인간이 유인원보다 털이 없는 것도 역시 유전자 몇 가지의 차이로 인한 결과로 보이는데 이러한 변화는 진화의 시간 속에서 비교적 짧은 기간 안에 이루어진 것이다. 인간은 유인원과 비슷한 정도의 모공이 있지만 이제 대부분은 솜털만 남아 있다. 멕시코에 있는 어떤 집안에는 얼굴 전체에 털이 수북하게 자라서 심지어 눈꺼풀에까지 털이 잔뜩 있는 돌연변이가 태어나곤 하는데 이것 또한 단 하나의 유전자 때문이다.[34]

직립보행도 비교적 짧은 기간 동안 진화된 인류의 특징 중 하나다. 루시와 같은 종인 오스트랄로피테쿠스 아파렌시스Australopithecus afarensis는 침팬지와 거의 비슷한 크기의 뇌를 갖고 있었지만 똑바로 서서 걸었다. 350만 년 전 아프리카에서 일어난 일이다.

250만 년 전에 살았던 호모 하빌리스Homo habilis에 대해서는 흥미로운 점이 많다. 호모 하빌리스는 그 이전의 어느 영장류보다도 훨씬 큰 뇌를 갖고 있었다. 호모 하빌리스라는 이름은 도구를 만들고 사용하는 능력 때문에 붙여졌지만 (이제 우리도 알고 있듯이) 최초로 도구를 사용한 종은 호모 하빌리스가 아니었다. 침팬지들은 돌멩이를 무기로 사용하거나 견과

류를 깨먹는 데 사용하기도 하고 막대기를 이용해서 물고기를 잡거나 깊은 구멍 속에서 살고 있는 벌레들을 잡아먹기도 한다.

그 다음 등장한 것은 약 150만 년 전에 나타난 호모 에렉투스Homo erectus다. 어떤 책에서는 호모 에렉투스가 호모 하빌리스의 후손이라고도 하지만 실제로는 수많은 인류 과에 속한 원시인 종들이 지난 600만 년에 걸쳐 아프리카를 들락날락했으니 누가 누구의 자손이라고 분명하게 단정 지을 수 있을 만큼 간단한 문제는 아니다. 몇 개의 뼛조각만을 가지고 누가 누구의 선조이며 어느 유인원들이 종말에 다다른 것이 언제인지 정확하게 밝히는 일은 매우 힘들다.

이 시대에 유인원의 종말이 이른 것은 아니었다. 호모 에렉투스는 아프리카를 떠나 중동과 유럽, 아시아의 각지로 퍼져나갔던 매우 성공적인 인류였다. 그들은 사하라 남부와 북부에서 100만 년이 넘도록 생존했다. 그리고 마침내 아프리카에서 옛 호모 사피엔스Homo sapiens들이, 그리고 10만~15만 년 전 호모 사피엔스 사피엔스Homo sapiens sapiens라고도 불리는 현대 호모 사피엔스들이 호모 에렉투스를 대체했다. 추측컨대 이러한 변화가 일어난 것은 잠시 온화한 기후였던 13만 년 전이었을 것이다. 이 시기는 오늘날 우리가 누리고 있는 간빙기 바로 이전의 간빙기였다.

사피엔스라는 칭호를 하나 더 달게 된 지 얼마 지나지 않아 이 현대 유럽인과 아시아인의 조상들은 아프리카를 떠나 중동 지역을 향해 북쪽으로 이동했다. 그들이 중동에 도착했을 때 그곳은 이미 다른 인류인—북쪽으로 뻗어나간 호모 에렉투스의 후예로 당시 중동뿐 아니라 유럽에 널리 자리 잡은—네안데르탈인이 차지하고 있었다. 이 무렵 빙하기가 시작되었고 우리 선조들은 비교적 따뜻한 중동 지방에서 네안데르탈인과 그곳을 공유(서로 우호적이진 않았지만)하며 오랜 기간 머물렀다. 그후 기이한 일이 벌어졌다. 재레드 다이아몬드는 이를 "대약진the great leap forward"이라고 표현했고, 인류학자 마빈 해리스Marvin Harris는 이를 "문화적 도약cultural

_{takeoff}"이라고 불렀다.³⁵

뭐라고 부르든, 그리고 그 원인이 무엇이든, 결과는 아주 분명하고 명확했다. 매우 발달된 기술의 도움으로 사피엔스들은 유럽과 아시아 전역으로 퍼져갔으며 동시에 네안데르탈인은 순식간에 지구에서 사라졌다. 빙하기를 견뎌내고 7만5000년 동안 잘 살아왔는데 날씨가 풀리기 시작하자 갑자기 사라져버린 것이다. 아이고.

이제 우리에게는 합격자 명단에 이름을 올린 승리자, 유일한 인류만이 남아 있다. 현재 살아남은 우리와 가까운 친족은 아프리카 외지에 단 몇 종만 제한적으로 서식하고 있는데, 그들은 고릴라나 침팬지, 그리고 보노보('피그미 침팬지'라고도 한다), 그리고 인도네시아 보르네오와 수마트라의 섬에서만 발견되는 오랑우탄이다. 그 외에는 모두 사라졌다. 비교적 짧은 시간이라고 할 수 있는 600만 년 동안 우리는 유인원에서 인간이 됐고, 우리가 지나간 자리에는 먼지와 재만 남았다. 우리는 아무도 살려두지 않았다.

이 사건에 대한 내 생각은 이렇다. 사건의 발단은 유인원 무리 규모가 비대해져 둘로 갈라진 것이다. 그 두 개의 딸집단_{daughter communities}(생물학자들은 이렇게 부른다)의 영역은 서로 인접해 있고 얼마 후 두 집단 사이에는 적대심이 일어나기 시작한다. 적대심으로 인해 집단이 쪼개지고 그 후로 적대적인 관계를 유지했을 수도 있다.

인간의 집단이 둘로 나뉠 경우 처음에는 두 집단이 적대적이지 않아도 시간이 흐르면 서로 적이 될 가능성이 높다. 한 인류학자가 짚은 대로 "한 부락의 가장 위험한 적은 최근에 분리되어 나간 이웃 부락이다."³⁶ 물론 두 집단은 물물교환이나 혼인을 위해 때때로 교류를 하지만 아주 사소한 오해로도 완전히 등을 돌리게 되며 서로의 생명을 위협하는 존재가 된다. 집단이 다른 집단을 미워하는 데에는 이유가 필요하지 않다. 그들은 **그들**이며 우리는 **우리**라는 사실만으로도 충분한 이유가 된다. 그리고 이런 문제가 아닐 경우에는 언제나 싸워서 차지해야 할 영토가 있다. 여호수아가 가나안의 도시들을 멸망시킨 까닭은 신께서 우리 민족에게 그 땅을 약속했기 때문이었다. 하지만 여호수아와 이스라엘 민족의 가나안 원정은 단지 새로운 땅을 개척하는 탐험이 아니었다. 그들의 발걸음은 증오로 가득했다. 그들이 점령한 도시의 왕들은 사로잡혀서 더러 심하게 매를 맞고 나무에 매달려야 했다.[37]

여호수아는 3500년 전 인물로 인류가 지구상에서 농경 생활을 시작한 기간을 감안하면, 비교적 요즘 사람이다. 우리 인류가 침팬지로부터 갈라져 나온 600만 년의 진화의 시간 대부분 동안 우리는 수렵과 채집을 하며 힘겹게 생존하는 존재였다. 수렵채집을 기반으로 한 사회는 분쟁을 벌일 토지도 다툼을 벌일 마음도 없으며, 그저 평화롭게 방랑하며 지냈을 것이라는 추측이 지배적이다. 하지만 동물행동학자 이레나우스 아이블아이베스펠트는 그것은 순진한 망상에 불과하다고 말한다. 그가 연구한 바에 따르면 생존한 수렵채집 집단은 대부분 온화하지도 땅에 대한 욕심이 없지도 않았다. 전쟁을 포기한 집단도 있었지만 그것은 아마 싸움을 감수할 만한 땅이 더 이상 없었기 때문이다. 그 외에 연구대상이 된 수렵채집 집단 중 99퍼센트는 "어느 한 집단도 전쟁을 모른다고 말할 수는 없다."[38]

우리는 두려움을 좋아하지 않기 때문에 우리가 두려워하는 대상을 미워한다. 아이블아이베스펠트는 어떤 사회에서든지 인간 아기는 생후 약 6개월부터 본능적으로 낯선 사람을 두려워한다고 이야기한다. 일반적인 수렵채집 사회 또는 작은 부락 사회에서는 집단 내의 사람들이 자기 공동체의 구성원 모두를 만날 기회가 있고 살며 따라서 낯선 사람은 경계 대상이 된다. 저 놈은 여기에 왜 왔지? 도둑질을 하려고? 나를 노예로 만들려고? 아니면 나를 잡아먹으려고? 아기가 자기 엄마를 쳐다보는 이유는 낯선 사람에 대한 정보를 얻기 위해서이다. 엄마가 낯선 사람을 경계하지 않는다면 아기는 안심한다. 아이블아이베스펠트는 낯선 사람에 대한 아기의 반응을 "유년기 이방인공포증childhood xenophobia"이라 부르며 이 것이 세계를 **우리**와 **그들**로 보는 타고난 경향이 최초로 표현된 것이라고 생각했다.[39]

많은 사람들은 아이들이 누군가를 미워하는 것에 대해 배워야 할 필 요가 있다고 생각한다. 하지만 아이블아이베스펠트는 그렇게 생각하지 않으며 나 또한 그렇다. 다른 집단의 구성원을 미워하는 것은 인간(그리고 침팬지)의 가장 혐오스러운 본성의 일부다. 아이들은 미워하지 않는 방법 을 배워야 한다. 우리는 이기적 존재로 태어나진 않는다. 하지만 우리는 이방인 혐오자로 태어난다.

▶ 종분화와 의사종분화

생물학자 스티븐 제이 굴드Steven Jay Gould에 의하면, 진화는 작은 변화들 이 점진적으로 축적되는 느린 과정이 아니다. 종들은 더러 수백만 년간 안정적으로 유지되다가 진화의 시간 기준으로는 비교적 짧은 기간에 다 른 종에 의해 돌연히 사라지고 또 대체된다.[40] 종의 분화는 한 종을 이루 는 몇몇 개체들이 모종mother species에서 분리된 다음 지리적 고립 등의 이 유로 모종과 교배를 멈추게 되면서 일어난다. 그 뒤에 이 작은 집단이 모 종과 구별되는 특성을 발달시키고 이러한 차이로 인해 그 작은 집단이 모종보다 더 성공적으로 환경에 적응하게 된다면 결국 적자생존 경쟁의 승자가 되고 모종을 대체하게 된다.

큰 집단으로부터 떨어져 나온 작은 집단이 원래의 집단과 교배를 중 단하기 위해서 반드시 지리적으로 격리되어 있어야 할 필요는 없다. 집 단 간 교배를 가로막는 요인은 그밖에도 여러 가지가 있기 때문이다. 현재 유럽에 있는 두 종의 메뚜기는 생김새도 비슷하고 실험실 조건에서는 서로 교배를 할 수 있다. 하지만 이들이 다른 종으로 간주되는 이유는 이 두 종의 메뚜기가 자연 상태에서는 생식을 위한 접촉을 하지 않기 때문이다. 메뚜기들이 교배를 하지 않는 이유는 단지 두 종이 다른 노래를 부르기 때문이다. 이러한 사소한 차이가 이들을 분리시킨다.[41]

인간 또는 유인원 집단이 나뉠 때에 집단 구성원들은 친척이나 친구가 많은 쪽의 집단으로 가는 경향이 있기 때문에 결국 집단의 분열은 구성원 간 관계의 우선순위를 어느 정도 따른다. 하지만 불가피하게 친구나 친척이 양쪽 그룹에 각각 속해 있는 경우도 있는데, 이럴 때는 어느 한쪽 집단을 선택해야 한다. 제인 구달이 연구하던 침팬지 무리가 둘로 갈라졌을 때, 그는 골리앗이라는 나이 많은 수컷 침팬지가 어째서 카하마 집단을 선택했는지 쉽게 납득하지 못했다. 그 선택의 결과로 골리앗은 목숨을 잃었다.

나도 골리앗이 왜 그런 선택을 했는지 모르겠다. 하지만 인간 집단이 갈라질 때 개인은 자신이 가장 잘 어울릴 수 있는, 즉 자신과 가장 비슷한 집단을 선택하려 한다. 인간 사회와 같이 가족 단위로 구성되어 있는 집단에서는 개인들은 보통 집단을 선택할 권한이 없다. 하지만 선택권을 지닌 개인이라면 자신과 가장 공통점이 많은 집단을 선택한다. 그 결과 둘로 갈라진 딸 집단들 사이에는 통계적인 차이들이 나타나게 된다. 사소한 행동 차이일 수도 있고 사소한 외모 차이일 수도 있을 것이다. 그리고 어쩌면 그것들이 사소한 것이 아닐 수도 있다.

인간 집단 간의 적대감은 이미 존재하는 집단 간 차이를 훨씬 더 과장하고, 또 그런 차이가 존재하지 않으면 억지로라도 차이점을 만들어낸다. 독자들은 정반대로 차이가 적대감을 만든다고 생각하고 있을지도 모르겠다. 하지만 나는 적대감이 차이점을 만들어내는 경우가 더 많다고 믿는다. 각 집단은 상대 집단과 자기들을 더 구별시키려고 한다. 여러분도 누군가를 싫어하면 아마 그들과 최대한 다르기를 바랄 것이다. 결국 두 집단은 각기 다른 풍습을 만들고 각기 다른 금기를 갖게 된다. 의복과 몸을 치장하는 방식도 다른데, 급한 상황에서 적과 아군을 구별하는 데 도움이 된다. 두 집단은 언어마저 서로 다르게 발전시킨다. 아이블아이베스펠트는 이렇게 말한다.

> 인간은 하위 집단을 형성하려는 성향을 강하게 보이는데, 이 하위 집단들은 결국 방언 또는 다른 하위 특징을 통해 자기들을 타 집단과 구별한다. 그리고 새로운 문화가 계속해서 형성된다.…집단에서 생활하면서 타 집단과 자기 집단을 구별하는 것은 인간 본성의 기본 요소다.[42]

이러한 과정을 의사종분화Pseudospeciation라고 한다. 만일 의사종분화가 인류 이전의 유인원에게 있어서도 본성의 기본 요소였다면 이는 진화를 극적으로 가속시켰을 것이다. 집단이 분열되고, 나뉜 집단들은 자신을 다른 집단과 구별 지으려 하고, 전쟁을 한다. 전쟁이 두 집단 사이의 교배를 단절(또는 크게 줄어들게)시키면 이제 진짜 종분화의 기본 조건을 갖춘 셈이다. 만일 딸집단 중 하나의 전쟁 능력이 매우 뛰어나다면 다른 집단을 완전히 쓸어버릴지도 모른다. 물론 승리한 집단은 다른 집단보다 우월한 지위를 차지할 것이다. 하지만 종분화의 속도는 많이 늦춰진다.

뉴기니 지역은 종분화가 어떻게 일어나는지 보여 주는 모델이다. 유럽인들이 최초로 뉴기니 내륙을 탐험했을 때 그들이 본 것은 실존하는 바빌론이었다. 텍사스 주 크기의 지역에 거의 1천 개나 되는 언어가 사용되고 있었으며 그 언어들 대부분은 서로 소통조차 불가능한 정도였다. 재레드 다이아몬드는 그곳에 백인들이 도착하기 이전 상태를 이렇게 묘사하고 있다.

다른 인간을 만나기 위해 자기 영역을 벗어난다는 것은—멀지 않은 곳이라도
—자살 행위나 다름없다.…이런 고립 상태는 엄청난 유전적 다양성을 낳았다.
뉴기니의 각 계곡에는 고유한 언어와 문화가 존재할 뿐만 아니라 풍토병이나
유전적 질병에 있어서도 각기 다른 특성이 존재한다.[43]

뉴기니의 어떤 부족은 세계에서 한센병 발병률이 가장 높으며, 어떤
부족은 농아인이 많이 태어나는가 하면, 남성 자웅동체가 많은 부족, 조
로증이 많은 부족, 사춘기 지연이 많은 부족 등도 있다. 아마도 한두 개의
유전자가 돌연변이를 일으켜 발생한 유전적 특징이 부족 간 차이를 만들
어냈을 것이다. 미미한 차이였을지라도 그들은 너무 오랫동안 분리된 채
살아왔다.

시간이 흐를수록 분리된 집단들은 점점 달라진다. 일부 동물에게는
이러한 차이가 누적되는 과정이 더디고 무작위적이지만(생물학자들은 이를
유전적 부동遺傳的 浮動이라고 부른다), 사람속屬은 모든 과정이 무작위적이지 않
았을 것이며, 그 속도도 의사종분화 때문에 가속되었을 것이다. 유럽인
안에서 발견되는 외모적 차이, 예를 들어 스칸디나비아인의 금발과 이탈
리아인의 흑발은 매우 빠르게 진화된 것이므로 그저 금발이나 흑발이 되
어 얻는 신체적인 이점 때문이라고 보기에는 무리가 있다. 머리카락 색
은 아마도 성 선호도에 영향을 주었을 것이다. 집단 내에 우연히 금발을
가진 사람이 태어나고, 그들이 배우자로 선호된다면 금발을 가진 후손은
급증할 것이다. 결국 이러한 특징이 **우리**와 **그들**을 구별하는 표시로 작
용하게 된다.

나는 우리의 체모가 적어지게 진화한 것도 이런 과정이었다고 본다.
체모가 줄어든 것은 비교적 최근에 빠르게 진화된 변화라고 생각하는데,
북쪽으로 뻗어나간 호모 에렉투스의 후손들(그중 일부가 네안데르탈인이다)
이 남쪽으로 내려간 이들(우리의 선조들)과 더 이상 교배하지 않게 되었을

때까지 아직 몸에 털이 많이 있었다. 그리고 우리가 사피엔스 칭호를 하나 더 획득한 13만 년 전까지도 인류는 여전히 몸에 털이 많이 있었을 것으로 짐작된다. 의사종분화가 진행되면서 인간의 몸에서 털이 줄어들기 시작했는데, 체모가 많은 무리가 집단 내에서 점차 인기를 잃어가면서 몸에 털이 적은 집단과 여전히 다른 유인원들처럼 몸이 털이 많은 채로 남아 있었던 집단 사이에 구분이 생겼던 것이다. 몸에 털이 없다는 것은 아무 이익도 가져다주지 않는다. **우리**와 **그들**을 구별하는 데에만 쓸모가 있었을 것이다. 일단 이러한 구별이 분명해지고 나면, 그 뒤에는 전쟁을 벌여서 털 많은 집단을 쓸어버리는 것뿐이다.[44]

▶ 네안데르탈인은 왜 사라졌을까

내가 네안데르탈인이 사라져버린 것에 대해 별 언급 없이 은근슬쩍 넘어가고 있다고 생각하겠지만 그렇지 않다. 나는 지금까지 아프리카 전역에서 벌어진(혹은 벌어졌을) 사건들과 그로 인한 해부학상 현대 인류의 조상의 등장과 동시에 매우 가까운 집단들이 사라지게 된 과정을 설명했다. 호모 사피엔스 사피엔스가 유럽에 도착했을 때 그곳에서는 다른 양상의 일이 벌어지고 있었다. 두 종의 인류(즉 현생 인류와 네안데르탈인)는 다른 조건에서 각기 다른 진화의 길을 걸었다. 네안데르탈인은 추운 날씨에 적응했고 현생 인류는 따뜻한 날씨에 적응했다. 둘 사이에는 큰 두뇌 용적과 육식을 선호하는 경향이 공통점으로 존재했지만 적어도 두 가지의 측면에서 중요한 차이를 보였다. 우선 네안데르탈인은 현생 인류와 같은 수준의 언어 구사 능력을 지니지 못했을 것으로 짐작되는데 이는 입과 목구멍의 구조가 언어 사용에 적합하지 않아 보이기 때문이다. 또한 네안데르탈인의 몸은 두꺼운 털가죽으로 덮여 있었다.

그렇다. 나는 털가죽이라고 말했다. 진화생물학자들과 고생물학자들이 좋아하는 사고실험이 있는데, 네안데르탈인에게 쓰리피스 정장을 입혀 런던이나 맨해튼 거리에 세워놓은 다음 누가 먼저 네안데르탈인을 알아보는지 지켜보는 것이다. 문제는 네안데르탈인 신사를 면도시키는 것을 깜빡했다는 것인데, 당연히 누구나 알아보지 않겠는가. 결국 그는 신경안정제가 담긴 총을 맞고 동물원으로 끌려갈 것이다. 진화생물학자들과 고생물학자들은 우리 모두와 마찬가지로 모든 인류의 선조들이 일렬로 쭉 늘어서서 점점 직립을 하고 털이 줄어드는 그림에서 지나치게 깊은 인상을 받았다.

네안데르탈인이 빙하기 유럽에서 생존하려면 두꺼운 털가죽이 반드시 필요했다. 네안데르탈인은 옷을 만들어 입을 기술이 없었다.[45] 쓰리피스 정장도 없었고 모피 파카도 없었다. 추위로부터 자신을 보호하기 위해 네안데르탈인이 동물 가죽을 사용했다는 주장도 있다. 하지만 눈보라가 몰아치는데 사슴 가죽만 어깨에 두르고 밖에 나가 사냥을 한다는 게 상상이 되는가? 더구나 네안데르탈인들이 나중을 대비해 음식을 저장했다는 증거도 없고 빙하기 유럽에서는 과일이나 채소도 많지 않았으므로 네안데르탈인들은 사냥하러 거의 매일 밖으로 나가야 했다. 우리 선조들은 네안데르탈인보다는 더 똑똑했다. 하지만 우리들도 바늘을 발명하기 전까지는 유럽에서 무난하게 살아가진 못했다.

우리 선조들이 중동에서 처음 네안데르탈인들을 마주쳤을 때에 느꼈을 그 털북숭이 인류에 대한 혐오감을 우리는 망각했다. 우리들은 네안데르탈인을 좀 거북스럽게 생긴, 인간이 아닌 짐승이라 생각했다. 짐승은 곧 먹잇감이었다. 우리는 "우웩!"이라고 생각하지 않고 "쩝쩝…"하며 입맛을 다셨다. 그리고 당연한 소리지만 네안데르탈인 쪽에서도 그렇게 생각했을 것이다. 네안데르탈인은 사라졌고 유럽 땅에 서식하던 다른 크고 맛있는 포유류들도 사라졌으며 우리에게는 신세계가 펼쳐졌다. 이것은 우리가 네안데르탈인들보다 나은 포식자였기 때문이다.

▶ 진화가 만든 뇌

우리 선조들이 침팬지의 선조들로부터 갈라져 나와 집단을 이룬 지 600만 년이 지났다. 우리는 그 시간의 대부분을 나무 위가 아닌 땅에서 보냈다. 우리는 그 시간을 우리가 속한 집단 구성원들과 함께 보냈고 다른 집단에 맞서 싸웠다. 우리는 사기꾼을 가려내는 능력을 기르고 동시에 사기꾼을 찾아내는 사람들을 속이는 능력을 길러왔다.

우리는 그 대부분의 시간을 수렵채집 생활을 하는 작은 집단에서 보냈다. 잘 되는 집단은 점점 커지고, 둘로 나뉘고, 둘로 나뉜 딸집단 중에서 더 우월한 집단이 그렇지 못한 집단을 함락시키거나 통합하여 더욱 번성하였다. 이 과정이 계속 반복되었다.

600만 년 동안의 진화가 우리 인류에게 준 것은 거대한 두뇌인데 사실 꼭 축복이라고 할 수만은 없다. 우선 뇌는 에너지를 터무니없이 많이 사용하며, 출산을 위험하게 만들었고, 생후 1년 동안 아기들에게 행동에 커다란 제약을 가져다주는 족쇄다. 뇌는 크고 연약해서 공격하기 좋은 부위다.

하지만 인간의 뇌가 커져서 생긴 이점을 생각해보자. 제인 구달이 연구한 침팬지 무리는 이웃 무리의 침팬지들을 죽일 때 한 마리씩 골라 죽였지만, 여호수아가 가나안을 점령할 때는 도시의 모든 거주민을 한 번에 무참하게 살육했다. 대부분의 도시들은 성벽으로 둘러싸여 있었기 때문에 공격은 쉽지 않았다. 나팔을 불어 성벽을 무너뜨린 방법도 여리고 성 공격 한 번뿐이었다. 다른 도시들의 성을 공격할 때에는 신의 도움 없이 성벽을 무너뜨려야 했다. 아이 성 전투에서 여호수아는 책략을 사용했다. 먼저 소수의 군대를 보내 성을 공격하게 하고 더 많은 병력을 매복시켰다. 소수의 이스라엘 군대가 아이 성을 공격한 다음 도주하자 아이 성 사람들은 이스라엘 군을 추격했다. 적을 물리쳤으니 전리품만 거두면 된다고 믿고 있었다. 그들이 성문을 열어두고 성을 비운 사이에 매복해 있던 여호수아의 군대가 성을 점령했다.[46]

책략은 인간의 장기 중 하나인데, 이 사실은 다시 한 번 마음이론에 대해 생각하게 한다. 여호수아는 아이 성 사람들의 생각의 흐름을 상상할 수 있었기 때문에 그들이 어떻게 행동할지도 미루어 짐작할 수 있었다. 여호수아는 그들이 속을 거라고 생각했으며 이를 위해 복잡하고 치밀하게 계획을 세웠다. 여호수아가 지닌 또 하나의 결정적인 능력은 자신의 계획을 수하 장수들에게 전달할 수 있었던 커뮤니케이션 능력이었다.

여호수아가 대군을 지휘했다는 사실 때문에 그의 능력이 빛바래지는 않는다. 하지만 대군을 지휘한다는 것 일종의 인지적 업적이다.[47] 침팬지 무리의 구성원들에게 **우리**는 누군지 알아볼 수 있는 침팬지다. 낯선 침팬지는 자동으로 **그들**로 간주되는 것이다. 하지만 여호수아 시대에는 집단의 규모가 너무 커서 모든 구성원들이 구성원 모두를 안다는 것은 불가능했다. 집단은 일종의 개념 또는 발상이 되었다. 여호수아는 여리고 성 밖에서 한 낯선 사람을 만났을 때 그에게 "너는 우리를 위하느냐 우리의 적들을 위하느냐?"[48]라고 **물어봐야** 했다. 즉 "너는 **우리냐, 그들이냐?**"라는 질문이다. 적보다 더 큰 집단을 형성하는 능력은 인지적 발달에 의한 것이며 이것은 분명한 이득을 안겨 주었다. 여리고, 아이, 막게다, 립나, 라기스, 에글론이 서로 연합해서 여호수아에게 대항했다면 결과가 어땠을지 궁금해하는 사람도 있다. 하지만 이 도시들에 성벽이 둘러져 있던 데에는 분명한 이유가 있다. 성벽은 다른 도시로부터 시민을 지키는 수단이었던 것이다.

낯선 침팬지를 **우리**의 일원으로 받아들이는 것을 가능케 하는 인지적 도약은 하지 못한다고 해도 침팬지들은 우리 인류의 다른 여러 능력을 원시적인 형태로나마 갖고 있다. 심지어는 속임수도 사용한다. 제인 구달은 침팬지들이 자기가 원하는 것을 얻기 위하며 속임수를 사용하는 장면을 여러 번 목격했다. 예를 들어 피건과 바나나 사건이 있었다. 구달이 탄자니아에서 연구를 시작한 첫해에 그는 침팬지들을 유인하기 위해 바나나 상자를 캠프 앞마당에 놓아두곤 했다. 보통은 서열이 높은 수컷 침팬지들이 바나나를 독차지하기 때문에 구달은 암컷이나 어린 수컷에게도 바나나를 주기 위해 바나나 일부를 나무에 숨겨두었다. 어느 날 피건이라는 어린 침팬지가 서열이 높은 수컷 침팬지의 바로 위쪽 나뭇가지에 매달려 있는 바나나를 발견했다. 피건이 바나나를 따려고 나무를 올라간다면 높은 서열의 수컷 침팬지가 바나나를 뺏을 것이다. 피건은 바나나가 보이지 않는 곳으로 자리를 옮겨서 가만히 기다렸다. 그리고 서열이 높은 수컷 침팬지가 자리를 뜨자 피건은 곧바로 바나나를 차지했다. 피건은 욕망의 대상을 남이 볼 수 없는 곳으로 옮기고 시야를 가려 비밀을 노출하지 않을 수 있었다.[49]

침팬지는 자폐아와는 다르다. 침팬지들은 시선의 중요함을 알고 있다. 동물학자 프란스 드 발에 의하면 침팬지들은 같은 무리의 일원과 싸운 뒤에는 서로 입을 맞추며 화해하기 전에 반드시 눈을 맞춘다. "침팬지들은 눈을 마주치지 않는 상대방의 의도를 신뢰하지 않는 것으로 보인다."[50]

침팬지에게도 마음이론이 있을까? 대답하기 쉽지 않은 질문이다. 왜냐하면 마음이론이란 있거나 아예 없다고 선을 그을 수 있는 것이 아니기 때문이다. 인간 아이들은 태어난 직후 몇 년에 걸쳐 마음이론을 발달시킨다. 침팬지들에게도 마음이론이 있는지, 있다면 어느 정도인지는 논쟁적인 문제다.[51] 하지만 마음이론 부분에서 침팬지가 네 살 아이보다 못하다는 것은 확실하게 말할 수 있다. 이 점에 있어서 침팬지의 마음이론이 두 살 아이 정도인지 혹은 세 살 아이 정도인지를 따지는 것은 인간과 침팬지 사이에 실제적인 차이들이 존재한다는 사실만큼 중요한 문제는 아니다. 이 차이들은 선천적으로 이미 결정되어 있기 때문이다. 인간과 같은 환경에서 양육된 침팬지라고 할지라도 네 살 아이 정도로 상대의 심리를 읽는 능력을 결코 지니지 못한다.

침팬지로부터 우리가 갈라져 나온 600만 년 동안 우리는 사회적 모듈을 따로 획득한 게 아니다. 그것은 원래부터 우리가 가지고 있는 것이었다. 우리가 600만 년 동안 얻은 것은 우리의 사회적 모듈을 사용하는 새롭고 더 나은 방법이었다. 우리가 얻은 것은 대부분 집단생활에 적응한 결과물이었다. 언어를 예로 들어보자. 이야기할 누군가가 아무도 없다면 언어라는 게 무슨 쓸모가 있는가? 의사소통 능력은 사회 집단을 이루며 살아가는 동물들에게 있어 매우 소중한 능력이다. 꿀벌들도 서로에게 정보를 전달하기 위한 방법을 발달시켜 왔다. 구디가 부상당한 몸을 힘겹게 끌고 동료들에게 와서 "카사켈라 놈들이 오고 있어! 놈들이 오고 있다고!"라고 소리쳤다면 카하마 집단 침팬지들의 상황은 달라졌을 것이다. 그렇게 메시지를 전한다고 해서 구디 자신이 목숨을 구하는 건 아니지만 적어도 자신의 집단은 구할 수도 있었을 테니까.

인간의 뇌는 무엇보다 사회적 환경을 조율하는 도구다. 물리적 환경을 조정하는 것은 부차적인 일이다. 진화심리학자 린다 캐포렐Linnda Caporael은 우리는 불명확하거나 곤란한 대상을 처리할 때 활용하는 정형화된 스타일을 갖고 있다고 했다. 우리는 그러한 대상과 사회적 차원에서 관계 맺고자 하며, 그 대상을 인격화한다. 우리는 인간을 기계처럼 대하는 게 아니다. 오히려 기계를 인간처럼 대한다.[52] 우리는 자동차에게 "시동 좀 걸려라, 이 자식아!"라고 말하기도 하고, 컴퓨터가 우리에게 친절할 것이라고 기대한다. 그리고 이해하지도 못하고 통제할 여지조차 없는 난처한 상황을 겪을 때 우리는 그러한 현상을 신이나 자연 같은 독립체 때문이라고 하고 거기에 복수심이나 질투, 동정심 같은 인간의 사회적 동기들을 이입시킨다.

▶ 부모, 자녀, 그리고 진화

언어의 목적 가운데 하나는 문화를 전달하는 것인데, 양육가설에 따르면 문화는 부모에서 자녀에게로 전달된다. 하지만 우리가 앞장에서 보았듯 대부분의 문화권에서 부모는 말로만 자식을 가르치지 않는다. 자녀를 성공적으로 양육하는 데에 언어가 반드시 필요한 것은 아니다. 언어장애인 부모의 자녀들은 때로 수화를 배우지 않아서 부모들과의 의사소통이 아주 기초적인 수준에 머무른 채 성장하기도 하지만, 그런 경우에도 아이들은 문제없이 어른이 된다.[53] 포유류는 수백만 년간 언어의 도움을 받지 않고 아이를 양육해 왔다.

양육가설은 아이들이 하얀 백지 같은 뇌를 갖고 태어나며 부모들은 그 백지를 멋진 그림으로 채울 책임이 있다고 말한다. 아이들이 부모로부터 무언가를 배우는 것은 분명한 사실이다. 하지만 아이들이 부모로부터만 배우는 것은 아니다. 인간이 알아야 할 것의 대부분은 후천적으로 학습하는데, 몇 가지 진화론적 사실들은 부모가 학습을 독점하는 것이 말이 안 된다고 말하고 있다. 부모가 자녀에게 강한 영향을 미치는 것이 자녀에게는 장기적으로 최선의 이익이 되지 못한다고 보는 네 가지 이유를 살펴보자.

첫째, 행동유전학자 데이비드 로우가 지적했듯이 부모에게서만 배운다는 것은 자녀들이 공동체의 다른 구성원들로부터 쓸모 있고 혁신적인 변화를 수용하는 데에 방해가 된다.[54] 나이든 동물보다는 어린 동물이 유용하고 혁신적인 변화를 더 잘 생각해내기 때문에(이 점은 9장에서 다시 다룰 것이다) 연장자만이 아니라 또래에게 배우는 것이 자녀들에게는 이득이 된다. 또한 또래들로부터 학습한 것은 더 시의적절하며 당장의 상황에 더 적합할 것이다.

둘째, 다양성 때문이다. 부모가 자신과 완전히 동일한 2세를 창조하는 방법은 바로 자기 복제이며 실제로 어떤 동식물은 이런 방법으로 번식한다. 복제는 매우 효율적인 방법이다. 만약 노아가 방주에 동물들을 태울 때 자기 복제 방식으로 번식하는 동물들만 태웠더라면 노아의 할 일은 절반 이하로 줄었을 것이다. 종당 한 마리씩만 태우면 되니 말이다. 하지만 복제로 탄생한 2세들은 부모 세대와 완전히 똑같기 때문에 만일 그들 중에 어느 하나의 생명을 위협하는 것(예컨대 치명적인 미생물)이 있다면 그들 전체의 생명이 위험해질 것이다. 성관계를 통해 번식하면 후손의 형질이 다양해지므로(정자와 난자의 결합 각각이 고유한 유전자 조합을 만들어낸다) 고유한 개체가 생긴다. 이 방법으로 큰 생물들은 작은 생물들의 무리보다 한걸음 앞서갈 수 있었다. 후손이 다양하다는 건 다른 장점도 있다. 시간이 지나면서 새로운 환경에 더 잘 적응하는, 그래서 살아남을 수 있는 개체가 존재할 확률이 높아진다. 생존이 힘든 시기에는 한 생물종의 개체들이 살아갈 수 있는 생태적 틈새가 다양해진다. 좋을 때나 힘들 때나 마찬가지로, 생물 종의 다양성은 종 전체에게 다양한 기술과 넓은 지식 기반을 제공하여 종 전체에 기여한다.

노아의 방주에 탔던 다른 동물들과 마찬가지로 인간 역시 행동 특성의 많은 부분을 부모로부터 물려받는다. 만일 부모가 자녀들에게 유전적으로만이 아니라 환경적으로도 중요한 영향을 미친다면 아이들은 부모와 너무도 닮게 자랄 것이고 아이들끼리도 너무나 비슷할 것이다. 복제 인간이나 마찬가지인 것이다.

아이들이 부모에 의해 프로그램된다는 말이 진화의 이치에 맞지 않는 세 번째 이유는 아이들이 언제나 부모를 갖는 건 아니기 때문이다. 오늘날 우리는 아이들이 한부모 가정에서 자라나는 것을 염려하고 또 50년 전, 부모들이 짝을 지어 노아의 방주에 올라탄 것처럼 좋았던 시절과 현재를 비교하곤 한다. 하지만 과거로 거슬러 올라가면 부모가 모두 살아 있고, 아빠와 엄마가 한 명씩 있는 것은 아이들에게 전혀 당연한 일이 아니었다. 인류학자 나폴레옹 샤농Napoleon Chagnon의 연구에 의하면, 브라질과 베네수엘라 우림에서 사는 아마존 인디언 야노마모족에서 열 살이 된 아이들이 친부모와 함께 사는 경우는 겨우 3분의 1 정도였다. 야노마모족의 이혼율은 비교적 낮은 편이지만(샤농은 20퍼센트 정도 결혼이 깨진다고 추정한다), 사망률이 서구 가정에 비해 높기 때문일 것이다.[55] 부족사회에서 한 아이가 생존할 확률은 부모 둘 중 어느 한 쪽을 잃을 경우에는 낮아지지만 그렇다고 해서 결코 0으로 떨어지지는 않는다. 만일 아이가 배워야 하는 것들을 배우기 위해 부모를 꼭 필요로 한다면 과거 시대의 인간에게 있어 부모를 잃는다는 것은 곧 사형 선고였을 것이다.

마지막 이유는, 부모와 아이의 관심사가 서로 대립하기 때문이다. 진화생물학자 로버트 트리버스Robert Trivers는 부모들에게 가장 좋은 것이 아이들에게도 가장 좋으리라는 보장은 없다고 지적했다. 예를 들어, 젖떼기를 생각해보자. 엄마는 다음 아기를 준비하기 위해 지금의 아이가 젖을 떼기를 바라겠지만 아이는 최대한 더 젖을 먹고 싶어 한다. 뒤에 태어날 아기가 나랑 무슨 상관이냐! 트리버스는 아이들이 자기 동생이 태어난 뒤에는 다시 아기처럼 행동하곤 하는 이유가 바로 부모와 아이 간 이해의 충돌 때문이라고 설명한다. 이런 현상은 새끼 유인원이나 원숭이에게서도 나타난다. 부모는 식구들 중에서 가장 어리고 가장 약한 자식을 우선적으로 돌보기 때문에 자식 입장에서 아기처럼 행동한다는 것은 부모들에게 좀 더 관심을 달라고 호소하는 의사 표현이다. 이런 애처로운 쇼를 가장 그럴듯하게 해 보이는 자식이 먹이를 먼저 얻는다.

다른 측면에서도 부모의 관심은 아이의 관심과 부합하지 않을 수 있다. 부모는 딸이 오랫동안 자기들과 함께 살며 나이가 든 자신들을 돌봐주거나 딸이 조카들을 유모처럼 잘 키우거나 예단비를 많이 줄 부유한 남자에게 시집가기를 바랄지도 모른다. 딸 본인은 전혀 다른 생각을 가지고 있더라도 말이다. 트리버스는 자식에게 있어 가장 좋은 전략은 부모에게 좋은 아이라는 인상을 계속 주면서 한편으로 자신이 원하는 바를 계속 지켜내는 것이라고 결론짓는다.

> 자식은 자기가 관심 있는 일에 흥미를 보이지 않는 부모의 지도를 따를 수 없다. 혹자는 자식들이 다른 종류의 인간이 되는 동안 그 시기에 자기를 좌지우지하려는 부모들에게 저항하도록 프로그램되어 있다고 생각한다. 자녀가 제멋대로 행동하지 못하도록 조종하기 위해 부모가 독단적으로 강화(처벌과 보상) 시스템을 도입할 때, 자연 선택은 그러한 강화에 저항하는 자식의 편이다. 자식들은 처음엔 순순히 따르지만 그와 동시에 제멋대로 할 수 있는 방법을 찾는다.[56]

과학사가 프랭크 설로웨이가 지적했듯 많은 경우 부모와 자식들의 갈등은 자식들끼리의 갈등으로 귀착되는 경향이 있다. 아이들은 저마다 가정 자원을 자기 몫보다 더 많이 차지하기를 원하는 반면, 부모들은 자원이 최대한 적절하게 활용될 수 있도록 분배하려고 한다. 그러므로 설로웨이에 의하면 형제자매란 생존을 위한 다윈식 투쟁에서 벗어날 수 없는 태생적 라이벌이다. 설로웨이가 생각하는 형제의 모델은 파란발가마우지 같은 것이다. 이 파란발가마우지의 새끼 중에서 가장 큰 녀석은 부모의 관심을 받기 위한 경쟁률을 낮추기 위해 덩치가 가장 작은 녀석을 쪼아서 죽인다.[57]

하지만 파란발가마우지는 우리와 너무 멀다. 더 유용한 모델은 우리와 닮았고 친척인 침팬지일 것이다. 제인 구달이 연구한 바에 의하면 같은 어미에게서 5~6년 차이를 두고 태어난(침팬지들은 보통 이 정도 터울로 새 끼를 낳는다) 두 형제 침팬지들은 어릴 때에는 놀이 상대이며 어른이 된 후 에는 아군이 되어준다. 동생이 아직 조그마할 때 형은 동생에게 친절하 게 대하며 동생을 보호하려고 한다. 나이가 들수록 둘 사이의 놀이는 점 차 격해지고 언젠가 동생이 형의 주도권에 도전하는 시기가 올 수도 있 지만 일단 어떤 식으로든 그 갈등이 해결되면 둘은 다시 예전처럼 사이 좋게 지낼 것이다. 형제들 중에서 누군가가 다른 수컷과 서열 다툼을 할 때에 다른 형제들이 도와주기 때문에 이러한 형제들 간의 우호적 관계 는 침팬지 사회에서 매우 중요하다. "너 자꾸 이러면 형한테 일러버릴 거 야"는 영장류들 사이에서는 썩 괜찮은 협박이다.[58]

켈로그 부부가 침팬지를 "문명화된 환경"에서 키우는 실험을 설계했 을 때 자기들이 침팬지에게 어울리지 않는 환경에다 구아를 던져놓았다 는 걸 알고 있었다. 하지만 켈로그 부부의 생각이 미치지 못했던 건, 도 널드도 구아와 마찬가지라는 사실이었다. 도널드와 구아는 둘 다 예쁘게 도배된 벽과 화장실이 딸린 인디애나의 주택이 아니라 아프리카의 평야 와 숲 속에서 생활하도록 디자인되어 있었다. 리모콘을 두고 싸우는 우 리 아이들을 보며 고대 원시인의 본성을 아주 살짝 엿보았다고 생각한다 면 우린 단단히 착각을 하고 있는 셈이다.

우리 조상들은 지난 600만 년의 긴 시간에 걸쳐(마지막 약간의 시간만 제 외하면) 작은 무리를 지어 이곳저곳 떠돌아다니면서 수렵채집 생활을 해 왔다. 그들은 위험한 자연 환경을 극복하면서 생존해 왔지만 가장 큰 적 은 무엇보다 이웃 집단이었다. 수렵채집 생활을 하는 아이들의 생명은 자기 부모들이 아니라 자기 집단의 생존에 달려 있었다. 왜냐하면 부모 가 죽더라도 자기 집단이 생존해 있다면 아이들은 여전히 살아남을 가능 성이 있기 때문이다. 아이들이 바라는 최고의 성공은 최대한 빠르고 확 고하게 집단 구성원으로서의 가치를 인정받는 것이다. 아이가 일단 젖을 떼면 그때부터 아이는 부모에게만이 아니라 자기 집단에 속한다. 아이의 미래에 대한 전망은 부모의 사랑을 받는가가 아닌 집단의 다른 구성원들, 곧 같은 세대에 속해 남은 삶을 함께 보내게 될 또래들과 잘 지내는가에 따라 결정된다.

현대를 살고 있는 아이들의 마음은 지난 600만 년에 걸친 진화의 역사가 낳은 산물이다. 다음 장에서 여러분은 이러한 진화의 산물이 아이들의 사회 행동에서 어떻게 드러나는지 보게 될 것이다.

7. 우리 대 그들

1954년에 출간되어 노벨 문학상을 수상한 윌리엄 골딩William Golding의 소설 『파리 대왕Lord of the Flies』은 열대 지방의 무인도에 고립된 영국 소년들에 대한 이야기다. 아이들은 무인도에서 무엇이든 마음먹은 대로 할 수 있었다. 기후는 온화했고 식량도 풍부했다. 잔소리 하는 어른도, 숙제도 없었다. 하지만 아이들이 즐겁고 행복한 시간을 보냈는가 하면 그렇지 않았다. 뒤로 묶을 수 있을 만큼 머리가 길게 자랐을 즈음, 아이들은 서로를 죽이기 시작했다.[1]

내가 앞 장에서 피비린내 나는 인류와 인류 이전 이야기를 그려낸 탓에, 독자들은 아마도 내가 윌리엄 골딩이 그린 문명 없는 인류의 모습에 공감하리라 짐작할지도 모르겠다. 하지만 그렇지 않다. 내가 보기에 윌리엄 골딩은 완전히 틀렸다.

사실 윌리엄 골딩의 책에는 심리학적 측면을 포함해 오류가 매우 많다. 우선, 윌리엄 골딩은 소년들이 피기라는 아이의 안경으로 불을 붙이는 장면을 묘사한다. 불을 붙이려면 원시 교정용 볼록렌즈가 필요한데 피기는 근시였다. 또 나이가 적은 소년들은 형들이 하는 일에 무관심하고 하루 종일 자기들끼리 노는 것으로 묘사되지만, 사실 어린아이들은 자기보다 나이가 많은 아이들의 행동에 관심이 있고 자기를 함부로 대하더라도 형들을 따르곤 한다.[2] 그리고 그는 피기가 섬에서 몇 달간 생활한 후에도 계속해서 하류 계층의 억양으로(이런 종류의 취약점을 가진 아이는 피기가 유일했다) 말했다고 묘사하는데, 실제 상황에서 그 정도의 시간이 지나면 아이들은 동료들의 말투를 충분히 익힌다.

월리엄 골딩이 잘못 짚은 내용 중 가장 중요한 것은 아이들이 서로를 죽이기 시작한 방식에 있다. 아이들이 서로를 죽이기 시작했다는 **사실**이 아니라, 그 일이 일어난 정황이 잘못되었다는 것이다. 소년들의 무리에는 랄프와 잭이라는 두 사람의 대장이 있었다. 골딩의 투박한 상징법을 분석해 보면 랄프는 법과 질서를 대변하고 잭은 야만성과 혼란을 대변한다. 아이들은 하나씩 잭의 편으로 넘어가고 랄프 편에는 피기와 사이먼이라는 이상한 소년만 남는다. 사이먼이 먼저 죽임을 당하고 그 뒤에 피기가 죽는다. 그리고 아이들이 연이어 랄프를 죽이려고 달려들 때 어른들이 무인도에 도착한다. 아주 아슬아슬한 순간이었다.

이 작품의 플롯에 이의를 제기한 것은 내가 처음이 아니다. 1970년대에 이미 애슐리 몬태규(앞 장에서 그의 반전, 반본능적 시각을 간단히 다루었다)가 『파리 대왕』의 비현실성을 비판했다. 그는 멜라네시아의 아이들 예닐곱 명이 섬에 몇 달간 고립된 상태로 문제없이 잘 지냈던 실제 사례를 인용한다.[3] 만일 『파리 대왕』을 몬태규의 버전으로 쓴다면, 무인도에 도착한 어른들이 아이들에게 하는 말은 "너희들 모두 영국인이지? 내 생각에 영국 소년이라면 말이야, 그보다는 더 나은 행동을 보여 주었어야 해"[4]가 아니라, "녀석들, 잘 지내고 있었구나!"가 될 것이다.

하지만 잘못 짚은 것은 몬태규도 마찬가지다. 우선 멜라네시아 아이들의 사례와 『파리 대왕』을 비교하는 것은 문제가 있다. 멜라네시아 아이들은 이미 어릴 때부터 알고 지내온 사이였고—짐작컨대 혈연관계였을 것이다—그 수도 예닐곱 정도였다. 내가 계산하기로 골딩의 섬에 있던 소년은 이삼십 명 정도였고 그들 중 상당수는 이전까지 서로 모르던 사이였다.

만일 당신이 어떤 섬에 있고 주위에 예전부터 알던 사람들과 낯선 사람들이 있다면 당신은 아마도 익숙한 사람들과 가까이 지내게 될 것이다. 그러나 골딩의 소설에서는 서로 알던 아이들이—섬으로 오기 전에 같은 학교의 합창단원이었고 잭은 그 합창단의 리더였다—갑자기 흩어지고 그 일부는 랄프의 추종자가 되기도 했다.

실제로 이런 일은 벌어지지 않는다. 잭이 리더였던 합창단의 구성원들은 잭을 중심으로 뭉치고 그 외의 아이들이 랄프를 따른다거나, 혹은 명문 사립학교 아이들이 공립학교 아이들과 자신을 구분 짓거나 하는 방식으로 두 집단이 형성될 것이다. 이는 전쟁의 필수불가결한 선행 조건이며, 결국 아이들은 서로 싸움을 벌이고 심하면 서로를 죽일 수도 있었을 것이다. 하지만 그것은 집단이 개인을 공격하는 식이 아니라 집단과 집단 간의 분쟁으로 나타났을 것이다.

골딩은 영국 철학자 토머스 홉스Thomas Hobbes처럼 문명 이전의 인간 사회는 약육강식의 원리가 지배하는 세계였을 것이라고 믿는다. 모두가 제 것만 챙기고 뒤처지는 자는 악마가 잡아먹는 세계 말이다. 한편 몬태규는 프랑스 철학자 장 자크 루소처럼 문명 이전의 삶이 마치 오늘날의 히피 공동체와 유사했을 것이라 생각한다. 모두가 일거리와 식량을 나누며 오래오래 꽃향기를 맡으며 지내는 곳. 하지만 내가 보기에는 네 사람 모두 틀렸다.

문제를 제대로 본 인물로는 찰스 다윈을 들 수 있겠다. 그는 "영역을 접하고 있는 부족들은 거의 항상 전쟁을 벌인다"고 말하는 한편, "야생의 인간은 같은 집단에 속한 개체들의 생명을 지키기 위해 자기 생명을 버리기도 한다"고 말한다. "사회적 본능은 결코 같은 종의 **모든** 개체에까지 확대되지 않는다."[5] 당신이 인간을 잔인하거나 선하다고, 이기적이거나 희생적이라고 판단하는 것은, 자기 집단 구성원에 대한 행동을 관찰하느냐 다른 집단 구성원에 대한 행동을 관찰하느냐에 좌우된다.

▶ 로버스 동굴 실험

이삼십 명의 아이들을 야생 상태에 던져 놓고 자기들끼리 알아서 살도록 내버려둔다면 과연 **실제로** 어떤 일이 벌어질까? 1954년(『파리 대왕』이 출판된 해) 오클라호마 대학교 연구팀이 그 답을 찾아보기로 했다. 연구팀은 사전에 치밀하게 실험 계획을 세웠고, 실험의 방향은 집단 관계에 관한 연구였다.[6]

정확히 22명으로 이루어진 연구 참여자들은 최대한 유사성을 가지도록 의도적으로 선별되었다. 모두 개신교 가정에서 자란 열한 살의 백인 남자아이였고, 지능지수는 평균에서 평균 이상 범위에 있었으며 학교 성적도 마찬가지였다. 안경을 쓴 아이도, 뚱뚱한 아이도 없었다. 그전까지 어떤 문제를 일으킨 적도 없었고, 모두 오클라호마에 살았기 때문에 같은 억양을 사용했다. 그리고 모든 아이들이 오클라호마 시의 각각 다른 학교에서 모였기 때문에 실험 시작 전에는 서로 전혀 알지 못하던 상태였다.

이렇게 서로 간의 차이가 최소화된 스물두 명의 아이들은 열한 명씩 두 집단으로 나뉘었다. 그리고 각 집단은 오클라호마 남동부의 산악지대에 위치한 로버스 동굴 주립공원의 보이스카우트 캠프로 따로따로 도착했다.

아이들은 모두 3주간의 여름 캠프에 온 것이라 믿고 있었으며 실제로도 그러했다. 아이들이 캠프에서 경험한 것은 여느 캠프에서의 경험과 크게 다르지 않았다. 아이들의 "지도교사"들은 자신이 연구원이라는 사실을 숨기고 아이들의 말과 행동을 관찰하고 기록했다.

"방울뱀 팀"과 "독수리 팀"—아이들이 직접 정한 이름이었다—은 처음에는 서로의 존재를 전혀 모르고 있었다. 그들은 각기 다른 버스를 타고 왔고, 같은 식당에서 식사를 했지만 식사 시간이 다르게 배정되어 있었다. 숙소도 캠프장의 서로 다른 장소에 위치해 있었다. 연구팀의 애초 계획은 각 팀의 아이들이 첫 일주일 동안은 캠프 안에 자기들만 있다고 생각하게 하고, 이후 상대 팀의 존재를 알리며 둘을 경쟁 관계에 놓은 뒤 결과를 확인하는 것이었다. 그리고 그들은 경쟁이 적대감으로 이어질 것을 예상했다. 하지만 아이들은 연구팀의 예상을 앞질렀다. 두 팀이 직접 마주치기도 전에 적대감이 벌써 나타나고 만 것이다. 방울뱀 팀은 멀리서 독수리 팀이 노는 소리를 듣는 즉시 상대 팀을 "내쫓으려" 했다.[7] 아이들은 상대 팀과 한판 붙어볼 생각에 가만히 있지 못했고(경쟁을 제안한 것은 어른들이 아니라 아이들 쪽이었다) 결국 연구팀은 실험 일정을 차근차근 밟아 나가는 데 어려움을 겪게 되었다. 실험 1단계의 목적은 **집단 내에서의** 행동을 관찰하는 것이기에 집단 간 경쟁 관계는 실험 2단계 이전에 나타나면 안 되는 것이었다.

2단계에 예정된 행사는 아이들이 보통 여름 캠프에서 하는 일반적인 활동들이었다. 두 팀은 상을 놓고 야구나 줄다리기, 보물찾기 같은 놀이를 하며 경쟁을 벌인다. 그리고 지도교사들은 정체를 감추고 필요한 경우가 아니면 아이들 일에 관여하지 않는다는 점만 빼고는 진짜 지도교사 같이 행동했다. 대격돌은 생각보다 빨리 일어났다. 방울뱀 팀과 독수리 팀은 첫 공식적 만남(야구 경기) 때부터 욕설을 주고받았다. 경기가 시작되기 전 방울뱀 팀은 야구장의 백스톱에 자기 팀 깃발을 꽂았는데—이는 야구장을 "자기들의" 홈 구장으로 생각했음을 보여 준다—야구가 끝난 뒤 경기에서 진 독수리 팀 아이들이 깃발을 끌어내리고 찢어서 불태워버렸다. 그 광경을 본 방울뱀 팀은 격분해서 독수리 팀에게 달려들었고 가만히 관찰만 하던 지도교사들은 이들의 패싸움을 말려야만 했다.

상황은 점점 악화되었다. 독수리 팀이 줄다리기에서 승리하자 방울뱀 팀은 한밤중에 독수리 팀의 숙소를 덮쳤다. 그들은 침대를 뒤집고 모기장을 찢고 물건을 훔쳐왔으며, 훔쳐온 청바지로는 자기 팀의 새로운 깃발을 만들었다. 이에 독수리 팀은 대담하게도 낮 시간에 방울뱀 팀의 숙소를 덮쳐 보복했다. 독수리 팀 아이들은 그 시간에 방울뱀 팀원과 마주치리라 생각하지 않으면서도 만약의 경우를 대비해 야구방망이와 나무막대기를 챙겼다. 그리고 숙소에 돌아온 뒤에도 방울뱀 팀이 다시 급습할 것을 대비해 양말에 돌멩이를 채우고 따로 돌멩이 한 통을 준비했다. 아이들은 **전쟁놀이**를 하고 있는 것이 아니었다. 아주 짧은 시간 안에 그들은 욕을 하는 정도에서 야구방망이와 돌멩이를 준비할 정도까지 나아갔다.

2단계 연구를 마치고 3단계로 넘어가게 되었을 때 연구팀이 내심 얼마나 안도감을 느꼈을지는 쉽게 상상할 수 있을 것이다. 연구 3단계는 두 집단 간 적대심을 없애고 다시 하나의 평화로운 집단으로 연합시키는 일이었다. 하지만 이미 갈라진 이들을 하나로 묶는 것은 서로를 갈라놓기보다 훨씬 어려운 일이다. 처음에 연구팀은 두 팀을 경쟁적이지 않은 환경에서 생활하게 해보았지만 반목은 전혀 줄어들지 않았다. 두 팀의 아이들은 같이 밥을 먹을 때도 싸움을 벌여 식당을 난장판으로 만들어버렸다. 결국 "초월적 목표", 즉 각 집단이 따로 해결할 수 없는 공통의 적을 창조할 필요가 생겼다.

연구팀은 그러한 상황을 교묘하게 만들어냈다. 그들은 아이들에게 캠프장 수도 시설에 문제가 생겼고 아마도 숲에 사는 어떤 야만인들(외부인)이 한 짓 같다고 이야기했다. 그래서 캠프장의 수도관 전부를 검사해야 했는데 이 일을 하려면 양쪽 팀 아이들이 모두 필요했다. 보급 차량도 고장이 났는지 시동이 걸리지 않아, 차를 오르막 방향으로 밀기 위해 모든 아이가 힘을 모아야 했다. 또한 연구팀은 아이들을 익숙한 (두 팀이 싸움을 벌이던) 캠프장을 떠나 호숫가의 새로운 캠프장으로 데리고 갔다. 그렇게 실험 2단계에서 걷잡을 수 없이 번지던 두 팀 간의 전쟁은 상당히 누그러졌다. 그러나 방울뱀 팀 아이가 우연히 독수리 팀 아이의 발을 밟기라도 했다면, 혹은 독수리 팀 아이가 방울뱀 팀의 음료수통을 무심코 쓰러뜨리기라도 했다면 두 팀 사이의 평화협정은 즉시 깨졌을 것이다.

▶ 집단성의 특징

로버스 동굴 실험을 지휘한 사회심리학자 무자퍼 셰리프Muzafer Sherif는 이 연구로 노벨상을 받지는 못했지만—심리학이나 사회학 분야에는 노벨상이 없다—그의 연구는 오늘까지도 심리학과 사회학 교재에 널리 인용되고 있다. 그러나 이 실험은 결코 반복되지 않았는데, 한편으로는 너무 위험하고 또 한편으로는 반복할 필요가 없기 때문이었다. 셰리프의 연구는 연구팀이 밝히고자 했던 것을 아주 명확하고 설득력 있게 드러내 보였다. 아이들을 모아 집단을 구성하고 집단 정체성을 형성할 시간을 준 뒤, 그들이 "우리 것"이라고 생각하는 영역에 권리를 행사하려 하는 다른 집단이 존재한다는 사실을 알려주면, 그 필연적 결과는 집단 간의 적대감이다.

하지만 후속 연구가 필요한 부분도 있었다. 예를 들어, 아이들이 집단 정체성을 형성할 충분한 시간이 없다면 어떻게 될까? 집단들이 서로 권리를 주장하며 다툴 땅이 없다면? 오클라호마 남동부 산악지대에서 셰리프와 동료들은, 돌멩이를 넣은 양말은 말할 것도 없고 뱀과 모기, 덩굴옻나무 같은 것과도 싸워야 했다. 하지만 이후의 연구들은 안전하고 편안한 실험실에서 이루어졌다.

사회심리학자 헨리 타지펠Henry Tajfel의 실험에는 영국 브리스톨의 한 학교에 다니는 14~15세 남자아이들이 참가했다. 이미 서로 알던 사이인 그들은 타지펠의 실험실에서 여덟 명 규모의 집단으로 나뉘어 "시각적 판단력 검사"(화면에 여러 개의 점들을 비춘 후 연구 참여자들이 그 점의 개수를 짐작하여 대답하는 것)에 응했다. 이 과제가 끝난 뒤에는 아이들에게 일부는 점의 개수를 실제보다 많게 대답했고 일부는 적게 대답했다고 말해 주었다. 그리고 아이들의 답지를 형식적으로 확인한 후 한 명씩 방으로 데려가, 그가 실제보다 많게 대답했는지 적게 대답했는지를 알려주었다. 사실 이 과대평가자와 과소평가자의 구분은 완전히 임의적이었다. 아이들이 이 검사를 어떻게 수행했는지는 아무 상관이 없었고, 그저 절반의 연구 참여자에게는 실제보다 많게 대답했다고 알려주고 나머지 절반에게는 실제보다 적게 대답했다고 알려준 것이다.

진짜 실험은 아이들에게 가짜 정보를 전달한 직후에 이루어졌다. 연구팀은 아이들을 한 명씩 좁은 공간에 들여보낸 후 "사례금 청구서"를 작성하게 했다. 아이들은 실험에 참가한 대가로 친구들이 얼마의 사례금을 받아야 할지 정해달라는 질문을 받았는데, 친구들은 단지 번호와 소속 집단으로만 표기되었다. 예컨대 과대평가자 집단에 속하게 된 아이가 과대평가자 집단 61번과 과소평가자 집단 74번에게 줄 적당한 사례금 액수를 선택지에 표시하는 것이다. 아이가 어떤 대답을 하든지 자신이 받을 사례금에는 영향을 미치지 않는다(이 사실은 선택지에 분명하게 명시되었다).

아이들은 어떤 친구가 어느 집단에 속했는지, 자기가 사례금을 결정하고 있는 대상이 누구인지 전혀 알지 못했다. 그럼에도 불구하고 아이들은 다른 집단보다는 자기와 같은 집단에 속한 아이에게 더 많은 사례금을 배당했다. 같은 집단의 구성원에게는 돈을 **더 주고** 다른 집단 구성원에게는 돈을 **덜 주려는** 동기가 작용한 듯 보였다.

이 실험은 타지펠이 말하는 "집단성groupness"을 형성하는 데 필요한 조건이 매우 적다는 사실을 보여 준다. 같은 집단 동료와 우정을 나눈 시간이나 다른 집단 구성원과의 갈등 같은 것 없이도 집단성이 발생한다. 서로 차지하려고 다툴 영역 같은 것도, 외모나 행동의 차이도 불필요하다. 누가 우리 집단의 구성원인지 알 필요도 없다. 타지펠은 이렇게 결론짓는다. "집단이 나뉘었다는 단순한 사실만으로도 차별적 행동을 촉발할 수 있다는 점이 명백하다."[8]

사람들은 연구자의 개입 없이도 단지 눈빛만으로 집단을 만들 수 있다. 로버스 동굴 캠프장으로 가던 방울뱀 팀 버스가 예정보다 약간 늦게 도착하게 된 승차 장소가 있었는데, 그곳에서 30분 정도 버스를 함께 기다리던 아이들 넷은 버스가 도착할 무렵 이미 유대 의식을 형성하고 있었다. 그들은 버스에서도 같이 앉아 "우리 남쪽 동네 아이들"끼리 캠프장에서 뭉쳐 다닐 수 있는지 궁금해했다. 이 네 명의 아이들은 며칠간 캠프장에서 방울뱀 팀과 여러 경험—진짜 방울뱀을 만난다든지 힘을 합쳐 텐트를 세운다든지—을 공유한 뒤에야 다른 아이들과 어우러질 수 있었다.[9]

『파리 대왕』 앞부분에는 잭이 이끄는 합창단이 대형을 이루어 행진하는 모습이 등장하는데, 아이들은 모두 "은색 배지가 달린 검은색 사각 모자"를 쓰고 있었다.[10] 비행기 사고로 무인도에 도착하기 전에 아이들은 모두 고급 기숙학교에 다니고 있었다. 당시(1950년대) 기숙학교에 다니는 영국 아이들 대부분이 상류층 자제들이었는데, 억양과 학교 넥타이, 모자 등으로 서로를 알아보고 일반 공립학교에 다니는 아이들을 무시했다.[11] 하지만 골딩의 소설에 등장하는 아이들은 이런 계층에 따라 나뉘지 않았다. 같은 학교에 다녔던 아이들이 흩어지고, 섬에 도착하기 전의 모든 자취들은 무의미해졌다. 같은 합창단에서 노래했던 아이들이 다른 노래는 함께 부르지 않았다.

방울뱀 팀과 독수리 팀 아이들은 캠프에 도착하기 전의 삶을 잊지 않고 있었다. 그들은 모두 기독교 가정에서 자랐으며 로버스 동굴 캠프장에서도 두 집단 모두 식사 전에 감사기도를 하기로 결정했다. 두 팀이 적대 관계에 있었음에도 방울뱀 팀이 야구에서 이겼을 때 상대 팀을 위해 응원의 함성을 세 번 외쳐주었는데,[12] 패자에게 응원을 외치는 것은 오클라호마 지방 학교들의 전통이었다. 새로운 집단이 형성될 때 구성원들은 자기들이 공통으로 가진 것을 찾아 보존하려는 경향이 있다.

소설가가 사회심리학을 알아야 할 필요는 없지만, 인간 행동을 제대로 관찰할 필요는 있다. 하지만 골딩은 그렇지 못했다. 나는 지금 집단 폭력mob violence 같은 것이 없다고 말하는 것이 아니다. 패거리는 때로 개인을 공격하거나 죽이기도 하며 보통 희생자는 **그들** 중 일원으로 보일 때가 많다. 물론 집단 안에서 권력 다툼도 있고 약한 사람을 괴롭히는 일도 일어나지만, 이런 집단 내부의 갈등은 자기 집단을 위협하는 다른 집단이 지평선 위로 떠오르는 순간 덮여버린다. 골딩의 소설에서 실제로 벌어진 일은 다음과 같았을 것이다. 우선 아이들은 두 집단으로 나뉘고, 각 집단 내부는 앞서 언급한 멜라네시아 아이들과 비슷했을 것이다. 그리고 두 집단 간에는 방울뱀 팀과 독수리 팀의 경우와 비슷한 일이 일어났을 것이다. 극단적 상황으로 치달을 때 개입할 지도교사가 없다는 사실만 빼고 말이다.

▶ 세계 나누기

언어학자 S. I. 하야카와Hayakawa는 "어떤 대상을 이름 지을 때 우리는 그 대상을 분류한다"고 말했다.[13] 사람이나 사물을 명명하고naming, 분류하고classifying, 범주화하고categorizing, 구획하고pigeonholing, 나누는dividing 등 무엇으로 부르든 우리는 이 같은 일들을 늘 수행한다. 우리의 뇌가 그렇게 되어 있기 때문이다. 만일 우리가 각각의 사물, 동물, 사람 하나하나를 다루는 법을 개별적으로 배워야 한다면 그것은 매우 비효율적인 일이다. 그래서 우리는 이들을(예를 들면, '자동차' '소' '정치인') 어떤 범주 안에 집어넣고, 범주 안의 어떤 개체에 대해 가진 지식을 같은 범주 안의 다른 개체에 적용한다. 일본계 미국인으로 훗날 정계에 입문했던 하야카와는 범주화의 위험성을 힘들여 지적하고 있다. "소1은 소2가 아니다. 정치인1도 정치인2가 아니다."[14]

하야카와는 워프의 가설Whorfian hypothesis을 믿는 사람이었다. 그 가설에 의하면 우리가 세상을 범주로 나누는 방식은 완전히 자의적이며, 각 범주에 이름을 붙이는 순간 뇌는 대상들을 특정 방식으로 구획하기 시작한다. 이 이론에는 어느 정도 설득력이 있다. 헨리 타지펠이 브리스톨의 한 아이에게 "너는 과대평가를 했어"라고 말하는 순간 아이의 마음속에는 연구실에 오기 전에는 없었던 하나의 범주가 자리 잡은 것이다.

하지만 심리학의 많은 "법칙"들이 그렇듯 워프의 가설도 모든 사람에게 항상 적용되는 것은 아니다. 보통 우리가 세상을 범주에 따라 나누는 방식은 결코 자의적이지 않다.[15] 이는 범주의 경계가 분명한 경우는 물론이고 경계가 불분명한 경우도 마찬가지다. 낮과 밤의 정확한 시작과 끝이 언제인지는 알기 힘들지만 그럼에도 **낮**과 **밤** 범주는 실제의 낮과 밤만큼이나 분명한 차이가 있다. 아이들은 시간을 낮과 밤으로 구분하는 법을 매우 쉽고 빠르게 학습하고, 그에 맞는 단어를 적절하게 사용한다. 미국 아이들은 24시간을 a.m.과 p.m.으로 모호함 없이 절반으로 나눌 수 있다는 사실을 배우는 데 수년이 걸린다. a.m.과 p.m.의 구별은 매우 인위적이고 그다지 설득력도 없는 반면, 낮과 밤 구별은 각 범주를 나타낼 단어가 없는 상태에서도 충분히 인지 가능하다.

워프의 가설은 아기나 동물이 범주를 나타낼 언어를 갖지 못했기 때문에 구획하기도 불가능하다고 예상한다. 하지만 이런 가정은 잘못된 것으로 밝혀졌다. 구획하기pigeonholing는 비둘기pigeon도 할 수 있는 간단한 일이다. 실제로 비둘기의 구획 기술을 평가하는 검사가 실시된 적이 있는데, 이 검사에서 비둘기들은 모두 합격점을 받았다.[16] 소 그림을 볼 때와 자동차 그림을 볼 때 각기 다른 버튼을 누르도록 훈련 받은 비둘기들이, 앞서 보여 준 적 없는 소와 자동차를 보여 주어도 여전히 각기 다른 버튼을 누른 것이다.*

범주를 만드는 것은 언어가 아닌 개념이다. 올바른 버튼을 누르기 위해 비둘기는 소가 무엇인지에 대한 개념을 형성하며, 이후 난생 처음 보는 그림을 대할 때 그것과 소의 개념이 일치하는지 여부를 판단한다. 소의 개념을 형성하기 위해 비둘기가 소라는 단어를 알 필요는 없는 것이다. 생후 3개월 된 아기들도 범주화를 할 수 있다. 즉 개념을 형성할 수 있는 것이다. 스위스의 유명한 발달심리학자 장 피아제Jean Piaget는 아기가 범주화를 할 수 없다고 보았지만 그는 틀렸다. 아이의 능력을 판단하는 데 그는 과소평가자였다.[17]

피아제 이후 세대인 우리는 아기의 개념 형성 능력을 어떻게 확인할 수 있을까? 비둘기에게 실시했던 버튼 누르는 실험 대신, 아기들을 지루하게 하는 방법이 있다. 아기들은 쉽게 지루해하기 때문에 계속해서 소 그림을 보여 주면 아기들은 금방 그림에 흥미를 잃는다. 그러다가 말의 그림을 보여 주면 아기들은 갑자기 다시 흥미를 나타낸다. 이런 방식으로 우리는 아기가 소와 말의 차이를 분간할 수 있음을 알게 된다.

좀 더 다양한 방법을 시도해 보면 단어를 이해하기에 아직 어린 아기들도 고양이와 사자, 자동차와 비행기, 남자와 여자의 차이를 이해하고 있음을 알게 된다. 아기들이 어른과 아이의 차이를 이해한다는 사실을 증명하는 또 다른 근거가 있다. 태어난 지 6개월 쯤 된 아기들은 낯선 어른을 보면 겁을 내지만 낯선 아이를 보면 무죄추정의 원칙을 적용한다. 아기들은 또한 어른과 아이의 외양적 크기만이 아니라 얼굴 특징에도 반응한다. 아이의 몸집과 어른 얼굴을 합성한 사진을 보여 주면 아기들은 매우 놀라며 즐거워할 것이다.[18]

아기들은 채 한 살이 되기 전에 이미 사람을 범주화하는 세 가지 주

---

* 정치인 사진으로는 검사가 실시되지 않았을 것이다. 정치인의 동상이면 충분하지 않았을까 싶다.

요 기준[19] 가운데 두 가지(젠더와 나이)를 익힌다. 나머지 하나는 인종인데 아이가 인종을 구별하기까지는 더 많은 시간이 필요하다. 사실 인종이란 경계가 임의적으로 정해지는 모호한 개념이며, 반 친구를 쳐다보는 것만으로 그가 어떤 인종인지를 반드시 알 수 있는 것은 아니다(어른도 마찬가지다). 때로 인종을 알아내는 확실한 방법은 직접 물어보는 것이지만, 그렇게 보자면 젠더를 파악하는 방법도 마찬가지다.

자의적이든 아니든 범주화는 예측의 효과가 있으며 바로 이 점이 S. I. 하야카와가 우려한 점이다. 그는 자신을 3인칭으로 설정하여 범주화에 대한 불만을 다음과 같이 표출하고 있다.

> 그 작가는 잠깐의 해외여행을 제외하면 평생을 캐나다와 미국에서 보냈다. 그의 일본어는 매우 형편없어서 어휘력은 아이들 수준이고 영어 억양도 강하다. 일본어로 읽거나 쓰기는 불가능하다. 그런데도 범주화가 무의식적으로 영향을 미치는지 사람들은 때때로 그가 "동양적 사고방식"을 갖고 있다고 여긴다(또는 비난한다).[20]

▶ 대조와 동화

하야카와의 신경을 거스른 건 그가 "동양적"이라고 규정되었다는 사실 자체보다(당시 동양적이라는 말은 긍정적인 의미였다), 사람들이 그 범주에 속한 이들에게 귀속되는 모든 특징을 하야카와도 지녔으리라 기대한다는 사실이었다. 이는 범주화의 여러 결과들 중 하나다. 즉, 같은 범주 **내의** 개체들이 실제보다 더 닮아 보이도록 하는 것이다. 동시에 범주화는 서로 **다른** 범주에 속한 개체들이 실제보다 더 달라 보이게 한다.[21]

분류되는 항목이 반드시 사람일 필요는 없다. 반려동물 내에서 중요한 두 범주인 **개**와 **고양이**의 경우를 예로 들어보자. "개"라는 범주는 개는 대부분 갖고 있지만 고양이에게는 없는 특징을 떠올리고, 마찬가지로 "고양이" 범주는 고양이에게는 대부분 있지만 개에게는 없는 특징을 떠올린다. 우리 머릿속에는 혀를 내밀고 꼬리를 흔들고 공놀이를 좋아하는 등의 개에 관한 전형적인 이미지가 있으며, 전형적인 고양이에 대해서는 깔끔하고 도도한 이미지를 갖고 있다. 만일 강아지 쇼에 가서 폭스하운드, 푸들, 콜리, 치와와, 불테리어 등 여러 종의 개를 본다면 당신은 개가 외양적으로나 기질적으로 얼마나 다양한지를 실감할 것이다. 그러나 **개**와 **고양이**라는 범주가 주어지면 우리는 곧 개들이 기본적으로는 서로 닮았다고 여기고 개와 고양이를 구별하는 특징들을 떠올린다. 두 범주가 나란히 있을 경우 둘의 차이를 실제보다 크게 여기는 경향이 바로 사회심리학자들이 말하는 **집단대조 효과**group contrast effect의 내용이다.

집단대조 효과를 만들고 싶다면 사람들을 집단으로 나누는 것만으로도 충분하다. 집단들은 자동적으로 자기가 남과 다르다고 생각하게 되며, 그 결과 집단 간의 사소한 차이가 점점 더 커지게 된다. 흥미로운 것은 두 집단이 처음에는 매우 유사한 경우인데, 이 경우 두 집단 사이에 아무 차이가 없더라도 스스로 차이를 만들어낸다.[22] 로버스 동굴 캠프의 참가자는 애초부터 연구팀의 의도에 의해 최대한 비슷한 아이들로 선별되었지만, 두 팀은 서로 달라지려고 애쓰기 시작했다. 아이들은 캠프에 올 때 가지고 있던 여러 특징들, 예컨대 공통의 종교적 배경이나 남자아이들이 자기들끼리 흔히 사용하는 욕설 같은 것을 선택적으로 강화했다.[23] 독수리 팀이 두 번째 야구 경기에서 방울뱀 팀을 이긴 뒤에 다음과 같은 일이 있었다.

독수리 팀 아이들은 돌아오면서 자기들이 방울뱀 팀을 이긴 이유에 대해 이야기를 나누었다. 메이슨은 자기들이 기도를 했기 때문이라고 했고, 그 말을 들은 마이어스가 동의를 표하며 방울뱀 팀이 진 것은 그들이 욕을 잘하기 때문이라고 덧붙였다. 그러고는 "애들아, 이제 우리는 욕 같은 건 하지 말자. 진심이야" 하고 말했다. 다른 아이들도 그 논리에 수긍했다.[24]

그렇게 해서 방울뱀 팀은 욕 잘하는 아이들이 되었고 독수리 팀은 욕을 하지 않고 꼬박꼬박 기도하는 아이들이 되었다. 착한 편과 나쁜 편의 대결이 된 것이다. 실험 전에는 누가 더 못된 아이고 누가 착한 아이인지 전혀 드러나지 않았다. 연구팀은 실험에 영향을 줄 만한 특이점이 전혀 없는 완벽히 평범한 아이들 스물두 명을 원했다.

범주화는 집단 간 차이를 확대하는 작용을 하는 동시에 집단 **내에** 있던 차이는 점점 줄어들게 한다. 이처럼 긴 시간에 걸쳐 구성원들이 점점 비슷해지는 경향을 **동화**assimilation라고 한다. 인간 집단은 어느 정도의 순응conformity을 요구하는데, 특히 반대되는 집단이 가까이 있을 때, 그리고 두 집단 간에 차이를 가져오는(또는 그렇다고 믿는) 특성에 대해서 그러하다. 로버스 동굴 캠프의 경우 방울뱀 팀 아이들은 자기들이—여자애들 같지 않은—용감한 집단이라고 생각했다. 그래서 독수리 팀에서는 발목이 삐거나 무릎에 피가 날 때 울어도 괜찮았지만, 방울뱀 팀은 다들 아파도 꾹 참아야 한다고 여겼다. 아이들 집단에는 무언의 행동 규칙이 있으며 집단은 다양한 방법을 동원하여, 때로는 잔인한 방법으로 이러한 규칙을 강제한다. 규칙을 지키지 않거나(또는 지키지 못하거나), 어떤 식으로든 다른 구성원과 구별되는 구성원은 괴롭힘 당하거나 축출되거나 놀림거리가 된다. 일본에는 "튀어나온 못은 망치를 맞는다"라는 속담이 있고, 세계 어느 나라든 아이들이 남을 놀릴 때 부르는 노래가 있다. 또래 압력peer pressure이라는 말은 흔히 사춘기 청소년의 경우를 떠올리지만 순응에의 압력은 유년기에 가장 강하다. 십대에는 스스로 집단에 속하려는 욕구가 강하게 작용하기 때문에 군이 집단에 순응하지 않는 아이를 처벌할 필요가 없다.[25]

집단 순응 실험 중 가장 유명한 것은 1950년대 초 사회심리학자 솔로몬 애쉬Solomon Asch가 대학생들을 상대로 실시한 것이다. 평범한 듯한 이 실험은 지각 판단력 연구에 참가하기로 한 여덟 명의 연구 참여자가 실험실에 들어오면서 시작된다. 이 여덟 명 중 진짜 연구 참여자는 한 명이고 나머지 일곱은 연기를 하러 들어온 연구 팀원이었다. 팀원들은 진실을 모르는 참여자들과 함께 큰 탁자에 둘러앉아, 단호한 얼굴에 큰 목소리로 미리 지시받은 틀린 지각 판단을 말하는 역할을 맡았다. 그리고 연구 참여자가 이 연기자들과 다른 의견을 말할 때 우스워하거나 의아해하는 기색을 보여서는 안 되었다.

연구 참여자 전원이 집단에 순응하려는 욕구에 굴복한 것은 아니었다. 사실 상당수는 일곱 명이 일관되게 상반된 답변을 하는 중에도 끝까지 옳은 답변을 했다. 하지만 이 실험의 초점은 사람들이 공공연한 망신을 당할까 두려워서 자기 견해를 포기한다는 사실을 입증하는 것이 아니라, 동료들의 일관된 주장에 의문을 품기보다 자기가 눈으로 목격한 증거를 의심한다는 사실을 보여 주는 데 있었다. 연구 참여자들은 다른 사람들이 거짓말을 한다거나 자기를 두고 이상한 일을 꾸미고 있다고(사실 그랬음에도) 비난하지 않았다. 다른 사람이 아닌 **자신**에게 문제가 있다고 생각한 것이다. 참여자들의 가장 흔한 반응은 이런 것이었다. "제 시력에 이상이 생긴 줄 알았어요."[26]

▶ 집단 내부

집단 순응성에 대한 이 모든 이야기들은 인간 집단이 복제품들로 이루어진다는 의미가 아니다. 앞 장에서도 말했지만 자기 복제로 번식하는 생물 종은 적자생존의 경쟁에서 승리하기가 쉽지 않다. 집단의 경우도 마찬가지로, 구성원들이 나름의 다양한 역할을 수행하고 있어야 건강하게 존속할 수 있다. 흩어지면 죽을 것이 확실한 경우에는 모두가 하나로 뭉쳐야 하지만, 외부의 위협이 없을 때는 제각각 나름의 방식대로 집단에 기여할 수 있어야 한다. 모두가 리더가 될 수는 없다. 집단에 리더가 한 명 이상이라면 분열하기 쉽고, 한 명의 강력한 지도자가 이끄는 주변 큰 집단의 먹잇감이 되기 쉽다. 그러므로 근처의 다른 집단과 강한 적대 관계에 있는 경우가 아니라면 집단 내에서 **차별화**differentiation라는 과정이 발생하는 것은 인간 집단의 본성이다. 차별화와 동화는 로버스 동굴 실험의 첫 번째 단계에서 발견된 두 가지 현상이었다.

집단 구성원이 자신을 차별화하는 한 가지 방법은 경쟁을 통해 지배력과 사회적 권력을 차지하는 것이다. 위계 혹은 서열은 유인원이나 원숭이 집단에서도 발견되는데 이에 대해서는 다음 장에서 자세히 다루기로 하자. 또 다른 차별화의 형태는 인간에게서만 발견되는데, 1957년 출간된 한 발달심리학 교재에서는 그것을 이렇게 설명한다.

> 아이들 무리는 외모나 태도, 기량 등 무엇이든 다른 아이들과 달라 보이는 특성을 빠르게 찾아내고 그것으로 특정 아이를 지칭한다. 아이들이 인지하는 전형적 특성은 별명에서 잘 드러나는데, 예컨대 빼빼, 뚱보, 안경, 바보, 절뚝이, 박사 같은 것들이 있다.[27]

로버스 동굴 캠프에는 뚱보도 없었고, 안경을 낀 아이도, 절뚝이는 아이도 없었다. 하지만 두 팀이 조우하기 일주일 전부터 아이들은 이미 자신만의 역할을 찾아가기 시작했다. 아이들 집단에서 늘 필요하고 곧잘 적임자가 세워지기 마련인 역할 중 하나는 익살꾼인데, 방울뱀 팀에서는 밀즈라는 아이가 그 역할을 맡았다.

아이들의 결정에 따라 야구 연습이 이어졌지만 밀즈는 마음대로 연습을 빠지곤 했다. 쉬는 시간에 밀즈는 솔방울을 던지며 놀다가 결국 나무 위에서 다른 아이들한테 공격당하는 신세가 되었다. 밀즈가 "내 편은 어디에 있는 거야?" 라고 소리치자, 한 아이가 "우리 대장 좀 봐!" 하고 말했다. (익살꾼 역할은 종종 밀즈에게 시선이 집중되도록 했다.)

방울뱀 팀의 마이어스는 아이들에게 노출증 환자로 여겨졌는데, 그것은 마이어가 수영을 하려고 옷을 다 벗고 물에 뛰어든 후부터였다. 그 일 때문에 마이어스는 변태라는 별명을 얻었다.[28]

▶ 집단이란 무엇인가

지금쯤이면 독자들은 내가 집단에 대해 연신 이야기하면서도 정작 집단이 무엇인지에 대해서는 이야기하지 않았다는 생각이 들 것이다. 그 이유는, 이론적 입장에 따라 집단의 정의가 달라지기 때문이다. 나는 집단을 일종의 사회적 범주, 사람들이 소속된 일종의 구획으로 **정의**하는 이론적 입장을 지지한다. 사회적 범주에는 (일본계 미국인, 방울뱀 팀, 여성, 아이, 대학졸업자, 민주당, 의사 등의) 이름표가 붙는 것이 보통이지만, 반드시 그럴 필요는 없다. 범주는 개념에 의해 정의되며 개념은 이름표 없이도 존재할 수 있으니 말이다. 이러한 정의는 동물 집단에도 적용될 수 있다. 만일 비둘기가 소의 개념을 가지고 있다면 소 집단에 대한 개념을 가지는 것도 가능하다.

집단은 클 수도 작을 수도 있지만 일반적으로는 두 명 이상으로 구성된다. 둘로 구성된 모임을 지칭하는 기술적 용어는 양자 관계라고 할 때의 **양자**다. 더 쉽게 표현하자면, 둘이면 짝이 되고 셋은 무리가 된다.

인간 집단은 다양한 방법을 통해 만들어진다. 우리는 앞 실험에서 아이에게 "과대평가자"라고 말하자마자 아이가 '과대평가자'라는 익명의 집단을 만들어낸 것을 보았다. 다섯 명의 사람이 고장 난 엘리베이터에 갇혀 있다고 생각해보자. 갇힌 후 곧바로 구조된다면 엘리베이터 안의 다섯 사람은 그저 다섯일 뿐이지만, 삼십 분 정도가 지나면 집단이 된다. 운명공동체라는 의식, "우리는 같은 배에 타고 있다"는 감각도 집단성을 만들 수 있는 것이다. 엘리베이터에 갇힌 사람들 집단에는 아무 이름도 없고—사회적 범주는 이름이 아닌 개념에 의존한다—사람들 사이에 별다른 유사점도 없음을 기억하자. 하지만 엘리베이터에 갇힌 사람들 집단에도 익살꾼이 있다.

기초적이고 지속적인 유형의 집단 중 하나는 가족이다. 부족사회에서 마을이 둘로 갈라져 양쪽이 전쟁을 벌일 때 한 가족은 한쪽 집단에 몰리는 것이 보통이고, 친척들이 양쪽으로 나뉘는 경우는 고통스러워하며 전쟁에 참여하기를 꺼린다.[29] 마을 같은 작은 집단이 큰 집단으로 성장하는 한 가지 방법은 가족 동맹을 맺는 것이다. 한 마을의 추장이 자기 딸을 다른 마을 추장과 결혼시키면 그들이 낳은 아이는 양쪽 부락 모두에 친척을 갖게 되고, 그럼으로써 마을 간 전쟁을 피할 수 있다. 만일 로미오와 줄리엣이 살아남아 아이를 낳았다면, 몬태규 가문과 캐퓰릿 가문은 평화롭게 아이의 세례식에 함께 참석했을지도 모른다.

집단이 나뉠 때는 대개 가족 단위로 나누어진다. 1846년 11월, 조지 도너라는 농부가 이끄는 마차 행렬이 캘리포니아의 눈 덮인 산길을 지나고 있었다. 도너 파티Donner Party라고 불리게 된 이 무리는 곧 식량 부족에 시달리게 되었고, 결국 출발할 때 87명이던 사람들 중 40명 정도가 죽거나 죽임을 당했으며 살아남은 사람들은 그 시체의 일부를 먹었다. 그때 여성 사망률이 남성의 절반 정도였는데 이것은 여성에 대한 자비심 때문이 아니었다. 인육을 먹는 도너 파티에서 "여자와 아이 먼저" 같은 원칙은 적용되지 않았다. 여자들이 살아남을 수 있었던 이유는 남자들 상당수가 독신인 데 비해 여자들은 모두 가족 집단에 속해 있었기 때문이다. 도너 파티에서 결혼하지 않은 남자 열여섯 명은 모두 한창 때의 건강한 사람들이었지만 겨우 세 명밖에 살아남지 못했다. 진화생물학자 재레드 다이아몬드는 "도너 파티 이야기는, 가족 단위의 인간들이 서로 단합하여 다른 이들을 희생시키면서 자기 가족을 돕는다는 사실을 생생하고 확실하게 보여 준다"라고 말한다.[30] 인육을 먹어가면서 생명을 유지한 이들도 결코 자기 형제자매, 자식, 부모, 아내나 남편의 몸은 먹지 않았다.*

▶ 당신의 머릿속에 모두 있다

이 장에서 다룬 집단 관계의 기본 양상(자기 집단 선호, 다른 집단에 대한 적대심, 집단 간 대조효과, 집단 내 동화와 차별화)은 그 자체로 매우 명확하고, 실험실이나 자연 상태에서 아주 자연스럽게 관찰되기 때문에, 사회심리학자들은 부스러기 치우는 일 외에는 할 일이 별로 남지 않았음을 곧 깨닫게 되었다. 사회심리학이 1950년대에 놀라운 연구 업적을 쌓은 뒤 급속도로 쇠퇴하기 시작한 것은 사회심리학의 실패가 아닌 성공 때문이라 할 수 있을 것이다.

하지만 사회심리학이 쇠퇴한 이유는 **이뿐만이** 아니다. 다른 이유는 바로 스키너 행동주의 심리학의 유행에 있다. 내가 1961년에 퇴학당하기 전까지(이 이야기는 초판 서문에 썼다) 몸담고 있던 심리학 대학원에서 B. F. 스키너는 가장 인기 있고 영향력 있는 교수였으며 대학원생 대다수가 그

---

* 도너 파티 이야기가 토머스 홉스가 묘사한 세상의 모습처럼 보인다면 진짜 홉스의 세계는 어떤 곳인지 생각해보자. 텔레비전 쇼 〈심슨네 가족들〉의 호머 심슨은 외계인에게 납치된 후 이렇게 말한다. "날 먹지 말아요! 난 아내와 세 아이가 있어요! 그들을 먹어요!"

를 따랐다. 사회심리학 자체는 자취를 감추고 결국 "사회관계학"이라는 이름으로 다른 학부로 옮겨졌다. 그때부터 우리 **진짜** 심리학 전공자들은 사회관계학을 전공하는 얼간이들을 얕보기 시작했다.

우리 태도의 잘못을 깨닫기까지는 33년이 걸렸다. 스키너의 생각은 각 유기체가 경험한 강화(보상과 보상의 박탈) 내역을 알면 그 행동도 설명할 수 있다는 것이었다. 스키너가 **유기체**organisms라는 용어를 사용한 것은 종들 사이에 중요한 차이가 있다고 보지 않았기 때문이다. 모든 유기체가 같은 음악에 춤을 추는 셈이다. 이 접근 방식이 지닌 (여럿 중 **하나**의) 문제점은, 진화를 통해 집단생활을 하도록 설계된 종을 개체별로 고립시켜 놓고 관찰하면 개체의 행동을 설명할 수 없다는 것이다. 스키너의 학생들은 비둘기 한 마리를 상자 안에 넣고 비둘기가 부리로 버튼을 누르면 먹이가 나오게 하는 장치를 만들었다. 하지만 비둘기는 원래 상자 안에서 혼자 생활하는 것이 아니라 무리와 섞여 살아가도록 되어 있는 동물이다.

애리조나의 몇몇 조류학자들도 같은 실수를 저질렀다. 이들은 멸종 위기에 있는 큰부리앵무새 88마리를 캠프에서 사육한 후 예전에 서식하던 소나무 숲에 풀어주었다. 하지만 앵무새들은 모두 죽거나 실종되고 말았다. 야생 상태의 앵무새는 무리 지어 생활하는 것이 보통인데, 조류학자들에 의해 사육된 앵무새는 같은 종의 다른 앵무새에게 관심을 갖지 않았고 결국 단독 생활을 하다 매의 먹이가 되고 만 것이다. 이것이 바로 사육된 큰부리앵무새들에게 일어난 일이다.[31]

오늘날 스키너주의자들은 이 앵무새들처럼 사라져버렸고, 반대로 사회심리학자들은 비둘기처럼 번성하고 있다. 하지만 사회심리학에도 변화가 있었다. 즉, 인간의 행동보다는 머릿속에서 벌어지는 일에 더 큰 관심을 갖게 된 것이다. 중요한 자료들은 이미 충분히 축적되어 있고, 이제는 이 자료들을 토대로 이론적 틀을 세울 때다. 오늘날 많은 사회심리학자들이 집단 관계 이론을 구성하고 논의하는 일에 힘을 쏟고 있다.

이론을 세울 때 이런 것들을 고려해야 한다. 무엇 때문에 사람들은 자기 집단에 애정을 갖고 때때로 타 집단에 적대적으로 행동하는가? 순응 압력이 없는 조건에서도 자기 집단 동료를 닮고 타 집단 구성원과는 차별화되는 이유는 무엇인가? 개인이 집단 내에서 다른 구성원과 구별되려하는—자기만의 역할을 찾고 개인적 성공과 인정을 추구하는—데는 어떤 동기가 작용하는가? 차별화와 동화라는 두 대조적 과정 중 어느 한 쪽이 우세해지도록 하는 결정 요인은 무엇인가? 선택 가능한 집단이 하나 이상일 때 인간은 어떻게 자신이 속할 집단을 결정하는가? 도너 파티 생존자 중 메리 브린이라는 여성은 왜 자신을 도너 파티가 아닌 브린 가문 사람으로 생각했을까?

인간 집단의 행동은 매우 복잡하다. 우리 사회의 사람들은 자신을 여러 다양한 집단에 속한 존재로 인식한다. 오스트레일리아 사회심리학자 존 터너John Turner는 이를 **자기 범주화**self-categorization라 부른다.[32] 메리 브린의 후대 자손은 상황에 따라 자신을 여성, 캘리포니아인, 미국인, 민주당 지지자, 버클리대 학생, 12학번, 브린 집안 사람 등으로 스스로를 범주화할 것이다. 이 집단들의 다른 구성원은 그녀와 닮을 필요도, 그녀를 알아야 할 필요도 없다. 그리고 그녀는 손가락 하나 까딱 않고도 소속감을 가진 집단을 머릿속에서 자유자재로 바꿀 수 있다. 카하마 집단에 속하기 위해 카하마로 갈 필요가 없는 것이다. 이 모든 요인들은 인간 집단의 행동을 다른 동물의 행동과 구별 지어 준다. 내가 알기로는 아직 아무도 이 같은 실험을 해본 적이 없지만, 침팬지의 귀에 대고 "넌 과대평가자야"라고 말해 준다고 해서 그 침팬지에게 새로운 집단성이 형성될 것 같지는 않다.

그럼에도 불구하고 인간 집단의 행동은 분명 수백만 년 전의 영장류 선조들에게 물려받은 것이다. 큰부리앵무새들이 그렇듯 우리도 혼자 살아가도록 설계되지 않았다.

사회심리학자들이 만든 집단 관계 이론은 인간의 마음 안에서 벌어지는 일들에 관한 이론이다. 스키너의 잘못은 쥐나 비둘기의 행동을 설명하는 기제를 인간 행동에도 적용할 수 있다고 가정한 것이다. 그런데 나는 오늘날 사회심리학자들이 스키너와 정반대의 실수를 범하고 있다고 생각한다. 동물 집단에서도 인간과 동일한 행동이 많이 관찰되고 있음에도, 그들은 동물에게는 적용될 수 없는 집단행동 이론을 세우려 한다. 예를 들어, 존 터너의 이론은 인간이 소속 집단을 더 좋아하고 타 집단을 부정적으로 바라보는 까닭이 자존감을 고양시키려는 동기 때문이라고 설명한다.[33] 우리 집단이 더 낫다고 생각하면 자존감이 높아진다는 것이다. 하지만 침팬지에게도 자존감의 욕구가 있다고 인정하더라도, 그것은 집단행동이 지닌 강력한 힘을 설명하기에는 너무 보잘것없는 동기다. 사람들은 자기 집단을 위해 살인을 저지르기도, 스스로 목숨을 버리기도 한다. 나는 로버스 동굴 캠프장의 11세 소년들이 보인 격렬한 감정과 호전적 행동들이 결국 자존감의 욕구 때문이었다고는 도저히 생각할 수 없다. 자존감은 11살짜리 아이가 숙제를 하기 위한 동기로도 충분하지 않다.

다른 강력한 동기는 생존 및 번식과 관계있다. 수백만 년간(우리 종이 무대에 등장하기도 전부터) 영장류들은 집단을 이루며 살아 왔다. 그리고 마지막 짧은 시기를 제외한 거의 모든 기간 동안 개체의 생존은 집단의 생존에 달려 있었으며 집단 구성원들은 가까운 친족이었다. 같은 유전자를 지닌 사람들을 위해 기꺼이 목숨을 버리는 것은, 유전적 관점에서 충분히 이해 가능한 일이다. 동족을 위한 희생적 행동은 동물에게서도 찾아볼 수 있다. 새들은 무리에게 위험을 알리려고 큰 소리를 내는데, 이러한 행동 때문에 결국 자신은 쉽게 매나 독수리의 표적이 된다. 하지만 그렇게 죽는다 해도 그의 형제자매, 자식과 부모는 살아남는 것이다. 이렇게 개체는 죽지만 혈족과 공유하는 유전자는 보존되어 계속 전해진다.[34]

수렵채집 생활을 하던 인간 집단은 구성원 모두가 혈연이나 결혼을 통해 연결되어 있었다. 반면 오늘날의 집단은 서로 관계된 사람들로만 구성되지는 않는데, 집단행동을 작동시키는 동기 요인은 그 사실과 상관 없는 듯하다. 오늘날 우리가 습득한 인지 능력의 화려한 장식 이면에는 오랜 진화의 뿌리가 놓여 있다. 집단성이 가진 정서적 힘은, 형제자매와 부모, 자식, 남편, 아내 등으로 이루어진 집단이 곧 유일한 생존의 희망이었던 기나긴 진화의 역사로부터 온 것이다.

▶ 친족을 알아보는 방법

많은 동물들은 생물학자들이 **혈연 인식**kin recognition이라고 부르는 능력을 갖고 있다. 동물들은 이 능력으로 같은 종의 어떤 개체를 받아들이고 또 어떤 개체를 쫓아내야 할지 분별한다. 예를 들어, 어떤 말벌들은 자기 벌집에 낯선 벌이 들어오려 할 때 냄새를 맡아 **우리**인지 **그들**인지 확인한다. 낯선 벌이라도 **우리**의 냄새가 나면 벌집에 들어오도록 허락받는다. 얼룩도롱뇽도 냄새를 통해 자기 형제를 가려낸다. 얼룩 도롱뇽은 형제가 없는 사육 환경에서는 종종 동족을 잡아먹을 만큼 다른 개체를 잡아먹는 데 거리낌이 없지만, 자기 형제자매를 잡아먹는 일은 거의 없다. 냄새를 이용해 혈연을 인식하는 능력은 "자기"와 "자기가 아닌 것"을 구별할 때 작동하는 우리 면역 체계와 유사한 생화학적 기제에 기반한다.[35]

인간도 혈연을 인지하는 능력을 갖고 있는데, 냄새가 아닌 익숙함이라는 기준을 사용한다. 형제나 자매는 함께 자라나는 이들이다. 사람들은 자기 형제자매와는 결혼하지 않는데, 이는 법으로 금지되기 때문이 아니라 그러기를 원하지 않기 때문이다. 이스라엘의 키부츠에서도 소년, 소녀들이 함께 형제자매처럼 자라지만 서로 결혼하지는 않는다.[36]

그러나 사람들이 자기와 비슷한 상대에게 매력을 느끼는 것도 사실이다. 큐피드가 눈을 감고 화살을 쏜다고 보기에는, 평균적인 부부들이 여러 면에서 많이 닮아 있다. 부부들이 서로 비슷한 부분은 인종, 종교, 사회경제적 계층, 지능, 교육 수준, 태도, 성격, 키, 코의 너비, 눈 사이 거리 등 매우 다양하다. 부부들이 서로 닮은 것은 함께 지낸 시간 때문이 아니다. 그들은 애초부터 서로 비슷한 상태에서 시작한다.[37]

유사성은 친구를 사귀는 데도 중요하게 작용한다. 유치원에서부터 아이들은 "나와 비슷한" 아이에게 끌리는 경향이 있다. 그리고 초등학교에 가서도 아이들은 나이, 성, 인종, 관심사, 가치관 등이 유사한 아이들을 친구로 사귀려 한다.[38]

나는 유사한 사람에게 끌리는 경향이 혈연 인식이라는 먼 근원에서 온 것이라고 생각한다. 만일 당신이 수렵채집을 하는 사람이라면, 생긴 것도 다르고 이해하지도 못하는 언어를 쓰는 사람보다는 외모가 비슷하고 이해할 수 있는 말을 쓰는 사람이 당신과 같은 집단, 어쩌면 친족일 가능성이 더 높다. 당신이 고등교육을 받은 북미 사람이라면, 외모나 말투나 생각이 비슷한 사람을 더 신뢰하려 할 것이다.[39]

말벌에게나 인간에게나 낯선 존재는 본능적으로 경계 대상이 되는데, 그들이 해를 끼칠 수 있기 때문이다. 만일 그 낯선 존재가 식인종이라면—동족을 잡아먹는 현상은 인간을 포함한 많은 생물 종에서 발견된다—당신은 그의 혈연이 아니므로 그에게 잡아먹힐 수 있다. 그렇기 때문에 낯선 사람이나 이상하게 행동하는 사람을 볼 때 가장 먼저 나타나는 반응은 두려움이다. 그리고 두려움은 불쾌한 감정이므로 이내 적대감으로 바뀐다. 소아마비에 걸려 불구가 된 몸으로 자기 집단에 돌아갔던 침팬지 이야기를 떠올려보자. 한때 같은 집단에 속했던 동료들은 우선 두려움을 보이더니, 곧 화를 내며 그를 공격하기 시작했다.[40] 우리에게 그런 두려움을 주다니, 맛 좀 봐라!

인간이 타 집단에게 갖는 적대감에 대해 멋들어진 인지적 설명을 할 필요는 없다. 진화 과정이 알려주는 충분한 설명은 인간뿐 아니라 동물에게도 잘 들어맞는다. 집단이 서로의 차이를 과장하고 적당한 요소가 없을 경우 스스로 차이를 만들어내도록 하는 집단대조 효과는 동물에서는(적어도 내가 알기로) 발견되지 않지만, 어쨌든 인간이나 동물이 다른 집단을 적대적으로 대하는 경향이 낳은 직접적 결과물이다. 만일 당신이 누군가를 두려워하거나 싫어한다면 그들과 최대한 달라지려 할 것이다. 뛰어난 적응력을 지닌 우리 인류는 타 집단의 구성원들과 차별화되는 방법을 찾아내는 데 아주 유능하다.

▶ 우리는 어떻게, 왜 스스로를 범주화하는가

현대 사회에서도 집단에 소속된다는 것은 "그 사람들도 나와 비슷하고 나도 그 사람들과 비슷하다"는 반응, 자신이 집단 사람들과 비슷한 점이 있으며 무엇인가를 공유한다는 의식을 수반한다. 집단과 공유하는 내용은, 같은 주에 살거나 선거에서 같은 후보에게 투표했다거나 나이나 성별이 같거나 캠프 가는 길에 같은 버스를 탔거나 혹은 같은 엘리베이터에 갇히는 등 무엇이든 가능하다.

사회적 범주는 마치 양파처럼 서로 안에서 층을 이루기도 하고, 접시에 담아 놓은 양파튀김처럼 겹쳐 있기도 하다. 복잡한 현대 사회에서 한 인간이 가지는 선택의 가능성은 놀라울 정도다. 앞서 나는 메리 브린의 후대 자손이 캘리포니아인, 미국인, 민주당 지지자, 여자, 버클리대 학생, 12학번, 브린 집안 사람 등으로 자신을 범주화할 수 있다고 이야기했다. 그리고 지금까지 다룬 적 없는 다른 선택지도 열려 있는데, 바로 "고유한 개인으로서의 **나**"다.[41] 자신에게 열려 있는 자기 범주화의 가능성이 이렇게 다양하다면 그녀는 무엇을 선택할 것인가? 무엇이 그녀의 생각과 감정, 행동을 결정하는가? 좀 까다롭겠지만, 이제 사회심리학자들과 그들의 복잡한 인지 이론을 살펴볼 차례다.

내 생각에 가장 큰 영향을 미친 사회심리학자는 앞서 언급한 존 터너다. 터너는 과대평가자와 과소평가자 집단에 관한 실험을 주도한 헨리 타지펠의 지도하에 연구를 했으며, 그의 이론도 타지펠이 세운 이론적 작업에 토대를 두고 있다.

터너의 이론에서 특히 마음에 드는 부분은 자기 범주화에 대한 내용이다. 터너는 우리가 스스로를 다양한 방식과 수준으로 범주화하는데, 그 포괄성의 범위는 "고유한 개인으로서의 나"에서 "미국인" 혹은 "인간"처럼 넓은 범주에 이른다고 말한다. 자기 범주화는 어디서 누구와 함께 있느냐 하는 사회적 맥락에 따라 순간순간 달라질 수 있다. 그리고 특정 범주를 선택하게 만드는 것은, 주어진 상황에서 다양한 사회적 범주들 중 어떤 것이 상대적인 현저성salience을 띠느냐다.

현저성은 사람의 주의를 끄는, 중요하고 쉽게 눈에 띄는 특성을 말한다. 하지만 현저성은 애매모호한 개념이며, 학계 심리학자들이 늘 경계해야 하는 순환논리의 오류를 벗어나 정의하기 힘든 개념이다. 왜 특정한 자기 범주화를 했는가? 왜냐하면 그것이 현저했기 때문이다. 그러면 그 범주가 현저하다는 것을 어떻게 아는가? 왜냐하면 자기 범주화를 그렇게 했기 때문이다.

터너는 이 끝나지 않는 순환논리에서 벗어나기 위해, 한 사회적 범주가 현저해지는 조건을 비교 대조되는 범주가 동시에 존재하는 경우로 한정했다. 예를 들어 **성인**이라는 사회적 범주는 어른으로 가득한 방 안에 있을 때는 전혀 현저하지 않지만, 그 방에 아이들이 들어오면 상황이 달라진다. **방울뱀**이라는 범주가 현저해진 것은 방울뱀 팀 아이들이 같은 캠프장에 11세의 남자아이들로 구성된 다른 팀도 있다는 사실을 발견할 때였다. 다른 팀이 또래의 **소녀**들로 이루어져 있었다면 그들이 취한 현저한 사회적 범주는 **소년**이었을 것이다.[42]

특정한 사회적 범주가 현저해지고 당신이 스스로를 그 범주의 일원으로 느낀다면, 그 순간부터 당신이 범주화한 집단은 당신에게 강력한 영향을 미치게 된다. 그리고 이 영향력으로 인해 집단 구성원들 간의 유사성 및 집단 간 차이가 커져간다.

존 터너는 이를 **심리적 집단**psychological group이라고 명명했는데, 이는 예전에 **준거 집단**reference group이라 불렸던 용어다. 곧, 특정한 순간에 자신을 동일시하는 집단을 말한다. 터너는 이를 다음과 같이 정의했다.

> 심리적 집단이란 사회적인 비교나 규범 및 가치관의 획득을 위해 주관적으로 자신과 관계 짓는, 심리적으로 유의미한 집단이다.…구성원들은 심리적 집단으로부터 적절한 행동 및 태도에 관한 규칙과 표준과 신념을 제공하며…집단은 그들의 태도와 행동에 영향을 미친다.[43]

규범 및 가치관의 획득. 적절한 행동 및 태도에 관한 규칙과 표준과 신념. 태도와 행동에 미치는 영향. 그런데 이는 오늘날 가정에서 해 주어야 한다고 여기는 일들이 아닌가! 이는 결국 사회화에 관한 설명인 것이다!

가정이 자녀를 사회화하기도 하지만, 보통은 그렇지 않다. 이제부터 그 이유를 설명하겠다.

▶ 가족, 그리고 다른 집단들

원숭이와 유인원 집단에서는 지배 위계에서 자기 지위를 높이거나 지키려는 목적으로 크고 작은 다툼이 끊이지 않는데, 대개 그런 다툼은 빠르게 해소된다. 영장류 학자 프란스 드 발에 의하면 유인원 집단의 구성원들은 "친구이자 라이벌이다. 이들은 먹이와 짝짓기 문제로 싸움을 벌이지만 동시에 서로에게 의존적이기도 하다."[44]

이런 집단 내부의 다툼은 포식자 혹은 다른 원숭이나 유인원 집단으로부터 위협이 가해질 때 갑자기 중단된다. 인간 사회에 적용시킨다면, 외부의 위협으로 인해 집단의 현저성이 증가하는 것이다. 그 결과—인간 집단에서도 마찬가지로—집단 내의 차별화(이 경우에는 지배력 다툼)는 뒷전으로 밀리고 집단 전체가 하나로 뭉쳐 공동의 적에 대항한다.

집단 내부의 갈등을 줄이기 위해 원숭이나 유인원들은 적의 위협을 영리하게 이용한다. 프란스 드 발은 야생 개코원숭이들이 분쟁 해결을 위해 다른 개코원숭이 무리를 함께 공격하는 모습을 목격했고, 동물원의 침팬지들도 치타가 보이지도 않는데도 치타 우리를 향해 "우라!" 하는 공격적인 울음소리를 내기도 했다. 프란스 드 발은 말한다. "공동의 적은 매우 필수적이라 그 대체물이 조작되기도 한다. 나는 긴꼬리원숭이들이 물가로 달려가 물에 비친 자기 그림자를 향해 위협을 가하는 모습을 본 적이 있다. 긴장한 이 원숭이들은 물에 비친 '다른' 집단에 대항하여 똘똘 뭉쳤다."[45]

공동의 적 또는 힘을 합해야 이룰 수 있는 공동의 목표가 없는 상태에서, 집단은 더 작은 집단이나 개인으로 분열되는 경향이 있다. 하지만 사람들이 고장 난 엘리베이터에 갇히게 되면, 어떤 이는 남을 지휘하고 어떤 이는 비관주의자, 어떤 이는 익살꾼 역할을 맡는 등 다양한 행동을 보인다.

그 겨울, 도너 파티만이 그 길을 지나가고 있었다. 만일 다른 개척자 집단이나 적대적인 원주민 부족을 만났다면 그들은 하나로 단합했을 것이다. 도너 파티라는 사회적 범주의 현저성이 낮았던 이유는, 범주화 과정에는 하나 이상의 범주가 필요하기 때문이다. 다시 말해 **우리**가 묶이려면 **그들**이 있어야 하는 것이다. 그래서 도너 파티는 가족 단위로 갈라졌다. 만일 날씨가 그렇게까지 춥지 않고 모두 굶주리지 않은 상태였다면, 도너 파티는 어른과 아이 집단으로 나뉘었을지도 모른다.

도너 파티의 여정에는 아이들의 놀이집단이 존재하지 않았는데 이는 그들이 예외적 환경에 처해 있었기 때문이다. 대체로 여러 가족이 모인 집단에서 아이들은 다른 아이들을 찾는다. 상황에 따라 집단이 더 작은 규모로 분열되면(수렵채집 사회에서는 집단 내 긴장관계가 악화되거나 식량이 넓게 흩어져 있는 경우 이런 일이 발생했다), 아이들은 매우 힘들어한다. 집단의 분열을 결정한 것은 어른들이지 아이들이 아니기 때문이다. 동물행동학자 이레나우스 아이블아이베스펠트는 서로를 괴롭히는 쿵 산Kung San 부족의 형제들을 소개하며 이렇게 말했다. "쿵 산 집단은 당시 개별 가족 단위로 해체되었고, 큰 아이들은 예전에는 마음 편하게 뛰놀던 놀이집단에서 더 이상 그렇게 지낼 수 없게 되었다."[46]

1800년대 중반에 미국 서부로 이주하던 개척자 집단이 항상 큰 무리였던 것은 아니었다. 『초원의 집Little House in the Big Woods』(비룡소)[47] 저자인 로라 잉걸스 와일더Laura Ingalls Wilder의 가족은 엄마 아빠, 그리고 세 딸 메리와 로라, 캐리가 전부였다. 그렇다면 '와일더 집안 사람'이라는 범주는 로라에게 현저한 집단이었을까? 그렇지 않았을 것이다. 당시 주위에는 다른 가족 집단이 전혀 없었기 때문이다. 로라에게 현저한 범주는 **부모님**과 **아이들** 집단이었다. 로라는 부득이하게 가족에 의해 사회화되었지만, "와일더 집안 사람"이라는 집단은 다른 가족들이 있는 장소에 정착하기 전까지는 현저한 범주가 되지 못했다.

가족 안에서 로라는 부모처럼 행동하도록 배우지 않았다. 부모에게 많은 것을 배우기는 했지만 로라는 부모처럼 행동해서는 안 된다는 사실도 배웠다. 로라는 아이처럼 행동해야 하는 것이다. 그 당시 아이의 행동에 관한 규범은 오늘날과 많이 달랐는데, 이는 양육 규범도 마찬가지다.

로라의 『초원의 집』을 읽어보면(텔레비전 드라마와는 완전히 다르다), 시대 변화에 따라 부모의 양육방식이 많이 달라졌고, 다른 양육방식으로도 동일하게 만족스러운 결과를 얻을 수 있음을 생생하게 느낄 수 있다.

책에 묘사된 로라 잉걸스 와일더가 자라난 세계는 오늘날 우리가 사는 세계와 여러 면에서 다르다. 하지만 오늘날 우리가 사는 집과 그가 자라난 대초원의 고립된 집 사이에는 공통점이 하나 있다. 둘 다 사적 공간이라는 점이다. 현대 가정의 사적 영역 안에서 가족은 현저한 사회적 범주가 될 수 없다. **비교할 다른 가족이 근처에 없기** 때문이다.

사람들은 범주화할 때 자신과 닮은 사람들, 즉 자신과 닮았다고 인식하는 사람들과 같은 구획을 선택한다. 아이들은 다른 아이들이 조금이라도 곁에 있을 경우, 어른을 자기와 닮은 사람으로 인식하지 않는다. 아이들에게 어른이란 완전히 다른 종이나 마찬가지다. 어른은 무엇이든 알고 있고 원하는 것은 무엇이든 할 수 있다. 어른의 몸은 아이보다 훨씬 크고, 힘도 세고, 털도 많고, 여기저기가 불룩 튀어나와 있다. 빠르게 달릴 수 있지만 대체로는 앉거나 서 있다. 울 수도 있지만 매우 드물다. 완전히 다른 생명체인 것이다.

법에 의해 의무교육을 받는 현대 사회의 아이들은 이미 준비된 '나와 같은 사람들의 집단', 즉 반 친구들이 있다. 아이들이 가족과 상호작용하는 것은 집에 있을 때뿐인데, 그곳에서는 근처의 가정과 비교가 이루어지지 않으므로 가족이 아이에게 현저한 범주가 되지 못한다. 대가족은 어른과 아이로 집단이 나뉘고, 소가족은 저마다 인정과 개인적 역할을 추구하는 개인들로 나뉜다.

발전된 현대 사회의 아이들 역시 수렵채집을 하는 집단이나 전통사회의 놀이집단에서와 마찬가지로 아이들 집단 속에서 사회화된다. 아이들 집단이야말로, 터너의 표현대로 "심리적으로 유의미하고" 아이들이 "주관적으로 자신과 관계 짓는" 집단이며 그들에게 "적절한 행동 및 태도

에 관한 규칙과 표준과 신념을 제공하는" 집단이다.[48]

나는 내 이론을 **집단사회화 이론**group socialization theory이라 이름 짓고 싶다. 하지만 이 이론은 사회화 과정을 설명하는 데 그치지 않고, 자라면서 경험하는 내용을 통해 아이의 성격이 어떻게 형성되고 바뀌어가는지를 설명하는 이론이기도 하다.[49] 나는 양육가설을 대신할 이론으로 이 집단사회화 이론을 제시하고자 하며, 자세한 내용은 다음 장에서 설명할 것이다.

언젠가 아인슈타인은 새로운 이론을 구성하는 데는 "통합과 단순화를 향한 갈망"이 주된 동기로 작용한다고 말했다.[50] 단순하고 종합적인 심리학 이론 중 대표적인 것이 바로 스키너의 이론이다. 하지만 걱정스럽게도 내 이론은 그리 단순하지도 종합적이지도 않다. 아이의 마음은 매우 복잡하기 때문에 프로크루스테스의 침대처럼 단순한 이론에 끼워 맞출 수 없다. 나는 독자들이 내 이론을 단순성 유무가 아니라, 양육가설이 설명하지 못하는 것들을 설명해 내는 능력을 토대로 판단해 주기 바란다.

8. 아이들 무리에서

나를 아는 사람들의 말에 따르면, 어린 시절 나는 매우 산만하고 제멋대로인 아이였다. 요즘에는 그런 아이에게 "과잉행동hyperactive"이 있다고 하는데, 여자아이들 사이에서는 비교적 흔치 않은 성격이다. 당시의 나는 겁 없고 모험적이고 외향적인 데다 아주 시끄러웠다. 길 한복판에 구덩이가 있으면 일단 뛰어들고 보는 아이였고, 좀처럼 가만히 앉아 있질 못해 식당 주인들도 달가워하지 않았다.

그런 나 때문에 부모님 마음도 정말 힘들었던 것 같다. 당시 여자아이에게 기대되는 이상적인 이미지는 "꼬마 숙녀"였고, 물론 나는 그런 아이가 아니었다. 어머니는 내게 프릴이 달린 드레스를 사주셨지만 이내 더러워지고 찢어져버렸다. 리본은 늘 풀린 채 맨다리 뒤로 축 늘어져 있었고 다리 앞쪽엔 반창고투성이였다. 어떻게 보면 청바지를 입히는 편이 훨씬 나았겠지만 당시에는 여자아이용 청바지를 생산하지 않기도 했고, 게다가 어머니는 나에게 남자아이 옷을 입힐 마음이 손톱만큼도 없었다. 어쩌면 어머니는 그 주름 장식 드레스가 마술을 부려서 결국은 나를 꼬마 숙녀로 바꿔주기를 바라셨는지도 모르겠다.

하지만 어머니가 바라던 일은 일어나지 않았다. 어떤 처방도 듣지 않았고, 부모님은 체념하기에 이르렀다. 그렇게 나는 유치원을 다녔고 초등학교에 입학했다. 어린 시절 우리 가족은 이사를 자주 다녔고 학기 중에 학교를 옮긴 적도 몇 차례 있었지만 나는 새 친구를 사귀는 데 어려움이 없었다. 워낙 활동적이고 외향적인 천성 덕에 남녀를 가리지 않고 모든 아이들에게 인기가 많았다.

그러던 어느 날 또 한 번 이사를 했는데(역시나 학기가 시작된 후였다), 이번에는 모든 것이 달랐다. 나는 4학년 때 콧대 높은 북동부 교외에 위치한 학교로 전학을 갔는데, 거기는 안경 낀 아이도 거의 없었고 나는 교실에서 가장 어리고 왜소한 아이에 속하게 되었다. 여자아이들은 다들 세련된 꼬마 숙녀였고, 머리 모양이나 예쁜 옷에 관심이 많았다. 그 아이들은 자신들과 다른 나를 좋아하지 않았다.

우리 식구는 그곳에서 4년 동안 살았는데 그때가 내 인생에서 가장 암울했던 시기였다. 나는 매일 이웃 아이들과 함께 학교에 갔지만, 아무도 내게 말을 걸지 않았다. 용기 내어 말을 걸어도 아이들은 내 말을 무시했다. 이내 나는 아이들과 어울리려는 시도를 포기하고 말았다. 한두 해가 지나자 나는 활동적이고 외향적인 아이에서 내성적이고 수줍은 아이로 변해 있었다. 집에서는 내 행동이 별로 달라지지 않았으므로 부모님은 이러한 변화를 전혀 눈치채지 못했다. 부모님이 인식한 유일한 변화는 내가 독서에 시간을 쏟기 시작했다는 점이다. 그분들 보기에는 너무 많은 시간을 할애한다고 여겨질 정도로 말이다.

8학년이 시작되고 몇 달 뒤 우리 식구는 다시 이사를 했고, 아웃사이더로 지내던 생활도 끝이 났다. 우리는 내가 유년기를 보낸 애리조나로 돌아갔는데, 그곳 아이들은 세련되었다거나 콧대가 높다거나 하는 것과는 거리가 멀었다. 나는 다시 친구를 사귀었지만 수가 그리 많지는 않았다. 그리고 혼자 책을 읽으며 위안을 얻던 수년의 시간에 대한 보상이 돌아오기 시작했다. 반 친구들은 나를 "똑똑이"라고 불렀고, 성적도 좋아졌으며(아주 낯선 경험이었다), 공부 잘하는 친구들이 생기기 시작한 것이다. 하지만 나는 여전히 내성적이고 수줍음 많은 아이였다. 그 콧대 높은 교외 지역 아이들은 내 부모님이 해내지 못한 일을 해낸 셈이다. 바로 내 성격을 바꿔놓았으니 말이다.

아이들은 누구나 어떤 특징을 타고난다. 유전자는 그 특징들이 특정한 성격으로 발달하도록 만든다. 하지만 환경은 그 성격을 바꿀 수 있다. "양육"(부모가 제공하는 환경)이 아니라 집 밖의 환경, 친구들과 공유하는 환경 말이다. 이 장에서는 이런 일들이 어떻게 이루어지는지를 설명하겠다.

▶ 엄마 손 놓기

우체국에 갔을 때 일이다. 나는 길게 늘어선 줄 맨 끝에 서 있었고, 학교 수업 시간이라 학교에 다닐 만한 아이들은 보이지 않았다. 앞에 있던 여자 두 명이 각각 두 살 정도로 보이는 남자아이와 여자아이를 데리고 있었다. 마치 나무 곁의 다람쥐처럼 자기 엄마 옆에 서 있던 아이들은 어른 눈높이로부터 팔 길이 정도 아래에서 서로를 바라보고 있었다. 마침내 남자아이가 엄마의 손을 놓고서 여자아이에게 아장아장 걸어가 그 앞에 섰다. "이곳에서 가장 내 관심을 끄는 사람은 바로 너야"라는 말은 아이의 언어 능력을 넘어선 것이기에, 남자아이는 아무 말 없이 무엇인가를 기대하는 눈빛으로 여자아이를 바라보았다. 바로 그때 줄이 움직였고 엄마는 아이의 손을 붙잡고 앞쪽으로 가버렸다.

어린 인간은 같은 종류의 상대에게 끌리는 경향이 있는데, 여기서 "같은 종류"란 무엇보다도 나이로 결정된다. 이는 다른 영장류의 경우에도 마찬가지다. 어린 원숭이는 스스로 돌아다닐 수 있는 나이가 되자마자 어미 곁을 떠나 또래들의 놀이에 참여한다. 어린 침팬지들은 멀리서 다른 어린 침팬지들이 노는 소리가 들리면 그쪽으로 가도록 어미를 끈질기게 설득하고 괴롭히고 졸라댄다. 같이 놀 친구를 찾으려는 어린 영장류의 강한 욕구는 집단을 초월하고 때로는 종의 경계를 초월하기도 한다. 어린 개코원숭이와 붉은털원숭이는 각자의 집단에서 같이 놀 친구가 없을 때 일시적으로 무리를 떠나기도 한다. 제인 구달은 탄자니아에서 어린 개코원숭이가 어린 침팬지와 함께 노는 모습을 보았으며, 우리도 6장에서 인간 아이와 어린 침팬지가 어울려 노는 사례를 보았다. 놀이를 좋아하는 것은 영장류에게 나타나는 기본 특성이다. 그리고 이러한 특성은 어른이 된 후에도 완전히 사라지지 않지만, 어쨌든 어린 동물들은 같은 종의 어른과 어울리기보다 오히려 다른 종의 어린 동물과 같이 노는 것을 훨씬 즐거워하는 것 같다.[1]

발달심리학자 캐롤 에커먼Carol Eckerman과 샤론 디도Sharon Didow는 엄마와 함께 장난감이 많이 있는 방에 온 아이들끼리 처음 만났을 때 어떤 일이 벌어지는지 들려주었다. 낯선 **어른**에게 경계심을 품을 만한 때인 한 살배기 아기들은 서로를 보며 미소 짓고 부정확한 말로 종알거린다. 어떤 아기는 다른 아기에게 장난감을 주거나 다른 아기로부터 장난감을 건네받는다. 가까이 앉은 아이들은 때로 서로를 부드럽게 만져주기도 한다. 가끔은 그 접촉이 거칠고 장난감을 두고 싸움이 벌어지기도 하지만 아기들은 대체로 잘 지낸다(적어도 그런 **의도로** 행동한다). 아기들의 이런 우정은 부적절하게 표현되기도 하는데, 예를 들어 어떤 아기는 다른 아기의 등에 대고 장난감을 주려고 한다. 아기들이 서로에게 보이는 관심은 지속적이지 않고 늘 동시에 일어나지도 않는데, 이는 아마도 다른 아기와의 접촉은 너무 자극적이어서 경험의 양을 조절할 필요가 있기 때문일 것이다. 그럼에도 불구하고 아기들이 방 안에 있는 모든 것들, 즉 장난감이나 엄마들, 연구자들 중 가장 관심을 가지는 대상은 바로 다른 아기들이라는 점은 분명하다.[2]

아기들은 물론 엄마에게도 시선을 주지만 이는 단지 엄마가 그 자리에 그대로 있는지를 확인하기 위해서일 뿐이다. 인간을 포함한 영장류의 아이들은 자신들이 노는 공간에 엄마가 있어주길 바라는 경향이 있는데, 발달심리학자들은 이를 엄마가 "모험을 위한 안전기지"가 되기 때문이라고 말한다.[3] 원숭이나 침팬지들 사이에서는 새끼들의 놀이가 너무 거칠어질 때 어미가 놀이에 직접 끼어드는 일이 종종 일어난다. 놀이집단을 이루는 새끼들의 연령이 다양하고 나이가 많은 쪽이 어린 쪽을 괴롭히는 일도 종종 있기 때문에 어미가 곁에 있는 것이 도움이 된다. 영장류 아기들은 다칠 때 크게 소리를 지르는데 이때 엄마들은 만사를 제치고 달려온다.

영장류 아기와 엄마의 관계는 매우 친밀하며 인간과 침팬지의 경우에는 흔히 그런 관계가 평생 지속된다. 제인 구달에 의하면, 카하마 무리의 한 성인 침팬지는 어미가 심각한 부상을 당한 후 죽음에 이를 때까지 5일간 곁에 있으면서 벌레를 쫓았다고 한다. 어떤 침팬지는 어미가 연로하여 죽자 심한 우울을 겪기도 했다. 또 몇몇 암컷 원숭이들은 새끼가 침팬지에게 유괴당하자 새끼를 되찾기 위해 목숨을 걸고 헛된 사투를 벌였다. "어떤 어미는 자기도 죽어가는 와중에, 잡아먹히고 있는 새끼에게 가려고 낑낑댔다."[4] 정글의 삶은 피로 물들어 있지만 사랑과 헌신 또한 존재한다.

동물행동학자 이레나우스 아이블아이베스펠트는, 이러한 어미-자식 관계가 개인과 개인 간의 모든 우호적 관계의 진화론적 토대가 된다고 본다. 어류와 파충류는 집단으로 모이지만 구성원들 간의 사랑의 유대나 우정을 찾아보기는 힘들다. 아이블아이베스펠트에 의하면 개인 간의 호의적 관계가 장기적으로 지속된 것은 온혈동물들이 새끼를 돌보기 시작한 뒤부터다. 어미의 돌봄이 진화한 결과 같은 종의 개별 동물들을 인지하고 기억하는 능력이 발달했으며 동시에 서로에게 친절하게 대하려는 동기가 유발될 수 있었다.[5]

조류나 포유류 어미들이 자식을 인지하는 능력은 종에 따라 다양하게 나타난다. 인지는 선천적이거나 후천적일 수 있으며, 즉각적이기도 느리기도 하고, 시각이나 후각, 혹은 청각에 의존할 수 있다. 마찬가지로, 자식이 어미를 인식하는 능력 역시 종에 따라 다양한 기제를 따른다. 오리나 거위의 새끼들은 알에서 부화한 후 처음 보는 움직이는 물체를 어미로 인식하는데 이러한 방식을 "각인imprint"이라고 한다. 그 물체가 실제로 어미일 경우에는 아무 문제가 없지만 때로는 잔디 깎는 사람이나 잔디 깎는 기계 자체를 어미로 인식하게 되기도 한다.

각인은 불완전하고 불확실한 수단이다. 이에 반해 영장류는 이른바 **애착**attachment이라는 복잡한 방식을 진화시켰다. 영장류 아기들은 자기 엄마를 알게 되는 데 비교적 긴 시간이 걸리는 편인데, 원숭이의 경우에는 몇 주, 침팬지나 인간은 몇 개월 정도가 소요된다. 아기 원숭이는 스스로 나무를 타고, 인간 아기는 기기 시작하면서 어미에게 애착을 가진다. 아기 원숭이는 겁을 먹거나 다치면 곧장 어미에게 뛰어가 매달린다. 이런 행동은 인간의 경우에도 다를 바 없다. 좋은 먹잇감이 되는 작은 생명체에게 정글은 위험 가득한 곳이고, 그렇기 때문에 진화는 아기들이 보호자로부터 멀리 떨어지지 않도록 일종의 심리적 끈을 만들었다.

하지만 이 끈은 아기가 성장함에 따라 점점 길어지다가 결국 끊어진다. 침팬지는 이러한 단절이 비교적 늦은 편이어서, 어미의 목소리가 들리지 않을 만큼 멀리까지 떨어지는 것은 거의 청소년기에 가까운 8~9세 무렵이다. 인간의 아이가 그 정도의 독립성에 이르기까지는 매우 짧은 시간이 걸리는데 보통은 만 3년 정도. 인간은 세 살이 되면 어린이집이나 유치원 등의 보육 시설에 다니게 되고 약간의 적응기를 거친 다음에는 대부분 별 저항 없이 엄마와 떨어질 수 있다.[6] 5장 마지막 부분에서 소개한 내 큰딸도, 처음 유치원에 갔을 때 그렇게도 애를 먹였지만 첫날 이후에는 괜찮아졌다. 몇 년 동안은 특히 활동적이고 시끄러운 아이들 곁에 있을 때 주눅이 들곤 했지만 말이다(어른이 된 지금은 전혀 그렇지 않다).

내가 처음에는 아주 대담한 아이였고, 반면 내 친딸은 매우 소심한 아이였다는 점을 생각해보자. 아이가 부모의 유전자를 물려받는다고 해서 부모의 모든 특성을 그대로 물려받는 것은 아니다. 우리는 흔히 유전이 생물학적 친족 간에 유사성이 나타나는 원인이라고 생각하지만, 유전은 친족 간의 차이를 만드는 원인이 되기도 한다. 형은 눈이 파랗고 동생은 갈색이라면 이 차이는 유전에 의한 것이다. 딸과 나는 전혀 다른 성격으로 세 살배기 시절을 보냈는데, 이는 적어도 부분적으로는 둘의 기질에 유전적 차이가 있기 때문이다.

기질에 있어서 유전적 차이는 왜 어떤 아이들은 유치원 교실 앞에서 엄마와 더 쉽게 떨어질 수 있는지, 왜 어떤 아이들은 또래들과 어울리는 데 다른 아이들보다 더 큰 관심을 갖는지를 설명하는 데 도움이 된다. 하지만 유전이 모든 것을 설명해주지는 못하며 아이들의 경험 또한 분명한 원인이다. 여기서 문제는 무슨 경험이냐는 것인데, 양육가설이 제시하는 답은 물론 부모와 함께한 경험일 것이다. 사회화 연구자들은 아이가 친구와 맺는 관계는 부모와의 초기 관계가 어떠했는지에 달려 있다는 증거를 찾고자 오랫동안 애써왔다. 이런 연구의 가장 흔한 방법론은 발달심리학자 메리 에인즈워스Mary Ainsworth의 연구에 기초한다.[7]

에인즈워스의 목표는 아이들이 엄마에게 갖는 애착의 차이를 드러내고, 그 차이가 인생의 다른 영역에서의 삶과 밀접하게 연결되어 있음을—상관관계가 있음을—밝히는 것이었다. 여기서 문제는 엄마와의 애착 형성 여부를 그냥 봐서는 알 수 없다는 점이다. 왜냐하면 (애착을 가질 엄마가 존재한다고 가정할 때) 일반적인 아이들은 **누구나** 엄마에게 애착을 갖기 때문이다. 심지어 엄마가 아이를 무시하거나 학대하는 경우에도 아이들은 엄마에게 애착을 느낀다.[8] 실제로 학대가 오히려 엄마에 대한 의존성을 증가시킨다는 점은 매우 역설적이면서도 슬픈 사실인데, 이렇게 되는 이유는 아이가 공포나 고통을 느끼는 상황에서 애착이 가장 강해지기 때문이다. 학대 받는 아이는 자기를 학대하는 바로 그 사람에게서 안정을 얻고자 한다.*

이렇듯 애착 유무 검사의 무용함이 드러난 후, 다른 잣대가 필요해졌다. 이때 메리 에인즈워스가 기여한 바는 자신이 애착 **안정성**security이라 이름붙인 내용을 검사할 수 있는 방식을 고안했다는 점이다. 연구는 생후 12~18개월 정도의 유아들을 대상으로 실시되었는데 이 시기는 아이의 애착이 정점에 달하는 시기다. 실험은 이런 식으로 이루어진다. 아이와 엄마는 장난감이 널린 실험실 안에 들어가고(이 실험에는 다른 아이들이 없다) 잠시 후 엄마가 실험실을 나간다. 엄마는 총 두 번 퇴장하는데, 첫 번째는 방에 여성 연구자 한 명이 남아 있고, 두 번째는 모두 퇴장하고 잠시 동안 방에 아이가 홀로 남는다. 엄마가 나갈 때 울음을 터뜨리는 것은 아이들 대부분이 마찬가지지만, 진실은 엄마가 돌아올 때 드러난다. 아이들은 엄마의 등장에 어떤 반응을 보이는가? 어떤 아이들("안정적 애착"으로 판정된)은 엄마를 향해 기거나 걸어가 엄마의 존재에 안정감을 느꼈다. 반면 어떤 아이들("불안정 애착"으로 판정된)은 엄마를 외면하거나 멈추지 않고 울거나 엄마에게 달려들었다가 다시 엄마를 밀치기를 반복했다.[9]

이러한 차이가 엄마와 자녀의 관계에 있어 어떤 중요한 내용을 보여 준다는 애착 연구자들의 생각에는 나도 동의한다. 이 차이는 과거에 아이들이 힘들 때 엄마가 얼마나 도움이 되어주었는지를 보여 준다. 과거에 두렵거나 불안한 상황에서 엄마로부터 위안을 경험할 수 있었다면 아이는 계속해서 엄마에게 위안을 기대할 것이다. 하지만 바로 이 지점에서 애착 연구자들과 나의 의견이 갈라진다. 그들은 이러한 기대가 차후에 맺을 인간관계의 색을 결정한다고 생각하지만, 나는 그렇게 생각하지

---

* 이는 다른 종도 마찬가지다. 새끼오리의 각인 효과를 연구한 한 연구자(Hess, 1970)는, 자신을 엄마로 각인한 새끼오리의 발을 실수로 밟은 후 오리가 전보다 자신을 더 가까이서 따르는 것을 관찰했다.

않는다. 아이가 엄마에게 무엇인가를 배운다는 사실은 분명하지만, 엄마와의 관계에서 학습한 것을 미래의 관계에까지 일반화하는 것은 어리석은 일이다. 만일 신데렐라가 집 밖의 사람들도 새엄마처럼 자기를 대할 것이라 생각했다면 결코 무도회에 가지 못했을 것이다.

엄마와 아이의 관계가 이후에 맺을 모든 인간관계의 원형이 된다고 이야기한 사람은 영국의 정신의학자 존 볼비John Bowlby였고 그의 생각은 양육가설의 지지를 받아 큰 호응을 얻었다. 볼비에 의하면, 아기들은 엄마와의 관계에서 "내적 작동모델internal working model"(일종의 개념이다)을 형성한 후 다른 관계들(아빠, 형제, 친구, 보모 등과의 관계)도 이와 같은 패턴을 따를 것이라 기대한다.[10] 그럴듯하지만 직설적으로 말하자면 이 이론은 틀렸다. 아기의 마음속에 엄마와 자신의 관계에 대한 작동모델이 있을지도 모르지만, 이는 어디까지나 엄마가 곁에 있을 때만 작동된다. 이 모델은 다른 사람이 어떻게 행동할지, 그를 믿는 것이 과연 안전할지를 예측하는 데는 쓸모가 없다. 엄마에게 무엇을 기대해야 할지를 잘 아는 것은 질투심 많은 큰언니나 무뚝뚝한 베이비시터, 재미있는 또래 친구들과의 관계를 다루는 데 그다지 도움이 안 된다. 물론 엄마와의 관계를 다루는 데는 확실한 도움이 되겠지만 말이다.

메리 에인즈워스가 애착 안정성 검사 방식을 고안한 후 지금까지 수천 명의 유아들이 '엄마 어딨어? 아, 저기 있네!' 실험의 대상이 되었고 그 결과를 보고하는 수백 편의 논문이 발표되었다. 각 연구의 목적은 애착 안정성과 다른 내용(그것이 무엇이든)과의 상관관계를 밝히는 데 있었으며, 당연한 일이지만 발표된 논문들은 대부분 유의미한 상관관계가 발견되었다고 말한다. 어떤 논문은, 애착이 안정적으로 형성된 미취학 아동이 더 쉽게 교우 관계를 맺으며 다양한 발달 과제들(예컨대 문제 해결)도 쉽게 해결한다고 이야기한다. 하지만 전혀 반대되는 결론을 내는 연구자들도 있다.[11] 발달심리학자 마이클 램Michael Lamb과 앨리슨 내쉬Alison Nash는, 애착 안정성과 관련한 자료들을 명확하고 냉정한 시선으로 검토하고 다음 과 같은 결론을 내렸다.

> 엄마와 유아 간 애착의 질이 이후 또래 사이에서의 사회적 능력을 결정한다
> 는 주장은 계속 있어왔지만, 이러한 가설을 뒷받침하는 실증적 근거는 거의
> 없다.[12]

애착 연구에서 알 수 있는 분명한 사실은 넓은 의미에서 아이의 관계 는 독립적으로 형성된다는 점이다. 엄마와 안정적으로 애착을 형성한 아 이라고 해서 아빠와도 안정적 애착을 형성하는 것은 아니다(반대의 경우 도 마찬가지다). 탁아 시설에서 교사와 안정적 애착을 형성했다고 해서 엄 마와도 안정적 애착을 형성하는 것은 아니다(반대의 경우도 마찬가지다).[13] 애 착의 안정성은 아이의 내면에 존재하는 것이 아니라 아이가 맺는 관계에 존재한다. 아이의 마음속에는 단 하나의 작동모델만 있는 것이 아니라, 여러 관계를 움직이는 각각의 작동모델이 존재한다.

아이가 맺는 관계가 크게 보면 독립적이지만 그렇다고 완전히 독립 적이지는 않다. 아이가 각각의 인간관계에 두루 적용하는 무엇인가가 있 기 때문이다. 선천적으로 타고난 특징들(사교성, 상냥함, 준수한 외모 등)은 아 이가 엄마, 아빠, 교사, 친구들 중 누구와 관계 맺든 영향을 미친다.[14] 이 모든 관계의 주체인 아이의 유전자가 일관되기 때문에 애착 연구자들이 각 관계에서 상관관계를 발견하는 것도 놀랄 일은 아니다.

아이는 또래들과 놀기 위해 엄마 손을 놓아버리지만 아이의 유전자 는 변함이 없는 것이다.

▶ 엄마 없음 대 또래 없음

이 지점에서 오해가 없기를 바란다. 나는 엄마-자녀 관계의 중요성을 평가절하하려는 것이 아니며, 이러한 초기 관계가 정상적인 사회성 발달뿐 아니라 정상적 두뇌 발달에도 필수적이라고 생각한다. 인간의 뇌는 막 자궁에서 나왔을 때도 꽤 큰 편이지만 어쨌든 최종 뇌 크기에 비하면 4분의 1에 불과하다. 뇌의 발달이 완성되려면 환경으로부터 일정한 양과 질의 정보 투입이 필요하다. 예를 들어 인간의 시각 체계는 출생 직후 몇 달간 양쪽 눈에 패턴화된 자극이 주어져야 한다. 만일 그렇지 못하면 아이는(원숭이나 고양이의 경우도 마찬가지다) 나중에 3차원 공간을 지각하는 능력이 결여되고 만다.[15] 문제는 눈이 아니라 바로 뇌에 있다. 뇌가 발달하는 데는 자궁 외부 세계로부터의 일정한 자극이 "요구되며" 완전히 성숙하는 데에도 자극이 필요하다. 지금까지 이런 필요가 정상적으로 충족되기 때문에 인간의 시각 체계는 대개 정상적으로 발달한다.

마찬가지로 뇌의 정상적 발달을 위해서는 아기가 음식과 편안함을 제공하고 늘 곁에 있어줄 한 사람 또는 소규모의 사람들의 돌봄을 받는 것이 "요구된다"고 나는 생각한다. 이런 요구가 충족되지 않으면 뇌에서 인간관계 작동모델 형성을 담당하는 부분이 제대로 발달하지 못할 것이다. 영장류학자 해리 할로우Harry Harlow와 마거릿 할로우Margaret Harlow는 새끼 붉은털원숭이들을 우리에 한 마리씩 따로 넣고 키웠는데, 그 안에는 친구가 될 수 있도록 복슬복슬한 털옷을 입힌 인형과 분유병을 함께 넣어주었다. 어미 없는 이 원숭이들이 다 자랐을 때는, 같은 종의 다른 원숭이를 극도로 두려워하거나 무관심하거나 공격적인 등 사회적 행동에서 상당히 비정상적인 모습을 보였다.

하지만 우리 영장류는 적응력이 뛰어난 동물이기도 하다. 어미는 없더라도 같은 우리에 다른 새끼 붉은털원숭이 서너 마리를 넣어주면 상당히 정상적으로 자라난다. 새끼일 때는 비참한 시간을 보내지만—서로에게 절실히 매달리는 것을 보면 적어도 비참해 **보이는** 것은 확실하다—일 년 정도 지나면 결국 정상적으로 행동하게 된다.[16] 어린 시절의 비극이 반드시 후유증을 남기는 것이 자연의 순리는 아니다. 아기들(혹은 어른들)을 비참하게 만든 것이 꼭 장기적 결과를 낳지는 않는다.

마찬가지로 오늘의 만족스러운 상황이 내일까지 보장해주지는 않는다. 엄마는 **있지만** 또래는 **없이** 자란 원숭이들은 어릴 때는 충분히 만족스러운 생활을 하지만 나중에 다른 원숭이들과 함께 우리에 갇히면 심각한 문제를 보인다. 할로 부부에 의하면, 친구 없이 자란 원숭이들은 "다른 원숭이들과 같이 놀고자 하는 의지가 없으며" 사회적 행동에서도 비정상적인 모습을 보인다(완벽히 고립되어 자란 원숭이가 가장 비정상적이었다).[17]

엄마는 친구를 대신할 수 없지만 친구는 때로 엄마를 대신할 수 있다. 이는 원숭이가 아닌 인간의 경우를 말하는 것으로, 60년 전 (지그문트 프로이트의 딸인) 안나 프로이트Anna Freud가 소개한 가슴 아픈 사례를 통해 실증되었다. 나치 강제수용소에서 살아남은 여섯 명의 아이들—남자 셋, 여자 셋이었고 모두 서너 살 정도였다—이 전쟁이 끝날 무렵에 구조되어 영국의 유치원에 보내졌는데, 이때 안나가 아이들을 연구할 기회를 얻게 되었다. 아이들은 모두 태어나고 얼마 안 되어 부모를 잃었고, 수용소에서 몇몇 어른들의 돌봄을 받았지만 그 어른들도 모두 죽었다. 하지만 아이들은 끝까지 함께하며 살아남았다. 이 집단은 그 어린 시절의 혼돈 속에 존재하는 유일한 안정감의 조각이었다.

안나 프로이트가 아이들을 처음 만났을 때, 그들은 마치 작은 야만인 같았다.

유치원에 도착한 첫날, 아이들은 유치원에 있는 모든 장난감과 가구들을 망가뜨렸다. 교사들에게는 차가운 무관심으로 일관하거나 극도의 적개심을 보였다.…화가 나면 어른들을 때리거나 물거나 침을 뱉었다.…소리를 지르고 비명을 지르고 욕을 했다.

하지만 이것은 어디까지나 **어른들**을 향한 태도였을 뿐, 서로에 대해서는 완전히 다른 행동을 보였다.

아이들은 서로를 지극히 돌보는 한편 그 밖의 다른 누구에게도, 그 무엇에도 관심을 보이지 않았다. 아이들은 함께 있는 것 외에는 바라는 것이 없으며 아주 잠깐이라도 서로 떨어지게 되면 몹시 불안정해졌다.…이 같은 비정상적인 정서적 의존은, 그들 사이에 질투나 경쟁, 대립이 거의 부재한 데서 기인한다.…아이들한테 "차례를 지키라"고 충고하는 일은 없었는데, 왜냐하면 아이들은 모두에게 각자의 몫이 돌아가기를 강하게 바랐기 때문에 스스로 차례를 지켰던 것이다.…아이들은 서로에게 이래라 저래라 하지 않았으며, 집단 중 누군가가 외부인에게 부당한 대우를 받거나 위협을 당한다고 느껴지기만 하면 반사적으로 그 아이를 위해 맞서 싸웠다. 이들은 서로의 감정을 극도로 배려했다. 서로의 것을 탐내지도 않았고 오히려 자기 물건을 서로에게 기꺼이 내어주곤 했다.…길을 걸을 때는 서로의 안전을 염려했으며, 뒤처지는 아이를 배려했고, 도랑에 빠지지 않도록 돕고, 숲에서는 서로를 위해 나뭇가지를 치워 길을 내주고, 서로의 외투도 들어주었다.…식사 시간에는 자기가 식사하는 것보다 옆 아이에게 음식을 건네주는 것이 우선이었다.[18]

너무나 감동적인 이야기다. 특히 마지막 문장이 그렇다. **강제수용소**에서 살아남은 아이들이 자기 입보다 동료의 입에 음식이 들어가는 것을 더 중요시했다는 것이! 모든 아이들이 친구에게 어떤 필요가 느껴지면 반드시 그에 반응해주었다. 마치 끝없이 이어지는 소꿉놀이 같았다. 아이라는 실제 정체성은 간직한 채 그들은 서로의 엄마이자 아빠가 되어주었다.

수용소의 여섯 아이들이 40대가 되었을 무렵인 1982년, 미국의 한 발달심리학자는 안나 프로이트의 공동 연구자였던 소피 단Sophie Dann에게 편지로 그 아이들이 어떻게 지내고 있는지 물었다. 결론적으로 아이들은 모두 괜찮은 어른으로 자라났다. 소피 단은 그들이 "성공적인 삶을 살고 있다"고 답했다.[19]

이들이 문제없는 어른으로 자라난 것은 수많은 난관을 겪었음에도 불구하고 네 살 이전에 지속적인 애착을 형성했기 때문이다. 대체로 생후 4년 동안 옛날 방식의 보육원에서 자라난 아이들은 정상적으로 성장하지 못한다. 이것은 하나의 수수께끼인데, 보육원 안에는 애착 관계를 형성할 아이들이 충분히 많기 때문이다. 하지만 이전 보육원들의 운영 정책상 아이들끼리 서로 긴밀한 애착 관계를 맺는 것은 그다지 권장되지 않았다. 이것은 잘못된 배려의 결과라고 할 수 있는데, 보육원에서는 입양 가정이 정해지면 아이들이 수시로 그곳을 떠나기 때문에 서로 너무 친해지지 않는 편이 더 낫다는 것이다. 1990년대 초 미국의 연구팀들이 루마니아의 보육원에 방문한 적이 있는데, 아이들은 다섯 그룹으로 나뉘어 있었고 각 그룹에게 별도의 방과 돌봄 담당자가 딸려 있었다. 하지만 연구팀은 개별적인 아이들이 수시로 다른 그룹으로 옮겨 다니는 모습을 관찰했다. 이는 아이들이 어렵게 자기 그룹과의 애착을 형성하더라도 이내 쉽게 깨질 수 있음을 의미한다.[20]

어린 시절을 보육원에서 보냈다고 해서 사교적 기술이 결여되는 것은 아니다. 어떤 면에서 이 아이들은 오히려 지나칠 정도로 사교적이다. 아이들에게 부족한 것은 친밀한 관계를 형성하는 능력이다. 이 아이들은 누구에게도 깊이 관심을 가지는 법을 모르는 것 같다.[21] 아이들의 뇌에서 작동모델을 만드는 부분이 제대로 그 방법을 배우지 못했거나, 소용없다고 치부하며 포기해버렸기 때문이다. "써먹지 않으면 잃는다"는 말은 노인의 뇌가 아니라 성장하는 아이들의 뇌에 더 적절한 말이다.

258

네 살 **이후** 보육원에 들어간 아이들은 유년기의 중요한 시기를 시설에서 보내더라도 결국에는 문제없는 어른으로 성장한다. 에리트레아에서 전쟁으로 나라가 갈가리 찢겼을 때, 많은 아이들이 부모를 잃고 보육시설에 들어갔지만 갖가지 문제로 고통을 겪는 와중에도 어쨌든 부모와 계속 함께 지낼 수 있었던 아이들도 있었다. 최근 미국의 몇몇 연구자들이 시설에 수용된 그 고아 집단과 부모와 함께 지낸 아이들 집단을 비교했는데, 두 집단 사이에 "유의미한 임상적 차이가 거의 발견되지 않았다." 눈에 띄는 차이 하나는 고아 집단이 좀 더 불행하다는 점이었다.[22]

부모가 없는 아이들이 불행하다는 데는 의문의 여지가 없다. 오스트레일리아의 데이비드 먼더스David Maunders는 유년기의 전부 혹은 대부분—생후 첫 4년을 제외하고—을 오스트레일리아와 미국, 캐나다의 보육원에서 보낸 성인들을 인터뷰했다. 그가 인터뷰를 통해 발견한 보육원에서의 생활은 소설 『제인 에어Jane Eyre』의 앞부분을 연상시켰다.

> 보육원에 들어가는 것은 혼란스럽고 충격적인 일이었으며, 적응을 위한 배려 따위는 전혀 없었다. 요즘에는 다소 완화되었지만, 보육원 생활은 훈육과 가혹한 체벌로 규정된다. 일과는 일상적인 가사일로 채워져 있었고, 애정이나 관심을 경험할 기회는 없었다.

이 아이들은 보육원에 들어가기 전에 부모와 함께 지낸 경험이 있었기 때문에 보육원에 온 후 자신이 상실한 것이 무엇인지를 알고 있었다. 먼더스의 연구대상자 중 다섯 살에 보육원에 들어간 한 남자는 이렇게 말했다.

> 밤마다 잠자리에 들 때면 자고 일어나면 이 꿈에서 깨게 될 거라고 생각했던 기억이 납니다. 다음날 아침에 일어나 보면 물론 꿈은 깨지지 않았죠. 하지만

저는 보육원에서 지내는 동안 하루도 거르지 않고 그런 생각을 하며 잠들었습니다.[23]

보육원에서 자란 사람들이 보여 주는 특징적인 점은 어른이 된 후에 소피 딘이 "성공적인 삶"이라고 말한 그런 삶을 살고 있다는 것이다. 그들은 모두 결혼도 하고 자식도 낳고 직업도 갖고 있었다. 이들은 유년기 대부분을 부모 없이 보냈지만 결국에는 잘 사회화되었다.

돌봐주는 어른은 있었지만 또래 아이들과 어울릴 기회는 별로 없었던 아이들의 사례를 찾기는 다소 어렵다. 외따로 떨어진 농장에서 길러지는 아이들의 예를 들어보자면, 그들은 대체로 놀이 상대가 되어줄 형제자매가 많음에도 사회적 부적응의 미묘한 징후를 보여 준다. 군주제를 유지하는 유럽 국가들의 왕실에서 자라난 왕자와 공주들의 비정상적 유년기 경험을 감안할 때 이들이 평범한 어른으로 자라날 수 있을지 생각해보라. 또 다른 안타까운 사례는 만성적 신체장애로 어린 시절을 집에서 보내는 경우다. 어떤 보고서는 이런 아이들이 청소년이 되면 "심리적 병리 증상을 겪을 위험성이 높다"고 말한다.[24]

마지막으로 천재들이 있다. 보통 천재는 매우 특별하고 그에 마땅한 명성을 얻는 사람으로 그려지는데, 지금 내가 천재라고 표현하는 이들은 주변에 흔히 있는 영재들이 아니다. 사실 그런 아이들은 아무 문제가 없다. 하지만 압도적 재능을 지닌, 또래 아이들과 공유할 요소를 전혀 지니지 못한 천재들은 사회적·정서적 문제를 안게 될 확률이 높다.[25]

윌리엄 제임스 시디스William James Sidis(그의 부모가 유명한 심리학자의 이름을 따서 지은 이름)의 안타까운 사례를 살펴보자. 외동아들이 매우 특별한 재능을 타고났다고 믿은 그의 부모는 남은 인생을 아들의 교육에 바치기로 결심했다. 윌리엄은 1898년에 태어났는데 당시는 교육에 관한 사회적 관심이 매우 높았으며 많은 전문가들이 아이가 적절한 교육을 받는다면 누구나 천재가 될 수 있다고 주장했다. 윌리엄은 생후 18개월 만에 읽는 법을 배웠고, 여섯 살에는 몇 개의 외국어로 읽기가 가능했다. 이 무렵 윌리엄은 매사추세츠의 법에 따라 학교에 가게 되었는데 불과 6개월 만에 공립학교 7학년의 전 과정을 마쳤다. 결국 부모는 윌리엄을 집으로 데려왔고 윌리엄은 몇 년간 집에서 시간을 보냈다. 그는 이후 고등학교를 3개월 만에 마쳤고 다시 몇 년을 집에서 보내게 된다.

열한 살이 되어 윌리엄은 하버드 대학교에 입학했고, 몇 달 후 하버드 수학 동아리에서 "사차원 입체"를 주제로 발표를 했다. 그 자리에 있던 사람들은 이 소년의 영특함에 놀라움을 금할 수 없었다.

이때가 윌리엄 인생의 정점이었으며 이후로는 내리막길이 이어졌다. 그는 열여섯에 하버드에서 학위를 받았지만, 평생 단 한 번도 그 학위를 사용해보지 못했다. 일 년간 대학원에 다니다가 법학대학원으로 옮겼지만, 어디서도 학위를 받지 못했다. 대학에서 수학 강사직을 얻었지만 그 일 역시 썩 잘하지는 못했다. 그를 쫓아다니던 한 기자는 "일찍 익은 과일, 일찍 썩다"라는 제목의 기사를 쓰기도 했다. 무수한 파파라치들이 그를 따라다니며 귀찮게 했지만, 그렇다고 윌리엄의 별난 성격을 그들 탓으로 돌릴 수는 없을 것이다.

어른이 된 후 윌리엄은 부모를 완전히 등졌고(아버지의 장례식에마저도 참석하지 않았다), 학계에도 발을 들이지 않았다. 그는 머리를 쓸 필요가 없는 저임금 사무직을 이곳저곳 전전하며 여생을 보냈다. 결혼도 하지 않은 그의 취미는 전차 환승 승차권을 모으는 것이었다. 윌리엄은 이 취미에 관한 책을 썼는데 읽어본 사람에 의하면 "지금까지 읽은 책 중 가장 따분했다"고 한다. 훗날 윌리엄을 만난 이들은 그의 성격에 대한 다양한 진술을 남겼는데, 한 사람은 "오랫동안 외롭게 지내온 사람들이 흔히 그러하듯 만성적 냉소가 몸에 배어 있었다"고 했으며, 누군가는 "윌리엄의 강렬하고 변덕스러운 행동 저변에는 일종의 유아적인 매력이 있었다"고도 했다. 윌리엄 제임스 시디스는 46세의 나이에 뇌졸중으로 사망했다. 고독했고, 무명이었으며, 빈털터리였고, 영원한 부적응자로.[26]

윌리엄의 사례는 어미만 있고 또래는 없이 사육된 원숭이들과 비슷하다. 어른이 된 후 이 원숭이들은 어미가 없는 대신 또래가 곁에 있었던 원숭이들보다 비정상적이었다. 최악의 경우는 물론 둘 다 결여된 원숭이였다. 다행히도 인간은 이런 상황에 처하는 일이 극히 드물다. 일단 생각나는 것은 아베롱의 야생 소년 빅터와 캘리포니아의 지니 정도인데, 지니는 열세 살이 될 때까지 유아 변기에 묶인 채 작은 방에 갇혀 있었다.[27]

빅터와 지니는 둘 다 매우 비정상적인 어른이 되었다. 그러나 우리는 그 비정상성이 부모의 사랑이 결핍된 탓인지 어울릴 친구가 없었던 탓인지를 분명하게 단정할 수 없다. 제3의 가능성으로서 빅터와 지니가 선천적으로 어딘가 잘못된 채 태어났을 수도 있다. 하지만 우리는 체코슬로바키아의 한 사례 연구에서 판단의 실마리를 얻을 수 있다. 한 쌍의 쌍둥이가 태어나자마자 어머니를 잃고 보육원으로 보내졌는데, 한 살이 되었을 때 아버지가 재혼을 하면서 아이들은 다시 집으로 돌아갔다. 그런데 그 새어머니가 신데렐라의 새어머니보다 더 나쁜 사람이어서, 쌍둥이들은 집으로 돌아간 후 6년 동안이나 좁고 차가운 벽장에 갇혀, 제대로 먹지 못하고 수시로 얻어맞으며 지냈다. 이들은 일곱 살이 되어 발견되었는데, 제대로 걷지도 못했고 언어 능력은 평균적인 두 살배기보다 떨어지는 수준에 머물러 있었다. 하지만 결국 이들은 모두 정상적인 어른으로 성장했다. 아이들은 정상적인 가정에 입양되었고 열네 살에 공립학교에 입학한 뒤로는 반 친구들을 따라잡기 시작했다. 연구자는 "병리적 증상이나 이상 증후가 전혀 없었다"[28]고 보고했다. 아이들은 생후 7년 동안 어머니(아버지도 마찬가지다)의 사랑을 전혀 받지 못했지만, 그들에게는 서로가 있었다.

▶ 놀이친구

쌍둥이는 특별한 경우라 할 수 있는데, 태어날 때부터 함께 놀 동갑친구가 있기 때문이다. 하지만 그들도 태어나자마자 서로 어울려 노는 것은 아니다. 동갑 친구와의 놀이는 시간을 들여 발전시켜야 할 일종의 기술이다. 이 장 초반부에 소개한 실험실의 두 아기는 서로에게 관심이 있었지만 정작 호의를 나타내려는 행동이 아주 서툴고 때로 역효과를 낳기도 했다. 방금 사귄 사람의 눈을 손가락으로 찌르는 것은 결코 우정을 시작하는 최선의 방법이 아니다.

아기로서는 부모나 형제와 어울리는 쪽이 더 편하다. 연장자는 놀이의 규칙을 만들고 적절한 반응이 무엇인지 반복을 통해 가르쳐준다. 생후 일 년이 지나면 보통의 미국 아기들은 부모와 쥠쥠이나 까꿍놀이를 할 수 있다. 하지만 또래 아기들은 그다지 이해심이 많지도 않고 별 도움이 되지 않는다. 아무리 좋은 의도가 있어도 아기들은 생후 일 년까지는 다른 동갑내기 아기와 놀이를 하지 못한다.

하지만 두 살이 되면 가능하다. 캐롤 에커먼과 동료들은 또래들 간의 놀이가 어떻게 발달해 가는지 연구하기 위해 다양한 연령대의 아이들을 실험실에 모아놓고 관찰했다. 그들이 발견한 것은, 아기들이 친해지기 위한 방편으로서 상대를 모방하는 빈도가 점차 높아진다는 사실이었다. 아기들은 서로를 모방하면서 행동을 맞추고 상대에 대한 관심을 표시한다. 모방은 인류가 지닌 특별한 재능으로, 어떤 동물도 인간만큼 모방을 잘하지 못한다. 이 점이 바로 6장에서 다룬 켈로그 박사의 실험에서(그리고 박사의 아들에게도) 문제가 되었던 부분이다. 침팬지가 아이를 모방하는 것이 아니라 아이가 침팬지를 더 많이 모방한 것이다.[29]

한 실험실의 두 낯선 아기가 서로를 모방하기 시작하는 것은 걸음마를 뗄 무렵부터다. 처음에는 나란히 앉아 상대가 하는 행동을 따라 하는 단순한 놀이를 한다. 한 명이 공을 집어들면 다른 한 명도 공을 집어 든다. 공이 하나밖에 없으면 다른 아기는 먼저 공을 집어 든 아기에게서 공을 빼앗으려 하기도 한다.

두 살이 되면 모방은 더 정교하고 흥미진진해진다. 아이 하나가 방을 뛰어다니거나 장난감 두 개를 서로 맞부딪히거나, 혹은 탁자에 걸려 넘어지거나 탁자를 핥는 등 우스운 행동을 하면 그것을 본 다른 아이도 그대로 따라한다. 그러면 앞서 그 행동을 시작한 아이는 같은 행동을 반복하거나 다른 새로운 행동을 생각해낸다. 이렇게 '술래 따라 하기' 놀이가 시작되는 것이다. 이러한 모방 놀이는 몇 번 정도 왔다 갔다 하면 끝나지만, 아이들은 놀이가 진행되는 동안 굉장히 즐거워한다.

생후 2년 반 정도가 지나면 아이들은 놀이를 조율하기 위해 행동은 물론이고 말까지 사용할 수 있게 된다. 그리고 세 살부터는 조율된 행동과 아울러 상상의 공유가 필요한, 예컨대 소꿉놀이 같은 게임을 할 수 있다. 이 시점이 되면 아이들은 단순히 서로를 모방하는 수준을 넘어 공유하는 상상 속에서 각기 다른 역할을 수행한다.[30]

한 살에서 세 살 사이에 나타나는 또 다른 사건은 진정한 의미의 우정 형성이다. 아이들은 여러 또래 친구와의 만남을 통해 관계의 작동모델을 형성하고, 특별히 더 좋아하는 친구도 결정된다. 유치원이나 어린이집에서 아이들이 어울리는 모습을 관찰한다면 아이들이 날마다 함께 노는 친구가 대개 정해져 있음을 발견할 것이다. 연령대가 다양한 환경이라면 아이들은 대체로 동갑내기들과 무리를 형성하려 한다. 나이가 많은 아이들은 어쩔 수 없는 경우가 아니라면 자기보다 어린 아이들과는 어울리지 않으려 하는 경향이 있기 때문이다. 또한 성별이 같은 아이들이 무리로 묶이는 경향이 있다. 다섯 살 무렵이 되면 아이들 무리는 거의 단일한 성별로 이루어진다.[31]

지금 설명하고 있는 것은 오늘날의 산업화되고 도시화된 사회의 아이들이 또래와의 놀이 행동을 발전시키는 방식이다. 이런 사회에서 부모들은 자기 아이들이 또래와 어울릴 기회를 가져야 한다는 생각을 아주 당연하게 받아들인다. 그리고 그런 기회를 제공하기 위해 매우 큰 노력을 기울인다. 아이를 유치원이나 어린이집 같은 곳에 보내지 않는 부모들은 아이들의 놀이집단을 만들기도 하고, 비슷한 나이의 자식을 둔 다른 부모들과 어울림으로써 그 아이들이 서로 친구가 되게 한다. 부모가 대학을 나왔든 고교 중퇴자이든, 행동유전학자든 사회화 연구자든, 자식이 성장하는 데 있어 또래와 어울리는 경험이 중요하다는 사실을 부정하는 부모는 거의 없다.

놀이친구playmates의 중요성에 대한 믿음은 양육가설에 대한 믿음과는 달리 세계 어느 곳에서나 발견된다. 하지만 사회가 산업화되고 도시화되기 전에는 아이들이 주위에서 함께 놀 또래를 찾기가 힘들었고, 오늘날에도 세계의 몇몇 지역에서는 여전히 그렇다. 부족사회나 작은 마을 집단에서 아이들은 엄마 품을 떠나 다양한 연령대로 구성된 놀이집단에 들어가게 되며, 따라서 아이는 집단 안에서 가장 어린 구성원으로서 출발할 수밖에 없다. 연령대는 두 살에서 여섯 살 혹은 두 살에서 열두 살 사이로 형성되는 것이 보통인데, 이는 그 사회의 인구밀도에 의해 결정된다. 아이들이 많은 사회라면, 나이 많은 아이들은 따로 떨어져나가 자기들만의 새로운 집단을 형성할 것이다.[32]

앞서 다양한 연령대로 구성된 전통사회의 놀이집단play group에 대해 설명한 바 있는데, 그런 사회에서는 대가족이 하나의 단위로 모여 살기에 놀이집단도 친족관계로 구성되는 것이 일반적이다. 아이들은 형제나 사촌, 혹은 어린 삼촌이나 이모와 어울려 놀이를 하고, 집단에서 나이가 많은 이들은 동생들을 책임지는 역할을 맡는다. 즉, 집단에서 어떻게 행동해야 하고 놀이가 어떤 규칙을 따르는지를 가르쳐주는 것이다. 연장자들의 지시는 마냥 상냥하지는 않아서 동생들을 때리거나 놀리기는 다반사고, 이성적인 논리에 근거하지도 않는다. 다섯 살밖에 안 된 아이가 친구에게 모래를 던지는 여동생을 야단칠 때 "그 애가 네게 똑같은 짓을 한다면 넌 기분이 어떻겠니?"라고 설명해주지는 않는다. 그럼에도 불구하고 아이들 집단에서 싸움이나 심한 수준의 폭력은 별로 일어나지 않는다. 서구 사회에서도 아이들은 부모나 선생님이 지켜보고 있을 때보다 자기들끼리 있을 때 오히려 싸움을 덜 하는 경향이 있다. 아마도 상황이 심각해지기 전에 어른들이 싸움을 제지하리라는 사실을 아이들도 잘 알기 때문일 것이다.[33]

전통사회에서 아이들은 언어 역시 놀이집단에서 학습한다. 아이들은 보통 두 살 쯤에 말을 시작하는데, 부모가 아이들과 대화를 별로 하지 않기 때문에 언어를 부모에게서 배우지는 못한다. 이들의 대화 상대는 바로 다른 아이들이다.[34] 나이 많은 아이들은 동생들에게 말할 때 문장을 단순하게 바꿔서 말하려는 경향이 있다. 게다가 오늘날 우리 사회의 부모들이 아기에게 말을 가르칠 때 사용하는 묻고 답하기, 잘못된 문장을 참을성 있게 고쳐주기, 말을 잘했을 때 웃으며 토닥여주기 같은 교육 방법을 활용하지 못한다. 따라서 전통사회의 아이들은 우리 사회의 아이들에 비해 비교적 느리게 언어를 학습한다. 하지만 결국에는 확실하게 자신이 속한 사회의 언어를 배우고 유창하게 구사할 줄 알게 된다. 그리고 모두 사회화된다.

엄마의 품을 떠나 놀이집단에 속한 후에도 전통사회의 아이들은 오늘날 우리 사회의 아이들과 마찬가지로 대부분 부모와 정서적 애착을 유지한다. 아이들은 부모에게서 먹을 것을 얻고 보호와 위안을 받으며 조언을 듣기도 한다. 부모와 자녀 간의 유대와 서로를 향한 사랑은 대체로 평생 지속된다. 대부분의 전통사회에서는 젊은 남자들이 태어난 마을에 남아 부모 형제와 가까운 곳에 집을 짓고 살아간다. 젊은 여자들은 보통 결혼을 하고 마을을 떠나지만 여전히 친정에 찾아가기를 좋아하고 친정

부모가 찾아오면 즐거운 마음으로 반긴다.

그럼에도 불구하고, 전통사회의 아이들이 엄마의 품을 떠나 놀이집 단에 속하고 나면 어떤 점에서 이 아이들은 더 이상 부모의 아이가 아니 라 그 지역공동체의 아이가 된다고 할 수 있다. 만약 어떤 아이가 잘못된 행동을 하는 것을 공동체의 어른이 본다면 그 아이를 훈계할 수도 있다.[35] 요컨대 아이를 키우는 데는 **마을 전체**가 필요한 것이다.

그러나 온 마을이 필요하다는 것은 아이들을 바른 길로 인도하기 위 해 많은 수의 어른이 필요하다는 의미가 아니다. 마을 전체가 필요한 까 닭은 마을 안에 놀이집단을 형성할 만큼 충분한 수의 아이들이 있기 때 문이다. 이레나우스 아이블아이베스펠트는 이렇게 말한다. "아이들은 놀 이집단 안에서 진정한 성장을 한다. 아이들이 사회화되는 데 가장 핵심 적인 요소는 바로 놀이집단이다."[36] 이는 자신이 전문적으로 연구했던 전 통사회, 즉 뉴기니의 산악지대나 사하라 이남 아프리카 같은 지역을 염 두에 둔 말이지만, 나는 복잡하고 도시화된 사회에 사는 아이들에 대해 서도 비슷한 설명이 가능하다고 생각한다.

우리 사회는 부모 자식 간의 유대를 매우 강조하면서 부모가 아이들 과 함께 "의미 있는 시간quality time"을 보내야 한다고 말한다. 그래서 이혼 가정의 아이도 양쪽 부모의 집을 오가며 각 부모와 의미 있는 시간을 보 낸다. 하지만 만일 부모와 함께 있는 시간이 아이를 위해 그렇게 중요하 다면 아이들을 집에 붙들어두기는 왜 그렇게도 어려운가? 왜 우리는 귀 가 시간 같은 것을 두어야 하는가?

5장에서 나는 식사 시간을 제외하고 하루 종일 집 밖에 나가 있는 오 키나와 소년 이야기를 했다. 아이는 엄마에게 "친구들이 밖에서 기다린 다고요"라고 말하며 집을 나갔다. 말레이시아 반도 우림 지대의 취옹 Chewong 부족 아이들은 십대가 되기 전부터 스스로 부모로부터 독립한다. 이들을 연구한 인류학자는 다음과 같이 기록했다. "일곱 살 무렵이면 아이들은 부모의 곁을 떠나 같은 성별의 좀 더 나이 많은 아이들로 구성된 또래집단에 서서히 편입된다." 이동이 완료되는 시점을 구체적으로 언급하지 않았지만, 변화는 한두 해 안에 일어나는 것으로 보인다. 이동이 끝나면 부족 어른들은 자식들에게 "더 이상 적극적으로 무엇인가를 가르치려 하지 않는다. 아이는 이제 자신이 선택한 과제를 스스로 해결하고, 특별한 지도가 필요할 때만 부모에게 도움을 요청한다."[37]

영국의 동물행동학자 존 아처John Archer는 이렇게 말한다. "어린 동물에게 발견되는 여러 특징은 어른이 되기 전에 나타나는 전조가 아니라, 성장 과정의 각 단계에서 생존을 돕는 역할을 하는 것이다."[38] 부모(또는 부모를 대신하는 누군가)와의 친밀한 관계가 아기들에게 필수적이라고 해서 그 이후 단계에서까지 필수적인 것은 아니다.

▶ 사회화 위임하기

인간 외의 영장류들이 보이는 사회적 행동은 대부분 타고난 것이다. 탄자니아 마할레 산맥의 침팬지와 곰베 강 국립공원에 서식하는 침팬지의 행동은 유사점이 상당히 많다(흥미롭게도 완전히 똑같지는 않지만 말이다).[39] 하지만 인간은 (앞 장에서 설명한) 집단대조 효과에서 보듯, 불과 담 하나를 사이에 둔 이웃 집단 간에도 사회적 행동에서 현저한 차이를 보인다. 한 인류학자가 멕시코 남부의 사포텍족 마을 두 곳을 연구한 적이 있다. 두 마을 주민들은 서로 같은 언어를 사용하고 같은 작물을 재배하지만, 라파스에서는 폭력이 매우 드물고 용인되지도 않는 반면 산안드레스에서는 폭력이 만연하고 삶의 일부로 받아들여졌다. 산안드레스의 살인 사건 발생률은 라파스보다 무려 다섯 배가 높았다. 연구자는 산안드레스에서 두 형제가 서로에게 돌멩이를 던지는 광경을 목격하고 못마땅한 기색을 감추지 못했다. "형제의 어머니는 아이들이 그렇게 위험한 장난을 하는 것을 보고도 말릴 생각을 하지 않았고, 아이들이 늘 그렇게 싸운다고 말했다."[40]

인간의 사회적 행동이 집단마다 다양하게 나타나는 것을 통해 그것이 선천적으로 타고나는 것이 아님을 우리는 알 수 있다. 사회적 행동은 학습되는 것이다. 우리는 또한 아이들이 사회적 행동을 학습한다는 것을 알 수 있는데, 왜냐하면 아이들은 결국 자신이 속한 사회의 대다수 사람들과 어느 정도 비슷하게 행동하는 어른이 되기 때문이다. 여기서 말하는 사회란 반드시 **태어난** 곳일 필요는 없으며, 자신이 자라온 곳을 뜻한다.

그렇다면 아이들은 어떻게 사회적 행동을 학습하는 것일까? 프로이트 이론이 심리학의 주류를 이루던 시기에는 간단한 설명이 가능했다. 아이는 엄마나 아빠를 동일시하여 행동을 학습한다는 것이다. 동일시를 통해 아이의 초자아가 형성되고, 초자아는 아이가 바른 길을 밟아가도록 안내한다.

프로이트 이론이 시대에 뒤떨어진 이론이 되어버린 후에도 많은 심리학자들은 아이가 같은 성별의 부모를 모델 삼아 행동 양식을 형성한다고 믿었다. 아빠가 거울을 보며 면도를 하고 곁에서 한 소년이 면도하는 흉내를 내는 사진은 오랫동안 발달심리학 교재에 단골로 실려왔다(솔직히 말하면 내가 집필한 교재에도 있었다).[41]

물론 아이는 부모를 모방한다. 우리 인간은 동물 세계에서 제일가는 모방꾼이며, 그 복잡한 사회적 행동을 학습하려면 마땅히 그래야 한다. 그런데 오늘날의 미국 부모들은 아이가 면도하는 흉내를 내는 모습을 귀여워하지만, 성냥불을 붙이거나 벚나무를 베거나 동생을 때리거나 욕을 입에 담는 것을 보고도 귀엽다고 생각하지는 않는다. 우리는 자녀들이 착한 아이처럼 행동하기—착한 아이는 어른과 똑같이 행동하지 않는다

—를 바란다.

사회화를 위해 부모를 모방하는 것은 전 세계 어디서도 그다지 좋은 전략이 아니다. 오늘날 미국의 아이들이 다소 힘든 과제를 떠안은 듯 보인다면, 폴리네시아 부족사회에서 아이들이 사회적 행동을 어떻게 학습하는지를 살펴보는 것이 좋겠다. 폴리네시아 아이들은 어른을 매우 순종적이고 조심스럽게 대해야 한다. 어른은 모든 면에서 아이들을 통제하고 다스릴 수 있으며, 아이는 어른에게 순종해야지 불평을 하면 안 된다. 하지만 아이가 친구들과 어울릴 때는 좀 더 자유롭게 행동하는 것이 허용된다.[42] 나는 1장에서 아이가 부모를 관찰하면서 사회적 행동 양식을 학습하는 것이 아니라는 점을 지적했는데, 실제로 폴리네시아의 부모들은 어른끼리 있을 때도 아이들과 있을 때도 순종적이고 조심스러운 자세로 행동하지 않는다. 부모의 사회적 행동을 모방하면서 정상적 사회화를 이룰 수는 없는 것이다.

부모가 정상적 사회 구성원이 아닐 경우, 즉 부모가 괴벽한 사람이거나 알코올 중독자, 혹은 범죄자라면 아이가 부모를 따라 하는 것이 문제가 될 수 있다. 혹은 부모가 이민자라서 사회가 요구하는 행동 양식에 익숙하지 못할 수도 있다. 이민은 현대적 사회 현상이라고 생각하기 쉽지만 실제로는 고대에도 이민이 있었다. 예를 들어 주위 부족들과 항상 전쟁을 벌이는 한 부족에서 여자아이가 태어났다고 생각해 보자(전쟁은 인류보다 더 오래된 전통적 삶의 방식이다). 어머니는 그 부족에서 태어나거나 자라지 않은 사람인데, 전쟁 상대였던 마을에서 납치되어 포로가 된 후 무공을 세운 남자의 전리품(혹은 전리품 중 하나)이 되었기 때문이다.[43] 하지만 남자는 여자 쪽 부족의 풍습을 거의 모르고 다른 방언을 사용한다. 이럴 경우 태어난 그 딸이 어머니의 사회적 행동과 발화 양식을 따라 해서는 곤란하다.

아이들은 부모를 맹목적으로 따라 하지 않으며, 매우 신중하게 모방한다. 아이들은 부모가 정상적이고 전형적으로, 즉 다른 사회 구성원들과 동일한 행동을 한다고 여겨질 때만 부모를 모방한다. 아이들은 놀랄 만큼 어릴 때부터 이를 판단할 수 있다. 독일 태생의 한 친구가 이런 얘기를 들려주었는데, 네 살배기 딸이 미국에서는 아빠에게 독일어로 말하기를 꺼리면서도 가끔 독일에 가면 거리낌없이 독일어를 구사한다는 것이다.[44] 또한 아이들은 어릴 때부터 남자와 여자의 일이 각기 다르다고 생각한다. 내 두 딸 중 하나는 다섯 살 무렵에 아빠는 요리를 하면 안 된다고 말하기도 했다.

내가 물었다. "그럼 엄마는 망치질이나 톱질 같은 걸 하면 안 되겠네?"

"그렇죠." 딸은 이렇게 답하면서 나에게 참 난처하게 됐다는 듯한 표정을 지어 보였다. 우리 집에서는 남편이 요리를 절반 정도 하고 망치질이나 톱질은 대부분 내가 하기 때문이다.

아이들이 이런 생각을 갖게 되는 이유 중 일부는 텔레비전이나 동화책의 영향이다. 하지만 이러한 생각이 옳은지 그른지는 유치원이나 어린이집에서 친구들과 하는 역할놀이를 통해 확인한다. 아이들은 소꿉놀이이나 소방관놀이를 할 때 (실제로 자기 아빠가 소방관이라 해도) 자기 부모를 흉내 내지 않는다. 각 역할은 대략적이고 전형적인 고정관념을 따르며 여러 아이들의 공통된 견해를 종합해 결정한다. 이러한 놀이는 전통사회처럼 사생활이 없고 남이 어떻게 행동하는지를 모두가 알고 있는 조건에서는 그리 흔하지 않다.[45] 모든 남녀가 비슷하게 행동하는 사회라면 각자의 역할에 맞는 올바른 행동 방식이 무엇인지를 따지기 위해 아이들이 모일 필요가 없기 때문이다.

아이들은 적응력이 뛰어난 존재다. 한 아이가 주위에 다른 아이가 없어 부모와만 지낸다면 필연적으로 부모의 행동을 모델로 삼는다. 만일 타잔*처럼 유인원들이 키우거나 늑대 무리에서 발견된 인도의 늑대 소녀들처럼 야생동물에게 양육된다면,[46] 아이들은 인간으로서 최선의 노력을 다해 유인원이나 늑대처럼 행동할 것이다. 하지만 이렇게 선택지가 하나만 주어지는 경우는 매우 드물다. 아이들에게는 다양한 행동 모델이 존재하며 각각의 행동은 결코 유사하지 않다. 그렇다면 아이들은 어떤 모델의 행동을 모방하는 것일까?

6장에서 사례로 설명한 도널드 켈로그는 침팬지에 의해 길러진 것이 아니라, 정확히 말해 침팬지와 **함께** 길러진 것이다. 침팬지 구아가 동물원으로 돌아가게 된 것은, 도널드의 부모가 자신들이 침팬지에게 미치는 영향 이상으로 침팬지가 도널드에게 영향을 미치고 있음을 깨달았기 때문이다. 19개월 동안 도널드가 습득한 언어는 겨우 영어 단어 세 개 정도였지만 침팬지 언어로 의사소통하는 데는 별 어려움을 느끼지 못했다. 어째서 도널드는 인간인 부모의 언어를 모방하지 않고 침팬지의 언어를 모방한 것일까?

내가 보기에 그 해답은 바로 도널드가 사회적 범주에 관한 기초적 인식을 이미 갖고 있었다는 데서 찾을 수 있다. 도널드는 자신과 구아가 같은 사회적 범주 안에 있다고 정확하게 인식하고 있었는데, 여기서의 사회적 범주는 나이다. 앞 장에서 이미 설명한 것처럼 아기들도 범주화 능력을 지니고 있으며, 생후 1년 전에도 상대를 나이와 성별에 따라 구분할 수 있다. 아마 아기들은 자신이 어떤 범주에 속하는지도 알고 있을 것이다. 원숭이나 침팬지도 "우리"와 "그들"을 구분할 수 있는데 한 살배기 인간 아기가 못한다는 법이 있겠는가?

---

* 실제로 타잔이 유인원들에게 양육되고 다 자랄 때까지 발견되지 않았다면 타잔은 아마 지나나 빅터 같았을 것이다. 그의 언어는 "나 타잔, 너 제인" 정도를 결코 넘어서지 못했을 것이고, 집에서 살도록 길들여지지도 않았을 것이다. 나무에서 사는 것도 아무 문제가 아니었을 것이다. 나무 위를 올려다보는 누군가에게는 어떨지 모르지만.

도널드와 구아는 형제나 마찬가지였다. 켈로그 부부는 둘에게 같은 옷을 입혔고, 같은 식탁에서 함께 식사를 했고, 같은 방식으로 가르쳤다. 특정 모델을 선택하고 모방하려 할 때 아이는 자기보다 나이가 많은 형제를 선호한다.[47] 사실 구아는 도널드보다 몇 달 정도 늦게 태어났지만, 침팬지가 인간보다 빠르게 성장하기 때문에 구아는 도널드에게 형과 같았다.

폴리네시아 아이들이 각기 다른 두 사회 규범을 학습하는 과정을 생각해보자. 아이들은 어른과의 관계에 필요한 규범을 어떻게 학습하는 것일까? 부모로부터 폴리네시아 사회의 예절을 구두로 전달받는 것은 분명 아니다. 전통사회에서는 부모가 직접 가르치거나 명확한 지시 사항을 일러주는 일이 드물기 때문이다. 대부분의 부모들은 아이가 잘못을 저지르면 야단을 치거나 매질을 한다. 따라서 아이들은 관찰을 통해 사회 규범을 학습해야 하며 실제로 그렇게 한다. 스키너는 유기체의 학습을 위해서는 보상이 필요하다고 말했지만, 사실 아이들은 보상(여기서는 처벌) 없이도 얼마든지 필요한 지식을 학습할 수 있다. 아이들은 자신과 비슷한 사람들의 행동을 관찰하고 그 결과 무슨 일이 벌어지는지 확인하는 방식으로 학습한다. 뜨거운 난로에 손을 대면 안 된다는 사실을 배우기 위해 직접 손가락을 대볼 필요는 없는 것이다. 동생이나 형이 잔뜩 달구어진 난로를 만질 때 무슨 일이 벌어지는지 관찰하면 된다.[48] 폴리네시아 아이들은 형이나 누나가 어른을 대하는 방식을 자세히 관찰하여 어른을 대하는 행동 규범을 학습한다. 그리고 그 형들 역시 **그들보다** 나이가 많은 아이들을 관찰한다.

한번은 시누이가 조카에게 빨간 피망을 썰어 건네주었는데, 조카가 피망을 입에 넣자 그것을 지켜본 여동생이 "나도 줘!"라며 떼를 썼다. 잠시 후 조카가 맛없다는 표정을 지으며 시누이에게 입에 있는 것을 뱉어도 되냐고 묻자 여동생도 즉시 마음을 바꾸었다. 직접 먹어보지도 않고 자신도 빨간 피망을 좋아하지 않는다고 결정을 내려버린 것이다.

시누이 부부는 모두 피망을 좋아한다. 하지만 그 사실이 내 귀여운 조카에게는 전혀 중요하지 않았다. 그 아이에게 중요한 것은 다만 자기 오빠가 피망을 좋아하는지 여부일 뿐이다. 발달심리학자 리앤 버치Leann Birch는 편식이 한창 심해지는 미취학 아이들에게 싫어하는(혹은 싫어한다고 생각하는) 음식을 먹이기 위해 부모가 할 수 있는 일은 거의 없다는 사실을 발견했다. 부모의 교육이나 설득은 아무 효과도 없고 아이들은 한걸음도 물러서지 않는다. 하지만 싫어하는 음식을 먹일 수 있는 방법이 한 가지 있다. 그 음식을 좋아하는 다른 아이들과 함께 식탁에 앉히고, 아이가 싫어하는 음식을 모두에게 나누어주는 것이다.[49]

미취학 연령 아이들이 선호하는 모델은 바로 다른 아이들이다. 서너 살 무렵부터 아이들은 유치원 친구들의 행동에 자기 행동 양식을 맞추고, 때로는 그것을 집에까지 끌고 들어온다. 이를 확인하는 가장 손쉬운 방법은 아이들이 하는 말을 들어보는 것이다. 아이들은 또래 아이들의 특징적 억양을 자연스럽게 감지한다. 한 영국인 심리언어학자는 자기 딸이 캘리포니아 오클랜드의 한 유치원에 다닌 지 넉 달 만에 "흑인 영어*"를 원어민처럼 구사했다"고 했다. 유치원 아이들이 모두 흑인인 것은 아니지만 아이가 어울린 놀이집단에는 흑인 아이들이 있었던 것이다. 그 아이는 흑인 친구보다 영국인 엄마와 더 많은 시간을 보냈겠지만, 아이의 언어에 더 중요한 영향을 미친 것은 엄마가 아닌 친구의 언어였던 것이다.[50]

▶ 우리 대 나와 너

앞 장에서 사회심리학자 헨리 타지펠의 실험을 소개했는데, 연구자가

---

* '에보닉스'라고도 한다.

아이들에게 각자가 과소평가와 과대평가 중 어느 쪽인지를 알려주는 것만으로도 자신의 소속 집단을 다른 집단보다 더 좋아하도록 만들 수 있었다. 타지펠은 이 같은 소속 집단 구성원에 대한 우호적 감정을 정의하기 위해 **집단성**이라는 용어를 만들었다.

타지펠의 제자였던 존 터너는 집단성의 몇 가지 특징적 면을 좀 더 구체화했다.[51] 사람은 자기가 속한 집단의 구성원 모두를 좋아할 필요가 전혀 없다는 것이다. 나아가 자기 집단의 구성원 모두를 **알아야** 하는 것도 아니다. 더 나아가면 심지어 집단의 구성원 모두를 **모른다** 해도 집단성이 형성될 수 있다. 중요한 것은 단지 당신과 그들이 같은 사회적 범주 안에 속했다는 인식, 요컨대 자기 범주화의 문제다.

나는 X다.
나는 Y가 아니다.

오랜 진화의 역사로 인해 인류는 이 단순한 전제가 주어지면 아주 간단한 결론을 내렸다. 우리는 Y에 속한 사람들보다 X에 속한 사람들을 더 좋아한다는 것이다. 또한 범주화 과정 자체를 통해 우리는 자신이 X의 구성원들과 닮았고 Y의 사람들과는 다르다고 판단한다. 이러한 정신 활동은 의식적으로는 쉽게 파악할 수 없는 수준에서 진행되지만 결국 눈에 띄는 분명한 결과를 낳는다. 우리는 동화 과정을 통해 자기 집단 구성원들과 더 닮아가고, 집단대조 효과를 통해 타 집단 구성원들과의 차이점이 커진다. 어떤 조건에서는 타 집단에 대한 적대적 감정이 촉발되기도 하는데 이를 "우리 대 그들" 효과라 할 수 있을 것이다.

우리 대 그들 효과는 모든 개인 관계에 적용되지 않는다. 일대일 관계를 형성하는 능력은 태어날 때부터 주어지는 반면 집단성이 형성되기까지는 시간이 걸린다. 일대일 관계는 의존이나 사랑, 미움, 함께하는 즐거움 같은 감정에 기초하고, 집단성은 (우리는 모두 닮은 데가 있다는) 기본적인 유사성이나 (우리 모두 한 배에 탔다는) 공통의 운명에 대한 인식에 기초한다. 일대일 관계에는 두 사람이 필요하다. 셋부터는 모임 또는 무리라고 표현하는데, 집단성은 언제나 둘보다는 많은 사람을 필요로 하며 상한선은 존재하지 않는다. 지금까지의 설명을 듣고 집단성 개념이 순전히 지적 차원의 문제라고 생각하지 않길 바란다. 집단성에는 매우 깊고도 강한 감정이 수반되기 때문이다. 인류 역사를 돌아보면, 개인적 관계를 위해 죽은 사람보다 집단을 위해 목숨을 던진 사람들이 더 많다.

6장에서 "사회적 모듈" 개념을 다루면서, 이는 자폐증을 앓는 사람 안에서는 제대로 작동하지 않는 뇌의 영역이라고 이야기했다. 이와 비슷한 차원에서 (시각장애인에게서는 잘 작동하지 않는) "시각계"를 생각해볼 수 있다. 시각 계는 여러 분화된 요소들의 집합이며 따라서 한 요소에 문제가 생기더라도 다른 요소는 문제없이 작동할 수 있다. 예를 들어 뇌를 다친 사람 중에 사물의 위치는 분명히 파악하지만 그 사물이 구체적으로 **무엇**인지는 알아내지 못하는 사람이 있고, 그 반대의 경우도 있다. 사물은 시각적으로 분별하지만 얼굴은 분별하지 못하는 사람도 있다. 또 양쪽 눈 모두 정상이지만 두 눈으로 들어오는 이미지를 3차원에서 조합하여 인식하지 못하는 사람도 있다. 우리가 시각 체계라고 부르는 것은 사실 여러 하위 체계로 구성되며, 각 하위 체계는 어느 정도 상호 독립적이다. 각 체계는 각기 다른 입력 정보가 필요하고 각기 다른 출력물을 만들어내며, 초기 발달 과정에는 형성되고 연결되는 시기와 방법도 제각각이다.[52]

나는 사회적 모듈도 마찬가지라 생각한다. 사회적 모듈은 적어도 두 가지 하위 체계, 즉 일대일 관계를 담당하는 체계(태어나면서부터 곧바로 작동한다)와 집단성을 담당하는 체계(구성까지 시간이 걸린다)로 구성되어 있다.

집단성과 개인적 관계는 서로 독립적으로 작용할 뿐 아니라 때로는 서로 반대 방향으로 작용하기도 한다. 나는 "내 제일 친한 친구 중에는 유대인도 있어"라는 말이 왜 모욕이 될 수 있는지 궁금했던 적이 있다. 그 이유는 발화자가 우정(개인적 관계)과 유대인 집단에 대한 감정을 구분하기 때문일 것이다. 이 사례를 보면 친구가 속한 집단은 좋아하지 않으면서 그 친구를 좋아하는 일이 충분히 가능함을 알 수 있다.

집단성과 개인적 관계는 때로 개인에게 상충된 요구를 하기도 한다. 예를 들어 전쟁이 벌어졌을 때 사람들은 사랑하는 가족과 남을지, 집단을 지키기 위해 가족을 떠나 싸워야 할지를 결정해야 한다. 사람들은 이러한 딜레마를 각기 다른 방식으로 해결한다.

나의 이론에 의하면, 아이를 사회화하고 처한 환경에 맞게 성격을 수정하게 하는 것은 집단성을 담당하는 마음속의 영역이다. 아이의 행동에 장기적 변화를 일으키는 데는 집단성이 개입한다. 개인적 관계를 다루는 영역도 때로 강한 감정을 불러일으키지만 그것은 행동에 단기적 변화를 가져올 뿐이다.[53]

▶ 집단사회화 이론

이 책의 가장 핵심적인 질문은 '아이는 어떻게 사회화되는가?'이다. 아이들은 어떻게 자신이 속한 사회에서 용납될 만한 정상적 구성원의 행동을 학습하는가? 그리고 아기의 기질이라는 재료로 성인의 성격을 만들어내는 것은 과연 무엇인가? 이 두 질문은 서로 관계없는 별개의 질문처럼 보일 수도 있겠다. 실제로 이들은 심리학의 각기 다른 분야*에서 다루는 주제이지만, 내가 보기에 이 둘은 동전의 양면과 같다. 아이에게 사회화란 주로 타인과 함께 있을 때 어떻게 행동해야 하는지를 배우는 과

---

* 사회심리학과 성격심리학.—옮긴이

정으로 이루어진다. 그리고 인간의 성격이란 주로 타인과 함께 있을 때 보이는 행동 양식으로 구성된다. 인간과 같은 사회적 동물에게는 대부분의 행동이 **사회적 행동**이다.[54] 나는 지금 이곳에 혼자 앉아 있지만 그럼에도 불구하고 사회적 행동을 하고 있는 것이다. 내가 지금 컴퓨터로 쓰고 있는 이 글을 아무도 읽지 않는다면 도대체 무슨 의미가 있겠는가.

아이들은 자신이 속한 사회에 적합한 행동 양식을 학습해야 한다. 그런데 문제는 그 사회의 사람들이 모두 똑같은 방식으로 행동하지 않는다는 점이다. 어느 사회에서나 사람들은 아이인지 어른인지, 남자인지 여자인지, 결혼을 했는지 안했는지, 왕족인지 평민인지에 따라 각기 다르게 행동한다. 따라서 아이가 제일 먼저 해야 할 일은 자신이 어떤 부류의 사람인지를, 즉 자신이 속한 사회적 범주가 무엇인지를 파악하는 것이다. 그 후에 아이들은 자기와 같은 사회적 범주에 속한 구성원들의 행동을 학습한다.

자신이 어떤 사회적 범주에 속했는지를 알아내기란 그다지 어렵지 않다. 만약 어떤 아이의 중성적인 옷차림이나 이름으로 인해 누군가가 아이의 성별을 혼동한다면 세 살배기 아이조차 곧바로 화를 내며 "난 남자가 아니라 여자라고요!"라고 말할 것이다. 아이들은 또한 자신이 (어른이 아닌) 아이라는 것도 알고 있다. 그렇기 때문에 당신이 어떤 아이를 어른인 줄 착각했다고 연기하면 그 아이는 기뻐하고, "아가"라고 부르면 벌컥 화를 내는 것이다. 나이와 성별은 세 살 정도의 아이에게 거의 유일한 유의미한 사회적 범주다. 이 시기의 아이들은 인종을 별로 중요하게 생각하지 않는다.[55] 조금 앞서 언급한 그 영국인 심리언어학자의 딸은 자기가 유치원에서 제일 좋아하는 친구가 자기보다 피부색이 검다는 것을 인지하지도, 신경 쓰지도 않았다.

심리학자의 딸이 흑인 친구의 말투에 동화된 것은 어린아이들도 자신이 속한 집단의 다른 구성원들, 즉 "나와 같은" 사람들이라고 인지하는 구성원들의 행동에 자신을 맞추는 경향이 있기 때문이다. 그렇다면 아마 이런 질문이 생길 것이다. 그럼 **다른 구성원들**은 어디서 행동을 학습하는가? 대답은 바로 아이들 집단에 적용되는 다수결 원칙에 있다. 누가 집단에 들어오든 그 아이가 집단의 대대수와 다른 행동을 보인다면 그 아이가 행동을 바꿔야 한다는 것이다. 그곳의 흑인 아이들은 언어를 집이나 동네에서 학습하고 이후 유치원에서 아이들이 모일 때도 자기들이 같은 언어를 사용한다는 사실을 확인했을 것이다. 하지만 그 영국인 심리언어학자의 딸은 아무도 자기처럼 말하지 않는 것을 보고 자신이 주위 아이들과 다른 존재임을 발견했을 것이다. 그래서 아이는 자신이 바꾸기로 마음을 먹었고, 흑인 친구들은 그럴 필요가 없었다. 그리고 결국 아이는 유치원에서 새로 학습한 언어를 집에까지 끌고 들어왔다. 자기와 비슷한 다른 아이들은 다들 이런 식으로 말한다고 부모에게 알려주는 것이다. 물론 아이가 실제로 그렇게 **말하지는** 않았을 것이다. 아이에게 사회화는 대체로 무의식적으로 진행되기 때문이다.

나는 아이가 어떻게 사회화되고 발달 과정에서 어떻게 성격을 수정해가는지에 관한 나의 이론을 "집단사회화 이론"이라고 명명했다. 나는 〈심리학 리뷰〉에 실은 논문을 통해 이 이름을 소개했는데, 두 가지가 아쉽다. 첫째, 내 이론이 사회화뿐 아니라 인간의 성격 발달까지 다룬다는 점이 잘 드러나지 않는 것이다. 둘째는 "사회화"라는 단어가 아이**에게** 일방적으로 주입되는 과정이라는 인상을 준다는 점이다.[56] 내가 말하는 사회화란 상당 부분 아이들이 스스로에게 행하는 과정이다.

아이들은 자신을 어떤 집단과 동일시하고 그 집단의 행동과 태도, 어법, 복장 등을 받아들이면서 올바른 행동에 대한 생각을 얻는다.[57] 아이들은 이러한 과정을 대부분 자동적이고 자발적으로 밟아간다. 즉, 아이들은 다른 아이들과 닮기를 **바란다.** 하지만 때로 아이들이 어떤 독특한 생각을 떠올리는 경우도 있는데, 그럴 때 또래 친구들은 즉각적으로 집단과 구별되는 것에 가해지는 처벌을 상기시켜준다. 특히 학령기 아이들은 집단에서 구별되는 행동을 하는 아이에게 무자비한 처벌을 가한다. 모난 돌이 정 맞는다는 말처럼 말이다. 집단의 처벌은 아이들이 잘못된 행동을 스스로 깨닫고 고치도록 동기를 부여한다. 심리언어학자 피터 라이크 Peter Reich는 어릴 때 전국 보이스카우트 잼버리에서 겪었던 경험을 생각하면 지금도 몸이 움츠러든다고 회상한다. 그는 시카고에서 자랐는데 그곳에서는 보통 워싱턴Washington을 월싱턴warshington으로 발음했다. 미국 전역에서 모인 보이스카우트 아이들은 그에게 다가와 미국의 수도가 어딘지 말해보라고 하고는, 그가 대답하면 "자지러지게 웃었다." 라이크는 이렇게 말한다. "사투리 억양 없애려고 엄청나게 애썼던 기억이 아직도 생생합니다."[58]

전 세계적으로 웃음은 집단에 순응하지 않는 개인의 행동을 제어하는 아주 좋은 무기다.[59] 하지만 웃음이 효과가 없는 사람들, 즉 무엇이 잘못되었는지 알아차리지 못하거나 잘못을 고치려 하지 않고 고칠 능력이 없는 사람들은 더 가혹한 벌을 받게 된다. 바로 집단 바깥으로 내쫓기는 것이다. 내가 어린 시절 4년 동안 겪은 것처럼 말이다.

여자아이들은 보통 집단을 만들지 않는데 내가 어떻게 집단에서 내쫓겼다는 것인지 의아한 사람도 있을 것이다. 실제로 학령기 여자아이들은 집단보다는 두세 명 정도로 이루어진 친구 관계를 형성하는 경향이 있다. 우선, 내가 지금까지 **집단**이라는 말을 두 가지 의미, 즉 아이들의 놀이집단(실제로 어울려서 놀이하는 아이들 무리)과 사회적 범주에 모두 사용함으로써 혼동의 여지를 남겼음을 밝힌다. 그리고 여기서 그 용어가 취하는 의미는 '사회적 범주'의 의미, 즉 존 터너가 "심리적 집단"이라 불렀고 또 이전 학자들은 "준거 집단"이라 명명한 것이다.[60] 5학년 때 나는 같은 반 여학생들과 아무런 관계도 형성하지 못했지만 나 자신을 그들과 동일시하고 있었다. 즉 그들은 나의 심리적 집단을 이루고 있었고, 그런 그들이 나를 거부했다는 점에서 내가 집단에서 축출되었다는 의미가 성립한다.

내가 그 집단에 속하지 못했음은 그 집단의 아이들에게 아무 영향을 미칠 수 없음을 의미했다. 그러나 그들은 여전히 나에게 영향을 미칠 수 있었다. 어떤 집단으로부터 영향을 받기 위해 직접적으로 그 심리적 집단의 구성원과 관계를 맺어야 할 필요는 없다. 나도 그 아이들과 마찬가지로 5학년 여자아이였고, 그렇기 때문에 아무도 내게 말을 걸지 않아도 나는 그들의 행동을 주의 깊게 관찰했다. 참여적 구성원이 되는 것보다는 나빴지만 그래도 아무것도 아닌 존재nothing가 되는 것보다는 나았다.

또래집단이 아이를 받아들이지 않더라도 아이가 집단에 스스로를 동일시하는 것까지 막을 수는 없다. 다야 메스톤Daja Meston이라는 한 미국 소년이 여섯 살에 티베트의 어느 사원에 맡겨졌는데, 그의 부모는 6년 동안 유럽과 아시아를 떠돌아다니던 히피였다. 소년은 열다섯 살까지 그곳에 머물며 다른 남자아이들과 함께 스님이 되기 위한 수업을 받았다. 물론 다른 아이들은 모두 티베트인이었다. 다야는 다른 아이들보다 피부도 희고 키도 컸기 때문에 아이들 사이에서는 혹처럼 툭 튀어나온 존재가 되었다. 친한 친구는 한 명도 없었고 그 특이함 탓에 또래 아이들에게 놀림을 받았다. 하지만 그 아이들은 다야의 심리적 집단이었고, 다야는 그 집단을 통해 사회화되었다. 다야는 현재는 미국에 살고 있으며, 이곳에서 만난 티베트인 여성과 결혼했다. 그의 외모는 자신의 정체성과 전혀 일치하지 않는데, 그는 인터뷰에서 자신이 "백인의 몸에 깃든 티베트인"이라고 말했다.[61]

다야가 사원의 또래집단에 자신을 동일시한 것은 선택의 여지가 없었기 때문이다. 다야에게는 자신과 그들이 같은 사회적 범주 안에 있음이 아주 분명했기에(다른 아이들에게는 그렇지 않았지만) 그 아이들처럼 티베트인이 되었다. 그는 티베트인처럼 말하고 생각하고 행동하는 법을 배워 갔다. 만일 그가 또래집단 안으로 받아들여졌더라면 아마 다른 모습의 티베트인이 되었을 것이다(뒤에 자세히 설명할 것이다). 하지만 집단에 받아들여지든 거부당하든, 어쨌든 다야는 티베트인이 되어야 했다.

다야가 사원에서 친한 친구를 사귀었다면 다른 모습의 티베트인이 되었을까? 물론 그랬다면 그곳 생활이 좀 더 행복했을 것이다. 하지만 여러 증거를 보면, 우정(혹은 우정의 결핍)은 개인의 성격 형성에 영구적 흔적을 남기지 못한다. 반면, 집단에 대한 동일시와 그 집단의 거부 및 수용은 성격에 지속적으로 영향을 미친다. 한 연구팀이 학교에서의 우정(혹은 우정의 결핍)과 또래 친구들의 수용 및 거부가 미치는 장기적 영향에 관한 연구를 실시한 결과, 또래들의 수용이나 거부가 성인기의 "삶의 전 단계에 걸친 적응"과 상관관계에 있음이 드러났다. 반면, 친한 친구를 사귀었는지 여부는 그렇지 않았다.[62]

우정은 일대일의 관계다. 집단 내 다른 아이들의 관심이나 애정을 불러일으킬 능력이 없는 아이라도 개인 관계에서 우정을 형성할 능력이 있을 수 있다. 집단에서 낮은 지위에 있거나 집단에서 거부당한 아이도 성공적인 우정 관계를 맺을 수 있다. 그 오만한 분위기의 교외 지역 학교를 다니던 내게도 친구가 하나 있었는데, 나보다 두 살이 어리고 3학년 아래인 옆집 아이였다. 하지만 내가 생각하기에 우리의 불평등한 우정은 장기적으로 서로에게 영향을 전혀 미치지 못했다. 자신의 행동을 집단의 기준에 순응시키는 것과 같은 방식으로 친구 간에도 그런 순응이 일어난다. 하지만 우정 관계에서는 순응 현상이 금방 사라지며, 마음속의 관계 영역(집단성 영역이 아닌)을 담당하는 작동모델의 영향으로 고유한 관계가 형성된다. 때때로 우정이 장기적 영향력을 가진 것처럼 **보이지만** 이는 대부분의 우정 관계가 심리적 집단의 구성원 사이에서 형성되기 때문이다.[63]

▶ 여자아이 대 남자아이

유년기 아이들에게 가장 중요한 심리적 집단은 젠더 범주다. 아이들은 세 살부터 자기가 남자인지 여자인지 자각하고, 다섯 살부터는 같은 성별의 아이들과 어울리고 싶어 한다. 그래서 다섯 살 무렵의 아이들이 형성하는 놀이집단은 대부분 하나의 성별로 이루어져 있다.[64] 아이들이 이렇게 성별을 기준으로 집단을 형성하는 것은, 오늘날처럼 도시화된 사회에서는 동갑내기 아이들의 수가 충분히 많기 때문이다. 즉 아이들에게 주어진 선택의 폭이 넓어진 것이다. 가정이나 동네의 놀이집단처럼 아이 수가 적은 환경에서 아이들은 성별을 가리지 않고 함께 논다. 상대가 침팬지라도 말이다.

아이들이 같은 성별의 놀이친구를 선호하는 한 가지 이유는, 유치원 시기 이후로 성별에 따라 각기 다른 양식의 놀이를 즐기기 때문이다. 그러니 자연히 자기가 좋아하는 놀이를 함께 할 수 있는 아이에게 끌리게 마련이다. 하지만 나는 놀이집단의 성별 구분이 단지 놀이 취향 차이 때문이라고만 생각하지는 않는다. 이는 자기 범주화, 즉 자신이 특정 집단에 소속되어 있다고 여기는 사고의 결과다. 자신이 특정 집단에 속해 있기 때문에 그 집단을 좋아하는 것이다.[65]

그리고 어떤 집단에 속했기 때문에 그 집단의 다른 구성원들을 닮고 싶어 하며 다른 집단의 아이들과는 구별되기 원한다. 여자아이들은 (남자아이들이 아닌) 다른 여자아이들을 닮으려 하고, 남자아이들은 (여자아이들이 아닌) 다른 남자아이들을 닮으려 한다. 내 동료는 네 살배기 딸이 친구가 "운동화는 남자애들이나 신는 신발"이라고 했다는 이유로 좋아하던 운동화를 거부했다는 이야기를 들려주었다.[66] 어떤 아빠는 딸이 장난감 공룡과 놀면서 "총은 남자애들이 가지고 노는 장난감이야"라고 말하는 것을 우연히 들었는데, 딸이 어린이집에서 그런 이야기를 들은 것 같다고 했다. 총기와 성차별주의를 모두 반대하는 이 아빠는 좀 난처했다.

> 저는 딸에게 (1) 남자든 여자든 총을 갖고 놀 수 있으며, (2) 누가 총을 갖고 노
> 느냐와 관계없이 아빠는 총을 좋아하지 않고, (3) 그래서 아빠가 원하지 않는
> 다는 것만 아니면 여자아이도 총을 갖고 놀 수 있다고 설명해 주었습니다.[67]

애썼어요, 아버님. 하지만 진정해요. 아빠의 견해는 귀여운 따님에게 중요하지 않답니다. 내 동료의 네 살배기 딸에게는 **부모가** 운동화를 어떻게 생각하는지가 전혀 중요하지 않았다. 운동화에 대한 아이의 생각은 부모의 말과는 상관없다. 부모는 딸 앞에서 "남자아이들은 정말 구역질 나" 혹은 "그 애는 남자니까 우리랑 놀 수 없어"라고 이야기한 적이 없다. 장난감 총 놀이처럼 성별에 따라 전형화된 행동은 같은 성별의 부모에게서 바이러스처럼 옮아가는 것이 아니다. 미국처럼 총기가 자유롭게 거래되는 사회에서도 아들 둔 아빠들 중에 총을 가지고 노는 사람이 없고, 딸을 둔 엄마가 줄넘기나 공기놀이를 하지도 않는다.[68]

좀 더 큰 아이들에게 가장 피부에 와닿는 행동 원칙은 이성을 대할 때의 행동 방식과 관계가 있다. 열한 살짜리 여자아이가 한 연구자에게, 학교에서 남자아이 옆에 앉음으로써 여자 집단의 금기를 깨뜨린다면 무슨 일이 벌어지게 되는지에 대해 설명해주었다. "애들이 더 이상 저랑 놀지 않을 걸요. 엄청 비웃고 놀려대겠죠. 옷에 오줌을 싸는 거나 마찬가지거든요.…적어도 **몇 달** 동안 놀림 받을 거예요. 차라리 신발을 거꾸로 신었다면 며칠만 놀림 받고 말겠죠."[69]

유년기 중반이 되면 다른 측면들(예컨대 피부색)이 점차 중요해진다.[70] 하지만 피부색도 젠더 구분만큼 중요하지는 않다. 여러 인종으로 구성된 어느 학교 6학년 학생들을 연구한 한 사회학자는, 점심시간에 아이들이 다른 인종끼리 함께 앉는 경우도 매우 드물지만, 성별이 다른 아이들이

같은 자리에 앉는 경우는 전혀 없었다고 했다. 그는 학생들이 "잘못된" 성별 집단에 속하느니 차라리 선생님에게 혼나는 편을 택한다고 말했다.

> 과학실험 시간에 리틀 선생님은 학생들에게 세 팀으로 나눠 앉으라고 했다. 세 팀 중에서 성별이 섞인 팀은 없었다. 리틀 선생님은 남자아이 넷이 모인 팀을 보고, 주안(흑인)에게 "일어나서 다이앤네 팀으로 가라"고 했다(다이앤의 팀에는 흑인 여자아이 둘이 있었다). 주안은 고개를 저으며 "싫어요"라고 했다. 리틀 선생님은 작지만 단호한 목소리로 말했다. "그러면 실험복을 벗고 교실로 돌아가거라." 주안은 조용히 일어나 말없이 가만히 서 있었다. 길고 무거운 침묵이 흐른 후 리틀 선생님은 "좋아, 그러면 내가 직접 해주지"라며 주안에게 다가가 실험복을 벗기고 실험실 밖으로 내보냈다.[71]

리틀 선생님이 주안 또래의 아이에게는 다른 성별의 아이 옆에 앉는 것이 바지에 오줌을 싸는 것만큼이나 끔찍한 일이라는 사실을 알고 있었다면 주안을 이해하고 좀 더 나은 방법을 찾을 수 있었을 것이다.

유년기 중반의 아이들은 성별에 따라 집단을 형성하기 때문에 사회화도 성별에 따라 고유한 형태를 띤다. 아이는 단순히 정상적인 미국인이 아닌 미국인 **남자아이** 혹은 미국인 **여자아이**로 행동하도록 사회화된다. 예를 들어 수줍음이나 소심함은 여자아이 집단에서는 받아들여지지만 남자아이 집단에서는 그렇지 않다. 반대로 산만하고 시끄러운 성격은 두 성별 집단에서 모두 바람직하지 않다고 여겨진다. 서구 사회에서는 이른바 "쿨한" 것이 이상적이다.[72]

스웨덴의 심리학자들이 한 무리의 아이들을 생후 18개월부터 16년 동안 추적 관찰했다. 시작할 당시에는 수줍고 소심한 아이들과 거칠고 조심성 없는 아이들이 섞여 있었는데, 이런 특성들은 생후 18개월부터 6세까지는 크게 변하지 않다가 6세와 16세 사이에 눈에 띄게 변하기 시작했다. 거친 아이들은 성별에 관계없이 차분하고 좀 더 부드러워졌고, 수줍음 많고 소심했던 남자아이들은 다른 남자아이들과 거의 구분할 수 없을 정도가 되었다. 수줍음 많고 소심했던 여자아이들은 많이 변하지 않았지만 수줍음 많고 소심한 남자아이들은 크게 변했다.[73] 소심함은 남자아이들 사이에서는 용납되지 않는 특성이라, 스스로 이를 극복하기 전까지는 (2장에 나온 마크처럼) 계속해서 친구들의 놀림감이 되고 괴롭힘을 당한다.

나는 이러한 변화를 집에서 직접 보면서 자랐다. 내 오빠는 마크 같았고 나는 오드리 같았다. 우리는 같은 부모님에게서 태어난 친남매였지만 서로 닮은 구석이 전혀 없었다. 어릴 때 오빠는 특히 낯선 사람을 보거나 시끄러운 소리를 들으면 금세 겁을 먹었다. 천둥번개가 치면 (난 좋았는데) 오빠는 무서워서 덜덜 떨었다. 그러면 어머니는 오빠를 달랬고 아버지는 짜증을 냈지만, 부모님의 말은 나에게 그랬듯 오빠에게도 별 영향을 미치지 못했다. 학교에 입학해서도 여전히 오빠는 소심했다. 천둥소리만 들어도 겁을 먹던 오빠가 열두 살 무렵에는 친구들과 화약 가루로 장난을 치다가 죽을 뻔한 일을 겪게 됐다. 성인이 되어서 오빠는 용감하고 차분하며 진중한, 전형적인 애리조나 남자가 되었다.

내 또래의 아이들은 내게 전혀 다른 것을 가르쳤다. 오빠는 점점 더 용감해지고 나는 점점 더 조심스러워졌다. 유년기의 용광로를 빠져나온 후 오빠와 나는 어릴 때보다 성격상 훨씬 많이 닮아 있었다.

▶ 우리 대 그들

자기 범주화의 가장 좋지 않은 효과는 바로 자신이 속하지 않은 범주를 싫어하게 된다는 점이다. 서로 대조되는 범주의 두 집단이 반드시 서로를 향해 적대적 감정을 품지는 않지만 이는 흔히 일어난다.

함께 어울릴 아이가 없을 때는 여자아이와도 잘 놀던 남자아이가 또 래 남자아이들과 어울리게 되면 자신들의 아지트에 "여자 출입금지!"라고 써 붙인다. **여자**와 **남자**가 중요한 사회적 범주로 부각되는 장소와 시기에는 반대편 성별에 대한 적대적 감정이 드러나는데, 이 감정은 유치원에서 시작되어 초등학교를 다니는 동안 계속 깊어진다. 유치원부터 4학년에 이르는 약 5년의 기간 동안 남녀가 함께 수업하는 교실에서는 여자아이와 남자아이들이 서로를 좋게 여기는 정도가 시간이 갈수록 줄어든다. 한 연구자가 초등학생 남자아이들을 개인적으로 인터뷰하면서 반에서 자신이 싫어하는 여자아이 이름을 대보라고 했는데, 몇 명의 아이들이 대답을 거절했다. 그리고 그 연구자가 보고한 내용은 다음과 같다. "아이들은 자기 반 여자아이들을 **모두** 싫어하고 있었다."[74]

남자아이들이 정말로 **모든** 여자아이를 싫어하는 것도 아니고, 여자아이들이 **모든** 남자아이를 싫어하는 것도 아니다. 주안의 실험실에서 벌어진 아슬아슬한 사건처럼, 그리고 운동장에서 남녀 아이들이 서로를 놀리면서 노는 것처럼 두 집단 간에 비우호적 분위기가 조성되는 동시에, 종종 상대 집단의 아이를 좋아하는 마음이 싹트기도 한다. 실제로 여자친구를 사귀는 남자아이들도 있다![75] 하지만 이는 어디까지나 개인적 관계로, 완전히 별개의 문제다. 주안과 다이앤은 다른 곳에서는 친한 친구 사이일지 모르지만, 교실에서는 그렇지 못했다. 젠더는 6학년 교실 안에서는 너무나 강력한 범주인 것이다.

하지만 젠더만 이 유년기 아이들에게 강력한 영향을 미치는 범주는 아니다. 나이 범주(아이 대 어른) 또한 중요하다. 당신이 매우 안락한 인생을 살아오지 않았다면 아마도 십대 아이와 부모 사이에 일어나는 갈등에 대해 잘 알 것이다. 하지만 내가 말하려는 것은 십대 **청소년**이 아닌, 어린 아이들에 관한 이야기다.

아이는 어른에게 의존하는 존재다. 아이들은 살아가면서 많은 어른들을 사랑하고 때로는 학교 선생님을 사랑하기도 한다. 하지만 어디까지나 개인적 관계일 뿐이다. 만일 아이들이 집단성을 자극하는 사회적 맥락에 처하게 된다면, 그리고 그곳의 핵심 범주가 **어른**과 **아이**라면, 네 살밖에 안 된 어린아이에게서도 이른바 우리 대 그들 효과를 발견할 수 있다. 사회학자 윌리엄 코르사로William Corsaro는 이탈리아 국립 유치원인 스쿠올라 마테르나scuola marterna에서 관찰한 것을 이렇게 설명한다.

> 아이들은 어른이 세운 규칙에 저항하는 과정을 통해 공동체적 감각과 집단 정체성을 발전시킨다. (나라면 뒤집어 표현했을 것이다.)
>
> 어른들의 규칙에 저항하는 일은 거의 일상에 가깝다. 왜냐하면 실제로 유치원에서는 이런 일이 날마다 벌어지며, 또래 문화에 속한 구성원들이 감지할 수 있는 방식으로 행해지기 때문이다. 이런 행동은 흔히 심하게 과장되어 있으며(예를 들어, 선생님 등 뒤에서 웃긴 표정을 짓거나 시끄럽게 뛴다거나), 아이들의 주의를 끄는 말과 함께 이루어진다(아이에게 금지된 물건을 들고 "이것 좀 봐봐!" 하고 외치거나, 금지된 행동을 하면서 "내가 하는 거 잘 봐!"라고 말하면서).[76]

나는 이 글에서 우리 대 그들 효과뿐 아니라 집단대조 효과도 발견할 수 있었다. 아이들은 어른들이 자기들보다 진지하고 무게 잡는 사람이라 생각하기 때문에, **아이**와 **어른**이라는 사회적 범주가 강조되는 상황에서는—예를 들어 선생님이 무섭게 행동하려 하는 상황에서는—더 우스꽝스러운 행동을 하고 산만해진다. 선생님 뒤에서 "메롱"을 하는 것과 같은 행위를 통해 아이 집단에 대한 소속을 표현하는 것이다.

이처럼 동일한 연령 집단에 대한 소속을 표현하는 행위는 나이가 들면서 더 중요해진다. 예전에 어느 쇼핑몰에서 부모와 함께 쇼핑을 다니는 한 사춘기 이전 연령의 아이를 인상 깊게 본 일이 있다. 그는 부모보다

열 발짝 정도 앞서거나 혹은 뒤처져 있었는데, 마치 주위에서 또래 아이를 보면 곧장 이렇게 말하려는 듯 보였다. 난 이 사람들과 일행이 아니야. 그들과 같은 **부류**가 아니라고. 이것은 물론 아이들이 부모를 좋아하거나 말거나와는 아무 상관이 없다. 여전히 어른은 아이들에게 가장 좋은 친구에 속한다.

▶ 대장을 따르라

유치원에서도 집단성의 표현을 발견할 수 있으며, 네 살밖에 안 된 아이들도 나이나 젠더 중 무엇이 더 뚜렷한지에 따라 자신을 "아이"로 간주할지 "여자"로 간주할지를 정확히 판단할 수 있다. 하지만 인간의 집단성이 보다 분명한 형태를 갖추기 시작하는 때는 유년기 중반부터다. 나는 바로 이때(초등학교 시절) 진짜 중요한 일들이 벌어진다고 생각한다. 이 시기에 아이들은 영구히 사회화되며 성격에도 항구적 변화가 일어난다. 하지만 여러 심리학자들이 무시하고 넘어가는 시기이기도 하다. 지그문트 프로이트는 이를 "잠재기latency period", 곧 별다른 일이 발생하지 않는 시기라고 보았다. 그의 이야기가 과연 타당한지 한번 살펴보자.

일곱 살을 전후해 아이의 사회적·지적 능력이 눈에 띄게 발달한다는 사실은 전 세계 사람들 모두 알고 있다. 다양한 사회의 부모들이 아이들에게 '분별력'이 생기는 시기가 이때라고 믿는다. 이 정도 나이에 부모에게 작별을 고하고 집을 떠나는 아이들이 취옹 부족에만 있는 것은 아니다. 중세 유럽 아이들은 일고여덟 살쯤에 집을 나가는 경우가 흔했다. 부유한 집 자식들은 귀족 집에 견습 기사騎士로 보내졌고, 가난한 집 자식들은 하인이나 가정부로 일해야 했다.[77] 이 전통은 오늘날까지 살아 있어서, 영국 상류층 가정에서는 여덟 살이 된 자식을 기숙사가 딸린 사립학교로 보내는 것이 일반적이다.

유년기 중반을 지나며 아이들은 같은 성별의 또래 아이들을 점점 더 닮아간다. 이때 아이들은 공공 예절을 학습하게 되는데, 예컨대 여자라면 함부로 주먹을 쓰지 않고 어른에게는 예의바르게 행동해야 하며, 남자라면 눈물을 보이거나 어른에게 지나치게 깍듯이 행동해서는 안 된다. 같은 성별의 또래 친구에게 용납되지 않는 행동이 좀 더 용납될 만한 행동으로 바뀌면서 성격의 거칠고 모난 부분이 조금씩 다듬어진다. 새롭게 학습한 행동은 습관화되고 내면화되어 결국 공적 성격의 일부분으로 자리 잡는다. 공적 성격이란 아이들이 집 밖에 있을 때 가시화되는 성격으로, 이것이 이후 어른의 성격으로 발전해나간다.

그러나 집단의 가치관을 내면화하여 다른 아이들에게 동화되는 것은 발달의 일부분일 뿐이다. 또 다른 부분은 바로 차별화다. 아이들은 어떤 면에서 또래 아이들을 닮아가는 동시에, 어떤 면에서는 **덜** 닮아간다. 유년기 중반에 들어설 때 아이들이 지녔던 독특한 개성들 중 일부는 동료 집단의 경험을 통해 약화되기보다 오히려 강화된다.

이런 대조적인 두 과정이 어떻게 같은 시기에 진행될 수 있을까?[78] 이 질문에 답하기 위해 나는 다시 한 번 존 터너의 이론을 가져오려 한다. 그는 아이가 아닌 어른의 경우를 다루었지만, 나는 여덟 살 아이도 그가 기술한 정신 훈련mental gymnastics을 할 수 있다고 생각한다.

존 터너에 따르면 사람들은 사회적 맥락에 따라 자신을 "우리" 또는 "나"로 범주화한다. 집단성이 두드러지는 맥락에서 사람들은 그 순간 집중적으로 부각되는 집단에 자신이 속해 있다고 여기는 반면, 그 반대의 맥락에서는 자신을 독립된 개체로 여기는 경향이 있다. 그리고 대부분의 시간에 사람들은 "우리"와 "나"라는 두 세계 사이의 회색지대를 (정신적으로) 헤매고 다닌다. 다시 말해, 우리는 자신을 차별화하려는 의지와 동화시키려는 의지를 동시에 느끼는 것이다. 가장 일반적인 해결책은 대부분

의 경우 집단에 자신을 동화시키고 특수한 몇몇 부분에서 자신을 차별화하는 것이다.[79]

물론 자신을 차별화하는 가장 좋은 방법은 남보다 뛰어나게 되는 것이다. 하지만 "뛰어남"은 속한 집단에 따라 다른 의미를 지닌다. 전 세계적으로 볼 때, 남자 집단에서는 일반적으로 덩치가 크고 거칠고 남에게 자기 의지를 관철시키는 능력이 강한 아이들을 뛰어나다고 본다. 여자 집단에서는 일반적으로 예쁘고 다정하고 타인의 호감을 쉽게 얻는 아이들을 뛰어나다고 본다.[80]

지금까지 나는 집단에 속한 각 아이들이 다른 아이에게 미치는 영향력이 동일한 것처럼 말했다. 다수결의 법칙은 구성원 한 명이 한 표씩 갖는다는 전제를 내포한다. 하지만 집단 내에서 어떤 아이들은 다른 아이들보다 더 평등하다.* 이전 장에서 다루었던 로버스 동굴 실험에서 연구자들이 관심 있게 살펴본 한 가지 내용은, 집단(이 경우는 남자아이 집단)이 어떻게 리더를 선택하는가였다. 방울뱀 팀에서는 브라운이라는 아이가 가장 덩치 크고 힘도 셌기 때문에 캠프에 도착한 처음 며칠간 아이들은 브라운을 팀의 리더로 여겼다. 남자아이 집단에서 리더십이란 마치 침팬지 무리처럼 '누가 누구를 지배하는지'가 핵심이다. 하지만 아이들은 침팬지가 아니다. 브라운은 결국 지나치게 독단적이고 폭력적인 행동 때문에 리더 자리를 잃게 되었다. 방울뱀 팀의 한 작은 아이가 말했다. "그 애 뒤치다꺼리하기 지긋지긋해요." 결국 브라운은 리더 자리에서 물러났고, 좀 더 수완 있게 일을 처리하는 밀즈라는 아이가 브라운을 대신하게 되었다.[81]

남자아이 집단이라도 우락부락한 근육만으로 리더가 되지는 못한다. 좋은 성품, 상상력, 지성, 운동신경, 유머 감각, 잘생긴 외모 같은 것도 표

---

* 조지 오웰의 소설 『동물농장』에 나오는 구절.—옮긴이

를 얻는 요소다. 공격적 성향의 아이는 도리어 또래 아이들에게 인기를 얻지 못하고 때로는 집단에서 쫓겨나기도 한다. 물론 그런 아이들이 모두 인기가 없는 것은 아니고 널리 사랑을 받기도 한다. 나는 공격성이 있는 남자아이도 자신의 성향을 분별 있게 사용한다면 집단에서 잘 적응할 수 있다고 생각한다. 집단에서 내쫓기는 것은 결국 집단의 규칙을 따르지 않는, 제멋대로 화내고 분풀이를 아무에게나 해대는 그런 아이들이다.[82]

로버스 동굴 실험의 연구팀은 "지배 위계dominance hierarchies"(그 악명 높은 "서열")라는 용어를 사용했는데 요즘에는 이 말을 별로 사용하지 않는다. 우선 **위계**라는 말이 의미하는 것처럼 칼로 자르듯 위계가 구분되는 경우가 드물고, 둘째로 **지배**라는 말은 상위 계층이 하위 계층을 향해 일방적으로 무엇인가를 행한다는 어감을 갖기 때문이다. 로버스 동굴 실험 연구자들도 리더가 된다는 것이 스스로 소명을 발견하는 것보다는 집단 구성원들의 선택을 받는 문제임을 발견했다. 연구자들은, 어떤 안건이 있을 때 집단의 아이들이 누구에게 그것을 알리는지 관찰함으로써 리더십이 누구에게 있는지를 판단할 수 있었다.

지배 위계보다 좀 더 나은 새 용어는 "주목 구조attention structure"다.[83] 집단 구성원들의 주목을 받는 아이는 누구인가? 아이들은 어떻게 행동해야 할지 모르는 순간에 누구를 쳐다보는가? 주목 구조에서 높은 지위를 차지하는 아이가 가진 특권은 낮은 지위의 아이에게는 그저 꿈일 뿐이다. 높은 지위의 아이는 추종자가 아닌 혁신가다. 남과 다르다는 이유로 가해지는 처벌은 이들을 제외한 아이들, 즉 주목 구조에서 중하위권에 속한 아이에게나 해당되는 것이다. 이 아이들은 남을 모방할 필요가 없는데, 바로 스스로가 모방의 대상이 되기 때문이다.

지배 위계와 달리, 주목 구조는 남자뿐 아니라 여자아이 집단에서도 쉽게 발견된다. 그리고 어쩌면 더 많이 발견되기도 하는데, 이는 행동뿐 아니라 옷이나 헤어스타일 같은 것도 모방의 대상이 되기 때문이다. 예를 들어, 높은 지위에 있는 아이는 언제부터 겨울옷을 벗고 봄옷을 입을지를 결정한다. 주목 구조에서 높은 지위를 차지하는 아이들이 학교에서 이미 얇은 옷을 입기 시작했는데도 낮은 지위의(인기가 별로 없는) 아이가 스웨터를 입고 등교하는 경우가 종종 있는데, 이 아이는 굉장히 부끄러운 일을 저지른 셈이다. 높은 지위의 아이보다 더 빨리 옷을 바꿔 입는 것도 같은 결과를 낳는다. 가장 좋은 방법은 정확히 같은 날 옷을 바꿔 입는 것이다.[84] 상상컨대, 그러기 위해서는 전화기를 꽤 오랫동안 붙잡고 있어야 할 것이다.

오늘날의 미국 사회와 같이 대부분의 놀이집단이 동갑내기로 구성된 경우에는 가장 성숙한 아이가 주목 구조에서 높은 지위를 차지하는 경향이 있다.[85] 이런 경향의 근원을 살펴보려면 수렵과 채집을 하던 선조들의 사회, 집단에 다양한 연령대가 뒤섞여 있던 선사시대 사회를 돌아볼 필요가 있다. 당시에는 나이 많은 아이들이 집단의 어린 아이들을 돌봐야 했고, 어린 아이들은 나이 많은 아이들을 유심히 살피며 행동을 학습해야 했다. 남자의 경우는, 선사시대 이전 영장류 조상들의 사회생활을 살펴볼 수 있겠다. 어린 수컷 침팬지들은 (적어도 그들 입장에서는) 아버지가 없기 때문에 무리의 규율에 적합한 침팬지의 행동을 아버지를 통해 학습할 수 없고, 어머니를 관찰하는 것으로는 정상적인 **수컷** 침팬지의 행동 규칙을 학습하지 못한다. 아마도 이런 이유로 인해 어린 수컷 침팬지는 자기보다 나이가 많은 수컷 침팬지들에게 강하게 끌리게 되고, 비록 괴롭힘을 당하더라도 그들을 따라다니려 한다. 이 사실은 어린 **남성**의 경우에도 마찬가지로 적용된다. 남자아이들은 형들이 자기를 함부로 대해도 계속해서 형들과 어울리려 한다.[86]

나이 많은 아이는 어린 아이보다 높은 지위를 차지하며, 바로 이런 점 때문에 동갑내기로 구성된 아이들 집단에서도 일찍 성숙한 아이들이 그렇지 못한 아이들보다 더 높은 지위를 차지한다. 아이들은 자기와 비슷한 지위의 아이들끼리 어울리기 때문에 또래 아이들 중 높은 지위에 있는 아이들은 자기보다 나이가 많은 아이를 친구로 삼는다. 반대로 낮은 지위의 아이는 자기보다 어린 아이와 친구가 되는 경우가 자주 있다.[87] 내가 반 친구들과 어울리지 못하는 동안 친구가 되어주었던 유일한 아이는 나보다 두 살이나 어렸다. 내가 반 친구들과 어울리지 못한 이유는 반에서 제일 생일이 늦고 나이에 비해 몸집이 작은 편이었기 때문일 것이다. 나는 또래 아이들보다 어려 보였고(외모만이 아니라 행동도 그랬을 것이다), 그래서 아이들 사이에서 아무 자리도 차지하지 못했다. 아이들 사이에서 성숙함이란 마치 어른에게 있어 돈과 같은 중요성을 가진다. 성숙함은 다른 요인들과 관계없이 그 자체로서 집단 내에서의 지명도를 높이거나 낮출 수 있다. 돈 많고 못생긴 남자는 가난하고 잘생긴 남자와 비슷하게 괜찮은 아내를 맞는 것이다.

나는 또래집단에서 어떤 지위를 차지했는지가 성격에 영구적으로 영향을 미친다고 생각한다. 친구들 사이에서 인기가 없었던 아이는 낮은 자존감을 지니는 경향이 있고,[88] 내가 보기에 그 불안감은 완전히 사라지지 않고 평생 지속된다. 당신은 또래 친구들이 배심원으로 있는 법정에서 재판을 받고 있고, 뭔가 부족하다는 판결을 받는다. 그러면 당신은 그 사실을 극복하지 못한다. 적어도 나는 그랬다.

하지만 한 인간의 불안감(또는 그 밖의 심리적 문제들)이 어릴 적 친구들 사이에서 겪은 경험과 관련 있음을 증명하기란 쉽지 않다. 거기에는 인과관계의 불확실성이 필연적으로 존재한다. 예를 들어 랠피라는 사람이 어린 시절 친구들에게서 소외를 당했으며 결국 심리적으로 문제가 있는 어른이 되었다고 가정해 보자. 그의 심리적 문제는 어린 시절 또래 아이들로부터 거부당한 경험 때문일까, 아니면 태어날 때부터 잘못된 성품을 타고났기 때문일까? 랠피가 친구들에게서 소외를 당했던 것은 아이들이 랠피의 이상한 면을 발견했기 때문인지도 모른다. 부모도 그런 면을 발견하고 자식을 잘 대해주지 않았을지도 모른다. 그렇다면 랠피가 비뚤어진 성격을 갖게 된 것은 친구들로부터 거부당한 경험 때문일까, 아니면 부모로부터 거부당한 경험 때문일까, 그것도 아니면 태어날 때부터 있었던 문제들이 이후로도 개선되지 못했기 때문일까?[89]

나는 또래집단의 경험이 훗날 드러나는 문제들의 실제 원인이 된다고 볼 수 있는 몇 가지 증거를 발견했다. 타고나기를 작게 태어났거나 성장 속도가 좀 늦어 동갑내기보다 키가 작은 아이들을 생각해보자. 키가 작은 아이들은(특히 남자아이들의 경우에) 또래들 사이에서 낮은 자리를 차지하는 경향이 있다. 작다는 것 외에는 이들이 다른 아이들의 주의를 끌지 못할 이유는 딱히 없고, 작다는 이유로 부모로부터 무시당하는 아이는 아마 없을 것이다. 오히려 부모들은 키 작은 자식을 감싸주기도 한다. 하지만 그럼에도 불구하고 키 작은 아이들은 큰 아이들에 비해 자존감이 낮고 많은 심리적 문제들을 가진 경우가 많다.[90]

나이가 들면서 키가 많이 자란다고 해도 키가 작았을 때 가졌던 심리적 문제들은 쉽게 사라지지 않는다. 한 심리학자는 남자아이 집단을 성장 속도에 따라 둘로 나누어 어른이 된 이후의 상황을 추적해 보았다. 성장이 느린 아이들은 유년기와 청소년기 내내 다른 아이들보다 작았지만, 어른이 되고 나서는 거의 따라잡아 빨리 성장한 이들의 평균 키보다 불과 0.5인치 작은 정도까지 자랐다. 하지만 성격의 흔적은 여전히 남아 있었다. 일찍 자란 사람들은 침착하고 자신감 있는 성격을 지니며 더러는 성공적인 회사 중역이 되기도 했다. 반면 성장이 늦은 사람들은 자신감이 부족하고, "까다롭고" "관심을 갈구하는" 성향이 되기 쉬웠다.[91]

다양한 연령의 아이들로 구성된 놀이집단이 여전히 존재하는 세계에서는 키나 지위가 별로 중요하지 않다. 아이들은 가장 어리고 작은 상태에서 놀이집단에 들어와서 점차 높은 서열로 올라가게 된다. 아이는 모두에게 괴롭힘을 당하기도 하고, 어리고 덩치 작은 아이들이 우러러보는 눈길도 경험하게 된다. 하지만 도시화된 사회의 아이들은 이러한 전체적 경험을 좀처럼 할 수 없다. 집에서는 형제들 중에서 대장이거나 막내인 상태가 늘 유지되며, 학교에서도 또래집단 내의 지위가 좀처럼 바뀌지 않는다. 운이 좋으면 꼭대기에 앉고, 운이 없으면 바닥에 앉는다.[92]

▶ 너 자신을 알라

7~8세 정도가 되면 아이들은 예전과는 다른 방식으로 친구들과 자신을 비교하기 시작한다. 유치원에서 아이들에게 "이 방에서 제일 힘센 사람은 누구지?" 하고 물어보면 아이들은 자리에서 펄쩍펄쩍 뛰면서 "저요! 저요!" 소리칠 것이다. 하지만 여덟 살 정도가 되면 아이들은 좀 더 영리해져서, 그곳에서 제일 덩치가 크거나 공격적인 아이를 가리키며 "쟤요" 하고 말할 것이다.[93]

여덟 살 아이의 이런 행동은 침팬지의 수준을 완전히 뛰어넘는다. 이미 아이들은 자기 삶의 중요한 타인들뿐 아니라 자기 자신에 관해서도 내적 작동모델을 형성한 것이다. 아이들은 이 모델(자기 이미지)을 상당히 추상적인 대상(집단 전체)과 비교할 수 있다. 침팬지는 무리의 침팬지들 중 때려도 되는 침팬지와 따라야 하는 침팬지가 각각 누구인지를 잘 알고 있으며, 이는 유치원 아이들도 마찬가지다. 하지만 내가 보기에, 우두머리 침팬지는 자신이 우두머리 침팬지임을 자각하지 못한다. 그가 생각하는 것은 대략 이 정도일 것이다. "다치기 싫으면 내 눈 앞에서 꺼지는 게 좋을걸."

유년기 중반에 아이들은 자신에 대해 많은 것을 배운다. 자기가 어느 정도로 힘이 센지, 얼마나 잘생겼는지, 얼마나 빠른지, 얼마나 똑똑한지 등을 알게 되는 것이다. 이런 것을 배우기 위해 아이들은 같은 사회적 범주 안에 있는 아이들—"나와 같은" 사람들로 이루어진 집단의 아이들—과 자신을 비교해본다.[94]

"사회적 비교social comparison"란 자신을 타인과 비교함으로써 자신에 관해 알아가는 것을 뜻하는 전문 용어다. 시인 로버트 번즈Robert Burns는 이렇게 노래했다. "오, 우리에게 선물이 주어진다면, 타인이 우리를 보듯 우리 자신을 볼 수 있을 테니."[95] 하지만 타인들이 우리를 유별나고 이상하고 덜떨어진 인간으로 본다면? 선물을 트집 잡고 싶지는 않지만 남의 눈으로 스스로를 바라보는 것이 항상 바람직하지만은 않다.

다행히도 남의 눈으로 자기를 바라보는 데는 한 가지 유리한 점이 있다. 비교할 집단을 **스스로** 선택할 수 있는 것이다. 만일 어떤 4학년 아이가 반 아이들 중 가장 덩치가 크고 힘이 세다면, 그는 자신을 힘센 아이로 여길 수 있다. 5학년이나 6학년과 비교할 필요는 전혀 없는 것이다.

만일 자기보다 힘센 아이가 있더라도 교실에는 그가 수행할 수 있는 다른 역할이 얼마든지 남아 있다(예컨대 오락부장). 유년기 중반에 아이들은 자기가 평생 수행할지도 모르는 전담 역할을 맡게 된다. 이 역할은 스스로 선택하거나 집단으로부터 (때로는 강제로) 부여받는데, 일단 역할이 정해지면 아이가 부여받은 특징은 계속 강화된다. 남을 잘 웃기는 아이는 더 잘 웃기게 되고, 머리가 좋은 아이들은 지적 능력이 더 개발된다. 유머와 지성은 그들의 전문 분야가 될 것이다.

이런 과정은 자신을 의도적으로 차별화하거나 집단이 수용할 만한 방식으로 차별화한 아이들에게는 매우 바람직하고 좋은 일이다. 하지만 안타깝게도 어쩔 수 없이 남과 차별화된 아이의 경우에는 어떨까? 보청기를 끼는 아이는? 지나치게 덩치가 크거나 피부가 지나치게 하얀 아이는? 침팬지 사회에서는 소아마비에 걸려 불구의 몸으로 무리로 돌아온 침팬지가 다른 침팬지들의 공격을 받은 사례가 보고된 바 있다. 낯선 자에 대한 반감은 아주 쉽게 낯섦에 대한 반감으로 이어진다.[96] 당신이 우리와 다르다면, 더 이상 **우리**가 아니다.

나이가 들어가면서 아이들은 사람들이 서로 어떻게 다른지에 관해 점점 더 많은 것을 알아가고, 점점 더 많은 것들이 집단을 작고 분화된 형태로 만드는 빌미가 된다. 그렇기 때문에 초등학교에서는 학년이 올라갈수록 인종이나 사회경제적 수준이 다른 아이들이 한데 어울려 우정을 나누는 경우가 점차 줄어든다. 학구파들끼리, 문제아들끼리 제각각 어울리는 것이다. 5학년 정도 되면 아이들은 3~9명씩 모여 작은 패거리를 형성하며, 다른 패거리와 자기들을 차별화한다. 동시에 패거리 안에서는 서로를 점점 닮아간다.[97]

발달심리학자 토마스 킨더만Thomas Kindermann은 어느 5학년 교실 내의 여러 패거리를 연구했는데, 그 결과 같은 패거리에 속한 아이들의 학업 태도가 서로 비슷하다는 점을 발견했다. 그리 놀랄 일도 아닌 것은, 서로 비슷한 태도를 지녔다는 것이 같은 패거리가 된 이유일 수 있기 때문이다. 하지만 5학년 정도에 형성되는 패거리는 그리 견고하지 않아서 아이들은 여전히 패거리를 옮겨 다닐 수 있다. 이런 점으로 인해 킨더만은 한 아이가 학구파 패거리에 들어가거나 나올 때 어떤 일이 생기는지를 연구할 수 있었다. 그는 한 학년이 진행되는 동안 어떤 아이가 소속된 패거리가 바뀌면 학업에 대한 태도도 바뀐다는 점을 발견했다. 만일 공부 잘하는 아이들 패거리에 들어가면 공부에 대한 태도도 좋아지고, 반대의 경우에는 태도가 나빠지는 경향이 있었다. 킨더만의 발견은 성취에 대한 태도가 아이의 소속 집단에 영향을 받는다는 점을 보여 준다. 이 변화는 부모의 태도나 지능지수의 변화 때문이라고 볼 수 없는데, 단지 일 년 만에 그런 요소들이 변화되었다고 보기는 힘들기 때문이다.[98]

나이가 들어감에 따라 친구를 선택할 수 있는 자유도 늘어난다. 하지만 아이의 타고난 특성이 확장되는 것은 좀 다른 문제다. 영리한 아이는 학구파 아이들과 어울리는 경향이 있고, 머리가 좋지 못한 아이들은 다른 집단에 속하게 된다. 그리고 친구들의 영향으로 아이는 학교에서 더 성실히 공부하고 결과적으로 더 영리해질 수 있다. 그야말로 악의는 전혀 없는 악순환인 것이다. 이런 순환은 발달 과정 전반에서 계속 반복되는데 심리학자들은 이를 "마태효과Matthew effects"라고 부른다. 이 이름은 신약성경 마태복음의 다음과 같은 구절에서 따온 것이다. "무릇 있는 자는 받아 넉넉하게 되되."[99] 대체 누가 인생을 공평하다고 했나.

하지만 인생은 때로 공평할 때가 있다. 어렸을 때 나는 4년간 또래들로부터 따돌림을 당했지만, 그 힘든 4년의 시간은 내게 충분히 합당한 보상을 주었다. 만일 그 거만한 교외 지역 "꼬마 숙녀님"들께서 나를 패거리에 끼워주었다면 나도 아마 그들과 비슷한 인간이 되었으리라.

9. 문화의 전달

문화란 무엇인가? 인류학자 마거릿 미드Margaret Mead는, 문화를 "부모에게서 자녀로 전해지는 학습된 행동 체계"라고 정의했다.[1] 여기서 학습된 행동이란 말은 넓은 의미를 담고 있다. 여기에는 적극적이거나 소극적인, 감정적이거나 냉정한, 공격적이거나 다정한 행동 등 여러 사회적 행동이 포함된다. 돌을 쪼개 날카로운 화살촉을 만들거나 전자레인지를 작동하는 기술들도 가리킨다. 또한 해당 사회에서 통용되는 언어를 학습하고 상황에 걸맞은 말을 사용하는 언어 지식도 포함된다. 그리고 **행동**이라는 말을 마거릿 미드도 배제하지는 않았을 법한 영역까지 확대해 보면, 그것은 선조들이 어떻게 존재하게 되었으며 무엇이, 그리고 누가 그들의 생존을 가능케 했는지에 대한 신념까지 포괄한다.

마거릿 미드는 학습된 행동이 "부모로부터 자녀에게로 전해진다"고 가정했다. 왜냐하면 각기 다른 사회에서 아이들이 각기 다른 행동을 학습하며(어떤 사회의 아이들은 일본어를 학습하고 어떤 사회에서는 이탈리아어를 학습한다. 어떤 사회의 아이들은 화살촉 만드는 법을 배우고 어떤 아이들은 전자레인지 작동법을 배운다), 이런 행동들은 언뜻 보기에 부모의 행동과 닮아 있기 때문이다. 그렇지 않다면 무슨 수로 문화가 세대를 이어 계속 전해질 수 있겠는가? "부모로부터 자녀에게로 전해지는" 것이 아니라면 어떻게 문화가 수백 년 넘는 긴 시간 동안 유지될 수 있겠는가?

마거릿 미드는 심리학자가 아닌 인류학자였지만 그 역시 양육가설의 영향력을 피해 가지는 못한 모양이다. 부모가 자식에게 문화를 가르친다는 그의 가설은 말 그대로 가설일 뿐이다. 이 장에서 나는 문화가 세대를 이어 전달되는 방식에 관한 새로운 관점을 제시하고자 한다.

▶ 이 문화를 전달해 주세요

앞 장에서 나는 지리적으로는 가깝지만 사회적 환경이라는 측면에서는 판이하게 다른 두 멕시코 마을을 언급했다. 인류학자들이 "라파스"와 "산안드레스"라고 부른 이 두 마을은 같은 언어(사포텍어)를 사용하고 같은 농작물을 재배했지만 그들의 행동 양식은 전혀 달랐다. 라파스 사람들은 평화롭고 우호적이었지만, 산안드레스 사람들은 공격적이고 폭력적이었다.[2]

마거릿 미드는 이처럼 서로 대조되는 두 문화의 예를 1935년에 발표한 초기 저서에서 언급한 바 있다. 그는 160킬로미터 정도 떨어져 사는 뉴기니의 두 부족을 연구하면서, 산지에 사는 아라페시족은 친절하고 평화를 사랑하는 반면 강가에 사는 먼두구모르족은 난폭하고 싸우기 좋아하는 사람들이라 설명했다. 미드가 이 두 부족의 차이를 이상히 여기고 그 원인을 찾아내기 위해 연구를 시작했다고 말하면 좋겠지만, 사실 나는 그가 뉴기니에 발을 들여놓기 전부터 마음속에 나름의 답을 정해 두었다고 생각한다.* 당시는 프로이트 심리학이 두각을 나타내던 때였고, 따라서 미드는 젖떼기나 배변 훈련 같은 자녀 양육 방법을 살펴보려고 마음먹고 있었다. 다음 글에는 미드가 아라페시족에 대해 던진 수사적

---

* 마거릿 미드는 사모아에서도 같은 일을 했던 게 분명하다. Freeman(1983)을 보라.

질문과 뒤이어 내린 자신의 답변이 나타나 있다.

> 아라페시족 아이들은 어떻게 부족의 어른들처럼 여유롭고 상냥하고 수용적
> 인 성격의 소유자로 만들어지는 걸까? 아이가 받는 초기 훈련에서 아이가 차
> 분하고 자족적이고 비폭력적이고 협동적이며 책임감 있고 따뜻하고 유순하
> 고 믿음직스러운 사람이 되도록 하는 결정적 요소는 무엇일까? 균질적이고
> 단순한 사회에서 아이들은 부모가 자신에게 보여 주는 일반적인 성격 특성을
> 그대로 드러낼 것이다. 하지만 이것은 단순한 모방의 문제가 아니다. 아이가
> 먹고 자고 훈련 받고 자기 통제를 배우고 응석 부리고 혼나고 칭찬 받는 방식
> 과, 어른으로서의 최종적 적응 과정 사이에는 더욱 섬세하고 정교한 관계가
> 있다. 성인 남녀가 아이들을 어떻게 대하는지는 성인이 된 인간의 성격에 가
> 장 중요한 영향을 미친다.[3]

미드는 아라페시족 사람들이 아이에게 매우 친절하고 너그럽게 행동
했다고 말한다. 젖떼기도, 배변 훈련도 모두 다정다감하게 이루어진다.
반대로 (미드가 "잔인한 식인종, 인간 사냥꾼 집단"이라고 표현하는[4]) 먼두구모르족
은 아기를 키울 때 『이상한 나라의 앨리스』에 나오는 지시사항("아이에게
는 거칠게 말하고, 재채기를 하면 매질을 해!")을 그대로 따른다. 천사 같은 아라
페시족과 악마 같은 먼두구모르족. 영화에서 본 듯한 얘기다.

하지만 그렇게 정확한 이야기는 아닌 것 같다. 실제로는 아라페시족
사람들도 전쟁을 하고, 몸에서 피비린내가 떠나지 않는 호전적인 사람들
도 자기 자식은 상냥하게 대한다. 인류학자 나폴레옹 샤농은 브라질과
베네수엘라의 아마존 우림지대에서 살아가는 "난폭한 사람들"(부족 사람
들이 스스로 이렇게 표현했다)인 야노마모족과 수년간 함께 지냈는데, 이 부족
은 이웃 부족과 전쟁을 하지 않는 날이 거의 없었다. 남편은 아내가 식사
를 늦게 가져오면 매질을 했고, 더 심한 잘못을 저질렀을 때는 급소를 피

해 활을 쏘기도 했다. 하지만 아기들은 필요한 만큼 젖을 빨았고 양쪽 부모 모두 아기를 너그럽게 대했다.[5]

하지만 결국 아기들은 난폭한 아이가 되고, 부모들처럼 난폭한 어른이 된다. 미드가 지적했듯이 아이들이 부모와 "동일한 일반적인 성격 특성"을 보이는 것이다. 이를 출발점으로 삼아, 마음을 열고 가능한 설명들을 검토해 보기로 하자.

가장 먼저 떠오르는 단순한 설명은 이러한 성격 특성이 유전되었을 가능성이다. 즉, 부전자전이라는 것이다. 우리 사회에서 공격 성향은 다른 성격 특성들과 비슷한 정도의 유전율을 보여 준다. 즉, 공격성 변이의 절반 정도는 유전자에서 그 원인을 찾을 수 있다는 것이다.[6] 이 사실이 집단 간 차이에 대해 충분한 설명이 되지는 못하지만, 적어도 유전자가 공격적 행동에 영향을 미친다는 가능성은 제시해준다.

이렇게 생각해보자. 나폴레옹 샤농은 전쟁에서 용감하게 싸운 야노마모족 남자가 전쟁에서 싸워보지 않은 남자보다 두 배나 많은 부인과 자식들을 두고 있음을 발견했다. 야노마모족 남자들은 난폭함을 자랑스럽게 여겼으며, 이러한 야노마모족의 이상에 걸맞은 남자들은 부족에서 높은 지위에 올랐다. 대부분의 부족사회와 마찬가지로 야노마모족은 일부다처제 사회다. 높은 지위의 남자는 부인을 더 많이 둘 수 있으며 결과적으로는 더 많은 자식을 얻게 된다. 수없이 많은 세대를 거치면서 야노마모족은 아주 체계적인 방식으로 용맹한 전사들을 키워낸 것이다. 전쟁터에 가기를 좋아하는 남자는 많은 자식을 얻고, 큰일을 앞두면 갑자기 배탈이 나는 남자는(물론 야노마모족에도 이런 남자들이 있다) 자식이 거의 없다시피 한 처지가 된다(몇몇 남자들이 부인을 많이 두면 당연히 부인이 없는 남자들도 생기게 된다). 이런 구조가 폭력성이 월등한 집단을 양산하는 것은 당연한 일이다.[7]

당연한 일이지만 나에게는 그리 흥미로운 이야기는 아니다. 유전자는 공격성의 차이를 설명할 때 도움이 될 수 있지만 서로 다른 문화 사이에 존재하는 나머지 대부분의 차이를 설명하지는 못한다. 예를 들어 어떤 아이는(부모처럼) 일본어를 구사하는 반면 어떤 아이는 이탈리아어를 구사하는 이유를 유전적 요인 때문이라 할 수 있을까? 유전자는 어떤 아이는 화살촉 만드는 법을 익히고 어떤 아이는 전자레인지 사용법을 익히는 이유를 설명하지 못한다. 유전자는 야노마모족 남자아이들이 아버지들처럼 포피 둘레를 끈으로 묶어 음경을 허리에 고정하는(샤농은 이 풍습이 몹시 불편하다고 말했다*) 이유를 설명하지 못한다. 그리고 야노마모족 부모들이 어린 아기가 죽으면 자신의 부모들이 그랬던 것처럼 적이 사악한 마법을 사용했기 때문이라고 믿는 이유도 설명하지 못한다.[8]

성격은 일부 유전의 영향을 받지만 문화는 그렇지 않다. 태도, 신념, 지식, 기술처럼 문화의 일부를 이루는 것들이 한 세대에서 다음 세대로 전해지는 데는 유전자가 작용하지 않는다. 나는 문화가 학습되는 것이라는 마거릿 미드의 정의에 일부 동의한다. 그런데 과연 그 학습이란 어떻게 이루어지며, 가르치는 사람은 누구인가?

멕시코의 산안드레스 마을이나 아마존 우림지대 야노마모족 어른들은 아주 난폭하게 행동하며, 아이들도 어른과 마찬가지로 폭력적이다. 그리고 아이들은 결국 폭력적인 어른으로 성장한다. 유전자의 영향을 배제한다면, 아이와 어른의 행동이 서로 닮는 까닭을 설명할 수 있는 환경적 기제를 생각해볼 수 있다.

첫 번째로는 부모가 공격적 행동을 장려하는, 또는 적어도 공격적 행동에 대한 처벌을 하지 않는 경우다. 야노마모족 부모들은 아이가 친구에게 맞았다고 징징대며 돌아오면 아이에게 막대기를 쥐어주면서 가서 맞은 만큼 때리라고 말한다. 반면 멕시코의 라파스 같은 평화로운 마을

---

* 인류학자들에게 어떤 보상을 해주어도 충분치 않을 것이다.

에서는 아이들이 장난으로 싸움을 해도 부모에게 꾸지람을 듣는다.[9]

문화적으로 용인되는 행동을 학습하는 것이 "단순한 모방의 문제가 아니다"라고 마거릿 미드는 말했지만 그는 이 점도 약간 잘못 생각하는 듯하다. 두 번째 가능성은 아이들이 부모의 행동을 그대로 모방했을 경우다. 그리고 세 번째는 라파스와 산안드레스 사람들을 연구한 인류학자 더글러스 프라이Douglas Fry가 선호했던 설명으로, 아이들이 그들 사회의 어른 **전체**를 모방했을 가능성이다. 그리고 마지막은 앞 장에서 설명했듯이 아이들이 사회적 서열이나 나이가 좀 더 앞선 다른 아이들을 모방하는 경우다. 이 경우는 어른 사회가 미치는 영향이 간접적이라고 말할 수 있다.

어떻게 하면 이 네 가지 설명 중 하나를 선택할 수 있을까? 좀 의아한 대답일 수 있겠지만, 대부분의 경우 선택은 불가능하다. 일반적 상황에서는 네 경우를 구분할 방법이 없다. 아이들의 행동에 끼치는 어떤 영향이 관찰될 때, 이는 넷 중 몇 가지 혹은 네 경우가 모두 함께 작용한 결과일 수 있다. 자녀 양육도 결국 문화의 산물이기 때문에 인류학자들이 연구한 각 사회에서는 모든 부모가 상당히 비슷한 방법으로 자녀를 양육하고 있었다. 그리고 부모들은 이외의 행동에서도 매우 비슷하게 행동한다(모두 자기가 속한 문화의 테두리 안에서 행동한다). 그렇다면 아이들이 자기 부모를 모방하는지, 아니면 사회의 어른 전체를 모방하는지를 어떻게 구분할 수 있겠는가? 물론 같은 문화에 속했다 해도 행동에는 다양한 차이가 존재한다(같은 야노마모족이라도 모두가 같은 수준으로 호전적인 것은 아니다). 하지만 이러한 차이는 부족원들 간에 존재하는 유전적 다양성 때문일 수 있다. 어느 겁쟁이 남자의 아들이 결국 야노마모족에서 요구하는 공격성에 훨씬 못 미치는 소심한 어른으로 자라났다 해도, 그것이 아이가 부모를 모방한다고 하는 두 번째 대안을 뒷받침하는 근거가 될 수는 없다. 단순한 유전자의 영향일 수도 있는 것이다. 그러므로 같은 문화권 안에서 나타나는 행동의 사소한 개인차는 앞서 다룬 환경적 차원의 네 가능성을 구분하는 데 별 도움이 되지 못한다.

일반적 상황에서는 아이들이 경험하는 환경의 다양한 측면들이 긴밀한 상관관계를 맺기 때문에, 어느 환경 요인이 영향력을 가지는지 분별하기란 쉽지 않다. 산안드레스 아이들이 라파스의 아이들보다 폭력적인 이유가 부모의 양육방식 때문인지, 부모를 모방하기 때문인지, 마을의 어른 전체를 모방하기 때문인지, 혹은 다른 아이들을 모방하기 때문인지—어쩌면 두 마을 주민들 사이에 유전적 차이가 있을지도 모른다—도무지 판단할 길이 없다. 왜냐하면 이러 가능성들이 모두 같은 방향으로, 즉 산안드레스의 아이들에게는 폭력성을 강화하고 라파스에서는 보다 평화적인 행동을 강화하는 방향으로 작용하기 때문이다.

오늘날 우리가 살고 있는 다문화적 사회에서도 이 같은 복합적 영향력이 작용한다. 남편은 변호사이고 아내는 컴퓨터 공학자인 부부가 있다고 가정해보자. 이들은 자신들의 아버지가 다녔던 아이비리그 대학에서 처음 만났으며, 맞춤 아이(designer children)*로 태어난 자녀 둘이 있다. 집값이 비싼 교외 지역에 살고 있으며 그곳 부모들은 모두 고등교육을 받았고 자식들 역시 평균 이상의 교육을 받고 있다. 아이들은 박물관이나 동물원, 도서관 같은 곳을 자주 드나든다. 집마다 책이 가득하고, 아이들이 어릴 때는 부모가 곁에서 책을 읽어주곤 한다. 부모들 자신도 잡지나 책을 읽는 데 많은 시간을 투자한다. 이웃에 사는 친구들 모두가 비슷한 환경에서 살고 있으며, 다니는 학교에서도 마찬가지다.

만일 이 맞춤 아이들이 모두 훌륭한 성적을 받고 결국 자기 부모나 할아버지가 다녔던 아이비리그의 대학에 입학했다면, 그들이 성공을 거둔 요인은 무엇일까? 유전자? 부모가 자식들에게 책을 읽어주고 지적 활동

---

* 선호하는 특징을 선택하여 태아 상태에서 유전자 조작을 가하여 태어난 아이.—편집자

을 적극적으로 지원해주었기 때문에? 부모들이 왕성한 지적 활동을 했던 사람들이기 때문에? 마을 어른들이 모두 지적 수준이 높았기 때문에? 집 근처나 교실에서 만나는 아이들 대부분이 유사한 지적 호기심을 지녔기 때문에?

이처럼 모든 요소가 뒤섞인 경우에 각 변인이 미치는 영향을 구분하기란 마치 아파트에서 키운 푸들과 개집에서 키운 폭스하운드가 서로 다르게 행동하는 이유를 판별하려는 것만큼이나 어렵다. 따라서 실제로 어떤 일이 일어나고 있는지를 파악하는 유일한 방법은 각각의 영향이 반대 방향으로 작용하는 사례들을 살펴보는 것이다. 우리는 2장에서 유전과 환경에 대해 살펴보면서 개집에서 키운 푸들과 집에서 키운 폭스하운드를 비교하는 식으로 이 방법을 사용했다. 또한 유전자를 물려준 부모와 성장 환경을 제공한 부모가 다른 입양아 형제들의 사례를 살펴보기도 했다.

지금 내가 하려는 말은 유전의 영향과 환경의 영향을 구분하는 것만으로는 충분치 않다는 것이다. 우리는 각각의 환경적 영향들을 서로 구분해야 한다. 유전과 환경이 다양하게 상호작용하는 것과 마찬가지로 이 환경과 저 환경도 다양하게 상호작용한다. 공격성이 행동 기준이 되는 문화권의 아이들은 공격적 행동을 할 때마다 인정과 관심을 보상으로 받을 수 있다. 동시에 아이들은 자기 부모와 사회의 여러 어른들이 공격적으로 행동하는 것과, 다른 아이들이 공격적으로 행동하는 것을 본다. 이처럼 모든 힘이 같은 방향으로 작용하는 한 도대체 어느 말이 수레를 끌어가고 있는지 구별할 수 없다. 우리는 아이들에게 작용하는 힘이 서로 다른 방향을 향하는 경우를 살펴보아야 한다.

심리학자나 인류학자들은 이런 작업을 제대로 하지 않았고, 그 필요성도 깨닫지 못했다. 그들은 그저 직관에 근거하여—즉 당대에 유행하는 양육가설 형태에 근거하여—어떤 환경적 요인이 중요한지를 공표하는 식이었다. 하지만 그들이 자신의 입장을 뒷받침하기 위해 내세운 근거들은 다양한 변인들을 구분하지 못하기 때문에 그다지 쓸모가 없다.

　환경적 요인들 중 무엇이 작용했는지를 가려내기 위해 사용 가능한 유일한 방법은 여러 요인이 함께 작용하지 않는 경우를 살펴보는 것뿐인데, 그것이 내가 계속해서 이민 가정을 관찰 대상으로 삼는 이유다. 지역 공동체의 문화와 부모의 문화가 서로 다르다면, 부모의 영향과 가족 외적인 영향을 구별할 수 있다.

▶ 환경 대 환경

　영국 작가 팀 파크스Tim Parks는 수년 전부터 이탈리아에 정착해 살면서 세 명의 자녀를 키우고 있다. 그의 책 『이탈리아의 교육An Italian Education』에는 이민자 아버지로서 겪은 내용이 실려 있는데, 그는 다음과 같은 소망으로 책을 썼다.

> 책의 마지막 페이지에 다다를 무렵이면 독자들이, 그리고 누구보다 나 자신이, 한 사람의 이탈리아인이 어떻게 이탈리아인으로 자라나게 되는지를 이해하게 되었으면 좋겠다. 그리고 어떻게 내 친자식들이 내게는 외국인이나 다름없는 존재가 되어가는지에 대해서도.[10]

　적어도 내가 보기에는, 파크스는 한 사람의 이탈리아인이 어떻게 이탈리아인으로 자라나게 되는지는 제대로 파악하지 못했다. 하지만 그는 아이들이 아빠에게는 낯선 문화의 정식 구성원이 되어가는 것을 지켜보는 심정을 매우 잘 묘사하고 있다.

> 미셸은 들어와서 나에게 영어로 말했다. "아, 너무 재정적으로fiscal 그러지 마세

요, 아빠. 너무 재정적으로." 미셸은 취침 시간이 되면 어김없이 아이들을 침실로 들여보내는 나를 두고 불평한 것이다. 그 녀석이 쓰려던 단어는 fiscale였다. "Non essere fiscale, Pap."

이탈리아어 fiscale는 "너무 엄격한" "지나치게 요구하는"이라는 의미를 지닌 경멸적인 단어라고 팀 파크스는 설명했다. 아빠, 너무 고지식하게 굴지 마세요. 그렇게 호들갑 떨지 말라고요.

> 미셸이 "너무 재정적으로 그러지 마세요"라고 영어로 말한 이유는, 내가 아이들이 영어를 쓰기 원한다는 사실을 알기 때문이다. "우리가 늦게까지 안 자게 내버려둔다면 정말 기쁠 거예요." 미셸이 생각하기에 아빠의 행동 원칙(그는 이것이 영국에서는 일반적이라는 사실을 알지 못했다)이 문자 그대로 정확히 적용될 필요는 없었다(전형적인 이탈리아적 유연성).[11]

파크스는 아빠로서는 자식이 영원히 이방인으로 남을 이탈리아 사회의 일원으로 완벽하게 적응해가는 모습을 보며 자부심과 후회가 교차하는 것을 경험했다. 그는 아들이 이탈리아인으로 자라날 것임을 예상했음에 틀림없다(그게 아니라면 이탈리아식으로 이름을 지어주었을 리 없다). 하지만 파크스는 실제로 그것이 현실화되는 것을 보며 슬펐고, 다른 부모들이 자식을 떠나보내는 것보다 더 깊은 차원의 상실을 경험했다.

나는 대부분의 이민자 부모들이 자녀가 다른 문화권의 구성원이 되는 모습을 보며 자부심과 후회가 교차된 복잡한 감정을 느낄 것이라 생각한다. 하지만 사람에 따라 자부심이 더 크거나 후회가 더 큰 경우가 있다. 내가 아는 일본인 여성은 유럽계 미국인과 결혼하여 미국에 살고 있는데, 자신이 일본어를 쓰면 아이들이 영어를 배우는 데 방해가 될까 봐(물론 그럴 일은 없겠지만) 아이들 앞에서는 일본어를 쓰지 않는다고 한다. 한편 내가 아는 어느 유대인 여성의 할아버지는 그리스정교 신자였는데, 폴란드에서 미국으로 이주해 온 후 아이들이 무신론에 물들고 있다는 생각에 아이들을 데리고 폴란드로 돌아갔다. 하지만 그녀의 조부모와 그 자녀들은 (그녀의 부모만 빼고) 모두 나치가 자행한 유대인 학살로 죽고 말았다.

그리스정교 신자가 미국에 살아도 자식들이 무신론자가 되지 않게 할 수 있다. 뉴욕 브루클린에는 몇 세대 전 동유럽에서 건너온 조상들을 따라 종교와 생활 풍습, 복장 등을 그대로 지키고 있는 하시드 유대인들이 살고 있다. 그들은 고유한 문화를 지키기 위해 아이들을 직접 교육한다. 아이들은 예시바yeshiva라는 종교학교를 다니는데, 이 아이들은 학교에서도 동네에서도 다른 문화권 출신의 아이와 섞일 기회가 없다. 왜냐하면 학교와 동네 아이들 모두 하시드 유대인이기 때문이다.

자녀들이 주류 문화에 동화되지 않도록 격려하고 교육하는 또 다른 집단으로는 캐나다의 후터파Hutterites 교인들이 있다. 이들은 공동체 생활을 하고, 성인 침례를 행하며, 고풍스러운 복식을 갖추고 엄격한 규율에 따라 행동한다. 한 영국인 기자는 지역마다 있는 학교에서 아이들에게 "신에 대한 경외심, 엄격한 자기 규율, 근면, 사회적 처벌에 대한 두려움"을 가르친다고 기록했다.

> 후터파 교육이 성공하려면 무엇보다 교인들의 공동체가 캐나다 사회에서 완전히 독립된 집단으로 존속해야만 한다. 그들의 공동체를 지속시키는 원동력은 신의 섭리나 종교적 신념이 아니라 지속적인 교육 통제다. 공동체의 한 장로는 이렇게 고백했다. "아이들이 바깥세상의 학교를 다닌다면 우리는 아이들을 붙잡아둘 수 없을 것입니다."[12]

하지만 사회의 주류 문화에 속하지 않은 이민자 부모의 자식들 대부분은 "바깥세상"의 학교에 다니게 되고, 두 문화를 동시에 익힌다. 부모의 나라와 바깥세상의 문화에 다리를 모두 걸친 채 서로 다른 두 나라의 시민이 되는 것이다. 이런 이중 문화의 아이들은 종종 두 문화를 서로 뒤섞기도 하고 둘 사이를 오가기도 한다.[13] 이렇게 두 문화를 오가는 것을 앞서 4장에서 코드 스위칭이라고 설명했다.

왜 어떤 아이들은 코드 스위칭을 하고 어떤 아이들은 두 문화를 섞을까? 왜 어떤 경우는 한 세대 만에 본국의 문화가 상실되고 어떤 경우는 3대에 이르기까지 유지되는가? "멜팅 팟melting pot"에 관한 글들이 많이 나오고 있지만, 사회학자나 심리학자들은 과연 무엇이 이러한 차이를 만드는지에 대해 별 관심이 없다. 내가 주장을 뒷받침하기 위해 활용하는 근거들이 대부분 사례 중심인 이유는 이 때문이다.

이민자들은 미국으로 이주하면서 먼저 온 같은 나라 출신 사람들이 모여 사는 곳에 정착하는 경향이 있다. 그렇게 차이나타운이나 코리아타운이 생겨났고, 푸에르토리코나 멕시코 사람들이 대부분인 거주 지역도 있다. 과거에는 이탈리아인, 아일랜드인, 유대인들의 거주 지역도 있었고, 중서부 일부 지역에는 스웨덴이나 노르웨이, 독일에서 온 사람들의 거주지도 있었다. 이곳에서 자라는 아이들은 영어를 사용하지 않고 숟가락이나 포크 대신 젓가락을 사용하는 등 자신과 유사한 문화에 속한 이웃 아이들과 어울린다.

이런 환경의 아이들은 두 문화를 뒤섞는다. 미국 문화를 학습하되 이국적 특징을 첨가하는 것이다. 이들의 영어에는 출신지의 억양이 그대로 남아 있다. 몇 년 전 프린스턴 대학교의 학생신문에서 어느 신입생이 같은 수업을 듣는 사람들로부터 계속해서 출신지에 대한 질문을 받아서 불편하다는 글을 읽은 적이 있다. 그는 텍사스에서 나고 자란 멕시코계 미국인이었는데, 사람들이 그런 질문을 하는 이유가 자신이 스페인어 억양으로 영어를 구사하기 때문이라는 사실을 깨닫지 못했다. 내가 다녔던 애리조나의 고등학교에는 멕시코계 미국인 아이들이 아주 많았는데, 대부분은 자기들끼리 또래집단을 형성했고 영어를 스페인어 억양으로 발음했다.

이민 가정의 문화는 1~2세대, 그리고 대부분의 경우 3세대 안에 사라진다. 사회학자들은 이것이 점진적 과정이라고 하지만 사실 그렇게 보일 뿐이다. 집단 전체로 보면 그것은 점진적 변화지만 개별 가정에서는 결코 점진적이지 않다. 그들의 원래 문화는 차이나타운이나 코리아타운 같은 곳을 떠나 같은 배경을 지닌 사람이 아무도 없는 곳에 정착하면 한 세대 만에 사라지고 만다. 이것이 점진적인 듯 보이는 이유는 모든 가정이 동시에 이사를 하지 않기 때문이다. 조건만 된다면 곧바로 이사를 하는 사람도 있지만 어떤 사람들은 한두 세대가 지난 후에야 미국인들의 사회로 발을 들여놓는다.

이민 가정 아이들이 일반적인 미국인 아이들의 또래집단에 속하게 되면 부모들의 문화는 매우 빠르게 사라진다.* 홍콩에서 캘리포니아로 이민 온 어느 중국인 아버지는 딸이 중국인 정체성을 잃어가는 모습을 보며 이렇게 한탄했다.

> 그는 막내딸에 대해 말했다. "제 딸이 학교에서 만나는 친구들은 모두 백인입니다. 아직은 어리니까 별 문제없겠지요. 하지만 결국 백인 여자는 백인 남자와 결혼하고 서양식 생활 습관을 따르게 됩니다. 그때가 되면 아마 이질감을 느끼게 될 거예요. 하지만 이미 때는 늦은 거지요. 백인 친구들에게 너무 많은 관심을 갖고 너무 많은 시간을 함께한다면 자기가 원래 속해 있던 집단을 무시하지 않겠습니까."[14]

---

* 옛 문화가 마지막까지 남아 있는 부분은 집에서만 통용되는 것들이다. 예를 들어 요리 방식은 몇 세대에 걸쳐 남아 있을 수도 있다. 요리는 보통 또래들이 있는 곳에서 배우지 않는다.

친구들이 중국계가 아닌 유럽계 미국인들이었기 때문에 그 이민자의 딸은 두 문화를 서로 뒤섞지 않고 코드 스위칭을 했을 것이다. 집에서는 중국어로 대화하고 젓가락을 사용하지만 바깥에서 친구들과 어울릴 때는 영어를 구사하고 포크와 나이프를 사용했을 것이다. 이런 아이들은 현관문을 사이에 두고 마치 마우스로 클릭하듯이 두 문화 사이를 자유롭게 오갈 수 있다.

하지만 이렇게 구분되어 있는 두 문화가 서로 같은 비중을 차지하는 것은 아니다. 이민 가정의 아이들은 친구와 공유하는 문화를 부모 앞에서 내보이는 일은 있어도 기본적으로 부모의 문화를 친구들 앞에서 드러내는 경우는 없다. 앞서 언급한 영국인 심리언어학자의 딸은 집에서는 흑인 영어를 사용했지만 유치원에서 만나는 친구들에게 영국 억양으로 말하는 일은 없었다. 포르투갈에서 캐나다로 이민 온 부모 아래서 자란 한 심리학자는 유년기에 꽤 오랫동안 포르투갈어를 쓰지 않으려 애썼다고 말한다. 부모가 포르투갈어로 질문하면 자기는 반드시 영어로 대답했다는 것이다. 포르투갈어를 배우는 데 관심을 보인 것은 가족과 함께 포르투갈로 여름휴가를 보내러 갈 때뿐이었다.[15]

팀 파크스는 이탈리아에서 태어난 아들이 여전히 자기에게 영어로 대답을 해준다는 것이 얼마나 다행한 일인지 깨닫지 못했다. 미셸이 영어와 이탈리아어를 섞어 쓰지 않은 것을 보면 그 아이는 코드 스위칭에 아주 능숙했다. 미셸은 아버지에게 "Don't be so fiscale, Daddy"라고 말하지 않았다. 아이는 의도를 표현할 수 있는 영어 어휘력이 부족해서 이탈리아어 어휘를 사용했지만, 그럼에도 그것을 그대로 사용하기보다 자기 생각에 가장 유사한 영어 단어로 바꾸었다. 불행히도 뜻이 정확히 일치하는 단어가 아니었지만 말이다. 미셸이 아무리 영어를 잊어버리지 않으려 애써도 그의 영어 어휘력은 이탈리아어만큼 계속 발전하지는 못할 것이다. 이런 현상은 코드 스위칭을 하는 아이들에게 아주 흔하게 나타난다. 집에서 사용하는 언어와 밖에서 사용하는 언어가 일치하지 않는 아이들은, 집 밖에서 사용하는 언어 구사 능력은 계속해서 나아지는 데 반해 집 안에서 쓰는 언어는 부모와 일상적 대화가 가능한 정도에서 멈춰버린다. 캐나다에서 일본인 부모들 아래서 자란 언어학자 S. I. 하야카와는 자신이 "아이 수준의 어휘를 가지고 미숙하게 일본어를 사용한다"고 고백했다.[16]

아이들이 현관을 나설 때마다 매번 코드 스위칭이 일어난다면, 이는 결국 집 밖의 코드로 좀 더 치우치는 불안정한 상태라 볼 수 있다. 하지만 코드 스위칭이 지속적 영향력을 지녔다고 볼 만한 다른 사례가 있다. 즉, 집 밖에 서로 다른 두 개의 코드가 존재하는 경우다. 아이오와 원주민 공동체의 메스콰키 인디언 소년들을 연구한 한 인류학자는 그들이 공동체 안에 있을 때와 인근 앵글로색슨계 미국인 마을에 있을 때 행동이 달라지는 것을 포착했다. 또래집단(이 학자는 패거리라고 불렀다)은 자신이 어느 마을에 있느냐에 따라 각 마을의 행동 규정을 따르고 있었던 것이다.[17] 미셸 같은 아이들과 이 원주민 아이들의 차이점은 원주민 아이들에게는 양쪽 문화를 **모두** 공유하는 친구들이 있었다는 사실이다.

"로마에 가면 로마법을 따라야 한다"는 말이 있다. 하지만 아이들이 로마에 가면 한걸음 더 나아가 로마인이 된다. 부모가 영국인이든 중국인이든 메스콰키 인디언이든 상관없이 말이다. 집 밖의 문화와 집 안의 문화가 서로 다를 때는 집 밖의 문화가 승리한다.

드디어 우리는 문화가 한 세대에서 다음 세대로 전해지는 것을 부모의 양육방식이나 부모 행동의 모방으로 설명할 수 없다는 결론을 내릴 수 있다. 그렇다면 두 가지 대안이 남았다. 하나는 아이들이 집단의 모든 어른들을 모방한다는 것이고, 다른 하나는 다른 아이들을 모방한다는 것이다. 두 대안을 구별하기 위해서는 아이들이 집단의 어른들이 가진 문화와는 전혀 다른 문화를 가진 경우를 살펴볼 필요가 있는데, 그런 사례가 실제로 존재한다.

▶ 청각장애인의 문화

"나는 언어가 특정한 집단에 소속되었음을 증명하는 회원증과도 같은 것임을 깨달았다."[18] 미국의 수화 교사 겸 통역가 수전 쉘러Susan Schaller의 말이다. 미국수화American Sign Language, ASL는 미국의 청각장애인들the Deaf[*]이 사용하는 언어, 곧 청각장애인 문화의 회원증이라고 할 수 있다. 쉘러가 청각장애인의 문화에서 나타나는 집단성, "우리 대 그들" 효과를 알아차리기까지는 시간이 좀 걸렸다.

> 청각장애인 문화에 속한 사람에게는 무엇인가를 듣고 싶어 하는 일반인들의 욕구가 이질적이고 우스워 보인다. 처음 청각장애인들을 만났을 때 나는 이런 사실을 전혀 이해하지 못했고, 그들 문화에 무지한 탓에 그들이 수화로 나누는 농담을 대부분 이해할 수 없었다. 수화를 영어로 번역해도 별 도움이 안 되었는데, 왜냐하면 나는 여전히 청각장애인을 소리를 듣지 못하는 사람으로 여기고 있었고, 그들 말장난의 핵심은 늘 문화적 차이에 대한 것이었기 때문이다. 누군가가 청각장애인 남자와 건청인 여자의 결혼에 관한 농담을 할 때에야 비로소 나는 청각장애인 농담을 알아들을 수 있었다.[19]

이런 일은 사회적 소수자 집단에서, 그리고 사실상 집단성이 뚜렷이 나타나는 모든 집단에서 늘 발생한다. 청각장애인 문화가 특별한 것은

---

* 하나의 문화 또는 집단에의 소속을 나타내는 의미로 사용할 때에는 Deaf(청각장애)를 대문자로 시작하고 단순한 청력 상실을 나타낼 때는 소문자로 썼다.

그들의 문화가 부모에서 자식으로 전달되지 **않는다**는 점이다. 청각장애를 가진 아이들 상당수는 정상적 청력을 지닌 부모에게서 태어나고, 반대로 청각장애인 부모의 아이들도 대부분 정상적 청력을 갖고 태어난다. 그리고 이 아이들은 듣는 세계의 일원으로 자라난다.

청각장애인 문화는 듣는 문화 못지않게 생명력과 지속력을 가지고 있지만, 여러 면에서 차이점 또한 존재한다.[20] 청각장애인들은 그들만의 고유한 행동 규칙과 신념, 태도를 갖고 있다.

건청인 부모에게서 태어난 청각장애인 아이들은 자신들이 언어(수화)를 습득한 특수학교에서 고유한 행동 양식과 사고방식도 학습하게 된다. 일반적으로 청각장애인 아이와 건청인 가족 사이에는 대화가 거의 없기 때문에 집에서는 그러한 학습이 불가능하다. 가정에서 청각장애인과 건청인이 대화를 나눌 때는 원시적 형태의 몸짓이 사용되는데 이를 "가정수화homesign"라고 한다. 이런 형태의 수화는 미국수화의 추상적이고 유창한, 문법적으로 정교한 특성을 거의 담아내지 못한다.

일반적 상황에서 두 개의 언어를 구사하는 아이가 결국 집에서 쓰던 언어를 잊고 집 밖에서 쓰는 언어를 모국어로 삼는 현상을, 연구자들은 그것이 두 언어에 존재하는 사회적 지위의 상대성 때문이라고 설명한다. 예를 들어 미국에 사는 히스패닉 어린이가 결국 스페인어 대신 영어로 말하는 것은 스페인어가 영어에 비해 사회적 지위가 낮기 때문이라는 것이다. 한 연구팀은 이렇게 주장했다. "이러한 환경에서는 경제적으로나 문화적으로 더 높은 지위에 있는 집단의 언어가 소수 집단의 언어를 대체하는 경향이 있다."[21]

미국에서는 비장애인 문화에 속한 교육 관계자들이 그릇된 인식에 빠져 청각장애인 아이들에게 경제적이고 문화적으로 높은 지위의 언어를 가르치기 위해 쓸데없는 노력을 계속해왔다. 즉 청각장애인들에게 영어를 말하도록 가르친 것이다. 하지만 어떤 이유로 인해 이 악동들은 전혀 고마워하지 않았다. 어떤 학교에서는 수화를 쓰는 아이를 체벌하는데도 아이들은 집요하게 수화를 배웠다.[22] 이런 학교 아이들은 기숙사나 운동장 한 구석에서 선생님 몰래 수화를 사용했다. 크게 말하기와 상대방의 입술 읽기 등 여러 방법을 가르치려고 많은 노력을 기울였지만, 수화는 결국 청각장애인 아이들이 생각하고 꿈꿀 때 사용하는 모국어가 되었다. 어른이 된 후에도 이들은 다른 청각장애인 친구들과 수화로 대화하며, 대부분의 청각장애인이 건청인 자녀와 대화를 나눌 때도 수화를 사용한다.

교사들이 수화를 가르치지도 않았는데 아이들은 어떻게 수화를 배울 수 있었을까? 대부분의 경우에는 가족 전체가 청각장애인인 집 아이들이 학교에 와서 아이들에게 수화를 가르친다. 그들은 어릴 때부터 그 언어를 배웠기 때문에 아이들을 가르칠 수 있는 유리한 지위를 차지하며 그 지위는 오랫동안 유지된다. 그들은 청각장애인 집단에서 가장 우월한 소통 능력을 지닌 인물인 것이다. 이런 아이들의 비율은 교실에서 10퍼센트 정도밖에 안 되지만, 그들이 가져온 언어는 선생님이 가르치려고 애쓰는 바깥 세계의 언어보다 더 높은 지위를 차지한다.

수화를 아는 아이가 한 명도 없는 학교에서도 아이들은 나름의 방법으로 수화를 학습한다. 수전 쉘러는 자메이카의 어느 청각장애인 학교 이야기를 들려준다. 그 학교에서는 수화나 몸짓이 금지되어 있었지만, 그럼에도 불구하고 아이들은 수화를 배웠다. 대체 어떻게 그 일이 가능했을까? 쉘러는 학교를 방문해 졸업생들을 인터뷰했던 한 동료에게 그 질문을 던졌다.

"세탁실 아줌마한테 배우죠"라고 그는 대답했다. 여러 세대의 청각장애인 학생들이 그 학교를 거쳐갔고 졸업생 중 일부는 수위나 요리사, 보조교사로 다시 학교에서 일하고 있었다. 학생들은 이들에게서 수화와 문법을 배웠고, 각

세대의 아이들은 어른들의 수화에 자신들만의 새로운 단어와 관용 표현을 추가해 나갔다. 그가 만난 청각장애인들 집단에서는 세탁실 아줌마가 수화 선생님이었던 것이다.[23]

연구자들은 "경제적으로나 문화적으로 더 높은 지위에 있는 집단의 언어가 소수 집단의 언어를 대체하는 경향이 있다"라고 주장한다. 하지만 자메이카의 학교에 있던 아이들은 세탁실에서 일하는 여자의 언어를 선택했다. 물론 아이들은 세탁실 아줌마와 대화하기 위해서가 아니라 서로 대화를 나누기 위해 수화를 배웠다. 자기가 들을 수도 없는 소리를 입으로 발음하거나 상대방의 입술을 읽는 등 번잡스러운 일보다 수화로 대화 나누기가 훨씬 더 쉽다. 만일 아이들이 학교에 있는 대다수의 어른들처럼 행동하고 싶어 했다면 수화보다 영어로 말하기를 배우는 데 열심이었을 것이다.

때로는 청각장애인 아이들에게 수화를 가르칠 사람이 전적으로 부재한 경우가 있다. 꽤 최근까지도 청각장애인 학교가 없고 수화가 아예 존재하지 않는 지역이 있었다. 이런 환경의 아이들은 가족 안에서 외톨이로 남게 되고, 아주 조잡한 방법 외에는 남들과 대화를 전혀 나누지 못하게 된다. 이웃 아이들도 놀아주지 않고, 더러는 정신지체로 인해 보호 시설에 들어가는 경우도 있다.[24]

공통의 언어를 갖지 못한 아이들이 처음으로 만났을 때 벌어지는 일은 마치 기적 같다.[25] 심리언어학자 앤 셍하스Ann Senghas와 연구팀은 1980년대 초에야 청각장애아를 위한 특수교육이 실시된 중앙아메리카의 니카라과에서 하나의 언어가 탄생하는 과정을 연구했다.[26] 과연 그 과정이 어떠했는지 셍하스의 말을 그대로 옮겨보겠다.

니카라과에 특수교육을 위한 공립학교가 최초로 세워진 것은 불과 16년 전이다. 구두교수법을 추구하는 이 학교들은 아이들에게 스페인어 말하기와 독순법을 가르쳤다. 그럼에도 불구하고 특수학교 설립은 결국 수화가 탄생하는 데 직접적인 원인으로 작용했다. 예전에는 접촉할 기회가 없었던 청각장애인 아이들이 갑자기 한 자리에 모여 공동체를 형성했고 아이들은 즉시 몸짓으로 의사소통하기 시작했다. 이 학교에 처음 입학한 아이들의 연령대는 네 살에서 열네 살 사이에 걸쳐 있었는데, 이들은 모두 가정에서 의사소통을 위해 사용한 나름의 방법을 갖고 있었다. 어떤 아이들은 몸짓 표현으로 대화를 나누는 수준이었고 또 어떤 아이들은 좀 더 정교한 가정 수화 체계를 갖추고 있었다. 하지만 발전된 형태의 수화를 아는 아이는 없었다.

아이들은 일종의 수화 피진어pidgin라 할 수 있는 중간언어를 급속도로 발전시키기 시작했다. 이는 완전한 언어라 할 수는 없지만, 그들의 공유된 관습을 담고 있었으며 의사소통의 필요를 충족시켜주었다. 이후로 아이들은 꾸준히 그들만의 고유한 수화를 창조해나갔고, 단순한 코드나 몸짓 체계의 수준을 넘어 온전하고 자연스러운 언어로 발전하게 되었다. 그들의 수화는 그 지역에서 통용되는 스페인어나 북미 대부분 지역에서 쓰이는 미국수화와는 다른 독립적 언어였다.[27]

이와 유사한 일이 과거 하와이에서도 일어났는데, 이 경우는 수화가 아닌 음성언어가 탄생했다. 아쉽게도, 어떤 과정을 거쳐 언어가 탄생했는지를 직접 관찰한 심리언어학자는 아무도 없었다. 따라서 심리언어학자 데릭 비커턴Derek Bickerton은 수년에 걸쳐 수집한 데이터를 바탕으로, 하와이의 아이들을 통해 새로운 언어가 창조된 이야기를 재구성할 수밖에 없었다.[28] 그가 연구를 시작할 무렵 이 언어의 창조자들은 이미 성인이 되어 있었다.

이들은 1800년대 후반 사탕수수 농장에서 일하기 위해 하와이로 온 이주민 가정의 아이들이었다. 하와이로 이주한 사람들의 출신지는 중국,

일본, 필리핀, 포르투갈, 푸에르토리코 등으로 매우 다양했기 때문에 이들이 공통으로 사용할 수 있는 언어는 없었다.[*]

성경에 기록된 바벨탑 사건에서는 사람들이 각기 다른 말을 사용하게 되어서 서로를 이해할 수 없었기 때문에 결국 장비를 내던지고 떠났다고 쓰여 있다.[29] 하지만 실제로 사람들이 서로 의사소통해야 하는 상황에 처하면 이들은 의사소통 수단을 만들어낸다. 이런 상황에서는 (하와이에서처럼) 피진어가 생겨나는 것이 일반적이다. 피진어는 공통의 언어가 필요한 다양한 사람들의 무리에서 비교적 짧은 기간에 탄생하며, 전치사나 관사, 동사 형태, 어순 등이 매우 불안정한 임시방편의 언어다. 또한 동일한 피진어를 사용하는 사람들의 말에도 차이가 생기고 각자의 모국어 흔적이 발견되는데, 이는 공유하는 어휘 목록이 너무 빈약해서 수시로 모국어를 참조하기 때문이다.

이렇듯 하와이로 이주한 1세대는 피진어나 자신의 모국어를 가지고 의사소통했다. 하지만 이민 2세대들은 언어학자들이 **크리올**creole이라고 부르는 언어를 사용하기 시작했다. 크리올은 피진어에서 비롯되었지만 피진어에 없는 표준화된 어순과 여타의 언어적 요소를 갖춘 진정한 언어다. 피진어와 달리 크리올로는 복잡하고 추상적인 개념들을 표현할 수 있다.

아이들은 크리올을 집에서 학습하지 않았는데, 부모가 크리올을 몰랐으니 아이들이 그것을 부모에게 배울 수는 없었을 것이다. 비커턴에 의하면, 아이들은 언어를 스스로 창조했다. 1970년대에 비커턴은 1900년과 1920년 사이에 하와이 이주민 집단에서 태어난 성인들을 인터뷰하여 그들의 언어가 어떤 과정을 거쳐 발전했는지를 추적했다. 성인기에 하와이

---

[*] 아마도 그랬을 것이다. 오랫동안 매우 적은 보수를 받고 일하던 계약직 노동자들이 서로 의견 교환을 할 수 있었다면 그들은 힘을 합쳐 노동조합을 조직했을지도 모른다.

에 온 사람들은 피진어를 구사했지만, 하와이에서 유년기를 보낸 사람들은 모두 크리올을 구사했다. 크리올은 1905년까지는 존재하지도 않는 언어였지만 당시에 태어나 크리올을 창조한 사람들은 성인이 된 후에도 크리올을 사용하고 있었다. 비커턴은 말한다. "부모들이 조상의 언어를 지켜내려고 상당한 노력을 기울였음에도 아이들은 또래 아이들과 함께 사용할 수 있는 공통의 언어를 모국어로 받아들였다."[30]

데릭 비커턴은 언어만을 연구했지만, 하와이 이주민의 아이들은 언어뿐 아니라 공통의 문화 또한 창조했을 것이다. (앤 셍하스의 형제인) 리처드 셍하스Richard Senghas는 니카라과에서 수화를 사용하기 시작한 1세대 아이들 사이에 청각장애인의 문화가 발전하는 과정을 자세히 기록했다. 이들은 서로 대화할 수 있게 되었고, 졸업한 뒤에도 계속 연락했으며 집단성에 대한 그들의 감각도 자라났다. 이들 문화는 기본적으로 건청인의 문화에서 파생된 것이지만 점점 차이가 나타나기 시작했다. 니카라과의 건청인들은 보통의 중남미 사람들이 흔히 그렇듯 느슨한 시간 관념을 갖고 있지만, 청각장애인들은 시간을 엄격하게 준수하고 이 점에 자부심을 느낀다. 미국 상황은 정반대여서 청각장애인들이 시간에 대해 여유로운 반면 건청인들은 일반적으로 시간에 대해 더 엄격하다.[31]

이 장을 시작하면서 나는 문화가 한 세대에서 다음 세대로 이어지는 유전 이외의 방법 네 가지를 제시했고, 지금까지 세 가지를 논파했다. 이민 가정의 아이들은 또래 아이들의 문화를 학습하므로 문화는 부모에게서 자식으로 전달되는 것이 아니다. 이러한 사실은 넷 중 두 가지 방법, 즉 부모의 양육방식이나 부모에 대한 모방이라는 두 가능성이 모두 틀렸음을 뜻한다. 세 번째 가능성은 아이들이 자기가 속한 사회의 전체 어른들을 모방한다는 것이었는데, 아이들 문화가 어른들 문화와 전혀 다른 사례가 발견되기 때문에 타당성을 잃는다. 따라서 나는 집단사회화 이론이 주장하는 대로 문화가 또래집단 안에서 전수되는 것이라고 결론짓는다.

나의 이론은 사회화, 성격 발달, 문화의 전수라는 각기 다른 세 학문 영역을 통합한다. 이 세 가지는 모두 또래집단이라는 동일한 장소에서 동일한 방식으로 이루어진다. 즉 아이들의 행동 양식이 형성되고, 타고난 특성이 수정되고, 결국 어떤 어른으로 성장하게 될지가 결정되는 곳은 바로 또래 아이들과 공유하는 세계다.[32]

▶ 아이들의 문화

증거들이 엄연히 있는데도 심리학자와 인류학자들은 오랫동안 이를 무시해왔다. 내가 보기에 그 이유는 이들이 유년기에 성취해야 할 최우선 목표를 잘못 이해하기 때문이다. 죄수의 목표가 훌륭한 교도관이 되는 것이 아니듯, 아이에게 가장 중요한 목표는 훌륭한 어른이 되는 것이 아니다. 아이의 목표는 훌륭한 아이가 되는 것이다.

지나친 비유이기는 하지만, 나는 아이의 유년기와 죄수의 수감 생활 사이의 유사성을 더 자세히 살펴보려고 한다. 교도소에는 죄수와 교도관이라는 두 사회적 범주가 존재한다.[33] 그리고 교도관은 죄수보다 더 큰 힘을 지녔다. 예를 들어 교도관은 임의로 갑자기 한 죄수를 다른 방으로 보낼 수 있다. 내가 어린 시절에 내 의사와는 관계없이 부모님을 따라 이사를 다녀야 했던 것처럼 말이다. 교도관은 죄수를 통제하고 강제할 수 있기 때문에 죄수들은 교도관과 좋은 관계를 유지하려 노력한다. 하지만 죄수들에게 진정으로 중요한 것은 동료 죄수들의 평가다.

죄수들은 자신도 언젠가는 교도관들처럼 자유의 몸이 되리라는 사실을 알지만, 그것은 불확실한 미래일 뿐이다. 지금 당장 그들은 교도소에서 죄수로서 주어진 매일의 일과를 수행해야 한다. 그곳에 오기 전 자신이 어떤 사람이었으며 출소한 뒤에는 어떻게 될 것이냐와 무관하게 지금 죄수들은 스스로, 그리고 타인에 의해 **죄수** 집단의 일원으로 범주화된다.

다른 집단과 마찬가지로 죄수들 역시 그들만의 문화를 가지고 있다. 끊임없이 신참이 들어오고 누군가가 출소하는 가운데서도 죄수들의 문화는 오랫동안 유지된다. 죄수들은 그들만의 은어를 사용하고 나름의 도덕적 기준을 형성한다. 교도관에게 아부하거나 동료 죄수를 배신하는 죄수는 다른 죄수들에게 심한 괴롭힘을 당한다. 죄수는 교도관의 명령을 따라야 하고 그렇지 않을 경우 심한 고통을 당하지만, 그렇다고 교도관에게 지나치게 고분고분해서는 안 된다. 죄수들은 조금이나마 자유를 누리려고 하며, 그래서 교도관을 속이거나 몰래 규정을 어기면서 기쁨을 느낀다. 이러한 행동은 죄수들 문화의 일부분이며, 그래서 교도관을 속이는 데 성공한 죄수는 그 조그마한 승리를 동료에게 자랑하며 즐거워하는 것이다.[34]

죄수들은 어떻게 죄수가 되는 법을 배울까? 죄수들은 분명 지역마다 다를 교도소 생활의 행동 규범을 어떻게 학습하는 것일까? 한 가지 방법은 실수를 저지르는 것이다. 죄수가 교도소 규정을 어기면 교도관들이 처벌할 것이고, 죄수 집단 내부의 규정을 어기면 동료 죄수들로부터 따돌림이나 폭력을 당할 것이다. 하지만 세심하게 관찰하고 긴장을 늦추지 않는다면 남들로부터 부정적 반응을 얻지 않고도 "성공적인" 죄수가 될 수 있다. 교도소에서 죄수들은 계속해서 바뀌지만 신참 죄수에게는 항상 모델이 될 선배 죄수가 있다. 죄수가 교도관을 모방하는 것은 허용되지 않으므로 죄수가 그들을 모방하는 방식으로는 올바른 행동을 배울 수 없다. 죄수들은 다른 죄수들을 모방하는 방식으로 학습한다.

이제 교도소 수감 시기와 유년기 사이의 중요한 차이점도 언급해야겠다. 대부분의 아이들은―안타깝게도 전부는 아니다―죄수보다는 행복하고 즐겁게 생활한다. 그리고 아이들은 자기를 보호해주는 사람들을 사랑하며 그들에게 느끼는 감정도 상호적이다(감정이라는 것이 보통 그렇듯이).

마지막으로, 죄수들이 교도소를 나오면 그 안에서 학습했던 언어나 태도, 습관을 완전히 버릴 수 있다(그렇게 하기로 선택한다면). 하지만 아이들이 유년기에 학습한 것들은 더 오랫동안 지속되며 평생 잊지 않는 것도 있다.

유년기는 배움의 시기이지만, 아이가 텅 빈 물병이나 하얀 도화지처럼 어른들이 그 안에 채워넣으려 하는 것들을 수동적으로 받아들이기만 하는 존재라고 생각하는 것은 큰 실수다. 유년기는 어른들의 사회에 적합한 구성원으로 성장하기 위해 자기를 개인적으로 갈고 닦는 시기라는 생각 역시 틀렸다. 아이들은 어른 사회 내의 무능한 구성원들이 아니라 나름의 기준과 문화가 존재하는 자기들 사회의 온전한 구성원들이다. 죄수나 청각장애인의 문화가 그렇듯 아이들 문화도 부분적으로는 주류 어른 문화에 기초를 두는 것은 사실이다. 하지만 아이들은 나름의 목적에 맞게 어른 문화를 변용하며 때로는 그 문화에 없는 것을 첨가하기도 한다. 모든 문화가 그렇듯 아이들의 문화도 공동 생산물이며 집단적 창조물이다. 혼자 언어를 창조할 수 없듯이 아이 혼자서 고유의 문화를 창조하지 못하지만, 아이들과 함께하는 모임 안에서라면 이야기는 달라진다.

아이들의 위원회는 일찍부터 구성된다. 전통사회의 놀이집단이나, 오늘날의 유치원, 어린이집 같은 곳에서부터 시작되는 것이다. 유년기 문화를 연구하는 사회학자 윌리엄 코르사로는 수년에 걸쳐 이탈리아와 미국에서 유치원에 다니는 3~5세 아이들을 관찰했다. 그는 이 연령대 아이들이 선생님의 지시를 몰래 어기면서 선생님을 속이는 데(선생님 쪽에서 모르는 척하기도 한다) 굉장한 즐거움을 느낀다고 설명한다. 예를 들어, 대부분의 유치원에는 장난감을 집에서 가져오면 안 된다는 규칙이 있다.

> 미국과 이탈리아의 유치원 모두를 관찰한 결과, 아이들은 주머니에 조그마한 장난감을 숨겨 가져오는 식으로 유치원의 규칙을 어기려 한다. 아이들이 특히 좋아하는 것은 작은 장난감 동물, 성냥갑 자동차, 사탕, 껌 같은 것이다. 아

이들은 친구들과 놀면서 몰래 숨겨온 "전리품"을 보여 주고, 선생님의 눈을 피해 전리품을 나누어 갖기도 한다. 선생님들은 물론 이러한 일들을 대부분 알고 있지만 사소한 정도라면 보통 눈감아준다.

금지된 물건을 다른 아이에게 몰래 보여 주는 일은 개인적 반항 행동을 집단성의 표현으로 전환시킨다. 즉 우리 어린이들을 어른들 집단과 구분해주며 이 때문에 재미가 배가된다. 코르사로에 의하면 "어른의 권위를 비웃고 거스르는" 전략은 유치원 문화에서 매우 가치 있게 여겨진다.[35]

어른의 권위를 비웃고 거스르는 행동은 아이들 집단에서 보편적으로 발견된다. 유치원에 새로 들어오는 아이들은 이러한 행동 전략을 스스로 발견하므로 굳이 나이 많은 아이들에게 배울 필요가 없다. 하지만 어떤 전통들은 윗대의 아이들로부터 동생들에게 전달됨으로써 아이들 문화의 일부가 된다. 윌리엄 코르사로가 몇 달간 관찰한 이탈리아의 한 유치원에는 세 살부터 다섯 살까지의 아이들이 있었고 다섯 살 아이들 중 몇몇은 세 살부터 그 유치원에 계속 다니고 있었다. 이처럼 여러 세대(심리학자들은 이를 '코호트cohort'라고 부른다)가 겹치는 현상을 통해 전통이 형성되고 나이가 더 어린 아이들에게 전달되는 것이 가능해진다. 코르사로는 이 유치원의 아이들이 선생님들도 모르는 나름의 전통을 갖고 있음을 발견했다. 아이들은 운동장에서 놀다가 청소차가 유치원 담 바깥의 쓰레기를 치우러 오는 소리가 들리면 정글짐 위로 올라가 청소차 운전자에게 손을 흔든다. 그러면 그 남자도 손을 흔들어주는데 아이들은 이런 놀이를 아주 재미있어 했다.[36]

언어도 같은 방식으로 전달된다. 아프리카의 냔송고 부족 아이들은 신체의 특정 부위를 가리키는 자기들만의 비속어를 갖고 있다. 하지만 어른들은 이런 비속어를 사용하지 않으며 아이들도 어른들 앞에서 비속어를 써서는 안 된다.[37] 어린 아이들은 나이가 많은 아이들에게 이런 비속어를 배우고, 나이를 먹으면 더 어린 아이들에게 이것을 가르쳐준다. 이 비속어는 아이들 문화의 일부분이지 어른들 문화의 일부가 아니다.

아이들의 놀이를 관찰해 볼 수도 있다. 영국의 아이오나와 피터 오피 Iona and Peter Opie 부부는, 평생에 걸쳐 아이들이 집 밖에 나가 어른의 시야를 벗어날 때 어떤 놀이를 하는지를 관찰하고 기록했다. "만일 오늘날의 아이들이 수세기 전으로 돌아간다면 당대의 어떤 사회적 관습보다도 아이들의 놀이를 가장 낯익게 여길 것이다." 그들은 잉글랜드와 스코틀랜드, 웨일스의 아이들이 로마 시대부터 이어져 온 놀이를 아직도 하고 있다는 사실을 발견했다.

> 길거리에서 노는 아이들은…수세기 동안 그 놀이를 하고 전수해 준 무수히 많은 아이들에 의해 검증받고 확인된, 가장 오래되고 재미있는 놀이에 동참하고 있는 것이다. 실제로 아이들은 어떤 종류의 출판물이나 의회, 어른들의 기준 같은 것도 참조하지 않고 지속적으로 그 놀이를 해 왔다.

아이들은 놀이를 어른이나 십대 청소년에게 배우지 않는다. 아이오나와 피터는 십대가 된 어느 아이의 일화를 소개한다.

> 특이하고도 진정한 무능함이 그 아이에게 찾아왔다. 아이는 어른이 되는 과정의 일부로서, 예전에 무척이나 좋아했던 놀이에 대한 기억을 실제로 잊어버린 것 같았다.…따라서 나이가 많은 아이들은 놀이에 대해 거의 아무런 정보도 제공하지 못한다.…일 년 전 우리 앞에서 아주 자랑스럽게 자신들의 놀이를 보여 주었던, 그리고 이제는 열네 살이 된 아이들을 거리에서 다시 만났다. 우리는 그들에게 과거의 그 놀이에 대해 자세히 묻고자 했는데 아이들은 무슨 말인지 모르겠다는 듯한 얼굴로 우리 질문을 듣고 있었다.[38]

이를 보고 아이가 열네 살이 되면 갑자기 기억력에 문제가 생긴다고는 결코 말할 수 없다. 아이가 전에는 잘 알던 것을 갑자기 잊어버리는 것은 기억력 때문이 아니라 당혹감 때문이다. 유치원에 다니는 아이를 아기라고 부르는 것과 마찬가지로, 십대 아이를 어린이로 여기는 것은 무척 당혹스럽게 하는 일이다. 열네 살 된 그 아이는 오피 부부에게 이렇게 말하고 있었던 것이다. "난 이제 꼬마가 아니라고요. **그 애들이** 어떻게 노는지 제가 어떻게 알겠어요?" 자기 범주화는 지금, 여기에서 작동하므로, 십대 아이가 자기도 한때는 꼬마였음을 받아들이는 것은 자기도 언젠가 어른이 되리라는 것을 믿는 일만큼이나 어렵다.

아이들의 문화는 놀이와 언어, 어른을 속이는 장난, 작은 전통이 모두 들어 있는 가방과 같다. 집단 구성원 다수가 받아들이는 것이라면 아이들은 무엇이든 그 가방 안에 집어넣는다. 아이들은 어른 문화에서도 원하는 것을 취사선택할 수 있으며, 무엇을 선택할지는 집단마다 각기 다르다. 로버스 동굴 실험에서, 방울뱀 팀의 아이들은 거칠고 남자다운 특성을 선택했고 독수리 팀의 아이들은 보다 종교적인 집단으로 자신들을 특성화했다. 모든 아이들이 두 개의 각기 다른 문화적 측면을 공유한 것이다. 14일을 함께 지내는 동안 아이들은 상반된 두 개의 문화를 만들어 냈으며 각 문화에 걸맞은 행동에 스스로를 적응시켰다.[39]

하나 이상의 문화를 경험하는 아이들은 각기 다른 문화로부터 취사선택이 가능하기에 보다 넓은 선택의 가능성을 가진다. 알래스카 유피크 Yup'ik 마을의 여자아이들은 긴 여름밤에 이야기 칼질storyknifing이라는 에스키모 전통 놀이를 즐긴다. 이야기를 들려주면서 이야기 속 상황을 뭉툭한 칼로 진흙 위에 그리는 놀이인데, 이야기가 진행되는 동안 그림이 몇 번이고 지워지고 다시 새 그림이 그려진다. 이야기는 보통 아이들의 할아버지들이 쓰는 유피크 고유 언어로 들려주지만, 아이들은 영어와 고유 언어를 모두 사용하며 자기들끼리 대화할 때는 오히려 영어를 주로 사용한다.

그래서 요즘 아이들은 이야기 칼질을 하면서 영어로 이야기를 들려주고, 또 더러는 텔레비전에서 본 캐릭터나 이야기를 차용하기도 한다.[40]

▶ 아이는 어른의 아버지

단 한 세대 만에 문화가 바뀔 수 있고 이전에 없었던 새로운 문화가 탄생할 수도 있다. 젊은 개체들은 새로운 발상을 받아들이고 과거 문화를 혁신하는 데 더 적극적이다. 일본 코지마 섬에 서식하는 짧은꼬리원숭이 무리의 이모Jmo라는 네 살배기 원숭이는 모래 섞인 밀을 골라내는 새로운 방법을 개발했다. 이모는 모래와 섞인 밀알을 바다에 던졌는데 그렇게 하면 모래는 가라앉고 밀알은 바다 위로 떠오른다. 이모의 친구들도 이를 따라 하기 시작했고, 결국에는 무리의 모든 원숭이들이 물을 이용해 밀알을 골라내는 방법을 사용했다. 하지만 나이가 많은 원숭이들은 끝내 그 방법을 배우지 못했다.

다른 문화적 혁신으로는 두 살 먹은 암컷 원숭이 에고Ego를 예로 들 수 있다. 에고는 또래의 어린 원숭이들에게 수영하는 법을 가르쳐주었고, 얼마 안 되어 모든 어린 원숭이들이 파도 속에서 물장구를 치고 잠수를 해서 해초도 채집할 수 있게 되었다. 무리의 어른 원숭이들은 대부분 이 새로운 놀이에 적응하지 못했는데, 시간이 흘러 이들이 죽고 어린 원숭이들이 어른 원숭이의 자리를 차지하게 되었다. 그렇게 해서 바다 수영은 코지마 섬에 서식하는 짧은꼬리원숭이 무리의 문화가 되었다.[41]

때가 되면 젊은 세대는 결국 기성세대가 된다. 그리고 새로 어른이 된 세대는 그 이전 세대와 다를 수도 있고 비슷할 수도 있다. 19세기 초부터 20세기 중반에 이르기까지 영국 상류층 남성들은 세대 변화와는 무관하게 행동과 예절, 말투 등에서 아버지들과 거의 달라지지 않았다. 하지만 실제적으로 그 아버지들은 자식들에게 아무것도 한 일이 없다. 바로 이 것이 내가 책의 첫 장에서 언급한 의문점이다.

준準남작의 아들이었던 앤서니 글린 경은 전형적인 영국 상류층 가정 에서 자랐다. 그는 1922년에 태어나 생후 8년간을 유모와 가정교사들과 함께 보냈다. 당시의 영국 상류층 사람들은 성별에 관계없이, 아이들이란 아주 짜증스러운 존재로 여겼다. 아이들은 눈에 보이더라도 소리가 들려 서는 안 된다는 가혹한 양육방식도 서슴지 않을 정도였다. 앤서니 경은 이렇게 말했다. "진정한 영국인은 아이들이란 눈에 띄지도 말아야 한다 고 생각합니다. 부모와의 접촉이 필요한 건, 휴일마다 아이들에게 불굴의 용기와 건강한 신체, 승부욕 같은 것을 훈계할 때뿐입니다."

8세가 되자 앤서니는 상류층만 입학이 허가되는 기숙학교(사립초등학 교)에 진학했고 그곳을 졸업한 뒤 이튼 칼리지에 입학했다. 그리고 18세 에 이튼을 졸업할 때까지 방학 때 아니면 한 번도 집에 가지 않았다. 그 얼마 되지 않는 아버지와의 만남도 불굴의 용기, 건강한 신체, 승부욕을 가르치는 정기적인 훈계의 시간이었음을 우리는 쉽게 예상할 수 있다.

앤서니 글린 경은 말한다. "학교가 중요합니다. 특히 오랜 전통이 있 고 바람직한 남자아이들을 만들어낸다고 알려진 학교라면 말이지요." 나 는 그의 냉소적인 말투에서 그가 학교에서 별로 행복한 시간을 보내지 못했을 거라는 느낌이 들었다. 하지만 그는 이튼이 바람직한 남자아이를 만들어낸다는 사실을 부인하지는 못했다. 웰링턴 공작은 워털루 전쟁에 서 나폴레옹을 물리친 일을 설명하면서 승리는 "이튼의 운동장에서 시작 되었다"라고 말했다. 그 위대한 영국 제독을 길러낸 것은 바로 이튼의 운 동장이었다. 교실이 아닌, 교사들의 감독에서 벗어나 친구들과 어울려 놀 수 있는 운동장 말이다. 웰링턴 공작이 강조한 것은 이튼의 교육이 아닌 이튼의 문화였다.

글린 경은 말한다. "사립학교 교육의 목적은 뭔가 유용한 것을 가르치는 것이 아닙니다. 실은 아무것도 배우지 않는지도 몰라요. 사립학교 교육의 목적은 바로 성품과 정신 단련, 바람직한 사회적 이미지 형성, 훌륭한 친구들을 사귀는 것입니다." 여기에는 올바른 억양을 익히는 것도 포함된다. 글린 경은 영국의 귀족 집안에서 첫째가 아닌 자식들과 그 후손들이 겪게 되는 점진적 계급 하락 과정도 설명해준다. 영국은 장자상속법 규정으로 인해 장자가 아닌 자식들은 어른이 되면서 점차 "열등한 자식"이 된다. 그들은 자신이 다닌 사립학교에 자식을 보낼 여유가 없어지고 결과적으로 그들의 자식은 낮은 계층으로 내려가기 시작한다. 글린 경은 말한다. "그들의 말과 억양에서는 귀족적 언어의 흔적을 찾아내기가 힘들어졌습니다."[42]

미국 수화 교사인 수전 쉘러는 "언어란 특정한 집단에 소속되었음을 증명하는 회원증과도 같다"고 했다.[43] 영국 상류층에게 그 회원증은 억양이었다. 바른 억양을 구사하는 사람은 상류 계급에서 발행한 회원증을 받은 것이다. 소설 『파리 대왕』 등장인물 중에 피기라는 아이에게는 약점이 세 가지 있었다(윌리엄 골딩은 적당한 데서 멈추는 법을 몰랐던 모양이다). 피기는 뚱뚱했고, 안경을 썼으며, 저급한 억양을 구사했다.[44] 반면 악역이었던 잭은 일류 기숙학교에 다니는 학생이었다. 웰링턴 제독은 별로 달가워하지 않겠지만 말이다.

일류 기숙학교 학생들에게 상류층 억양을 가르치는 사람은 유모나 가정교사가 아니다. 유모들은 대개 중하층민이고, 가정교사들 중에는 스코틀랜드나 프랑스 등 타 지역 출신이 많기 때문이다. 부모와의 관계도 소원하고 형식적이기 때문에 부모로부터 억양을 학습한다고 볼 수도 없다. 학교 교사들이 상류층 출신일 가능성도 적으므로 그들에게 배우는 것도 아니다. 기숙학교 학생들은 서로에게서 상류층 억양을 학습한다. 이튼, 해로우, 럭비 같은 학교에서는 선배가 후배에게, 세대와 세대를 이어가며 상류층 억양을 전수한다. 억양 이외에 영국 상류 문화의 다른 특징들, 예컨대 과묵함, 도덕적 청렴, 세련된 미학적 취향 같은 것도 동일한 방식으로 전달된다. 아이들은 불굴의 용기와 건강한 신체에 관한 아버지의 짧은 훈계를 통해 자기 문화를 형성하지 않는다. 그들은 아버지들이 문화를 학습했던 바로 그 장소에서 자신들만의 문화를 스스로 형성하는 것이다.

오피 부부가 관찰했던 놀이 전수 방식처럼, 영국 귀족들이 자식을 보내는 사립초등학교에도 선배로부터 후배에게 계속해서 전파되는 아이들의 문화가 있다. 텔레비전이 발명되기 전에는 사립학교 학생들이 어른들의 문화를 접할 기회가 거의 없었으며 학교 바깥세상에서 벌어지는 일들도 학생들에게 거의 영향을 미치지 못했다. 라디오나 신문에 대한 접근도 제한적이었기에, 학생들 문화에서 혁신적 요소들은 오로지 그들의 머리에서만 나올 수 있었다. 따라서 새로 입학한 코호트의 문화는 이전 코호트의 문화와 상당히 비슷했고, 문화는 거의 바뀌지 않은 채 세대를 이어 전달되었다. 상류층 자제와 그들의 아버지가 서로 비슷해진 것은 양쪽이 같은 곳에서 같은 방식으로 사회화되었기 때문이다. 아이들은 아버지가 그랬던 것처럼 학교를 떠난 후에도 학교에서의 문화를 그대로 가지고 살며, 결과적으로 어느 정도 서로 비슷한 문화를 갖게 되는 것이다.

우리는 흔히 어린 세대들이 윗세대를 보고 문화를 만들어간다고 생각한다. 하지만 이 경우에는 전혀 다른 과정을 통해 문화가 형성되었다. 아이들은 어른 문화를 접할 기회가 거의 없었지만, 어른들은 모두 아이들의 문화에 노출되어 있었다. 누구나 한때는 어린이였으니까 말이다.

▶ 부모들의 또래집단

청각장애인이나 이민 가정의 아이들, 그리고 영국 귀족의 아들. 물론 이들은 모두 예외적 사례다. 여기서 아이들은 갖가지 이유로 부모의 문화를 자신의 것으로 직접 받아들일 수 없는 조건에 있다. 하지만 평범한 가정에서 자라는 아이들의 경우는 어떨까? 실제로 대부분의 아이들은 부모와 함께 생활하고, 같은 언어를 사용하는 이웃들과 자유롭게 소통한다.

그리고 대부분의 부모들도 이웃들과 자유롭게 소통한다. 그들의 주된 이야깃거리 중 하나는 아이들이다. 예컨대 아이의 성격이 어떤지, 아이를 어떻게 키워야 하는지, 부모로서 무엇을 잘하고 잘못했는지 등의 이야기다. 이런 주제에 관해서는 모두가 나름의 견해를 갖고 있으며, 비록 의식하지 못하더라도 이런 견해들은 상당 부분 자신이 속한 문화의 산물이다. 앤서니 글린 경의 시대에 영국 상류층 부모들은 자식이 바로 눈앞에 있는데도 아이들이란 도저히 참고 봐줄 수 없는 존재라고 소리쳤다. 야노마모족의 부모들은 적들의 사악한 주술 때문에 자식이 병에 걸리거나 죽을까 봐 걱정했지만, 자식들이 몽둥이나 화살을 들고 싸우는 것에 대해서는 아무 염려도 하지 않았다.[45] 집단마다 자녀 양육에 대한 고유의 관심과 태도, 신념이 있다.

이러한 관심과 태도는 이른바 부모의 또래집단을 통해 부모들 사이에 퍼져나간다. 또래집단을 갖는 것은 아이들만이 아니다. 부모 역시 또래집단을 형성하며, 어른의 또래집단에도 나름의 규범과 처벌이 있다(아이들 집단만큼 비정한 처벌은 아니지만). 하지만 아이들과 마찬가지로 어른들 역시 집단의 규범을 따라야 한다는 압력이 그리 강할 필요가 없다. 어른들은 자발적이고 자동적으로, 심지어는 스스로 의식하지 못하는 상태에서 그 규범을 따른다.

한 집단, 같은 문화 혹은 하위문화를 공유하는 구성원들 사이에서는 자녀 양육에 대한 방법이나 태도가 상당히 획일적인 경향이 있다. 그리고 이러한 면은 토박이보다는 외국인의 눈에 더 쉽게 띈다. 앞서 이야기했던 엄격한 아버지 팀 파크스가 관찰하기에도 이탈리아 부모들이 자녀들이 충분히 먹고 있는지 염려하고 아이에게 억지로 밥을 먹이는 것은 드문 일이 아니었다. 하지만 이탈리아에서는 "정해진 시간에 부모가 자녀들을 침대로 보내고 억지로 잠을 자게 하는 것은 생각할 수도 없는" 일이었다. 미셸이 아버지에게 "너무 재정적으로 그러지 마세요"라고 했을 때 아이가 하려던 말은, 파크스의 말을 빌리자면 이렇다.

> 아빠의 행동 원칙들(그는 이것이 영국에서는 일반적이라는 사실을 알지 못했다)
> 이 문자 그대로 정확히 적용될 필요는 없었다(전형적인 이탈리아적 유연성).[46]

미셸은 취침 시간을 엄격하게 지키는 것이 영국에서는 일반적인 일이라는 사실은 몰랐을지라도, 그것이 이탈리아에서는 일반적이지 않다는 점은 분명히 알고 있었다. 팀 파크스는 이탈리아인이 아니기에 자녀를 키우는 데 이탈리아의 규칙을 따를 필요성을 별로 느끼지 못했지만, 그럼에도 불구하고 아들이 저항을 표현할 때 불편을 느꼈다. 부모들은 자신이 자녀를 키우는 방식이 이웃이나 친구와 다를 때 불편해지고 염려가 생긴다. 이런 취약성을 재빠르게 눈치챈 아이들은 그것을 이용해 원하는 바를 얻어낸다. "집에 꼬박꼬박 전화해야 하는 애는 아무도 없어요." "다른 애들은 전부 새로 나온 나이키 운동화가 있단 말이에요." 부모들은 아이가 무슨 속셈으로 이런 이야기를 하는지 빤히 알지만, 그런 말을 들을 때 느끼는 불안감을 완전히 극복하지 못한다.

나는 5장에서 19세기 독일의 한 어머니가 딸의 몸이 굽을까 봐 걱정한 나머지 딸의 몸에 거머리를 놓고 매일 철봉에 매달리게 한 이야기를 기록했다. 그 딸은 친구나 친척들로 구성된 어머니들 집단에서 딸의 몸이 굽는 것에 대한 공포가 어떻게 전염병처럼 퍼져나갔는지에 대해 말해 주었다.

> 갑작스럽게 신문이나 책 등을 통해, 자녀가 기형이 될지도 모른다는 전염병

적 공포가 일어났고 그 공포는 독일 어머니들 사이에서 급속도로 퍼져나갔다. 우리의 자세가 똑바르고 건강상 아무 이상도 보이지 않는다는 사실도 어머니들을 안심시키지 못했다. 기형의 조짐을 찾아내기 위해 집집마다 가정 방문이 이루어졌고, 그로 인해 우리들은 진짜 비극적인 일을 겪어야 했다. 일이 어떻게 돌아가는지 깨닫지도 못하는 사이에 우리는 모두 건강에 심각한 문제가 있는 사람이 되었고, 우리에게 닥친 위험을 해결해준다는 명목으로 벌어진 치료 행위들 탓에 많은 아이들이 죽었다. 자매 지간이었던 내 사촌 셋은 새로 설립된 쾨니히스베르크 정형외과 전문병원에 보내졌고, 오펜하임 가정의 두 여자아이는 베를린의 블뢰머로 보내졌다. 내 친구 몇몇은 기가 막힌 기계를 몸에 걸치고 생활해야 했으며, 밤에는 특수 제작된 침대에 꽁꽁 묶인 채 잠을 자야 했다.[47]

기가 막힌 기계를 몸에 걸치고 다닌 이 독일 여자아이들은 부모에게 꾸지람을 듣는 정도로 끝났지만, 이웃이나 마을, 부족의 다른 부모들이 그렇게 한다는 이유로 부모가 자식에게 그보다 더한 끔찍한 일을 저지를 수 있음을 결코 알지 못했을 것이다. 나는 지금 1995년 〈미국의학협회지JAMA〉에 실린 "여성 생식기 절단"이라는 제목의 기사를 가지고 있다. 이 기사는 아프리카나 중동, 그리고 무슬림 거주 지역 일부에서 여자아이들에게 행해지는, 완곡하게 "여성 할례"라 부르는 의식의 과정을 소개한다. 보통 7세 정도의 여자아이에게 마취도 없이 행하는 이 시술을 앞두고, 어른들은 도중에 비명을 지르면 집안의 수치가 된다고 아이에게 경고한다. 이 수술로 아이가 과다출혈로 죽거나 파상풍이나 패혈증으로 서서히 죽어가는 경우도 있다. 장기적으로 성인이 된 후에 불임이나 난산을 겪기도 한다. 여성 할례를 받은 여자아이들은 성관계를 할 때도 고통스럽고 쾌감을 느끼지 못하게 되는데, 이것이 곧 수술의 목적이다.[48]

부모가 딸에게 생명과 건강을 위협하고 임신도 어렵게 만드는 이 끔찍한 행위를 행하는 이유는 이 부족에서는 모든 가정이 다 그렇게 하기 때문이다. 친구나 이웃, 형제, 사촌들이 모두 **자기** 딸에게 똑같은 짓을 한다. 관행을 따르지 않으면 부모는 주변 사람들의 멸시를 받을 것이다. 그들 문화에서 좋은 여자는 클리토리스가 없으므로 할례를 하지 않으면 딸을 시집보낼 수 없게 될 것이다.

여성 할례는 그것이 행해지는 지역에서는 일종의 전통이라 할 수 있지만, 이런 관행이 꼭 부모에서 자식에게로 전달되는 것은 아니다. 자식이 기형이 되는 것에 대한 독일 여성들의 공포는 신문을 읽거나 서로에게 그런 이야기를 들은 탓이지, 어머니들로부터 전해 받은 것이 아니었다. 사람들은 자녀를 키울 때 부모가 아닌 친구나 이웃의 양육 방법을 따르는데, 오늘날처럼 미디어가 발달한 사회에서도 마찬가지다. 인류학자 로버트 러바인Robert LeVine과 바바라 러바인Barbara LeVine 부부는 1950년대에 아프리카의 구시Gusii 부족을 연구했는데, 그들에게는 아기에게 수수죽을 먹일 때 아기의 코를 막고 아기가 숨을 쉬기 위해 죽을 목구멍으로 넘기도록 하는 관습이 있었다. 로버트와 그의 두 번째 아내 사라 러바인Sarah LeVine이 1970년대에 다시 이 부족을 찾았을 때는 이 "쓸모없고 위험하기 짝이 없는 방법"은 사라졌다. 부족의 모든 어머니들이 고무젖꼭지를 단 플라스틱 젖병에 죽을 담아 아기에게 먹이고 있었다.[49]

젖병으로 아기를 먹이는 관습은 제3세계에 널리 퍼져나갔지만 그 변화가 바람직했던 것만은 아니었다. 멕시코의 유카탄 반도에서는, 어릴 때는 전통적 방식을 따라 모유를 먹었던 마야 부족 여성들이 자기 아이에게는 젖병에 분유를 담아 먹였다. 할머니들은 모유를 먹은 아기가 더 건강하고 토실토실 살이 찐다고 믿었기 때문에 분유를 먹이는 것에 반대했다. 그리고 실제로는 할머니들의 말이 옳다.* 한 연구자는 젖병으로 분유

---

* 할머니 1 : 0 어머니

를 먹이는 방식이 소화기 계통의 질병을 야기해 아기들이 야위는 원인이 된다고 밝힌 바 있다. 그 연구자는 묻는다. "왜 유카탄의 부모들은 합리적 전통인 모유 수유를 포기하고 새롭지만 불리한 수유 방법을 택한 것일까?"[50] 그 이유는 바로 친구와 이웃들이 더 이상 모유를 먹이지 않기 때문이다. 자신의 엄마가 모유를 먹였고, 젖병 사용을 못마땅해한다는 사실은 크게 상관할 바가 아니었다.

미국처럼 수많은 문화가 복합적으로 얽혀 있는 사회에서는 하위문화 집단마다 양육 방법이 다양하게 나타난다. 현재는 고등교육을 받고 경제적 여유가 있는 백인 여성들 사이에서 모유 수유가 널리 받아들여지고 있다. 하지만 아프리카계 미국인 공동체에서는 꽤 오랫동안 갓 태어난 아기를 다른 가족 구성원들이 돌보아왔기 때문에, 새로운 세대의 어머니들은 아기에게 모유를 먹인다는 상상조차 불가능한 경우도 있다. 뉴저지에서 빈곤층을 대상으로 모유 먹이기 운동을 실시하고 있는 한 책임자는 이렇게 말했다. "어떤 여성이 이런 말을 하더라고요. '오, 당신은 정말 여기서 젖이 나온다고 생각하는 거예요?'"[51]

젖 먹이는 방식, 몸이 굽는 것에 대한 공포, 사악한 주문에 대한 믿음, 포옹의 효과에 대한 믿음 등과 관련된 유행은 심리학자들이 "모성 지지 네트워크"라 부르는 것을 통해 여성들 사이로 전파된다.[52] 아버지들도 나름의 네트워크가 있다. 어떤 성인 남성 또래집단은 반가정적 가치관을 가지고, 남성이 집에 처박혀 있거나 아내를 도와 집안일과 육아를 하는 것을 배격한다.[53] "여보, 나 친구들이랑 좀 나갔다 올게."

미국의 중산층 부모들을 조사한 연구자들은 이러한 지지 네트워크에 속하지 않은 부모들이 자녀를 학대하는 등 문화적 규범에 반하는 행동을 하는 경향이 있다고 보고했다.[54] 하지만 부모들의 또래집단이 모두 지나친 체벌을 통제하는 것은 아니다. 앞서 언급한 멕시코의 라파스와 산안드레스는 훈육에 있어 매우 상반된 생각을 가지고 있었다. 인류학자 더

글러스 프라이에 의하면 "산안드레스의 부모들은 라파스의 부모들보다 훨씬 엄격한 체벌이 필요하다고 주장했다."[55] 프라이는 산안드레스에서 부모가 회초리로 자식을 때리는 광경을 종종 목격했지만 라파스에서는 한 번도 보지 못했다. 다행히도 그는 산안드레스 사람들의 공격적 성향이 어린 시절 부모에게 받았던 체벌 때문이라고 생각하지 않았다. 그는 심한 체벌이 그 마을의 분위기를 드러내는 하나의 현상일 뿐 원인은 될 수 없다고 생각했다. 나도 그렇게 생각한다.

우리가 사는 사회에서도 체벌에 대한 의견이 집집마다 다르고 하위문화 집단마다 차이를 보인다. 체벌은 부유한 지역보다는 경제적 수준이 낮은 지역에서 더 자주 사용하는 방법이고, 유럽계 미국인 가정보다는 소수민족 집단의 가정에서 더 자주 발견된다.[56] 이러한 자녀 양육 관행과 관련한 문화적 차이는 부모들이 속한 또래집단을 통해 확산된다.

▶ 부모의 또래집단에서 아이의 또래집단으로

우리 부부가 두 딸을 기른 곳은 뉴저지의 작고 아름다운 마을이었다. 우리는 거기서 1960년대 중반부터 1980년대 중반까지 20여 년을 지냈는데, 그곳에는 대부분 우리 같은 중산층 가정이 살았고 우리 아이들과 비슷한 또래의 자식을 둔 집이 많았다. 대다수가 유럽계 백인들이었고 경제적 수준이나 생활 방식도 거의 비슷했다. 대부분의 어머니들은 아이들이 어릴 때 직장을 그만두었고, 아이들이 자라서 마을에서 몇 블록 떨어진 괜찮은 초등학교에 입학한 후에도 시간제로만 일했다.

우리(나와 이웃 어머니들)는 자주 만났다. 우리는 아이를 키운다는 공통점이 있었고 만날 때 주로 하는 이야기 대부분이 아이와 관련되어 있었다. 우리 중에는 가톨릭 신자도 있었고 개신교 신자도 있었고 유대인도 있었다. 고졸 학력인 사람도 있었고 대학원을 나온 사람도 있었다. 하지만 그런 차이는 그리 중요하지 않았다. 당시에는 분명히 깨닫지 못했지만 우리는 어떻게 자녀를 키워야 하는지에 대해서도 모두 비슷한 관점을 갖고 있었다. 적이 사악한 주문을 외운다거나 자녀의 몸이 굽는다든지 하는 것을 염려한 사람은 없었다. 우리의 관심사는 오직 아이들이 학교에서 어떻게 생활하고 있느냐였다. 아이에게 억지로 밥을 먹이는 사람도 없었고 아이가 부모와 함께 자야 한다고 생각하는 사람도 없었다. 얼마나 엄격하게 적용하느냐의 차이는 있었지만 우리는 모두 아이들이 취침 시간을 지키도록 가르쳤다. 적절한 시기에 감정에 흔들리지 않고 가끔 손바닥으로 엉덩이를 때려주는 정도는 좋을 수도 있겠다고 대부분 생각했지만, 회초리로 매질하는 건 아무도 상상조차 하지 않았다. 물론, 상상 정도는 했을 수 있겠지만 아무튼 실제로 그렇게 한 사람은 없었을 것이다.

물론 이 모든 생각들을 서로를 통해서 얻은 것만은 아니다. 부모들은 양육과 관련해 사회에 널리 퍼진 공통의 가치관을 여기저기서 접한다. 잡지, 신문, 텔레비전 등 모든 곳에서 말이다. 우리는 모두 자녀를 키우면서 피해야 할 방법이 무엇인지 한참 얘기할 수 있었지만, 우리의 방식 외에 다른 좋은 방식이 있을지에 대해서는 아무것도 떠올리지 못했다.[57]

세월이 흘러 나는 할머니가 되었고, 오늘날의 어머니들은 이웃과 거실에 둘러앉아 수다를 떨며 오후 시간을 보내지 않는다. 하지만 같은 모성 지지 네트워크에 속한 여성들이 자녀 양육에 관해 비슷한 관점을 공유한다는 것은 오늘날에도 변함없는 사실이다. 부모들이 이웃과 또래집단을 형성할 가능성이 예전보다 줄어들긴 했지만, 아직도 또래집단은 쉽게 생겨난다. 자녀들이 같은 학교나 유치원에 다니고 있으면 부모들도 서로 친구가 된다. 혹시 같은 학교에 다니지 않더라도 이웃이라면 학교 밖에서 아이들이 어울릴 기회가 있다. 이렇듯 부모들이 어떤 또래집단에 속해 있다면 그 자녀들 역시 어떤 또래집단에 속해 있을 가능성이 높다.

자녀들 입장에서 본다면, 또래집단을 갖고 있는 아이들은 그 부모들도 또래집단을 형성하고 있을 가능성이 높다. 이러한 사실은 전통사회에서도 마찬가지이며, 수백만 년에 걸친 인류 역사 속에서도 사실이었다.

나는 이것이 일반적으로 문화가 전달되는 방식이라고 생각한다. 즉 부모의 또래집단에서 아이의 집단으로 말이다. 부모에서 아이에게로가 아니라 집단에서 집단으로, 부모의 집단에서 아이의 집단으로.

세 살 아이가 또래집단에 들어갈 때 그들은 이미 공통의 문화를 갖고 있다. 아이들이 속한 가정들은 대부분 판에 박힌 듯 비슷하다. 유럽계 미국인의 자녀이거나 이민 2~3세대라면 모두 영어를 사용할 것이다. 다들 숟가락과 포크로 식사하며, 정해진 취침 시간이 있을 것이다. 옷 입는 스타일이나 갖고 노는 장난감도 비슷하며, 같은 음식을 먹고, 같은 명절을 즐기며, 아는 노래들도 같고, 같은 텔레비전 프로그램을 본다.

이미 같은 언어를 사용하는 아이들은 새로운 언어를 창조할 필요가 없다. 이미 문화를 공유한다면 무에서부터 새로운 문화를 만들 필요가 없다. 아이들이 자기들만의 문화를 만드는 것은 분명하지만, 아무것도 없는 상황에서 만들지는 않는다. 아이들이 공유하는 것, 그리고 집단의 아이들 대다수가 받아들이는 것이 문화의 재료가 되는 것이다. 아이들 문화는 어른들 문화의 한 변형이며, 아이들이 어른의 문화를 가장 쉽게 접할 수 있는 곳은 바로 가정이다. 하지만 집에서 관찰한 어른 문화를 또래집단으로 가져올 때 그들의 태도는 매우 조심스럽다. 자기들이 가져온 문화에 어떤 문제가 있지 않은지, '집 밖'의 문화에 흡수되기 어려운 것은 아닌지 신경을 예민하게 곤두세운다. 소설『포트노이의 불평』에서 주인공 알렉산더 포트노이가 1학년 때 학교에서 주걱spatula이란 단어를 얼버무리며 말했던 이유는, 그 단어가 가정의 문화에서나 사용될 뿐 학교에서 쓰기에는 적합하지 않다고 생각했기 때문이다.[58] 앞서 말했듯 나도 어릴 때 새끼손가락을 pinky라고 말하면서 포트노이와 비슷한 기분을 느꼈다.

우리가 속한 사회의 아이들은 자신이 집에서 배운 것이 올바른 것인지, 다시 말해 친구들이 배운 것과 같은지를 탐색해야만 한다. 하지만 부족사회나 작은 마을 집단에서는 이런 걱정을 할 필요가 없다. 아이들은 친구들의 집에서 무슨 일이 벌어지는지 속속들이 알고 있기 때문이다. 전통사회에는 사생활이 없고, 아이들은 어릴 때부터 (발달된 사회라면 아이들에게 감추려고 애쓰는) 출생과 죽음, 살인, 가십, 섹스, 폭력 같은 삶의 다양한 측면에 노출된다. 분명한 것은 전통사회에도 우리 사회와 마찬가지로 섹스나 폭력 같은 것들이 만연했다는 것이다.

우리 사회가 전통사회와 다른 점은, 섹스나 폭력 같은 삶의 실제적 장면이 문 뒤로 감춰져 있다는 것이다. 그렇기 때문에 요즘 아이들은 이웃을 관찰하는 대신 텔레비전을 본다. 텔레비전은 사회를 내다보는 창문이자 광장이다. 아이들은 텔레비전 화면에 그려지는 영상이 집 밖의 삶을 반영한다고 여기며, 이를 자기 문화에 포함시킨다. 집에서 배운 언어뿐 아니라 〈세서미 스트리트Sesame Street〉의 캐릭터나 만화 속 영웅과 악당들도 문화 형성의 재료가 되는 것이다. 아이들 개개인에게 텔레비전을 금지한다고 해서 그것이 아이에게 끼치는 영향을 완전히 차단할 수는 없다. 텔레비전의 영향은 아이들 개개인이 아닌, 아이들 집단을 향한 것이다. 문화의 다른 여러 측면이 그렇듯, 텔레비전을 통해 전달된 내용이 또래집단 문화에 흡수되는 순간 그것은 집단 내 개개인의 행동에 장기적으로 영향을 미친다.

텔레비전이 허용되지 않거나 부모의 생활 방식이 이웃들과 여러모로 달라 가정 환경에 특이한 점이 있다 해도, 아이는 여전히 친구들과 같은 문화를 공유할 것이다. 또래집단 안에 있다면 그것이 가능하다. 부모가 외국어로 말하고 숟가락과 포크를 사용하지 않으며 사악한 주문의 힘을 믿는다 해도, 아이는 또래 아이들과 같은 언어를 사용하고 같은 관습과 가치관을 가질 것이다. 다른 점이 있다면 그는 간접적으로 문화를 학습했다는 점뿐이다. 이 문화는 또래 아이의 부모들로부터 또래집단을 거쳐 그 아이에게 전해진 것이다.

내가 아는 어떤 여성은 형제자매가 너무 많아 부모가 자식들에게 일일이 관심을 기울일 수 없었다고 한다. 그래서 어렸을 때 주위에서 목욕을 하라고 말해주는 사람이 없었는데, 어느 날 그는 자기 팔이 반 아이들의 것과 많이 다르다는 사실을 알아차렸다. 그는 순간 몸을 씻어야겠다는 생각을 하게 되었고 스스로 알아서 목욕을 하기 시작했다.

어쩌면 독자들은 그런 가정 환경에서 자란 아이는 다른 아이들을 따라잡지 못하리라고 생각할지도 모르겠다. 일리 있는 말이다. 만일 부모에게 사소한 문제가 있고 그 자녀도 부모와 비슷한 문제를 겪고 있다면, 그 점에 대해 내가 할 말은 없다. 그 문제는 이미 행동유전학자들이 자세히 설명한 바 있으니 말이다. 아이의 심리적 특성 중 일부는 부모에게 유전적으로 물려받은 것이기 때문에, 성격을 설명할 때는 항상 유전이라는 요소가 끼어든다. 내가 유전이 작용하지 않는 언어와 억양 같은 것을 통해 논지를 펴는 까닭도 바로 그 때문이다.

누가 아이를 사회화했으며 누가 아이에게 문화를 전파했는지 알아보는 가장 간단한 방법은 바로 아이에게 귀 기울이는 것이다. 아이가 언어와 억양을 습득하는 곳이 곧 아이가 문화의 다른 요소들을 습득하는 곳이다. 아이는 문화를 또래집단에서 얻으며, 전부는 아니지만 많은 경우에 그 문화는 부모의 또래집단에서 유래한다.

▶ 우리 동네에 오신 것을 환영합니다

심리학자와 사회학자들은 우범지대에서 자라난 아이들이나 비행 청소년들과 어울리는 아이들이 문제를 일으킬 가능성이 많다는 것을 예전부터 알고 있었다.[59] 그러므로 점점 비뚤어져 가는 아이를 바로잡으려면 아이가 사는 지역에서, 그리고 불량한 친구들에서 아이를 **빼내와야** 한다고 말한다.

이 방법은 래리 아유소Larry Ayuso에게 통했다. 16세 때 래리는 사우스 브롱스에 살고 있었다. 농구팀에 들어가고 싶었지만 성적이 너무 나빠 들어갈 수 없었다. 친구 세 명이 마약 관련 문제로 살해당했고 래리 역시 고등학교 퇴학과 범죄자의 길(혹은 죽음)로 다가서고 있었다. 그러던 중 래리는 우범지대 아이들에게 보다 좋은 환경을 제공하는 사회 프로그램을 통해 먼 곳으로 떠나게 되었다. 그가 새로 자리 잡은 곳은 뉴멕시코의 작은 마을이었다. 래리는 그곳에서 한 중산층 백인 가정에서 살게 되었는데, 2년 후에는 성적이 눈에 띄게 좋아졌고 학교 농구팀에서 평균 28점을 얻어내는 선수가 되었으며, 졸업 후 대학교에도 입학했다. 그가 옛 친구들을 만나러 사우스 브롱스를 다시 찾았을 때, 래리의 옛 친구들은 그의 옷차림과 말투가 우스워졌다고 놀렸다. 래리는 더 이상 옛 친구들처럼 옷을 입거나 그들처럼 행동하지 않았으며, 그들처럼 말하지 않았다.[60]

래리의 변화를 취재한 〈뉴욕타임스〉 기자는 우리 문화의 산물인 양육 가설 추종자였다. 그래서 그는 래리의 변화를 뉴멕시코에서 래리에게 새로운 환경을 제공한 백인 부부의 공으로 돌렸다. 하지만 래리 같은 아이들은 새로운 부모를 만나지 않더라도 인생을 올바른 방향으로 전환할 수 있다. 아이들을 그때까지 어울리던 비행 청소년들에게서 빼내어 다른 곳으로 옮겨놓는 것만으로도 성공이 가능하다. 영국에서는 런던에 거주하던 비행 청소년들이 그곳을 떠나자 예전만큼 범죄를 저지르지 않았다는 조사 결과가 있다. 아이가 가족들과 **함께** 런던을 떠났다고 해도 말이다. 어떤 이웃과 생활하느냐에 따라 자녀의 범죄, 퇴학, 마약, 임신 가능성이 변할 수 있다.[61]

어떤 이웃과 자란 아이들은 대체로 분별력 있고 법을 잘 지키는 반면 어떤 이웃 사이에서 자란 아이들은 그렇지 못하다면, 이는 단지 바람직한 행동을 하는 아이의 부모가 그렇지 못한 아이의 부모보다 경제력이나 교육 수준이 높기 때문만은 아니다. 이에 못지않게 중요한 것은 **이웃들**의 경제력과 지적 수준이다.[62] 아이가 부모를 닮는다는 사실에서는 아무 것도 알아낼 수 없다. 그것은 유전 때문일 수도 있고 환경 때문일 수도 있다. 하지만 아이가 **친구들**의 부모를 닮는다면 이는 매우 많은 것을 시사한다. 그것은 오직 환경만이 영향을 미쳤음을 의미한다. 아이가 친구의 부모와 많은 시간을 보내는 경우는 거의 없기에, 친구 부모가 미치는 환경적 영향은 친구를 통해 간접적으로 전달된 것이라 볼 수 있다. 집단사회화 이론에 따르면 환경적 영향은 이렇게 또래집단을 통해 전달된다.

어른의 행동 양식과 자녀 양육방식은 지역마다 다르다. 아이들의 또래집단이 갖는 규범도 지역마다 다르다. 래리 아유소가 살던 지역의 아이들 집단은 공격적이고 반항적인 행동에 많은 가치를 두었다. 사우스 브롱스에 살던 래리의 옛 친구들은 "사회화되지 않은" 것이 아니다. 그들은 단지 집단이 추구하는 행동과 태도에 적응하고 다른 아이들이 하는 대로 행동했을 뿐이다. 그들이 뉴멕시코의 새 친구들과 다르게 행동하고 말하고 옷을 입는다고 해서 제대로 사회화되지 않았다고 말할 수는 없다. 단지 그들은 다른 규범을 지닌 집단에 의해 사회화된 것뿐이다.

사우스 브롱스의 아이들이 공격적으로 행동하는 이유는 멕시코의 산안드레스 아이들이 공격적인 것과 같다. 그들은 모두 자기가 속한 공동체 사람들이 하는 대로 행동했을 뿐이며, 부모가 자신을 어떻게 대하는지와는 별 상관이 없다. 그것을 어떻게 알 수 있을까? 만일 당신이 한 가정을 골라 다른 마을로 보낸다면—부모가 그 새로운 마을에 어울리지 못하고 그곳 부모들의 또래집단에 속하지 못한다 해도—그 가정 아이들의 행동은 점차 변할 것이다. 아이들의 행동은 새 또래집단의 행동과 점점 더 닮아갈 것이다.

〈계량범죄학 저널Journal of Quantitative Criminology〉에 실린 한 논문은 다음과 같이 결론을 맺는다.

> 아프리카계 미국인 청소년과 백인 청소년을 각기 속한 사회적 맥락에 대한 고려 없이 비교하면, 아프리카계 미국인 청소년이 더 심각한 범죄를 더 자주 일으키는 것이 사실이다. 하지만 아프리카계 미국인 청소년이 하류 계층의 거주 지역에 살지 않는다면 그들의 비행도 백인 청소년들과 비슷한 수준에 머문다.[63]

초등학생의 공격 행동을 주제로 하는 다른 연구에서, 연구자들은 가계 소득과 가족 구성, 인종을 토대로 비행 청소년이 될 "고위험군"(소득이 적고, 아버지가 없으며, 아프리카계 미국인 가정에서 자라는) 아이들을 관찰했다. 결과적으로, 이런 위험 요소를 가진 아이들 중 아프리카계 미국인이 대다수인 하층민 거주 지역에 사는 아이들은 높은 공격 성향을 보이지만, 중산층 백인 거주 지역에 사는 아이들은 주위의 다른 아이들과 "비슷한 수준의 공격 성향"을 보이는 것으로 나타났다. 연구자들은 중산층 가정이 모인 지역이 "고위험 가정 아이들의 공격성을 낮추는 보호 요인으로 작용한다"고 결론지었다.[64]

▶ 데이터는 위험할 수 있다

"우리 의사 아들이 말이야." 관리 의료managed care라는 개념이 없었던 한 세대 전에는 대부분의 유대인 부모들은 자기 아들이 의사가 되기를 원했다. 아들이 의사가 되기를 바라고 또 실제로 아들이 의사가 되는 경우가 매우 흔해서 그와 관련한 농담이 생길 정도였다.* 그리고 발달심리학자를 포함한 모든 사람은, 유대인 아들들이 의대에 지원하는 것은 부모가 의료인이야말로 가장 훌륭한 직업이라고 세뇌한(그러니까, 사회화한) 명백한 결과라고 생각했다.

하지만 그런 분위기 속에서도 다른 목소리를 내는 사람이 있었다. 한 유대인 부모는 어째서인지 아들에게 의사 말고 음악가가 될 것을 권했다. 이 사례에서 흥미로운 점은 아들이 결국 의사가 되기로 결심했다는 사실이다.

> 스나이더 박사의 부모는 그에게 고등학교 졸업 후 음악대학에 입학하는 것이 어떻겠냐고 했다. "저는 음악가가 괜찮은 유대인 아이에게 썩 좋은 직업이 아니라고 생각했습니다." 친구들 대부분은 의사가 되기를 원했고 그 역시 의사가 되기로 결정했다. "제 인생의 중요한 목표는 바로 다른 아이들과 비슷한 삶을 살아가는 것이었기 때문입니다."[65]

그의 부모가 잘못 짚었지만 그것은 별로 중요하지 않았다. 의사라는 직업에 대한 선호는 다른 문화적 신념과 태도와 같은 방식으로 전달된다. 즉 부모들의 또래집단에서 아이들의 또래집단으로 전달되며, 뒤이어 개별 아이들에게 영향을 미치는 것이다. 아이의 부모가 특이한 박자로 장단을 쳐도 아이들은 친구들과 정확하게 같은 박자로 행진한다.

스나이더 박사의 이야기가 실화일지라도 그것은 하나의 사례일 뿐이다. 많은 사회과학자들이 말하듯, **사례**anecdote를 모아놓는다고 **데이터** data가 되는 것은 아니다. 하지만 나는 이 이야기가 데이터의 오류를 정확

---

* "우리 의사 아들이 말이야"는 모든 대화를 아들이 의사라는 사실로 끌고 가는 유대인들의 농담이다. —옮긴이

히 보여준다고 생각한다. 데이터 수집은 현상의 평균적이고 전반적인 양상을 파악하는 방법이며, 예외적 사례들은 필터로 걸러내듯 폐기해버린다. 하지만 이 경우 현실을 분명히 파악하게 하는 것은 오히려 예외적 사례들이다. 전형에서 벗어나거나 사회에 잘 적응하지 못한 부모의 아이도 결과적으로는 또래집단 아이들과 같은 태도를 갖게 된다.

데이터 수집을 통해 잘못된 결론에 도달하는 또 하나의 교묘한 방법이 있는데, 내가 즐겨 사용하는 예시인 언어를 가지고 이것을 설명하겠다. 같은 동네에서 같은 학교에 다니는 아이들을 관찰해보면 아이들이 사용하는 언어와 억양이 대체로 비슷함을 발견할 수 있을 것이다. 그리고 부모들 역시 대부분 같은 언어와 억양으로 말할 것이다. 하지만 언어는 유전자가 변인이 될 수 없으므로 부모 세대와 자녀 세대 간 언어의 유사성은 서로 상관관계에 있지 않다. 데릭 비커턴이 하와이에서 발견한 내용이 바로 이것이다. 하와이 이주민 1세대 부모들은 모두 조금씩 다른 언어를 사용했지만, 2세대에서는 같은 버전의 크리올을 구사하는 집단이 형성되었다. 자녀들이 구사하는 언어만으로는 그들 부모가 어느 나라 출신인지 분간할 수 없게 된 것이다.[66]

자, 이제 언어를 주제로 국제적 차원의 연구를 실시한다고 하자. 당신은 전 세계 아이들의 언어 사용 방식과 관련된 데이터를 수집한다. 당신의 연구에는 영국의 상류층 부모와 자녀, 이탈리아인 부부와 자녀, 야노마모족 부부와 자녀 및 세계 각지의 가정들이 참가한다. 오, 드디어 당신은 양육가설을 뒷받침하는 근거를 발견하게 되었다! 부모와 자녀가 사용하는 언어 사이에 아주 강력한 상관관계가 발견될 테니 말이다.

하지만, 사실 당신은 부모 집단이 아이 집단에 미치는 영향을 부모가 아이에게 미치는 영향으로 오인한 것이다. 이것은 매우 범하기 쉬운 실수이며, 유전이라는 요소를 추가하면 문제는 훨씬 더 복잡해진다. 부모의 심한 체벌이 자녀를 공격적 인간으로 만든다는 가설을 검증하기 위해 맥시코의 산안드레스 마을을 조사한다고 하자. 거기서 당신은 마을의 부모들 대부분이 자식을 때리고 그 자식들 대부분이 공격적인 어른으로 성장한다는 사실을 발견할 것이다. 하지만 산안드레스 같은 문화적 동질 집단에서도 집집마다 공격성의 정도 차이는 존재한다. 공격성은 유전의 영향을 얼마간 받고, 부모의 행동은 일정 정도 자녀의 행동에 대한 대응이기 때문에, 당신은 산안드레스에서 가장 가혹하게 체벌하는 부모에게 가장 공격적인 자식이 있다는 사실을 발견할 것이다. 그렇다면 부모의 체벌과 자식의 공격성 간에는 상관관계가 생긴다. 하지만 그 상관관계가 너무 낮다는 것이 문제다. 통계학적으로 무의미한 수준으로 말이다!

자, 진정하자. 이제부터는 부모가 자녀를 좀처럼 때리지 않고 아이들끼리도 서로 싸우는 일이 거의 없는 라파스 마을의 데이터를 수집하면 된다. 서로 정반대인 산안드레스와 라파스의 데이터를 함께 놓고 보면 부모의 체벌과 자녀의 공격성 사이의 강한 상관관계를 발견할 수 있을 것이다. 당신은 심한 체벌을 행사하는 부모의 자녀는 공격적 인간이 되고 친절하고 상냥한 부모의 아이는 덜 공격적인 인간이 된다는 점을 발견했다! 이것이 바로 (순수한 의도로) 인종 집단이나 사회경제적 계층을 두루 포괄하여 연구 참여자를 선정하고 연구를 실시하는 현대 사회화 연구자들의 연구 방식이다.

연구자들이 여러 문화 집단을 놓고 서로 비교하느냐 집단 내부를 관찰하느냐에 따라 부모와 자녀 간의 상관관계가 나타날 수도 있고 그렇지 않을 수도 있다.[67] 만약 마을이나 부족이나 지역 몇 군데를 선택해 데이터를 수집한 후 나란히 관찰한다면 연구자들은 부모가 자녀에게 영향을 미친다는 점을 보여 주는 상관관계를 찾을 것이다. 그 데이터에서 아이들의 행동이 다른 지역 부모들보다는 자기 부모의 행동과 더 유사하기 때문이다. 집단으로서의 아이들은 자기가 사는 마을 또는 이웃의 어른들과 유사한 행동을 하는 경향이 있다. 그러나 이것은 각 아이들이 자기 부모의 행동을 따라 하기 때문이 아니다. 유전의 영향을 배제한다면 아이들은 자기 부모를 닮는 만큼이나 친구들의 부모를 닮는다.

아이들이 부모와 유사한 행동을 하는 것을 보고 단순히 이것을 양육 가설을 지지하는 예라고 생각하기 쉽다. 하지만 아이와 부모는 단순히 유전자만 공유하는 사이가 아니다. 그들은 같은 마을에 살고 같은 이웃을 만나며, 그곳에는 인종과 사회경제적 계층이 같은 사람들이 살고 있다. 대부분의 경우에 아이들 문화는 어른들 문화와 유사하다. 따라서 아이들 문화가 어른들의 문화와 유사하지 **않은** 특별한 사례에 주의를 기울이지 않으면 아이들은 집에서 배운 대로 집 밖에서 행동하는 것처럼 보인다.

1920년대 휴 하트숀Hugh Hartshorne과 마크 메이Mark May는 "성격character"에 관한 연구를 시작했다. 두 사람은 아이들이 다양한 상황에서 거짓말과 도둑질을 하고 속임수를 쓰도록 유인책을 쓰는 실험에서, 아이가 어떤 상황에서 도덕적으로 행동한다고 해서 다른 상황에서도 도덕적으로 행동하리라는 법은 없음을 발견했다. 집에서는 규율을 어기려는 유혹에 저항하던(보는 사람이 없는데도) 아이가 학교에서는 다른 아이들처럼 부정행위를 하고 운동장에서 경기할 때는 속임수도 썼다.[68] 이 결과는 아이가 부모에게 배운 도덕성이 대문 밖까지 이어지지는 않음을 의미한다.

여전히 흥미로운 부분은, 다양한 상황에 처한 아이들의 도덕적(또는 비도덕적) 선택이 친구나 형제와 계속 일치하는 경향이 있다는 점이다. 이 사실은 친구나 형제들이 대개 같은 지역에 살고 같은 학교에 다니며 특히 친구들과는 같은 또래집단에서 생활한다는 점을 떠올리면 쉽게 이해할 수 있다. 그들은 같은 아이 문화에 속해 있는 것이다. 하트숀과 메이는 ―아직 심리학자들의 이성이 양육가설이라는 먹구름에 뒤덮이지 않았던 1930년대에―이렇게 결론 내렸다. "인격 교육의 기본 단위는 집단 또는 작은 공동체다."[69]

▶ 문화적 창조성

행동유전학자들은 쌍둥이와 입양아에 관한 데이터를 분석하다가 형제들 사이에 유전의 영향으로 설명할 수 없는 유사성이 발견되면 같은 집에서 자란 영향 때문이라고 가정한다. 그들은 이를 "공유된 환경shared environment"이라 부른다. 하지만 결국 차이를 만들어내는 것은 가정 환경이 아니다. 중요한 것은 같은 또래집단에 속한 아이들이 공유하는 환경이며 그들이 창조한 문화다.

아이들은 아무것도 없는 상태에서 새로운 문화를 창조할 수도 있지만 그런 경우는 그리 많지 않다. 전통사회에서는 아이들이 새로운 문화를 만들어야 할 필요도 없고 대안적 문화를 접할 기회도 적었기 때문에 아이들 문화는 어른들 문화와 매우 유사했다. 하지만 이러한 전통사회에서도 아이들 문화에는 부모들 문화에 없는 요소들이 존재한다. 예컨대 난송고 부족 아이들이 쓰는 비속어처럼 말이다. 아이들의 문화는 어른 문화와 같은 방식, 즉 기존의 구성원이 새로운 구성원에게 문화를 가르쳐주는 방식으로 지속되고 유지된다.

이것은 어른에 비해 아이가 지닌 큰 장점인 유연성과 상상력을 최대한 활용할 수 있다는 점에서 아주 영리한 시스템이다. 아이들은 어른의 문화가 유용하다고 여겨지면 그것을 수용하고 적당히 수정해서 자기 것으로 만든다. 만일 그 문화가 시대에 뒤떨어지거나 자신의 필요를 채워주지 못한다면, 아이들은 그것을 받아들이는 대신 새로운 문화를 창조해낸다.

10. 성별이 결정한다

"그렇게 끔찍한 일은 태어나서 처음이에요." 일곱 살 남자아이가 발달심리학자와의 인터뷰에서 이렇게 말했다. 이 아이는 친아버지를 죽이지도 않았고, 친어머니와 사랑에 빠진 것도 아니다. 동생을 창밖으로 내던지지도, 집에 불을 지르지도 않았다. 심리학 실험에 참가하여 비디오카메라 앞에서 특정 역할을 수행했을 뿐이었다. 아이는 그저 연구자의 지시에 따랐다. 연구자는 아이에게 인형의 기저귀를 갈아주라고 했고, 그게 아이가 한 일의 전부다.

연구자는 일곱 살짜리 여자아이와도 비슷한 실험을 하려 했지만 잘되지 않았다. 장난감 트럭을 갖고 노는 아이의 모습을 촬영하려고 했는데 아이가 거절했기 때문이다. "엄마도 저한테 장난감 트럭을 갖고 놀았으면 좋겠대요. 그런데 저는 싫단 말이에요."[1]

왜 이러는 걸까? 우리는 아이에게 중성적인 이름을 지어주고 유니섹스 스타일로 옷을 입힌다. 딸에게는 여자도 트럭 운전기사가 될 수 있다고, 아들에게는 인형 놀이를 하는 건 부끄러운 일이 아니라고 가르친다. 부모 스스로 자녀에게 모범을 보이려고도 한다. 북미와 유럽의 많은 지역에서는 아버지도 기저귀를 갈고 어머니도 운전대를 잡는다.

그럼에도 불구하고 아이들의 남녀관은 여전히 구시대적이다. 어른들의 생각은 바뀌고 있지만 우리 아이들은 그렇지 않다. 지난 세기 동안 어

른들의 문화는 성평등을 향해 가고 있었지만 아이들은 여전히 성차별적이다.[2]

미리 말해두는 편이 나을 것 같다. 나는 남자와 여자가 서로 다르게 태어난다고 생각한다. 남녀는 태어날 때부터 다르다. 그러나 우리가 일곱 살 아이들에게서 발견하는 남녀 차이가 꼭 선천적인 것만은 아니다. 다시 말해, 남자아이라고 해서 인형 기저귀를 갈아주는 걸 싫어하게 만드는 유전자를 갖고 태어나지 않고, 여자아이도 날 때부터 트럭을 싫어하는 것은 아니다.

성별 간 차이[3]는 생후 10년에 걸쳐 꾸준히 벌어진다. 그에 따라 상대 성별에 대한 적대심도 강해진다. 남자아이들은 "여자는 가라!"라고 쓴 팻말을 내건다. 여자아이들도 똑같이 노골적으로 자기들의 동맹을 과시한다. 내 친구에게는 여섯 살짜리 딸이 있는데 여름캠프에 갔다가 이런 노래를 배워 왔다고 한다.

> 남자들은 더 멍청해지려고stupider 목성Jupiter으로 가고
> 여자들은 더 똑똑해지려고knowledge 대학college으로 가지.
> 남자들은 더 맛이 가려고queer 맥주beer를 마시고
> 여자들은 더 섹시sexy해지려고 펩시Pepsi를 마시지.
> 책상다리를 하고 앉자.
> **남자들 싫어!**[4]

사람들은 흔히 이런 성차별적 태도가 부모나 교사, 더 나아가 사회 전체의 잘못된 인식 탓이라고 생각한다. 하지만 아이들 사회가 어른들 사회보다 더 성차별적이라면, 어른이 아이에게 안 좋은 영향을 끼쳤기 때문이라고 말할 수 있을까? 독자들이 지금까지 이야기를 잘 따라왔다면 내가 어떤 답을 내릴지 눈치 챘을 테다. 이는 어른들 탓이 아니다. 아이들

스스로 차별을 만들어낸 것이다.

지금까지 이야기를 잘 따라왔다면 내가 흐름을 거스르고 있다는 사실도 눈치챘을 것이다. 지금까지 아홉 장에 걸쳐서 해 온 이 이야기로는 심리학 교수부터 동네 마트 계산대에 같이 줄 서 있는 사람조차 설득시키지 못할 만큼 양육가설은 영향력이 크다. 하지만 남성성과 여성성의 발달에 대해 이야기하려 하는 지금에 와서는 양육가설의 흐름에 역행하는 사람이 나 혼자가 아니라는 것을 알았다. 내 주장은 그리 새로운 것이 아니기 때문이다. 심리학 교수들도 포함해 이미 여러 사람이 남자아이의 남성성과 여자아이의 여성성은 부모가 아닌 또래들과 함께한 환경을 통해 형성된다는 내 주장과 비슷한 결론을 내렸다.[5]

사람들이 이런 결론을 내린 이유는 아동발달 과정에서 나타나는 성차별적 인식을 부모의 탓으로 돌리려는 시도들이 결과적으로 모두 부실했기 때문이다. 부모가 남자아이와 여자아이를 서로 다르게 대하는가? 적어도 미국에서는 결정적인 차원에서는 그렇지 않다. 미국 부모들은 성별에 관계없이 자식에게 같은 정도의 관심과 애정을 베풀고 같은 방식으로 훈계한다. 유의미한 차이가 있다면 성별에 따라 다른 장난감과 옷을 사주고 성별에 따라 다른 집안일을 시킨다는 점 정도다.[6] 그리고 이 차이는 자녀-부모 효과 때문일 수 있다. 다시 말해 부모의 행동이 아들과 딸의 차이를 야기한 원인이 아니라 오히려 그 차이에 대한 부모의 반응이라는 것이다. 많은 부모가 아들에게 트럭을, 딸에게 인형을 사주는 합당한 이유가 있다. 바로 아이들이 그걸 원하기 때문이다.

프로이트는 아들은 아버지, 딸은 어머니에 대한 동일시를 통해 자아를 형성한다고 생각했다. 하지만 프로이트의 이론을 뒷받침하는 증거는 어디에도 없다. 아들의 남성성과 딸의 여성성은 동성 부모의 남성성과 여성성과는 아무 상관이 없다. 아버지 없이 자란 남자아이의 남성성과 레즈비언 부모를 둔 여자아이의 여성성은 양성 부모에게서 자란 아이와 비교

했을 때 거의 차이가 없었다.[7]

성격 형성기에 여자아이는 점점 주위의 다른 여자아이들을 닮아가고 남자아이는 다른 남자아이들을 닮아간다. 말괄량이 여자아이는 조금씩 얌전해지고 수줍음이 많던 남자아이는 점점 더 대범해진다.[8] 그리고 양성 간 차이는 갈수록 벌어진다. 서로 겹쳐 있던 두 개의 정상분포 곡선이 양쪽으로 멀어지면서 서로의 교집합도 점차 줄어든다. 이런 변화를 야기한 책임은 아이들 자신에게 있다. 아이는 부모를 통해 자아를 형성하지 않는다. 아이는 자기와 유사한 다른 아이들을 통해 자아를 형성한다.

▶ 날 때부터 다르다

인간은 염색체 46개 중 45개는 성별에 관계없이 공통적으로 가지고 있다. 46번째 염색체는 모양 때문에 Y 염색체라고 불리는데 남녀 모두 X 염색체를 가지고 있지만 Y 염색체는 남성만 갖고 있다. Y 염색체는 인간의 염색체 중에서 크기가 가장 작다.

자연은 매우 경제적이다. 아예 새로운 무언가를 만들어 내기보다는 기존의 것을 약간 고쳐서 새로운 용도로 반복해 쓰는 게 더 경제적이다. 그러므로 생물은 모차르트가 살리에리의 음악에 대해 말한 것처럼 무수한 반복으로 이루어져 있다. 인간의 몸은 좌우가 같아서 양쪽 기관을 형성하기 위해 유전자 세트를 따로 만들 필요가 없다. 한쪽 설계도만 그린 다음 반으로 접어 반대편에서 같은 작업을 반복하면 그만이다.

남성과 여성이 45개의 공통된 염색체를 갖고 있는 이유는 복제가 창조보다 경제적이기 때문이다. 남성과 여성의 차이는 모두 작은 Y 염색체 하나로 촉발되고 결정된다. 그밖의 염색체들은 성별에 관계없이 같은 구조를 갖고 있다. 남성의 콩팥과 여성의 콩팥, 남성의 눈과 여성의 눈은 같은 방식으로 작동한다. 뼈가 연결된 방식도, 헤모글로빈의 구조도 같다. 별 쓸모없는 젖꼭지를 남자들이 갖고 있는 이유도 복제가 새로운 창조보다 편하기 때문이다. 에스트로겐을 주사하면 남성도 가슴이 발달한다.

자연은 경제적이기 때문에, 우리 DNA에는 차이를 만드는 부분만 기록되어 있다. 이 차이점은 우리 종이 진화한 환경에서만 차이를 만들어 낸다. 그러므로 남성에게만 있는 특이점은 어떤 남성 또는 그 친족이 생존하고 번식할 가능성을 높이고, 여성에게만 있는 특이점은 어떤 여성 또는 그 친족이 생존하고 번식할 가능성을 높인다.

남자아이와 여자아이는 여러 면에서 차이점보다 유사점이 많지만 분명한 차이는 존재한다. 아주 확실한 차이는 산부인과 의사나 초음파 기사가 "아들이네요!" 혹은 "딸이네요!"라고 말할 수 있게 해주는 그것에서 나타난다. 물론 출생 직후의 남자아이가 평균적으로 여자아이보다 몸집이 약간 더 크고 근육이 더 발달했다는 것처럼 덜 분명한 차이도 있다. 어떤 차이는 아이의 뇌 안에 자리 잡고 있어서 전혀 드러나지 않는다.

1970년 두 명의 연구자가 실시한 유명한 실험이 있다. 실험 내용은 대학생들에게 생후 9개월 된 아기를 촬영한 비디오를 보여 주고 반응을 조사하는 것이었다. 비디오 속의 아기는 성별을 알 수 없는 옷차림을 하고 성별과 무관한 장난감을 갖고 놀고 있었다. 연구자들은 그룹을 나눠 아기 이름을 다나Dana와 데이비드David라고 다르게 알려 주었다. 실험 결과, 학생들이 생각하는 아이의 성별에 따라 아기에 대해 다른 판단을 내림을 확인할 수 있었다. 학생들은 다나를 감성적이며 조심성 많은 아기로, 데이비드를 강하고 용감한 아기로 평가했다. 알다시피 다나와 데이비드는 같은 아기였다.[9]

이 실험에서 증명하려고 했던 가설은 같은 아이에게 다나 또는 데이비드라는 이름을 붙였을 때 연구 참여자들이 아기의 행동을 이름에 따라 다르게 해석하리라는 것이었다. 16년 후에 다른 연구자 두 명이 약간 다른 실험을 실시했다. 이번에는 여러 명의 아기를 촬영한 비디오였다. 연구에 참여한 대학생들은 비디오를 보고 모든 아기를 평가해야 했다. 이 비디오에는 아기의 이름은 물론 성별을 파악할 아무 단서도 없었다. 그럼에도 불구하고 여자아기들은 평균적으로 더 섬세하다는 평가를 받았고 남자아기들은 더 강하다는 평가를 받았다.[10] 만일 건강한 아기 몇 명에게 중성적인 옷을 입히고 "제이미"나 "데일" 같은 중성적인 이름을 붙인 다음 ,지나가는 사람에게 아기의 성별을 맞춰보라고 한다면 절반 이상은 정확하게 맞힐 것이다.

1984년에 나온 나의 아동발달 교재 초판에는 본문의 작은 글상자에 "성별이 다른 일란성 쌍둥이의 사례"라는 제목의 글이 실려 있다. 존스 홉킨스 대학의 심리학자 존 머니John Money와 안케 에르하르트Anke Erhardt의 보고서를 참고한 것이었다. 두 사람은 어느 일란성 쌍둥이의 부모를 상담했다. 쌍둥이 아들 중 하나가 생후 7개월 무렵에 포경수술을 받다가 성기가 심하게 손상되는 끔찍한 사고를 당했다.[11] 부모는—정규교육을 1년 밖에 받지 못한 시골 출신의 젊은 부부였다—멀쩡한 아들과 모든 면에서 자기 형제와 다를 바 없지만 딱 하나(성기)만 모자란 아들을 갖게 된 것이다.

의사들은 부모에게 성기를 재건할 뾰족한 수가 없다고 했다. 의사들이 알려준 최선의 방법은 아이를 여자로 키우는 것이었다. 의사들은 남성 호르몬을 생산하는 고환을 제거하고 사춘기가 되면 여성 호르몬을 주사하는 것이 어떻겠냐고 권했다. 그러면 아이의 신체는 여성형처럼 변할 것이다.

부모는 이 문제를 놓고 수개월을 고민했다. 그리고 아이가 생후 17개월이 될 무렵 마지못해 이를 받아들였다. 아이는 거세되었고 외관상 여성 성기 모양으로 보이게 하는 재생 수술을 받았다. 아이는 여자아이스러운 새 이름을 얻었고, 여자 옷을 입었으며 여자아이로 대해졌다.

머니와 에르하르트의 보고서에 따르면 아이 부모는 아들의 새로운 성별을 완전히 받아들였다. 연구자들은 그후 몇 년 동안 어머니를 인터뷰했는데 어머니는 쌍둥이 자식 중 하나는 아들이고 하나는 딸이라고 분명히 받아들이고 있었다. 교재의 글상자에서 나는 어머니의 말을 인용했다.

> "제 딸은 (쌍둥이 오빠보다) 더 얌전해요. 제가 그렇게 키웠기 때문이겠죠…. 저는 제 딸보다 귀엽고 고운 여자아이를 본 적이 없어요…. 제 딸은 머리 꾸미는 걸 좋아해요. 온종일 앉아서 헤어드라이어로 머리 모양을 바꾸기도 해요."

아이와 부모는 현실에 잘 적응한 듯 보였지만 머니와 에르하르트는 몇 가지 작은 문제점을 발견했다. "아이는 여러 면에서 볼 때 사내아이 기질이 다분했다. 신체 능력이 뛰어나고 매우 활동적이었으며 고집이 세고 여자아이 집단에서도 다른 아이들을 주도하려는 욕구가 강했다."[12]

교재에서도 얘기했지만 그게 뭐가 어떻다는 건가? 사내아이 같은 여자아이는 무수히 많다. 그렇다고 해서 그 아이들이 자신의 성별을 의심하지는 않는다. 나도 어렸을 때에는 왈가닥이었기 때문에 이 부분을 집필할 때 많은 기억이 떠올랐다. 성별을 바꾼 그 아이처럼 나도 다른 여자아이들보다 신체적 능력이 앞섰고 고집도 셌다. 나는 그 아이와 달리 머리 스타일 같은 데에 전혀 신경을 안 썼고 얌전한 면은 찾아볼 수가 없었다. 하지만 내가 남자아이가 되고 싶어 했던 기억은 없다. 나는 언젠가 꼭 엄마가 되어 아이를 키우고 싶었다. 그래서 반려동물과 인형을 대상으로 모성애를 표출하곤 했다. 인형 기저귀 갈기도 문제없었다. 그런 건 쉬운 일이다.

'성별이 다른 일란성 쌍둥이의 사례'는 교재 3판에까지 계속 실렸다. 그런데 최종판이 나올 무렵 마음속에 몇 가지 의혹이 생겼다. 나는 결국 "사회적 영향이나 학습으로 이룰 수 있는 것에는 한계가 있다"라고 시인

356

했다. 하지만 교재에는 "주위 사람들이 당신을 계속 여자로 대한다면 당신은 여자가 될 것이다"라는 내용을 수정하지 않았다.[13]

나는 더 이상 예전에 교재에서 쓴 많은 말들을 믿지 않는다. 그중 하나가 사람들이 당신을 계속해서 여자로 대한다면 당신은 여자가 될 것이라는 말이다. 그런 일은 가능하지만 항상 그렇지는 않으며 아마도 대부분의 경우 아닐 것이다. 결과적으로 성별이 다른 일란성 쌍둥이 사례에서도 바뀐 성별에 완전히 적응하지는 못했다. 1997년 한 의학 잡지에 이 이야기의 전말이 밝혀졌다. 아이는 완전한 여자아이인 적이 없었고 여자 역할을 감당하는 데에도 불편함을 느꼈다. 부모와 의사들은 계속해서 그에게 여자라고 했고, 결국 그는 열네 살 때 분노와 절망으로 폭발하고 말았다. 자기 삶에 더 이상 희망이 없다며 자살까지 생각했다. 그때서야 부모는 결국 과거의 비밀, 즉 그가 태어날 때는 남자였다는 사실을 알려주었다. 그는 말했다. "모든 문제가 갑자기 해결되었습니다. 난생 처음으로 저를 둘러싼 모든 것들이 이해되었어요. 제가 누구이며 어떤 존재인지 납득할 수 있었습니다." 그는 여자아이로 살기를 그만두고 다시 남자아이가 되기로 했다. 이런 변화와 함께 학교 친구들이 그를 바라보는 시각도 완전히 달라졌다. 전에는 여성성을 거부하는 태도 탓에 학교 친구들 사이에는 이상한 아이라는 평판이 있었고 그의 학교생활은 최악의 상태에 처해 있었지만, 다시 남자가 되기로 결정한 뒤로는 상황이 조금씩 나아지기 시작했다. 친구들은 그가 여자였을 때보다 남자였을 때가 더 낫다고 생각했다. 스물다섯 살에는 한 살 연상의 여자와 결혼했고, 아내의 아이들을 입양해 양아버지가 되었다.[14]

도미니카 공화국 벽지에서는 이따금 돌연변이로 인해 생물학적으로는 남성이지만 여자의 모습을 한 아이가 태어난다. 이 아이들은 사춘기가 되면 테스토스테론의 영향으로 남성적 성징이 두드러지기 시작한다. 목소리가 굵어지고 어깨는 넓어지며 갓 태어났을 무렵에는 약간 큰 클리토리스처럼 보였던 것이 작은 남성 성기에 가까운 모양으로 변한다. 연구자들은 이들 중에서 여자아이로 길러졌던 18명을 조사했다. 신체적으로 남성의 모습에 가까워지자 한 명을 제외한 17명은 모두 자신의 성별을 바꾸고, 여성적인 예전 이름과 그때까지의 성 정체성을 포기했다. 여성과 결혼했고, 남성의 직업을 택했다.[15] 성별이 다른 일란성 쌍둥이의 사례가 도미니카 사람들의 사례와 다른 점이라면 사건의 발단이 자연의 실수가 아니었다는 사실뿐이다. 여성으로 길러졌던 일란성 쌍둥이 아이가 고통을 겪었던 이유는 남자아이에게서 성기와 고환을 떼어내면 여자아이가 된다고 생각해버린 의사와 심리학자들의 실수였다.

아기는 여성으로도 남성으로도 자랄 수 있다는 생각, 어떤 행동이 어느 성별과 어울리는지는 전적으로 문화에 의해 결정된다는 생각을 퍼뜨린 것은 인류학자 마거릿 미드다. 그리고 이는 마거릿 미드가 현상을 바라볼 때 선입견이라는 렌즈를 버리지 못하고 있다는 증거다. 미드는 뉴기니의 챔블리Tchambuli 부족에 대해 그곳에는 남자가 여자같이 행동하고 여자는 남자같이 행동하는 문화가 있다고 묘사했다. 온순하고 예민한 남자들과 강하고 거친 여자들이라. 인류학자 도널드 브라운Donald Brown에 의하면 미드는 완전히 틀렸다. 챔블리 부족에서는 "일부다처제가 일반적이었다. 결혼 상대를 선택하는 것도 남자였으며, 남자는 여자보다 더 강한 권한을 갖고 있어서 부인을 때릴 수도 있었다. 사람들은 부인이 남자의 관리 하에 있다고 생각했다."[16]

우리가 아는 모든 사회에서 여성과 남성은 다르게 행동한다. 그리고 대부분의 사회에서는 남녀의 행동이 미국 사회에서보다 더 구별되어 있다. 남녀 행동의 구별 양상은 세계적으로 비슷하게 나타나는데, 남성은 권력지향적이고 타인에게 영향을 끼칠 수 있는 지위를 추구하며 여성은 타인의 필요에 민감하게 반응하고 그것을 채워주려 한다. 남성은 사냥을 하고 전쟁에 나가며, 여성은 열매를 채집하고 자녀를 키운다. 남자아이는 여자아이가 없어서 자기가 아기를 돌봐야 하는 상황이 되면 아주 곤혹스러워하지만 세계 어디서나 여자아이들은 아기 돌보는 걸 좋아한다. 여자아이들은 아기를 안아보려고 서로 다투지만 남자아이들은 아기에게 관심을 보이지 않는다. 이스라엘의 한 연구자는 부모가 아들에게 인형을 장난감으로 주는 가정을 연구하고 결과를 발표했다. 남자아이는 인형의 기저귀를 갈아주지 않았다. 연구자는 남자아이들이 "인형을 발로 밟거나 마치 망치질을 하듯이 인형으로 가구를 내려치는 모습"을 볼 수 있었다.[17]

나는 세계 모든 곳에서 사람들이 성별에 따라 스테레오타입stereotype, 곧 고정 관념을 갖는 것이 우연이라고 생각하지 않는다. 사회심리학자 존 윌리엄스John Williams와 데보라 베스트Deborah Best는 다양한 25개 나라를 골라 대학생들에게 자기네 문화권에서는 어느 성별에 어느 형용사가 잘 어울리는지 표시해 달라고 했다. 그 결과, 모든 나라에서 남성들은 **공격적이다, 적극적이다, 무모하다, 거칠다**라는 형용사가 잘 어울리고, 여성들은 **정이 많다, 조심스럽다, 예민하다, 감정이 풍부하다** 같은 형용사가 잘 어울린다는 답변을 얻었다.[18]

▶ 스테레오타입

스테레오타입이라는 단어의 어감은 대체로 부정적이다. 그 단어에는 선입견, 그리고 잘못된 이유로 상대방에 대해 섣부른 판단을 내린다는 의미가 내포되어 있다. 하지만 윌리엄스와 베스트는 스테레오타입이 "기본적으로는 여타 일반화 과정과 다르지 않다"고 보았다. 그들의 관점에 의하면 스테레오타입은 "그저 인간 집단에 대한 일반화일 뿐이지 반드시 **나쁜** 일반화인 것은 아니다." 우리는 다른 집단이 아니라 우리 자신이 속한 집단에 대해서도 스테레오타입을 갖고 있으며, 자기 집단에 대한 스테레오타입은 대체로 긍정적이다. 이것은 자신이 속한 집단을 다른 집단보다 좋게 평가하려는 경향 때문이다(7장 참조).[19]

인간은 아주 어렸을 때부터 데이터를 수집하고 통계적 차이를 발견하는 데에 아주 능숙하다. 인간의 마음이 그렇게 설계되어 있다. 붉은 과일은 대체로 녹색 과일보다 달콤하다. 그리고 아이들이 녹색 과일보다 빨간 과일을 더 좋아하게 되는 데는 그리 긴 시간이 필요치 않다. 우리는 사물을 인지할 때 먼저 마음속에서 각각의 차이점을 토대로 범주를 형성한다. 그 다음에 계속해서 그 차이를 뒷받침하는 근거를 수집한다. 우리의 마음은 이런 작업을 효율적이고 자동적으로 수행하며 대개는 무의식의 영역에서 이루어진다.[20]

사회심리학자 자넷 스윔Janet Swim은 미국 문화에서 남성과 여성에 어떤 식으로 스테레오타입이 만들어지는지를 연구했다. 그는 대학생들에게 몇몇 항목에서 남성과 여성 간에 나타나는 차이를 수치로 평가해 달라고 했다. 평가 항목 중에는 집단 리더십, 수학시험 점수, 타인의 표정과 보디랭귀지를 해석하는 능력 등이 있었다. 그리고 실험 참가자들이 답한 스테레오타입 수치를 성별 간의 실제 차이를 측정한 연구 결과와 비교해 보았다. 대학생들이 평가한 성별 간의 차이는 실제 차이보다 더 낮긴 했지만, 대체로 이들의 스테레오타입 평가 수치는 실제 차이와 비교했을 때 놀라울 만큼 정확했다.[21]

스테레오타입이 항상 정확하지는 않다. 남성과 여성처럼 우리가 잘 아는 집단이 아닌 잘 모르는 집단에 대한 스테레오타입은 부정확한 경우가 많다. 그러나 스테레오타입이 안고 있는 가장 큰 위험성은 부정확성이 아니라 경직성이다. 리더십이 요구되는 자리에는 남자가 더 적합하다는 생각, 남자는 남의 마음을 읽는 데에는 미숙하다는 생각은 옳을지도 모른다. 하지만 **모든** 남자가 다 그렇다고 생각한다면 그것은 분명 잘못된 생각이다. 우리는 평균 간의 차이를 즉 X 집단의 평균적 구성원과 Y

집단의 평균적 구성원 간의 차이를 파악하는 데에는 뛰어나지만 집단 내의 다양성을 파악하는 능력은 부족하다. 범주화로 인해 우리는 어떤 사회범주에 있는 구성원들이 실제보다 서로 더 닮아 있다고 판단하게 된다. 우리 자신이 속해 있지 않은 범주에 대해서는 더욱 그렇다.[22]

▶ 여자아이와 남자아이라는 사회범주

아이들은 태어난 이후 수년에 걸쳐 사람을 몇 가지 범주로 구분하기 위한 통계 자료를 수집한다. 그 범주에는 **어른**과 **아이**, **성인 남성**과 **성인 여성**, 그리고 **여자아이**와 **남자아이**가 있다. 뒷받침할 학술 자료는 없지만 나는 아이들이 나이를 무시하고 **남성**과 **여성**으로만 범주를 나누지는 않는다고 생각한다. 그리고 아이들은 **여자 어른**과 **여자 아이**를 하나로 묶고, 마찬가지로 **남자 어른**과 **남자 아이**를 하나로 묶을 수 있다고 생각하지 못한다. 아이에게 있어 어른과 아이는 마치 암소와 수탉, 또는 수소와 암탉만큼이나 다르다. 자기도 결국 어른이 될 거라는 사실을 머리로는 알고 있을지도 모르지만, 그걸 알려면 누군가에게서 들었거나 아이 스스로 추론 과정을 거쳐야 한다. 어른이 될 거라는 사실은 아이에게는 당연하지도 않고 일어날 수 있는 일도 아니다. 간신히 믿어질까 말까 할 뿐이다. 아이의 마음에는 **남성** 라벨이 붙은 보관함이 없다. 그래서 남자아이들은 자신을 **남자아이**라는 보관함에 분류한다. 그리고 자신의 행동을 재단하는 기준을 **남성**이 아닌 남자아이로 맞춘다. 아들이 아빠가 기저귀 갈아주는 모습을 보고도 인형 기저귀 갈아주는 걸 태어나서 가장 끔찍한 일이었다고 말하는 이유가 바로 여기에 있다. 의사 엄마를 둔 딸이 소꿉놀이를 할 때에는 남자아이가 의사를 맡고 자기는 간호사를 맡아야 한다고 말하는 이유도 바로 여기에 있다.[23]

아이들은 **여자아이**와 **남자아이** 범주에 대해 데이터를 수집하여 상호 간의 통계적 차이를 발견한다. 아이들은 주위에서 이야기를 듣고 스스로 관찰하면서 자신이 속한 범주를 파악한다. 그리고 대체로 자기가 속한 범주에 호감을 갖는다. 또 아이들은 대체로 자기가 속한 범주, 예를 들면 성별이 같은 아이들과 어울리는 것을 더 선호한다. 같은 범주에 속한 아이들은 하고 싶어 하는 것도 대개 서로 일치하기 때문이다. 유치원과 보육 시설의 아이들이 다섯 살에서 여섯 살 정도가 되면 대부분 같은 성별끼리 모여서 놀이집단을 형성한다. 어른이 통제하지 않는다면 친구를 골라서 놀 수 있을 때마다 놀이집단은 이렇게 성별에 따라 나뉜다.[26] 물론 앞서 말했듯 선택의 여지가 없을 때는 성별에 개의치 않고 아무하고나 어울려 지낸다.

집단사회화에 있어 가장 중요한 시기는 유년기 중반, 즉 여섯 살에서 열두 살까지의 기간이다. 현대 미국 사회와 같이 주변에 또래 아이가 많은 사회에서 아이들은 여가 시간 대부분을 같은 성별의 또래와 어울리면서 보낸다. 아이들은 서로 그리고 자기 자신을 사회화할 때 **아이**뿐 아니라 **여자아이** 또는 **남자아이**로 사회화한다. 이러한 성별 사회화는 단순히 성별이 같은 아이들끼리 어울려 다니거나 성별이 같은 또래 아이를 더 좋아하기 때문에 생겨난 결과가 아니다. 이것은 자기 범주화의 결과다. 남자아이는 자기를 **남자아이**의 일원으로 범주화하고 여자아이는 자기를 **여자아이**의 일원으로 범주화한다. 그리고 아이들은 이런 사회범주에서 수집한 데이터를 토대로 어떻게 행동해야 할지 생각한다. 아이들은 세상에 태어난 순간부터 이런 데이터를 하나하나 수집해 왔다.

지금까지 그랬듯 내가 제시하는 증거는 예외적인 사례에 근거한다. 성별이 다른 일란성 쌍둥이의 사례를 떠올려 보자. 그는 자기가 여자아이라는 말을 들으면서 자랐지만 정작 본인은 스스로 여자아이라고 느끼지 않았고 여자아이들이 하는 일에도 흥미를 느끼지 못했다. 그는 자신의 유년기에 관해 이렇게 말한다.

> 처음부터 뭔가 이상했습니다. 저는 제 생각과 느낌이 주위에서 저에게 기대하는 것과 다르다는 걸 느끼기 시작했죠. 하지만 그것이 구체적으로 무슨 의미인지는 알 수 없었습니다. 저는 자신을 괴상한 돌연변이라고 생각했지요. 제 옷차림을 보면서 "이런 옷은 정말 입기 싫은데"라고 말할 때도 많았고, 선물로 받은 장난감 중에도 마음에 드는 게 하나도 없었습니다. 저는 또래 남자아이들과 어울리면서 나무를 타고 노는 걸 더 좋아했습니다.[25]

의사의 실수로 성기가 손상되긴 했지만 그는 생물학적 남성이었다. 여성 호르몬을 주사해서 그 결과 가슴이 부풀기 시작해도 그는 여전히 자신을 여자아이라고 생각하지 않았다. 반대로 남성 성기가 멀쩡하고 남자아이로 키워졌지만 스스로를 남자아이로 받아들이지 못하는 경우도 있다. 태어났을 때에는 제임스 모리스였으나 나중에는 여자 이름으로 개명한 작가 잔 모리스Jan Morris가 그런 경우다.

> 서너 살쯤이었을 거예요. 저는 제가 잘못된 몸을 갖고 태어났으며 원래는 여성의 몸으로 태어나야 했다는 걸 깨달았습니다. 그 순간을 또렷하게 기억해요. 그것이 제 인생 최초의 기억입니다.[26]

제임스 모리스나 조안(성전환 수술을 받은 일란성 쌍둥이 아이가 여자로 살았을 때의 이름) 같은 아이는 보통 여자아이와 남자아이 모두로부터 따돌림을 당한다. 주변 사람들은 물론 이들 스스로도 자신을 **괴물**이라고 생각한다. 다듬어지지도, 다듬을 수도 없는 모난 돌인 셈이다. 여성적인 남자아이는 특히나 힘든 시기를 보낸다. 유치원을 다니는 동안 주위 남자아이들로부터 따돌림을 당하고, 그렇다고 여자아이들이 같이 놀아주지도 않기 때문이다. 이들은 다 자라서도 친구 없이 지내는 경우가 많다.[27] 그렇다 하더라도 이들은 자신의 젠더에 맞게 스스로를 사회화한다. 제임스 모리스는 자신을 여자아이로 범주화했다. 그래서 주위 사람들 모두 그를 남자아이로 여겼는데도 그는 여자아이로 사회화될 수 있었다. 어른이 된 후에 잔 모리스는 조안이 자신의 의지에 반하여 당한 그 수술을 자청했다. 내면적으로는 여성인데 남성의 몸으로 살아간다는 건 여간 힘든 일이 아닐 것이다.

심리학회지 〈아동발달Child Development〉에 실린 한 논문에서는 머리에 여성스런 핀을 달고 유치원에 간 제레미라는 아이의 일화를 소개했다. 제레미의 부모는 머리핀이 아주 잘 어울린다고 생각했지만 유치원 친구들의 생각은 달랐다. 남자아이 하나가 제레미의 머리를 가리키며 "제레미는 여자래요!"라고 줄기차게 놀려댔다. 여자가 아니라는 걸 증명하려고 제레미는 바지를 내려보았다. 하지만 연구자에 의하면 그 행동은 반전을 일으키기엔 부족했다. 제레미를 놀려대던 아이는 말했다. "그건 누구한테나 달려 있어. 머리핀 같은 건 여자애들이나 하는 거고."[28]

제레미를 놀린 아이의 말이 사실은 아니지만 이론적으로 옳다. 왜냐하면 성 정체성은 즉, 누군가가 여자 또는 남자라고 판단하고 받아들이는 기준은 단순히 생식기에 붙어 있는 라벨이 아니기 때문이다. 부모가 자식들에게 특정한 성 정체성을 심어주려고 한다고 해서 그렇게 되는 것도 아니다. 남자로 돌아온 조안을 인터뷰한 심리학자 밀턴 다이아몬드Milton Diamond는 성 정체성이 또래 아이들과 자신을 비교하는 과정에서 얻어진다고 생각한다. 그의 이론에 따르면 아이는 자신을 남녀 아이들과 비교하면서 "나는 이쪽이랑 같아. 저쪽하고는 달라"라고 판단한다. 내면에서 어떻게 느끼는지에 따라 즉, 무엇을 좋아하며 어떻게 행동하고 싶어 하는지에 따라 아이들은 자신을 한쪽 성별 범주에 포함시킨다.[29] 그리고 아이들은 그 범주 안에서 사회화된다.

어려서부터 티베트의 수도원에서 자랐던 다야 메스톤(8장에서 소개했다)은 스스로를 티베트의 정신이 백인의 몸에 깃들었다고 표현했다.[30] 이러한 불일치는 수술로 해결할 수 있는 것이 아니다. 다야는 키가 크고 피부도 하얘서 또래 아이들로부터 따돌림을 당했다. 하지만 그것이 다야가 자신을 또래 아이들과 같은 남자아이로 범주화하는 것, 그리고 티베트인으로 사회화하는 것을 막지 못했다. 조안과 제임스 같은 아이도 다야 메스톤이 그랬듯 자신을 배척하는 집단의 일원으로 스스로를 범주화하는 과정을 겪었을 것이다. 당신이 어떤 사회적 범주에 소속감을 갖는 데에 그 범주 구성원들의 호의가 필요하지는 않다. 심지어 당신이 **그들**을 꼭 좋아할 필요도 없다.

▶ 성별의 장벽

발달심리학자 엘리너 맥코비(1장에서 잠깐 등장했고 3장에서는 내내 등장했던 바로 그 사람)는 장난감이 널려 있는 실험실에 두 살 반에서 세 살 사이의 아기 두 명을 두고 행동을 관찰하는 실험을 했다. 이 아기들은 서로 처음 보는 사이였다. 그 결과, 아기들의 행동은 아기의 짝을 어떻게 맺어주었는지에 따라 달랐다. 성별이 같은 아기와 짝이 되었을 때는 여자아기와 남자아기 모두가 사이좋게 지냈지만 성별이 다른 아기들로 짝지었을 때는 아주 불안정한 행동을 보이는 것을 관찰할 수 있었다. 여자아기는 짝과 함께 놀지 않고 (다른 여자아기와 짝지었다면 함께 놀았을 텐데) 멀찍이 앉아서 남자아기가 노는 모습을 보고만 있는 경우가 대부분이었다. 맥코비는 이렇게 말한다. "남자아이와 짝이 된 여자아이는 보통 남자아이가 장난감을 독점하는 모습을 방관한다."[31] 아직 세 살도 안 된 아기들 사이에서 이런 일이 벌어지는 것이다.

다른 사람과 어울려서 함께 놀려면 협력이 필요하다. 협력은 상대가 당신에게 기대하는 바를 당신이 해 준다는 뜻이다. 그래서 협력 제안은 부탁이나 요구의 형태를 취하기도 한다. 연구 결과, 여자아이는 나이를 먹을수록 놀이친구들에게 점점 더 많은 부탁을 하며 그 친구들도 여자아이에게는 최대한 그 부탁을 들어주려고 애쓰는 것으로 나타났다. 하지만 같은 나이대의 남자아이들은 부탁을 들어주려는 경향이 점점 줄어든다. 여자아이의 부탁이라면 더욱 그렇다. 남자아이는 다른 남자아이들의 부탁이라면 잘 들어주는 경향이 있는데 이것은 아마도 남자아이들 간의 의사소통에서 부탁이란 정중한 요청이라기보다 강요에 가깝기 때문일 것이다.[32] 이런 현상은 키나 체력에 있어 평균적으로 남녀 간에 거의 차이가 없는 어린 나이부터 나타난다.

여자아이가 또래 남자아이를 피하기 시작하는 건 이런 이유 때문일 것이다. 당신의 말에 귀를 기울이지도 않고 당신 장난감을 낚아채고선 돌려줄 생각을 하지 않는 아이와 어떻게 즐겁게 놀 수 있겠는가. 얼마 지나지 않아 남자아이들도 여자아이들을 피하기 시작하는데 이것은 인형의 기저귀를 갈아준다든지 하는 한심한 짓보다는 장난감 트럭으로 경주를 하는 데에 관심이 많은 아이들과 노는 게 훨씬 재미있기 때문일 것이다. 이러한 상호 회피적인 관계는 **남자아이**와 **여자아이**라는 대조적인 두 집단의 범주화의 결과일 수도 있다. 요컨대 범주화 이후에 우리 대 그들이라는 집단 감정이 뒤따른 것이다.[33]

이유야 무엇이든 혹은 위의 세 가지 이유가 함께 작용했든 아이가 유년기를 지나는 동안에 성별에 따른 구분은 계속해서 강화된다. 이 구분은 사춘기 직전에 가장 선명해지며 그 뒤로는 서서히 희미해진다. 사람 수가 적어서 아이들이 성별에 관계없이 어울리는 지역에서도 청소년기 이전에는 아이들이 성별에 따라 집단을 형성한다. 청소년이 되면 집에서 멀리 떨어진 곳까지 돌아다닐 수 있으므로 친구를 사귈 수 있는 범위도

넓어지기 때문이다.[34]

유년기 중반에 형성되는 남녀아이 집단 간의 차이점에 대해서는 많은 사람들이 글을 남겼다. 엘리너 맥코비는 다음과 같이 명료하게 정리한다.

> 남성과 여성의 또래집단은 사회적 구조가 다르다. 남성 집단은 규모가 더 크고 위계서열을 중시하는 경향이 있다. 남자아이와 여자아이의 동성 집단은 집단 내 상호관계의 양상도 서로 다른데 이 차이는 서로 다른 가치관을 반영한다. 남자아이들은 경쟁과 지배관계에 더 관심이 있으며 자신의 영역을 확립하고 지켜내려 한다. 자기의 용감함을 증명하려고 하고, 기꺼이 다른 남자아이들에게 직접 맞서려고 한다. 위험을 기꺼이 감수하고 도전을 물리치지 않으며 자신의 주관을 분명히 드러내고 약점은 숨기려고 한다. 남자아이들 사이에서는 어느 정도 동성 혐오적인 주제는 물론 성적인(그리고 성차별적인) 대화가 은밀히 오간다. 여자아이들은 설령 목표를 달성하려는 확고한 의지가 있더라도 그와 별개로 남자아이들에 비해 집단 결속을 강화하고 서로의 감정적 안정을 돕는 데에 마음을 쏟는 경향이 있다. 여자아이들은 우정을 다지는 데에 열심이며 남자아이들보다 더 친밀한 관계를 맺는다.[35]

맥코비의 말은 평균적으로 그렇다는 것이다. 예외 없는 법칙은 없다.* 범주에 대한 위와 같은 깔끔한 설명에 잘 맞지 않는 아이도 분명 있다. 어떤 남자아이는 거칠고 폭력적인 행동을 싫어하며 또래집단 내 경쟁에 무관심하다. 이런 아이는 학교에서 외톨이가 되기 쉽다. 남자아이들과 노는 걸 더 좋아하는 여자아이도 있다. 만일 이런 여자아이가 운동을 제법 잘한다면 남자아이들 집단에 받아들여질 것이다.[36]

---

* 예외 없는 법칙은 없다고 하는 법칙에도 예외는 있다.

하지만 여자아이가 운동장에서 남자아이들의 경기에 끼는 일은 매우 드물다. 여자아이가 남자아이들과 같이 놀이를 하는 건 대체로 학교가 아닌 동네에서 형성한 놀이집단에서다. 동네의 놀이집단에는 함께 어울릴 아이가 학교 운동장에 비해 훨씬 부족하므로 아쉬운 소리를 할 상황이 못된다. 이런 상황은 친구를 사귈 때 성별을 따질 생각이 없는 아이들에게 좋은 핑계거리가 되기도 한다. 아무튼 동네에서는 양쪽 성별과 다양한 연령대가 놀이집단을 이룬다. 다양한 나이의 아이들이 섞여 있으면 한 세대에서 다음 세대로, 나이 많은 아이에게서 동생에게로 골목 놀이가 전수되는 것이 가능해진다. 그리고 동네의 놀이집단에 남녀가 섞여 있다는 사실 덕분에 많은 여성들이(몇몇 조사에서는 50퍼센트가 넘게 나타났다) '나도 어릴 때 남자아이들과 어울리던 말괄량이였지'라고 회상하기도 한다.[37]

학교 운동장과 수학여행 캠프장처럼 함께 놀 친구가 충분한 환경에서는 여자아이와 남자아이 집단이 **우리**와 **그들**이라는 배타적인 관계로 나뉜다. 사회학자 배리 손Barrie Thorne은 학교 운동장에서 여자아이들과 남자아이들 집단 간 나타나는 상호관계 양상을 "선 긋기borderwork"라고 명명했다. 성별에 의한 구별이 깊어지고 더 강조되는 관계다. 남녀 집단의 상호관계는 겉보기엔 적대적으로만 보이는데 그 아래에는 더 복합적인 의미가 깔려 있다. 남자아이는 놀이를 망칠 요량으로 여자아이들 사이에 끼어든다. 여자아이의 가방이나 뒷머리를 잡아채기도 하고 조숙한 여자아이의 브라 끈을 잡아당기기도 한다. 물론 여자아이들이 항상 당하기만 하지는 않는다. 내가 5학년 때 아주 용감한 여자아이들이(물론 나는 아니다. 이때 나는 말괄량이 기질을 많이 잃은 상태였으므로) 운동장에서 한 남자아이에게 뽀뽀를 하려고 쫓아다니던 일이 있었다(그 아이는 귀엽고 머리카락이 빨개서 지목을 당할 때가 많았다). 남자아이들 사이에서는 여자아이와 뽀뽀를 하는 게 죽는 것보다 끔찍한 일이었기 때문에 빨강머리 남자아이는 필사적으로 도망을 다녔다. 남자들은 때로 상대 여성의 의지와 상관없이 강제로 키

스하는 폭력을 저지르지만, 운동장에서 키스를 무기로 사용하는 건 여자 아이들 쪽이었다.[38]

집단의 구분이 두드러질 때 집단 간 적개심은 대부분 더욱 강해진다. 학교에서도 특히 어른들의 감시가 느슨한 운동장이나 식당 같은 곳에서는 이성 아이와 친해 보이면 안 된다는 심리적 압박이 아이들에게 강하게 작용한다. 특히 남자아이의 경우에는 여자아이와 함께 놀거나 바로 옆자리에 앉게 되면 다른 남자아이들의 놀림감이 되고 만다. 어른들의 개입은 남자아이와 여자아이가 서로 살갑게 대하는 데 **도움**이 된다. 성별에 따른 분리를 야기하고 유지하는 주체는 어른이 아니라 아이들이다.[39]

내 지인은 자녀에게 이성 친구가 한두 명 있다고 좋아했다. 이성 간의 우정도 있을 수는 있지만 아이가 나이를 먹고 초등학교에 진학할 무렵이 되면 그런 관계는 눈에 보이지 않는다. 친구로 지내던 남녀아이들은 이제 집 근처에서나 볼 수 있고, 학교에서는 서로 아는 척을 하거나 눈인사 나누기도 어려워진다.[40] 부모는 우정이라고 생각하겠지만 다른 또래 아이들은 그렇지 않을 것이다. 지금 내가 이야기하는 건 연애 감정이 아니라 우정이다. 학교에 다니는 아이들 사이에는 연애 감정이 물밑에 흐르기도 하지만 대부분은 일방적인 짝사랑이다. 짝사랑의 대상은 분리된 상태에서 누군가가 자신을 사랑하고 있다는 사실조차 깨닫지 못하는 경우가 많다.

우정과 연애 감정은 어디까지나 사적 관계에서 형성된다. 따라서 특정 집단에 대한 소속감과 소속 집단에 대한 호감을 의미하는 집단성에는 영향을 미치지 않는다. 집단성과 사적 관계는 각기 다른 규칙이 있으며 각각의 원인과 결과도 다르다. 때로는 적대적인 상대 집단의 일원을 사랑하게 되어서 집단성과 사적 관계가 반대로 작용하는 경우도 있다. 둘 중에서 한 쪽을 선택해야 하는 진퇴양난의 상황에 빠지기도 한다. 이런 딜레마에 빠졌을 때에 남자와 여자는 서로 다른 방식으로 문제를 해결하는 경향이 있다.[41] 여자는 개인적 관계를 유지하는 데에 더 큰 가치를 두는 반면 남자는 자기를 끌어안은 여자의 팔을 풀면서 전쟁터로 향한다. 남자는 굳은 목소리로 여자에게 말한다 "그대여, 나는 당신을 사랑할 수 없소. 사랑은 더 이상 나의 영예가 아니니."[42] 남자는 자기가 **여자**를 위해 싸우는 거라고 말하지만 그건 사실이 아니다. 남자는 자기 집단을 위해 싸우는 것이다. 전통사회에서 남자는 보통 자기가 태어난 마을에서 평생을 보내며 필요한 경우에는 마을을 지키기 위해 전쟁에 나간다. 하지만 여자는 결혼을 하면 보통 자기가 살던 마을을 떠난다. 침팬지의 사례에서도 카하마의 침팬지들을 공격하기 위해 뭉친 것은 수컷들이었다.

나는 진화론적 이유 때문에 남성들의 집단성이 더 강하다고[43] 생각한다. 남성은 여성보다 덩치가 크고 힘이 세다. 남자는 어릴 때부터 여자보다 빨리 달릴 수 있고 돌도 세게 던질 수 있다. 임신하지도 않고 어린 아이를 데리고 다니지도 않으므로 어른이 되면 위험이 예상되는 일들을 더 기꺼이 할 수 있다. 여기서 위험이 예상되는 일이란 동료와 연대하여 집단을 지켜내고 다른 집단을 공격하는 것을 가리킨다. 집단 간의 전쟁은 인류가 진화하는 동안 늘 있어 왔던 일이다. 그리고 적보다 진화에 조금 더 유리한 위치를 차지할 수 있다면 조그만 Y 염색체가 좀 더 애쓸 가치는 충분하다. 세계 어디에서든지 남자아이들이 하는 놀이는 전쟁의 훌륭한 예행연습이다. 작가 허먼 멜빌Herman Melville의 말처럼 "모든 전쟁은 남자아이스럽다. 그리고 실제로 남자아이들이 전쟁을 치른다."[44]

로버스 동굴 실험이나 과소평가자-과대평가자 실험처럼 유명한 사회심리학 실험 중에는 젊은 남성들만 참가한 실험이 많다. 추측하건대, 여성 참여자의 실험 결과를 포함하면 결과가 그 정도로 명확해지지 않았을 것이다. 로버스 동굴 실험을 했던 심리학자들은 (로버스 동굴 실험에 대해서는 7장을 보라) 덜 알려진 다른 실험도 실시했는데 이 실험에서는 남자아이들이 먼저 친구 관계를 맺도록 한 후에 연구자들이 이들을 두 개의 경쟁 집단으로 나누었다. 다시 말해 친구 관계를 갈라놓은 것이다. 그러자 우정은 갈라졌고 친구는 적으로 변했다.[45] 나는 여자아이들을 대상으로 같은 실험을 실시했다면 어떤 결과가 나왔을까 상상한다. 아마 이러지 않았을까. "제시카랑 클레어를 바꿔주세요! 저는 제시카랑 같은 편을 하고 싶단 말이에요!"

여성에게는 집단성이 결여되어 있다는 말을 하려는 게 아니다. 남성의 뇌와 여성의 뇌 모두 집단성 모듈을 갖고 있다. 물론 사적 관계 모듈도 모두에게 있다. 다른 점이 있다면 상충하는 명령들 중 우선순위를 결정하는 방식이다.

▶ 같은 문화인가 다른 문화인가

남자아이 집단은 위계서열을 따르는 경향이 있다. 집단에는 리더가 있고 리더는 다른 구성원들에게 명령한다. 남자아이들은 집단에서의 서열로 서로를 판단한다. 그리고 서로에게 약점을 들키지 않으려고 노력한다. 남자아이들은 길을 잃어도 다른 사람에게 물어보지 않는다. 길을 잃었다는 것을 들키고 싶지 않기 때문이다.

여자아이들의 관계는 보통 가깝고 내밀하지만 그렇다고 영원한 것은 아니다. 여자아이는 남자아이에 비하면 상대에 대한 적대감을 직접적으로 표현하는 일이 드물며 적들을 이간질하여 서로 싸우게 하는 방식으로 대응한다.[46] 여자아이들 집단의 리더십에는 위험 요소가 많다. 리더는 자칫하면 독선적이고 잘난체하는 사람이라는 인상을 줄 수 있기 때문이다. 여자아이들은 남들에게 이래라저래라 하는 사람을 신뢰하지 않으며 협력과 평등을 더 좋아한다.

또래 아이들과 있을 때 남자아이는 거칠게 행동하려 하고 여자아이는 최대한 다정하게 행동한다. 이런 차이를 지적한 건 내가 처음이 아니다. 남녀가 서로 다르게 행동하는 까닭이 유년기 또래집단에서 학습한 사회적 상호작용의 패턴과 사회화 양상에 있다는 점을 지적한 것도 내가 처음이 아니다. 엘리너 맥코비는 여자아이와 남자아이가 각기 다른 문화에서 성장한다고 말한다. 『그래도 당신을 이해하고 싶다You Just Don't Understand』(한언)를 쓴 언어학자 데보라 태넌Deborah Tannen도 비슷한 견해를 밝혔다.[47]

이 견해에 반대하는 입장도 있다. 남녀아이들이 학교 운동장에서 어떻게 행동하는지를 연구한 사회학자 배리 손은 "별개의 문화"라는 이론을 좋아하지 않는다. 그는 아이들은 여러 사회적 맥락에서 관계를 맺고 있다고 지적한다. 아이들은 집에서 형제자매와 어울리고, 동네의 놀이집 단에서도 이성 친구들과 관계를 맺는다. 학교에서도 독서 모임이나 스터디그룹에서는 남녀 상관없이 평화롭게 어울리는 모습을 볼 수 있다. 운동장처럼 성별의 경계에 대한 인식이 강하게 부각되는 환경에서도 남자아이들과 여자아이들은 종종 하나로 뭉친다. 배리 손은 운동장에서 선생님에게 부당하게 야단맞은 돈이라는 아이의 사례를 소개한다. 돈은 야단을 맞고 매우 억울해했는데 그때 같은 반 친구들(남자아이와 여자아이 모두)이 다가와서 위로해 주었다. 배리 손은 이 광경을 보면서 남녀아이의 행동 차이와 상호 회피적 태도는 어른들 문화를 통해 전해지는 거라고 생각했다. 하지만 배리 손은 정확히 어떻게 전해지는지는 설명하지 않으며, 어른이 전혀 개입하지 않는 상황에서 아이들이 오히려 더 성차별적으로 행동한다는 사실도 인정한다. 다만 교실에서 학생들을 "남자아이와 여자아이"라고 구별해서 부르거나 성차별적인 사진을 벽에 걸어두는 게 뭔가 영향을 미쳤으리라는 생각을 은연중에 암시한다.[48]

나는 맥코비와 태넌의 견해를 더 따른다. 하지만 배리 손이 중요한 사실을 지적했다는 점도 인정해야겠다. 남자아이와 여자아이의 문화는 실제로 서로 분리되어 있지 않다. 나이가 같고 인종이 같은데다가 사는 지역도 비슷하고 같은 학교에 다니는 아이들이라면 성별에 관계없이 하나의 아이들 문화에 속해 있다. 아이들은 남자아이와 여자아이가 어떻게 행동해야 하는지, 성인 남성과 성인 여성은 어떻게 행동해야 하는지에 대해 같은 생각을 갖고 있다. 다른 사회범주에 속한 사람들이 서로 다르게 행동하더라도 이 또한 한 문화의 일부다. 남자아이들과 여자아이들이 더 **바람직하다**고 평가하는 행동은 서로 다르다. 하지만 남자아이라면 어떻게 행동해야 하며 여자아이라면 어떻게 행동해야 하는지에 대해서는 상당부분 의견이 일치한다.

사회범주는 다르지만 문화는 다르지 않다. 같은 문화 속에서 맥락에 따라 특정 사회범주가 다양하게 부각되는 것이다. 우리가 자신을 범주화하는 방식은 어디에서 누구와 함께 있는지에 따라 달라진다. 아주 어린 아이도 범주를 선택한다. 자신을 **아이**로 범주화할 수도 있고 **여자아이**로 범주화할 수도 있는 것이다. 나이 범주가 강조되면 성별 범주는 자동적으로 덜 부각된다. 선생님이 운동장에서 부당하게 돈을 혼내는 상황은 어른이 나이를 앞세워 아이를 상대하는 경우이므로 이때는 나이 범주가 성별 범주보다 부각된다. 이것이 바로 남자아이들과 여자아이들이 함께 돈을 위로했던 이유다. 만일 학교에 다니는 아이들을 다른 방식으로, 예를 들어 학습 능력을 기준으로 나눈다면 성별에 의한 구별은 희미해지고 학습 능력에 따른 범주가 뚜렷해질 것이다.

▶ 같은 성별인가 다른 성별인가

배리 손은 여자아이와 남자아이가 서로 영향을 주고받는 사회적 맥락을 강조함으로써 둘 사이에 여러 차이가 나타나는 이유가 아이들 스스로에게 있다는 주장을 반박했다. 하지만 남녀아이들이 상호작용을 한다고 해서 그것이 여자아이와 남자아이의 행동 양식 개념이 고정되는 발달 과정을 막지는 못한다. 또한 아이가 자기 자신과 학교 친구들을 **여자아이**와 **남자아이**로 범주화하는 것을 막지도 못하며, 특정 상황에서 성별 범주가 부각되는 것을 차단하지도 못한다.

성별 범주가 부각되는 것을 막는 한 가지 방법은 오히려 성별 집단 간의 상호작용을 아예 없애는 것이다. 다시 말해 한쪽의 성별 집단이 부재하는 경우다. 한쪽 집단만 존재하면 집단성이 약해지고 자기 범주화의 방향은 **우리**에서 **나**에게로 향해가기 때문이다. 이때 집단 내부에서 분열이 일어난다. 집단 구성원은 지위를 얻기 위해 잔꾀를 부리고, 서로 다른 역할을 선택하거나 할당받는다.[49]

주위에 남자아이가 없으면 여자아이들은 그다지 여성스럽게 행동하지 않는다. 몇몇 연구자들은 12세 여자아이들이 다른 여자아이들과 피구를 할 때와 남자아이들과 피구를 할 때의 행동을 관찰하여 이 사실을 밝혀냈다. 이 연구에서는 서로 다른 두 집단을 관찰했는데, 시카고의 사립학교에 다니는 중산층 흑인 가정과 애리조나의 보호지역에 살고 있는 호피 인디언 여자아이들 집단이었다. 다양한 집단을 골라 실험을 설계한 이유는 여성의 지위가 서로 다른 문화권을 모두 아우르기 위해서였다. 전통적인 호피 인디언 사회는 모계중심이며 사회적으로나 경제적으로나 여성이 주도권을 쥐고 있었다.

두 집단 모두 남자아이들이 주위에 없을 때에는 피구에 열정적이었다. 매우 경쟁적으로 경기에 임했고 아주 뛰어난 실력을 보이는 아이들도 있었다. 하지만 남자아이들이 경기에 참여하자마자 여자아이들의 경기 태도는 달라졌다. 경기 중에 내내 잽싸게 움직이고 잠시도 가만히 있지 않던 호피 인디언 여자아이들이 갑자기 다리를 꼬고 두 팔로 몸을 감싸면서 수줍고 연약하다는 듯한 행동을 보였다. 시카고의 흑인 여자아이들은 남자아이들과 경기를 하는 와중에 같은 편끼리 잡담을 하거나 다른 여자아이에게 장난을 쳤다. 그리고 두 집단의 여자아이들 모두 자기 행동이 달라졌다는 것을 전혀 의식하지 못했다. 연구자들은 피구 경기가 끝난 뒤에 남자아이들이 피구 경기에서 이긴 이유가 뭐라고 생각하는지 물었다. 여자아이들은 남자아이들이 속임수를 썼다고 말했다. 물론 남자아이들은 속임수를 쓰지 않았다. 더 열심히 했을 뿐이다. 여자아이들보다 평균적으로 체격 조건이 떨어지는 연령에도 남자아이들은 여자아이들과 경기를 하면 더 많이 이긴다.[50]

남자아이와 여자아이는 성 역할에 대해 비슷한 스테레오타입을 갖고 있다. 둘 다 남자아이는 여자아이보다 경쟁적이며 운동을 잘한다고 생각한다. 그리고 평균적으로 봤을 때는 그렇다. 성별 범주가 부각될 때 여자아이는 여자아이의 스테레오타입대로 행동하려 하고, 남자아이는 남자아이의 스테레오타입대로 행동하려 하는데, 이와 같은 남녀의 차이는 집단대조 효과에 의해 더 확대된다.

주위에 남자아이가 없으면 여자아이들은 여자아이같이 행동하지 않는다. 하지만 남자아이는 주위에 여자아이가 없을 때에도 어떤 면에서는 여전히 남자답게 행동한다. 어떤 면에서는 덜 남성적인듯 보이기도 한다. 예를 들어, 미국 사람이 보기에는 남자아이들만 다니는 영국 사립학교 졸업생들이 별로 남성적이지 않다. 목소리 톤이 높고 취향이 예민한 탓이다. 하지만 사립학교 안에서 유지되는 (그리고 지속되어 왔던) 선후배 간의 엄격한 상하관계는 분명 남성적 문화의 산물이다. 앤서니 글린 경은 처음 사립학교에 들어갔을 때 겪었던 거친 신고식을 이렇게 회상한다.

신입생이 사립학교에 들어와서 보내는 첫 일주일은 일생에서 가장 악몽 같은 기간일 것이다. 겨우 여덟 살 밖에 되지 않은 신입생으로서는 견뎌낼 준비가 전혀 되어 있지 않은 악몽이다. 그때까지는 아마 세상에 자기를 때리고 괴롭히고 싶어 하는 사람이 이렇게 많을 거라고는 생각도 못했을 것이다. 그 악몽이 매일 밤낮 계속될 것이라는 사실도.[51]

신입생을 때리고 괴롭히는 건 다른 남자아이들, 상급생들이다. 주위에 여자아이 집단이 없어서 성별 범주가 중요하게 부각되지 않는 환경에서 이런 일이 벌어지는 것이다. 이런 상황에서는 결국 나이 범주가 더욱 강조되며, 집단의 주도권을 차지하기 위한 경쟁에 신입생이 끼어들 자리는 없다. 주위에 다른 집단이 없으면 집단 안에서는 경쟁이 심화된다. 피구 경기 연구에서 보았듯 이러한 경향은 남자아이뿐 아니라 여자아이의 경우에도 마찬가지다. 나이 많은 아이가 어린 아이를 통제하는 현상 또한 양쪽 모두에게서 발견된다. 하지만 여자아이의 통제와 지배는 남자아이와는 다른 방식으로 이루어진다. 여자아이는 남자아이보다 덜 공격적인 방법을 취한다. 이렇게 여성이 공격적 행동을 기피하는 까닭은 공격 성향을 멈추는 브레이크가 고장났을 때 친자식에게까지 피해가 미칠 수 있으므로 이를 방지하기 위해 진화한 선천적인(완벽하지는 않은) 메커니즘 때문이라고 생각되어 왔다.[52]

남녀가 함께 학교에 다니는 지역에서는(특히 남녀가 나뉘어 집단을 형성하는 운동장 같은 장소가 있는 조건에서는) 성별 범주가 중요하게 부각되며 전반적으로 성차별적 분위기가 지배적이다. 아버지가 기저귀를 갈아주고 어머니가 트럭을 운전한다고 해도 아들은 여전히 축구만 하고 딸은 고무줄놀이만 한다. 부모는 남녀 모두가 같은 인간일 뿐이며 여자아이는 단지 음경과 고환이 없는 남자아이일 뿐이라고 진지하게 믿을지도 모르지만 남녀가 다르다는 건 아이들이 더 잘 안다.

▶ 우리의 뿌리로 돌아가서

이상하게 들릴지 모르지만 성 평등이 강조되는 현대 사회의 아이들이 수렵 생활을 하던 선사시대 아이들보다 성 역할에 대한 스테레오타입이 더 강하다. 한때 자이르라고 불리던 콩고 공화국의 이투리 삼림지대에서 사는 에페족은 아직도 수렵채집 생활을 유지하고 있다(5장 참조). 에페족 연구자들은 이들의 생활을 이렇게 묘사한다.

> 어린 사냥꾼 마우는 움막에 앉아 15개월 된 조카 여자아이를 자기 무릎에 뉘었다. 마우는 아기에게 자장가로 잔잔한 핑거피아노 멜로디를 들려주었다. 에페족 아이들은 자기 키만한 활과 화살로 과일을 맞추면서 놀고, 마우는 솜베 요리가 담긴 솥을 젓고 있었다. 마우가 불을 붙인 화덕에 한 아이가 너무 가까이 다가가자 마우는 "어어!"하고 소리치면서 아이를 불 곁에서 물러나게 했다.…마우는 움막 안을 둘러보다 여자 몇몇이 물고기를 잡으러 나갈 준비를 하는 모습을 보았다. 다른 여자 몇몇은 남자들과 나란히 앉아 담배를 피우고 있었다.[53]

수렵채집 생활을 하는 집단에는 아이가 많지 않기 때문에 에페족 아이들은 남녀를 구별하지 않고 한데 어울려 놀았다. 에페족 아이에게 유의미한 사회범주는 **남자아이**와 **여자아이**가 아니라 **어른**과 **아이**인 것이다. 그리고 에페족 남자아이와 여자아이의 행동은 서로 매우 비슷했다. 어른의 경우에도 성별에 따른 차이는 흔히 짐작하는 것보다 훨씬 적었다. 반면 이들과 이웃하며 농경생활을 하기 때문에 인구가 에페족보다 훨씬 많은 레제족은 성별에 의한 구별이 확연하다. 레제족 사람들은 여자아이와 남자아이가 나뉘어 별도의 집단을 형성할 만큼 충분히 넓은 지역에 정착해 살고 있다.

전통적으로 수렵채집 생활을 해온 다른 집단으로는 아프리카 칼라하리 사막의 !쿵족이 있다. 지금은 농사를 짓고 가축을 키우며 생활하지만 1960년대 후반만 해도 !쿵족은 여전히 소규모 유목 생활을 하고 있었다. 이들을 연구한 어느 인류학자는 유목민 집단을 형성한 !쿵족에서는 남자아이와 여자아이가 함께 놀았으며 성별에 의한 차이는 매우 적었다고 말한다. 하지만 !쿵족이 한 곳에 정착해서 농사를 짓기 시작하자 성별에 따라 구별된 집단을 형성할 만큼 아이들 수도 충분해졌고 성별에 따른 행동 차이도 눈에 띄게 나타났다.[54]

구별된 집단을 형성하기에는 구성원이 될 아이 수가 부족한 사회에서 아이들이 자신을 **아이** 집단으로 범주화하므로 성별은 아이의 행동 유형을 결정짓는 데에 별다른 영향을 미치지 못한다. 같은 집단에서 같은 집단에 의해 사회화되기 때문에 아이의 행동은 성별에 관계없이 서로 비슷하다. 오늘날 우리 사회의 아이들이 성별에 따라 판이하게 다른 행동을 보이는 것은 우리 문화의 산물일 것이다. 우리 아이들이 성별에 따라 갈라져서 놀이집단을 형성하는 것은 불과 만 년 전에 일어났던 농업 혁명으로 인한 문화적 변화다.

자녀가 성별에 따른 구별 없이 완전하게 평등한 성 개념을 갖기를 바란다면 아이를 수렵채집 생활을 하는 유목민 무리에 보낼 것을 권한다. 그게 아니면 아이들 수가 너무 적어서 놀이집단이 둘로 나뉠 수 없는 지구상의 어딘가로 보내는 것도 괜찮다.

▶ 너희들 방식대로 할게

에페족 아이들이 활과 화살을 갖고 논다는 내용을 기억하는가? 남녀 아이가 함께 놀았지만 그들이 했던 건 **남자아이**의 놀이였다. 그렇다면 미국 교외 지역의 동네 아이들이 모여 만든 놀이집단에서는 어떨까? 이런 집단의 여자아이들은 말 그대로 선머슴이 된다. 성별이 섞여 있는 집단에서는 학교에 다니는 아이 중에 인형 기저귀를 갈아 주는 아이를 거의 볼 수 없다. 여자아이가 남자아이들과 놀고 싶으면 남자아이들의 방식을 따라야 한다.

남자아이의 또래를 지배하려는 충동은 30개월 이후부터 발현된다. 수컷이 더 공격적이라는 근거는 많다(인간을 제외한 대부분의 포유류에서도 수컷이 더 공격적이다).[55] 숫말이 거세를 당하면 공격성이 약해지긴 하지만 단순히 정소가 공격성을 결정하지는 않는다. 앞서 살펴보았던 성별이 다른 일란성 쌍둥이의 사례에서도 생후 7개월에 남성 생식기를 절제받고 여자로 살았던 아이도 **여자 아이들 집단에서 지배적인 위치**를 차지했다. 선천성 부신 과형성(호르몬 이상으로 뇌와 생식기가 부분적으로 남성화된 여성 태아) 여자아이는 생후에 의학적 처방으로 호르몬 균형을 맞춰주어도 여전히 다른 여자아이들보다 무모하고 거침없는 성향을 보인다.[56]

대부분의 여자아이는 자기가 남자아이들에게 큰 영향력을 끼칠 수 없음을 일찍부터 깨닫는다. 그래서 여자아이는 남자아이들이 자기를 멀리하기 전에 먼저 남자아이들을 멀리한다.[57] 여자아이들은 서로의 말에 귀 기울일 줄 알기 때문에 자기들끼리 어울려 노는 걸 훨씬 선호한다. 반면에 남자아이들은 뭐든지 자기 고집대로만 하려고 한다.

여자아이들은 이런 이유로 자기가 원하는 대로 할 수 있는 독립된 자기들만의 집단을 형성한다. 이런 집단은 성인기 전까지 유지되다가 나중에는 남녀가 섞인 집단을 만들기 시작한다. 미안하지만 이 책에서 거기까지 설명할 수는 없다. 청소년이 성인으로 자라는 과정에서는 집단을 구분하는 데에 성별 이외의 범주가 유용하게 작용한다. 당신도 운동파, 학구파, 모범생파 아니면 또 다른 파벌에 들어 있었을 것이다. 이런 집단에는 남녀 모두가 포함되어 있지만 전반적으로 집단을 주도하는 사람은 여전히 남성이다. 성별이 섞인 집단에서는 남성이 주로 의견을 내세우고 농담을 던지는 역할을 하며 여성은 그 의견을 들어주고 농담에 웃어주는 역할을 한다.[58]

▶ 우울

여자아이는 사춘기 초기에 자존감이 추락한다는 말이 있다. 여자아이들이 전부 그런 것도 아니고, 자존감이 낮아지는 정도를 언론이 지나치게 과장하여 독자를 호도하는 것도 사실이다.[59] 하지만 평균적으로는 맞는 말이다. 여자아이들 일부는 실제로 사춘기에 접어들면서부터 자존감이 낮아진다. 내가 동의하지 않는 부분은 아이의 자존감이 낮아지는 이유를 부모나 교사의 잘못이나 "문화"라고 하는 실체가 불분명한 힘의 탓으로 돌리는 거다. 나는 사춘기 초에 여자아이의 자존감이 낮아지는 이유가 아이가 자신이 처한 상황을 인지하는 방식 때문이라고 본다. 유년기에 여자아이는 자기들만의 집단을 형성하여 남자아이들의 지배를 피한다. 그러던 여자아이들이 생물학적으로 13살이 되면 이제 남자아이들과 교류하고 싶어 한다. 여자아이들이 교류하고 싶어 하는 남자아이들은 엄마 품을 벗어난 이후로 줄곧 타인에게 지배력을 행사하는 기술을 익혔다. 이런 상대를 마주한다는 건 별로 유쾌한 기분은 아닐 것이다. 몸집이 비슷하거나 작은 상대라도 말이다. 그런데 어라, 이젠 그 꼬마 남자애들이 우리보다 더 빠르게 커지고 있잖아!

남자아이가 주도하는 집단에서 십대 여자아이가 나름의 위치를 차지하려면 집단에서 가치 있게 여기는 무언가를 잘하거나 예쁜 얼굴로 인기를 끌 수 있어야 한다. 이런 두 가지 조건 중에 어느 것도 충족시키지 못한다면 기회는 물 건너간 셈이다. 그런데 이런 건 열심히 노력한다고 해서 얻을 수 있는 것이 아니다. 그리고 실제로 이런 문제에 대해서는 여자아이가 혼자 해결할 수 있는 게 별로 없다. 유년기에 어울렸던 여자아이들 무리에서는 지위가 높았을지도 모르지만 사춘기가 되고 주위로부터 별 매력이 없는 아이라고 여겨지면 과거의 지위는 아무 쓸모가 없다.[60]

한 인간이 자신에 대해 어떻게 생각하는지에 영향을 미치는 두 가지는 지위와 기분이다. 집단에서 낮은 지위에 머물며 지위를 높이기 위해 할 수 있는 일이 전혀 없다면 자존감은 낮아진다. 또한 기분이 우울할 때도 자존감은 낮아진다. 청소년기 초기부터 여성은 남성에 비해 임상적으로 우울한 감정을 두 배 정도 많이 경험한다.[61]

우울함과 낮은 자존감 사이에 밀접한 관계가 있음은 분명하다.[62] 하지만 그 관계가 구체적으로 어떤지는 아직 분명치 않다. 어느 쪽이 원인이고 어느 쪽이 결과인가? 여러 임상심리학자들은 낮은 자존감 때문에 우울한 감정이 생긴다고 믿는데 경우에 따라서는 분명히 그렇다. 하지만 인간의 감정은 다르게 움직이기도 한다. 당신이 아는 사람 중에 조울증이라고 더 잘 알려져 있는 양극성 기분장애bipolar mood disorder 환자가 있다면 내 말을 이해할 수 있을 것이다. 이 질환을 앓는 사람은 조증 상태일 때는 자기가 뭐든지 할 수 있으며 세상에서 가장 뛰어난 인간이라고 생각한다. 반대로 우울할 때는 자기가 아무짝에도 쓸모없는 인간이라고 생각한다. 과거에 어떤 경험을 했으며 지금 어떤 상황에 있는지와는 아무 관계 없이 단지 기분이 달라지는 것만으로 이들은 자신에 대해 긍정적으로 생각하기도 하고 또 자신을 쓸모없는 인간으로 여기기도 한다.

양극성 장애는 성별에 관계없이 비슷한 빈도로 나타나지만[63] 우울증은 청소년기가 시작할 무렵부터는 남자보다 여자에게 더 많이 나타난다. 이 시기에 여자아이의 자존감이 낮아지는 것은 우울증의 원인이라기보다는 결과일 수 있다.

어째서 여자가 남자보다 우울한 감정을 더 자주 경험하는 걸까? 이 문제에는 아무도 확실한 답을 내놓지 못했다. 짐작하기로는 행동을 억압하려는 기작과 표출하려는 기작 사이의 균형에 있어 남녀의 뇌에 미묘한 차이가 있는 게 아닐까 싶다. 뭔가 문제가 생길 때에 남자의 뇌는 행동을 표출하는 쪽으로 작동하고 그 결과 폭력적인 행동을 하게 된다. 여자의 뇌는 반대 방향으로 기울고[64] 그 결과 지나친 긴장감과 우울함을 경험하는 것이다. 조울증은 이 두 가지의 기제 사이의 균형이 불안정한 상태를 의미한다.

▶ 남녀의 차이야 어쨌든 간에

여자아이와 남자아이는 애초부터 다르게 태어난다. 그리고 생후 16년에 걸쳐 차이는 점차 커져간다. 유년기에 남녀의 차이가 커지는 이유는 여자아이와 남자아이가 각기 다른 집단을 통해 스스로의 정체성을 형성하기 때문이다. 청소년기에 남녀 차이가 커지는 이유는 신체적 변화가 뚜렷해지기 때문이다.

자연은 효율성을 중시한다. 게다가 그렇게 친절하지도 않다. 일반적으로 여성은 남성보다 덜 공격적이며 신체 능력이 떨어진다. 그래서 어느 인간 사회에서나 남녀의 행동 구별이 명확하지 않은 수렵채집 사회에서도 여성은 남성이 저지르는 폭력의 피해자가 될 위험을 안고 살아간다. 침팬지 무리에서도 암컷 침팬지가 수컷 침팬지에게 괴롭힘을 당하는 광경이 종종 발견된다.[65] 이런 점을 생각해보면 오늘날의 여성은 지난 600만 년 중의 그 어느 때보다도 상황이 나아졌다.[66] 내가 하버드 대학원에 다닐 때만 해도 여자는 심리학 실험실에 발을 들여서는 안 된다는 말을 공공연히 하는 심리학 교수가 있었다. 요즘에도 감히 그런 말을 하는 교수는 아마 없을 것이다.

여성은 이제 과거에 허락되지 않았던 놀이에 낄 수 있다. 문제는 여성이 참가하는 놀이의 규칙을 여전히 남성이 규정한다는 점이다. 유년기 경험은 현대 사회의 각 분야에서 활동하는 데에 있어 남성에게는 이롭게, 여성에게는 불리하게 작용한다.

하지만 성별에 의한 사회화가 인간의 다양성을 만드는 유일한 원인은 아니다. 집단의 가치관을 수용하거나 부정하게 하는 심리적 압박, 서로의 가치관을 차별화하는 집단대조 효과를 통해 우리 인간은 다양한 특성을 갖게 된다. 성별에 따른 심리적 차이는 통계적 차이이므로 서로 어긋나 있는 두 개의 정규분포 곡선으로 표현할 수 있다. 유년기를 지나면서 두 곡선은 점점 더 크게 어긋나지만 완전히 분리되지는 않아서 교집합이 항상 존재한다. 어떤 남자아이는 키가 작고 어떤 여자아이는 키가 크다. 어떤 남자아이는 상냥하고 부드러운 반면 어떤 여자아이는 거칠고 섬세하지 못하다. 각자의 또래집단에 있을 때조차도 말이다.

11. 학교와 아이들

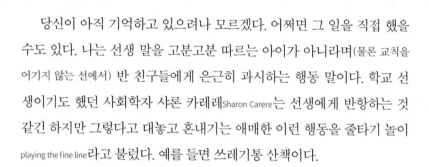

당신이 아직 기억하고 있으려나 모르겠다. 어쩌면 그 일을 직접 했을 수도 있다. 나는 선생 말을 고분고분 따르는 아이가 아니라며(물론 교칙을 어기지 않는 선에서) 반 친구들에게 은근히 과시하는 행동 말이다. 학교 선생이기도 했던 사회학자 샤론 카레레Sharon Carere는 선생에게 반항하는 것 같긴 하지만 그렇다고 대놓고 혼내기는 애매한 이런 행동을 줄타기 놀이 playing the fine line라고 불렀다. 예를 들면 쓰레기통 산책이다.

학생들이 쓰레기통 쪽으로 어슬렁어슬렁 다가간다. 근처에 다다랐을 때 쓰레기 봉지가 걸려 있는 고리를 아주 섬세하고 정확하게 툭 건드려서 봉지가 통 안으로 완전히 들어가게 한다. 그러고 나서 가만히 서서 그것을 쳐다본다.

책장을 이용한 몸 나누기 놀이도 있다.

아이들은 책이 꽂혀 있는 책꽂이 양쪽에 바짝 붙는다. 재미있어 보이거나 당장 필요한 책을 고르려고 천천히 훑어보는 것 같기도 하고, 눈에 띄는 책 제목을 가만히 살펴보는 것 같기도 하다. 이 구조적인 행위는 아이의 몸의 일부만을 활용해 이루어진다는 점이 핵심이다. 상체는 책장 위쪽으로 드러나서 교사의 눈에 띄지만, 교사가 볼 수 없는 하체로는 자기들끼리 신나게 장난을 치며 논다. 옆 사람의 다리를 몰래 차거나 바닥에 물건을 떨어뜨려 축구하듯 발로 차고 논다든지, 책을 들고 있지 않은 손으로 옆 사람을 때리거나 교사 몰래 손가락으로 옆 사람을 쿡 찌른다.

이게 끝이 아니다. 쓰레기통 근처와 책장 사이에서 하는 이 장난들은 다양하게 변주되어 재미를 더한다. 예를 들어 "복도에서 리듬을 타며 춤을 추기도 하고" 장난감 병정이나 줄타기 곡예사, 오리 흉내를 내기도 한다. 진짜 프로 수준인 아이는 "특별공연에 앞서 팬들을 위해 잠시 휴식 시간을 갖기도 한다."[1]

여기서 팬이란 물론 반 친구들을 가리킨다. 교사는 결코 팬이 될 수 없다. 교사는 **그들**에 속하며, 반항적 행동을 돋보이게 하는 들러리에 불과하다.

학교에서 아이에게 가장 중요한 사람은 같은 반 아이들이다. 아이에게는 반 친구들 사이에서 어떤 지위를 차지하는지가 무엇보다 중요하다. 지위에 따라 학교는 다닐 만한 곳이 되기도 하고 지옥이 되기도 한다. 각 아이에게 스포트라이트를 비춰 또래 친구들이 주목하게 만드는 것은 교사의 큰 권력이다. 원한다면 아이 하나를 학급 전체의 조롱거리로 만들거나 부러움의 대상으로 만들 수도 있다.

물론 교사가 할 수 있는 일은 이보다 많다. 이 책에서 지금까지 내가 부모들의 권리와 책임을 빼앗은 것처럼 보였을 텐데, 선생님들에게까지 같은 악행을 저지를 수는 없다. 실제로 교사에게는 많은 권리와 책임, 영향력이 따르는데 이는 교사가 아이들 전체 집단을 통제할 수 있는 위치에 있기 때문이다. 교사는 집단 전체의 행동과 태도에 영향을 미칠 수 있으며 그 영향은 오랫동안 지속될 수도 있다. 아이가 성인이 되어 삶의 대부분을 보낼 집 밖의 세상까지도.

▶ 교실에서의 집단성

아이들은 자랄수록 현대인에게 주어진 복잡한 사회적 정체성들 사이를 더 능숙하게 이동한다. 일고여덟 살 정도만 돼도 아이는 손가락 하나 까딱하지 않고 자기가 속한 여러 범주 사이를 자유자재로 오갈 수 있다. 이를테면 스스로를 3학년 여자아이로 규정했다가 잠시 후에는 그냥 3학년으로 규정하고 또 잠시 후에는 마틴 루터 킹 초등학교 학생으로 규정하는 것이다. 반에서 가장 공부 잘하는 혹은 똑똑한 아이들 중 하나라고 생각할 수도 있다(사회적 범주에 이름이 꼭 필요한 것은 아니다). 또한 나와 우리의 경계선을 자유롭게 넘나들 수도 있다. 그래서 자신을 집단에 속한 구성원으로 생각하다가도 개인으로서의 자기 자신에 더 깊은 관심을 보이기도 한다.

학교 환경에서는 사회적 범주화가 항상 진행된다. 한 곳에 많은 아이들이 모여 있으므로 하위 범주가 나타날 가능성도 무수히 많다. 집단 전체를 하나로 묶을 무언가가 없다면 일반적으로 큰 집단은 작은 집단으로 나뉜다.

평행선에 있는 집단 사이에는 대조효과가 나타난다. 앞서 나는 대조효과가 낳은 결과의 한 예로 남자아이와 여자아이 집단의 경우를 살펴보았다. 아이가 자신을 **남자아이**나 **여자아이**로 범주화하고 이러한 자기 범주화가 강조되는 상황에서는 성별 간의 차이도 커진다. 애초부터 서로 달랐던 집단이 아니라고 해도—성별의 경우에는 태생적 차이가 있지만—사회범주가 양분되어 있다는 이유만으로도 두 집단 사이에 대조적인 차이가 저절로 발생한다. 방울뱀 팀과 독수리 팀 이야기의 시사점이 바로 이것이다.[2]

이제 능력별 집단화("우열반")가 효과를 보이는 이유도 이해될 것이다. 교사가 아이들을 공부 잘하는 집단과 못하는 집단으로 나누면 공부 잘하는 아이들 집단은 더 잘하려고 하고 공부 못하는 집단은 성적이 더 나빠지는 경향이 있다.[3] 집단대조 효과가 작동하는 것이다. 이렇게 두 집단은 서로 다른 집단 개념, 다른 행동, 다른 태도를 발전시킨다.

집단성은 사람들로 하여금 자기가 속한 집단을 가장 좋아하게 만든다. 공부 못하는 아이들 집단에도 이 명제가 적용될지 의아해 할 수도 있을 텐데, 나는 그렇다고 생각한다. 자기들이 공부를 못한다는 사실은 알고 있지만 동시에 공부 외의 다른 것, 예를 들면 착하거나 잘생기거나 운동 실력은 더 낫다고 생각한다. 공부를 못하는 것은 인정하지만 그 대신에 공부는 별로 중요하지 않다고 평가절하할 수도 있다. 학교는 따분한 곳이며 공부를 잘하는 녀석은 모두 멍청한 샌님들, 범생이라고 생각하는 태도에 물들었을 수도 있다. 독수리 팀은 방울뱀 팀을 입이 거칠다며 비난하고 방울뱀 팀은 독수리 팀을 겁쟁이라고 깔봤던 것을 떠올려 보자.

앞서 설명한 공부를 못하는 집단이 보이는 일반적인—공부는 별로 중요하지 않고 학교는 따분하다고 여기는—태도는 스스로에게 꽤 오래 영향을 미친다. 성적이 나빠진 아이는 아마도 학교에서 자신을 열등생으로 범주화할 것이다. 교사가 그런 집단의 존재를 공식적으로 인정하지 않아도 말이다. 결국 아이는 학교를 싫어하고 공부를 멀리하는 그 집단의 태도를 받아들인다. 이런 결과는 아이에게 해롭고 시간이 갈수록 악영향이 축적된다. 우등생과 열등생 집단 간의 대조효과는 결과적으로 열등생이 점점 더 멍청해지게 만든다. 더 정확히 말하면 아이를 똑똑하게 만드는 행동을 멀리하는 가치관을 받아들이게 만든다.[4]

집단대조 효과는 쐐기와 같다. 두 집단 사이의 작은 틈새—집단 사이의 작은 차이점—에 끼어들어 그 틈을 더 넓게 벌려놓는다. 이 효과는 소속 집단에 충성을 다하려는 사람들에게 깊게 뿌리박힌 성향에서 기원한다. 나는 **우리**에 속해 있지 **그들**이 아니야. 난 **그들**처럼 되고 싶지 않아(우웩!).

학교에서 아이들 집단은 대체로 학업 능력 또는 의욕에 따라 묶인다. 우등생 대 열등생, 컴퓨터 덕후 대 운동광, 공부벌레 대 날라리, 이런 식이다. 이처럼 집단에 딱지가 붙고 멤버십이 안정적으로 유지되는 것은 고등학교부터의 일이다. 하지만 초등학교에도 유사한 원칙으로 형성되는 일종의 패거리들이 있다. 공부 잘하는 아이들과 어울리는 아이는 학업에 적극적인 태도를 취하고 공부를 못하는 아이들과 어울리는 아이는 반대의 태도를 취하는 경향이 있다. 그리고 학교를 다니는 어떤 아이가 자신의 소속 집단을 바꾸면—초등학교 때까지는 일어날 수 있는 일이다—아이의 태도도 새로 소속된 집단에 맞게 변한다.[5]

이 차이는 어떤 기술을 연습하고 몸에 익히느냐에 달린 것이지, 자존감과는 상관없다. 학업 성취도가 떨어진다고 해서 공부를 중요하게 생각하는 아이들보다 단순히 머리가 나쁘다고 말할 수 없다. 스스로에게 불성실한 것도 아니다. 단지 학교에 불성실한 것이다. 보통은 공부를 못한다고 자존감이 떨어지지는 않는다. 예를 들면, 아프리카계 학생은 유럽계나 아시아계 학생에 비해 학업 성취도가 낮긴 하지만 다른 인종 집단의 아이들보다 자존감도 낮은 건 아니다. 이 주제에 대해 전에 읽었던 글이나 기존의 생각은 잊어버려도 좋다. 일반적으로 아프리카계 아이들의 자존감은 유럽계 아이들보다 낮지 않다. 자존감은 집단 안에서의 지위와 관련이 있다. 사람들은 소속 집단 구성원들과의 관계를 바탕으로 자기 자신을 평가한다.[6]

▶ A 선생님에게 사과를

아동발달 교재를 쓰던 시절의 나는 아직 정신을 차리기 전이었다. 당시 나는 양육가설에 대한 미신적인 믿음을 버리지 못했고, 집단사회화의 힘을 깨닫지 못했다. 그 책에 "A 선생님에게 사과를An Apple for Miss A"*이라는 제목의 쪽글을 실었다. 내가 이제 와서 사과할 만한 내용이 있는 것은 아니다. 하지만 그 글을 쓸 때는 A 선생님의 교실에서 무슨 일이 왜 일어났는지 완전히 이해하지 못했다. 지금은 충분히 이해하고 있다고 본다.

"A 선생님"은 교육학자 아이길 페데르센Eigil Pedersen과 동료들이 〈하버드 교육 리뷰Harvard Educational Review〉에 투고한 논문에서 한 여자 선생님에게 붙인 이름이다. 그는 1940년대에 페데르센이 다녔던 초등학교의 1학년 담임선생님이었다.[7] 그 학교는 매우 오래되어 낡은 성 같았으며 창문에 쇠창살이 달려 있었다. 빈민가 공동주택에 둘러싸인 도심 학교였으며 학생들은 대부분 빈민층이나 이민 가정의 자녀였다. 전체 학생의 삼분의 이가 백인, 삼분의 일이 흑인이었는데 대학에 진학하는 졸업생은 극소수였고 대부분은 고등학교를 제대로 마치지도 못했다. 학교에서는 싸움이나 행실 문제가 끊이지 않았으며 교사는 학생을 채찍으로 체벌했다. 하루에 두세 번은 가죽끈을 휘두르는 소리가 들렸다. 아직도 옛날이 좋았다고 생각하는가?

아이길 페데르센은 공부로 성공한 극소수의 졸업생 중 하나였다. 그는 고등학교 졸업 후 대학에 진학했고 1950년대에 교사가 되어 모교에 부임했다. 페데르센은 그곳에서 몇 년 동안 학생들을 지도하면서 학생들 대다수가 고등학교를 제대로 마치지 못하는 이유가 무엇인지를 연구하기 위해 학교 문서를 뒤지기 시작했다. 그러다 흥미를 끄는 특이한 데이터를 발견하고 계획을 수정해 A 선생님이 가르쳤던 1학년 학생들의 사례를 연구하기 시작했다.

페데르센은 A 선생님이 학생들에게 특별한 영향을 끼쳤다는 사실을

---

* "선생님에게 사과를"은 선생님에게 감사하는 마음을 담은 빙 크로스비의 노래 제목이기도 하다. 미국의 일부 주에서는 모범적인 교사에게 황금사과상을 수여한다.─옮긴이

발견했다. A 선생님이 가르쳤던 반의 평균 성적이 다른 반보다 높았다는 사실 자체는 아무 의미도 없을지 모른다. A 선생님이 점수를 후하게 줬을 수도 있으니까. 페테르센은 A 선생님의 학생들이 이듬해에 A 선생님을 떠나 다른 선생님을 만나도 여전히 평균적으로 좋은 성적을 유지한다는 점에 주목했다. 그는 A 선생님의 반 학생들을 계속 추적 조사했고 7학년까지 뛰어난 학업 성취가 지속되었음을 발견했다. 페테르센은 연구를 학교 밖으로 확장시켜서 A 선생님에게 배운 졸업생을 추적하여 인터뷰했다. 그 결과 A 선생님의 제자들이 1학년 때 다른 선생님에게서 배운 학생들보다 수준 높은 생활을 하고 있음을 밝혔다. 그들은 사회계층 상승의 관점에서 보자면 동창생들보다 더 높은 위치에 올라 있었다.

제자들이 회상하는 말을 들어보면 A 선생님은 성자로 추대해도 부족할 게 없는 사람이었다. A 선생님은 감정의 끈을 놓는 일이 한번도 없었으며, 방과 후에는 교실에 남아 문제를 겪는 아이는 누구라도 도와주었다(학교에 입학할 때는 아이들 수준이 제각각이었지만 마지막에는 모두 글을 읽을 줄 알게 됐다). 부모가 도시락을 깜빡하고 싸주지 않은(혹은 도시락을 싸줄 여유가 없는) 아이가 있으면 자기 도시락을 나눠 먹기도 했다. 그는 아이들과 헤어진 지 20년이 지난 뒤에도 여전히 제자들의 이름을 기억하고 있었다.

교재에서 나는 A 선생님의 영향력이 오랫동안 지속된 이유가 아이들을 1학년 때부터 남보다 유리한 출발을 하게 해 주었기 때문이라고 했다. 이런 방식의 교육을 제도화한 것이 헤드스타트 프로그램headstart program[*]이다. 그런데 이 프로그램은 단기간에는 극적인 효과를 거두지만 시간이 지날수록 효과가 점차 사라진다. 그렇다면 A 선생님의 영향력은 어째서 사라지지 않은 걸까?

---

[*] 빈민구제사업의 일환으로 저소득층 자녀가 충분한 교육을 받지 못해 빈곤의 악순환을 겪는 것을 막기 위해 취학전 아동을 대상으로 시행하는 미국의 교육 지원 제도를 말한다.—옮긴이

힌트를 주겠다. 페데르센의 인터뷰에는 하나 흥미로운 점이 있었다. A 선생님 반 학생들은 모두 인터뷰에서 1학년 시절 담임이었던 A 선생님의 이름을 정확히 기억했다. 그런데 A 선생님 반이 아니었는데도 1학년 때 담임이 A 선생님이라고 대답한 사람이 네 명 있었다. 페데르센은 이를 "희망적 사고Wishful thinking"라고 불렀다.[8]

사람들이 들어가 본 적도 없는 교실에서의 기억을 꾸며낸 까닭은 희망적 사고 때문일까? 물론 기억이란 생각만큼 믿을 만한 것이 못 된다. 기억은 없었던 일을 만들어낼 수도 있고 있었던 일을 없애버릴 수도 있다. 하지만 나는 이 경우에는 뭔가 다른 일이 있었을 거라 생각한다.

더 자세히 설명하기 전에 잠시 숨을 고르고 리더란 어떤 존재인지에 대해 이야기해야겠다. 집단에는 항상은 아니지만 보통 리더가 있다. 이때 리더는 집단의 일원이 아니어도 상관없다. 집단은 내부뿐 아니라 외부로부터도 영향을 받을 수 있다. 그리고 교사는 학생 집단의 구성원이 아니면서 집단 전체에 영향을 끼치는 리더다.

리더는 세 가지 방식으로 집단에 영향을 미친다. 첫째, 리더는 집단의 가치관, 곧 구성원들이 취하는 태도와 적절하다고 여기는 행동에 영향을 미친다. 이를 위해 집단 구성원 모두에게 각각 직접적인 영향을 미칠 필요는 없다. 집단 내 다수파에 영향을 미치거나 우두머리 그룹에서 가장 주목받는 극소수의 인원에 영향을 미쳐도 된다. 텔레비전 같은 매체의 문화적 영향력도 같은 방식으로 작용한다. 집단사회화 이론의 관점에서는 전국의 모든 아이들을 동시에 텔레비전 앞에 앉혀서 특정 쇼 프로그램을 보게 할 필요가 없다. 친구들이 대부분 그 프로그램을 본다면 아이 본인이 직접 보지 않더라도 가치관에 미치는 영향력은 대다수의 다른 아이들과 동일하다.

둘째, 리더는 집단 간의 경계(누가 **우리**이고 **그들**인지)를 규정한다. 이런 일을 매우 잘했던 리더로는 히틀러를 꼽을 수 있다.

셋째, 리더는 집단의 이미지(스테레오타입)를 규정한다.

훌륭한 교사는 다양한 학생들이 있는 학급이 끼리끼리 나뉘는 것을 방지하고, 모든 학급 구성원을 **우리**로 묶을 수 있다. 이때 **우리**는 자신들을 모범생이며 유능하고 성실하다고 여긴다.

교사가 어떻게 이런 리더십을 발휘할 수 있는지는 묻지 말자. 나도 모르니까. LA 동부의 한 고등학교에서 멕시코계 아이들에게 수학을 가르쳤던 볼리비아 출신의 제이미 에스칼란테가 이런 교사였다. 그의 이야기는 〈스탠드업Stand and Deliver〉이라는 영화로 제작되어 영원히 남겨졌다. 어느 전기 작가는 에스칼란테 선생님이 학생들에게 끼친 영향력을 이렇게 묘사했다. "그는 학생들이 스스로를 불가능한 미션을 비밀리에 수행하는 용감한 특수부대원인 것처럼 느끼게 했다." 또 다른 훌륭한 교사 조슬린 로드리게즈는 뉴욕 브롱스의 한 중학교에서 일했다. 로드리게즈는 대부분 흑인이나 히스패닉계였던 반 학생들을 똘똘 뭉쳐 한 팀으로 만들었다. 그가 맡았던 학급 학생들은 자기들 팀 이름을 짓고 깃발을 그렸으며 주제가도 만들었다. 로드리게즈의 학생이었던 사람이 기자에게 말했다. "우리 모두가 정말 친했어요. 그래서 딱 붙어 앉는 것을 싫어하지도 않았죠."[9]

이런 특별한 분위기의 교실에 나타나는 특징 하나는 학생들이 학업 진도를 따라가지 못하는 아이를 대하는 태도에서 나타난다. 학생들은 그 친구를 놀리지 않고 곁에서 열심히 격려한다. 로드리게즈의 반 학생들 중에는 글을 읽지 못하는 아이가 있었는데 그 아이의 읽기 실력이 나아지자 학급 전체가 축하해 주곤 했다. "친구의 실력이 조금씩 나아질 때마다 우리는 모두 박수를 쳐 줬어요."

아시아 학교에서도 같은 일을 찾아볼 수 있다. 일본의 예를 들어보자. 어떤 아이가 잘못된 행동을 하면 반 친구들은 그 잘못을 지적하고 다음부터는 잘 행동하도록 격려한다. 한 아이의 잘못은 학급 전체의 잘못으로 여겨지고, 한 아이의 발전은 학급 전체의 승리로 여겨진다. 이런 현상이 나타나는 이유는 일본 학생들이 다정해서가 아니다. 다른 나라들과 마찬가지로 일본에서도 집단 따돌림은 심각한 사회 문제다. 나는 일본 교사들이 어떻게 이런 교실 분위기를 만드는지 모른다. 교육 방법이나 문화적 요인 혹은 두 가지 모두 때문일 것이다. 어쨌든 아시아계 학생들의 학업 성취가 미국 아이들보다 앞서나가는 중요한 한 가지 원인이 우리는 하나라는 의식이라고 나는 생각한다. 교실에는 학교와 공부에 반감을 품은 집단이 없는 환경, 모든 아이가 자기 능력을 최대로 발휘할 수 있는 환경이 갖춰진다면 교사는 신나게 가속 페달을 밟을 수 있다.[10]

A 선생님의 사례로 돌아가자. 나는 A 선생님이 가지각색의 학생들을 한데 묶어서 공부를 좋아하는 통일된 우리로 만드는 데 탁월한 능력을 발휘했다고 생각한다. **우리**는 이름이 붙어 있든 그렇지 않든 하나의 사회범주다. 나는 A 선생님이 담당 학생들에게 불가능한 미션을 비밀리에 수행하는 용감한 특수부대라는 매우 특별한 사회범주에 속해 있다는 느낌을 갖게 했다고 생각한다. 이런 자기 범주화는 졸업 후에도 계속해서 유지되었다. A 선생님의 학생들은 학교를 싫어하는 아이들과는 거리가 먼 생활을 했다. 그리고 같은 학년의 다른 아이들보다 자신이 더 특별하다는 느낌을 받았다. 그리고 이 특별한 사회범주는 A 선생님을 담임으로 갖는 행운을 누리지 못했던 다른 반 아이들에게도 영향을 미쳤다. 이것이 바로 페데르센이 인터뷰한 사람들 중 몇몇이 A 선생님의 학생이 아니었는데도 A 선생님이 자기 담임이었다고 기억했던 이유다. 그들은 A 선생님이 만든 집단의 일원이 되고 싶어 했다. 쇠창살이 쳐진 낡은 학교의 창문 너머에는 빈곤층 거주지가 있었고, 그곳에 사는 가난한 아이들 중에는 자신을 "A 선생님의 학생"이라고 생각하면서 공부에 열중하는 집단이 있었다. 그중 일부 아이들의 책상은 A 선생님의 교실에 있지 않았지만 말이다.

아이길 페데르센 자신도 그 집단에 속해 있었던 것 같다. 이렇게 함으로써 페데르센은 가장 성공한 동문 중 하나가 될 수 있었다. 실제로 페데르센의 1학년 담임은 B 선생님이었음에도 불구하고 말이다.

▶ 차이의 확대

인간의 발달 과정에는 악순환의 고리가 많이 있다. 예를 들어 친구들에게 인기가 없는 아이는 사교 기술을 익힐 기회를 놓치기 쉽고 과체중인 아이는 신체적 활동을 피하다 보니 살이 더 찐다. 하지만 이런 악순환 중에서도 지적 활동의 악순환만큼 해로운 것도 드물다. 처음에는 또래 아이들보다 약간 뒤처진 정도였는데 나중에는 더 똑똑해질 수 있는 일을 더욱 멀리하게 되고, 결과적으로 또래 아이들과의 격차가 더 벌어진다. 반면 처음에 다른 아이들보다 약간 앞서는 아이는 뇌를 더욱 단련시킨다.

행동유전학자들은 생애 후반으로 갈수록 IQ의 유전력이 높아진다고 주장했다. 장년층의 경우에는 IQ에 미치는 유전의 영향이 0.80 정도로 나타났다. 다시 말해 장년층에서 나타나는 IQ 차이의 80퍼센트는 유전자 때문이라는 뜻이다.[11] 그러나 이렇게만 생각한다면 갈피를 잘못 잡은 건데, 모든 IQ 차이가 유전자의 직접적 영향 탓은 아니기 때문이다. IQ 차이의 상당 부분은 유년기와 성년기를 거치며 내린 선택에 달려 있다. 예를 들어, 텔레비전을 볼까 숙제를 할까, 축구를 할까 도서관에 갈까, 브리트니 패거리와 어울릴까 브리아나 패거리로 옮길까, 대학에 갈까, 가면 어떤 전공을 선택할까. 로저와 결혼할까 로드니와 결혼할까 등등. 행동유전학 연구에서는 이런 선택들이 야기한 결과(IQ 차이)를 유전이 IQ에 미친 영향(유전력)이라고 설명한다. 하지만 사실 행동유전학자들이 조사한 것은 (2장에서 지적했듯) 유전자의 직접적 영향과 간접적 영향이 조합된 결과다.

나이를 먹을수록 IQ의 유전력이 높아지는 것은 무엇보다도 유전자의 간접적 영향(즉, 유전자의 영향의 영향) 때문이다. 그래서 처음에는 미미한 IQ 차이가 나중에는 걷잡을 수 없이 커지는 것이다. IQ 검사 결과는 항상 종형 정상분포 곡선을 그리도록 정해져 있으므로 IQ 차이가 커지는 현상이 사실상 축소되기 쉽다. IQ 검사에서는 아이를 같은 연령대의 아이들하고만 비교하고 각 연령마다 지능지수 130대와 100대, 70대의 비율이 사전에 정해져 있다.

학업 성취도를 기준으로 아이들을 작은 집단으로 나누면 대조효과 때문에 집단 간 차이는 더 벌어진다. 성적이 좋은 아이들은 이미 공부에 최선을 다하고 있으므로 대조효과는 성적이 나쁜 아이들에게 더 큰 영향을 미치는 경향이 있다. 나는 유전이 IQ에 미치는 간접적 영향에 대조효과가 큰 부분을 차지한다고 생각한다.

같은 교실에 있는 아이들을 인종과 사회경제적 계층을 기준으로 작게 나누면 대조효과는 집단 사이의 차이를 더욱 확대시킨다. 집단 간에 딱히 차이가 없다면 직접 만들어내기도 한다. 한 반 아이들을 무작위로 돌고래와 고래로 갈라놓는다고 하자. 그런데 돌고래 집단에는 성적이 월등하게 뛰어난 학생이 한둘 있고 고래 집단에는 공부에 도무지 관심 없고 놀기만 좋아하는 아이가 몇 명 있다고 하자. 그러면 각 집단은 학업에 대해 상반된 가치관을 형성하고 이를 견고히 만들 것이다. 평균적으로 두 집단 간에는 IQ 차이가 없었을 텐데도 말이다. 이 아이들이 학교생활을 몇 년 더 경험한 뒤에 다시 불러 모아 조사해 본다고 하자. 그리고 돌고래 집단과 고래 집단 아이들이 여전히 자신을 돌고래 또는 고래 집단 일원으로 여기고 있다고 하자. 이들은 같은 집단 아이들과 여전히 연락을 주고받으며, 어느 집단에 속해 있는지에 따라 여전히 학교 공부에 열심이기도 하고 학교를 생각만 해도 몸서리치는 아이가 되기도 한다. 처음에 학교 공부에 대해 태도가 달랐던 것이 평균 IQ의 차이로 자연스럽게 연결되는 것이다.

다니엘 셀리그먼Daniel Seligman이 쓴 『지능에 대한 질문A question of Intelligence』이라는 책이 있다. 이 책은 『종형 곡선The Bell Curve』에서와 같은 문제를 좀 더 부드러운 어조로 다루고 있다.[12] 셀리그먼은 흑인과 백인의 IQ 차이를 언급한 장에서 IQ 차이의 원인을 환경에서 찾았던 사회과학자들의 연구를 소개하면서 사회경제적 지위와 소득 차이로는 흑인과 백인의 IQ 차이를 설명할 수 없다고 지적한다. 사회경제적 지위가 동일한 아이들을 대상으로 연구해도 여전히 평균 IQ의 차이가 나타나기 때문이다. 셀리그먼은 이런 결과에 안타까움을 표하면서도 동시에 다른 환경적 요인이 작용했을 가능성이 있다는 여지를 남긴다.

> 그러나 이러한 사실이 환경적 영향에 관한 논의를 완전히 종식시키지는 않는다. 이론적으로 흑인과 백인 간에 나타나는 모든 또는 대부분의 차이는 다른 환경적 요인에 기인한다는 해석은 원칙적으로 여전히 가능하다. 이때 환경적 요인이란 표준적인 사회과학 데이터에 포착되지 않는 종류의 것이다. 때로는 환경에 대해 궁극적인 논의를 하려면 미지의 요인 X를 전제해야만 한다. 이때 X요인이란 수치화할 방법을 아는 사람도 없고 명확하게 정의할 수 있는 사람도 없는 무엇이다. 하지만 거기에는 분명 미국 사회에서 흑인으로서 갖는 경험이 포함된다. X요인은 흑인을 백인과 비교할 수 없이 독특한 삶을 경험하게 만든다. 연구에서 나타난 환경적 요인과 인종 간 차이의 상관계수를 보면 환경은 제한적으로만 영향을 미치는 듯 보인다. 하지만 X요인을 감안한다면 이 모든 상관계수들은 그 타당성이 의심스럽다. X요인은 아무도 확실하게 설명할 수 없는 어떤 방식으로 지적 능력을 억압한다.[13]

나는 X요인이 무엇인지 알고 있다. 확실하게 설명할 수도 있다. 흑인 아이와 백인 아이는 서로 다른 가치관을 지닌 집단에 자신을 동일시한다. 집단대조 효과로 인해 그 차이는 확대되고, 그 결과는 해가 갈수록 계속해서 스스로 강화된다. 이것이 바로 X요인이다.

아이는 세 살 무렵이면 사람을 인종에 따라 나눌 수 있음을 깨닫기 시작한다. 이후 몇 년에 걸쳐 인종에 따른 구분은 더 뚜렷해지며 아이가 사람을 하위범주로 분류하는 여러 기준 중 하나가 된다. 아이가 집단을 나눌지 말지는 집단 구성원의 수(특정 시간과 공간 안에 있는 아이들의 수)라는 사소한 요소가 어느 정도 영향을 미친다. 놀이친구를 선택할 수 있는 범위가 좁은 환경에서 아이들은 남녀를 가르지 않고 자기들 전체를 **아이** 집단으로 범주화한다. 흑인 아이와 백인 아이의 경우에도 마찬가지일 것이다.

미국 아이들의 경우, 학급 학생 정원이 적을수록 더 많이 배우는 경향이 있다.[14] 학생 수가 적을수록 교사가 학생 전체를 단일 집단으로 결집시키기 쉽기 때문일 것이다. 학생 수가 많지 않으면 반 학생들이 공부에 대해 상반된 태도를 가진 집단들로 분화되는 경향이 줄어든다.

한 학급에 사회경제적 지위와 인종, 민족이 서로 다른 학생들이 다양하게 모여 있다면, 그리고 특정 인종과 민족의 아이들은 대부분 중산층인데 나머지는 그렇지 않은 등 둘 이상의 요인이 결합되어 있다면, 세상에서 가장 훌륭한 교사라도 이들을 단일 집단으로 뭉치게 하기 어려울 것이다.

사회학자 자넷 스코필드Janet Schofield는 한 학교(그는 이곳을 "웩슬러"라고 불렀다)의 6~7학년 아이들을 수년간 연구했다. 웩슬러는 아프리카계와 비히스패닉계 백인이 거의 같은 비율로 섞여 있는 도시 학교였다. 백인 아이들은 대부분 중산층이었고, 흑인 아이들은 대부분 저소득 노동자층 가정에서 살았다. 교사들은 인종이 다른 아이들이 조화를 이루며 서로 어울려 지내게 만들고자 무척 애썼지만 결국에는 목표 근처에도 이르지 못했다. 흑인 아이들과 백인 아이들은 방울뱀 팀과 독수리 팀의 적개심 가득한 바로 그 눈빛으로 경계와 불신을 담아 상대를 노려봤다. 웩슬러에서 백인 아이와 흑인 아이가 운동장에서 함께 놀거나 식당에서 나란히 앉는 일은 거의 없었다.

웩슬러 학생들은 서로 다른 사회 계층에 속해 있었다. 그러나 아이들이 중요하게 신경썼던 것은 그것이 아니라, 인종에 따른 사회범주의 차이였다. 흑인이나 백인이나 할 것 없이 웩슬러의 학생들은 백인은 공부를 좋아하고 흑인은 공부를 싫어한다고 여겼다.

> 실비아(흑인): 제 생각에는, 흑인들은 공부에 관심이 없어요. 백인 애들은 말이죠, 공부를 할 기회가 생기면 가만히 있지를 못해요.
> 앤(백인): 흑인 애들은 몇 점을 받는지 별 관심이 없어요.

공부 말고도 다른 점이 있었다. 흑인 아이와 백인 아이 모두 백인은 얌전하며 겁이 많은 반면에 흑인은 거칠고 공격적이라고 생각했다. 어떤 흑인 여자아이가 자넷 스코필드에게 말했다. "백인 애들은 뭘 어떻게 해야 할지를 몰라요. 싸우는 방법을 모른다고요." 인종 구분을 뛰어넘으려는 시도는 친구들의 저항에 부딪힌다.

> 리디아(흑인): 백인 친구를 사귀면 애들(다른 흑인 여자아이들)이 화내요…. 흑인은 흑인끼리 백인은 백인끼리 친구해야 한대요.

스코필드는 이렇게 말했다. "흑인 학생에게 있어 공부를 잘한다는 것은 그때까지 가깝던 친구들과 멀어지고 이미 교실에서 주도적 지위를 차지하고 있는 백인 집단에 속하게 된다는 의미다." 공부에 재능이 있는 흑인 아이는 친구들로부터 공부를 열심히 하지 말라는 압력을 받는다.[15] 게다가 흑인 집단의 규율을 어기고 "백인 짓"을 하는 사람이 된다. 학교를 싫어하는 흑인 아이들의 태도는 부모에게서 배운 것이 아니다. 인종이나 민족과 관계없이 부모라면 누구나 교육을 중시하고 자녀의 학업 성취에 큰 기대를 품는다. 유럽계 미국인보다 흑인이나 히스패닉 부모가 교육을 더 중요시한다는 연구 결과도 있다.[16]

스코필드가 웩슬러에서 연구하던 때는 1970년대 후반이지만 요즘도 크게 다르지 않다. 최근 〈뉴욕타임스〉에 브롱스의 한 교사가 자기가 가르치는 흑인 학생들에 대해 말한 내용이 실렸다. 그는 흑인 학생들이 "책을 읽느니 차라리 방송 카메라 앞에서 수갑을 흔드는 편을 택할 것"이라고 했다. 흑인 아이들 사이에서는 "백인 짓"이라는 말이 아직도 모욕적으로 사용된다.[17]

흑인 아이가 흑인답게 행동하고 백인 아이가 백인답게 행동하도록 만드는 압력은 방울뱀 팀 아이들이 울지 못하게 하고 독수리 팀 아이들이 욕을 못하게 하는 압력과 같은 종류다. 이런 압력은 집단 외부가 아니라 내부에서 발생하며, 그 압력이 명시적일 필요도 없다. 아이들이 집단의 기준을 따르도록 강요받는 일도 거의 없다.

지금까지는 흑인-백인의 대조를 이야기했지만 어떤 학교에서는 아시아계와 유럽계 학생들 사이에서 대조가 생기기도 하고 두 개의 흑인 집단 혹은 두 개의 백인 집단이 대조를 보이기도 한다. 뉴욕 롱아일랜드에 있는 한 학교의 교장은 인터뷰에서 아이티 출신 이민 가정의 아이들과 미국 본토에서 태어난 흑인 가정의 아이들 사이에 긴장 관계가 형성되어 있다고 말했다. 아이티에서 온 아이들도 흑인이며 좋은 학생이다. 아이티 출신 아이들은 "선생님이 좋아할 행동을 하면 흑인 애들은 우리가 백인처럼 군다고, 그래서 자기들보다 더 잘난 척한다고 말해요"라며 불평한다. 브루클린과 브롱스 일부 지역에는 자메이카 출신의 흑인 이민

2세와 3세들이 스스로를 다른 흑인 학생들과 구별짓는다. 자메이카 출신 이민자들은 학업을 매우 중시하며 실제로도 학업 성취도가 높다. 이들의 성공담은 한 세대 이전의 유대인 자녀들을 떠올리게 한다. 퇴역 장군이자 대통령 출마 권유도 받은 적 있는 콜린 파월이 브롱스에 정착한 자메이카 2세의 대표적인 성공 사례다.[18]

수년 전 독일에서 아버지가 미국인 군인이며 독일인 어머니가 양육한 아이들을 대상으로 한 연구가 실시되었다. 아버지만 흑인인 혼혈 아이들도 흑인으로 분류되었는데[19] 연구자들은 흑인 아이들의 IQ가 백인 아이들과 별 차이가 없음을 발견했다. 당시 독일 학교에는 흑인이 그리 많지 않았으므로 학교에서 흑인 아이들은 자기들만의 집단을 형성하지 못했다. 다야 메스톤이 티베트 아이들 사이에서 그랬던 것처럼 이 흑인 아이들도 백인 아이 집단으로부터 거부당했을 것이다.[20] 하지만 그들은 공부는 중요치 않고 학교는 따분한 곳이라는 가치관을 내면화하지는 않았다.

▶ 스테레오타입의 위협

"막대기와 돌은 내 뼈를 부러뜨릴지 몰라도 이름은 나를 해치지 못한다"*라는 말이 있다. 하지만 이는 사실과 다르다. 이름은 사람에게 심각한 피해를 끼치기도 한다. 하지만 우리에게 진짜 심각한 피해를 끼치는 이름은 타인이 아닌 우리 자신이 스스로를 부르는 이름이다. 다른 사람이 덧씌운 것보다 우리 자신이 스스로에게 부여한 스테레오타입은 장기적

---

* 물리적으로는 나를 해칠 수 있을지 몰라도 모욕적인 말은 내게 아무 영향도 미치지 못한다는 뜻이다. 집단 따돌림을 당할 경우에 할 수 있는 흔한 반응이다.—옮긴이

인 영향을 미친다. 타인의 기대가 우리의 행동과 지능, 능력에 은밀하게 미치는 영향은 과대평가 되어 있다.[21]

타인의 기대가 미치는 영향력에 주목하는 관점에서는 자기충족적 예언*이 실현되었을 경우에 그 잘못이 주위의 예언자에게 있다고 본다. 그러나 사회심리학자 클로드 스틸Claude Steele에 따르면 진짜로 악영향을 끼치는 것은 바로 "스테레오타입의 위협"**이다. 수학을 잘하는 젊은 여성에게 본인이 여자라는 사실을 환기시키면 수학 점수가 낮아진다. 공부를 잘하는 흑인 아이에게 자신의 피부색을 더 의식하게 하면 시험 점수가 낮아진다. 스틸은 시험을 보기 전에 학생들에게 "인종?"이라고 묻는 질문이 포함된 짧은 설문지를 돌리기만 해도 피부색이 어두운 학생의 점수가 낮아진다는 사실을 발견했다.[22]

자기 범주화는 사회적 맥락에 극히 예민하다. 스틸이 자신의 연구에서 한 일도 결국 참여자들의 집단의식을 환기한 것이었다. 스틸은 슬그머니 성별과 인종을 집단 구분의 기준으로 제시해서 참여자가 **흑인** 또는 **여성** 집단으로 자기 자신을 범주화하게 했다. 그 결과 참여자는 각각의 범주에 해당하는 특성을 받아들였고, 사람들은 소속 집단의 특성에서 벗어난 행동을 꺼리게 됐다.

스틸은 "스테레오타입의 위협"에 불안감이 수반되는 이유를 실패에 대한 두려움 때문이라고 설명했다. 그보다 30년 전에 심리학자 마티나 호너Matina Horner는 젊고 유능한 백인 여성에게서 이것을 발견하고 "성공에 대한 두려움"이라고 명명했다.[23] 하지만 나는 이런 불안감이 성취에 대한 욕망과 높은 성취가 소속 집단의 틀에 맞지 않는다는 생각이 충돌한 결

---

* 교사에게 "올해에 담당한 학생들은 다들 지능이 뛰어나다"는 정보를 제공하여 기대 수준을 높이면 학생들의 실제 지능과는 무관하게 학생들의 지능지수가 향상되고 성적도 좋아지는 결과를 낳는다. 반대의 경우도 성립한다.―옮긴이
** 자신이 속한 사회 집단에 대해 부정적인 스테레오타입이 형성되어 있을 경우에 이를 벗어나는 행동을 꺼려하고 오히려 부정적 고정관념을 강화하는 방향으로 행동하는 현상을 가리킨다.―옮긴이

과라고 본다. 마티나 호너 스스로가 이러한 불일치로부터 자유로운 드문 사례가 되었다. 래드클리프 대학의 총장 자리를 제안받았을 때에 전혀 사양하지 않았던 것이다.

클로드 스틸이 보여주었듯 수학을 아주 잘하는 여성은 자기가 소속 집단의 틀을 위반하고 있다는 불편한 기분을 느낄 수 있다. 스틸은 이런 현상이 사회 전반에 퍼진 스테레오타입의 폐해라고 설명한다. 하지만 내가 보기에 이 문제는 집단이 스스로에 대해 갖고 있는 스테레오타입 때문에 발생한다(사회 전반적인 차원에서의 스테레오타입이 존재하지 않는다는 뜻은 아니다). 성별에 따른 구분이 뚜렷하지 않은 상황에서는 여자들도 수학과 과학에서 좋은 성적을 보인다. 여자대학에서는 재능이 뛰어난 여성 과학자들이 심심치 않게 두각을 나타낸다.[24] 여대를 다니는 여성도 학교 밖에서는 우리와 비슷한 환경에서 생활한다. 하지만 학교 안에서는 자신을 **여성** 범주로 제한할 필요가 없고 자신을 남성과 비교할 필요도 느끼지 못한다.

사회 전체가 자메이카 출신의 흑인과 다른 흑인들을 구분하지는 않는다. 자메이카 출신 흑인 학생들이 사회적으로 성공할 수 있었던 이유는 스스로에 대해 특별한 스테레오타입을 갖고 있었기 때문이다.

▶ 개입 프로그램

헤드스타트 같은 미취학 아동 지원 프로그램은 1965년부터 있었다. 과연 효과가 있었을까? 두 심리학자가 이 문제를 놓고 토론을 벌였다. 한 명은 지원 프로그램 실행에 찬성하는 입장이고 한 명은 비판하는 입장이었다. 비판하는 쪽에서는 헤드스타트가 "탈선을 방지하고 저소득층 아동에게 가난이 대물림되지 않게 하기 위해" 만들어졌지만 실제로 그런 성과를 거두었다는 증거가 거의 없다고 지적했다. 찬성하는 쪽은 궁지에 몰렸다. 그는 헤드스타트 프로그램이 흑인 아동의 학업 성취에 장기적인 변화를 이끌어내지 못했음을 인정해야 했다. 결국에는 프로그램 참여 가정의 "해당 지역사회 기반 서비스의 접근성 향상"과 아동에 대한 "높은 면역 조치 비율"을 언급하는 수준에서 만족해야 했다. 물론 이것도 의미 있는 성과이지만 애초의 목표에는 미치지 못했다.[25]

헤드스타트 같은 프로그램이 아이에게 미치는 효과는 단기적으로만 나타나며, 때로는 효과가 전혀 없는 경우도 있다. 흥미로운 점은 **부모**의 행동을 개선하려 한 프로그램일수록 효과가 미미했다는 사실이다. 이 프로그램들은 주로 전문가가 아이들의 집에 방문해 부모의 행동을 변화시킬 수 있게 진행되었는데, 그 결과 아동학대는 확실히 줄어들었다. 하지만 이런 프로그램들은 집 밖에서의 아이의 삶과 학교에서의 태도에는 거의 영향을 미치지 못했다. 부모와 함께하는 프로그램이 그렇지 않은 프로그램보다 나은 결과를 낸 것도 아니었다.[26] 이 결과는 집단사회화 이론의 예상과 정확히 일치한다.

나는 개입 프로그램이 성과를 거두려면 아이가 속한 **집단**의 행동과 태도를 수정해야 한다고 본다.[27] 그리고 프로그램의 효과가 장기적으로 유지되려면 아이는 소속 집단에서 아이들과 지속적으로 관계를 유지하며 계속 한 집단이라고 생각해야 한다. 따라서 학교의 모든 아이들을 대상으로 프로그램을 실시하는 편이 몇몇 학교에서 몇 명을 선발하는 것보다 성공 가능성이 높을 것이다.

그런 종류의 프로그램이 실제로 실시된 적이 있다. 이 프로그램에서는 공격 행동을 자주 보이고 협동심이 부족한 아이들을 개선하도록 설계되었다. 이 프로그램의 교육 활동 대상자로는 학교의 전체 학생이 포함됐는데, 학교 운동장과 식당에서 아이들이 보이는 행동에 작지만 분명한 개선점이 있었다. 이 프로그램은 결국 집단의 가치관을 변화시켰다. 나의

이론으로 충분히 예측가능한 사실이지만 아이가 집에서 보이는 행동에는 별다른 변화가 없었다.[28]

부모를 대상으로 한 개입 프로그램은 아이가 집에서 보이는 행동을 개선시킬 수 있지만, 학교에서 하는 행동을 바꾸지는 못한다. 학교에서 하는 개입 프로그램은 학교에서의 행동을 개선시킬 수 있지만 집에서 하는 행동을 바꾸지는 못한다. 이런 결과는 이 책 초판이 출판된 1998년부터 지금까지도 힘을 발휘하고 있는 양육가설을 반박하는 강력한 증거다. 이 결과가 강력한 설득력을 갖는 까닭은 통제 집단과 개입 집단에 속하는 아이들을 무작위로 선정했기 때문이다. 이것은 상관 연구가 아닌 실험 연구 방법이다.[29]

▶ 언어 수업

4장에서 『신데렐라』의 주인공인 신데렐라와 조셉이라는 남자아이가 등장했다. 신데렐라는 가상의 인물이지만 조셉은 (실명은 아니지만) 실존하는 아이다. 이 아이는 7세 반 무렵 부모를 따라 폴란드를 떠나 미주리 교외에 정착했다. 미국에 도착했을 때 조셉과 아버지는 영어를 한 마디도 못했다. 어머니는 폴란드에서 6주간 영어 수업을 들어서 영어 단어 몇 개를 읽을 수 있는 수준이었다.

조셉의 부모는 숙련된 기술자도 아니었다. 조셉의 아버지는 미주리에 와서 처음으로 과수원 온실에 일자리를 잡았고 나중에는 은행 경비원으로 취직했다. 어머니는 일자리를 구하지 못했으며 영어 실력도 이민 온지 7년이 지날 때까지도 낮은 수준에 머물렀다. 지금 내가 조셉의 환경을 설명하는 까닭은 조셉이 새로운 환경에 쉽게 적응할 수 있도록 도움이 될 만한 태생적 요소와 환경적 요소가 전혀 없었다는 점을 강조하기 위해서다. 조셉을 연구한 심리언어학자의 보고서를 통해 확언할 수 있는 사실은[30] 조셉이 아주 평범한 부모에게서 태어난 보통 아이라는 것이다.

조셉은 5월에 미국에 도착했고, 여름 무렵에는 영어를 사용하는 친구를 몇 명 사귀었다. 영어를 배우기 시작한 건 그때부터였다. 여름이 지나 8월 말에 개학을 했을 때 심리언어학자가 평가한 조셉의 영어 실력은 두 살 아이 수준이었다. 학교에서는 조셉의 공부를 도와줄 통역사를 붙여주지 않았고, 영어를 못하는 아이들을 위한 특별 수업도 없었다. 조셉은 나이에 따라 2학년에 배정되었는데, 선생님을 비롯해 같은 반 아이 중에 누구도 폴란드어를 몰랐으며 수업은 영어로만 진행되었다. 이른바 "가라앉든지 헤엄치든지" 교육 방법이다.

한동안 조셉은 헤엄칠 엄두조차 못 내는 듯 보였다. 새 학교에서 보낸 처음 몇 달간 조셉은 수업 시간에 거의 아무 말도 하지 않고 물밑으로 가라앉아 잠자코 있었다. 하지만 조셉은 주위에서 벌어지는 일에 주의를 집중하고, 선생님이 무슨 말을 했는지를 파악하기 위해 다른 아이들을 유심히 관찰했다. 예를 들어, 선생님이 아이들에게 받아쓰기 책을 꺼내라고 하면 조셉은 주위를 둘러보고는 다른 아이들이 받아쓰기 책을 꺼내는 것을 보고 자기도 그렇게 했다.

조셉의 영어 실력은 눈에 띄게 향상되어 갔다. 11월 말 무렵에 조셉은 운동장에서 친구에게 이런 말을 직접 만들어 사용했다. "토니, 니가 나를 놀게 하지 않으면 나는 앞으로 자동차를 주지 않아." 완벽하지는 않았지만 하려던 말의 의미는 전달됐다.[31]

미국에 온 지 11개월이 지나고 8살 반이 될 무렵 조셉의 영어 실력은 아직 폴란드어 억양이 남아 있기는 했지만 미국에서 태어난 예닐곱 살 아이 수준에 이르렀다. 그후 일 년이 더 지나자 동갑내기 아이와 비슷한 수준의 영어를 구사했고 폴란드 억양은 거의 사라졌다. 심리언어학자는 열네 살이 되기까지 조셉의 언어 실력을 확인하지 않았다. 그 무렵, 조셉은 집에서는 여전히 폴란드어를 사용했음에도 영어는 이미 모든 면에서 미국 토박이 아이와 구분할 수 없는 정도였다. 학업 성적도 언어 능력 향상과 비슷한 단계를 밟아갔다. 저학년 때는 공부에 어려움이 많았지만 5학년부터는 평균 또는 그 이상의 성적을 거두기 시작했다.

조셉이 다닌 학교에는 폴란드 출신 아이들의 집단이 없었다. 조셉이 자신을 동일시할 만한 비영어권 집단 또는 영어를 못하는 아이들 집단도 없었다. 조셉도 다야 메스톤처럼 유별난 존재였으며, 단 한 사람만으로는 집단을 형성할 수가 없었다. 그래서 조셉은 스스로 아이, 2학년 남자아이로 범주화하고 (영어로 말하는 것을 포함해) 그에 맞는 규범을 습득했다. 만일 조셉이 청각장애인 특수학교에 보내져서 가라앉든지 헤엄치든지 상황에 처했다면 당연히 아이들의 규범도 달랐을 테고, 조셉은 입이 아니라 손으로 말하는 법을 자연스럽게 터득했을 것이다. 어떤 사회학자는 청각장애인 아이를 위한 학교를 방문한 후 그곳이 "청각장애인이 되는 법을 배우는 곳"이라고 표현했다. 사회학자와 경험 많은 교사가 나눈 대화를 옮겨 보았다.

사회학자: "청각장애 행동"을 목격한 적이 있습니까? 그게 무엇이며 구체적으로 어떤 건지 설명해 주시겠어요?

교사: 잘 설명드릴 수 있을지 모르겠네요. 처음 입학했을 때 청력이 괜찮던 아이들이 시간이 지나면서 점점 더 청각장애인인 것처럼 행동합니다.…단지 말을 안 하게 되는 것과는 다른…안 좋은 일이지요. 유감스럽게도 실제로 그런 일이 일어납니다.

사회학자: 좀 더 설명해 주세요. 전에 그런 얘기를 들은 적이 있습니다.…말을 할 수 있는 아이가 학교에 왔어요, 그러면 다른 아이들(청각장애인 학생들)이 새로 온 아이가 말을 못하게 만든다는 거지요?

교사: 더 이상 말을 하지 않습니다.

사회학자: 왜죠? 말하지 말라는 압박이 있나요?

교사: 다른 아이들이 압박을 하지요. 그래서 아이들은 청각장애인인 척하기 시작합니다.[32]

조셉의 부모가 폴란드인들이 많이 정착해 있는 지역에 자리를 잡고 학교에는 영어를 전혀 못하는 아이가 많이 있었다고 생각해 보자. 그리고 조셉이 영어를 못하는 아이들을 위해 학교가 제공하는 이중언어 프로그램에 참가했다고 생각해 보자. 어떤 일이 벌어졌을까? 그게 조셉에게 더 나았을까?

분명한 건, 그랬다면 조셉은 이민 탓에 새롭게 바뀐 환경에 쉽게 적응했을 것이다. 처음 몇 달 동안 학교에서 받은 지독한 스트레스도 없었을 것이다. 하지만 과연 영어를 그렇게 빨리 습득할 수 있었을까?

논쟁적인 주제이기는 하지만 이쯤 되면 독자 여러분도 내가 논쟁에 쫄지 않는 사람인 걸 잘 아실 거다. 물론 그렇지 않다. 이중언어 프로그램은 박식한 비평가의 표현을 빌리자면 "참담한 실패작"이었다.[33]

집단사회화 이론은 이런 프로그램이 어째서 실패할 수밖에 없는지 설명해 준다. 가치관이 서로 다른 아이들을 한데 묶어서 집단을 구성했기 때문이다. 어떤 아이는 영어를 못한다는 사실을 대수롭지 않게 생각하는가 하면 어떤 아이는 영어를 잘하고 싶어 했다. 교사들이야 정확한 문법으로 표준 영어를 구사했겠지만 그것만으로는 충분하지 않다. 특수학교에서 청력이 아직 남아 있던 아이들이 말하기를 멈춘 것은 교사들의 영향 때문이 아니다. 특수학교의 교사는 대부분 건청인들이다.

언어는 사회적 행동인 동시에 교육을 통해 습득할 수 있는 일종의 지식이다. 교사는 지식을 전달하는 역할을 하지만 학생들의 행동 규범을 변화시키는 데에는 영향이 제한적이다. 아무리 훌륭한 영어 선생이라도 학생들이 영어를 자기 집단의 규범으로 여기지 않는다면 실력 향상은 지지부진할 것이다. 물속에 잠긴 아이를 떠오르게 하기는 어렵지 않겠지만 물의 흐름을 거슬러 헤엄치게 하기란 힘든 일이다.

이민자들이 밀집해 있는 지역에서 이중언어 프로그램은 결과적으로 학교에서 모국어가 같은 아이들끼리 대부분의 시간을 보내도록 묶어놓는 역할을 했다. 한 교사는 이렇게 말한다.

> 러시아 학생들은 서로 러시아어로 말하고, 아이티 아이들은 크리올로 말하고, 히스패닉계 아이들은 스페인어로 대화합니다. 학생들은 같은 언어를 쓰는 아이들끼리 뭉쳐다니면서 하위문화를 형성합니다. 등교도 함께하고 종일 함께 시간을 보내지요.

러시아 출신 학생이 충분하지 않아 자기들만의 집단을 꾸리지 못하면 영어 교육 프로그램에서는 이들을 다른 나라에서 온 이민자 학생 집단과 묶어 놓는다.

> 상담 선생님이 웃으면서 말하더군요. 어떤 러시아계 학생들은 영어를 스페인어 억양으로 발음한대요. 어떤 애는 자메이카 억양으로 발음하고요.[34]

대부분의 아이들이 스페인어 억양으로 영어를 구사한다면 결국에는 모든 아이들이 그와 같은 영어를 구사할 것이다. 그 억양은 쉽게 사라지지 않을 것이다. 자기 집단에서 다들 그렇게 발음하고 그게 정상적으로 여겨진다면 사라질 이유가 없지 않은가. 어른이 될 때까지 집단이 유지된다면 이들은 계속해서 영어를 스페인어 억양으로 구사할 것이다. 그리고 아이들이 함께 어울릴 때에—밥을 먹을 때나 운동장에서 놀 때—사용하는 언어가 스페인어나 러시아어, 한국어라면 영어는 아이들에게 결코 제2언어 이상의 언어가 되지 못할 것이다. 아이들은 스페인어나 러시아어, 한국어로 생각하고 꿈꾸고 말할 것이다.

이민자가 마주하는 어려운 선택은 고국을 떠날 것인가 말 것인가 뿐만은 아니다. 이들은 새로운 나라에 도착하고 나면 곧바로 또 다른 선택에 직면한다. 이민자들은 무엇을 더 우선시할지, 즉 자녀에게 고국의 언어와 문화를 가르치고 지키도록 할 것인지 아니면 새로 정착한 나라의 언어와 문화를 익히게 할지를 결정해야 한다. 조셉의 부모가 주위에 폴란드 이민자가 없는 지역에 정착하기로 결정했다는 것은 후자를 선택했다는 뜻이다. 아들은 미국 토박이와 분간하기 힘든 "진짜 미국인"이 됐다. 하지만 조셉이 미국화되는 데에는 대가가 있었다. 폴란드인으로서의 정체성을 포기한 것이다. 요람에서 폴란드어를 들었고 집에서는 계속 폴란드어를 사용했더라도 폴란드어를 쓸 때 조셉은 물 밖의 물고기 같은 기분이었다.[35]

▶ 집단을 이루려면 몇 명이 필요할까

문화는 가정이 아니라 또래집단을 통해 세대에 걸쳐 전수된다. 아이들은 또래의 언어와 문화를 학습하며 만일 부모나 선생의 언어와 문화가 또래에게서 학습한 것과 다르면 후자를 선택한다. 함께 공유할 문화가 없다면 아이들은 스스로 문화를 창조할 것이다. 아이들 위원회가 합의한 문화는 아마 어른들 문화의 모방품일지도 모른다. 하지만 적어도 "사공이 많아서 산으로 올라간 배"는 아니다.

대부분의 경우 아이들은 문화를 완전히 새롭게 창조할 필요가 없다. 이미 부모로부터 받은 문화를 활용하되 덜 촌스럽게 살짝 업데이트만 하면 된다. 요즘에는 텔레비전이 부모의 문화를 세련되게 업데이트할 때 중요한 자료가 된다.

나는 아이들이 언어와 문화를 대체로 부모로부터 학습한다는 사실을 부정하지 않는다. 부모가 영어를 구사하고 친구들도 그렇다면 아이는 새로운 언어를 개발하거나 영어를 완전히 새롭게 학습할 필요가 없다. 문화도 마찬가지다. 이런 일치—부모와 자녀의 문화적 언어적 동질성—는 발달심리학자들을 잘못된 결론으로 이끌었다. 잘못된 단서의 눈속임에 당한 것이다. 한 가정을 골라서 아무것도 손대지 않고 언어와 문화가 다른 동네로 옮겨 놓는다면 우리는 다른 결과를 얻게 된다. 아직 어린 아이라면 새로운 환경에서 사용되는 언어를 모국어처럼 빠르게 습득할 것이다. 아이가 집 밖으로 나가기 전에 지역 문화를 가르쳐줄 수 있는 부모가 있다고 해도 대단한 장점은 없어 보인다. 가장 큰 장점이라면 부모가 동네 문화를 잘 알고 있으니 나중에 학교 친구를 집에 데려왔을 때 덜 쪽팔릴 거라는 점 정도다.

　　일반적으로 부모는 대부분 이웃들과 같은 언어를 사용하고 같은 문화를 공유한다. 따라서 자녀 역시 부모와 거의 다를 바 없는 언어와 문화를 유지한다. 아이가 학교에 갔을 때 만나는 또래아이들도 대부분 비슷한 환경에서 살고 있다. 아이들은 그저 물이 흘러가는 대로 헤엄칠 뿐이다.

　　반면에 규모가 큰 공립학교에는 출신지가 다양한 아이들이 모인다. 출신 지역에 따라 서로 문화(정확히 말하면, 하위문화)가 다르다. 각 지역 주민들은 서로 다른 억양으로 말하고, 이상적인 가정부터 공공장소에서의 행동, 성공적인 삶에 대한 기준까지 다양한 관점을 가지고 있다. 앞에서 몇 번 예로 들었던 멕시코의 두 마을, 평화주의자 집단인 라파스 사람들과 호전적인 산안드레스 사람들의 예를 생각해 보자.[36] 미국에서도 몇 블록 떨어진 두 지역이 라파스와 산안드레스만큼 다를 수 있다.

　　학교가 라파스와 산안드레스 중간쯤에 있다면, 그리고 양쪽 마을 아이들이 이 학교에 함께 다닌다면, 나는 이 학교 분위기가 사회학자 자넷 스코필드가 흑인과 백인 학생의 관계를 연구한 웩슬러와 비슷할 거라 생각한다. 라파스와 산안드레스 아이들은 서로 다른 집단을 형성할 것이다. 그리고 상대 마을 아이를 친구로 두는 일은 거의 없을 것이다. 산안드레스 아이들은 라파스 아이들을 툭하면 질질 짜는 겁쟁이라고 할 것이다. 실제로도 "걔들은 싸울 줄을 모른다고요"라고 말했다. 반면 라파스 아이들은 산안드레스 아이들이 툭하면 괴롭힌다고 짜증낼 것이다. 집단성은 뚜렷하게 나타날 것이다. 아이들은 소속 집단의 가치관을 따를 때 안정감을 느끼며, 대조효과로 인해 두 집단의 차이는 확대될 것이다.

자, 이제 약간 다른 시나리오를 가정해 보자. 학교가 라파스 마을에 좀 더 가까워서 재학생 대부분이 라파스 출신이라고 하자. 그런데 어떤 이유에선지 산안드레스 마을의 아이 하나가—미구엘이라고 부르자—이 학교에 입학했다. 무슨 일이 벌어질까? 미구엘은 어떻게 행동할까?

미구엘이 툭하면 애들을 울리는 공포스러운 존재가 될 거라고 생각할지도 모르겠다. 출신 마을에서 배운대로 하면 미구엘은 양 떼 속 늑대가 될 것이라고 말이다. 하지만 나는 문화(그리고 행동 규범)의 차이가 한 아이를 학교 폭력의 가해자로 만든다고 생각하지 않는다. 어느 문화에서나 학교에는 남을 괴롭히는 아이들이 있다. 행동 규범을 어기는 사람도 어디에나 있다. 이것은 성격 문제이지 문화적인 문제가 아니다.[37]

조셉처럼 미구엘도 평범한 남자아이라고 가정한다면 미구엘은 (집단 사회화 이론에 따라) 학교에서는 라파스 마을 아이들과 비슷하게 행동하는 요령을 터득할 것이다. 산안드레스 출신 혼자서는 집단을 이룰 수 없기 때문이다. 마을과 학교를 왔다 갔다 하고 집에 오면 동네 친구들과 어울린다면 미구엘은 이중문화를 내면화할 것이다. 동네에서는 늑대가 되고 학교에서는 양이 되는 것이다.[38] 하지만 미구엘의 친구들이 모두 라파스 아이들이어서 방과 후에도 주말에도 라파스 마을 아이들과 어울린다면 조셉처럼 미구엘도 자신이 살고 있는 마을의 문화를 잃어버릴 것이다. 미구엘은 새로운 문화, 즉 라파스의 문화를 학습하고 새로운 문화에서 요구하는 행동 규범을 받아들일 것이다.

머릿수는 사소한 문제가 아니다. 학급 아이들이 대비되는 집단으로 나뉠지의 여부는 부분적으로 학급 정원이 몇 명인지에 따라 결정된다. 정원이 많은 학급은 작은 집단으로 더 쉽게 나뉜다.[39] 그리고 아이들이 출신 지역, 인종, 종교, 경제 수준, 성적 같은 여러 항목 중에 무엇을 기준으로 집단을 나눌지는 각각의 항목에 몇 명이나 속해 있는지에 따라 결정된다. 집단이 형성되는 최소한의 숫자가 정확히 몇 명인지는 나도 콕 집어 말할 수 없다. 이 문제에 대해서는 연구가 많지 않고 아이들의 경우도 마찬가지다. 두 명으로도 충분히 집단을 이룰 수 있지만 대개는 둘 이상이 필요하다. 추측하기로는 서너 명보다는 많아야 할 것이다.

재학생 대다수가 라파스 출신이고 산안드레스 마을 아이가 약간 섞인 학교에서는 좀 복잡한 결과가 나타날 것이다. 산안드레스 출신 아이가 한두 명뿐인 교실이라면 이들은 라파스 아이들의 행동 규범을 학습하게 될 수도 있다. 하지만 산안드레스 아이가 네댓 명 정도 있다면 폭력성을 행동 강령으로 삼는 자기들만의 집단을 만들 수도 있다.

9장에서 나는 "위험성이 높은" 가정, 즉 아버지가 없고 소득 수준이 낮은 가정의 흑인 아이에 관한 연구를 소개했다. 저소득층 거주 지역에서 사는 흑인 아이는 중산층 거주 지역에 사는 아이보다 공격적이다. 공격적 행동이 그 지역의 행동 규범이기 때문이다. 반면에 중산층 백인이 대부분인 지역에 사는 흑인 아이는 평균 수준의 공격 성향을 보였다. 이 아이들 역시 아버지가 없고 소득 수준이 낮았지만 같은 학교에 다니는 다른 백인 아이들과 비교했을 때 "공격성 수준에 큰 차이가 없었다." 이들은 또래 아이들 대부분이 따르는 행동 규범을 받아들인 것이다.[40]

머릿수가 중요하다. 사회경제적 수준, 인종, 국가적 배경 등에서 소수에 속하는 학생은 다수 집단에 섞여간다. 하지만 집단을 이룰 만큼 충분한 인원이 모이면 이들은 다수 집단과 자신들을 명확히 구분지으며 집단대조 효과를 통해 그 차이를 점차 벌린다. 많지도 적지도 않다면 두 가지 경우의 수가 있다. 학급 안에서 주류 집단과 비주류 집단의 학생 수가 똑같다면 서로 분리되어 별개의 무리를 만들 수도 있고, 하나로 뭉칠 수도 있다. 집단이 어떻게 나뉠지는 우연한 사건, 개개인의 성격, 그리고 결정적으로 교사에게 달려 있다.

나는 학생들의 사회경제적 계층이 다양할수록 교사의 역할은 무척 어려워진다고 본다. 읽을거리라고는 라면봉지에 적힌 조리법뿐이고 새벽부터 한밤중까지 텔레비전을 틀어 놓는 집에 사는 아이와 책꽂이에 책과 잡지가 가득한 집에서 태어난 아이가 같은 교실에 앉아 있을 때 학교 공부와 독서에 대해 두 아이가 보이는 태도는 매우 다르다. 대졸 부모 가정에서 태어난 아이와 고등학교 중퇴자 부모의 아이도 교육의 중요성에 대해 다른 생각을 가지고 있을 것이다. 전자는 인생의 4분의 1을 학교에서 엉덩이를 의자에 붙인 채로 보내는 게 **정상**이라고 생각할 것이다. 아이들은 집에서 익힌 태도를 또래집단에 가지고 들어온다. 그 태도가 또래집단의 아이들 대다수와 유사하다면 아이는 그 태도를 유지한다. 그리고 교실에는 집집마다 책과 잡지가 가득한 동네 출신의 아이들이 예습을 하는 분위기를 만들 것이다.[41] 반면 필요할 때에나 읽지 재미로는 절대 글을 안 읽는 문화가 보편적인 지역의 학교에는 "책 안 읽는 게 뭐 어때서?"라는 분위기가 자리 잡을 것이다. 이렇게 상반되는 양쪽 지역 아이들이 학교에 모여 있다면 아이들 집단은 상반된 문화를 경계로 갈라질 것이다.

〈사이언스〉에 실린 한 논문에 따르면 집에 사전과 컴퓨터가 있는 아이들이 더 좋은 학업 성적을 보이는 것으로 나타났다. 연구자는 이를 근거로 가정 환경이 학업 성적의 차이를 낳는다고 결론지었다. 하지만 나는 가정보다 문화가 더 중요하다고 생각한다. 집에 사전과 컴퓨터가 있다면 대졸자 부모들이 모여 있는 중산층 거주 지역일 가능성이 높다.[42] 그런 지역에서는 예습이나 선행학습 문화가 조성되어 있다. 이런 문화를 받아들인 아이들이 모여 또래집단을 형성하면 아이들은 서로가 공유하는 문화 요소를 자기 집단의 정체성으로 삼는다.

이제 우리는 사립학교와 교구 부속학교 학생들이 공부를 잘하는 이유를 알 수 있다. 이런 학교는 비슷한 가정 환경을 가진, 대개는 자녀 교육에 필요한 여러 가지를 **지원**할 재정적 여유가 있는 가정의 아이가 입학한다. 이런 학교에 학자금 지원을 받는 아이들 몇 명이 입학하면 그들은 가라앉거나 헤엄치는데, 동시에 주위 아이들의 태도와 행동을 익힐 것이다. 즉 상류층 문화를 습득하는 것이다. 영국 수상을 지냈던 마거릿 대처도 영국 상급 사립학교의 장학생이었다.

이제 우리는 빈민지역 아이들을 많이 선발하여 사립학교와 교구 부속학교에 보냈을 때 왜 반드시 좋은 성적으로 연결되지 않는지 짐작할 수 있다. 이들은 자기들끼리 무리를 만들어 사립학교에 오기 전에 몸에 배어 있던 행동과 태도를 유지할 것이기 때문이다.

▶ 입양아의 IQ

단기 개입 프로그램은 대체로 아동의 IQ에 (만일 있다면) 단기간의 영향을 미칠 뿐이다. 그렇다면 장기간으로 진행되는 개입 프로그램은 어떨까? 개입 중에서도 가장 극단적인 개입은 입양이다. 일반적으로 아이는 입양을 통해 친부모보다 사회경제적 지위가 높은 양부모를 만난다.

나는 얼마 전에 동료로부터 "부모는 중요한가?"라고 답을 정해놓은 질문을 담은 이메일을 받았다. 그는 확신에 차서 말했다. "입양아는 IQ가 높아지며 이는 개선된 가정 환경이 아이에게 긍정적으로 작용한다는 것을 입증합니다."[43]

양육가설을 믿는 사람들은 이러한 IQ 상승이 가정 환경의 변화 덕분이라고, 다시 말해 양부모 덕분이라고 생각하고 싶어 한다. 요람 위에 매달린 형형색색의 모빌, 옆에는 읽어줄 책들, 책꽂이에는 백과사전, 책상 위에는 컴퓨터가 놓인 환경. 하지만 이런 가정에서 자라는 아이들은 대개 중산층이 모여 있는 지역에서 살고 중산층 아이들이 다니는 학교에 다닌다. 친구들 집에도 모빌이 매달려 있고, 책이 많고 컴퓨터와 백과사전도 있다. 이런 아이는 독서와 공부를 중시하며 심지어 공부가 재미있다고 생각하는 문화에서 성장한다. 아이는 자신과 비슷한 관점을 지닌 또래집단의 일원이 된다. 그리고 책을 읽고 컴퓨터를 사용하고 박물관에 가기를 좋아하게 된다.

양부모가 친부모보다 사회경제적 지위가 높으면 입양 덕분에 아이의 IQ가 높아진다는 것은 충분히 납득할 만한 사실이다. 양부모의 생활수준이 중산층 정도라면 아마도 중산층 이웃들이 사는 지역에 살고 있을 것이다. 양부모가 일용직 노동자라면 중산층 지역에 살지 않을 것이다. 이런 경우에는 나조차도 입양을 통해 아이의 IQ가 향상된다고 말할 수 없을 것이다. 프랑스에서 이 예상과 정확히 일치하는 연구를 실시했다. 중산층 가정에 입양된 아이들은 노동자층 가정에 입양된 아이들보다 IQ가 더 높은 것으로 나타났다. 두 그룹의 평균 IQ 차이는 12점 정도였다.[44]

이러한 차이는 가정에서의 경험 때문일까, 아니면 학교와 동네에서의 경험 때문일까? 양부모의 태도와 행동 때문일까, 아니면 또래 아이들의 태도와 행동 때문일까? 앞서 메일을 보냈던 동료는 "부모"라고 답할 것이다. 나는 "또래 아이들"이라고 답할 것이다.

하지만 입양이 IQ에 미치는 영향에 대한 의문이 하나 더 남아 있다. 과연 그 효과는 성인이 될 때까지 유지되는가? 당시 조사 대상이었던 프랑스 입양아들은 평균 14세였다. 다른 행동유전학 연구 자료에서는 이런 효과가 계속 유지되지 않는다고 한다. 친부모가 다른 두 아이가 한집에 입양될 경우, 어렸을 때에는 두 아이의 IQ가 약간의 상관관계를 보인다. 이것은 가정 내의 지적인 분위기(예컨대 부모가 사용하는 어휘) 때문일 것이다. 하지만 이러한 효과는 일시적이다. 시간이 지날수록 입양아 형제의 IQ가 보이던 상관관계는 점차 사라진다. 나이를 먹어가면서 이들은 자연스럽게 각자의 성향을 좇아간다. 십대 아이들은 학업 성취도가 각기 다른 또래집단에 자기 자신을 위치시킨다.[45]

어찌 보면 대부분의 행동유전학 연구에서는 입양이 끼치는 장기적인 영향을 과소평가하고 있는지도 모르겠다. 사회경제적 지위가 다양한 여러 가정에서 입양아를 찾아 연구하려는 노력을 별로 하지 않기 때문이다(앞서 소개한 프랑스의 연구도 마찬가지였다). 행동유전학 연구는 대부분 중산층 지역에서 거주하는 중산층 가정의 입양아들을 대상으로 한다. 노동자층 환경에서 자란 입양아를 연구하지 않는다면 환경이 IQ에 미치는 영향에 대해 정확한 그림을 그리기 어렵다.[46]

다행히도 다른 데이터가 있다. 다양한 연령대의 입양아들의 생물학적 가족과 입양 가족에 비교해 보았던 한 연구에서는, 입양아의 IQ가 나이를 먹을수록 점점 생물학적 가족에 가까워지고 입양 가족과는 멀어지는 것으로 나타났다. 그럼에도 불구하고 입양아는 원래의 가정에서 계속 자라난 생물학적 형제에 비해 어느 정도 앞서 있었으며 성인이 된 후에도 계속 유지되었다. 입양아는 새로운 형제(즉 양부모의 친자식)만큼 앞서 있지는 않았지만 생물학적 형제보다는 더 앞서 있었다. 따라서 우리는 미미하지만 입양이 IQ에 장기적인 영향을 미친다고 말할 수 있다. 12점은 아니고, 아마 7점 정도.[47]

이제 우리는 한참 전에 존 왓슨이 호언장담했던 주장을 뒤엎을 수 있다. 그는 말했다. "나에게 건강한 아기 12명을 맡겨보라. 장담하건대 나는 아기를 아무나 골라 내가 원하는 어떤 전문직으로도, 예컨대 의사로도 변호사로도 키울 수 있다."[48] IQ가 7점 오르는 건, 물론 하찮은 정도는 아니지만, 유전적으로 평범한 재능을 지닌 아이를 의대에 보낼 만큼은 아닌 것 같다.

▶ 집단대조 효과에 반대한다

이웃 환경이 유년기에 영향을 미치는 까닭은 초등학교 학생 수가 점점 줄어드는 추세에 있으며 서로 비슷한 아이들이 모이기 때문이다. 이웃 환경의 영향이 청소년기에 점차 희미해지는 한 가지 이유는 일반적으로 초등학교보다 고등학교에 더 많은 학생들이 모여 있기 때문이다.[49] 앞서 말했다시피 숫자는 중요하다. 인종이 다양하지 않더라도 고등학교는 전체 학생 수가 더 많은데, 이는 학생들이 더 많은 사회범주를 만들고 더 다양하게 분화되는 이유가 된다. 백인 거주 지역에서 자란 유색인종 학생은 어릴 때는 백인 친구들과 어울렸더라도 고등학생이 된 후로는 동질감을 위해 유색인종 또래집단을 찾을 수도 있다. 저학년 때 학업에 문제가 있던 아이는 고등학생이 되면 비슷한 아이들끼리 모여서 반反학교적인—아마도 반사회적인—집단을 형성하기도 한다. 일단 이런 집단이 만들어지면 애초에 가지고 있던 특성들이 집단대조 효과로 인해 더욱 확대된다.

집단대조 효과는 시소와 같다. 공부를 멀리하는 사람이 생기면 더 가까이하는 사람도 생기게 마련이다. 하지만 전체 평균 성적은 나빠지는데, 성적을 낮추는 게 성적을 올리는 것보다 훨씬 쉽기 때문이다.

일단 반 아이들이 집단을 나눠 어울리기 시작하면 그 뒤로는 아이들 전체에게 공동체 의식을 심어주기가 거의 불가능하다. 따라서 애초부터 아이들이 갈라지지 않게 하는 것이 좋다. 이를 위해 교사가 시도해 볼 만한 몇 가지 방법이 있다.

첫째로, 아이들을 최대한 비슷하게 만드는 것이다. 이것이 바로—역설적으로 들릴지 모르지만—여학교에 다니는 여자아이가 수학과 과학에서 더 좋은 점수를 받는 이유이며, 전통적으로 흑인이 많은 대학교에서 나라를 대표하는 뛰어난 흑인 과학자와 수학자가 평균 이상으로 많이 배출되는 이유다.[50] 교복의 효과도 바로 이것이다. 나는 초등학교에서 남자아이와 여자아이 모두에게 남녀공용 교복을 입히면 어떤 결과가 나올지 궁금하다.

다른 방법은 서로 다른 집단 구성원을 모아 새로운 집단을 만드는 것이다. 이때 새롭게 형성된 집단 구분은 이전보다 바람직한 구분이어야 한다. '돌고래'와 '고래'처럼 임의적으로 나누는 건 남학생과 여학생, 부잣집 애와 가난한 집 애, 우수반과 열등반 등으로 나누는 것보다 훨씬 낫다. 하지만 독수리 팀과 방울뱀 팀의 실험에서 알 수 있듯이 여기에는 위험 요소가 있다. 처음에는 그리 해로워 보이지 않는 방식으로 집단을 나눠도 나중에는 양말에 돌멩이를 넣고 휘두르며 싸움질을 하는 지경에 이를 수도 있다는 것이다. 아이디어를 내자면, 사회범주의 비중을 균형 있게 맞춰서 각각의 범주가 서로 상쇄되게 하는 방법이 있다. 만약에 자신을 여자아이 범주에 넣을지, 돌고래 범주에 넣을지, 우수반에 넣을지 판단이 서지 않는다면 아이는 자신을 그냥 6학년 로드리게즈 선생님반 학생으로 범주화할 것이다.

이상의 모든 방법이 실패한다면, 사람들을 하나로 단합시킬 수 있는 확실한 한 가지 방법은 공통의 적을 상정하는 것이다. 침팬지 집단에서는 이런 방법이 효과적으로 활용되었으며 인간의 경우에도 스포츠 팀 같은 두 경쟁 집단 사이에는 이 방법이 잘 먹힌다. 내가 고등학생 때 우리 투손 고등학교가 피닉스 고등학교와 경기를 하면 유색인종 학생과 앵글로 색슨계 학생이 모두 한데 뭉쳐서 응원을 하곤 했다. 로버스 동굴 실험의 연구자들이 방울뱀 팀과 독수리 팀 아이들에게 캠프장의 수로 시설을

어떤 외부인이 고장 내려고 한다고 귀띔하자 두 팀 아이들이 단합한 사례를 우리는 알고 있다.[51]

리더는 사람들을 하나로 묶을 수도 있고 갈라놓을 수도 있다. 오늘날 학교 현장에서는 교사들이 아마도 좋은 의도로 했을 행동이 부작용을 낳고 있다. 다시 말해, 학생들이 서로가 다른 사회범주에 속해 있음을 더 잘 느끼게 만드는 것이다. 나는 교사의 역할이 학생들 사이의 문화적 차이를 부각시키는 게(가정에서 부모가 이런 일을 할 수도 있다) 아니라 그 차이를 사소하게 만드는 것이라고 본다. 교사가 해야 할 일은 공통의 목표를 제시하여 학생들이 서로 협력하게 하는 것이다.

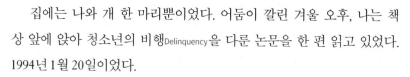

12. 성장

집에는 나와 개 한 마리뿐이었다. 어둠이 깔린 겨울 오후, 나는 책상 앞에 앉아 청소년의 비행Delinquency을 다룬 논문을 한 편 읽고 있었다. 1994년 1월 20일이었다.

논문의 저자는 내가 존경하는 발달심리학자 테리 머핏Terrie Moffitt이었다. 논문에서 머핏은 청소년기에는 "불법 행동"이 아주 흔한 현상이며 "십대 인생에서 정상적인 부분"이라고도 할 수 있다고 했다. 십대는 일상적으로 규정을 위반한다고 이야기하는 부분에서는 쉬지 않고 읽어나갔다. 그러다 머핏이 십대의 밉상짓을 설명하는 부분에서 멈췄다. 그는 이렇게 말했다. "비행은 탐나는 자원에 접근하려는 사회 행동이 분명하다. 그 자원이란 바로 어른의 지위와 그에 수반되는 권력과 특권이라고 생각된다."[1]

'뭐라고?' 나는 생각했다. 그렇다면 십대 청소년이 불법 행위를 하는 이유가 어른처럼 되고 싶어서라는 건가? 그럴 리가! 십대 아이가 어른처럼 되고 싶어 한다면 뭐하러 화장품 가게에서 매니큐어를 슬쩍하고 육교 기둥에 스프레이로 괴상한 낙서를 하겠는가? 청소년이 정말로 "어른의 지위"를 원한다면 빨래를 정리하고 세금을 계산하는 따위의 지루하기 짝이 없는 어른의 일을 해야 하는 게 아닌가? 청소년은 어른을 닮으려는 것이 아니다. 어른과 자기를 **구별**하려는 것이다.

마술사가 만들어내는 꽃다발처럼 생각이 피어올랐다. 불과 몇 분 안에 내 머릿속에서는 집단사회화 이론, 즉 아이들은 또래 아이들로 구성된 집단을 만들고 자기 행동을 집단의 규범에 맞게 재단하며 집단은 스스로를 다른 집단과 비교하면서 다른 행동 규범을 받아들인다는 기본 틀이 잡혀갔다. 집단사회화 이론이 내포하는 의미를 온전히 깨닫고 나서 나는 여태껏 접해 왔던 데이터를 다시 한 번 검토해 보았다. 아기 예수를 맞이한 동방박사처럼 기뻤다. 이것 봐, 부모가 아니었어! 조금도 부모 때문이 아니었다고!

모든 것이 완벽히 맞아떨어졌다. 정론에 부합하지 않던 관찰 결과들도 갑자기 이해되기 시작했다.

나는 쥐구멍에도 볕 들 날 있다는 말을 믿을 만큼 순진하지 않다. 볕이 들지 않는 쥐구멍도 있으니까. 하지만 만일 내가 하버드 심리학 대학원에서 박사학위를 받지 못한 채 쫓겨나지 않았다면, 건강 문제로 대학원에 돌아가지 못하고 집에서 할 수 있는 일을 찾지 않았다면, 대학에서 학생을 가르치고 지도교수와 동료들과 함께 연구를 했다면, 그랬다면 나는 결코 이 깨달음을 얻지 못했을 것이다. 통상적인 과정에 물들어 학계의 어엿한 일원이 되었다면 나는 양육가설이 가설일 뿐이라는, 그것도 아주 부당한 가설이라는 사실을 깨닫지 못했을 것이다. 부모의 역할은 대단치 않다는 내용으로 논문을 써서 테리 머핏의 논문이 실린 바로 그 학회지에 보내는 일도 없었을 것이다.[2] 이 책을 쓰지도 않았을 것이고 독자 여러분은 이 책을 읽지도 않았을 것이다.

나는 특히 청소년기를 관찰하며 깨달음을 얻을 수 있었는데, 청소년기야말로 집단사회화가 가장 선명하게 드러나는 시기이기 때문이다. 양육가설을 진지하게 추종하는 사람조차 적어도 **몇몇** 십대들은 부모보다 또래에게 더 큰 영향을 받는다는 사실을 기꺼이 받아들인다. 하지만 이 사람들은 십대란 어린 아이들과 전혀 다른 특이한 시기라고 스스로 되뇐다. 그러니까 십대에는 호르몬이 과다 분비되면서 아이들이 광기에 휩싸인다는 것이다.

내 관점에서는, 십대 역시 우리처럼 같은 인간이며 겉보기에 이상한 부분도 있겠지만 어엿한 우리 인류의 일원이다. 청소년도 우리와 똑같은 뇌를 갖고 있으며, 당근과 채찍에 의해 행동한다. 이들도 소속 집단의 구성원을 닮고 싶어 하며(물론 조금 더 나은 쪽으로), 다른 집단의 구성원은 닮고 싶어 하지 않는다. 벽시계가 열세 번 울리면 뻐꾸기가 튀어나오는 것처럼 십대가 되는 순간 아이들의 기이한 특성이 갑자기 튀어나오는 것이 아니다. 아이들의 욕망은 때가 되면 무대 위를 신나게 뛰어다니다가 막이 내리면 모습을 비추지 않는 연극배우 같은 것도 아니다.

하지만 궁금증은 여전히 남아 있다. 청소년의 뇌가 우리와 같은 방식으로 작동한다면 아이들이 종종 뇌가 없는 게 아닌가 싶은 행동을 보이는 이유는 뭘까? 어째서 십대 아이들은 더 어린 아이들보다도 사회화가 덜된 것처럼 행동하는 걸까? 분명 사회화를 더 오래 겪었을 텐데 말이다.

나는 이번 장에서 청소년기에 관련된 여러 가지 문제를 다룰 것이다. 이 장의 제목을 "청소년기Adolescence"라고 하지 않고 "성장Growing Up"이라고 붙인 것도, 이 장에서 아동기부터 노년기까지를 모두 다루고 있어서다. 청소년에 대해 관심이 없어서 이번 장을 건너뛰고 싶더라도, 적어도 이 장의 결론 부분만은 꼭 읽어주시기 바란다.

▶ 아이는 왜 성장하는가

한 잘나신 대학원생으로부터 내 이론에 허점이 있다고 지적받은 일이 있다.* "아이가 또래집단의 규범에 따라 행동을 재단한다면, 다수결의 법칙에 의해 집단의 규범이 결정된다면, 그리고 오늘날 우리 사회에서처럼 또래집단이 동갑내기들로만 이루어져 있다면, 아이들이 도대체 어떻게 성장하겠는가? 아이들은 어떻게 어린애 같은 행동을 그만두고 더 큰 아이로서의 행동을 보이겠는가? 집단의 규범은 어떻게 변할 수 있겠는가?"

전통적인 설명에 따르면—그 대학원생도 이쪽을 지지할 테지만—아이는 어른을 모델로 삼으며 나이를 먹으면서 점점 어른을 잘 흉내 낸다. 내가 이런 설명을 받아들이지 않는 두 가지 이유가 있다. 첫째, 1장에서 말한 것처럼 대부분의 사회에서는 아이가 어른처럼 행동하는 것을 부적절하게 여긴다. 아이가 제일 먼저 새겨야 할 가르침은 어른처럼 행동하지 말아야 한다는 것이다. 둘째, 9장에 나온 내용인데, 죄수의 목표가 훌륭한 간수가 되는 게 아닌 것처럼 아이의 목표는 훌륭한 어른이 되는 것이 아니다. 아이의 목표는 훌륭한 아이가 되는 것이다.

아마존 우림지대 야노마모족을 연구한 인류학자는 이렇게 말한다.

남자가 잘 차려입었다는 건 보통 끈 하나만 허리에 두르고 음경의 포피를 잡아당겨 허리끈에 묶어놓았다는 뜻이다. 어린 남자아이는 자라면서 성기를 허리끈으로 붙잡아놓고 사내대장부처럼 행동한다. 야노마모 사람은 발달 과정에서 보이는 이런 행위를 활용해 남자아이의 나이를 나타내는 표현으로 "우리 아들은 이제 꼬추를 묶고 다닌다네"라고 말한다. 미숙한 상태에서 성기를 허리끈에 고정하려면 성가신 일이 한둘이 아니다. 아직 경험이 부족한 아이들은 문제가 생기기도 한다. 안정적으로 묶을 수 있을 정도로 포피를 허리끈에 묶을 만큼 늘리는 데는 시간이 꽤 필요한데, 묶자마자 바로 풀려버린다면

---

* 나는 여전히 학계의 일원이 아니지만 그런 이들을 학계의 일원이자 대학원에서 가르치는 사람들을 동료로 두고 있다.

본인이 당황스러운 것은 물론이고 형들과 어른들에게 큰 놀림거리가 된다.[3]

우리는 인류학자의 말을 통해 이런 옷차림—일단 옷이라고 하자—이 매우 불편하다는 걸 알 수 있다. 그렇다면 이런 궁금증이 생긴다. 어린 남자아이가 그 불편함과 주위의 놀림을 감수해 가면서 성기를 허리끈에 묶으려고 안간힘을 쓰는 이유가 뭘까? 아빠가 그렇게 하고 다니는 것이 눈에 띄었기 때문일까? 인류학자, 발달심리학자, 그리고 잘난 대학원생은 그렇게 생각할 것이다. 내 생각은 다르다. 검증을 위해서 아이의 아버지가 모종의 이유로 성기를 허리끈에 묶는 부족의 관습을 따르지 못한다고 생각해 보자. 나는 이런 상황에 처한 아이, 즉 부모가 사회에서 예외적인 구성원일 경우의 아이에 대해 이미 설명했다. 이때 아이들은 예외적인 부모의 행동을 그대로 흉내 내지 않는다. 야노마모족 남자아이도 다른 아이들이 하는 행동을 따라할 것이다.

아이는 또래들과 비슷해지기를 원한다. 그중에서도 자신의 또래집단에서 높은 지위를 차지한 아이를 닮고 싶어 한다. 아이들 집단의 구성원들 연령대가 비교적 폭넓은—야노마모 같은—부족사회의 경우에는 나이 많은 형들이 높은 지위를 차지한다. 어린 아이들은 나이가 한두 살 많은 형들을 존경과 선망의 눈으로 올려다본다.

의무교육이 있는 현대 도시문명 사회 아이들에게 학교에서 따돌림 당하는 것은 세상에서 가장 무서운 일 순위에서 부모를 잃는 것과 시력을 잃는 것 다음으로 꼽힌다. 네 번째는 교실에서 바지에 오줌 싸는 것이다.[4] 야노마모족 남자아이들 중에서 성기를 허리에 묶지 않는 아이는 교실에서 바지에 오줌을 싼 미국 아이와 비슷하다. 이런 아이들은 따돌림을 당하기 십상이다. 또래 아이들 또는 더 어린 아이들이 성기를 허리에 묶고 다니는데 자기는 성기를 달랑거리고 다닌다면 매우 굴욕적일 것이다. 야노마모족 남자아이가 성기를 끈으로 묶어 허리에 매는 것은 아버지 흉내가 아니다. 아이는 마을 아이들 틈에서 자신의 지위를 지켜내기 위해 애쓰는 것이다. 나이 많은 아이들의 비웃음은 채찍이며, 어린 아이들의 우러러보는 눈길은 당근이다.

오늘날 미국처럼 도시화된 사회에서는 같은 나이의 아이들이 또래집단을 만든다. 하지만 동갑내기 아이들 집단이라도 신체적·정신적 성숙에는 개인차가 있다. 이런 집단에서는 보통 성숙이 **빠른** 아이가 높은 지위를 차지한다.[5] 성숙함이 곧 지위이므로 어린 아이는 더 큰 아이처럼 행동하고 말하고 옷 입고 싶어 한다. 아이와 어른은 서로 다른 집단에 속해 있으며 각 집단마다 서로 다른 규범이 있기 때문에 아이는 행동하고 말하고 옷 입는 기준을 어른에게서 찾지 않는다. 더 높은 지위에 오르고 싶어 하는—더 큰 아이가 되고 싶어 하는—것은 어디까지나 집단 안에서의 일이고 "아이"라는 **사회범주 안**에서의 일이다. 어른은 어차피 다른 물에서 노는 사람들이다. 아이에게 어른은 **우리**의 상위 버전이 아니다. 어른들은 단지 **그들**일 뿐이다.

야노마모족 남자아이와 남자 어른 모두가 성기를 묶고 다닌다는 점 때문에 착각하면 안 된다. 그것이 남자아이가 자기 아버지를 따라 하고 싶어 한다는 증거는 아니다. 하나의 사회에 속한 서로 다른 사회범주에 공통적으로 적용되는 요소는 얼마든지 있다. 예를 들어, 야노마모족은 남녀노소 할 것 없이 정수리 부분을 동그랗게 밀어버리는 똑같은 헤어스타일을 하고 있다. 미국에서는 어른이나 어린이나 모두 포크와 스푼을 사용해 식사를 한다.

야노마모족 남자아이들이 놀이를 할 때 성인 남자처럼 행동하지만 이걸 가지고 착각을 하는 것도 곤란하다. 아이는 놀이에서 자기 아버지의 행동이 아니라 그 사회 통념상 이상적인 남성의 행동을 연기하는 것이다. 놀이에서 아이들은 마법사, 말, 슈퍼맨, 갓난아기까지 그야말로 무엇이든 될 수 있다. 그렇다고 아이들은 판타지와 현실을 혼동하지는 않는다. 소꿉장난에서 엄마 역할을 맡은 미국 아이는 실제로 자기가 엄마라고 생각하지 않는다. 학교 놀이에서 선생님 역할을 맡는 아이가 실제 수업시간에도 선생님처럼 행동하지는 않는다.

어른들이 부적절한 말에 "농담"이라는 딱지를 붙이고 적당히 넘어가는 것처럼 아이들도 부적절한 행동에 "놀이"라는 딱지를 붙여서 적당히 넘어갈 수 있다. 놀이나 농담을 하는 상황이 아니라면 사회적 범주와 맥락에서 통용되는 예의에 맞도록 행동과 말투, 복장을 따라야 한다. 이는 장소 불문하고 걸음마를 뗀 모든 인간에게 주어진 과제다. 야노마모족 남자아이가 성인 남자처럼 성기를 허리에 묶고 어른의 헤어스타일을 해도 아이들은 여전히 아이답게 행동해야 한다.

▶ 통과 의례

인간의 마음은 범주화를 하고 싶어 한다. 우리는 연속적이어서 경계선이 분명하지 않은 대상도 각기 다른 범주로 나누려 한다. **낮**과 **밤**이라는 말은 실제의 낮과 밤만큼이나 서로 다르지만, 낮이 언제 밤이 되는지는 명확하게 말할 수 없다. 인간이 나이를 먹는 과정 역시 연속적이지만 그렇다고 해서 아이들이 **아이**와 **어른**으로 사회범주를 구별하지 않는 것은 아니다.

야노마모족 같은 사회에서는 개인이 자신의 소속 범주를 쉽게 파악할 수 있도록(그래서 자기가 해야 할 행동이 무엇인지 파악할 수 있도록) 특정한 표식을 부여한다. 여자아이에게는 아주 찾기 쉬운 표식이 있다. 자연이 직접 월경이라는 표식을 부여하기 때문이다. 사회 전체가 그 사건을 인식하고 인정한다.

명저 『야노아마: 아마존 인디언에게 납치된 백인 소녀 이야기Yanoáma:

The Narrative of a White Girl Kidnapped by Amazonian Indians』에는 이 시점의 야노마모족 여자아이에 대한 이야기가 실렸다. 이야기는 헬레나 발레로라는 여성의 실화를 바탕으로 한다. 헬레나는 브라질인 부모와 함께 살던 열한 살 때 독화살로 무장한 야노마모족 군대에 붙잡혔다. 그리고 야노마모족으로 20년 동안 생활했다.

책에서 헬레나는 야노마모족에서 초경을 한 여자아이는 "매우 중요한 존재"로 다뤄진다고 설명한다.

> 우리는 모두 커다란 샤푸노(둥근 지붕이 덮인 원형 오두막)로 모였다. 거기엔 중요한 존재가 된 여자아이 두 명이 있었다. 여자아이가 12~13살 정도 되어 성년에 접어들고 월경이 시작되면 아이는 뭄부헤나 산에서 가져온 아싸이 야자수와 다른 여러 나뭇가지로 만든 튼튼한 우리에 갇힌다. 나뭇가지들은 모두 뭄부헤나 산에서만 볼 수 있는 것들이다. 덩굴 줄기로 나뭇가지를 촘촘하게 엮었기 때문에 밖에서는 우리안에 있는 여자아이들을 볼 수 없다. 우리의 출입문은 매우 작았고, 남자는 그 쪽을 쳐다보지도 말아야 한다.

여자아이는 "우리"에 갇힌 채 일주일 정도 폭염을 견뎌야 한다. 음식이나 물은 엄격히 통제되고 말을 해서도 안 된다. 일주일이 지나면 마른 바나나 잎을 태우는 간단한 의식이 거행되고, 그제야 즐거운 일이 시작된다.

> 아이 어머니와 다른 여성들이 아이를 숲으로 데려가서 예쁘게 치장한다.…한 여자가 아이의 몸에 붉은색 우루쿠를 문지르면 피부에 분홍빛이 돈다. 그러고 나서 아이의 얼굴과 몸에 검은색과 갈색 선으로 아름다운 곡선을 그린다. 다 그리고 나면 길게 자른 여린 아싸이 잎을 아이의 귀에 난 커다란 구멍에 밀어 넣는다.…그리고 색칠한 깃털을 입 양쪽 끝과 입술 가운데에 뚫린 구멍에

꽂는다. 여자 하나는 가늘고 하얗고 부드러운 막대기를 콧구멍 사이에 있는 구멍으로 통과시킨다. 어린 여자아이에게 화장을 해주고 장식해서 사랑스럽게 꾸미는 것이다! 코에 막대기를 꽂아준 여자가 "이제 가자"라고 말하면 여자아이가 앞장서고 그 뒤를 마을 여자들이 따른다.[6]

행렬은 마을 사람들 모두가 여자아이의 성숙을 축하할 수 있도록 마을 한가운데를 천천히 통과한다. 아이의 나이는 아마도 열다섯 살이 안 됐지만(부족사회의 여자는 초경이 비교적 늦다), 이 의식을 거치고 나면 결혼을 해도 괜찮다고 여겨진다. 여자아이의 아버지가 이미 누군가에게 딸을 시집보내기로 약속한 상태라면 아이는 이제부터 약혼자의 집에서 살 것이다. 우리에 들어갈 때는 여자아이였는데 우리 밖으로 나오면서 여인이 되는 것이다. "뿅! 이제 넌 여자가 된 거야!"라며 신데렐라에게 요술지팡이를 흔드는 마법사처럼.

남자아이의 경우는 좀 다르다. 대자연은 남자에게는 성인기의 시작을 알리는 특별한 표식을 부여하지 않았기 때문에 부족사회에서는 대부분 남자아이에게 표식을 부여하기 위한 특별한 의식을 거행한다. 성인식은 인류학자에게 매우 흥미로운 주제다. 특히 **남성의** 성인식에 대해 인류학자들은 많은 연구를 발표했다. 마거릿 미드의 동료인 루스 베네딕트Ruth Benedict는 뉴멕시코 주니 인디언 부족의 성인식을 소개했다. 주니족의 남자아이는 열네 살 무렵이면 가면을 쓴 "공포의 신 카치나"에게 채찍질을 당하는 기나긴 의식을 거쳐 성인이 된다.

(아이의) 머리에 카치나의 가면이 씌워지면서 아이는 춤을 추던 존재가 신성한 호수에서 온 초자연적 존재가 아니라 친척과 이웃이라는 것을 알게 된다. 마지막 채찍질이 끝나면 가장 키 큰 남자아이 네 명은 자기들을 채찍질하던 공포의 카치나 신들과 얼굴을 마주하고 선다. 주술사는 쓰고 있던 가면을 벗

어 아이들에게 씌워준다. 매우 충격적인 사건에 아이들은 공포에 질린다. 카치나 신이 들고 있던 유카로 만든 채찍은 이제 주술사의 가면을 받아쓰고 신과 마주선 남자아이들 손에 쥐어진다. 남자아이들은 카치나 신이었던 주술사를 채찍질해야 한다. 순진했던 시절엔 초자연적 존재가 하는 줄로 알았던 일이 진실을 알게 된 필멸자에게 주어진 첫 번째 목표다.[7]

세부적으로는 차이가 있지만 부족사회의 남성 성인식에는 공통점이 많다. 남자아이 몇 명으로 집단을 만든다. 이들은 사회로부터 잠시 격리된다. 아이들은 비밀히 전해 내려오는 지식을 찾아 힘든 과정을 겪게 되는데, 엄청난 고통과 공포가 동반되기도 한다(베네딕트가 소개한 한 부족은 성인식을 할 때 아이를 가시개미 언덕에 파묻는다). 시련을 겪은 남자아이들은 부족사회에 새롭게 받아들여지고 새로운 지위를 인정받는다. 당장은 완전한 어른으로 받아들여지지 않을 수도 있다. 전쟁터에 나가 적을 죽이거나 자식을 키우는 등의 경험을 하기까지는 수습 단계의 성인일지도 모른다. 하지만 어찌되었든 이들은 더 이상 아이가 아니다.[8]

동물행동학자 이레나우스 아이블아이베스펠트는 이런 질문을 던진다. 부족사회의 남성 성인식은 어째서 이렇게 거칠고 가혹할까? 그의 대답은 이렇다. 남자아이는 "새로운 수준의 집단에 자신을 동일시하기 위해 가족으로부터 자유로워져야 한다. 가족에만 가지고 있던 충성심의 영역을 넓혀서 보다 큰 집단에 대한 충성심을 보여야 한다." 아이블아이베스펠트에 의하면 성인식은 남자아이가 "이전까지의 가족 영역"에서 벗어나 새로운 집단을 향하도록 안내하는 역할을 한다.[9]

나는 집단 충성에 대한 아이블아이베스펠트의 생각에 동의한다. 하지만 아이가 성인식을 통해 가족에서 자유로워진다는 부분에는 의문을 제기한다. 아이는 "가족 영역"을 벗어나는 것은 엄마 품을 떠나 자기들끼리 놀이집단을 만들기 시작하는 세 살 무렵부터다. 성인식의 목적은 성인식을 할 나이의 아이들이 이전의 놀이집단에서 함께 벗어나 남자로서의 책임과 의무를 감당해야 하는 새로운 사회범주에 속하도록 하는 데에 있다. 아이는 두려움과 고통을 견뎌야 하며 마을의 남자들과 협력하여 적으로부터 마을을 지켜내야 한다. 이 남자아이들은 이제 "중요한 존재"가 된 것이다.

반면 서양의 열네 살 아이들은 특별한 문제가 있지 않은 한 사회에서 그다지 중요한 존재로 인식되지 않는다. 야노마모족에서는 여자아이가 결혼을 하고 남자아이는 마을을 지키기 위해 기꺼이 생명을 포기하겠다고 다짐하는 나이에 미국의 십대들은 학교에서 벗어나기에도 너무 어리다고 여겨진다.

▶ 이도 저도 아닌

인간의 성장 과정에는 다른 포유류에서 볼 수 없는 독특한 점이 있다. 인간은 생후 2~3년 사이에 빠른 속도로 성장한 후 그 뒤로 약 10년 동안에는 느리게 성장한다. 그러다 청소년기 초기에 접어들면 급성장이 일어나고 신체적으로는 이미 어른의 겉모습을 갖춘다.[10] 이런 과정은 마치 자연이 아이들을 최대한 오랫동안 아이인 채로 붙잡고 있다가 유년 시절의 과제를 다 마치자마자 부리나케 어른 세계로 밀어내는 것처럼 보인다. 이렇게 아이도 어른도 아닌 불명확한 시기는 짧아진다.

이 방식은 지난 수천 년간 잘 작동했다. 오십 명 남짓한 사람들이 무리지어 방랑하거나 작은 마을을 만들어 생활하던 시절에는 아이와 어른이라는 두 개의 나이 집단만 존재했다. 당신은 이 둘 중 한 집단에서 정체성을 형성하고, 또래 나이 집단에서 보이는 행동 양식을 바탕으로 자신의 행동을 결정했다. 아이가 어른만큼 자라면 그때부터 어른으로 대접받았다. 다른 어른들과 함께 일하고 전쟁에 나가고 아기를 가졌다.

오늘날 우리가 살고 있는 사회 구조는 그때보다 훨씬 더 복잡해졌다. 나이 집단도 단순히 둘로만 나눌 수는 없게 됐다. 덩치는 어른만한데 어른은 아닌 사람들이 있기 때문이다. 그래서 우리는 이 사람들을 아우르는 사회범주를 새로 만들어야 했다. 그중 하나는 바로 **십대**다. 1960년대를 거치며 또 하나의 범주가 등장했다. 나이는 십대를 지났지만 스스로를 어른으로 규정하기를 거부하는 집단이 생겼기 때문이다. 십대에서 이 집단으로 이동했다는 징표를 받는 의식은 없지만 이 사람들은 자기 범주를 갖고 있었다. 대학에 진학하기 위해 혹은 유랑생활을 하기 위해 집을 떠난 사람들이 이 범주에 속한다. 그들은 집단 스스로 정해놓은 경계에 도달하면 그 집단을 떠난다. "서른 살 넘은 인간은 믿을 게 못 돼"*라는 말은 서른이 지나면 **그들**이라는 것이다.

이들 젊은 세대를 하나로 묶은 것은 베트남 전쟁 반대 운동이었다. 전쟁이 끝나자 이들의 단합도 사라졌다. 이 나이대 사람들은 오늘날 다양한 분야로 흩어져 있다. 어떤 사람은 대학이나 전문학교에 갔고, 아기를 보거나 컴퓨터 프로그래밍을 하거나 자동차 수리를 하거나 구직 활동에 나서는 사람도 있었다. 결과적으로 십대와 어른 사이의 완충지대는 이제 존재하지 않는다. 중간 단계의 나이 집단이 사실상 사라져버린 것이다. 오늘날의 십대는 십대 후반이나 이십대 초반의 선배들을 자주 만나지 못한다. 젊은이들이 십대의 영역 밖에 있기 때문이다. 결국 십대들의 집단성을 그대로 받아내야 하는 사람들은 부모나 선생, 경찰처럼 십대를 책임져야 하는 **진짜** 어른들이다(오, 신의 가호가 있기를).

우리가 속한 인류라는 종은 작은 집단에서 생활하면서 동시에 다른 집단과 끊임없이 경쟁하고 전쟁을 벌여온 진화의 역사를 밟아왔다. 이

---

* 1960년대에 자유언론운동을 이끈 활동가 잭 와인버그의 말이다. —옮긴이

경쟁의 승리자가 우리의 조상이다. 소속 집단에 편향적인 정체성을 형성하고 소속 집단을 선호하는 기제는 인류가 겪은 진화의 산물이다. 다른 집단에 대해 쉽게 적대심을 느끼는 이유도 마찬가지다.

수렵채집 생활을 하던 부족사회에는 아이와 어른 두 개의 나이집단만 존재했다. 둘 사이에도 적대심이 있었을까? 그렇다면 적대심은 감지하기 어려웠거나 가려졌을 것이다. 아이는 어른들이 양육을 더 잘하게 만드는 쪽으로 진화했다. 부모가 자식을 사랑하게 만들지 못하면 생존율이 낮아지기 때문이다. 어른 역시 자식을 잘 양육하도록 진화했다. 이런 본능(그래 본능말이다, 본능!)이 결여되었다면 자기 유전자를 지닌 아기를 잘 길러내는 데 성공할 확률이 낮아지기 때문이다. 인간의 양육 본능은 매우 강력하다. 양육 본능은 그 작은 생명체와 우리가 유전자를 공유하는지는 크게 상관없다. 강아지와 고양이도 인간의 아기처럼 우리의 양육 본능을 자극하여 생존 가능성을 높이고 있다. 심지어 나는 세탁 세제 샘플을 보고서도 "너무 귀엽다!"라고 감탄하기도 한다.

나는 진화가 우리에게 어린 아이를 돌보고 싶도록 만드는 두 가지 시스템을 선사했다고 생각한다. 두 시스템은 독립적으로 작동하며, 각기 다른 감정 모듈에 의해 제어된다. "이기적 유전자" 개념에 영감을 얻은 진화론자들은 친족관계에서 작동하는 한 가지 시스템만을 말한다. 우리가 아이를 사랑하는 이유는 아이가 내 유전자를 갖고 있기 때문이다. 이 이론에 따르면 우리는 우리를 닮은 아이를 더 사랑해야 하며, 실제로도 그렇다. 하지만 이 이론에 따르면 우리는 어린 자녀보다 성장한 자녀를 더 사랑해야 한다. 왜냐하면 성장한 자녀가 생존하여 손자를 낳고, 우리 유전자를 퍼트릴 가능성이 더 높기 때문이다. 돌쟁이 아기보다 여덟 살 난 아이의 죽음이 부모에게 더 큰 충격을 주겠지만, 둘 다 살아있을 때는 아기가 관심과 애정을 독차지한다.[11] 어린 아이를 양육하는 이유를 친족관계에만 기초하여 바라볼 때 오류가 발생하는 까닭은, 계란을 한 바구니에만 담았기 때문이다.

아이가 청소년이 될 때 무슨 일이 벌어지는지 설명하려면, 양육에 대한 두 가지 시각을 두 개의 바구니에 골고루 담아야 한다. 진화가 우리에게 선사한 어린 아이를 사랑해야 할 이유는, 어린 아이는 우리 유전자를 갖고 있음은 물론, 작고 귀엽기 때문이다. 그러나 십대 자녀를 사랑해야할 이유는 한 가지만 얻었다. 우리의 유전자를 가지고 있다는 점. 어른만큼 자란 아이는 얼굴이 커지고 이목구비가 뚜렷해지며 이상한 체취가 나기 시작한다. 청소년기 아이들은 부모의 양육 본능을 쉽게 자극하지 못한다. 아이들 입장에서 보면, 부모가 전처럼 그렇게까지 필요하지는 않다. 아이는 적어도 자기가 적응해온 환경에서는 부모의 도움 없이 그럭저럭 살아갈 수 있다.

아이 집단과 어른 집단으로만 나뉘어 있는 조건에서는 한 쪽은 어른집단에 의존하고 한 쪽은 돌본다는 역할 분담 때문에 집단 간의 적대심이 완화되는 경향이 있다. 하지만 십대들이 자신들만의 나이 집단을 형성하면 십대 집단과 어른 집단 간에는 강한 적대심이 나타날 수 있다. 그리고 실제로도 그렇게 된다. 양 집단은 서로를 향해 적대심을 갖는다. 적대심은 집단성으로 인해 발생하므로 집단성이 두드러질 때 적대심이 가장 강하게 나타난다. 집단성이 약할 때는 십대 아이도 얼마든지 어른과원만한 관계를 형성할 수 있다. 어떤 경우에는 어른이 청소년의 가장 친한 친구가 되기도 한다.

이제 어른들이 말버릇이나 옷차림에 대해 잔소리를 할 때 십대 아이들이 짜증을 내는 이유와 새로운 무언가를 창조해 내려고 애쓰는 이유를깨달았을 것이다. 십대 아이들은 어른의 겉모습을 갖췄지만 어른으로 오해받기를 바라지는 않는다. 이들에게는 집단 정체성과 소속 집단에 대한충성심을 표현할 수단이 필요하다. 청소년기 아이들에게 가장 중요한 질문이 있다. 직접 말하지는 않지만 십대 아이들은 끊임없이 서로에게 묻고 답한다. "너는 **우리**야, 아니면 **그들**이야?" 만일 네가 **우리**라면 그걸 증명해 봐. 증명하고 싶다면 네가 **그들**의 규칙을 무시하고 있다는 걸 보여봐. 의심의 여지없이 **우리**에 속해 있다는 걸 입증할 뭔가를 한번 해 보라고. 문신도 좋고, 코를 뚫으면 더 좋지.

우리는 적대 관계에 있는 부족사회 마을을 통해 같은 현상을 관찰할수 있다. 서로를 더욱 확실히 구별하기 위해 문화 차이가 생겨나고 눈에띄는 표식이 사용된다. 그 표식은 영구적일수록 효과가 있다. 앞서 언급한 독수리 팀과 방울뱀 팀의 실험에서 중간에 연구진이 끼어들어 사태를 정리하지 않았다면 같은 일이 벌어졌을 것이다.[12] 독수리 팀은 수행 중인 수도승처럼 정수리 부분의 머리를 밀어 버리고, 방울뱀 팀은 소설『파리 대왕』의 나쁜 아이들처럼 얼굴에 그림을 그렸을지도 모른다. 이러한표시는 상징적인 의미뿐 아니라 실용적인 기능도 갖고 있다. 전쟁터에서적군과 아군을 쉽게 구별할 수 있게 해 준다. 스포츠팀 선수들이 쉽게 구별할 수 있는 유니폼을 입고 경기를 뛰는 건 그저 팬들에게 어느 쪽을 응원해야 할지를 알려주기 위해서만이 아니다.

▶ 사회 변화의 메커니즘

어른에 대한 적대감은 청소년기에 갑자기 튀어나오지 않는다. 겉으로쉽게 드러나지는 않지만 오랜 시간 동안 끓어오른다. 남자 아이의 경우에는 특히 그렇다(10장에서 설명했듯 집단성은 남자에게서 더 강하게 나타난다). 전형적인 예로 방울뱀 팀의 비속어를 들 수 있다. 이 아이들은 모두 점잖은기독교 가정에서 왔으며, 부모가 아닌 형과 친구들에게서 욕을 배웠다.

사회학자 개리 파인Gary Fine은 3년간 유소년 야구팀 선수들을 관찰하고연구했다. 그는 부모와 함께 있을 때에는 "착하고 사려 깊던" 아이가 같은 야구팀 친구들과 있을 때에는 눈에 띄게 거칠어지는 것을 발견했다.[13] 파인이 연구한 청소년기 이전의 아이들은 어른을 농담거리로 삼기도 했고, 자신의 성적 지식을 뽐내기도 했다. 아이들은 여자애들에 대해 얘기할 때 경멸적이고 노골적인 언어를 사용했으며 "호모 새끼"라는 욕을 밥 먹듯 썼다. 교양 있는 중산층 가정 출신인 이 아이들은 기존의 욕이 충분히 모욕적이지 않아서 그런지 자기가 아는 가장 심한 단어인 "깜둥이"라는 말을 내뱉고, 벽에다 가장 나쁜 표식인 나치의 하켄크로이츠를 그렸다. 그들의 부모는 결코 인종차별주의자가 아니었다. 아마 알았다면 큰 충격을 받았을 것이다.[14] 여기서 중요한 것은, 하켄크로이츠를 그렸다고 해서 아이들을 범죄 성향이 있다고 매도하거나 부모의 가정교육을 탓할 수는 없다는 점이다. 아이가 하켄크로이츠를 그리는 건 그냥 "씨발"정도로는 딱히 반응을 이끌지 못하기 때문이다.

하지만 청소년기 이전의 아이들이 아무데서나 반항을 하지는 않는다. 십대의 반항은 부모의 시야를 벗어났을 때만 나타난다. 아이는 신체적으로 어른만큼 성장하고 부모 없이도 앞가림을―적어도 자기에게 익숙한 환경 안에서―할 수 있는 나이가 된 후에야 비로소 부모 눈앞에서 대놓고 반항하기 시작한다. 아직 성숙하진 않지만 그렇다고 완전히 바보는 아니다.

오늘날 우리는 여러 십대 아이들의 다양한 반항 행동을 목격하고 있다. 이런 현상은 청소년기 아이들을 학교에 모아놓는 현대 사회의 한 가지 특징이다. 열네 살이 되면 여자아이가 시집갈 준비를 하고 남자아이는 가정을 책임지고 전쟁터에 나가야 하는 사회에서는 반항아를 찾아볼 수가 없다. 반항의 대상이 없기 때문이다.[15] 열네 살이 되면 스스로를 어른으로 범주화하고 주위 사람에게도 그렇게 인정받는다면 굳이 어른들과 자신을 구별할 동기가 생기지 않는다. 물론 이 아이들도 자기를 노예처럼 부리는 새어머니나 한 여자를 놓고 경쟁을 벌이는 아버지처럼 특정 어른에게 분노와 증오를 느낄 수는 있다. 하지만 이런 분노는 집단성과 무관하다. 대부분의 부족사회에서는 십대 아이가 또래들과 한데 뭉칠 기회를 얻지 못하기 때문이다. 이들에게는 십대라는 개념조차 없다. 집단이 없으면 집단성도 없다.

오늘날의 고등학교처럼 십대들이 한 곳에 모여 있다면 고려 대상이 된다. 이천 년 전 고대의 고등학교도 마찬가지였다. 기원전 4~5세기 무렵 아테네에서는 그리스 철학자들이 부유한 아테네 집안 자제의 가정교사로 일하면서 생계를 꾸렸다. 하지만 철학은 십대 남자아이의 버르장머리 없는 행동을 통제하기에는 너무 무력했다. 소크라테스조차 제자들이 스승에 대한 존경심이 전혀 없다고 투덜댔다. 그의 말대로라면 제자들은 어른이 방에 들어와도 고개도 들지 않고, 자기들끼리 떠들기나 하고, 맛있는 음식이 있으면 돼지처럼 달려들고, 선생을 두고 짓궂은 장난을 일삼았다. 아리스토텔레스도 학생들의 태도에 대해 비슷한 불평을 늘어놓았다. "녀석들은 자기가 뭐든지 다 아는 듯이 굴고, 자기가 주장하는 건 뭐든지 옳다고 생각한다. 제멋대로 까부는 놈들이다." 학생들의 농담은 이 위대한 철학자를 불쾌하게 했다. "무례하기 짝이 없는 농담을 지껄이며 시시덕대기를 좋아한다."[16]

학생들이 스승으로부터 나오는 지혜의 빛을 외면했는지도 모르지만,* 이들은 결국 4세기의 아테네를 고대 세계의 지성의 중심이자 당시 가장 진보한 곳으로 만들었다. 아이도 아니고 어른도 아닌 사람들을 한곳에 모아놓는다면 우리는 급격한 사회 변화의 메커니즘을 목격할 것이다.

아이와 어른이라는 두 개의 나이 범주만 존재하는 사회에서는 수백 세대가 지나도록 문화가 아무 변화 없이 유지되기도 한다. 아이는 여전

---

* 미스 "예절"(본명은 주디스 마틴. 미국의 저널리스트이자 예절 관련 전문가다—옮긴이)에 의하면 "어른들은 언제나 젊은 세대가 예절을 모른다며 한탄했다. 만일 어른들의 이런 반응이 없었다면 결국 젊은이들에게서 예절이 주는 만족감을 앗아가는 결과를 낳았을 것이다."(Martin, 1995)

히 배울 것이 많고 독립적인 지위를 차지하지 못한 존재이므로 문화를 변화시킬 주체가 되지 못한다. 어른은 현재 상태를 유지하는 역할을 수행하므로 새로운 문화를 창조하지 못한다. 문화를 변화시키는 주체는 자신들의 나이 집단을 형성한 십대와 이십대 초반의 젊은이들이다. 집단성은 이들로 하여금 부모나 선생과는 차별화된 문화를 창조하게 한다. 이들은 이전 세대와 구별되고자 하는 강한 동기를 지녔다. 그 결과로 발생하는 문화적 차별점은 꼭 발전적인 것일 필요가 없으며, 실제로 발전적이지 않을 때가 많다. 아이들은 새로운 행동과 사고체계를 수용하고 새로운 언어와 형식을 창조한다. 그리고 어른이 될 때까지 이런 행동과 철학을 유지한다. 그들은 **자기 자녀**가 새로운 차별점을 찾으려고 애쓸 때 그냥 내버려둔다. "뭐야, 엄마 아빠는 마리화나를 피웠다고? 젠장, 그럼 우린 뭔가 다른 걸 피워보자고!"이런 식으로.

물론 청소년이 부모의 모든 생각을 거부하지는 않는다. 마리화나를 피운 부모의 자식도 마리화나를 피울 수 있다. 부모의 어떤 점을 수용하고 배척할지는 임의로 결정할 수 있지만, 자식 세대에도 보존되는 요소가 있다는 것은 분명하다. 세대마다 매번 처음부터 다시 시작해야 한다면 그건 매우 불합리한 일이다.

부모의 어떤 점을 수용하고 배척할지는 다분히 임의적으로 결정되며 현대 사회에서 십대 아이들은 주로 또래들과 어울리므로, 고등학교나 대학교에서는 새로운 무리가 그들만의 문화를 창조한다. 모든 새로운 문화는 사회 전반(미디어, 월드뉴스, 이전 세대의 문화)으로부터 받은 영향과, 바로 전 세대와 자신들을 구별하기 위해 창조한 것들의 혼합체다.

1960년대 후반부터 1970년대 초반에 있었던 급격한 문화의 변화는 특히 주목할 만하다. 이 시기의 청소년을 연구한 심리학 연구팀은 동세대 집단의 멤버십이 개인의 성격 발달에 주요한 요인으로 작용한다고 결론 내렸다. 그리고 세대마다 그 구성원에게 행사하는 압력의 방향은 각기 다른 것으로 나타났다. 예를 들어 1972년에 열네 살이던 아이들은 불과 1~2년 전에 열네 살이던 아이들보다 자립심이 더 높았지만 성취 지향성과 성실성에서는 낮은 점수를 기록했다.[17] 이들에게 더 중요한 가치는 자유였고, 학교에서 인정받는 것은 덜 중요하게 여겨졌다. 그들이 시대를 바꾼 것이다.

▶ 집단 안의 집단

어린 아이들은 대체로 포괄적이며 인구통계적 특성을 따르는 사회범주를 형성한다. 3학년 여자 아이는 자신을 3학년 여자아이로 범주화한다. 이때 자기 범주화는 같은 학년 아이들이 자기를 좋아하는지와는 무관하게, 그리고 자기가 같은 학년 아이들을 좋아하는지와도 무관하게 이루어진다. 3학년 여자아이 수가 많고 이들을 한데 묶을 요인이 없다면 3학년 여자아이 집단은 인종이나 사회경제적 수준 같은 다른 인구통계학적 항목에 따라 하위 집단으로 갈라질 수 있다.

학교에서는 집단 안에도 집단이 있다. 아이는 자신을 3학년으로 범주화하는 동시에 또 다른 자기 범주화를 할 수 있다. 인구통계학적으로 규모가 큰 집단 안에는 작은 패거리가 형성되고 그 안에서 여러 아이들이 서로 어울린다. 같은 무리에 속한 아이들끼리는 대개 공부에 대한 태도(좋아하든 싫어하든)는 물론 다른 여러 가지 문제에 대해서도 비슷한 입장을 취한다. 초등학교에서는 패거리 간의 이동이 유동적이어서 한 무리에 속했다가 다른 무리로 쉽게 옮길 수 있다. 무리를 옮기면 아이는 새로운 친구들과 어울리는 태도로 바꾼다.[18]

고등학교에서는 이전에 속했던 무리를 떠나거나 새로운 무리로 들어가기가 더 힘들다. 고등학교를 다닐 무렵이면 아이들은 대부분 반 친구나 자기 자신에 의해 "분류"된다. 처음에는 임시적으로 뭉쳤던 패거리가 이내 견고해져서 강력한 사회범주를 형성하기 시작하는데 이때부터는 인구통계학적 요인으로만 범주가 정해지지 않는다. 범주에 속한 구성원들의 성격과 습관, 자질과 능력이 범주에 반영되기 시작한다.

고등학교부터는 선택의 폭도 달라진다. 대체로 고등학교 학생들은 초등학교보다 성장 환경이 더 다양하고, 학생들은 함께 어울릴 친구를 더 자유롭게 선택할 수 있다. 결과적으로 집단은 더 정교하게 세분화될 수 있다. 학교에서 각 집단들이 어떤 이름으로 불리는지는 독자들도 익히 알고 있을 것이다. 몇 가지만 예를 들면 범생, 꼬붕, 날라리, 왕따, 일진, 빵셔틀' 등이 있다. 고등학교의 규모가 클수록 선택할 수 있는 사회범주도 많아진다. 예를 들면, 대도시에 있는 고등학교에서는 미술이나 연극을 좋아하는지, 이성에게 인기가 있는지 없는지에 따라 집단이 나뉘기도 한다. 대도시 학교의 다양한 집단은 아이가 스스로에 대해 일찍 이해할 수 있도록 돕는 역할을 하기도 하는데, 그래서 도시 학교를 다니는 학생은 더 쉽게 "커밍아웃"한다. 시골 고등학교는 학생 수가 적고 선택할 수 있는 사회범주가 제한되어 있어서 학생이 자신의 성 정체성을 공개적으로 밝힐 수 없다.[19]

아이는 때로 자기가 속하고 싶지 않은 사회범주에 억지로 끌려 들어가기도 한다. 왕따가 되고 싶어서 왕따를 당하는 아이는 없다. 일반적인 미국 고등학교에서는 범생이 되겠다고 선택하는 아이도 많지 않다. 아이들은 운동을 못하는 아이나 집단에서 인기가 많고 비교적 높은 지위를 차지하는 아이에게 적당한 이름표를 붙여준다. 대체로 유럽계와 아프리카계 청소년 사이에서는 공부를 잘한다는 게 딱히 내세울 만한 장점은 아니다.[20] 물론 공부를 잘해서 인정받을 수도 있지만 다른 장점도 가지고 있어야 한다.

어쩌면 똑똑한 머리가 아이들 사이에서 장점으로 통하지 않는 이유는 공부를 잘하는 아이는 변절자처럼 보이기 때문일 것이다. 다시 말해, 똑똑한 아이들은 **그들**, 즉 부모와 선생의 영향을 많이 받았다고 여겨진다. 인류학자 돈 머튼_{Don Merten}은 일리노이의 한 고등학교에서 비슷한 사회범주를 발견했다. 이 학교에서는 공부를 잘하는 아이에게 경멸적인 의미를 담아 멜(멜빈*의 줄임말)이라고 부른다. 마침 성장이 늦고 운동도 못하는데다가 지독히도 매력없는 남자아이가 있었다. 이 아이는 결국 멜이라는 딱지를 달게 됐고, 끔찍한 인생(적어도 끔찍한 십대)을 보내게 되었다. 똑똑이와는 달리 멜은 딱히 머리가 좋지도 않았고 공부를 잘하는 것도 아니었다. 하지만 멜도 범생과 마찬가지로 어른들의 영향을 아직 못 벗어난 존재로 여겨졌다. 멜은 어른 놀리기도 제대로 못했기 때문에 또래들로부터 어린애 취급을 당했다.

> 대부분의 청소년은 초등학교를 졸업한 순간부터 주위에서 벌어지는 일련의 변화를 인식한다. 이들은 자신이 유년기를 벗어나 십대의 삶에 진입하고 있음을 깨닫는다. 아이들의 눈에 비친 멜은 이런 깨달음을 전혀 경험하지 못한 존재다. 유년기를 이미 벗어났다는 우선적인 깨달음을 말이다. 일단 멜이라는 딱지가 달리면 아이는 괴롭힘의 대상으로 전락한다.

꼬리표를 떼어내기란 결코 쉬운 일이 아니다. 하지만 영웅적인 모험을 감내할 각오가 있다면 완전히 불가능한 것만은 아니다. 돈 머튼이 관찰했던 아이들 중에 윌리엄이라는 7학년 남자 아이가 있었다. 아이는 주위로부터 온갖 괴롭힘과 따돌림을 당했으나 8학년이 되면서부터 자기에게 붙어 있던 멜스러움을 완전히 털어버렸다. 윌리엄은 이 과정을 체계적으로 진행했다. 우선 윌리엄은 멜 집단의 다른 아이들과 자신을 분리

---

*   공부밖에 모르는 괴짜 샌님의 대명사 같은 이름이다.—옮긴이

했다(같은 사회범주에 있다고 해서 서로에게 호감을 갖는 것은 아니다). 윌리엄은 옆에서 누가 자기를 건드리면 맞받아치기 시작했다. 자기를 괴롭힌 아이를 교사에게 고자질하지도 않았다. 윌리엄은 일부러 교칙을 어기기 시작했다. 결정적인 순간은 한 아이가 영어 수업시간에 윌리엄의 펜을 빼앗아 갔을 때였다. 윌리엄은 "야 이 개새끼야!"라며 소리를 질렀고 결국 교무실에 끌려갔다. 어쨌든 윌리엄은 멜이라는 끔찍한 수렁에서 탈출할 수 있었다.[21]

고등학교에 있는 사회범주들 중 일부는 저절로 생기지만 일부는 만들어진다. 문제아 범주는 양 측면이 섞여 있다. 문제아들 중 일부는 자극과 위험에 이끌려 자발적으로 문제아가 된다. 심리학자들의 표현을 따르면 이들은 자극 추구 성향이 강하다. 반면 다른 집단에서 받아들여지지 않아 어쩔 수 없이 문제아가 된 아이도 있다. 이런 아이는 지나치게 활동적이거나 성격이 불같거나 너무 공격적이어서 초등학교때부터 다른 아이들에게 배척당한 경험을 갖고 있다. 그러다 중고등학교에서 자기와 성향이 비슷한 아이들을 만나서 서로를 더욱 부추긴다. 같은 집단에 속한 청소년은 집단을 이루기 시작할 때부터 이미 비슷하고, 집단성으로 인해 집단 구성원들과는 점점 더 비슷해지고 다른 집단과는 더 구별된다. 범생은 점점 더 범생이 되어가고, 컴퓨터광은 점점 더 컴퓨터 속으로 들어가고, 문제아는 실제로 말썽을 일으키기 시작한다.[22]

▶ 부모 대 또래

청소년은 대부분 자기 부모와 별반 다르지 않은 사람들이 모인 동네에 산다. 그들의 또래도 비슷한 가정 환경에서 성장한다. 아이는 집에서 배운 것을 또래집단으로 가져오는데 대부분은 또래 아이들도 이미 집에서 경험하는 것들이다. 아이들의 생활환경이 대체로 대동소이하기 때문이다. 9장에서 소개한 스나이더의 경우처럼 아이들 대부분의 장래희망이 의사인 동네에서 성장했다면 청소년이 됐다고 해서 장래희망이 바뀔이유가 딱히 없다. 학교생활에 충실하고 열심히 공부하는 게 당연시되는 이웃 환경에서는 청소년들의 이유 없는 반항도 형식적인 차원에 머무른다. 좀 거슬리기는 하지만 크게 해가 될 건 없는 수준에 그치는 것이다. 여자아이들은 머리카락을 반쯤 보라색으로 염색하고 채식주의자가 되겠다고 선언한다. 남자아이들은 머리를 빡빡 깎고 식구들이 도저히 들어줄수 없는 음악을 틀어놓는다. 좌우지간 이런 아이들도 결국 대학 입학원서를 접수한다. 멍청해 보일 수도 있지만 진짜 멍청이는 아니다.

고등학교에는 다양한 또래집단이 존재하지만 방금 설명한 것 같은이웃 환경에서는 또래집단의 가치관이 부모의 가치관과 크게 차이나지않는다. 그리고 또래집단과 부모의 목표와 가치가 일치한다면 세대 간의갈등도 별로 발생하지 않는다.

갈등은 청소년이 부모와 완전히 상이한 가치관과 목표를 지닌 집단에 속하는 순간부터 심해진다. 부모가 "나쁜 애들"이라고 부르는 집단에속한 아이는 그때부터 집안 생활도 평탄치 못하다. 부모는 자녀의 친구들이 마음에 들지 않고, 자식이 말하고 행동하고 옷 입는 방식과 학교에서 받아오는 성적표까지 못마땅하다. 부모는 자식에게 친구들과 만나지말라고 잔소리하지만 집 밖에서 부모 몰래 친구들과 어울리고 거짓말을하는 자식을 통제할 방법은 없다. 부모에게는 두 가지 선택이 있다. 하나는 자식을 쥐락펴락하기 위해 더 엄격해지고 체벌을 하는 방법(3장에 나온"너무 엄한" 스타일), 또 하나는 포기하고 내버려두는 방법("너무 부드러운" 스타일)이다.

"착한 아이" 집단에 속한 청소년은 부모와 별로 충돌하지 않고 잘 지내는 편이다. 반대로 문제아 집단에 속한 청소년은 툭하면 부모와 싸우고 언성을 높인다. 발달심리학자들은 이러한 상관관계가 (자기들이 믿고 있는) 부모 양육의 영향력에 대한 증거라고 말한다. 학자들은 십대 아이가 바람직하게 성장한다면 그건 부모가 올바른 양육 방법을 사용하기 때문이라고 생각한다. 반대로 못된 아이들은 부모가 잘못된 양육 방법을 사용했기 때문에 부모보다 또래의 영향을 받았다는 것이다.[23]

나는 두 집단 모두 똑같이 또래의 영향을 받는다고 생각한다. 단지 각기 다른 종류의 또래집단에 속해 있을 뿐이다.

우리 집에는 착한 아이와 문제아가 한 명씩 있다. 내 두 딸은 모두 같은 지역에서 같은 이웃과 함께 성장했으며 4년 터울로 같은 학교를 다녔다. 초등학교 때는 두 아이 모두 비슷한 또래집단에 속해 있었는데 고등학교에 올라가면서 달라졌다. 첫째는 공부를 잘했지만 둘째는 매사에 의욕이 없었다. 첫째는 곧고 바른 길을 달린 반면에 둘째는 온갖 굴곡을 거치면서 살아왔다. 하지만 결국에는 두 아이 모두 훌륭하게 성장했다(첫째 딸은 컴퓨터 과학자이고, 둘째 딸은 간호사로 일하고 있다).

두 딸은 같은 부모에게서 양육됐지만 형제자매가 다 그렇듯 전혀 다른 인생을 살았다. 큰애에게는 이래라저래라 간섭하고 잔소리할 필요가 거의 없었다. 큰애는 항상 자기가 원하는 일을 했고 그건 대체로 우리 마음에도 꼭 맞는 일이었다. 막내에게는 잔소리를 해봤자 아무 소용이 없었다. 귓전으로 흘려버렸다. 우리가 하는 말은 막내와 그 친구들의 가치관과 목적에는 전혀 맞지 않았다. 우리는 막내에게 실망하고 화를 냈고 딸도 우리에게 화를 냈다.

어떤 또래집단에 속한 아이는 부모와 갈등 없이 잘 어울리고 어떤 또래집단에 속한 아이는 부모와 끊임없이 마찰을 일으킨다는 사실은 그다지 놀랄 일이 아니다. 내가 던지고 싶은 질문은 이것이다. 무엇이 이 아이를 이 집단에 속하게 했을까? 남편과 내가 영향을 미쳤던 걸까? 우리 책임일까? 만일 내가 우리 책임이 아니라고 대답한다면 독자들은 우리 부부가 책임을 회피하는 무책임한 부모라고 생각할까?

다음 장에서 다룰 문제를 너무 일찍 꺼낸 것 같다. 그러니 잠시 쉬어 가자고 말하고 싶다. 다음 장에서 본격적으로 꺼내놓겠다. 판단은 여러분이 내려주길 바란다.

▶ 바보짓을 멈춰 세우는 방법

까놓고 말하자. 청소년은 진짜 완전히 멍청이짓을 한다. 아이들은 부모의 경고는 물론, 담뱃갑에 버젓이 쓰인 경고문도 무시하는 골초가 된다. 이른 나이에 너무 자주 콘돔도 없이 섹스를 한다. 운전석에 앉아 가속 페달을 밟아대고, 술을 진탕 마셔서 인사불성이 되어버린다. 테리 머핏의 말대로 법률 위반은 십대에게 일상이다.

우리집 막내는 열세 살에 담배를 피우기 시작했다. 말을 배우기 시작할 무렵부터 담배는 손도 대지 말라고 가르쳤는데도 말이다. 나는 담배가 몸에 해롭다고 설득하기보다는 담배가 얼마나 역겨운 물건인지를 강조하여 혐오감을 갖도록 딸을 가르쳤는데 당시에는 이런 교육 방식이 꽤 괜찮다고 생각했다. 하지만 쓸데없는 짓이었다. 막내딸이 속한 중2병 집단에서는 담배를 피우는 것이 일종의 내규처럼 아주 당연한 일이었다. 혹시 또래 아이들이 강제로 담배를 피우게 했다고 생각하는가. 심리학자 신시아 라이트풋Cynthia Lightfoot이 여러 명의 십대를 인터뷰한 내용에 따르면 또래 압력이란 발상은 "그야말로 터무니없는 소리"다. 어째서 술을 마시기 시작했는지에 대해 십대 아이가 하는 이야기를 들어보자.

우리는 모두에게 자기가 얼마나 괜찮은 놈인지를 보여 주려고 정말 열심히 노력해요. 모두가 술을 마시고 친구들이 그걸 당연하게 생각하고 있다면, 그렇다면 저도 함께 술을 마셔야 돼요. 제가 걔들과 같은 가치관을 가지고 있다는 걸 증명해야 하는 거예요. 그럼 저는 괜찮은 놈이 되는 거죠. 친구들이 압력을 가한다는 건 그야말로 터무니없는 소리예요. 학교에서 제가 받은 압력이라고는 누군가 제게 "야, 이거 한번 마셔 봐. 그럼 더 잘나갈걸"이라고 말했던 기억뿐이에요. 하지만 그건 전혀 강압 같지 않았어요.

라이트풋은 이렇게 정리한다. "친구들의 압력은 미미한 수준이다. 더 강력한 원동력이 되는 것은 집단 정체성에 실제로 또는 잠재적으로 관련되어 있다고 여겨지는 경험에 동참하려는 욕구다."[24] 십대 아이를 집단의 가치에 순응하게 하는 데 외부로부터 압력이 가해져야 할 필요는 없다. 집단에 자신을 순응시키는 것은 아이가 아주 어렸을 때부터 계속 해온 일이었다.

담배를 피우는 십대들을 살펴보면 대체로 친구뿐만 아니라 부모도 담배를 피운다. 심리학자든 심리학자가 아니든 대부분의 사람들은 부모의 영향력이 십대 흡연에 어떤 형태로든 작용한다고 가정한다. 부모가 담배를 피우는 모습을 자주 목격한 아이는 흡연을 어른의 특권으로 여기게 되고 자기도 담배를 피우고 싶어 한다는 것이다. 앞서 성기를 끈으로 묶는 야노마모족 남자아이들의 행위를 설명하면서 비슷한 논리를 반박했다. 흡연은 성기를 묶는 행위보다 복잡한 문제지만 연구에 도움이 되는 중요한 이점이 있다. 바로 데이터가 잔뜩 쌓여 있다는 사실이다.

과거에는 대부분의 미국인들이 흡연을 어른 문화의 일부로 받아들였다. 심지어는 아이들 문화의 일부로도 여겨졌다. 그때는 다들 담배를 피웠기 때문에 십대 아이들은 흡연을 자연스럽게 받아들였다. 부모들은 보통 아주 약한 수준의 경고를 하거나 그냥 내버려두었다. 야노마모족에서 성기를 묶는 행위가 그렇듯 흡연은 세대에 걸쳐 전달되는 문화의 일면이었다.

담배를 피우는 어른이 줄고 또 자기는 담배를 피우더라도 자식에게는 담배를 허용하지 않는 부모가 많아지는 방향으로 미국 사회가 변화함에 따라 흡연 문화가 아랫세대로 전달되는 방식 또한 달라졌다. 요즘에는 흡연이 거의 청소년들만의 상징으로 여겨지는 듯하다. 흡연은 학교에서 자신이 특정한 또래집단에 속해 있음을 나타내는 표시이며, 다른 집단(범생, 왕따 등)보다 우월함을 강조하는 행위이고, 자기가 어른의 지시나 명령에 아랑곳하지 않음을 표현하는 방식이다. 같은 파에 속한 건달들이 같은 재킷을 입고 돌아다니는 것과 마찬가지다. 자기가 어떤 부족 사람인지를 나타내기 위해 정수리쪽 머리를 밀어버리는 것과도 마찬가지다.

기존 연구를 살펴보면, 십대 자녀의 흡연 여부를 예측하는 가장 좋은 단서는 친구들의 흡연 여부다. 이 지표는 부모가 담배를 피우는지의 여부보다 더 높은 상관관계를 보인다. 그리고 담배를 피우는 아이는 술을 마시고 마약을 하고 무분별하게 섹스를 하고 수업을 빼먹거나 학교를 자퇴하고 법을 어기는 등 다른 "문제 행동problem behavior"도 저지르는 경향이 있다. 이런 아이는 그런 행동을 정상이라고 여기는 또래집단에 속해 있다.[25]

하지만 앞서 말했다시피 흡연은 복잡한 문제다. 중독성 때문이다. 코카인과 니코틴 등의 중독성 물질을 접하는 방식이나 이런 물질에 대한 민감성의 수준은 사람마다 차이가 있으며 그 차이는 유전적 요인과 관련되어 있다. 흡연이 성격 특질의 유전과 유사한 패턴을 따른다는 점은 이미 밝혀졌다. 다시 말해서 두 사람이 같은 유전자를 갖고 있다면 둘 다 흡연자이거나 둘 다 비흡연자일 가능성이 높다. 하지만 가정 환경이 같다는 점은 거의 또는 아무런 영향도 미치지 못한다. 부모와 자식이 모두 담배를 피운다면 그건 흡연이 부분적으로 유전자의 영향을 받기 때문이다.

애리조나 대학의 행동유전학자 데이비드 로우는 흡연에 미치는 유전과 환경의 영향을 분석했다. 먼저 환경적 요인은 십대 아이의 흡연 여부에 한 가지 방식으로 영향을 미치는데, 친구들이 담배를 피우면 그 아이도 담배를 피운다. 유전자는 두 가지 방식으로 영향을 미친다. 우선, 순간적 자극을 추구하는 성향이라면 담배를 피우는 또래집단에 소속되는 경향이 있다. 둘째로, 유전자는 니코틴 중독 성향을 결정한다.[26]

아이가 담배를 입에 댈 것인지는 담배를 피우는 또래들과 접촉하느냐에 달려 있다. 그리고 한번 입에 댄 담배에 중독될지는 유전자가 결정한다.

유전자에 관해서는 우리가 할 수 있는 일이 없으므로 아이가 골초가 되지 않게 하는 유일한 방법은 담배를 애초에 입에 대지 않도록 막는 것이다. 담뱃갑에 "위험! 경고!"라는 말을 인쇄해 놓는 것만으로 충분하다고 생각한다면 자신의 청소년기를 돌이켜보길 바란다. 코미디 작가 데이브 배리는 열다섯 살이 되던 해 여름에 처음 담배를 피우기 시작했는데 그가 말하는 흡연의 이유를 들어보면 자연스럽게 오늘날의 십대가 떠오른다.

> 흡연 반대론자: 당신도 모르는 사이에 호흡이 짧아지고, 피부는 칙칙해지고, 암에 걸려서 폐 한쪽을 절제한 것도 소용없이 계속 독소가 엉긴 시커먼 덩어리를 당신의 남은 한쪽 폐에 쌓는 역겨운 중독 행위입니다!
> 흡연 찬성론자: 다른 애들도 다 하는데요?
> 재판 끝! 자, 다 같이 한 대 피웁시다.[27]

십대 아이에게 "주름살이 생길거야!" "발기부전이 될지도 몰라!" "일찍 죽을 수도 있다고!"라고 건강상 위험을 강조하며 담배를 피우지 말라고 해봤자 소용없다. 그건 어른의 슬로건이고 어른의 논리다. 어른이 흡연을 금지하기 **때문에**, 흡연은 위험하고 용납되지 못하는 행위이기 **때문에**, 바로 그 이유로 십대 아이들은 담배를 피우고 싶은 거다.

내 경험에 비춰보면 아이에게 담배란 역겨운 물건이라고 가르쳐도 도움이 안 된다. 어른에게 역겨운 것이라면 어른과 대립하는 집단에게는 도리어 매력적으로 보인다.

흡연 예방 청소년 강사를 고용하는 것도 소용없는 일이다. 아이들에게 강사는 그야말로 멜 같은 변절자이며 어른의 허수아비다.

십대가 담배를 구하기 어렵게 만드는 조치도 효과를 보기는 힘들다. 매사추세츠의 몇몇 도시에서는 미성년자에게 담배를 팔지 못하도록 강력한 조치를 취했지만 십대 흡연율은 줄지 않았다.[28] 담배를 구하기 어렵다는 그 사실 때문에 오히려 흡연은 더욱 흥미진진한 일이 됐다.

청소년에 대한 어른들의 영향력은 제한적이다. 십대는 자기만의 문화를 창조하며 그 문화는 또래집단마다 다르다. 어른의 문화가 아이에게 어떤 영향을 미칠지, 아이들이 기존 문화의 무엇을 받아들이고 무엇을 거부할지, 아이들이 만들어낼 새로운 문화가 어떤 형태일지는 짐작할 수도 없고 알아낼 수도 없다.

그렇다고 할 수 있는 일이 전혀 없는 건 아니다. 어른들은 십대 문화의 주요 원천인 매스미디어를 통제할 수 있다. 미디어에서 흡연자는 반항아나 모험가로 묘사된다. "그딴 거 신경 안 써"라는 말 대신 담배 한 개비를 꺼내 무는 장면을 보며 십대들은 담배에 매력을 느낀다. 이런 문제에 관해서라면 영화사와 방송 제작자들이 자발적으로 흡연 장면을 삭제하는 것 외에는 달리 뾰족한 수가 없다(악역인지 선역인지는 중요치 않다).

십대 청소년이 부담스러워할 만큼 담뱃값을 인상하는 것도 효과가 있을 수 있다. 적어도 담배에 처음 접촉할 가능성을 낮추는 효과를 얻을 수 있을 테고, 결과적으로 담배에 중독되는 청소년 수도 줄일 수 있을 것이다.

금연 광고? 이건 좀 애매하다. 나는 금연 광고의 효과를 극대화하려면 담배를 많이 피우는 것이 곧 청소년을 다루는 어른들의 전략에 넘어가는 일이라는('청소년은 담배 산업의 호구였다'는 식으로) 메시지를 전달하는 광고를 만들 것을 제안한다. 청소년이 담배 한 갑을 구매할 때마다 배 나온 담배 회사 사장들이 탐욕스럽게 낄낄대는 장면을 보여 주는 것도 좋겠다. 멍청한 십대에게 '흡연이 아주 멋진 일이고 담배를 피우면 섹시해 보인다'는 메시지의 담배 광고를 보여 주자면서 음모를 꾸미는 어른들의 모습을 그린 광고는 어떨까. 요컨대 흡연은 **우리**가 아닌 **그들**이 원하는 일이라는 걸 보여 주는 것이다.[29]

내 막내딸은 더 이상 십대가 아니다. 담배도 끊은 지 몇 년 됐다. 데이브 배리는 어떤지 모르겠다.

▶ 말썽꾸러기들

이 장 첫머리에 인용한 글에서 테리 머핏은 법을 어기는 것이 십대의 생활에서 아주 일상적이라고 했다. 범죄자(특히 남성)는 십대에서 이십대 초반 사이에 가장 많이 분포되어 있다. 머핏이 관찰한 십대 남자아이들 표본을 살펴보면, 18세 청소년 중 법을 어긴 적이 한 번도 없다고 답한 사람은 7퍼센트에 불과했다. 유년기와 25세 이후에는 범죄 행위가 매우 드물다. 말썽을 일으키는 장본인들은 대개 아이도 아니고 그렇다고 어른도 아닌 이들이다.

이 젊은 범법자들은 대부분이 착한 어린이라는 말을 들으며 성장했고, 시간이 흐르면(나중까지 살아 있다면) 결국에는 법을 잘 지키는 어른이 된다. 머핏이 말했듯 그들의 일탈 행동은 "일시적이고 상황에 따른다". 즉, 사회적 맥락에 기대어 있다.[30] 일반적으로 비행은 아이 혼자서가 저지르는 일이 아니다. 친구들과 함께할 때 저지를 수 있다.

비행 청소년이 반사회적인 행동을 한다고 해서 사회화되지 않은 것은 아니다. 문제 있는 아이일지는 모르지만 대부분 아예 "구제불능"이 되지는 않는다. 언론에 나온 비행 청소년의 인상이 험악해 보이는 이유는 경찰에게 붙잡혔기 때문이다. 이런 아이들은 대부분 자신의 사회적 맥락에 적합한 행동을 하는 정상적인 인간이다. 당신 눈에는 못마땅할지도 모르지만 이 청소년들은 자기 집단의 규범을 충실하게 따른다. 그들은 집단에서 특정 지위를 차지하고 싶어 하거나 현재의 지위를 잃지 않기 위해 불법적인 일을 하는 것이다. 그들을 변화시키고 싶은가? 그렇다면 비행 청소년 집단의 가치관을 바꿔보라. 쉽지는 않겠지만.

내가 너무 비관적으로만 말하고 있다. 어른들은 청소년에게 일부 영향을 미친다. 십대 집단의 규범은 부분적으로 어른 집단의 규범에 기초해 있으며 기존의 문화적 토대, 특히 미디어에 많은 영향을 받는다. 나는 미디어의 폭력 미화가—폭력을 진부하게 만든 게 더 나쁠지도 모르겠다—바로 지난 삼십 년간 범죄행위가 크게 증가하는 데 기여했다고 생각한다.[31] 산안드레스에서는 거의 모든 사람이 일상적으로 폭력을 행사하면서 살기 때문에 아이들 역시 폭력 행위를 당연하게 여기면서 성장한다. 북미와 유럽의 아이들은 텔레비전과 영화를 통해 폭력적인 장면을 보기 때문에 폭력 행위를 당연하게 여기면서 성장한다. 아이들은 이런 관념을 간직한 채 또래집단에 합류하고 친구들도 모두 비슷한 환경에서 비슷한 텔레비전 프로그램을 보면서 생활하기 때문에 이들은 폭력적인 행동을 집단의 가치관으로 삼는다. 우리 사회에서는 이렇게 행동하는 게 **당연하다**는 식으로 말이다.

폭력적으로 행동하는 게 당연한 사회가 **실제로** 있다. 야노마모족 남성은 아내의 행동이 마음에 들지 않으면 급소를 피해서 몽둥이로 아내를 때리거나 아내의 몸에 활을 쏜다. 야노마모족에 납치되었던 브라질 여자아이 헬레나의 사례를 보자. 헬레나는 결혼 적령기가 되자 푸지웨라는 야노마모족 추장의 아내가 되라는 명령을 받았는데 그때 추장은 이미 아내가 넷이나 있었다. 푸지웨는 야노마모족의 기준으로 보면 상당히 괜찮은 남자였지만—여러분, 헬레나는 그를 사랑했답니다!—한번은 헬레나의 잘못도 아닌 일에 화를 내더니 그의 팔을 부러뜨렸다.[32]

이런 사회에서는 폭력적으로 행동하지 **않는** 아이가 오히려 따돌림을 당한다. 미국 사회에서는 하위문화권마다 동네마다 폭력을 용인하거나 가게 물건을 훔치고 마약을 흡입하는 일 등에 서로 다른 태도를 보인다.

고등학교의 또래집단들 사이에도 차이가 있다. 유유상종이라는 말마따나 공격성이 높고 자극 추구 성향이 강한 십대 아이는 자기와 비슷한 아이들을 금세 알아보고 무리를 만든다. 이런 성격은 어느 정도 유전적이기 때문에 아이가 자기와 비슷한 또래들을 찾는다는 것은 어떻게 보면 자기와 비슷한 유전자를 찾는 것이다.[33]

비행의 원인을 파악하려면 먼저 이 문제에 관련된 네 가지 요인—문화, 문화 안에서의 나이 범주, 나이 범주 안에서의 또래집단, 또래집단 안에서의 개인—을 이해해야 한다. 어떤 문화에서는 자극적이고 공격적인 행위를 권장한다. 나이 범주가 셋 이상인 문화에서는 십대와 어른 사이에 쉽게 충돌이 발생한다. 그리고 다양한 또래집단이 있는 학교에서는 불량한 행동을 자랑스러워하고 순둥이들과 자기들을 차별화하는 집단이 있다. 그리고 다양한 또래집단이 있는 상황에서 아이는 자신의 개인적 특성에 따라 스스로를 분류하고, 여기에 가장 적합한 집단에 이끌린다.[34]

비행 청소년을 선도하기 위해 고안된 각종 프로그램들은 계속해서 실패해 왔다. "이달의 인물"* 프로그램을 거친 아이의 재검률은 프로그램을 거치지 않은 아이들과 거의 차이가 없거나 더 높았다. 교도소 또는 소년원처럼[35] 비행 청소년을 가혹하게 다루는 방법일수록 선도의 효과는 더욱 낮았다. 지금까지 이야기한 내 관점으로 본다면, 범죄를 저지른 아이

---

* 청소년 선도 프로그램의 일종.—옮긴이

들을 한 곳에 모아 놓았으면 결과적으로 아이들이 범죄를 정상적인 일이라고 여기게 된다는 것을 독자들도 짐작할 수 있으리라 믿는다.[36]

범죄 행위에 대해서는 다음 장에서 자세히 논할 것이다.

▶ 아동기에서 노년기까지

청소년기는 다른 말로 순응기라고 한다. 또래의 영향에 가장 민감한 시기라는 뜻이다. 그러나 또래의 영향력에 민감한 현상은 어떤 나이대든 마찬가지다. 나는 청소년기보다 유년기가 더 주위에 쉽게 순응하는 시기라고 생각한다. 사회심리학자 솔로몬 애쉬는 7장에 언급했던 집단 순응 실험을 통해 실험 참가자들 중에서 가장 쉽게 다수의 의견에 순응하는 연령이 10세 이하라는 사실을 발견했다. 다른 아이들이 잘못된 지각 판단을 내렸을 때에 올바른 판단을 내리고 자기 생각을 끝까지 고집하는 아이는 실험 참가자들 중 극히 일부였다.[37] 유년기는 집단 순응의 압력이 가장 강력한 시기다.

만일 당신이 아이에게 부모와 친구들 중에서 누가 더 많은 영향을 주는지, 곧 부모와 친구들이 서로 다른 말을 할 때 어느 쪽을 따르겠냐고 **묻는다면**, 부모님 말을 들을 거라고 답하는 아이가 더 많을 것이다.[38] 하지만 이 질문은 맥락을 벗어난 상태에서 던져졌으며, 질문을 하는 당신은 어른 집단에 속해 있다. 아이는 이 질문을 "어느 쪽을 더 사랑하니?"라는 뜻으로 받아들일 수 있는데, 당연히 아이는 친구보다 엄마 아빠를 더 사랑한다. 이럴 경우에 아이의 대답은 개인 관계의 차원에서 나온 것이고, 아이가 집 밖에서 어떻게 행동할지를 궁극적으로 결정하는 집단 관계의 차원은 배제된다.

유년기는 동화同化의 시기다. 유년기 아이는 나이와 성별이 같은 집단 아이들의 행동을 학습한다. 이것이 바로 아이들의 사회화 방식이다. 나이 범주가 어린이와 어른밖에 없는 사회에서는 열네 살 정도면 어른이라고 해도 이상하지 않다. 이런 사회에서는 어른이 됐을 때 해야 할 일이 아주 명확하게 규정되어 있다. 열네 살 아이가 선택하고 고민할 여지는 별로 없다.

유년기는 차별화의 시기이기도 하다. 아이는 자신을 다른 아이들과 비교하며 그 과정에서 자기가 어떤 사람인지(상냥한지, 무뚝뚝한지, 민감한지, 둔감한지)를 깨닫는다. 이때 비교 대상은 같은 집단의 아이들, 즉 나이와 성별이 같은 다른 아이들이다.[39] 아이는 이때 얻은 자기 이해를 바탕으로 다음 나이 범주에 합류한다.

청소년기가 있는 사회에서는 청소년기를 잘 활용해야 한다. 문명사회에서 어른들은 전문성을 가져야 하며, 사회에는 선택 가능한 전문 분야가 다양하게 존재한다. 청소년기는 자신의 전문 분야를 결정하는 시기다. 청소년은 자신을 특정 집단의 일원으로 분류함으로써 자기 자신을 정의한다. 그들은 한 길을 선택하고 그 길만을 고집한다. 내 막내딸이 보여 준 것처럼, 길을 바꿀 수 없는 것은 아니다. 하지만 선택의 폭은 줄어든다. 검정고시 수료증과 대학 학위는 차이가 있다. 스물여덟 살에 대학을 들어가는 것과 열여덟 살에 들어가는 것은 분명 다르다.

어른도 아이와 마찬가지로 자신의 행동을 사회적 맥락에 맞게 재단한다. 윌리엄 제임스는 자녀에게는 상냥하지만 부하들에게는 엄격한 어떤 남자 군인의 사례를 소개했다.[40] 하지만 이렇게 일시적인 행동의 변화는 어린 사람을 대하는 태도를 장기적으로 바꾸지는 못하는 것으로 보인다. 유년기와 청소년기는 행동 양식과 특정 행동을 했을 때 드는 생각과 느낌을 축적하는 시간이며, 이것들은 남은 일생에 걸쳐 영향을 미친다. 어른의 성격은 변화에 강하게 저항한다. 제임스가 묘사한 것처럼 "성격은 석고덩어리처럼 굳어진다." 백 년 전 제임스가 "버릇"에 대해 묘사한 것만 봐도, "어른이 버릇을 고치기란 몸에 걸치고 있던 코트가 바닥에 떨어지면서 새 옷처럼 곱게 접히는 것보다 어렵다."[41]

어른의 언어도 쉽게 바뀌지 않는다. 뭔가 바뀐다면 언어 습관이 굳어지는 방향일 것이다. 열세 살이 넘으면 완벽한 억양으로 새로운 언어를 학습하기 힘들다. 한 이민 가정 안에서 자란 형제라도 미국으로 올 때 형은 청소년기이고 동생은 유년기라면 성인이 되었을 때 다른 억양을 구사할 수 있다. 동생은 완벽한 미국 영어를 구사하고, 형에게는 외국 억양이 남아 있다.[42]

유년기는 사람들이 사회에 적합한 언어와 행동 방식을 학습하는 시기다. 이 시기의 학습은 매우 깊은 수준에서 진행되므로 일반적인 의식 차원으로는 접근이 불가능하다. 아이는 부모가 지적하기 전까지는 친구들과 있을 때 사용하는 말과 습관을 부모 앞에서도 사용하고 있다는 사실을 깨닫지 못한다. 어른이 되고 나서 자신의 행동과 말하는 방식을 바꿔보려고 의식적으로 노력하더라도 매우 어렵거나 아예 불가능하다. 이 책에서는 이처럼 다분히 무의식적이고 자기도 모르게 나오는 행동 양식을 다룬다. 이런 것들은 부모가 아닌, 또래들로부터 배우는 것이다.

심리학자들은 살아가는 데 없어서는 안 될 특정 사건이 반드시 일어나야 하는 인생의 단계를 가리켜 **결정적 시기**critical period라고 한다. 예를 들어 새끼오리의 각인 같은 일이 일어나는 시기다. 다른 시기에는 좀처럼 일어나기 힘든 사건이 매우 쉽게 발생하는 시기를 가리키는 민감기sensitive period라는 심리학 용어도 있다. 유년기는 "자신의" 언어를 학습하고 "자신의" 성격을 형성하는 민감기라고 할 수 있다. 이 시기에 형성된 성격과 언어는 청소년기를 지나는 동안 알게 모르게 다듬어지기도 하지만 그 기본 틀은 변하지 않고 굳게 자리 잡는다.

우리가 유년기와 청소년기에 또래집단 속에서 형성한 성격은 남은 생애동안 우리와 함께한다. 다초점렌즈 안경이 필요한 나이가 돼도 우리는 여전히 "나"의 눈으로 사물을 바라본다. 이 일관되고 불변하는 "나"는 그 그릇이라 할 수 있는 육체의 변화를 관찰하면서 계속해서 놀라고 즐거워하고 또 때로는 당황스러워한다. 노인들은 자신의 노쇠한 외면 때문에 젊은이들이 진정한 자기를 알아보지 못하는 것을 두려워한다. 어떤 사람은 내면의 정체성과 외부의 육체가 점점 더 불일치해가는 자기 몸을 받아들이지 못하고 노화를 의도적으로 멈추거나 방향을 바꾸기도 한다. 의학 기술의 발전 덕택이다.

나도 이러한 불일치를 민감하게 느끼고 있지만 아직까지는 몸의 변화를 막기 위해 한 일은 아무것도 없다. 언젠가 나는 거울에 비친 나 자신을 쳐다보다가 희어가는 머리카락과 얼굴에 퍼져가는 주름살을 보고 잠시 바보 같은 기분에 젖어든 적이 있다. 고등학교 연극의 할머니 배역에나 어울릴 그 우스꽝스러운 꼴이라니! 머리에는 하얀 분을 뿌리고 얼굴에는 아이브로우로 주름살을 그려넣은 것 같았다. 물론 아무리 씻어도 지워지지 않겠지만.

열일곱 살에서 스물다섯 살 사이 언젠가부터 "나"의 내면은 변화를 멈췄다. 변화를 멈춘 이유는 아마도 뇌가 완전히 성숙했기 때문일 것이다. 그렇다면, 여자보다 늦게 성숙하는 남자는 조금 더 오래 유연한 채 남을 수 있을 것이다. 아마도 어른은 더 이상 아이들처럼 또래집단을 만들지 않기 때문일 것이다. 그렇다면, 대학에 가는 사람들은 그렇지 않은 사람보다 오래 유연할 수 있을 것이다. 아니면, 성인들은 집단과 생각을 같이 하지 않았을 때 돌아오는 불이익이 심하지 않아서일 수도 있다. 불이익이 심하다면, 교육 수준이나 성별에 따른 구조적 차이는 존재하지 않았을 것이다.

우리는 유년기와 청소년기의 또래집단 속에서 형성되고 다듬어진 성격을 무덤까지 가지고 간다. 내 어머니는 알츠하이머를 앓고 계셔서 더 이상 말을 하실 수 없지만 여든까지는 그럭저럭 말을 하실 수 있었다. 어

머니의 팔순 생신에 나는 어머니께 "지금 몇 살인지 알고 계세요?"라고
물었다. 어머니는 내 질문을 이해하셨지만 대답을 내놓을 만한 기억이
남아 있지 않았다. 어머니는 정답을 찍는 듯한 표정으로 입을 열었다.

"스무 살?"

13. 역기능 가정과 문제아

〈미국의학협회지JAMA〉의 한 논설에서 칼 매켈리니는 어린이 살인자라고 불렸다. 어린이들을 죽였다는 뜻이 아니라, 살인을 저지른 범인이 일곱 살 소년이라는 뜻이다. 1896년에 실린 이 논설은 역사적 호기심 차원으로 인해 100년이 지난 후 〈JAMA〉에 다시 실렸다.

칼이 저지른 범죄에 대해 세세하게 알려주기는 쉽지 않다. 왜냐하면 논설의 초점이 살인자 본인이 아니라 그 어머니에게 있기 때문이다.

칼을 임신한 기간 동안 매켈리니 부인은 소설에 파묻혀 지냈다. 매켈리니 부인의 마음은 피비린내 가득한 상상 속 범죄에 밤낮없이 사로잡혀 있었다. 매켈리니 부인은 여성 특유의 정교하고 섬세한 감각을 발휘하여, 소설에 실린 비현실적 비극과 살인 동기, 극악함 등을 마치 현실인 듯이 느끼면서 읽었다. 그 결과, 칼을 출산하기 몇 주 전부터 매켈리니 부인의 정신은 끔찍하리만치 황폐해졌다. 부인의 아들인 칼은 범죄 성향이 비정상적으로 발달한 아이였다. 칼은 비인간적인 행위에서 쾌감을 느꼈고 그 기이한 취향을 만족시키는 데는 끔찍한 잔인성이 필요했다.…어떤 범죄 기록에서도 이것만큼 끔찍한 사건을 찾아보기는 힘들 것이다. 아이가 성장할수록 정신 상태도 더욱 악화되어 갈 것이다. 칼은 사회에 위협적인 존재다.

논설을 쓴 의사의 말에 따르면 칼이 비정상적으로 자란 것은 임신 중에 읽은 책들이 어머니의 마음에 남긴 흔적 때문이다. 마음속 깊이 남은 그 흔적은 "태아의 정상적인 성장을 저해하거나 왜곡할 수 있다. 또는 아이에게 심각한 결함을 안겨줄 수 있다."

논설이 흔히 습관처럼 그러하듯 여기에서도 도덕적인 결론을 내린다.

> 과학적 전문성을 갖춘 우리 의사들은…임신 여성을 돌보는 방법과 어머니의 영향력이 지닌 위험성을 환자들에게 가르쳐야 한다. 나는 스파르타인이 엄격한 교육으로 전사를 키웠듯이 우리들도 자녀를 더 나은 인간으로 키울 수 있다고 믿는다. 미래 세대를 돕기 위해 우리가 감당해야 할 한 가지 사명은 임신 여성을 더 잘 돌보는 동시에 어머니가 얼마나 강한 영향을 미칠 수 있는지를 가르치는 것이다.[1]

"임신 여성을 더 잘 돌보는" 일에는 임신부가 읽지 말아야 할 책을 세심하게 걸러내는 일도 포함될 것이다.

지금의 독자에게는 이 논설이 분명 바보 같은 소리로 들릴 것이다. 멍청한 옛날 사람들에 비해 우리는 훨씬 똑똑하다고 생각할 것이다.

하지만 이런 가능성도 생각해 봤으면 좋겠다. 오늘날 이른바 "전문가"라는 사람들이 마치 자기는 모르는 게 없고 항상 옳다는 듯한 말투로 올바른 자녀 양육 방법에 대해 이러쿵저러쿵 떠들어대는 얘기도 백 년 전 "전문가"처럼 틀렸을지도 모른다고 말이다.

어머니의 영향에 대한 생각, 임신부가 보고 듣고 생각하는 것이 자궁 속 아이에게 영향을 끼친다는 생각은 〈JAMA〉의 논설에서 처음 나온 것이 아닌 예전부터 있어 온 보편적인 관념이다. 5장에서 나는 예전 부모들은 양육방식이 자녀가 어떻게 자라나는지를 결정한다고 믿지 않았다는 점을 설명했다. 동시에 그들은 자녀들 각자가 서로 다르며 어떤 아이는 다른 아이보다 우월한 조건으로 태어난다는 사실도 알고 있었다. 그런데 같은 부모가 낳은 자식들도 서로 제각각이기 때문에 그 다양성을 유전으로 설명하기란 쉬운 일이 아니었다. 또한 아이들 각각의 다양성은 태어난 직후(또는 아주 어릴 때)부터 나타나는 만큼 자궁 속에서 무엇을 경험했는지를 통해 다양성을 설명할 수 있다는 생각도 터무니없는 건 아니었다.

이런 논리 탓에 임신부들은 여러 문화권에서 많은 규제와 통제를 받아야 했다. 할 수 있는 말, 보고 들을 수 있는 것, 먹어도 되는 것과 안 되는 것이 하나하나 규정됐다. 이런 규정은 때로 아버지에게까지 확장되기도 했다. 아이가 어떤 문제를 갖고 태어나면 이웃들은 부모를 탓하기 시작했다. "애 엄마가 임신 중에 하지 말아야 할 일을 한 거야!" "규칙들을 지키지 않은 게 분명해." 알다시피 이런 현실은 오늘날에도 전혀 달라지지 않았다. 가장 큰 차이라면 당시에는 아이를 임신한 9개월만 조심하면 부모의 책임은 그것으로 끝이었다는 점이다.

오늘날의 부모는 끝없이 책임을 진다. 양육가설에 따르면, 만일 당신이 자녀를 제대로 키우지 못한다면 아이들은 잘못 자랄 뿐만 아니라 스스로도 "양육 기술이 결여된" 인간이 되어 결국은 **자기** 자식(즉 당신의 손주들) 역시 나쁜 인간이 될 것이다. 그 **역시** 당신 잘못이다.

나는 당신 잘못이 아닐 수 있다는 근거를 제시하여 어깨의 짐을 덜어주려고 한다. 하지만 가는 것이 있으면 오는 것도 있어야 하는 법. 당신도 해줄 일이 있다. 나는 당신이 이 글을 읽고 나서 "이 책은 부모가 애를 어떻게 대하는지는 별로 중요하지 않다고 하던데!"라고 말하고 다니지 않았으면 좋겠다. 나는 그렇게 말하지도, 그런 함의를 띠지도, 그렇게 생각하지도 않는다. 자녀를 가혹하게 대하거나 방치하는 것은 결코 옳은 일이 **아니다**. 그래서는 안 되는 이유야 얼마든지 있지만, 가장 중요한 이유는 무엇보다도 아이는 생각하고 느끼고 반응하는 한 인간이며 자신의 삶을 연장자들에게 전적으로 의존하고 있다는 사실이다. 우리가 자녀의 미래를 손아귀에 쥐고 있는 건 아니지만 자녀의 현재는 확실히 우리 손 안에 있다. 부모가 어떻게 하느냐에 따라 자녀의 오늘은 지옥이 될 수도 있다.

물론 부모 역시 생각하고 느끼고 반응하는 한 인간이라는 사실을 잊어서는 안 되며, 아이 역시 부모에게 큰 영향을 끼칠 수 있다. 아이 역시 부모의 삶을 지옥으로 만들 수 있을 것이다.

▶ 나쁜 유산

아버지의 날에 이런 만화가 실린 적이 있다. 캐시라는 이름의 통통하고 귀여운 아이가 엄마 아빠와 나란히 앉아 가족 앨범을 보고 있다. 캐시는 "아빠, 이건 내가 한 살이었을 때 아버지의 날에 찍은 가족사진이네요. 아빠가 나한테 난생 처음으로 사준 아이스크림콘요"라고 말한다. 다음 칸에서는 아빠가 캐시에게 첫 사탕을 사주는 사진을 가족들이 보고 있다. 다음 칸에는 학교의 연극 발표회에서 실수한 캐시를 위로하려고 아빠가 선물한 커다란 초콜릿 상자가 그려져 있다. 뒤이어 감자튀김, 캐러멜콘, 몰트 밀크…. 모두 아빠가 사준 것이었다. 결국 엄마는 소리친다.

> 그래! 확실한 증거야! 캐시한테 살찌는 간식을 사준 건 전부 니 **아빠**였어! 나쁜 식습관도 모두 **아빠** 때문이었어! 내 잘못은 없다고! 이제 알겠지? 캐시가 비만이라면 그건 전부 **아빠** 탓이야!

물론 그렇게 쉽게 책임을 면할 수는 없다. 캐시는 결백을 주장하는 엄마 말에 설득당하지 않는다. 그리고 만화가가 우리 앞에 내놓은 가능성은 둘 뿐이다. 엄마 탓이거나 아빠 탓이거나.[2]

이것이 바로 사람들 머릿속에서 제일 먼저 떠오르는 양육가설의 힘이다. '캐시가 비만이라면(솔직해지자. 비만인 건 사실이다) 부모가 그렇게 키웠기 때문일 거야.' 어느 칼럼니스트는 비만 아동의 부모에게 "전문가"의 말을 인용하여 이렇게 말한다.

소아과 전문의 낸시 헬드는 어른이 먼저 해야 할 일은 바로 모범을 보이는 것이라고 말합니다. "부모의 식습관이 좋지 않고 움직이길 싫어해서 가만히 앉아만 있다면 자녀들도 그대로 따라할 겁니다."[3]

만화가도, 소아과 의사도 모두 틀렸다. 부모를 탓할 점이 있다면 그저 캐시에게 물려준 유전자뿐이다. 캐시의 부모 역시 통통하고 귀여운 외모를 가지고 있었으며, 캐시는 부모에게 귀여움과 함께 통통함도 물려받은 것이다.

나는 행동유전학적으로 유전과 환경의 영향을 구분하기가 얼마나 어려운지를 2장에서 자세히 설명했다. 성격 특성을 연구하는 데 활용되는 행동유전학적 방법은 비만 연구에도 적용되는데 그 결과는 서로 상당히 유사하다. 즉, 일란성 쌍둥이들의 몸무게는 함께 자랐는지 여부와 관계없이 이란성 쌍둥이들보다 비슷하다. 그리고 입양아의 뚱뚱하고 마른 정도는 양부모 또는 새 형제자매들과는 관련성이 없다.[4]

생각해 보자. 두 아이가 한집에 입양되어 같은 양부모에게서 함께 자랐다. 양부모는 소파에 앉아 꼼짝도 않고 캐러멜 팝콘을 집어먹는 사람일 수도 있고, 날마다 헬스클럽에서 운동을 하고 브로콜리로 식이요법을 하는 사람일 수도 있다. 두 아이는 부모의 동일한 행동에 함께 노출되어 있다. 둘 다 같은 식탁에서 밥을 먹고, 같은 냉장고를 사용한다. 하지만 결국 한쪽은 비만이 되고 다른 한쪽은 빼빼 마르거나 보통 체격으로 성장한다.

뚱뚱함과 날씬함의 유전 가능성은 0.70 정도로 성격 특성의 유전보다 다소 높은 수치를 보인다. 하지만 중요한 사실은 유전자 탓으로 돌릴 수

없는, 즉 환경으로 인한 몸무게 차이를 **가정** 환경 때문이라고 단정할 수 없다는 점이다. 부모의 행동이 자녀의 몸무게에 장기적으로 영향을 끼친다는 증거는 없다. 오히려 반대의 증거는 많이 있다. 그럼에도 불구하고 칼럼니스트와 소아과 전문의라는 사람들은 부모가 "모범을 보인다면" 자녀가 적절한 몸무게를 유지할 것이라고 말한다. 자기 말은 틀릴 리가 없다는 말투로.

이는 단순히 오류가 아니라 정의롭지 못한 일이다. 당신이 몸무게 때문에 심각한 문제와 고민을 겪고 있는데 자녀들도 같은 상황에 있다고 가정하자. 그렇다면 당신은 **자신**의 나쁜 식습관과 운동 부족만이 아니라 **자녀**의 문제에 대해서도 손가락질을 당할 것이다. 당신이 비만인 것도 당신 잘못이고 자녀들이 비만인 것도 당신 잘못이다.

강조체를 남발하는 것이 좀 미안하지만 정말 화가 나서 어쩔 수가 없다. 부모가 비만이면 자녀들도 비만 아동이 되는 경향이 있긴 하다. 하지만 그것은 부모가 자녀에게 모범을 보이지 못했거나 제대로 된 식습관을 가르치지 못했기 때문이 아니다. 비만은 상당 부분 유전에 의한 것이다.

백 년 전에 〈JAMA〉의 논설위원은 일곱 살 남자아이 칼 매켈리니의 '비정상적인 범죄 성향 발달'이 엄마가 임신 중에 읽은 책 때문이라고 했다. 오늘날의 〈JAMA〉 논설위원은 매켈리니 부인이 뭔가 잘못을 저질렀다고, 아이를 낳은 **후에** 해야 할 일을 하지 않았거나 하지 말아야 할 일을 하여 아들이 문제를 갖게 되었다고 설명할 것이다. 어느 쪽이든 칼의 유전적 특성을 전혀 고려하지 않은 것은 마찬가지다. 매켈리니 부인은 범죄 소설 마니아였다. "매켈리니 부인의 마음은 피비린내 가득한 상상 속 범죄에 밤낮없이 사로잡혀 있었다." 칼과 엄마 둘 다 잔인한 범죄에 관심을 갖고 있었던 것은 절반의 유전자를 공유했기 때문인지도 모른다.

3장에서 나는 아기일 때 서로 다른 집에 입양되어 자라난 일란성 쌍둥이들의 사례를 자세히 소개했다. 깔깔 쌍둥이는 둘 다 과도하게 웃는 경향이 있었다. 짐 형제는 둘 다 습관적으로 손톱을 물어뜯었고 목공을 좋아했으며 같은 브랜드의 담배를 피웠고 같은 브랜드의 맥주를 마셨으며 같은 모델의 차를 몰았다. 어떤 쌍둥이는 둘 다 잡지를 뒤에서부터 읽었고 볼일을 다 보기 전에 미리 변기 물을 내렸으며 엘리베이터 안에서 재채기를 하는 버릇이 있었다. 둘 다 자율소방대원으로 봉사하는 쌍둥이도 있었다. 어떤 쌍둥이들은 둘 다 해수욕장에서 항상 뒷걸음질로 물에 들어가고 물이 무릎까지 차면 더 이상 들어가지 않았다. 어떤 쌍둥이는 둘 다 총 만드는 일을 했고, 둘 다 패션 디자이너인 경우도 있고, 둘 다 결혼을 다섯 번이나 한 경우도 있었다. 이런 쌍둥이들의 사례는 스포츠신문 기자의 머릿속에서 꾸며진 얘기가 아니라 저명한 과학자들이 권위 있는 학술지에 소개한 것이다. 우연이라고 치부하기에는 이런 사례가 너무 많다. 아기일 때 떨어져서 따로 성장한 **이란성** 쌍둥이에게서는 이런 소름끼치는 유사성을 거의 찾아볼 수 없다.[5]

행동유전학 연구는 인간의 성격 형성에 유전이 어느 정도 영향을 미친다는 사실에 대한 의심을 걷어냈다. 어떤 사람은 남보다 화를 잘 내기도 하고 더 외향적이기도 하고 더 섬세하기도 하다. 이러한 개인차는 후천적 경험뿐 아니라 선천적으로 타고난 유전자가 작용한 결과다. 영향력의 정확한 비율(유전과 경험이 각각 얼마나 영향을 미치는지)은 중요하지 않다. 중요한 것은 유전적 요인을 무시해서는 안 된다는 사실이다.

하지만 유전적 요인은 흔히 무시되곤 한다. 입양아 에이미의 경우를 생각해 보자. 에이미의 사례는 성공적인 입양이라고 볼 수 없었다. 양부모는 에이미를 못마땅하게 여겼고 자기네 큰아들을 편애했다. 부모는 학업 성취를 중요하게 여겼지만 에이미는 학습 장애 증상을 보였다. 부모는 평범하고 소박하며 감정을 절제하는 삶에 가치를 두었지만 에이미는 화려하게 꾸미기를 좋아하고 툭하면 꾀병을 부리는 아이였다. 열 살이 되자 에이미는 심각한(다소 희미했지만) 정신질환 증상을 보였다. 에이미는 병적으로 미숙하고, 사회성도 없고, 지나치게 극적으로 감정 표현을 하는 아이가 되었다.

　물론, 자연스런 일인지도 모르겠다. 에이미는 거부당한 아이였으니까. 이 사례에서 흥미로운 점은 에이미에게 일란성 쌍둥이 자매 베스가 있었다는 사실이다. 베스는 에이미와 다른 집으로 입양되었는데 에이미와는 달리 새로운 가족에게 환대를 받았다. 베스의 양부모는 공부에 크게 신경 쓰지 않았기 때문에 학습 장애(쌍둥이 자매 모두 학습 장애가 있었다)를 별로 문제 삼지 않았다. 에이미의 경우와는 달리 베스의 어머니는 마음이 열려 있고, 자상하며, 자녀를 열심히 격려하는 사람이었다. 그럼에도 불구하고 베스는 에이미와 마찬가지로 성격장애를 겪었다. 이들을 연구한 정신분석학자는 만일 자신이 쌍둥이 중에서 한쪽만 만났다면 성격장애의 원인을 가정 환경 탓으로 돌렸을지도 모르겠다고 고백한다. 하지만 이들은 두 사람이었다. 아주 다른 가정에서 자랐지만 같은 증상을 보이는 두 사람.[6]

　같은 유전자에 같은 증상. 우연이라고 보기 어렵다. 에이미와 베스는 친부모로부터, 즉 자기들을 입양 보낸 여자와 그 여자를 임신시킨 남자로부터 유전자를 물려받았다. 그리고 그 유전자의 어떤 부분으로 인해 비정상적 증상들이 발현되었다. 에이미와 베스가 친부모로부터 "물려받았다"는 말을 오해하지 않았으면 좋겠다. 에이미와 베스의 친부모는 실제로는 심리적으로 아무 문제가 없는 사람일지도 모른다. 유전자의 조합은 조금만 달라져도 그 결과가 크게 바뀔 수 있다. 그리고 유전적으로 완전히 같은 조합을 갖는 사람은 일란성 쌍둥이뿐이다. 이란성 쌍둥이들은 서로 얼마든지 달라질 수 있으며 부모와 자식 사이도 마찬가지다. 아이에게는 친부모 중 어느 쪽에도 없는 특징이 나타날 수도 있다. 하지만 통계학적 관련성은 분명히 있다. 어떤 사람이 심리적 문제를 갖고 있을 때 그의 친부모나 자식 역시 비슷한 문제를 갖고 있을 확률은 우연 이상이다.

부모에게 문제가 있으면 자녀도 같은 문제를 보이곤 하는 한 가지 이유가 바로 유전이다. 이는 간단하고 분명하며 부인하기 힘든 사실이다. 그리고 심리학계에서는 흔히 외면하는 요인이기도 하다. 발달심리학자와 임상심리학자가 유전적 요인에 별로 주목하지 않는 현실을 생각해 보면, 우리는 아직도 존 왓슨이 자기에게 아기를 맡겨준다면 의사로, 변호사로, 거지로도, 도둑으로도 만들 수 있다고 호언장담하던 시대에 살고 있는 것만 같다.

도둑. 여기서 이야기를 시작하는 것이 좋겠다. 독자들은 부모가 제공하는 환경적 요인, 부모의 양육방식 또는 양육의 결핍을 탓하지 않고서도 자녀의 범죄 행동criminal behavior을 설명할 수 있을지 지켜보라. 무조건 다 유전 때문이라고 하지는 않을 테니 걱정할 필요는 없다. 하지만 유전을 말하지 않고서는 범죄 행동을 제대로 설명할 수 없다. 이게 거슬린다면 가서 차분히 찬물 샤워라도 하시길.

▶ 범죄 행동

어떻게 하면 아이를 도둑으로 만들 수 있을까? 찰스 디킨스의 『올리버 트위스트』에 나오는 페이긴이라면 왓슨에게 좋은 방법 몇 가지를 가르쳐줄 수 있을 것이다. 배고픈 남자아이를 네댓 명 모아서, 그들을 **우리**로 묶어주고, 이들에게 소매치기 방법을 가르치면서 적절하게 격려해준다. 그리고 부자들을 **그들** 집단으로 느끼게 하면 된다. 이렇게 집단 간 경쟁을 조장하는 것이다. 이는 우리 인류의 전통이며 정상적인 인간(특히 남자)에게서 거의 예외 없이 발견되는 잠재적 속성이다. 해맑은 얼굴로 등교하는 당신의 아들도 실은 얇은 가면을 쓴 전사일 뿐이다.

페이긴의 방법은 런던의 슬럼가 아이들에게 완벽하게 먹혀들었다. 그래서 아이들을 충실한 부하로 만들 수 있었다. 하지만 올리버에게는 잘 먹혀들지 않았다. 찰스 디킨스는 올리버가 애초부터 착한 성품을 갖고 태어난 덕분이라고 보는 모양이지만 우리는 이제 다른 가능성도 있다는 걸 알고 있다. 올리버는 자신을 페이긴 수하의 아이들과 동일시하지 않은 것이다. 다른 아이들은 모두 런던 태생이었지만 올리버는 그렇지 않았다. 아이들이 사용하던 도둑의 은어가 올리버에게는 외국어나 마찬가지였다. 서로 다른 점이 너무 많았고, 올리버가 너무 빨리 경찰에 연행되었기 때문에 무리에 동화되기에는 시간이 충분치 않았다.[7]

『올리버 트위스트』가 출간된 1838년 당시에는 선천적으로 착하게 태어나는 사람과 나쁘게 태어나는 사람이 있다는 믿음이 널리 퍼져 있었다. 그리고 악한 성품은 인종이나 혈통을 통해 어느 정도 예측할 수 있다는 생각도 받아들여졌다. 디킨스는 소설에서 페이긴을 가리킬 때 이름과 함께 "유대인"이라는 표현도 사용한다. 최악의 시대는 결코 아니었지만, 최고의 시대도 아니었던 것 같다.

오늘날에는 어떤 아이는 선천적으로 못되게 태어난다는 개인 차원의 설명이나 집단 전체를 매도하는 집단 차원의 설명 모두 정치적으로 올바르지 못하다고 여겨진다. 그래서 서구 문화권의 인간관은 장 자크 루소가 내세웠던 견해, 요컨대 모든 아이는 선하게 태어났고 사회(즉 환경)가 이 선한 성품을 더럽힌다는 쪽으로 돌아갔다. 루소의 견해가 낙관주의인지 비관주의인지는 잘 모르겠다. 분명한 건 루소의 설명으로는 풀리지 않는 부분이 너무 많다는 사실이다. 디킨스 시절에 런던의 슬럼가에서 자라난 아이라고 해서 모두 아트풀 다저*가 되지는 않는다. 같은 집에서 자라났다고 해도 한 아이는 전과를 쌓아가는 반면에 다른 아이는 준법정

---

* 『올리버 트위스트』의 등장인물. 본명은 잭 도킨스로 올리버 트위스트를 속여 페이긴의 소매치기 무리에 끌어들인다.─옮긴이

신이 투철한 인간으로 성장하기도 한다.

　이제 우리는 더 이상 선천적으로 못되게 태어나는 아이도 있다고 말하지 않지만 이 말은 표현만 조금 달리한 채 여전히 돌고 있다. 오늘날 심리학자들은 어떤 아이는 "까다로운" 기질을 타고난다고 말한다. 부모가 다루기 까다롭고 사회화시키기가 까다롭다는 것이다. 이렇게 키우기도 어렵고 사회화되기도 어려운 아이의 특징은 얼마든지 늘어놓을 수 있다. 장난이 심하고, 폭력적이고, 충동적이고, 화를 잘 내는 기질. 반복되는 일에 쉽게 싫증을 느끼고, 자극적인 것을 추구하는 기질. 몸이 다칠 수도 있는 일에 겁내지 않는 기질. 타인의 감정을 배려하지 않는 태도. 그리고 평균 이하의 지능과 신체발달.[8] 그리고 이 모든 특성에는 유전적 요소가 유의미하게 관련되어 있다.

　발달심리학자들은 다루기 힘든 아이와 양육 기술이 미숙한 부모가 만날 때 어떤 결과가 나타나는지 이야기한다(유전자는 임의로 분배되기 때문에 불공평한 상황이 많이 발생한다). 남자아이(대개 남자아이이다)와 아이의 엄마(대개 아빠는 빠진다)는 상황이 점차 악화되는 악순환에 빠져드는데 그 악순환이란 이를테면 이렇다. 엄마는 아이에게 해야 할 일과 하지 말아야 할 일을 가르친다. 아이는 엄마의 말을 무시한다. 엄마는 다시 가르치고 아이는 짜증을 낸다. 그리고 엄마는 포기한다. 결국 엄마도 화가 나서 아이를 심하게 체벌한다. 하지만 교육적 효과를 거두기에는 이미 늦어버렸고 일관성도 잃어버렸다.[9] 아이는 이미 누군가에게 혼나는 것 따위는 전혀 신경 쓰지 않는다. 오히려 지루하던 참에 잘됐다고 생각할지도 모른다.

　역기능 가정dysfunctional family. 그렇다, 이런 가정은 실제로 존재한다. 이 점에는 의문의 여지가 없다. 가보고 싶지도 않고, 거기서 살고 싶은 생각도 추호도 들지 않는 가정이 있다. 아이의 친아버지조차도 역기능 가정에서는 살고 싶어 하지 않는다. 이런 가정과 관련된 오래된 농담이 하나 있다.

심리학자: 조니한테 잘 해주셔야 해요. 조니네 집은 깨어진 가정이거든요.

교사: 놀랄 일도 아니군요. 조니라면 어떤 가정이든 깨뜨릴 수 있을 테니까요.

키우기 어렵다는 것과 사회화시키기 어렵다는 것. 많은 심리학자들은 이 둘을 사실상 같은 말로 여겼다. 이는 아이를 사회화시키는 것이 부모의 역할이라고 전제했기 때문이다. 내가 보기에 이 둘의 의미는 전혀 다르다. 아이는 부모의 유전자를 물려받으며 어디를 가든 유전자의 영향을 벗어날 수 없으므로 아이와 부모가 일정한 상관관계를 보인다는 사실은 부정할 수 없다. 하지만 부모가 아이를 양육하는 집 안의 맥락과 실제로 사회화가 이루어지는 집 밖의 맥락은 상당히 다르기 때문에 그 상관관계는 별로 강하지 않다. 집에서 밉살스러운 짓을 한다고 해서 집 밖에서도 그러라는 법은 없다.[10] 조니는 어디서나 밉살스러운 짓을 하는지도 모르지만 다행히도 그런 아이는 많지 않다.

사회화라는 단어는 많은 경우에 가정교육을 통해 아이에게 행해지는 도덕성 훈련이라는 의미로 사용된다. 다시 말해, 아이가 도둑질을 하지 않고 거짓말하지 않고 시험에서 부정행위를 하지 않도록 가르칠 책임이 부모에게 있다는 것이다. 하지만 반복해서 말하건대 아이가 집 안에서 보이는 행동과 집 밖에서 보이는 행동 사이에는 상관관계가 크지 않다. 집에서 남몰래 나쁜 일을 한다고 해서 학교에서 시험을 볼 때나 운동장에서 경기를 할 때에도 남몰래 부정행위를 하거나 속임수를 쓸지는 분명치 않다.[11] 학습으로 얻어지는 다른 사회적 행동들이 그렇듯이 도덕성 역시 그것이 획득된 맥락과 긴밀하게 관련된다. 만일 아트풀 다저에게 엄마가 있었다면 그도 엄마 앞에서는 더할 나위 없이 착하고 성실한 모습을 보여줄지도 모를 일이다.

또한 엄마가 살아 있었다면 올리버가 엄마에게 거슬리는 아이가 되었을지도 모른다는 상상은 더더욱 힘들어 보인다. 올리버는 어디에서나 친구를 사귀었고 여자들은 올리버에게 호감을 느꼈다. 상냥한 천성과 귀여운 외모가 힘을 발휘한 것이다. 디킨스의 묘사에 따르면 올리버는 까다로움과 정반대의 성품을 지닌 아이였다. 타인의 감정에 민감하고 체벌과 고통을 두려워하는 아이였다. 어쩌면 소심하다고 할 수 있을지도 모르겠다. 영리했고, 충동적이지 않고, 평화적인 성품의 소유자였다.[12]

디킨스의 생각은 옳은 걸까? 어떤 아이들은 정말 착하게 태어나는 걸까? 존 왓슨이라면 실행하고도 남았을 실험을 한번 해보자. 유죄 판결을 받은(혹은 나중에 유죄 판결을 받을) 부모의 아기들과 평판이 좋은 부모의 아기들을 새로운 가정에 입양시키는 것이다. 그리고 양부모의 조건을 섞어보자. 각 그룹의 아이들을 각각 선량한 양부모와 사기꾼 양부모에게 입양시키고 비교해보는 것이다. 너무 비인간적인 실험 같은가? 하지만 입양 중개 단체에서 이미 하고 있는 일이다. 아기를 일부러 범죄자 가정에 보내지는 않겠지만 어쨌든 결과적으로 그렇게 되어버리는 경우가 있다. 그리고 덴마크처럼 입양 기록과 범죄 기록을 철저하게 관리하고 보존하는 나라에서는 그 결과에 대한 분석이 가능하다. 그리하여 연구자들은 아기일 때 입양된 덴마크 남성 4000명에 대한 데이터를 얻을 수 있었다.[13]

데이터를 살펴보면 아기를 입양 보낸 부모들 중에는 유죄 판결을 받은 사람이 많았지만 아기를 입양한 양부모 중에는 범죄자가 별로 없었다. 그렇기 때문에 선량한 부모로부터 사기꾼 부모로 아기가 입양된 사례를 찾기란 쉽지 않았다. 이 드문 사례들 중에서 전체 입양아의 15퍼센트가 범죄자로 성장했다. 그런데 친부모와 양부모 모두 범죄자가 아닌 아기가 범죄자로 성장하는 비율은 14퍼센트였다. 거의 차이가 없었던 것이다. 이 결과를 놓고 보면 범죄자 가정에서 자란다고 해서 범죄 성향이 적은 아이가 범죄자로 자랄 가능성은 희박하다는 것을 알 수 있다. 무덤에 계신 왓슨 씨를 계속 공격하는 것도 미안하니 이제 이쯤에서 그만둬야겠다.

그런데 친부모가 범죄자였던 입양아를 살펴보면 얘기가 좀 달라진다. 친부모가 범죄자인데 선량한 양부모 가정으로 입양된 아이들 중에는 20퍼센트가 범죄자로 성장했다. 그리고 친부모와 양부모 모두를 잘못 만났던 소수 집단—친부모도 범죄자였고 양부모도 범죄자인 경우—에서는 거의 25퍼센트가 범죄자가 됐다. 이런 결과를 보면 단순히 유전만이 아니라 가정 환경이 뭔가 중요한 작용을 한 것 같아 보인다. 요컨대 올리버 같은 아이를 범죄자로 만들기는 어려울지도 모르지만 아트풀 다저 같은 아이는 범죄자로 자랄 수도 있고 선하게 자랄 수도 있다는 것이다. 만일 아트풀 다저를 범죄자 가정에 맡긴다면 범죄자로 자랄 가능성은 더 높아질 것이다.

하지만 결론을 내리기엔 아직 이르다. 범죄자 가정에서 자란 입양아—그리고 유전적으로도 범죄자가 될 잠재성을 지닌 아이—가 실제로 범죄자로 자랄 가능성은 그 가정이 어느 지역에 거주하는지에 따라 달라진다. 범죄자 가정에 입양된 덴마크의 입양아들 중에서 범죄 성향이 증가한 경우는 연구 참여자들 중의 일부였는데 이들은 코펜하겐이나 그 인근 지역에 거주하고 있었다. 소도시나 시골 지역에서는 범죄자 가정에 입양됐더라도 선량한 가정에 입양된 경우보다 범죄자가 될 가능성이 높지 않았다.[14]

친부모가 범죄자인 아기를 범죄자로 만든 것은 아기를 입양한 범죄자 가정이 아니라 그들이 아이를 키운 **지역**이었다. 범죄 발생 빈도는 지역마다 다르고, 덴마크의 시골 지역에서는 높은 범죄율을 보이는 곳을 찾기가 매우 힘들 것이다.

사람들은 대체로 자기와 생활 방식이나 가치관이 비슷한 이웃이 모여 있는 지역에 거주한다. 이는 상호간에 주고받는 영향 때문이기도 하고, 특히 도시에서는 유유상종의 결과이기도 하다. 이런 환경에서 아이들은 부모의 친구나 이웃집의 자녀들과 어울리면서 성장한다. 아이들은 이들과 함께 또래집단을 형성하고 이 또래집단 안에서 사회화된다. 만일 부모가 범죄자라면 친구들의 부모도 범죄자일 수 있다. 아이는 집에서 배운 태도와 행동들을 또래집단 안으로 가져오고, 이런 태도와 행동이 다른 아이들에게도 공통적으로 발견된다면 그 태도와 행동을 집단의 가치로 받아들이고 유지시킨다.

지금까지는 범죄와 관련된 입양 가정 연구를 소개했지만, 쌍둥이나 형제들을 통해 살펴본 범죄 연구도 있다. 쌍둥이와 형제자매에 관한 행동유전학연구들은 보통 한집에서 자라난 아이들이 공유하는 환경적 요소가 영향력이 매우 적거나 아예 없다는 결론을 냈다. 하지만 우리는 여기에 한 가지 예외가 있다는 사실을 알고 있다. 바로 한집에서 자라난 쌍둥이나 형제들이 범죄 성향에 있어 높은 수준의 유사성을 보인다는 사실이다. 다시 말해, 이들은 둘 다 범죄자가 되거나 둘 다 모범시민이 된다. 이러한 상관관계가 나타나는 원인은 대개 쌍둥이나 형제들이 공유하는 가정 환경 때문으로, 다시 말해 부모의 영향 탓으로 여겨져 왔다. 하지만 한집에서 사는 아이들은 지역적으로도 같은 환경을 공유하고 있으며 때로는 또래집단을 공유하기도 한다. 두 형제자매의 범죄 성향 정도가 서로 비슷한 현상은 두 사람의 나이가 엇비슷하거나 성별이 같은 경우에 더 뚜렷하다. 그리고 보통의 형제들보다는 쌍둥이인(일란성 쌍둥이가 아니더라도) 경우, 따로 떨어져 지내기보다는 집 밖에서 함께 어울리는 시간이 많은 쌍둥이인 경우 상관관계가 더 높다.[15]

환경이 범죄 성향에 영향을 미친다는 증거는 많지만 가정이 환경의 가장 중요한 요소임을 보여 주는 증거는 없다. 사실상 증거들은 전혀 다른 설명을 제시한다. 쌍둥이나 형제가 둘 다 문제아로 성장한다면 이는 두 사람이 서로에게 미치는 영향과 그들이 속한 또래집단의 영향 탓이라는 것이다.

앞에서 나는 십대 범죄에 대한 테리 머핏의 글과 그의 견해를 소개했

다.[16] 그는 십대의 범죄 행동을 여드름이 날 무렵에 시작되어 클리어라실*
을 쓰레기통에 버릴 때까지 진행되는 유형과 평생 지속되는 유형으로 구
분했다. 어렸을 때 착한 아이라는 소리를 듣고 어른이 된 후에도 법을 잘
지키는 사람으로 성장한다면 그는 이러한 두 유형의 사잇길을 잘 밟아나
간 경우다. 그리고 앞 장에서도 말했지만 이것은 집단 차원의 문제, 즉 연
령 집단 사이의 갈등과 관련된 것이다. 이런 아이는 대부분 심리적으로
잘못된 게 전혀 없고, 부모가 뭔가 잘못을 저지른 것도 아니다. 아이는 또
래 친구들과 어울리면서 사회화될 뿐이다.

　범죄 행동이 평생 계속되는 경우는 매우 드물다. 전체 인구에서 차지
하는 비중도 극히 일부분이며 그 대부분은 남성이다. 이들의 범죄 행동
은 대개 어렸을 때부터 시작되고—칼 매켈리니의 첫 살인은 일곱 살 때
였다—이후로 백만 번 팔굽혀펴기를 하는 건전지처럼 반복적으로 지속
된다. 전과가 많은 범죄자들은 앞서 나열했던 특징들, 즉 공격성, 공포심
이나 동정심의 결핍, 자극과 흥분을 추구하는 성향 등에 있어 높은 수치
를 기록하는 경향이 있다. 이런 사람은 어느 시대 어떤 사회에나 있기 마
련이다. 이런 사람을 추방하거나 죽여 버리는 사회에도 말이다. 북서부
알래스카의 어느 에스키모인은 인류학자에게 자기네 무리의 풍습을 소
개하면서 이런 얘기를 들려주었다. 옛날에 한 남자가 계속해서 말썽을
일으켰는데 그를 통제할 마땅한 방법이 없었다. 결국 누군가가 그를 빙
하 계곡 아래로 밀어버렸다.[17] 〈JAMA〉가 논설에서 칼 매켈리니에 대해
말했던 것처럼 그는 "공동체에 위협적인" 존재였던 것이다.

　어떤 사람들은 정말 애초부터 못되게 태어나는 걸까? 답을 해보자면,
어떤 사람들은 사회 전반적으로 용인되는 올바른 행위에 쉽게 적응하지
못하는 특성을 선천적으로 갖고 태어나며 우리는 이들을 어떻게 다루어

---

*　여드름 치료제.—옮긴이

야 할지 아직도 잘 모르고 있다고 할 수 있다. 우리는 그들에 의해 피해자가 될 위험이 있지만, 이들 역시 피해자라고 할 수 있다. 즉, 인류 진화 역사의 피해자인 것이다. 어떤 과정도 완벽하지 않으며 진화 역시 완벽하지 않다. 진화를 통해 인간의 머리가 커졌지만 그 때문에 출산의 고통과 위험성도 역시 커졌다. 그래서 예전에는 출산 중에 아이나 산모가 죽는 일이 종종 있었다. 마찬가지로 진화론적으로 선택된 특정 요소가 애초의 목적을 과도하게 달성하는 바람에 결국 인류의 자산이라기보다 도리어 책임과 문제가 되어버리는 경우가 있다. 수렵채집 사회에서 "선천적 범죄자"가 지니는 특징의 대부분은 극단적인 수준이 아니라면 그에게나 집단에게나 매우 유용했을 것이다. 두려움을 모르고 자극을 추구하며 충동적으로 행동하는 성향을 지닌 인물은 경쟁 관계의 집단에 위협적인 존재다. 공격성과 호전성, 무자비함 덕분에 그는 집단에서 우월한 지위를 차지하고 사냥꾼들 사이에서 우월한 존재가 될 수 있었다.

하지만 뛰어난 사냥꾼과는 달리 오늘날 범죄자들의 지적 능력은 평균 이하인 경향을 보인다. 나는 이를 희망적인 징후라고 생각한다. 왜냐하면 이성으로 기질을 통제할 수 있음을 암시하기 때문이다. 설사 범죄 성향이 강한 기질을 타고났더라도 일정 수준의 지적 능력을 갖춘다면, 범죄를 저질러봤자 좋을 게 없고 흥분을 느낄 수 있는 다른 방법을 찾는 편이 더 좋다는 생각을 할 수 있을 것이다.

▶ 아빠는 어디에

수렵채집 사회나 씨족 사회에서는 아이가 아버지를 잃으면 자기 목숨까지도 위태로워진다. 생명줄이 이미 가늘어진 상황이니 가위를 살짝 대기만 해도 줄이 툭 끊어지는 것이다. 어떤 사회에서는 아이가 아버지를 잃으면 아이가 제 명대로 살 때까지 기다려주지 않는다. 진화심리학 자 데이비드 버스David Buss에 의하면,

> 오늘날에도 파라과이의 아체 인디언들은 클럽 싸움*에서 한 남자가 죽으면
> 다른 부족민들이 그의 아들을 함께 죽일지 결정한다. 아이의 어머니가 버젓
> 이 살아 있더라도 말이다. 인류학자 킴 힐이 연구한 어떤 사례에서는 열세 살
> 소년이 아버지가 클럽 싸움에서 죽자 뒤따라 죽임을 당하고 말았다. 전반적
> 으로 아버지가 사망한 아이는 아버지가 생존한 아이보다 사망률이 10퍼센트
> 높다. 이것이 아체 인디언들의 자연을 거스르는 힘이다.[18]

전통사회에서는 이른바 "자연을 거스르는 힘"으로부터 자식을 보호 하는 역할을 아버지가 맡는다. 그리고 집단에서 우월한 지위를 차지한 남자는 토템 기둥의 밑바닥에 위치한 남자들보다 자기 자식을 더 잘 보 호한다. 산업사회에서도 우리는 남자아이들이 서로에게 "우리 아빠가 니 네 아빠보다 싸움 잘해!" 하고 말하는 것을 들을 수 있다. 사실 아빠들이 몽둥이는커녕 주먹질도 해보지 않았을 텐데 말이다. 생각해 보면 "우리 아빠가 니네 아빠를 **고소할** 거야!"라고 말하는 쪽이 더 그럴 듯하지만 실 제로 아이들은 그렇게 말하지 않는다(나이를 더 먹기 전까지는). 왜냐하면 이 건 돈의 문제가 아니라 힘의 문제이기 때문이다. 이 말이 담고 있는 메시 지는 "넌 나를 때릴 수 없어. 왜냐하면 우리 아빠가 너를 때려줄 테니까. 니네 아빠 따위는 우리 아빠를 이길 수 없어"다. 침팬지 무리에서 새끼가 위험에 처해 있을 때 새끼를 구하러 달려오는 쪽은 어미들이다. 어린 침 팬지들이 무리 지어 놀 때는 어미의 서열이 높을수록 새끼의 서열도 높 아진다. 새끼 침팬지들의 놀이가 너무 격해지면 서열이 높은 어미는 자

---

* 아체 인디언들의 클럽 싸움은 클럽에서 싸우는 게 아니라 클럽(몽둥이)을 들고 싸우는 것이다.

기 새끼를 감싸고 다른 새끼 침팬지들을 혼내줄 수 있다. 그들의 어미가 누구인지는 신경도 쓰지 않은 채 말이다.

"우리 아빠가 니네 아빠 혼내줄 거야!"라는 말이 위협적인 사회에서는 아버지의 힘이 센지 약한지, 혹은 아버지가 있는지 없는지 여부가 또래집단에서 아이가 차지하는 지위에 중요한 영향을 미친다. 다르게 말하면, 집단사회화 이론에 따라 아이의 성격 형성에 장기적으로 영향을 미칠 수 있다. 하지만 오늘날 사회에서는 아이의 삶 속에서 부모와 친구들이 각각 분리된 영역으로 떨어져 있어서 부모의 지위가 아이의 방패막이가 되어주지 못한다. 물론 부모가 너무나 강력한 힘과 지명도를 가지고 있어서 아이의 친구들이 도저히 무시할 수 없을 정도라면 예외로 할 수 있다. 이때 부모의 힘이란 반드시 좋을 필요가 없다. 만일 아이가 집단에서 높은 지위를 차지할 만한 다른 장점을 갖추지 못했다면 부모의 힘은 도리어 역효과를 불러일으킬 수도 있다.

아버지가 있는 아이와 없는 아이. 이 차이가 현대 사회에서 아이가 정상적으로 성장해나가는 데 미치는 영향은 어느 정도일까? 부모가 양쪽 모두 살아 있는 가정의 아이들이 대체로 더 행복하다는 사실은 부인하지 않겠다. 부모가 아이를 잘 돌보고 아이를 좋아하고 있음을 아이 스스로 확신한다면 아이는 더 행복해진다는 것도 분명하다. 하지만 오늘 행복하다고 해서 내일도 행복하리라는 법은 없다. 그리고 (8장에서 이미 말했지만) 비극은 계속되기 마련이라는 자연법칙 같은 것도 없다. 이 책은 아이가 성장하는 동안 경험하는 일이 장기적으로 어떤 결과를 야기하는지를 다룬다. 그렇다면 아버지가 있는 것이 과연 아버지가 없는 것에 비해 장기적으로 아이의 인생에 더 나은가? 아이들이 더 나은 인간으로 자라난다면 그것은 아버지가 있었던 **덕분**인가?

사람들은 대부분 그렇다고 생각한다. 1992년에 부통령 댄 퀘일Dan Quayle은 텔레비전 쇼의 가상 캐릭터였던 머피 브라운에 대해 남편 없이 아이를 가졌다는 이유로 독설을 퍼부었다. TV 드라마의 등장인물들은 원래 피임을 잘 안 하니까* 딱히 이 점이 거슬린 것 같지는 않다. 퀘일에게 신경 쓰였던 부분은 이 불쌍하고 죄도 없는 (그리고 실존하지 않는) 아이가 아버지 없이 성장해야 한다는 사실이었을 것이다. 2년 뒤에 사회학자 사라 맥라나한Sara McLanahan과 개리 샌디퍼Gary Sandefur는 『한부모 가정에서 자라는 아이들Growing Up with a Single Parent』이라는 책에서 아버지의 필요성을 절대시한 퀘일의 주장을 지지했다. 그들은 책의 첫 페이지부터 강조체로 다음과 같이 단언한다.

> 친아버지나 친어머니 중 한쪽이 없이 자라는 아이는 평균적으로 친부모 모두와 함께 자라는 아이보다 더 나쁘게 자라난다. 부모의 인종과 교육수준, 아이를 낳을 때 부모가 미혼 상태인지 혼인 상태인지, 남아 있는 한쪽 부모가 재혼을 하는지와는 상관없이.

아이가 어떻게 나쁘게 자라난다는 걸까? 맥라나한과 샌디퍼는 세 가지로 정리한다. 친부모 모두와 함께 살지 않는 청소년은 학교에서 퇴학당할 가능성이 높고, 취직도 취학도 하지 않을 가능성이 높고, 여자아이의 경우에는 십대에 엄마가 될 가능성이 높다는 것이다. 물론 이런 세 가지 문제의 유일한 원인이 아버지의 부재라고 할 수는 없다. 하지만 맥라나한과 샌디퍼는 그것이 중요한 한 가지 원인이라고 본다. 그래서 "부모는 자기들의 별거가 자녀에게 어떤 영향을 미칠지 알아둘 필요가 있다"라고 말한다.[19]

별거를 결정한 부모가 자녀에게 미치는 영향. 맥라나한과 샌디퍼는

---

* 적어도 그런 인상을 준다. 이상한 건 그렇게 행동해도 임신을 하는 경우는 매우 드물다는 것이다. 이런 현상은 더 조사해볼 가치가 있다. 물론 다음 기회에.

부모의 별거가 자녀에게 문제를 야기한다고, 아빠가 아이 곁에 있기만 하면 적어도 문제아 중 일부는 어떻게든 고등학교를 졸업하고 직업도 구하고 (머피 브라운과 달리) 의도치 않게 임신해버리는 일도 없을 것이라 생각한다.

하지만 맥라나한과 샌디퍼의 책에 실린 그래프와 표를 보면 몇 가지 재미있는 점이 있다. 독자들이 문제가 될 거라고 예상했던 많은 것이 실제로는 별 문제가 아님이 드러나 있기 때문이다. 양아버지가 존재한다고 해서 아이가 바람직한 방향으로 성장할 가능성은 전혀 높아지지 않는다. 친아버지와 집 밖에서 가끔 접촉하는 것도 마찬가지로 별 효과가 없다. "전국적으로 실시된 조사를 분석하여 연구한 결과를 보면 아버지와의 잦은 접촉이 아이에게 미치는 긍정적인 영향은 발견할 수 없다." 친척과 함께 사는 것도 마찬가지다. 할머니도 별 도움이 되지 못한다. 할머니와 함께 사는 가정에서는 친부모와 함께 사는 집에 비해 아이들이 혼자 남아 시간을 보내는 일이 적긴 하다. 하지만 그렇다고 해서 아이가 학교에서 잘리거나 미혼모가 될 가능성을 줄여주지는 못한다. 양아버지와 함께 사는 아이는 친아버지가 있는 가정에서와 비슷한 정도로 가정교육을 받는다. 아이가 밤늦게 돌아다니지 못하게 연락을 하고 숙제를 제대로 하는지도 확인한다. 하지만 양아버지는 퇴학이나 갑작스런 임신 같은 일을 막지는 못한다. 아이가 한부모 가정에서 얼마나 오랜 시간을 보냈는지도 중요하지 않다. 아이가 청소년이 되기 직전까지 아버지가 곁에 붙어 있었더라도 태중에 있을 때나 갓난아기일 때 아버지가 떠나버린 경우보다 딱히 더 나은 결과를 보이지는 않는다.[20]

또 한 가지 흥미로운 점은 아버지 없이 자란 아이들 중에서도 아버지가 사망한 경우의 아이들이 더 **잘** 자라더라는 사실이다. 맥라나한은 말한다. "아버지가 사망하여 혼자가 된 어머니가 키운 아이는 다른 형태의 한부모 가정에서 자란 아이들보다 더 바람직하게 성장한다." 몇몇 연구를 살펴보면 이런 아이는 친부모가 모두 살아 있고 친부모와 함께 사는 가정의 아이들만큼이나 바람직하게 자라나는 것으로 밝혀졌다.[21] 연구자들은 아버지가 집을 나간 경우와 사망한 경우의 "결과"가 서로 다른 이유를 설명하기 위해 고심했다. 남편이 죽어 혼자가 된 여자가 다른 싱글맘보다 경제적으로 더 넉넉한 걸까? 하지만 경제적으로 안정되기로는 재혼한 여성들이 더하고, 그런데도 양아버지가 생겼다고 해서 아이가 더 잘 자라는 것도 아니다. 한쪽 부모의 사망이 부모의 이혼보다 아이에게 스트레스를 덜 주는 걸까? 부모가 일찍 사망하는 이유는 일반적으로 자살이나 타살, 암, 에이즈 같은 것들이다. 딱히 스트레스가 없어야 할 이유는 아니다.

연구자들은 **결과**라는 단어를 즐겨 사용한다. 연구자가 의지적으로 그 단어를 자제하는 순간에도 우리는 그들이 그 말을 생각하고 있다는 것을 느낄 수 있다. 하지만 연구자들이 주장을 뒷받침하기 위해 활용하는 데이터들은 인과관계가 아닌 상관관계를 보여 준다. 데이터는 특정 지표가 다른 지표와 함께 변화하는 경향이 있음을 나타낼 뿐이다. 2장에서 이야기했던 예방의학 연구자가 브로콜리를 즐겨 먹는 사람일수록 그렇지 않은 사람보다 평균적으로 경제 수준이 높다는 것을—실제로도 그럴 법하다—발견한다면 그는 아마 브로콜리를 먹으면 수입이 늘어나고 브로콜리를 먹지 않으면 수입이 줄어들 것이라고 섣불리 예상할 것이다. 이는 복권에 당첨된다면 브로콜리를 먹고 싶은 마음이 더 생길 것이라 예상하는 것만큼 성급하다. 엄마 아빠와 함께 사는 딸은 평균적으로 한부모 가정의 딸보다 미혼모가 될 가능성이 낮고 고등학교를 졸업할 가능성이 높다는 것은 상관관계다. 부모가 이혼한다면 자녀들은 학교를 그만두고 미혼모가 될 것이라 결론짓는 것은 결국 브로콜리를 그만 먹는다면 재산을 다 잃을 것이라 결론 내리는 것이나 마찬가지다. 사실일 수도 있지만 데이터가 그것을 뒷받침하지는 않는다.

친아버지가 살아 있긴 하지만 자녀와 함께 살지는 않는다면 이는 통계적으로 자녀가 나쁘게 자랄 만한 가정 조건이다. 나는 이제부터 아이가 집에서 경험한 것과 양육의 질을 언급하지 않고서도 그 나쁜 결과를 설명하는 것이 어떻게 가능한지를 보여 주고자 한다.

혼자 자식을 키우는 여성들 대부분은 머피 브라운과 처지가 다르다. 그들은 대부분 가난하다. 여성이 살림을 꾸려나가는 가정은 절반 정도가 빈곤층이다. 이혼은 대체로 이혼한 여성과 그녀의 양육권 아래 있는 자녀의 생활수준을 급격히 떨어뜨리는 원인이 된다.[22]

소득 감소는 자녀에게 다양한 방식으로 영향을 준다. 첫째로 또래집단 내 아이의 지위에 영향을 미친다. 값비싼 옷을 입고, 비싼 운동기구를 사고, 개인 피부관리사를 두고, 치과에서 치아교정을 받을 수 있는 기회를 잃는다면 또래들 사이에서 지위가 낮아질 수 있다.[23] 돈은 아이의 대학 진학에도 중요하게 작용할 것이다. 대학 진학을 꿈도 꾸기 힘든 경제 조건이라면 고등학교를 무난하게 졸업하고 임신을 피해야겠다는 동기는 상대적으로 적을 수 있다.

돈이 아이에게 미치는 가장 중요한 영향은 아이가 다니는 학교나 아이가 생활하는 마을 환경을 결정한다는 것이다. 혼자 아이를 키우는 여성은 대부분 남편과 함께 아이를 키우던 환경, 즉 아이들이 대부분 대학에 진학하고 십대 임신이 매우 드문 환경에서 아이를 키울 금전적 여유가 없다. 그들은 가난으로 인해 다른 싱글맘들이 많이 사는 지역, 그리고 실업률과 범죄 발생률이 높고 학교를 중퇴하는 아이가 많으며 십대 임신이 흔한 지역에서 자녀를 양육할 수밖에 없는 처지에 놓인다.[24]

이런 지역의 아이들에게 학교 중퇴, 임신, 범죄 등이 빈번한 이유는 무엇일까? 아이들이 아버지 없이 자라기 때문일까? 이것이 가장 일반적인 설명이겠지만, 9장에서 나는 그 문제를 이미 검토했고 결국 다른 결론에 도달했다. 동네마다 각기 다른 문화가 형성되어 있으며 이 문화는 대체로 영속적인 성격을 갖는다. 즉 부모의 또래집단에서 자녀의 또래집단으로 문화가 전승되는 것이다. 문화를 전달하는 역할은 가족 단위로 수행되지 않는다. 이는 한 동네를 떠나 새로운 지역에 정착할 경우 아이들의 행동이 새로운 동네에 있는 새로운 또래집단에 맞게 변화한다는 점을 통해 알 수 있다.

중요한 건 이웃이지 가족이 아니다. 특정한 이웃 환경 **안에서** 아이를 관찰한다면 아버지가 있는지 없는지는 큰 차이가 없다. 연구자들은 미국 동북부의 도심 빈민지역에 사는 아프리카계 미국인 청소년 254명에 관한 데이터를 수집했다. 청소년 대부분은 아버지 없이 어머니와 함께 살고 있었으며 나머지 일부는 친부모 모두와 함께 살거나 아버지가 양아버지거나 혹은 다른 형태의 가족이었다. 연구자들은 다음과 같이 결론내렸다.

> 표본 집단 내에서 홀어머니와 사는 남자 청소년들은 음주나 마약 흡입, 비행, 학교 중퇴, 심리적 결함의 측면에서 다른 형태의 가족에서 성장한 청소년들과 아무런 차이도 보이지 않았다.[25]

경제적으로 취약한 도심 빈민지역에서는 아이가 부모와 함께 산다고 해서 한부모 가정에서 자라는 경우보다 더 좋은 결과를 내지는 못했다.[26] 이러한 환경에서는 많은 가정이 어머니와 자녀만으로 구성되어 있다. 파트너가 있는 어머니의 경우 일반적으로 다른 지역으로 이사할 경제적 여유가 생기기 때문이다. 성인 남성이 있는 가정은 소득 수준이 대체로 더 높은데, 이는 부모와 함께 사는 아이일수록 중산층 문화가 형성되어 있는 이웃 환경에서 성장하면서 중산층의 가치관을 내재화할 가능성도 더 높다는 뜻이다.

양아버지가 있는 가정은 소득 수준이 높음에도 그것이 자녀에게 도움이 안 되는 이유가 무엇일까? 이 아이들에게는 너무 잦은 이사라는 또 다른 문제가 있다. 아이는 다른 가족 형태에 속한 아이보다 거주지를 자주 바꾸고,[27] 그렇게 이사를 할 때마다 과거의 또래집단을 잃고 새로운 집단에서 처음부터 새롭게 시작해야 한다. 이사를 할 때마다 거기에는 아이가 적응해야 할 새로운 또래집단의 규범이 있고, 아이가 올라가야 할 새로운 사회적 위계질서가 있다. 아이는 매번 바닥에서부터 새롭게 출발해야 하는 것이다.

이사는 아이에게 참 힘든 일이다. 이사를 자주 하는 아이는 아버지가 있든 없든 새로운 또래들로부터 배척될 가능성이 높다. 그래서 이들은 더 많은 행동장애를 겪게 되고, 한 지역에 오래 머무는 아이에 비해 학업 성취도가 낮다.[28] 맥라나한과 샌디퍼는 아버지 없이 자란 청소년이 학교 중퇴와 임신, 미취업 같은 문제에는 거주 지역의 잦은 변화가 50퍼센트 이상의 영향을 미친다는 점을 발견했다. 아버지가 있는 가정과 없는 가정 사이의 차이는 대부분 거주지 변화와 낮은 소득 수준으로 설명할 수 있었다.

이런 불리한 조건은 모두 가정 외부의 요인과 관련되어 있다. 거주지가 자주 바뀌면 아이가 매번 새로운 집단 규범에 맞게 적응하기 쉽지 않으므로 또래집단 내에서 아이의 지위가 위태로워지며 사회화는 방해받는다. 소득 수준은 아이가 어떤 이웃 환경에서 살게 될지를, 그리고 아이가 수용할 또래집단의 규범이 무엇일지를 결정한다. 잦은 이사와 낮은 소득 수준은 아이가 학교를 그만두거나 어린 나이에 임신할 위험을 높인다.

하지만 학교를 그만두거나 미혼모가 되는 일에는 또래집단의 영향이라는 것을 우리는 이미 알고 있다. 그러므로 설득력을 높이기 위해 나는 좀 더 포괄적인 주제인 이혼을 다루고자 한다. 자녀의 성격, 심리적 건강, 그리고 자녀 자신의 안정적인 결혼에 부모의 이혼이 미치는 영향을 다루고자 한다. 부모의 이혼은 정말로 자녀에게 치명적인 악영향을 미치는 걸까? 그렇지 않다면 모두들 그렇다고 생각하는 이유는 무엇일까?

▶ 이혼

이혼 가정의 자녀에 관해 가장 유명한—그리고 가장 암울한—연구는 임상심리학자 주디스 월러스타인Judith Wallerstein의 연구다.[29] 그는 중산층 이혼 가정 자녀에게서 상당히 높은 정도의 정서적 혼란을 발견했다. 월러스타인의 책은 많이 팔렸지만 그의 연구는 과학적 가치가 없다고 할 수 있다. 상담을 받으러 왔으나 결국에는 이혼한 커플만을 대상으로 했기 때문이다. 이혼 부부의 자녀를 비교해 볼 적절한 통제 집단, 연구자 자신의 직업적 편견을 배제할 방법이 전혀 없었다. 월러스타인이 첫 책을 발표하기 전에 실시한 연구는 전문가라는 사람들이 자신의 편견에 얼마나 잘 휘둘릴 수 있는지를 보여 준다. 연구자들은 학교 교사에게 여덟 살 남자아이의 모습을 담은 비디오테이프를 보여 주면서 아이의 부모가 이혼을 했다고 말했다. 이 교사들은 정보가 없는 교사들에 비례 아이가 심리적으로 불안정하다고 더 많이 판단했다.[30]

적절한 통제 집단을 두고 이루어진 이혼 가정 자녀 연구에서는 월러스타인보다 훨씬 더 낙관적인 그림을 보여 준다. 연구대상은 영국 인구조사를 참조하여 1958년 어느 일주일 사이에 출생한 아이들이었다. 연구가 진행될 당시 이들은 23세였다. 연구자는 연구 참여자의 정신 건강 상태를 알아보기 위해 몇 가지 질문을 던졌다. 예를 들면 "슬픔과 우울함을 자주 느끼는 편입니까?" "아무 이유도 없이 갑자기 두려워지는 경우가 종종 있습니까?" "사람들이 당신을 자주 무시하거나 화나게 합니까?" "자기 건강을 걱정하느라 지칠 때가 있습니까?" 같은 질문이었다. 테스트 점수가 높을수록(즉 '예'라는 답을 많이 할수록) 높은 수준의 심리적 압박을 겪는다고 예측할 수 있다.

부모의 이혼은 연구 참여자의 테스트 점수가 임의적 기준 수치를 넘을 가능성을 높이긴 했지만 그 정도는 크지 않았다. 이혼 가정에서 자란 참여자 중에서는 기준 이상의 점수를 기록한 사람이 11퍼센트였고 일반 가정에서 자란 참여자 중에서는 8퍼센트였다. 질문지에 '예'라고 대답한 항목의 개수 차이는 불과 반 개였다.[31]

차이가 있긴 하지만 아주 작다. 나는 앞에서도 이런 결과가 나올 것이라고 계속 힌트를 주었다. 나는 정해진 이웃 환경 속에서 아버지의 존재 여부는 **큰** 차이를 만들어 내지 못하며, 아버지와 함께 지내는 아이와 그렇지 않은 아이 간의 차이 **대부분**을 설명해 주는 요인은 거주지의 변화와 낮은 소득 수준이라고 말했다. 그런데 내가 아직까지 설명하지 않은 차이도 있다. 그 차이는 영국의 이혼 가정 자녀 연구에서 모습을 드러냈는데, 이제 더 이상 덮어둘 수 없을 것 같다.

이혼이나 아버지의 부재가 자녀에게 미치는 영향을 다룬 최근 연구들은 대체로 연구 결과를 오염시킬 잠재성이 있는 요소를 종합적으로 인지하고 이를 통제할 능력을 갖춘 연구자들에 의해 진행된다. 예를 들어, 이들은 사회경제적 수준을 통제한다. 이혼이나 아버지의 부재는 저소득층, 교육 수준이 낮은 지역에서 더 흔한데 이 점은 연구 설계에서부터 감안된다. 결혼관도 집단마다 다르기 때문에 연구자들은 인종과 민족적 요소도 고려하고 통제한다.

이들이 통제하지 못하는 것은—사실 이런 연구에서는 통제할 방법이 없다—바로 유전이다. 연구자들은 2장에서 내가 문제점을 지적한 방식으로, 그러니까 개집에서 키운 폭스하운드와 아파트에서 키운 푸들을 비교하는 방식으로 아이의 환경과 그 영향에 대해 연구한다. 연구자들은 한 집당 한 아이를 관찰하는데 이 아이는 대부분의 경우 부모의 생물학적 자손이다. 부모는 아이에게 유전자와 환경을 모두 제공하므로 유전과 환경이 주고받는 영향을 구분할 방법이 없다. 이들을 구분하기 위해서는 행동유전학적 방법을 활용하여 입양아, 쌍둥이, 형제 연구가 병행돼야 한다.

너무 걱정할 필요는 없다. 이런 연구는 수많은 심리적 특질을 주제로 성공적으로 실시되었다. 연구대상은 미국인과 유럽인 중산층 가정이 대다수였는데 이들에게서도 거의 모든 성격 특질이 같은 패턴을 보였다. 유전은 이 연구에 참가했던 개인 간의 차이를 절반 정도 설명해 준다. 나머지 절반은 원칙적으로는 환경의 영향에 의해 설명 가능하겠지만, 3장에서 설명했듯이 한 집에서 산다고 해서 환경을 공유한다고 할 수는 없다. 사실상 두 아이가 공유하는 환경의 특징은, 어른이 되는 데 영향을 미치는 다른 중요한 요소와 마찬가지로 상당 부분 배제된다.

연구대상이 된 가족 중에는 이혼으로 해체된 가족도 많이 있다. 그리고 싱글맘, 어머니가 재혼한 가정, 그리고 댄 퀘일 같은 정치인이라면 "가족으로서의 가치"를 인정하지 않을 듯한 예외적 형태의 가정에서 성장한 아이들도 많다. 댄에게는 미안하게 되었지만 이런 예외적 가족 구조 때문에 문제가 생긴다는 증거를 찾을 수는 없다. 집에 부모가 있는지 없는지, 그리고 부모 간의 관계가 어떠한지—보자마자 으르렁대는지 아침마다 사랑의 편지를 머리맡에 놓아두는지—가 아이에게 장기적으로 영향을 미칠 수 있다면 행동유전학 데이터에서 그 증거를 볼 수 있어야 하지만, 보이지 않는다.

더 정확히 말해서, 부모의 존재 여부가 아이에게 뭔가 지속적인 영향을 미쳤다면 아이들마다 각자 다르게 영향을 받았을 것이다. 그리고 이 사실은 "부모는 따로 살기로 하는 결정이 자녀에게 어떤 결과를 초래할지 배워야 한다"라는 연구자들의 주장을 전혀 뒷받침하지 못한다.[32] 그 결과는 대체 무엇인가? 결과가 무엇인지를 알 수 없다면, 따로 살기로 한 부모의 결정이 자녀를 소심하게도 하며 대범하게도 하며, 유머가 넘치게 하거나 그렇지 못하게도 할 수 있다면, 모든 것을 아우르는 전반적인 경향이 존재하지 않는다면, 부모에게 무슨 말을 해주겠다는 것인가?

이 미미한 차이를 보여 주는 연구, 발달심리학 학회지에 가득하고 가끔은 신문과 잡지에서 소개되는 이런 연구는 결과를 항상 발표한다. 그런데 그 차이와 결과는 연구자가 유전적 요인을 통제하지 못할 때만 발견된다. 유전적 요인을 청소기로 빨아들이듯 제거하고 나면 가정 환경은 별 영향이 없는 것으로, 즉 아이에게 예측가능하고 지속적인 영향을 미치지 못하는 것으로 나타난다. 연구 설계가 청소기 역할을 하지 못한다면 유전적 영향은 제거되지 않고 결국 가정 환경의 영향을 뒷받침하는 근거 자료도 반드시 헛다리를 짚게 마련이다. 부모가 따뜻하고 자상하면 자녀도 따뜻하고 자상한 경향이 있다. 그리고 연구자들은 대부분 이것이 부모가 자녀에게 제공하는 다정하고 질서 잡힌 가정생활 때문이라고 쉽게 당연시한다.

이런 잘못된 결론의 가장 좋은 예가 바로 이혼이다. 우리는 해체된 가정의 아이가 본인의 결혼에도 실패할 가능성이 높다고 생각하며 또 실제로도 그렇다.[33] 왜 부모의 죄 때문에 자녀가 고통을 받는가? 어린 시절에 보았던 부모의 갈등이 가슴 속에 남아서 어른이 된 후에도 결혼을 자연스럽게 받아들일 수 없게 되는 것일까? 집을 나간 아빠에 대한 억압된 분노가 켜켜이 쌓여서 결국 폭발하는 것일까? 주디스 월러스타인은 그렇다고 말할 것이다.

하지만 이혼에 관한 쌍둥이 연구는 다른 설명을 제시한다. 1500쌍이 넘는 성인 일란성/이란성 쌍둥이들은 자신의 결혼 생활과 부모의 결혼 생활에 관련된 질문에 답했다. 이들 중에서 부모가 결혼 상태를 유지했는데 쌍둥이 자녀는 이혼한 경우가 전체의 19퍼센트였다. 부모가 이혼을 한 경우에는 쌍둥이 자녀의 이혼율도 29퍼센트로 제법 높아졌다. 이란성 쌍둥이 형제가 이혼을 했다면 다른 쌍둥이의 이혼율은 30퍼센트였고, 일란성 쌍둥이 형제가 이혼을 했다면 다른 쌍둥이의 이혼율은 45퍼센트로 더 높아졌다. 연구자들이 컴퓨터로 계산한 데이터 분석의 결과는 지금까지의 다른 행동유전학 연구에서 얻어진 결과와 따분할 만큼 비슷하다. 이혼 가능성의 차이는 유전적 영향, 다시 말해 부모와 쌍둥이들이 공유하는 유전자로 절반 정도를 설명할 수 있다. 그리고 나머지 절반은 환경적 요인에 의한 것이다. 하지만 그 어떤 차이도 쌍둥이가 성장한 가정 환경의 탓으로 볼 수 **없었다**. 부모 세대와 자녀 세대 사이에 존재하는 결혼 생활의 유사성은 서로가 공유하는 유전자를 통해 충분히 설명할 수 있었다. 반면 부모가 서로 화목한지 자주 싸우는지, 따로 사는지 함께 사는지에 따라 쌍둥이들이 공유한 경험, 쌍둥이로서 같은 나이에 겪었을 경험이 각자의 결혼 생활에 끼친 영향은 찾아볼 수 없었다.[34]

이혼 가정의 아이가 결혼한 후에 이혼할 가능성을 높이는 요인은 어린 시절 집에서의 경험이 아니라 바로 유전이다. 그렇다고 해서 염색체를 뚫어져라 쳐다보며 이혼 유전자를 찾을 필요는 없다. 이혼 유전자란 없다. 유전자의 복합체를 환경이 갈고닦는 과정에서 만들어지는 성격 특성의 종합이 있다. 그 성격 특성의 복합 작용이 불행한 결혼 생활의 가능성을 높이기도 하고 낮추기도 한다.[35]

이혼 유전자는 찾지 말자. 대신에 무엇이 우리 인생에서 수많은 부정적 결과가 발생할 가능성을 높이는지 살펴보는 편이 낫다. 예를 들어 공격성, 타인의 감정에 대한 둔감함처럼 주변 사람을 힘들게 하는 요인, 그리고 충동성, 쉽게 지루해하는 성향처럼 어리석은 선택을 하게 하는 요인이 있다. 이런 요인들이 귀에 익지 않으신지. 바로 범죄자에게서 자주 발견되는 성격 특성의 목록과 유사하다. 페이긴의 소매치기 무리에 잘 적응하는 아이의 성격 특성은 행복한 결혼 생활의 가능성을 낮추는 데도 작용한다. 정신과 의사는 유년기에 이런 특성을 지닌 아이를 "행동장애conduct disorder"라고 진단한다. 이 병명의 성인 버전은 바로 "반사회적 성격장애antisocial personality disorder"이며 이는 유전될 수 있음이 연구에 의해 밝혀졌다.[36]

때로 부모가 아직 이혼하기 이전인 아이들은 부모가 실제로 이혼을 하기 전부터 오랫동안 문제 행동들을 보인다. 이러한 사례는 아이들에게 악영향을 끼치는 것이 부모의 이혼 자체가 아니라 그 이전부터 진행되고 있던 가족 내의 갈등이라는 사실을 보여 준다고 여겨져 왔다. 하지만 싸움이 잦은 부모에게서 문제아 자식이 나올 가능성이 높은 것은 그들이 집을 공유하기 때문이 아니라 유전자를 공유하고 있기 때문일 수도 있다. 조지아 대학교의 연구진들은 아동의 행동장애 발생 가능성을 예측하게 하는 것은 부모의 이혼 여부가 아니라 부모의 성격이라는 사실을 발견했다. 부모에게 반사회적 성격장애 증상이 있다면 자녀들이 행동장애를 보일 가능성도 높아지는 것이다.[37]

부모의 이혼 및 성격장애와 자녀의 문제 행동 사이의 관계는 상당히 복잡하다. 왜냐하면 각각의 영향이 쌍방향으로 전해지기 때문이다. 성격장애를 가진 사람과는 함께 지내기 어렵기 때문에 이런 부부는 더 많이 이혼한다. 성격장애를 갖고 있는 부부는 유전적인 이유 때문에 함께 지내기 어려운 자녀를 낳을 가능성이 높다. 자녀-부모 효과도 있을 것이다. 까다로운 아이는 결혼 생활에 심각한 걸림돌이 되기 때문이다. 앞서 나는 조니라는 아이에 대한 농담—조니가 어느 집에 있든지 그 집을 파탄낼 것이라는—을 소개했다. 하지만 당신에게도 조니 같은 아이가 있다면 그 농담이 농담으로만 들리지는 않을 것이다. 때로는 모든 식구들이 '저 녀석은 그냥 가출이나 해버렸으면 좋겠어!'라고 생각하게 만드는 아이도 있다. 주디스 월러스타인은 이혼 가정의 자녀가 짊어지는 무거운 죄책감의 짐을 언급한다. 아이들은 부모의 이혼이 **자기** 잘못 때문이라고 생각한다는 것이다. 월러스타인이 간과하는 것은 바로 아이들의 이런 생각에 일리가 있을지도 모른다는 점이다. 이혼은 딸만 있는 집보다는 아들도 있는 집에서 더 적게 발생한다.[38] 아들의 존재로 인해 부모는 더 행복해하거나 혹은 아버지가 집에 붙어 있게 된다. 하지만 아들이 부모 마음에 들지 않는 아들이라면 어떨까? 할 줄 아는 게 사고치는 것밖에 없는 아들이라면?

물론 이혼한 사람이 모두 심각한 성격장애를 안고 있는 것도 아니고, 이혼 가정의 아이가 다들 행동장애를 보이는 것도 아니다. 앞서 소개한 영국의 연구에서는 장기적으로 봤을 때 이혼 가정의 아이가 대부분 결국 정상적인 성인으로 자라난다는 사실을 보여 준다. 이혼 가정에서 자라난 23세 성인에게 우울함과 긴장감, 분노 등의 감정에 대해 질문했을 때 그렇다는 답변은 일반적인 경우보다 아주 약간만 높았을 뿐이다.

그렇다면 어째서 주디스 월러스타인 같은 임상심리학자는 부모의 이혼이 자녀에게 악영향을 끼친다고 단언하는 것일까? 이는 사회심리학자 데이비드 마이어스David G. Myers가 지적했듯이 이혼이 **실제로** 자녀에게 나쁜 일이기 때문이다. 단지 월러스타인이 생각하는 이유나 방식대로 나쁜 것이 아닐 뿐이다.[39]

이혼은 자녀에게 여러 가지 면에서 안 좋은 일이다. 첫째로, 이혼은 가정에 심각한 재정적 부담을 안겨준다. 이혼 가정의 아이는 보통 경제 수준의 급격한 추락을 경험한다. 경제 수준은 아이가 어느 지역에서 살 수 있을지를 결정하고 아이가 어디에 사는지는 결과의 차이를 야기한다. 둘째로, 이혼을 하면 다른 지역으로 거주지를 옮겨야 하는 경우가 많기 때문에 자녀에게 좋지 않다. 이사가 한 번에 그치지 않는 경우도 종종 있다. 셋째로, 아이가 신체적 학대에 노출될 위험성을 높인다. 양부모와 함께 사는 아이는 친부모와 함께 사는 아이에 비해 학대를 받으며 지낼 가능성이 더 높다.[40] 넷째로, 이혼은 아이의 개인적 인간관계를 훼손시키기 때문에 좋지 않다.

8장에서 나는 집단성과 개인적 관계를 구별했다. 집단성은 아이를 사회화하는 영역이다. 선천적으로 타고나는 기질은 거칠고 모난 원석 같아서 우리가 자란 문화와 환경에 잘 어울리도록 다듬고 교정해야 한다. 이런 과정은 유년기에 집단(대체로 아이들 집단)에 적응해가는 동안 이루어진다. 장기적으로 성격을 다듬어가고 사회적 행동 패턴을 체화하는 일은

인간의 마음에서 집단성 담당 영역이 처리한다.[41]

개인적 관계를 담당하는 영역은 장기적으로 성격을 다듬는 작업을 처리하지는 못하지만 그렇다고 해서 중요하지 않은 것은 아니다. 개인적 관계의 영역은 장기적 수정 작업을 처리하는 집단성 영역에 비해 우리의 감정과 생각에 있어 훨씬 더 의식 표면에 가깝다. 개인적 관계는 순간순간의 감정과 행동을 지배하고 다락방에 모아둔 오래된 연애편지처럼 우리의 기억에 흔적을 남긴다.

개인적 관계는 아주 중요하며 우리 인류의 역사 속에서도 항상 중요한 역할을 해왔다. 진화가 인간에게 개인적 관계를 맺고 싶은 마음과 좋은 관계를 계속해서 유지하려는 마음을 부여한 것은 바로 그런 이유 때문이다. 사랑과 비통함 같은 강력한 감정은 그만큼 강력한 힘을 지녔다. 스티븐 핑커는 자신의 책 『마음은 어떻게 작동하는가How the Mind Works』(동녘사이언스)에서 이러한 감정의 작동 방식을 설명한다.[42]

이혼과 이를 둘러싼 부모의 불화는 자녀에게 불행한 감정을 느끼게 한다. 이혼은 부모와 자녀의 관계를 훼손시키고 자녀의 가정생활을 망쳐 놓는다. 임상심리학자와 발달심리학자는 연구를 통해 이혼이 자녀에게 미치는 악영향은 바로 이런 불행감과 훼손된 관계, 엉망이 된 가정생활이라고 주장한다. 이혼에 대한 연구에서는 보통 집 또는 부모와 함께 있는 자리에서 아이를 인터뷰한다. 이보다 더 나쁜 방식은 연구자가 아동의 행동에 대한 평가를 순전히 부모에게 맡겨버리는 것이다. 연구 시점을 잘 잡았더라도, 부모가 이혼한 상태가 아니더라도, 부모가 자녀에 대해 하는 이야기는 중립적 관찰자의 보고와 별로 일치하지 않는다.[43]

가정생활이 훼손되면 집에서 나타나는 아동의 행동도 당연히 훼손된다. 가정과 연결되어 있는 감정도 마찬가지다. 연구자는 바로 이런 변화를 보고 있는 것이다. 부모의 이혼이 집 밖에서도 아동의 삶에 영향을 미치는지 알고 싶다면 연구자는 집 밖에서의 데이터를 모아야 한다. 연구를 제대로 할 생각이라면 아동의 가정 환경을 전혀 알지 못하는 편견 없는 관찰자를 활용해야 한다. 이런 조건이 선행된다면 연구자는 앞서 언급했던 행동유전학 데이터로 판단해 보건대 부모의 이혼이 집 밖에서의 자녀의 행동 방식과 자녀의 성격 형성에 지속적인 영향을 미치지 못한다는 사실을 알게 될 것이다.[44]

▶ 체벌과 아동학대

이제 나는 아주 조심스럽게 접근해야 할 주제에 이르렀다. 이 책을 읽고서도 나를 오해한다면 그것은 두려워할 일이 아니지만, 읽어보지도 않고 누군가를 통해 책 내용을 들을지도 모르는 사람에 대해서는 여러 가지로 염려스럽다. 말은 잘못 인용되기도 하고 맥락이 제거된 채로 전해지기도 한다. 그래서 때로는 생각해본 적도 없고 표현하지도 않은 의견을 근거로 한 사람이 무고하게 비난받기도 한다. 나는 비난을 받는다면 실제로 내가 갖고 있는 의견으로 비난받고 싶다. 그러니 바로 지금 여기서 내 의견을 분명히 말하겠다.

첫째로, 나는 자녀를 때려서는 안 된다고 생각한다. 자녀에게 부상을 입히거나 지속적인 고통을 안길지도 모르는 모든 행위들에도 반대한다. 둘째로, 나는 적절한 타이밍에 적절한 신체 부위를 가볍게 손으로 툭 치는 정도라면 자녀에게 해롭지 않다고 생각한다.

미국의 많은 가정과 세계 전역에서 부모는 체벌을 교육 방법으로 활용한다. 체벌은 인간이 아닌 다른 생물 종에서도 발견된다.[45] 나는 체벌이 양육 행동의 고정 레퍼토리 중 하나라고 생각한다. 내가 이 책을 쓰는 목적 중 하나는 자녀 양육에 대해 이런저런 충고를 늘어놓는 조언 전문가들이 부모의 어깨에 얹은 죄의식을 덜어주는 것이다. 만일 부모가 때때로 감정을 통제하지 못하여 자녀를 때린다고 해도 그것이 아이에게 장기적으로 악영향을 끼칠 가능성은 그리 크지 않다. 하지만 그로 인해 자녀와의 개인적 관계가 훼손됐을 가능성은 충분하다. 부모가 부당하게 자녀를 체벌해 왔고 자녀가 그 부당함을 느낄 나이라면 자녀들은 부모를 좋게 생각하지 않을 것이다. 그리고 부모는 아이가 달아놓은 꼬리표를 완전히 떼어버리지 못한다.

하지만 조언 전문가들이 당신에게 체벌을 하지 말라고 경고하는 이유는 자녀가 당신을 나쁘게 생각할지도 몰라서가 아니다. 그들은 당신이 아이에게 폭력을 행사하면 아이가 더 폭력적인 인간이 될 것이라고 말한다.

설득력 있는 논리다. 자녀를 체벌하는 부모는 자녀에게 공격 행동의 모델을 제공하는 것이다. 당신은 자녀에게 상대를 내 뜻대로 행동하도록 만들기 위해서는 폭력을 행사하고 상대를 다치게 해도 괜찮다고 가르치는 것이다. 이것이 바로 전문가들의 논리다.

오랫동안 나도 이 논리를 믿어 왔고 확고한 믿음으로 아동발달 교재를 통해 이 논리를 전파했다. 내가 미처 깨닫지 못한 사실은 우리 부모들은 자녀에게 이미 수많은 모델을 제공하고 있다는 것이다. 그중에는 자녀들이 따라 하지 않기를 바라고 실제로 자녀들이 따라 하지 않는 행동이 있다. 예컨대 원하면 아무 때나 집 밖에 나가는 일이 그렇다. 반면 아이들이 따라 해줬으면 좋겠는데 그렇게 하지 않는 행동 모델도 있다. 브로콜리를 먹는 습관처럼 말이다.

자녀 양육방식은 현기증이 날 만큼 빠르게 변하고 있고, 조언 전문가들도 새롭게 등장한다. 새로 등장한 전문가들은 앞 세대 전문가들과의 차별점을 내세우지 않고서는 장사를 해먹을 수 없다. 하지만 이들은 인구를 구성하는 각 집단에 대해 같은 정도의 관심을 기울이지 않는다. 미국 같은 나라에는 다양한 하위문화가 있고 자녀 양육에 대한 당신의 관점은 당신이 어느 문화에 속해 있는지에 좌우될 것이다. 아시아계나 아프리카계 미국인들은 유럽계 미국인 전문가의 조언에 관심을 덜 기울이며, 따라서 자녀를 체벌하는 데도 조심성이 덜하다. 한편 오늘날의 중산층 유럽계 미국인들은 체벌 대신에 타임아웃*을 활용한다. 나는 지난주에 밝은 갈색 머리의 꼬마아이가 동네 슈퍼마켓 복도를 신나게 달리는 모습을 보았다. 아빠는 복도의 반쯤 뒤에서 꼬마를 뒤따라 달리면서 소리쳤다. "매튜, 너 이제 타임아웃이야!"[46]

흑인 부모는 자녀를 훈육할 때 타임아웃을 별로 활용하지 않는다. "타임아웃은 백인들이나 쓰는 거죠."[47]

어쩌면 백인들은 남의 말을 너무 쉽게 믿는 건지도 모르겠다. 체벌에 대한 대부분의 연구는—조언 전문가의 충고에 근거를 제공하는 연구들—이혼 가정 아이에 대한 주디스 월러스타인의 연구처럼 무의미한 것들이다. 그 한 가지 이유는 연구자가 자녀 양육 스타일에 하위문화의 차이가 미치는 영향을 종종 고려하지 않기 때문이다.

소수민족 집단과 저소득층 거주 지역의 부모는 체벌을 더 용인하는 경향이 있다.[48] 이 점에 대해서는 근거 자료가 많이 있다. 이런 집단의 아이들 중 일부는—전부는 아니다—타 지역보다 공격성이 높고 문제를 많이 일으키는 경향이 있다. 연구자들은 이런 하위문화의 특성을 자기들이 찾던 "유의미한 결과"라고 착각하기가 쉽다. 중산층 백인 가정의 아이는 매를 덜 맞고 공격성도 대체로 덜하다. 그렇기 때문에 중산층 백인 거주 지역과 저소득층 흑인 거주 지역을 아우르는 연구를 실시하면 체벌과 폭력성 사이의 상관관계가 나타나는 것이 당연하다. 하지만 연구에 아시아계 미국인 가정이 많이 포함된다면 연구자의 장밋빛 꿈은 물거품이 된다. 아시아계 가정에서는 부모들이 체벌을 하는데도[49] 자녀들의 공격성

---

* 아이를 자기가 좋아하는 것들로부터 격리시키는 훈육 방법이다.

이 높지 않기 때문이다.

체벌에 관한 대부분의 연구에서 나타나는 또 다른 문제는 원인과 결과를 구분하는 방법을 제시하지 못한다는 점이다. 어느 인종과 사회경제적 집단에서든지 어떤 아이는 남들보다 폭력성이 강하고 어떤 아이는 남들보다 체벌을 많이 받는다. 폭력적인 아이가 체벌도 더 받는다면, 체벌 때문에 폭력성이 생긴 것일까, 아니면 부모가 아이의 폭력적인 행동을 용납하지 못해서 아이에게 심한 체벌을 가한 것일까? 대부분의 경우에는 대답이 불가능하다.

이러한 인과관계의 혼란을 해소하기 위해 연구자가 사용하는 한 가지 방법은 바로 오랜 시간에 걸쳐 아이를 꾸준히 관찰하는 것이다. 〈소아청소년의학회보Archives of Pediatrics and Adolescent Medicine〉 1997년 8월호에는 이 방법을 활용한 심리학자 머레이 스트라우스Murray Straus와 동료들의 연구가 실려 있다. 이들은 연구의 시작점에서 아동의 초기 반사회적 행동 수준을 통제한 후 시간의 흐름에 따른 아동의 행동 **변화**를 관찰하였다. 아이가 여섯 살일 때에 어머니가 평균 이상의 횟수로 아이를 체벌한다면 여덟 살이 되었을 때 아이는 말썽을 더 많이 일으키는 공격적인 아이가 되어 있을까? 연구자들은 '그렇다'고 결론 내렸다. 2년에 걸친 연구를 보면 부모에게서 자주 맞은 아이는 더 폭력적이고 문제를 많이 일으키는 방향으로 변해간다. 연구자들은 단언한다. "부모가 자녀의 반사회적 행동을 줄이기 위해 신체적 처벌을 가한다면 그 장기적인 효과는 목표와는 반대 방향으로 나타날 것이다."[50]

연구는 뉴스거리가 됐다. 연합통신에 기사로 실렸고 전국의 신문과 잡지에서도 볼 수 있었다. 제목은 대개 "체벌, 문제 행동의 원인"이었다. 그리고 〈JAMA〉에는 연구의 요약문이 실렸다.[51] 하지만 〈소아청소년의학회보〉의 같은 판에 실린 심리학자 마조리 건노Marjorie Gunnoe와 캐리 마리너Carrie Mariner의 연구에 대해서는 연합통신에서도 〈JAMA〉에서도 언급

하지 않았다. 이들은 연구 주제도 같았고 연구 방법도 비슷했지만 결과
는 전혀 달랐다. 건노와 마리너의 결론은 다음과 같았다. "대부분의 아이
에게 있어 체벌이 폭력성을 가르친다는 주장은 근거가 없는 것으로 보인
다." 이들은 모든 연령대의 흑인 아이, 그리고 인종과 무관한 어린 아이들
의 경우 체벌이 실제로 공격 행동을 **감소시키는** 것을 발견했다.[52]

대체 어쩌란 말인가. 사실 심리학에서는 이런 일이 아주 흔하다. 효과
라는 것은 근거가 취약하고 결과라는 것은 순간적이다. 〈소아청소년의학
회보〉는 몽땅 쓰레기통에 던져버리고 다 잊어버려야 하는가.

잠깐! 쓰레기통에서 〈소아청소년의학회보〉를 꺼내서 연구자들이 사
용한 방법을 좀 더 자세히 들여다보자. 아하! 뭔가 다른 점이 있다. 첫 번
째 연구에서는 아동의 행동을 파악하기 위해 어머니에게 직접 질문했다.
아이를 때리는 어머니들 말이다. 그러니 어머니의 대답은 당연히 아이가
집에 있을 때의 행동에 대한 것이다. 두 번째 연구에서는 아이가 직접 질
문을 받았다. 연구자들은 아이에게 **학교에서** 얼마나 자주 싸우는지 물어
봤다. 그 결과, 집에서 많이 맞는다고 해서 그렇지 않은 아이보다 학교에
서 더 자주 싸운다고는 볼 수 없었다.

가정 내 체벌은 아이가 집에서 나쁘게 행동하도록 만들 수 있다. 또는
단지 어머니와 자녀 관계나 어머니 본인의 삶이 전반적으로 나빠지고 있
다는 징후일 수도 있다(그리고 아이는 어머니가 생각하는 것만큼이나 나쁘게 행동
하는 것은 아닐지도 모른다). 어떤 경우든지 데이터를 살펴보면 집에서 가해
지는 체벌이 아이들이 집 밖에 있을 때 폭력적으로 행동하게 만드는 것
은 **아니라는** 증거를 찾을 수 있다. 부모가 자녀를 그만 때린다면 "미국 사
회의 폭력 수준은 감소할 것"이라는 첫 번째 연구의 결론은 좀 과장됐다.

내가 지금까지 말했던 내용은 일반적인 수준의 체벌에 관한 문제다.
가끔씩 보통 수준으로 아이를 때리는 행동 말이다. 내가 정상적인 범위
를 넘어서는 폭력, 신체적인 아동학대도 피해자의 심리에 장기적인 영향

을 미치지 않는다고 말할 만큼 제정신이 아닌 사람은 아니다.

첫째로, 심한 학대는 뇌 손상을 포함한 신체적 손상을 야기할 수 있으며 이는 장기적이거나 영구적인 영향을 미친다. 외상 후 스트레스장애 post-traumatic stress disorder, PTSD 같은 증상도 또 다른 장기적 영향의 하나다.

그러나 지금 우리는 더 일반적인 차원에서 부모의 행동을 살펴보고 있다. 방금 언급한 결과를 야기할 정도로 심한 학대가 아니라면, 아이가 집을 나선 뒤에도 여전히 지속되는 심리적 영향이 존재하는지 나는 잘 모르겠다. 그럴지도 모르지만 결정적인 증거는 아직 없다.

물론 학대를 받은 아이가 여러 종류의 문제를 보인다고 하는 연구는 상당히 많다. 학대받지 않은 아이보다 폭력성이 더 높아진다는 것(근거가 분명한 연구 결과다) 외에도 이런 아이는 친구를 사귀고 관계를 지속하는 데도 어려움을 겪으며 학업에도 문제가 많다. 부모가 되고 나면 자기 자녀도 마찬가지로 학대를 할 가능성이 있다.[53] 심리학자들은 이를 "아동 학대의 세대 간 전이intergenerational transmission of child abuse"라고 표현한다. 이때 전이는 유전자가 아닌, 경험과 학습, 즉 환경적 요인에 의한 전이를 가리킨다.

이들은 유전자를 거의 염두에 두지 않는데[54] 나는 그 이유를 잘 모르겠다. 당신이 심리학자들을 구석으로 데려가 대화를 나눈다면 심리적 특성이 부분적으로 유전된다는, 다시 말해 부모로부터 자녀에게로 전해진다는 사실을 부인할 학자는 거의 없을 것이다. 그럼에도 불구하고 본인의 연구를 진행하고 그 결과를 논문으로 발표할 때는 이런 생각이 떠오르지 못하게 막아둘 수 있는 모양이다. 오늘날의 심리학자들은 아이의 행동에 따라 부모가 아이를 대하는 방식도 달라지며 부모에 대한 자녀의 영향과 자녀에 대한 부모의 영향은 대체로 구별할 방법이 없다는 사실을 기꺼이 받아들인다. 하지만 부모의 행동과 아이의 행동 간에 나타나는 상관관계가 유전 때문일 가능성을 언급하고 인정하는 것은 행동유전학자뿐이다. 다른 사람들은 유전의 역할을 폄하할 의도가 아니면 그 가능성을 입에 담지 않는다. 그리고 유전의 작용 가능성을 배제할 방법이 없는데도 연구 설계에서 그 가능성을 무시한다.[55]

왜 부모는 아이를 학대하는 걸까? 한 가지 이유는 정신질환이다. 정신질환은 부분적으로 유전되어 대를 이어 전해지는데, 입양 가정이 아닌 생물학적으로 맺어진 집안에서 대를 이어 전해지는 것이다.[56]

학대를 하는 부모 중에서 정신질환을 앓는 사람은 많지 않을 것이다. 하지만 정신질환과 유사해 보이는 성격 특성을 지닌 사람은 훨씬 더 많을 것이다. 공격적이고, 충동적이고, 화를 잘 내고, 쉽게 싫증을 느끼고, 타인의 감정에 무감각하고, 자신의 감정을 잘 조절하지 못하는 이런 사람들은 자기 자녀를 대할 때도 문제를 일으키기 쉽다. 이런 부모의 자녀는 안타깝게도 끔찍한 가정생활과 유전적 조건이라는 두 개의 짐을 짊어져야 한다. 그리고 집 밖의 세계에서 성공을 거둘 가능성도 낮아진다.

신데렐라의 가정생활은 정말 끔찍했지만 적어도 자신을 학대하는 새어머니로부터는 아무 유전자도 받지 않았다. 신데렐라 이야기에 숨겨진 메시지는 바로, 다행히 좋은 유전자를 물려받았다면 결국에는 잘될 것이고, 고생을 극복하고 성공할 것이라는 내용이다. 『올리버 트위스트』도 같은 메시지를 담고 있다. 소설에서는 올리버의 배다른 형이 악랄한 악당으로 등장하는데 그의 친어머니도 악랄한 사람이었다. 올리버는 다른 어머니에게서 태어났는데 올리버의 친어머니는 올리버처럼 아주 착한 사람이었다. 이런 이야기는 이제 정치적으로 올바르지 않다. 공평하게 들리지도 않고, 실제로 공평하지 않다.

또 다른 불공평한 일은 학대가 자행되는 집에서 아이 하나만이 주된 피해자로 선택되곤 한다는 점이다. 이런 아이는 폭력적인 가정을 떠나 위탁 보호를 받게 된 후에 또다시 폭력의 피해자가 되기도 한다.[57] 학대의 피해자가 될 가능성이 높아지는 것은 매력적이지 못한 외모와 남의 성질을 건드리는 성향 같은 어떤 특징적인 면 때문일 수도 있다. 또는 어떤 특성이 **결여**되어 있을지도 모른다. 따라서 정말 궁금한 점은 왜 어떤 아이는 학대를 당하는가가 아니라 왜 대부분의 아이들은 학대를 당하지 않냐는 것이다. 아이들은 많은 말썽을 일으키고 때로는 부모를 매우 화나게 한다. 하지만 대부분 부모는 자녀에게 심각한 위해를 가하지 않고, 부모 본인이 어린 시절에 학대당한 경험이 있더라도 그 자녀들은 대체로 피해 없이 지낸다. 진화를 통해 아이들은 어른의 화를 풀 갖가지 도구와 전략을 얻게 되었고, 이런 수단을 활용해 어른이 아이를 보호하고 싶어지고 사랑스럽게 여기게 만든다. 딱히 잘못한 것은 없으나 보호 도구를 갖추지 못했거나 전략이 너무 취약한 아이들도 있다.

이보다 더 불공평한 부분은 집에서 학대의 피해자인 아이들이 또래들 사이에서도 인기를 끌지 못하는 경향이 있다는 점이다.[58] 어디에 있든지 항상 피해자가 되어버리는 아이들이 있다. 이들이 정상적으로 성장하지 못한다면 우리는 집에서의 경험을 탓해야 하는가, 아니면 학교에서의 경험을 탓해야 하는가? 심리학자들은 답을 알지도 못하고 궁금해하지도 않는다. 그저 집이 결정적인 요소라고 가정할 뿐이다.

캐나다 요크 대학교의 사회학자 앤마리 앰버트Anne-Marie Ambert는 이런 가정에 반론을 제기했다. 그는 대학생들을 대상으로 입학 이전의 삶에 대해 일종의 자서전을 써보게 했다. 그리고 자서전을 쓰는 데 도움이 되도록 몇 가지 질문을 던졌다. 그중에는 "당신을 가장 불행하게 만들었던 일은 무엇이었나요?"라는 질문이 있었다. 그는 학생들이 답한 내용을 보고 깜짝 놀랐다. 학생들 중에서 부모의 불만족스러운 태도나 행동에 대해 쓴 사람은 9퍼센트에 불과했으며 37퍼센트의 학생은 또래 아이들이 자기를 못살게 굴던 경험에 대해 썼다. 그들은 이런 경험이 자신에게 장기적으로 나쁜 영향을 미쳤다고 느끼고 있었다. 앰버트는 "또래 학대peer abuse"가 매우 심각한 문제이며 그에 걸맞은 주목을 받지 못하고 있다고 결론지었다.

> 학생들의 자서전을 읽어보면 부모보다는 또래로부터 얻은 부정적 경험이 훨씬 더 많다.…다른 연구자들의 검증을 거친 이 결과는 유년기에 경험하는 가장 치명적인 심리적 손상의 근원이 실제로 무엇일지 생각하려 하지 않고 부모에게만 주목하는 편협한 사고방식을 벗어버리지 못하는 대부분의 아동 복지 전문가를 놀라게 할 새로운 사실이다. 유년기의 가장 치명적인 고통은 또래들 간의 다툼과 괴롭힘이다.…학생들의 자서전에서 우리는 행복하고 즐겁게 잘 자라다가 갑작스럽게 심리적 황폐함을 경험하기 시작하는 이들의 이야기를 읽을 수 있다. 이런 변화는 흔히 또래로부터 무시와 배척, 욕설, 인종 차별, 놀림, 괴롭힘, 성희롱, 모욕, 짓궂은 장난, 폭행을 당하는 등의 괴로운 일을 경험한 뒤 갑자기 잃거나 학교에서 능력을 제대로 발휘하지 못하게 되면서 시작한다.[59]

학대 받는 아이의 생활이 불행한 마지막 이유는 잦은 거주지 이동과 관련 있다. 이사를 너무 많이 하는 것이다. 이런 아이들은 부모와 여전히 함께 지낸다고 해도 일반적인 가정의 아이보다 집을 더 자주 옮긴다.[60] 하지만 학대당하는 아이는 부모와 계속 함께 지내지 못하는 것이 보통이다. 학대를 받는다는 진단을 받으면 아이는 부모로부터 떨어져 보육시설이나 양부모의 가정에 보내진다. 이렇게 해도 별 소용이 없다면 아이는 두 번 세 번 양부모 가정을 바꾸게 된다. 흔히 부모와 대체 양육자를 반복해서 상실하는 경험이 입양이나 위탁 보호 제도의 문제점이라고 여기지만, 아이에게서 안정적인 또래집단을 빼앗는 잦은 거주지 이동 역시 큰 문제점이다. 안정적인 또래집단이 없다면 사회화는 원활하게 이루어지지 않는다. 그리 친하지 않은 또래라도 없는 것보다는 나을 것이다.

아기가 부모나 그 대체 양육자를 필요로 한다는 점은 의심의 여지가 없다. 나는 아기에게 있어 친숙한 양육자란 빛이나 일정한 패턴처럼 뇌가 정상적으로 발달하기 위해 반드시 필요한 환경의 일면이라고 생각한다. 하지만 대여섯 살 이상의 아이에게는 부모나 그 대체자가 반드시 필요하지 않을 수도 있다(8장에서 소개했던 보육원 아이들의 사례를 보라). 일정 나이를 지난 아이에게는 안정적인 또래집단이 더 중요할 수 있다. 위탁 보호 제도를 운영하는 배경에는 아이에게는 반드시 가족이 필요하다는 전제가 있다. 하지만 나는 아이에게는 가족 이상으로 안정적인 또래집단이 필요하다고 생각한다. 이 선의의 입양 중개 단체들은 아이에게 가족 환경을 제공하려고 애쓰는(몇 번이고 반복되기도 한다) 까닭에 아이로부터 또래를 앗아간다.

이미 말했듯 학대 받는 아동은 여러 가지 문제를 안고 있다. 평균적으로 이들은 다른 아이보다 더 폭력적이다. 하지만 그것은 유전자 때문일 수 있다. 학대한 부모 자신도 폭력 성향이 높을 수 있다는 말이다. 피학대 아동이 겪는 또 다른 문제들은 부모보다는 또래의 가혹행위 때문일 수도 있으며 생활 영역을 너무 자주 옮기는 탓일 수도 있다. 현재로서는 우리가 아는 바가 별로 없는데, 이는 제대로 실시된 연구가 아직 없기 때문이다(부록 2를 보라).

▶ 사고는 아이가 치고 비난은 부모가 받는다

뉴스에 늘 나오는 이런 일들을 볼 때마다 화가 난다. 이를테면 스미스 부부의 아이가 말썽을 일으켰는데 판사는 아이 부모를 감옥에 보내겠다고 위협성 경고를 날린다. 존스 부부의 아이가 주택에 들어가 강도짓을 했는데 자녀의 행동에 대해 "합당한 통제를 하지 못했다"는 이유로 부모가 벌금형을 당한다. 윌리엄스 부부의 아이가 임신을 하자 부모는 딸이 어디서 무얼 하고 다니는지 제대로 살피지 못했다는 이유로 비난의 화살을 맞는다. 딸이 말썽을 일으키지 않도록 통제하기란 불가능하다는 것을 깨달은 어떤 부모는 딸을 라디에이터에 묶어버린다. 그들은 아동학대 혐의로 구속된다.[61]

부모 입장이 되어본 적이 없다면 당신은 그들을 쉽게 손가락질할 수 있다. 하지만 때로 어떤 부모에게는 아이를 라디에이터에 묶어두는 것이 그야말로 최후의 수단일 수 있다. 바람직하게 행동하는 십대 자녀를 둔 부모는 아이를 관리하는 자신의 능력이 아이의 자발적인 협조에 절대적으로 기대고 있음을 깨닫지 못한다. 아이가 스스로 원하지 않는다면 아이를 잘 관리하기란 불가능하다. 나와 남편은 이 사실을 체험적으로 깨달았다. 아이는 원하기만 하면 얼마든지 부모를 속일 수 있다. 부모의 주장을 강요하기 위해 외출금지 명령을 내린다면 아이로서는 아예 집에 들어오지 않으면 그만이다. 용돈을 주지 않겠다고 하면 아이는 친구들 돈을 빼앗거나 도둑질을 한다. 부모의 통제하에 있는 청소년은 어디까지나 자발적으로 부모의 통제를 받아들인 아이들이며 이들은 사실 통제가 거의 필요 없는 착한 아이로 살아간다.[62] 반면에 통제가 가장 절실한 청소년의 경우에는 부모에게 통제를 유지할 힘이 거의 없다.

부모의 통제가 가장 필요한 이런 청소년들은 대개 부모가 싫어하는 또래집단에 소속된다. 부모는 자녀가 그런 애들과 어울리지 않기를 바라지만 부모가 할 수 있는 일이 있을까? 또래집단은 어디까지나 아이의 친구들이고, 부모가 원하든 원치 않든 이들은 항상 얼굴을 마주하며 시간을 보낸다. 일반적으로 청소년들은 부모보다는 친구들과 많은 시간을 보낼 것이다. 부모가 통금을 정해놓는 이유가 바로 이것이다. 통금이 있다는 것도 결국 십대 아이가 집이 아닌 곳에 있는 것을 더 좋아한다는 사실을 암묵적으로 시인한다는 뜻이다. 부모가 아이의 친구들에 대해 별 불만이 없다면 아이가 집 밖을 더 좋아한다는 것도 기꺼이 받아들이며 자신의 친구들과도 이에 대해 농담을 한다. 아이의 친구들이 못마땅하면 농담으로 넘길 수가 없다.

문제 행동과 태도를 정상적이라고 여기는 지역에서 살고 있기 때문에 십대 아이가 문제아 집단에 소속되는 경우도 있다. 하지만 내가 아이들을 키웠던 괜찮은 중산층 지역에서도 문제아 집단은 존재한다. 어떤 아이는 다른 집단으로부터 퇴출당했기 때문에 문제아 집단에 가입하고, 또 어떤 아이는 자발적으로 문제아 집단을 선택한다. 아이는 그 집단이 '나 같은' 아이들로 이루어져 있다는 느낌 때문에 집단에 동질감을 갖는다. 부모는 이런 집단이 자녀에게 나쁜 영향을 미친다고 생각하고 또 실제로도 그럴 수 있다. 집단 구성원들이 공유하는 특성은 서로가 주고받는 영향[63]과 외부 집단과의 대조효과를 통해 더욱 확대되는 경향이 있다. 하지만 이러한 영향은 상호적인 것이며 아이들은 대개 애초부터 많이 닮아 있다.

십대 아이가 문제아 집단에 합류하는 것은 부모 잘못일까? 부모의 양육방식을 연구하는 사회화 연구자들은 권위 있는 양육방식—너무 엄하지도 않고 너무 부드럽지도 않은, 적절한 수준의 양육방식—을 사용하는 부모의 자녀는 잘못된 또래집단에 들어갈 비율이 적다고 말한다. 다시 말해 자녀가 문제아가 될 가능성이 적다는 것이다. 하지만 이들의 주장이 근거로 삼은 데이터는 그 타당성이 매우 의심스럽다.

양육 방법 연구의 선구자는 발달심리학자 다이애나 바움린드다. 미취학 아동을 대상으로 연구를 시작한 그는 연구를 통해 올바른 양육방식을 사용하는 부모의 자녀는 너무 엄한 부모나 너무 부드러운 부모의 자녀에 비해 사회적·행동적 문제를 적게 일으킨다고 했다.[66] 물론 바움린드의 연구 역시 유전의 영향을 통제하지 못했고 아이에 대한 부모의 영향력과 부모에 대한 아이의 영향력을 구분할 방법도 제시하지 못했다. 게다가 연구 결과는 여자아이와 남자아이에게서 각기 다르게 나타났지만(2장에서 "분할정복"에 대해 말한 부분을 보라) 이를 지적한 사람은 거의 없었다. 그런데도 바움린드의 연구 결과는 아동발달에 관한 모든 교재에 인용되고 있다.

오늘날 바움린드 추종자들은 더 이상 미취학 아동을 연구하지 않는다. 그들의 관심은 청소년으로 옮겨졌다. 청소년을 연구할 때 편한 점은 긴 설문지를 스스로 작성할 수 있다는 것이다. 당신은 청소년에게 부모가 자기를 어떻게 대했는지—부모가 너무 엄격한지, 너무 부드러운지, 아니면 올바르게 대했는지—직접 질문할 수 있고, 싸움은 얼마나 하는지, 담배는 얼마나 피우는지, 시험 성적은 어느 정도인지 등의 질문도 할 수 있다. 연구자는 청소년이 자기 부모에 대해 진술한 것과 본인에 대해 진술한 것 사이의 상관관계를 찾고 싶어 한다.

유전의 영향력을 통제할 방법은 여전히 없고, 부모에 대한 자녀의 영향과 자녀에 대한 부모의 영향을 구분할 방법도 없다. 그런데 이들의 연구에는 다른 혼란의 가능성이 더 추가되어 버린다. 한 아이가 양쪽의 데이터 모두를 동시에 제공하기 때문이다. 아이는 자기 부모에 대한 데이터도 제공하고 동시에 자기 자신에 대한 데이터도 제공한다. 나는 체벌의 영향을 다룬 머레이 스트라우스의 연구에 대해 비슷한 문제를 제기했다. 어머니가 아이를 얼마나 자주 체벌하는지를 연구자에게 알려주면서 동시에 자녀가 어떻게 행동하는지도 알려준다는 것이다.

동일한 인물에게 다른 질문 두 개를 던져서 답하게 한다면 당신은 언제나 첫 번째 질문의 답과 두 번째 질문의 답 사이에서 상관관계를 발견할 것이다. 이 상관관계는 통계학의 이른바 "공유방법변량shared method variance"[65]에 기인한 또는 과장된 것이다. 사람들은 당신이 던진 모든 질문에 대해 계속 한쪽으로 편향되게 응답한다. 행복감을 느끼는 사람들은 모든 질문에 긍정적으로 대답하려는 경향이 있다. 네, 부모님은 모두 제게 잘해주셨어요, 네, 저는 문제없이 잘 자라났죠, 이런 식으로. 사회적으로 바람직하다는 인상을 보여 주고 싶어 하는 사람은 역시 사회적으로 바람직하게 여겨질 답변만 들려준다. 예, 저희 부모님은 좋은 분이셨습니다. 아니요, 저는 싸움을 한 적도 없고 마약을 입에 댄 적도 없습니다. 쉽게 화를 내거나 우울해지는 사람은 이렇게 답하기 마련이다. 부모는 모두 한심한 인간이었지, 수학시험은 망쳤고. 이 짜증나는 설문지 당장 치워버려!

부모가 보인 행동—너무 엄격했는지, 너무 부드러웠는지, 올바른 것이었는지—에 대해 청소년이 연구자에게 답한 내용은 대체로 부모 본인의 이야기와 별로 일치하지 않는다.[66] 자녀의 답변에만 기대지 않고 부모의 행동을 파악하기 위해 정보를 다양하게 수집하는 최근 연구에서는 "올바른Just Right" 방식의 양육이 긍정적인 결과를 낳는다는 근거를 찾지 못하고 있다. 바움린드의 정의에 정확히 들어맞지 않는 부모를 사전에 걸러내서 연구자들이 입맛에 맞게 판을 짜놓은 경우에도 말이다.[67] 연구가 시작할 때에 참가했던 가족들 중 거의 절반을 걸러냈을 정도였다.

하지만 나는 이제 다른 문제로 넘어갈 생각이다. 독자들은 연구 방법론을 집요하게 분석하는 데에는 관심이 없을 것이다. 독자가 알고 싶은 건 내가 아이들과 그렇게 많은 문제를 겪었던 이유다. 나 같은 실수를 하지 않기 위해서 내가 잘못한 게 무엇인지를 알고 싶을 것이다.

내 아이는 결국에는 아주 잘 자라났다. 부모를 힘들게 하는 대부분의 청소년과 마찬가지로 내 아이도 나이를 먹으면서 더 지혜로워졌고 성숙해갔다. 어른이 된 지금은 어디 내세워도 모자랄 게 없는 사람이 되었다. 나는 딸에게 남편과 내가 뭘 잘못했고 뭘 다르게 했어야 했을지 묻곤 했지만 딸은 자기도 잘 모르겠다고 대답했다. 지금 내 딸은 이미 두 딸아이의 어머니가 됐다. 그러니 딸도 좀 알고 싶어 할 법한데 여전히 모르겠다고 한다. 그러나 나는 내가 딸을 키웠던 곳과 아주 비슷한 지역 조건에서 딸이 손녀들을 키우고 있다는 걸 안다. 딸이 청소년이었을 때에는 당장에라도 탈출하고 싶어 했던 바로 그런 곳에서 말이다.

남편과 나는 두 딸을 같은 방식으로 키우지 않았다. 그리고 두 딸도 서로 **전혀** 같지 않았다. 두 아이에게 같은 전략을 활용하는 것은 불가능할 뿐만이 아니라 멍청한 짓이다. 양육방식 연구자들이 범하는 수많은 실수 중 가장 심각한 것은 양육방식을 부모의 특성이라고 간주한다는 점이다. 양육방식은 부모와 자녀의 관계의 특성이다. 여기에는 양쪽 모두가 간여한다.

▶ 진실과 결과

이 장 앞에서 나는 "부모들은 별거를 할 경우 자녀에게 어떤 영향을 미칠지 알아두어야 한다"던 사회학자 사라 맥라나한과 개리 샌디퍼의 말을 소개했다. 부모가 별거하기로 했는데 그 뒤에 자녀가 학교에서 징계를 받거나 임신을 해서 미혼모가 된다면 맥라나한과 샌디퍼는 자녀들의 이런 문제를 두고 부모에게 비난의 화살을 쏠 준비가 되어 있다. 그들은 심리학과 사회학 연구에서 너무나 흔하게 발견되는 실수를 똑같이 반복한다. 이런 실수는 심리학 개론 첫 수업시간부터 반복적으로 학생들에게 주의를 주는데도 계속해서 일어나고 있다. 바로 인과관계와 상관관계를 혼동하는 오류다.

좋은 일들은 대개 함께 일어난다. 나쁜 일들도 마찬가지다. 이것은 상관관계다. 교육심리학자 하워드 가드너Howard Gardner는 우리에게 여러 가지 다양한 '지능'이 있으며, 그러므로 한쪽에서는 매우 미흡한 수준에 그치는 사람이 다른 영역에서는 높은 수준을 보일 수도 있다는 걸 우리에게 보여 주었다. 하지만 실제로는 한 가지 지능검사에서 낮은 점수를 받으면 다른 지능검사에서도 낮은 점수를 받는 것이 보통이다.[68] 우리는 발달장애를 가진 아이가 그림이나 수학에서 놀라운 실력을 발휘하더라는 얘기를 들으면 흐뭇해진다. 이런 사례는 세상은 공평하다는 믿음을 만족시켜 준다. 하지만 이런 경우는 흔치 않다. 일반적으로는 자연이란 공평하지 않아서 발달장애 아동에게 특별한 재능을 주지 않고 신체 능력도 불완전한 수준에 머무르게 한다. 이들이 일반 올림픽에 출전하지 않고 장애인 올림픽에 출전하는 것도 그런 까닭이다.

좋은 일들은 대개 함께 일어난다. 어떤 지능검사에서 높은 점수를 받으면 다른 지능검사에서도 높은 점수를 받는 것이 일반적이다. 하지만 이 지능검사에서 높은 점수를 받은 것이 다른 검사에서도 높은 점수를 받게 한 원인이라고는 할 수 없다. 왜냐하면 둘 간의 관계는 상관관계이기 때문이다. 그 둘이 왜 상관관계에 있는지를 확실하게 아는 사람은 아무도 없다.

통계를 전공한 어느 심리학자는 "모든 것은 모든 것과 관련되어 있다"라고 말한다. 그는 미네소타의 고등학생 5만 7000명의 데이터를 수집해 분석한 연구팀의 이야기를 들려주었다. 연구팀은 학생에게 여가 활동이나 학습 계획은 어떤지, 학교를 좋아하는지, 형제는 몇 명이나 있는지 등을 물었다. 그리고 아버지의 직업과 부모님의 교육 수준, 자신의 대학 진학에 대한 부모님의 의견 같은 것도 물었다. 질문지에는 15가지 항목이 있었으므로 모든 항목들 사이에는 105개의 조합이 형성될 수 있다.* 이 105개의 조합은 모두 유의미한 상관관계를 보였으며 대부분은 유의확률(상관관계가 우연히 나타났을 가능성)이 0.000001보다 낮았다.[62]

모든 것은 모든 것과 관련되어 있지만 아무렇게나 관련되지는 않는다. 좋은 것들은 좋은 방향으로 함께 움직이기 마련이다. 건강에 좋은 식

---

* 15×15는 225다. 그중에서 15개는 항목 한 개와 그 자신과의 상관관계이므로 세지 않는다. 그리고 나머지의 절반은 두 항목의 조합을 순서만 바꾼 것이다. A와 B의 상관관계는 B와 A의 상관관계와 같으니까.

사를 하는 사람은 대개 운동을 더 많이 하고 수시로 건강검진을 받고 더 오래 산다. 성공하는 사람들은 그렇지 못한 사람보다 키가 더 크고 IQ가 더 높은 경향이 있으며 결혼을 했다면 이혼을 할 가능성도 더 낮다. 교사와 부모는 전에 좋은 점수를 받은 아이에게 더 많은 기대를 하고 그런 아이는 앞으로도 계속해서 좋은 점수를 받는 경향이 있다. 학교 성적이 좋은 아이는 담배를 피우거나 교칙을 어기는 일이 드물다. 부모가 자주 안아준 아이는 부모가 자주 때린 아이보다 더 호감 가는 성격을 보여 주곤 한다.

상관관계에는 무엇이 원인이고 무엇이 결과인지를 가리키는 화살표가 없다. 영향력이 양쪽으로 상호작용하기 때문에 화살표는 양쪽 모두를 가리키기도 하고, 연구자가 측정하지 않은 무언가가 제3의 원인으로 작용하기 때문에 어느 쪽도 가리키지 않기도 한다.

심리학자 마이클 레스닉Michael Resnick은 〈JAMA〉 1997년 9월호에 동료들과의 연구 내용을 "위험으로부터 청소년을 보호하는 방법: 청소년 건강에 관한 전국적 종단 연구의 발견"이라는 제목으로 실었다. 연구자들은 많은 청소년에게 많은 질문을 했고 답변들에서 많은 상관관계를 찾아냈지만 신문에서는 "연구 결과, 부모의 유대와 청소년의 웰빙은 관계 있는 것으로"라고 기사 제목을 달았다. 연구자들은 이 관계를 "부모-가족 연결성parent-family connectedness"이라고 불렀다. 그들은 이 연결성이 이른바 "건강 위험 행동health-risk behavior"으로부터 대부분의 청소년을 지켜주는 "보호막"이 된다고 말했다. 연구의 논지는 요컨대 부모-가족 간 연결성이 높은 청소년일수록 흡연이나 마약 복용, 십대 임신 등의 행동을 할 가능성이 더 적다는 것이다.[70]

하지만 사실 연구자들이 발견한 건 부모와의 관계가 괜찮다고 **말하고** 부모가 자기를 사랑하며 많은 기대를 품고 있다고 **말하는** 청소년들일수록 담배나 마약을 하거나 무분별하게 섹스를 한다고 **말하는** 경우가 적다는 사실이다. 이 연구의 결론은 전적으로 질문에 대해 청소년들이 답한 내용에 기초하고 있는데 이는 자녀 양육 방법을 연구하는 사람들이 저지르는 실수와 똑같다. 새로운 약의 효능을 실험하려는 어떤 의학자가 실험 참가자들 중에서 누구에서 진짜 약을 주고 누구에게 위약을 줬는지를 결과 분석 전에 알고 있었다면 〈JAMA〉는 그의 논문을 게재하지 않을 것이다. 약의 효능을 제대로 평가하려면 누가 무슨 약을 받았는지를 사전에 알지 못한 상태에서 결과만으로 평가해야 한다. 그런데도 〈JAMA〉는 삶에 대한 "보호 요인"과 그 예상 결과 모두에 대한 정보를 청소년 본인의 답변만으로 얻은 연구를 실었다.*

양육가설은 강력한 힘을 발휘한다. 문을 활짝 열어젖힌 것이다. 〈타임〉에 의하면, 〈JAMA〉의 연구에는 연방정부의 지원금 2500만 달러가 소요됐다. 기사를 쓴 〈타임〉의 에세이스트는 회의적인 말투로 다음과 같이 이야기한다. 그도 십대 자녀를 둔 어머니였다.

> 18개의 연방정부에서 자금을 댄 이 결과물이 사람들의 관심을 모았던 까닭은 엄마를 벽 보듯하고 친구 몰리가 부르지 않으면 꼼짝하지도 않는 메리 같은 자식을 둔 부모를 안심시켜 주기 때문이다. 연구의 총책임자였던 미네소타 대학의 마이클 레스닉은 "부모의 힘과 중요성은 청소년기가 끝날 때까지도 계속해서 유지된다"라고 말한다. 얼마나 든든한 말인가. 당신을 무시하는 듯 보여도 당신의 자녀는 귀를 뚫기 전까지 수년에 걸쳐 다져진 당신과의 유대감의 잔여물 속에서 살고 있으며 아이의 인생에서 가장 중요한 건 바로 이 유대감이라는 것이다.[71]

그럴지도 모르겠다. 나는 연구자들의 연구 방법을 비판해 왔지만, 어

---

* 부모도 질문을 받았지만 그들의 답변은 〈JAMA〉에 실린 분석에는 포함되지 않았다.

떤 아이는(에세이스트가 말한 메리도 포함해) 분명히 신체적 성숙의 시계가 13시를 가리킨 이후에도 부모와 우호적 관계를 유지한다. 그리고 이런 아이는 마약을 하거나 위험한 섹스를 하는 등의 어리석은 일탈 행동을 거의 하지 않고 청소년기를 보낸다. 18개 연방정부들이 자기가 쏟아 부은 2500만 달러가 유용하게 쓰였다고 착각한 건 연구자들이 연구 결과를 긍정적으로 표현하는 교묘한 말투 때문이었을 것이다. "부모와의 **좋은** 관계는 자녀를 **보호하는** 효과가 있습니다" 같은 표현 말이다. 내용은 바꾸지 않고 표현만 조금 바꿔서 "부모와 잘 지내지 못하는 청소년은 마약을 흡입하거나 위험한 섹스를 할 가능성이 높습니다"라고 했다면 관심을 별로 끌지 못했을 것이다. 이렇게 바꿔서 표현해 봐도 역시 흥미를 끌지 못했을 것이다. "마약을 하거나 위험한 섹스를 하는 십대는 부모와 잘 지내지 못합니다."

지금 여기서 이야기하는 건 연구자가 측정할 수 없는 요소가 원인으로 작용하여 상관관계의 화살표가 어느 쪽도 가리키지 못한 한 가지 사례다. 여기에서 빠져 있는 연결고리는 바로 실험 참가자들의 성격이다. 특정 성격을 갖고 있는 사람은 위험한 행위를 더 즐기고 이런 사람은 인간관계에서 문제를 경험하거나 혹은 스스로가 문제를 일으키는 원인이 된다. 부모와의 관계만이 아니라 다른 모든 인간관계에서 그렇다.

뉴질랜드에서는 이 빠진 연결고리를 찾는 연구가 실시됐다. 아브샬롬 카스피Avshalom Caspi와 동료들이 실시한 이 연구 결과는 앞의 〈JAMA〉 연구가 발표된 몇 달 후 심리학 학회지를 통해 발표되었다. 〈타임〉은 이를 무시했다.

뉴질랜드 연구자들은 아이와 청소년 1천 명에게 성격검사를 실시했으며 그 결과 특정한 성격 특질을 통해 위험 행동을 예측할 수 있음을 발견했다. 충동적이고 화를 잘 내며 위험을 두려워하지 않고 자극 추구 성향이 강한 18세 청소년은 술을 더 많이 마시고 과속운전을 하고 무분별

508

하게 섹스를 하는 경향이 있었다. 그리고 이런 청소년은 친밀한 인간관계를 형성하고 유지하는 데 어려움을 겪는 것으로 밝혀졌다.

연구자들이 지적한 대로 이러한 불리한 성격 특질은 긍정적인 성격 특질과 같은 정도로 유전의 영향을 받는다. 개인 간에 나타나는 차이는 약 50퍼센트 정도로 유전적 요소에 기인한다.[72] 그리고 이런 특질은 어릴 때부터 드러난다. 연구자들은 이런 성격 특질의 징후를 세 살밖에 안 된 어린 참여자에게서도 발견할 수 있었다. 연구자들은 훈련 받은 전문가를 통해 세 살 아기들의 행동을 관찰하여 그들의 성격 특질을 평가하고 데이터를 수집했다. 또래보다 충동적이고 화를 잘 내며 산만한 아기는 그런 행동 방식을 간직한 채로 성장하며 그 과정에서 건강 위험 행동을 더 많이 하는 경향이 있다.[73]

솔직히 말해서 이런 이야기는 〈JAMA〉의 연구 결과보다 우리를 더 맥 빠지게 한다. 하지만 문제의 해결책을 찾으려면 우리는 먼저 실제로 어떤 일이 벌어지고 있는지 이해해야 한다. 생물학은 운명론이 아니다. 성격을 규정짓는 데에 유전이 일정 부분 작용한다고 해서 성격을 바꾸는 게 불가능한 건 결코 아니다. 우리는 어떤 일을 할 수 있을지 연구하고 분석해야 한다. 아직까지 그런 일을 못했다면 그건 양육가설에 대한 심리적 믿음이 우리의 발목을 잡았기 때문일지도 모른다.

▶ 왜 현대 심리학은 엄마아빠를 비난하는가

우리 동네 도서관 서가에는 "역기능 가정"에 관해 글을 쓰는 존 브래드쇼와 "유해한 부모"에 관해 글을 쓰는 수전 포워드 같은 사람의 책이 많이 꽂혀 있다.[74] 하지만 나는 맥라나한과 샌디퍼의 『한부모 가정에서 성장하기』 같이 좀 더 과학적인 방법으로 문제에 접근한 책을 더 읽고 싶기 때문에 사서에게 상호대차 신청서를 제출하고, 그러면 사서는 그 책을 대학도서관에 신청해서 대출해 준다. 이런 이유 때문인지는 모르겠지만 왠지 맥라나한과 샌디퍼의 논리를 비판하는 데 너무 많은 시간을 썼고 브래드쇼와 포워드를 비판하는 데에는 충분한 여력을 갖지 못했다는 느낌이 든다. 굳이 이런 불균형을 바로잡을 생각은 없지만—솔직히 말해 별로 내키지가 않는다—도서관 서가를 채운 책들에 대해서 뭔가 얘기를 할 필요는 있다. 왜 포워드와 브래드쇼 같은 임상의는 자기를 찾아온 환자의 문제가 환자 부모의 잘못이라고 단정하는 걸까? 그리고 나는 왜 그들이 틀렸다고 믿는 걸까?

나는 같은 집에서 같은 부모에게 양육된 아이들도 서로 다르게 자라더라는 행동유전학 연구를 여러 번 언급했다. 그런데 이 사실은 세상의 여러 브래드쇼와 포워드들에게는 문제되지 않는다. 왜냐하면 그들은 같은 집에서 자란 아이들이 서로 비슷해진다는 예상 자체를 하지 않기 때문이다. 그들은 역기능적인 부모가 자녀 각각에게 개별적으로 유해한 영향을 미칠 것이라 **예상**하며, 그 이유는 아이들 각각이 집에서 서로 다른 역할을 맡고 있거나 태어난 시기가 다르거나 조부모 중에서 누구를 닮았는지도 다를 수 있기 때문이라고 말한다. 브래드쇼들과 포워드들은 행동유전학 데이터를 분석하면서 밤잠을 설치는 일이 없을 것이다. 예상컨대 그들은 다른 어떤 종류의 데이터 때문에라도 잠을 설치지 않을 것이다. 그들의 이론은 내가 뭘 던져도 날름 삼켜버릴 것이다. 과학적 방법론에 기반하지 않은 이론과 연구 결과는 과학적 논쟁을 통해 뒤집기가 매우 힘들다.

내가 할 수 있는 일은 독자에게 어째서 그들이 그런 결론에 도달했는지를 밝히고, 어떻게 나와 그들이 같은 것을 보고도 전혀 다른 시사점을 얻을 수 있었는지를 보여 주는 것이다. 나는 그들의 관찰을 의심하지는 않는다. 나는 관찰 내용을 해석하는 방식을 의심한다.

심리치료사의 사무실에 들어서는 환자들은 대부분 그녀들이(여성이 좀 더 많다) 비참한 인생을 살고 있다고 하소연한다. 심리치료사는 환자와 한동안 대화를 나누고, 환자의 모든 문제가 부모 탓이라고 결론짓는다. 부모가 그를 하찮게 여겼거나 억울하게 했거나 적절한 만큼의 자율성을 배려하지 않았거나 죄책감을 갖게 했거나 성희롱을 했을 것이다. 심리치료사는 환자에게 그의 문제들이 모두 본인의 잘못이 아니라 부모의 잘못이라는 생각을 심어주려고 애쓴다. 잠시 후에 환자는 대답한다. "고마워요, 선생님. 기분이 한결 좋아졌어요"라고.

흥미로운 건 어째서 환자가 그런 상담을 받고 기분이 좋아지는지 혹은 정말로 기분이 좋아졌는지가 아니다. 그런 문제는 다른 사람에게 맡겨둘 생각이다.[75] 내가 던지고 싶은 질문은 이것이다. "어째서 심리치료사는 부모의 잘못이라고 그렇게 확신하는가? 그렇게 확신하는 근거는 무엇인가?"

심리치료사는 역기능적 환자에게는 역기능적 부모가 있다고 생각한다. 그들은 부모가 자녀를 각기 다르게 대하고 가정에서 각기 다른 역할을 맡긴다고 생각한다. 심리치료사의 상담 대기실에는 지나친 부담을 짊어진 아이, 가족의 선한 속죄양, 또는 부모가 곁에 끼고 돌던 아이였던 사람들이 앉아 있다. 심리치료사는 '불행한 사람은 불행한 유년기를 보냈다'는 사례를 본다.

심리치료사가 이런 사정을 두 눈으로 직접 확인하는 것은 아니다. 대부분의 경우에 그가 접하는 것은 환자의 입을 통해 걸러진 정보들이다. 그가 알고 있는 것은 환자가 말해준 내용이 전부다. 심리치료사는 환자의 부모를 직접 면담하기도 한다. 그리고 그들은 환자가 묘사했던 것 이상으로 환자의 부모를 나쁘게 평가한다. 치료사는 환자가 부모와 함께 있을 때에 어떻게 행동하는지를 관찰한다. 이런 상황에서 환자는 대체로 어렸을 때의 주눅 든 모습으로 행동하는 경향이 있다. 그렇게 되면 심리치료사는 환자가 경험하는 문제가 그 부모의 잘못된 양육방식의 결과라고 결론짓는다.

치료사가 고려하지 못했던 다른 대안으로는 뭐가 있을까? 그가 오해했을지도 모르는 문제는 뭐가 있을까? 아홉 가지 정도가 떠오른다.

첫째로, 역기능적 부모가 본인의 역기능적 성격 특질을 유전적으로 그 환자에게 전해 주었을 가능성이 있다. 심리치료사는 이런 발상을 별로 마음에 들어 하지 않는다. 이런 논리라면 결국 환자의 문제를 치료할 수 없다는 뜻이기 때문이다. 하지만 결코 그렇지 않다. 많은 생물학적 문제들도 나중에 바로잡힐 수 있고, 반면에 환경에 의한 많은 요인들이 수정 불가능할 수도 하다. 그리고 무엇보다도, 우리의 운명은 정말 유전자에 새겨져 있는 걸까? 그게 사실이라면(실제로는 그렇지 않지만) 그걸 굳이 부인하려는 이유가 대체 무엇일까?

둘째로는 가정에서 특정 역할을 부여받은 이유가 환자 자신에게 잘 어울리기 때문일 가능성이다. 감독이 배우에게 가장 잘 어울리는 역할을 맡기는 것처럼 말이다. 부모가 아이에게 이러저러한 특징을 갖게 한 것이 아니라 단지 아이가 이미 갖고 있는 특징에 반응한 결과일 수도 있다.

셋째로는 다른 사람, 즉 집 밖에 있는 사람들도 환자에게 같은 방식으로 반응하고 대해 주었을 가능성이 있다. 환자가 집에서 무고한 희생양 역할을 맡을 만한 성품의 소유자라면 그는 학교 운동장에서도 같은 역할을 맡을 가능성이 있다. 그리고 이 운동장에서의 경험이 현재 환자가 안고 있는 문제의 원인일지도 모른다.

넷째로는 환자의 삶에 영향을 준 원인이 실제로 부모에게 있지만 그 영향이 환자가 경험하는 집 밖의 사회적 환경과 관련된 것일 수도 있다. 환자의 아버지가 알코올 중독자라면 아버지는 일자리를 구하는 데 어려움을 겪을 것이고 가정은 가난을 면하기 힘들었을 것이다. 결국 환자의 부모가 이혼을 한다면 환자는 이곳저곳을 너무 자주 옮겨 다녀야 했을 것이다.

다섯째는 환자가 부모와 함께 있을 때 행동하는 방식에 관한 것이다. 나이에 관계없이 사람들은 부모 앞에서 다르게 행동한다. 모든 심리학자들은 부모와 함께 있을 때 보이는 행동이 더 의미 있고 중요하며 다른 환경에 있을 때의 행동보다도 더 오래 지속된다고 가정하는 실수를 범한다. 하지만 사실은 그렇지 않다. 내가 이 책에서 제시해 온 증거들은 부모와 함께 있을 때에 보이는 행동이 부모와 관계없는 맥락에서 보이는 행동보다 **덜** 중요하고 **덜** 지속된다는 사실을 보여 준다. 아이는 집 밖에서의 행동을 집에서도 이어가지만 집에서의 행동을 집 밖으로 끌고 가는 경우는 많지 않다. 부모가 있는 상황에서 우리는 환자의 가정용 성격을 보게 된다. 가정용 성격은 환자가 집에 있을 때 어떻게 생활하는지를 보여 주기는 하지만 심리치료사가 주목해야 할 만큼 중요하지는 않다.

여섯째는 심리치료사의 사무실에서 **부모**가 보이는 행동에 관한 것이다. 부모를 판단하기 전에 그들의 입장에서 생각해 보길 바란다. 이들은 즉결심판의 피고들이나 마찬가지다. 배심원도 없고 피고를 위한 변론도 없고 단 하나 있는 것은 처벌을 요구하는 검사뿐인데 그는 환자 편이다. 부모는 자녀를 역기능적 인간으로 키운 혐의로 재판에 회부됐다. 그들은 상담실 문을 열기 전부터 최종 판결을 받은 것이나 마찬가지이며 부모 본인도 그 사실을 알고 있다. 자, 이 부모가 어떻게 행동할 것 같은가?

일곱 번째는 질문이다. "부모의 행동에 대한 증인이 누구인가?" 답은 바로 "그들의 역기능적인 자녀"다. 환자가 여기 치료사의 상담실을 찾아왔다는 건 불행을 느끼고 있다는 뜻이다. 그리고 당신의 예상대로 환자는 자신의 유년기가 불행했다고 기억한다. 하지만 그 불행한 유년기가 현재의 환자를 불행하게 만들었다고 단정할 수 있을까? 다른 방식으로 영향이 오고갔을 가능성은 없을까? 환자가 현재 경험하는 불행은 자신의 유년기가 불행했다는 **기억** 때문일 수도 있다. 기억이란 우리가 생각하는 것처럼 그렇게 정확한 기록이 아니다. 사건을 회상하는 순간의 감정 상태가 어떠한지에 따라 우리는 머릿속 창고에서 행복한 기억을 끌어낼 수도 있고 슬픈 기억을 끌어낼 수도 있다. 우리의 기분에 맞도록 중립적인 기억에 색깔을 입힐 수도 있다. 우울한 사람은 부모가 자신을 나쁘게 대했다고 기억하는 경향이 있다. 그리고 우울한 기분에서 빠져나오고 나면 부모에 대한 기억은 다시 좋아지곤 한다. 유년기에 대한 일란성 쌍둥이의 경험은 놀랄 만큼 비슷하다. 심지어 서로 다른 집으로 입양되어 자라난 경우에도 말이다. 일란성 쌍둥이들이 비슷한 기억을 갖는 건 부분적으로는 어른이 된 상태에서 비슷한 정도의 행복과 불행을 느끼기 때문이다. 물론 행복을 느끼는 것과 관련된 유전의 영향도 있을 것이다.[76]

여덟 번째는 고통이나 기쁨을 느끼게 하는 무언가가 성격을 변화시키거나 정신 장애를 야기할 힘을 지녔다고 단언할 수 없다는 사실이다. 인간관계는 우리에게 매우 큰 의미를 갖는다. 부모가 우리의 삶에서 중요한 사람들이라는 데에는 의심의 여지가 없다. 우리는 부모가 우리를 어떻게 생각하는지에 신경을 쓴다. 하지만 그게 우리의 삶이 부모 손에 맡겨져 있다는 뜻은 아니다. 환자가 부모를 생각할 때에 어떤 강력한 감정을 느낀다고 해서 환자가 갖고 있는 모든 문제의 책임이 부모에게 있다는 의미는 아니다. 환자가 음식을 못 먹게 한다면 환자는 치즈버거에 대해 강력한 감정을 느낄지도 모른다. 하지만 그 배고픔이 치즈버거 탓이라고 생각하는 사람은 아무도 없다.

이제 우리는 심리치료사들이 무시하고 지나친 아홉 번째이자 마지막 가능성에 도달했다. 바로 양육가설의 광범위한 영향이다. 치료사와 환자는 모두 같은 문화권에 속해 있으며 우리 문화권에서는 아이가 행복하고 성공적으로 살게 하거나 인생을 엉망으로 망쳐버릴지를 결정하는 힘이 부모에게 있다는 그 교묘한 신화를 믿고 있다. 이 믿음에 따르면, 아이에게 뭔가 문제가 있다면 그건 좌우지간 부모 탓이다.

우리 문화에는 아이들은 순결하고 선하게 태어나며 부모에 의해 그려지는 하얀 도화지라는 미신이 있다. 언뜻 생각하면 해로울 게 없어 보이는 이 미신—아이가 부모의 뜻대로 자라나지 않는다면 그것은 부모 책임이라는 생각—의 이면은 결코 무해하지 않다. 우리는 아이의 혐의를 벗겨주기 위해 모든 죄의 짐을 부모의 어깨에 지우고 있는 것이다.

임상심리학자들은 부모가 자녀 양육에서 저지르는 실수 때문에 자녀가 영구적으로 망쳐질 수 있으며 실제로도 그런 일이 종종 벌어지고 있다고 확신한다. 〈JAMA〉의 논설을 썼던 필자가 매퀠리니 부인이 임신 중에 범죄소설을 많이 읽었기 때문에 결국 아들 칼을 범죄자로 만들었다고 확신했던 것처럼 말이다.

14. 부모가 할 수 있는 일

이런 장 제목이 나올 거라 예상했다면 당신은 내 유머감각을 과대평가했거나, 내 뻔뻔함을 과소평가한 것이다. 지금까지 13개 장에 걸쳐 조언 전문가들을 비판해 왔으니 페이지 맨 위에 이런 제목을 달아두는 데는 많은 용기가 필요하다. 하지만 독자에게 부모란 장식품에 불과하다는 인상을 주는 건 공평하지도 않고 정확하지도 않다.

그렇다고 꺾어버린 희망을 되살릴 생각은 없다. 그래서 나는 동료였던 데이브 리켄Dave Lykken에게 들은 쌍둥이 실화를 시작으로 이야기를 풀어갈 생각이다. 이 쌍둥이들은 태어나고 얼마 되지 않아 각자 다른 집으로 입양되어 자랐으며, 데이브 리켄이 연구원으로 참가했던 미네소타 대학 쌍둥이 연구의 참여자가 됐다.

이들은 일란성 쌍둥이로 태어나 아직 갓난아기일 때 따로 입양되어 자랐다. 한 명은 피아니스트가 되어 미네소타 오케스트라의 솔로 연주자로 활동할 정도로 실력을 인정받았다. 다른 한 명은 악보를 읽을 줄도 몰랐다.

두 여성은 동일한 유전자를 갖고 있으니, 이런 차이는 환경적인 요인 때문임이 분명하다. 아니나 다를까, 한 아이의 어머니는 집에서 피아노를 가르치는 음악 교사였고, 다른 아이의 양어머니는 음악에 전혀 조예가 없었다.

여기에는 의외의 사실이 있다. 음악에 문외한이었던 건 피아니스트가된 여자의 양부모였고, 악보를 읽을 줄 모르는 여자의 양어머니가 바로음악 선생이었던 것이다.[1]

▶ 아이들은 집에서 무엇을 배우는가

임상심리학으로 경력을 시작했고 심리학의 여러 분야에 의미 있는기여를 해 온 데이브 리켄은 부모가 자녀의 일생을 가꿔가는 데 결정권을 지녔다는 믿음을 버리지 않았다. 그는 이 요상한 쌍둥이의 역설을 이렇게 설명한다.

> 음악 교사인 어머니는 아이에게 레슨을 하긴 했지만 강요하지는 않은 반면에
> 다른 어머니는 본인은 음악에 재능이 없었지만 딸에게 피아노 레슨을 받게
> 했다. 그는 그 무엇보다 딸의 피아노 레슨을 중요하게 여겼다. 분명하고 성실
> 하게 딸의 초기 환경을 만들었던 것이다.[2]

음악에 문외한인 어머니는 딸에게 피아노 레슨을 받도록 강요했고연습을 제대로 했는지 확인했다. 물론 아이에게도 타고난 음악적 재능이있어야 한다. 치맛바람이 센 어머니를 뒀다고 자식이 모두 피아니스트가되지는 않는다. 하지만 어머니가 적극적으로 나서지 않는다면 자식의 재능은 썩고 있었을 것이다. 미온적인 어머니에게서 자란 쌍둥이는 음악을아예 몰랐다.

나는 이 쌍둥이들과는 반대되는 사례로 내 딸 얘기를 들려주고 싶다.큰딸은 미네소타 오케스트라에서 연주한 적은 없지만, 고등학교 합창단에서 반주자로 활동할 정도의 실력이 있었고 무대에도 여러 번 올랐다.

나는 딸을 집 근처에 있는 피아노 선생에게 보내 레슨을 받게 했지만 강요하지는 않았다. 나도 그다지 극성 엄마가 아니었기 때문에 딸에게 억지로 연습을 시키지도 않았고 딸은 자기가 하고 싶은 만큼만 연습을 했다. 딸은 내가 피아노 연습을 강제로 시켰다면 피아노를 금방 때려치웠을 거라고 확신한다. 한번은 딸에게 피아노를 계속 치게 만든 동기가 무엇이었는지 물어보았다. "피아노 치는 게 좋아서요. 더 잘 치고 싶었어요. 그리고 연습을 하면 실제로 실력이 나아지니까요." 노력은 배신하지 않는 법이다.

딸에게 피아노 레슨을 받고 연습을 하라고 강요하지도 않았고 응원하지도 않았지만 나는 딸이 음악과 친숙해질 만한 가정 환경을 제공했다. 나는 딸의 유년기 대부분의 기간 동안 성가대에서 노래했는데, 성가대원들이 가끔 우리 집에 와서 함께 연습했다. 지금 내 딸은 혼자 반주를 하면서 노래를 부르곤 한다. 여가 시간에는 발성을 배우고 성가대에서 노래를 한다.

그렇다. 부모는 어떤 면에서 분명 영향을 미친다. 음악을 배우지 않은 쌍둥이의 경우는 예외적인 사례로 잠시 후 설명하겠다. 많은 경우 부모가 음악을 좋아하면 자녀도 음악을 좋아하고, 부모가 의사면 자식도 의사가 되는 경우가 종종 있다. 자녀가 전공이나 직업을 선택하고 여가를 보내는 데 부모의 영향을 받는다는 사실은 부정하기 어렵다. 나도 그걸 부인하지는 않는다. 하지만 자녀가 부모의 영향을 받는다는 사실의 진짜 의미는 당신의 예상과 다를지도 모른다.[3]

부모는 자녀가 집에서 행동하는 방식에 영향을 끼친다. 또한 부모는 집 밖에서도 쓸모 있는 갖가지 지식과 기술을 자녀에게 제공한다. 집에서 영어를 배운 아이가 친구들과 어울리기 위해 영어를 완전히 새롭게 배울 필요는 없다. 물론 친구들도 모두 영어를 사용한다는 가정에서 말이다. 다른 행동과 요령, 지식도 마찬가지다. 아이는 집에서 배운 것을 또래집단에 가져간다. 그것이 다른 또래 아이들이 각자의 집에서 배운 것과 부합한다면 집단은 그것을 유지하는 경향이 있다.

아이가 집에서 배우는 것 중에는 또래집단으로 **전해지지 않는 것**도 있다. 그리고 아이가 집에서 배운 것이 다른 아이들이 배운 것과는 다르지만 계속해서 유지되기도 한다. 또래집단이라는 맥락에서는 드러나지 않는 것들도 있다. 오늘날의 종교가 그렇다. 특정 종교와 연계된 학교가 아니라면 아이들은 또래 아이들과 종교를 공유할 필요가 없다. 종교를 함께하는 건 부모다. 이것이 자녀의 종교에 부모가 여전히 일정 부분 영향력을 갖는 이유다. 부모는 집안일을 통해 그들 문화의 한 측면을 전달할 수 있다. 요리가 그 좋은 예다. 집에서 학습되고 유지되는 것은—또래집단의 검열을 거치지 않고—부모에게서 자녀에게로 전수된다. 가정을 꾸려나가는 방법도 전해 내려간다.[4] 아이들은 유치원에서 하는 소꿉놀이를 통해 자신이 속한 공동체가 정상적이라고 여기는 가족생활의 기본 틀을 잡는다. 그러나 소꿉놀이에서 가족 생활의 세세한 부분을 배울 수는 없다.

나아가서 집에서 학습한 것 중 일부는 아이들이 또래집단에 전달한 뒤에도—다른 아이들과는 공통점이 없더라도—여전히 유지되는데, 집단은 결정적인 사항에 대해서만 따를 것을 요구하기 때문이다. 당신이 어느 집단에 속해 있는가에 따라 의무적인 행동과 선택적인 행동이 다르다. 언어는 모든 아이들 집단에서 의무적이다. 언어나 억양이 다른 아이가 새로운 집단으로 옮겨가면 아이는 자신의 언어를 바꿔야 하고 또 실제로 그렇게 한다. 유년기 중반의 남자아이 집단에서는 "남성적인" 행동이 의무적으로 여겨진다. 터프하고, 감정에 흔들리지 않고, 집단에서의 서열을 중요시하는 행동 말이다. 여자아이 집단에서는 "여성적인" 행동 방식에서 벗어나는 아이에게 좀 더 너그러운 경향이 있다. 전형적인 남녀상을 강제하는 정도는 성별에 따라 다르며 집단성은 남성에게 더 강하게 나타난다(10장 참조).

의무적인 행동은 시기에 따라서도 달라질 수 있다. 전쟁이 벌어지는 동안에는 애국심이 집단 구성원의 행동을 강하게 강제하지만 그렇지 않은 시기에는 다분히 선택적인 행동 가치다. 어른의 문화가 그렇게 변했기 때문에, 남자아이 집단은 구성원의 행동 범위를 규정하는 데 너그러워졌을 가능성이 있다. 그러나 지금까지 발달심리학자들은 이러한 문화의 흐름에 아무런 관심도 보이지 않았다.[5]

집에서 획득한 지식과 기술, 의견이 또래집단이 선택 사항으로 간주하는 영역에 있다면, 즉 동질성이 강요되지 않고 개별성이 허용되는 영역에 있다면 아이는 그것을 버리지 않고 계속 유지할 것이다. 아이들이 만드는 또래집단에는 대부분 재능, 취미, 사회문제에 대한 의견, 장래 희망 등이 서로 다양한 아이들이 모여 있다.[6] 피아노를 칠 줄 안다고 해서 다른 아이들에게 따돌림을 당하지는 않는다.

아이들은 집에서 피아노 치는 법을 배운다. 아이들은 집에서 의사로 산다는 건 어떤지, 민주당이 왜 좋은지, 타말레*를 옥수수껍질로 어떻게 싸는지를 배운다. 공적인 상황에서 어떻게 행동해야 하는지, 그리고 자기 자신이 어떤 사람인지는 집에서 배울 수 없다. 이런 것들은 또래집단에서 배운다.

▶ 가족은 집단이 될 수 있을까

7장 끝에서 나는 가족이 집단의 기능을 수행할 수 없는 이유를 설명했다. 현대 서구사회와 같이 사생활을 중시하는 조건에서는 비교 대상이

---

* 다진 고기와 고추 등을 섞은 옥수수 반죽을 옥수수껍질로 싸서 찌는 멕시코 요리.—옮긴이

없는 가족은 중요한 사회범주가 되지 못한다. 가족의 집단성을 끄집어낼 경쟁 집단이 없으며 따라서 가족은 자기만의 견해와 지켜내야 할 고유 영역을 지닌 독자적인 개인 단위로 뿔뿔이 흩어진다. 자기 범주화는 군 집 속 **나**의 모습에서 출발하는데, 서구 사회의 가정에서는 **우리**를 찾아 보기 어렵다.

개인적인 성취와 자율성을 덜 강조하고 가족들과 동질감을 더 느끼는 아시아 문화권에서는 사정이 좀 다르다. 고대 중국에서는 한 사람이 중대한 범죄를 저지르면 부모와 자식들, 형제자매할 것 없이 가족 모두가 처벌을 받았다.[7] 한 사람의 잘못은 집안 전체의 책임이라고 생각했기 때문이다. 아시아계 아이들은 집에서도 자신을 "왕씨 가문" 혹은 "나카무라 가문"이라고 범주화할 것이다. 아시아계 가정에서는 분화가 일어나는 만큼 동화도 일어난다.

서구 가정에도 특정한 조건에서는 이런 일이 있을 수 있다. 한 미국인 가족이 낯선 곳을 여행하고 있다고 상상해 보자. 그곳에는 다른 사람들이 있긴 하지만, 아이들은 반 친구들에게 괴롭힘 당할 걱정을 할 필요가 딱히 없다. 익숙한 장소를 벗어난 이 가족은 한데 모여 집단을 형성한다. 형제들 간의 사소한 다툼은 애리조나 사막의 물웅덩이처럼 증발해 버렸다. 하지만 이러한 유예 기간도 잠시뿐이다. 부모와 아이들이 차에 올라타고 다시 자기들끼리 모이게 되면 집단성은 사라지고 형제들은 투닥거리기 시작한다. 가족은 다시 개인들의 집합으로 되돌아가며, 그들 각각은 자기만의 견해와 지켜내야 할 고유 영역을 지닌다. "엄마, 형이 또 내 옆구리에 발 올려!" 같은 식으로 말이다.

집단성이 취약하거나 부재한 상황에서는 분화가 동화를 압도한다. 가족 구성원들은 각자가 잘할 수 있는 역할을 다양한 방면에서 찾고 가족 내에서 자기가 있어야 할 자리를 확보한다. 이러한 빈틈 채우기는 가족의 기술적인 역량을 향상시키고, 형제들이 정면으로 경쟁할 일을 줄여준다.

아이들 관점에서는 부모 역시 가족에서 나름의 빈틈을 채우고 있고 그럴 능력이 있다고 보이는 가족 구성원인 것이다.[8] 이것이 피아노 선생을 양어머니로 둔 한쪽 쌍둥이가 피아노를 배우지 못한 이유였을 것이다. 집에는 이미 피아노 연주자가 **있었던** 것이다. 만일 그가 양어머니와 같은 악기를 선택했다면 어쨌든 그는 어머니와 경쟁해야 했을 것이다. 양부모는 어째서 그에게 튜바를 배워보라고 하지 않았을까! 내 딸은 우리 집 안에서 자기와 경쟁할 사람이 전혀 없었다. 남편과 나는 피아노를 연주할 줄 몰랐고 둘째 딸은 나이가 너무 어려서 경쟁상대가 되지 못했다.

가족의 빈틈 채우기가 구성원 각자의 재능과 관심에 잘 맞고 이를 북돋울 만하다면 장기적으로 영향을 미칠 수 있다. 피아니스트가 된 쌍둥이는 자기가 평생의 업으로 삼을 만한 일을 찾은 반면, 그의 쌍둥이 자매는 설사 어른이 된 뒤에 피아노 레슨을 받아서 자기가 잃어버린 기회를 되찾으려고 애쓴다고 하더라도 결국 아마추어 연주자 이상의 실력을 기대하기는 힘들다. 직업, 정치 성향, 종교 등에 관해 유년기에—**집 안에서**—결정된 선택은 평생에 걸쳐 삶에 영향을 미칠 수 있다. 이런 것들을 또래집단에 가지고 갈 수도 있지만 다른 아이들이 별로 신경 쓰거나 관심 가지지 않기 때문에 수정되지도 않는다.

하지만 성격이나 사회 행동이라면 이야기가 달라진다. 증거에 따르면 가족 내 빈틈 채우기와 역할 배정이 성격에 영속적인 흔적을 남기지 못한다. 아이들이 역할을 배정받는 경우 중 하나는 출생순서다. 나이가 많은 아이는 부모들에게서 좀 더 책임감 있고 타인의 감정에 민감하며 동생들에 비해 독립적인 성격으로 보이지만, 동생들로부터는 권위적이라고 평가 받는다. 하지만 성인을 대상으로 한 성격검사에서는 대부분의 경우 출생순서에 따른 일관성 있는 차이점이 발견되지 않는다.[9] 연구자들은 외동으로 자란 아이와 형제들 사이에서 자란 아이의 성격에서도 일관성 있는 차이점을 발견하지 못했다. (3~4장, 부록 1 참조)

▶ 부모는 리더가 될 수 있을까

11장에서 언급했다시피 리더는 집단의 행동 규범에 영향을 미친다. 그들은 집단 구성원들이 가져야 할 집단의 스테레오타입을 규정하고 집단과 집단 사이에 경계선을(누가 **우리**이고, 누가 **그들**인가) 긋는다. 부모가 이런 리더가 될 수 있을까? 부모가 가족을 똘똘 뭉치게 하고 공통의 목표를 향해 매진하도록 만들 수 있을까?

그렇다. 하지만 서구 사회에서는 이런 경우를 좀처럼 보기가 어려운데 이는 서양 가족의 규모가 너무 작기 때문일 것이다. 부모가 리더가 되기 위해서 요구되는 최소한의 가족 규모가 있다. 또 다른 필요조건은 강력하고 권위적인 부모다.

이런 가정의 사례로는 케네디 가the Kennedys를 쉽게 떠올릴 수 있다. 하지만 나는 다른 사례를 들려주고 싶다. 아마 들어본 적 없는 이야기일 것이다. 그들 가족은 우리집에서 별로 멀지 않은 뉴저지의 롱 브랜치에서 잘 살았다. 지금은 둘 다 사망했는데 남편인 도널드 손톤은 평생 노동자로 일해 왔으며 아내인 타스는 결혼 전에는 호텔에서 식모로 일했다. 둘 다 빈민가정 출신의 흑인이었다. 도널드는 열네 살에 고등학교를 중퇴했고 타스는 남부의 사범대학을 잠시 다닌 경험이 있다.

도널드와 타스에게는 나이가 엇비슷한 딸 다섯이 있었고, 나중에 또래 여자아이 하나를 입양했다. 셋째 딸 이본에 의하면 이 여섯 아이에게는 기대할 만한 특별한 재능은 없었다.

> 우리는 특별할 게 없는 평범한 여자아이들이었다. 뉴저지의 롱 브랜치에 사는 다른 흑인 아이들과 별반 다르지 않았다. 보통대로라면 우리는 고등학교를 졸업하고 공장에 들어가거나 가게 점원으로 일자리를 구했어야 했다. 임신해서 고등학교에서 쫓겨나고 사생아를 낳아 정부 보조금에 기대는 미혼모

가 되는 운명을 피할 수만 있다면 말이다.

하지만 도널드 손톤의 생각은 좀 달랐다. 그는 딸들 모두 성공한 여성이 되길 바랐고 그 목표를 위해 자신의 삶을 바쳤다. 이본은 자신의 책 『도랑 파는 사람의 딸The Ditchdigger's Daughters』에서 그 출발점의 이야기를 들려준다.

(아버지의) 생각은 자존심이나 야망에서 생겨난 것이 아니었다. 처음에는 그저 농담이었다. 아버지는 뉴저지의 포트 몬머스에서 도랑 파는 일을 할 당시, 어머니가 넷째와 다섯째 동생을 낳았다. 그때 아버지의 동료 인부들은 아버지가 줄줄이 딸만 낳는다고 놀려댔다. 제 아들 하나 못 낳고 어떻게 되어 먹은 거냐고…. 아버지는 이렇게 말했다. "우리 딸들이 커서 의사가 되고 나면 너희도 그렇게 비웃지 못할걸."

이렇게 장담하는 부모야 많지만 도널드 손톤처럼 우직하고 의지가 강한 부모는 별로 없다. 어떻게든 그는 딸들을 하나의 집단으로 묶었다. 그는 딸들에게 "너희는 다른 아이들보다 훨씬 뛰어나. 똑똑하지 않을지도 모르지만 열심히 노력하면 된다"라고 이미지를 심어 주었다. 목표도 제시했다. "너희들은 의사가 될 거야." 집단의 경계선도 다음과 같이 설정했다.

아버지는 어머니에게 말했다. "아무도 나의 메시지를 가볍게 만들어서는 안 돼." 어머니는 우리를 좀 더 어린아이처럼 대했고, 운동장에서 롤러스케이트를 타거나 공놀이를 하도록 내버려두었다. 하지만 아버지는 한 번도 그러신 적이 없었다. 아버지는 이렇게 말했다. "자매가 이미 다섯이나 있으니까 자기들끼리 놀면 되잖아. 집 바깥에서 놀아야 할 필요가 뭐가 있어?…한데 뭉친다면…우리 식구가 하지 못할 일은 없다고."[10]

11장에 등장했던 교사 제이미 에스칼란테처럼 도널드 손톤은 자녀들에게 "불가능한 임무를 완수하기 위해 뭉친 용감한 비밀경찰"이 된 듯한 느낌을 선사했다.[11] 딸들은 부모처럼 영리하고 부지런했을 뿐 아니라 어머니의 음악적인 재능도 물려받았고, 공부를 하지 않을 때에는 악기 연습을 했다. 다른 아이들과 어울려 놀거나 말썽을 피울 시간이 없었다. 손톤 자매들은 아폴로 극장과 대학 캠퍼스, 동부 해안지역을 돌면서 연주를 할 만큼 유명한 밴드가 되었고, 학비를 댈 수 있을 만큼 충분한 수입을 벌어들였다.

도널드는 딸 모두를 의사로 만들지는 못했지만 동료 인부들의 비웃음이 사라진 지는 이미 오래였다. 두 딸은 내과의사가 되었고(한 명은 의학 박사학위까지 취득했다), 다른 아이들은 구강외과 의사, 변호사, 법원 속기사가 되었다. 입양한 딸은 간호사가 됐다. 이본의 말처럼 그와 자매들은 "성공한 여자, 독립적이며 자기 자신을 스스로 돌볼 능력이 있는 여성"이 되었다.[12]

흔한 일은 아니지만 때로는 가족이 집단을 형성할 수도 있다. 때로는 부모가 집단의 리더 역할을 수행하기도 한다.

때로는 부모가 자녀를 망쳐버릴 수도 있다. 다른 뉴저지 가족의 사례를 들려주겠다. 이들 부모는 도널드가 그랬듯이 자녀들을 동네 아이들과 놀지 못하게 하고 죽어라고 학교 공부만 시켰다. 단, 이들은 도널드 가족과는 달리 부모가 경제적으로 넉넉했고 교육 수준도 높았다. 자녀는 셋뿐이었는데—아들 둘, 딸 하나—아마 그래서 다른 결과가 나온 것 같다. 집단성을 느끼게 하는 동성 구성원의 최소 인원수가 있다. 이 가족은 완전히 노선을 이탈하고 말았다. 아이들은 학교에 갔지만 집 밖에서 친구를 사귈 줄을 몰랐다. 집에서 행복하지 않았던 딸은 기숙학교에 보내달라고 간청했고 결국 그렇게 되었다(내가 듣기로 이런 부탁을 한 건 딸 뿐이었다). 둘째는 아주 똑똑했고 일류 대학을 졸업했다. 그러나 사회적으로는 능력이 부족했고 해킹 관련법을 어겨 곤경에 처하게 되었다. 막내는 대학을 중퇴하고 빚채 회사에 취직했다.

리더가 된 부모의 또 다른 유형은 자식을 천재로 키우기 위해 자기 삶을 내던지는 사람들이다. 골프선수 타이거 우즈의 아버지와 배우 브룩 실즈의 어머니 같은 사람이 이런 예에 해당한다. 이 외에도 탁월한 체조 선수나 피겨 스케이팅 선수, 체스 선수의 가족 중에서 이런 부모를 찾을 수 있다. 이런 부모는 언론을 통해 자식을 성공으로 이끈 사람으로 찬사를 받고, 더러는 자식이 가진 대부분의 문제점의 근원으로 비난을 받으며, 때로는 찬사와 비난을 동시에 받기도 한다. 부모가 아무 아이나 스타로 만들 수 있다는 것은 아니다. 이런 부모가 성공을 거두려면 애초에 훌륭한 원석이 있어야 한다. 훌륭한 원석을 어디서 얻었을까? 그들이 낳은 것이다. 부모는 자신의 유전자를 아이에게 각각 절반씩 제공한다. 타이거 우즈는 아버지를 많이 닮았다. 그의 아버지는 도널드 손톤처럼 한 가지 일에 집요하게 파고드는 성향이 있었다. 즉, 목표에 정신을 집중하고 그것을 달성하기 위해 꾸준히 노력하는 성격을 부자가 공유하고 있었던 것이다. 유전은 모든 성격 특질에서 영향력을 발휘하는데 이 사례도 예외가 아니다.

천재는 꽤 흥미로운 사례다. 많은 사례들을 보면 천재 아이들은 날 때부터 동기 부여가 되어 있는 걸로 보인다. 그렇게 태어나지 않고도 부모가 아이에게 강제로 동기를 부여할 수 있다고는 생각되지 않는다. 실제로 대부분의 경우 앞장서서 움직이면서 부모에게 요구를 하는 건 천재 아이들 쪽이고, 부모는 아이의 끊임없는 욕구와 도전을 뒷받침하는 역할을 수행하는 것이 보통이다. 지적 능력이 뛰어난 아이는 부모에게서 컴퓨터나 책, 박물관 견학처럼 다른 아이들이 갖지 못하는 것을 받는다. 하지만 이

는 아이들이 먼저 부모에게 요구해서다. 압력을 행사하는 건 부모가 아니라 아이들이다.[13]

천재를 양육하는 데에 있어 위험한 점은 많은 경우 이런 아이들이 또래집단에 소속되지 못한다는 사실이다. 천재 아이는 다른 또래 아이들과 정상적인 교우관계를 맺지 못하는 경우가 많다. 그리고 정상적인 교우관계를 갖지 못한 아이는 별난 괴짜가 될 위험이 있다. 보통 수준의 영재들은 보통 무리 없이 잘들 살아가지만, 일반적인 잣대를 들이댈 수도 없는 진짜 천재들은 대부분 비슷한 종류의 심리적 문제를 안고 있다.[14] 때로는 이 점에 대해 부모가 할 수 있는 일이 별로 없다. 지적 능력이 너무 앞서가서 동갑내기 아이들과 교집합이 없는 아이도 있고, 골프를 치거나 운동을 하거나 체스를 두는 것 말고는 아무 일에도 의욕이 없는 아이도 있다. 하지만 부모가 친구의 중요성을 좀 더 절실하게 인지한다면 아마 자녀에게 친구를 만들어주려고 좀 더 노력할 것이다.

▶ 자녀의 또래를 선택하는 부모의 힘

거의 모든 부모가 갖고 있는 권한이며, 자녀의 삶의 방향을 통제할 수 있는 한 가지 수단이 있다. 적어도 아직 어릴 때까지는 자녀가 어떤 친구들을 사귈지 부모가 결정할 수 있다.[15] 조셉의 부모가 폴란드에서 학교를 다니던 아들을 데려다가 미주리로 와서 새로운 학교를 다니게 한 결정은 단순히 조셉의 유년기만 바꿔놓은 것이 아니다. 부모는 아이를 새로운 목적지로 향하는 새로운 길 위에 세워놓은 것이다. 조셉은 미국 사람이 되었고 그에 수반하는 모든 장점과 단점을 갖게 되었다. 조셉은 이제 꿈에서도 더 이상 폴란드 사람이 아니다. 부모가 미국 사람이 되라고 가르친 건 아니더라도 조셉은 부모에 대해 고마워하거나 원망하는 마음을 품

을 수 있다. 조셉을 미국으로 데려와서 미국 친구를 만들어 준 장본인이
바로 부모였으니까.

자녀의 삶에 영향을 끼치기 위해 부모가 뭔가 대단하고 강렬한 일을
할 필요는 없다. 다른 지역으로 이사를 가고 아이를 보낼 학교를 선택하
는 것만으로도 당신은 아이가 살아갈 인생의 항로를 바꿀 수 있다. 이건
좀 무서운 얘기일 수도 있다. 당신의 결정이 자녀에게 어떤 영향을 미칠
지를 구체적으로 예측할 수 없기 때문에 더욱 그렇다. 똑똑한 아이들이
다수인 학교에서는 아이가 대체로 공부를 더 많이 하고, 청소년 범죄가
드문 지역에서 사는 아이들은 문제아가 될 가능성이 대체로 낮다. 하지
만 평균 이상의 지적 능력을 갖춘 아이들로 가득한 학교에서는 지적 능
력이 평균 이하인 아이가 또래들로부터 외면당하기 쉽다. 가난한 집 아
이는 부유한 집 아이들이 대부분인 학교에서 발붙일 곳을 찾기 힘들다.[16]

또래들에게 외면당한다고 해서 세상이 끝나지는 않는다. 당장에는 지
옥같이 고통스럽고 씻기지 않는 상처를 가슴에 남길 수도 있지만 그렇다
고 해서 아이가 사회화되는 것을 막을 수는 없다(자신을 거부하는 집단에도 소
속감을 느낄 수 있다). 어렸을 때 거부를 당한 경험이 있거나 그와 비슷한 결
과를 야기하는 잦은 이사를 경험했으나 나중에는 아주 인기 있는 어른으
로 성장한 사람들이 많이 있다. 나도 어렸을 때 이사를 꽤 여러 번 했고 4
년 동안 따돌림을 당했다. 내가 그런 일을 겪지 않았다면 지금쯤 다른 사
람이 되었을 것이라는 데에는 의심의 여지가 없다. 더 사교적이긴 하지
만 좀 얄팍한 사람이 되지 않았을까. 분명 글쓰는 일은 하지 않았을 것이
다. 작가란 혼자서 아주 많은 시간을 보내는 데에 거리낌이 없다는 점을
첫째가는 미덕으로 삼기 때문이다. 생물학자이자 저술가인 에드워드 윌
슨E. O. Wilson은 유년기를 이렇게 회상했다.

나는 앨라배마 남부와 플로리다 북서부를 숱하게 이사하고 다니던 집안의 외

동아들이었다. 11년 동안 열네 곳의 학교를 다녔다. 그러니 고독하며, 자연을 가장 믿을 만한 친구로 여기는 존재가 된 것은 불가피한 일이었을 것이다. 처음에 자연은 내게 탐험 장소였고, 훗날엔 보다 깊은 정서적·미학적 즐거움의 원천이 되었다.[17]

할 수만 있다면 나는 내 아이가 따돌림을 당할 가능성을 감수하고서라도 내가 찾아낼 수 있는 최고의 학교, 똑똑하고 성실한 학생이 가득한 학교로 아이를 보냈을 것이다. 책읽기를 좋아하거나 시험에서 A를 받는다고 해서 놀림감이 되는 일이 없는 학교 말이다. 그런 학교는 실제로 존재한다. 오랜 역사를 가진 뉴욕 브루클린의 미드우드 고등학교는 항상 재학생 정원을 가득 채운다. 재학생의 절반 정도인 2천 명은 인근 지역에서 오고 나머지 절반은 중학교 때에 받은 성적과 시험 점수로 입학 자격을 얻어서 들어온 아이들이다. 미드우드 고등학교의 별명은 "자석 학교"인데 이곳에 입학하기 위해 아이들이 서로 경쟁을 벌이기 때문이다. 〈뉴욕타임스〉 기사에 의하면,

> 일단 학교에 입학하면 플랫부시 인근에 사는 학생 2천 명과 외지에서 온 자석 학생들 2천 명이 한 교실에 섞여 같은 수업을 듣는다. 미드우드 고등학교 교장 루이스 프렐리히는 학생들 사이에서 높은 기대 수준이 전염된다고 말한다. 다른 학교에서는 재학생 25퍼센트 정도가 받는 교육감 표창장을 이 학교에서는 전체 70퍼센트 이상이 받고, 중도에 학업을 그만두는 아이는 전체의 2퍼센트에도 미치지 못하며, 99퍼센트가량의 아이들이 대학에 진학한다.[18]

교장의 말은 옳다. 집단 내에 전염을 일으킬 개체 수가 충분하고 집단이 하위집단으로 나뉘지 않는다면 특정한 태도는 개체 사이에서 전염성을 갖는다. 미드우드 고등학교에서 학교생활을 모범적으로 했던 건 이

학교에 입학하기 위해 치열한 경쟁을 거쳤던 학생들(이른바 자석 학생)만이 아니다. 거의 모든 학생들이 모범적인 생활을 했고 성적도 훌륭했다. 〈타임〉 기자는 웨스팅하우스 과학 경시 대회[19] 4강에 올랐던 재학생 몇 명을 인터뷰하면서 반 친구들이 "과학 덕후"라고 놀리거나 괴롭히지는 않는지 물었다. 학생들은 질문을 듣고 깜짝 놀라면서 대답했다. "미드우드에서는 과학 덕후가 되는 게 친구를 사귀는 좋은 방법이에요. 큰 꿈을 품는 건 전혀 부끄러워할 일이 아니니까요." 이 학교 학생은 대부분 이민 가정의 자녀들이다. 아이들은 교육의 힘에 대한 부모의 믿음을 또래집단에 갖고 들어오며, 그 믿음은 또래집단 안에서도 사라지지 않고 그대로 유지된다. 아마 친구들의 부모 역시 같은 믿음을 갖고 있기 때문일 것이다. 미드우드의 아이들은 학교를 좋아하는 집단과 싫어하는 집단으로 갈라지지 않는다. 학교에서 어떻게 이런 환경이 만들어질 수 있었을지에 대해서는 꼼꼼한 연구가 이루어져야 한다. 나도 답을 알려줄 수는 없다.

태도의 전염성은 부정적인 방향으로도 이루어진다. 좋은 태도와 마찬가지로 나쁜 태도 역시 아이들 사이에서 확산된다. 많은 부모들은 자녀가 "못된 녀석들"과 어울리고 그 못된 녀석들이 자녀에게 나쁜 영향을 미치지는 않을지 염려한다. 부모의 염려도 일리가 있지만, 실제로 자녀들은 영향을 받는 만큼 영향을 끼치기도 한다. 바람이 어느 쪽으로 불든 성향이 비슷한 아이들과 어울리면서 난처한 상황에 처해버리는 문제도 있다. 당신의 자녀는 아마 이런 친구들을 멀리해야 할 것이다.

안타깝게도 부모가 자녀의 교우관계에 개입할 수 있는 여지는 자녀가 성장할수록 줄어든다. 아이가 아직 어릴 때에는 적어도 학교에 있는 시간이 아니라면 부모는 아이의 친구 관계에 대한 거의 완전한 통제권을 갖는다. 하지만 아이가 열 살 정도가 되면 당신이 쥐고 있는 패는 쓸모없어진다. 자녀에게 아무개랑은 어울리지 말라고 해도 자녀와 친구들 간에 교감이 있다면 그들은 당신 눈 밖에서 몰래 어울리고서는 당신 앞에서는 거짓말을 늘어놓을 것이다. 아이가 아직 거짓말에 능숙하지 않다면 아마 곧 능숙해질 것이다.

부모에게 주어진 옵션은 많지 않다. 때로 화가 치미는 것도 당연하지만 그렇다고 해서 자녀들 발목에 족쇄를 채우라고 할 수는 없는 노릇이 아닌가. 아이를 전학시키거나 집 전체가 이사를 할 수는 있다. 하지만 이것도 완벽한 해결책은 아니다. 만일 당신의 자녀가 부모 마음에 안 드는 아이들에게서 호감을 살 만한 어떤 요인을 지녔다면 학교나 동네를 바꿔봤자 별 도움이 안 될 수도 있다. 자녀들은 아마 전학 가기 전과 크게 다르지 않은 못된—부모들 눈에 못돼 보이는—친구를 사귈 것이다.

하지만 때로는 동네를 옮긴 덕분에 놀라운 결과가 생길 수도 있다. 한번은 워드퍼펙트 고객센터 상담원과 흥미로운 대화를 나눈 적이 있다. 편의상 그의 이름을 매리언이라고 하겠다. 매리언은 유타의 프로보에서 살았는데 자녀는 11명이나 있었다. 자녀들 나이는 십대에서 삼십대 초반까지였다. 내가 아동발달을 주제로 교재 집필을 한다는 말을 듣고(당시에는 그 일을 하고 있었다) 매리언은 내게 막내아이에 관한 이야기를 들려주었다. 매리언의 말에 의하면 다른 아이들은 모두 별 탈 없이 잘 자랐는데 유독 막내는 나쁜 친구들과 어울려 다녔고 툭하면 학교를 관두겠다고 했다. 매리언은 말했다. "멀미가 날 정도로 잽싸게 그곳에서 빼냈어요." 매리언은 막내아들을 유타 주 외곽의 작은 마을에 사는 큰언니 집으로 보냈다. 아이는 현재 고등학교를 졸업하고 대학에 진학할 계획을 갖고 있다.

이사를 고려할 만한 또 다른 상황이 있다. 바로 아이가 계속 맞고 다니는 경우다. 내 자녀가 집단 위계 서열의 맨 밑바닥에 있다면, 그리고 서열 높은 아이들이 내 아이를 때린다면 나는 아이를 당장 그곳에서 빼낼 것이다. 피해자가 피해를 당하는 한 가지 이유는 따돌림을 당하고 괴롭힘을 당하는 놈이라는 평판이 아이들 사이에 이미 퍼져 있기 때문이다.

또래집단이 갖고 있는 생각을 뒤집기는 매우 힘들다. 보통 이사는 또래 집단을 잃거나 집단에서의 지위를(그것이 어떤 것이든지) 잃어버리는 이유가 되므로 아이에게 좋지 않게 작용한다. 하지만 또래집단이 아이의 삶을 지옥으로 만들고 아이의 지위가 바닥이라면 더 이상 잃을 게 뭐가 있겠는가.

마지막 해결책은 홈스쿨링이다. 나이가 비슷한 자녀가 여럿 있거나 두 가정 이상이 함께 하는 것이 가장 효과적이다. 오늘날에는 홈스쿨링을 받는 아이들이 지역학교의 후원을 받는 동아리나 스포츠 팀에서 활동하기도 한다. 그렇게 해서 아이들은 서로를 만날 기회를 얻고, 부모가 해줄 수 있는 것 이상으로 다양한 활동에 참가한다. 아이가 너무 오랫동안 또래 아이들과 완전히 떨어지지 않는다면 홈스쿨링도 괜찮다.[20]

▶ 자존감과 지위

조언 전문가들은 자존감이란 부모가 자녀에게 줄 수 있는 가장 소중한 선물이라고 말한다. 과학 전문 작가 제인 브로디Jane Brody는 〈뉴욕타임스〉 지면을 통해 "부모는 자녀가 스스로에 대한 이미지를 형성하는 데에 있어 가장 크고 중요한 역할을 수행한다"라고 단언했다. 만일 부모가 자기 이미지 형성을 잘 돕는다면 자녀는 적절한 자존감을 지닌 인간이 될 것이다. 그렇지 않다면 자녀는 결국 실패로 향하는 편도행 티켓을 쥐게 될 것이다. 의사인 리아나 클락Liana Clark은 〈JAMA〉에 게재한 에세이에서 "자존감 결핍은 많은 청소년들이 포기와 좌절을 선택하도록 하는 원인이다"라며 안타까워한다. "여자아이는 섹스를 하고 미혼모가 된다. 남자아이는 마약을 하며 총을 갖고 다닌다. 이 모든 비극이 벌어지는 이유는 아이들이 자신의 잠재성을 신뢰하지 못하기 때문이다."[21]

이들은 원인과 결과를 혼동하는 실수를 범하고 있다. 성공한 사람일수록 자존감이 높다는 사실이 자존감이 높아야 성공할 수 있다는 것을 의미하지는 않는다. 실제 데이터는 다른 담론을 형성한다. 최근 한 보고서에서는 아이의 자존감을 높이려는 노력이 학업 수행의 향상이라는 결과로 나타나지 않았다. 자존감이 높은 청소년이라면 술과 마약, 때 이른 성관계 등을 하지 않는다는 근거 자료도 없다. 듣기 좋은 말만 하는 전문가들의 말을 그대로 따르면 역효과를 가져올 수 있다. "무차별적인 칭찬은 나르시시즘을 부추기기 쉽다."[22]

스스로에 대해 **너무** 좋은 이미지를 갖고 있으면 더욱 위험하다. 특히 자존감이 높은 사람은 스스로를 무적의 존재로 여긴다는 것이 문제다. 폭력은 낮은 자존감 때문에 발생한다는 이론도 있지만, 최근에 이를 검토한 연구자들은 반대되는 결론을 낸다. "폭력은 자기본위 성향이 위협받는 경우, 즉 자기 자신에 대해 매우 호의적인 관점을 지녔는데 그 관점이 주위 인물이나 상황에 의해 공격당하는 경우에 가장 흔하게 나타난다." 연구자들은 폭력이란 위험을 감수해야 하는 일이라는 점을 지적한다. 따라서 자신의 신체적 우월함, 영리함, 행운에 대해 확고한 신뢰를 갖고 있는 사람일수록 더 많은 폭력을 행사한다는 것이다. 자존감이 높은 사람들은 음주운전과 과속운전을 더 많이 한다는 연구 결과도 있다. 여대생을 대상으로 한 연구에서는 자존감이 높은 사람일수록 자기가 임신할 가능성을 낮게 여긴다는 사실을 밝혀냈다. 자존감이 높은 여성은 피임을 하지 않고 섹스했을 때의 임신 가능성을 자존감이 낮은 여성에 비해 더 낮게 보고 있었다. 이 여성들은 임신할 생각이 없었다. 그리고 이들의 자존감은 "나한테는 그런 일이 없을 거야"라는 생각을 심어주었다.[23]

자존감이 낮은 것도 별로 좋지 않다는 점은 인정한다. 심리치료사와 임상심리학자의 상담실 문을 노크하는 사람들 중 상당수는 이런 문제를 안고 있다. 이들은 밖으로 뛰쳐나가 남들에게 총을 쏘는 대신에 자기 자신을 질책하는 "내통제자internalizer"들이다. 전통적인 심리치료는 이 사람들이 더 이상 자신을 탓하지 않고 환자의 부모에게 책임을 넘기도록 하는 것이 목표였다. 때로는 이런 방식이 효과가 있다. 이런 환자는 쉽게 우울해지기 때문에—낮은 자존감은 우울함의 원인이자 그 증상이기도 하다—어린 시절에 있었던 불행한 기억을 들추는 경향이 있다. 이런 사람에게 지금 그들의 문제가 엄마 아빠 때문이라고 믿게 만드는 건 아주 쉬운 일이다.

조언 전문가들은 부모가 자녀에게 긍정적인 자기 이미지를 갖게 함으로써 험난한 세상에 맞설 채비를 할 수 있다고 말한다. 하지만 내 생각은 다르다. 부모가 아이를 꿀로 칠해 놓고 식초로 가득한 이 세상에서 안전할 거라고 기대하면 안 된다.* 성격의 여러 측면을 획득하는 과정과 마찬가지로, 자존감도 사회적 맥락과 연결되어 다르게 획득된다. 집에서는 자기에 대해 좋은 이미지를 갖고 있는 아이가 다른 데에서는 그렇지 않을 수도 있다. 물론 4장에서 소개한 신데렐라처럼 정반대일 수도 있다. 부모가 자식들 중에서 한 아이를 유독 아끼고 돌보면 그 아이는 자기가 특별한 존재라고 생각할 수 있다. 하지만 이렇게 아이의 자아가 고양되는 효과는 오래 지속되지 않는다. 대학생을 연구한 결과, 부모로부터 편애를 받았다는 믿음과 높은 자존감을 갖는 것과는 대체로 관계가 없음이 드러났다. 이들은 자기 삶의 일정 영역에서만 높은 자존감을 갖고 있었으며, 연구자들은 그 영역을 "가정-부모 관계"라고 불렀다.[24]

일반적으로 오래 지속되는 자존감은 집단에서 개인이 차지한 지위의 결과다. 학교에 다닐 나이의 아이는 자신을 또래아이들과 비교하고 또래아이들이 자신을 어떻게 생각하는지를 의식한다. 또래집단에서 낮은 지

---

* 꿀은 남들에게 상냥하게 대하는 태도를 가리키며 식초는 그 반대의 태도를 가리킨다. 남들에게 상냥하게만 대하는 태도로는 세상에서 살아남기 힘들다는 점을 지적한 것이다.—옮긴이

위에 머무르고, 그 상태가 오랫동안 지속되면 개인의 성격에 영구적으로 흔적을 남긴다. 그리고 아이의 유년기를 망쳐버린다.

또래집단에서의 지위란 아주 우연히 결정된다. 집단이 구성원 각각에게 역할을 배정하는 근거도 아주 빈약할 수 있다. 우연한 사건이나 종이 한 장 차이도 근거로 작용할 수 있다. 입학 첫 날 첫 시간에 바지에 오줌을 쌌다든지, 아이들 앞에서 거친 비속어를 썼다든지 하면 그 아이는 바로 꼬리표가 달리고, 몇 년 동안 그 꼬리표를 그대로 달고 다니거나 평생 떼지 못할 수도 있다. 어떤 중년 여성은 옛 친구들한테서 아직까지 뚱보라고 불리고 있다. 그는 5학년 무렵에 살을 많이 뺐지만 그 별명은 떼어버리지 못했다.

자녀의 또래집단이 자녀에게 나쁜 꼬리표를 붙이는 걸 부모가 막을 방법은 없다. 하지만 그 가능성을 낮출 방법은 있다. 부모는 자녀가 남들에게 어떻게 보일지에 대해 어느 정도 통제력을 갖고 있다. 부모는 자녀가 최대한 평범하면서도 매력적으로 보이게 만들어야 한다. "평범"은 아이에게 다른 아이들과 같은 종류의 옷을 입히는 것을 말한다. "매력"은 피부가 좋지 않은 아이를 피부과에 데려가거나 치열이 불규칙한 아이에게 치아교정을 해주는 등의 일을 의미한다. 금전적인 여유가 있거나 보험처리가 된다면 심각한 안면 이상은 성형 수술로 고쳐줄 수도 있겠다.

아이들은 달라 보이는 걸 원하지 않는다. 그리고 거기에는 타당한 이유가 있다. 특이하다는 것은 또래집단에서는 미덕이 아니기 때문이다. 자녀에게 특이한 이름을 지어주는 것도 안 좋게 작용할 수 있다. 나는 아들에게 자신이 가장 좋아하는 시인의 이름을 붙여주겠다고 생각한 어느 아버지의 얘기를 들은 적이 있다. 아이에겐 안된 일이지만 그 시인의 이름은 호머*였다.

---

* 그리스 시인 호메로스의 영어식 이름. 만화 〈심슨네 가족들〉의 주인공이기도 하다.—옮긴이

▶ 부모와 자녀의 관계

"그러면 내가 아이들을 어떻게 대하는지는 중요하지 않다는 거예요?" 사람들은 가끔 나에게 이렇게 묻는다. 하지만 "그러면 내가 남편을 어떻게 대하는지 중요하지 않다는 거예요?" "그러면 내가 아내를 어떻게 대하는지 중요하지 않다는 거예요?" 라고 묻는 사람은 아무도 없다. 사실 비슷한 이야기인데도 말이다. 나는 내가 오늘 남편을 어떻게 대하는지가 내일 남편이 어떤 인간이 될지를 결정한다고는 생각하지 않는다. 하지만 내가 남편을 대하는 방식이 현재 나와 함께 살고 있는 남편의 행복과 나와 남편의 관계 유지에 영향을 미친다고 확신한다.

당신은 배우자를 통해 많은 것을 배울 수 있다. 결혼은 당신의 정치적 성향을 바꿀 수도 있고 직업이나 종교를 선택하는 데에 영향을 미칠 수도 있다. 하지만 결혼은 일시적이고 특정한 상황에서 말고는 사람의 성격을 바꿀 수 없다. 아내에게 상냥한 남자가 부하직원에게는 엄하고 권위주의적일 수도 있으며 그 반대일 수도 있다. 남편에게서 계속 비하를 당하는 여자라면 남편과 가까이 있을 때에는 우울해하거나 울분에 가득 차 보일지도 모른다. 그리고 여자가 비하를 당하면서도 남편을 떠나지 못하고 남편이 근처에 없을 때에도 위축되어 보인다면 당신은 여자의 성격적 문제가 그 불행한 상황을 야기한 원인(여자가 그 못된 남자와 결혼하고 헤어지지 못하는 원인)인지, 아니면 불행한 상황의 결과(남편의 비하 때문에 생긴 결과)인지 단언할 수 없다. 아마도 당신은 여자의 우울한 성향과 수동성이 어렸을 때부터 무시당하는 데에 익숙해지게 만든 여자의 어머니 때문이라고 비난할지도 모른다. 당신은 여자의 이런 문제들이 그 못된 남편과 결혼하기 전부터 있었을 거라는 생각을 받아들일 것이다. 실제로는 그렇지 않을지라도.

어머니와 아이의 애착관계를 연구하는 사람들은 "작동모델working

model"이라는 용어를 즐겨 사용한다. 연구자들은 아기의 마음에 어머니와의 관계를 관리하는 작동모델이 있으며, 이것이 아기가 어머니에게 무엇을 기대할 수 있을지 알려준다고 생각한다. 좋다, 그건 받아들이겠다. 애착 연구자들이 작동모델을 과대평가하지 않고, 작동모델이 평생 지속된다고 믿지 않는다면 말이다. 그들은 어머니와의 관계에서 형성된 아기의 작동모델이 어머니가 아닌 사람들에게 무엇을 기대할 수 있을지도 알려준다고 생각한다. 물론 아기가 울면 엄마는 아기를 달래러 올 것이다. 그렇다고 해서 아무 때나 울음을 터뜨려도 다른 사람들이 자기를 달래러 올 거라고 기대한다면 결국 끝없는 실망을 경험할 것이다. 실제로도 아기는 그런 기대를 하지 않는다. 아기들은 빨간 장식이 달린 모빌과 파란 장식이 달린 모빌이 똑같이 움직일 거라고도 기대하지 않는다.[25] 그런데 어째서 유치원 선생님이 엄마와 똑같이 행동할 거라고 기대하겠는가?

나는 인간의 마음에 관계를 담당하는 영역이 있어서 인생에 중요한 모든 관계의 작동모델을 관장한다고 생각한다. 중요하지 않은 관계에는 일반화를 하고—즉 **또래** 범주나 **부하직원** 범주에 속한 모든 사람들을 같은 태도로 대하고—이런 방식을 기본으로 설정한다. 그러다가 누군가를 잘 알게 되면 우리는 그에게 고유한 작동모델을 부여한다. 아이는 어머니와 선생님에게 똑같은 방식으로 행동하지 않으며 형제와 친구에게도 마찬가지다. 일단 아이가 친구들을 더 잘 알고 나면 착한 조나단과 다른 애들을 괴롭히는 브라이언을 똑같이 대하지는 않는다.

부모도 자녀를 괴롭힐 수 있다. 그리고 자녀는 부모의 이런 성향을 금세 파악하고 학습한다. 그렇다고 아이가 모든 사람이 그럴 것이라고 생각하지는 않는다. 하지만 부모와의 관계는 나빠질 것이다. 부모의 억압적 행동이 오랫동안 계속된다면 부모-자녀의 관계는 영원히 회복불가능할 만큼 훼손될 수 있다. 도덕적 의무만 지켜서는 자녀가 다정한 인간이 되기에 불충분할 것 같다면 이런 방법이 있다. 아이가 아직 어렸을 때에 다정하게 대하라. 그러면 아이도 당신이 늙었을 때 당신에게 잘 할 것이다.

자녀들은 부모가 자신을 어떻게 대하는지에 못지않게 부모가 자신과 비교해 형제자매를 어떻게 대하는지도 민감하게 파악한다. 만일 형제들이 자기보다 더 사랑받고 좋은 대접을 받는다고 생각한다면 그로 인한 분노는 부모나 형제들과의 관계를 오염시키며, 평생 지속될 수도 있다. 스웨덴 사람들을 대상으로 어렸을 적에 자기가 형제들 중에 제일 사랑을 덜 받았으며 제일 많이 맞았다고 생각하는 어른들이 현재 타인과 어떤 관계를 형성하고 있는지에 대해 실시된 연구가 있다. 이들은 다른 스웨덴 사람보다 나이든 부모와 따뜻하고 친밀한 관계를 맺는 경향성이 낮은 것으로 나타났다.[26]

이 연구 결과를 언급하는 건 좀 조심스럽다. 왜냐하면 여기에는 인과관계의 문제가 있기 때문이다. 부모가 그들을 좋아하지 않을 만한 이유가 있을지도 모른다. 어쩌면 어렸을 때 다루기 힘든 아이였으며 어른이 된 후에도 그런 성향이 계속되었을지도 모를 일이다. 하지만 어렸을 적에 자기에게 잘 대해준 부모와는 어른이 된 후에도 가까운 관계를 맺는다는 말은 충분히 납득이 된다. 나는 부모님이 좋아하는 아이가 아니었다. 부모님은 오빠를 더 좋아했다. 오빠는 지금도 부모님과 같은 마을에서 살고 있으며, 부모님의 노년을 돌봐드리고 있다. 하지만 나는 대륙의 정반대편에 살고 있으며 가끔씩만 두 분을 찾아뵌다.

다르게 생각해 보면, 내가 부모님을 힘들게 하는 아이였다는 것도 사실이다. 어쩌면 부모님이 옳았을지도 모른다. 오빠는 실제로 나보다 착한 사람이니까.

▶ 진화와 육아

부모의 시야 밖에 있을 때 자녀들의 행동에 대해 부모는 거의 아무 권한도 없다. 하지만 자녀들이 집에서 하는 행동에 대해서는 부모가 매우 큰 결정권을 갖고 있다. 당신은 바깥세상이 자녀를 어떻게 대하는지에 대해서는 거의 아무 권한도 없다. 하지만 자녀가 집에서 행복하게 지낼지 불행하게 지낼지에 대해서는 매우 큰 결정권을 갖고 있다.

많은 자녀 양육 지침서들은 당신과 자녀들이 집에서 좀 더 행복하고 즐거운 생활을 누리기 위해 해야 할 일을 말해준다. 하지만 안타깝게도 이런 책들은 모두 내가 틀렸다고 생각하는 전제에 기초해 있다. 그런 책들은 보통 아이들이 애초부터 서로 다르게 태어난다는 사실을 충분히 감안하지 않으며, 대부분 쓰레기다.

논쟁을 이어가려는 차원에서 일단 내가 조언 전문가들의 이야기가 엉터리라는 걸 독자들에게 납득시켰다고 하자. 자, 그렇다면 내 책은 자녀 양육에 대해 무엇을 말해줄 수 있을까?

나는 지금까지의 이야기를 통해 독자들이 자녀의 현재와 미래에 대해 결정적인 영향을 미치는 또래 친구의 중요성을 깊이 깨달았기를 바란다. 또한 독자들이 우리 인류가 지나온 진화 역사의 중요성을 깊이 깨달았기를 바란다. 선조들이 수천 세대를 지나오는 동안에 인간의 유년기가 과연 어떠했는지를 이해하는 일은 현대 가정에서 무엇이 어째서 잘못되고 있는 건지 이해하는 데 한줄기 빛이 되어줄 것이다.

5장에서 나는 소규모 부족사회에서의 자녀 양육에 관해 이야기했다. 또한 수렵채집 생활을 하던 사회에 관해서도 이야기했다. 그런 사회는 오늘날 지구상에 별로 남아 있지 않기 때문에 알려진 바가 많지는 않다. 전통사회를 관찰하면 우리는 진화가 아이의 양육방식을 어떻게 설계해 놓았는지 그 실마리를 얻을 수 있다. 이런 사회에서 아기들은 처음 2년 동안 집중적으로 돌봄을 받는다. 낮에는 어머니 등에 업히고 밤에는 어머니 곁에서 자면서 어머니가 어디를 가든지 항상 함께한다. 오늘날에도 세계의 수많은 문화권에서 아기들은 어머니와 함께 잔다.[27]

오늘날의 부모들이 가장 많이 호소하는 아기 돌보기의 어려움은 바로 잠을 충분히 자기 힘들다는 것이다. 아기는 도무지 잠을 잘 생각을 안 한다. 그리고 아기 때문에 부모는 뜬눈으로 밤을 지새운다. 많은 소아과 의사들은 부모가 아이를 혼자 자도록 길들여야 한다고 조언한다. 하지만 유목생활을 하던 수렵채집 사회의 무리에서 아기는 일반적으로 절대 혼자 떨어져 있지 않는다. 혼자 있는 아기가 발견된다면, 아기가 우는 소리를 가장 먼저 듣고 반응한 사람이 엄마가 아니라면, 아기는 곧 심각한 위험에 처하게 된다. 아기 엄마가 일찍 죽었거나 엄마가 아기를 키우지 않기로 결정하는 경우도 있다. 그러면 집단은 거주 장소를 옮길 때 아기를 데리고 가지 않을 것이다. 따라서 주위 사람들을 설득하지 못한다면 아기는 죽은 목숨이다. 아기가 갖고 있는 유일한 설득 수단은 우는 것이다. 아기가 우는 이유는 무섭고 화가 나서기도 하지만, 합당한 이유도 있다.

아기는 놀라울 만큼 적응력이 뛰어나다. 미국의 아기들은 대부분 혼자 잠자기에 아주 잘 적응한다. 하지만 그렇지 못한 아기도 있다. 많은 부모들은—내 작은딸도 그중 하나다—아기가 혼자 자게 내버려두어도 괜찮으며 그게 자연스러운 일이라는 말을 들으면 안심이 된다. 부모는 울고 있는 아이를 보는 것을 **괴로워**하는데 아이가 울도록 내버려두는 것이 인간 본성에 반하기 때문이다. 그런데 오늘날의 부모들은 아기가 울어도 울게 내버려두는데, 그 이유는 일부 조언 전문가들이 그게 좋다고 말하고 있기 때문이다.

또한 조언 전문가들은 부모에게 아기의 뇌가 제대로 성장하고 시냅스가 정상적으로 발달하려면 적절한 "자극"을 줘야 한다고 말한다. 아기에게 말을 걸어야 하고, 책을 읽어줘야 하고, 아기가 흥미를 가질 만한 볼

거리를 보여줘야 한다. 이런 충고는 두 가지 자료에 근거하고 있는데 둘 다 이해가 부족하거나 잘못 해석된 것이다. 첫 번째 근거는 쥐나 고양이, 원숭이 같은 동물의 새끼에게서 감각 경험을 박탈하면 회복이 불가능한 신경적 결손이 생긴다는 연구 결과다.[28] 두 번째 근거는 상관관계다. 즉, 자녀에게 책을 읽어주고 예쁜 모빌을 요람 위에 달아주는 부모일수록 똑똑한 자녀를 두는 경향이 있다는 것이다.

인간의 뇌에 시냅스가 제대로 형성되기 위해 동화 구연이나 예쁜 장난감이 필요하다면 인류의 조상은 형편없는 뇌를 싣고 들판을 돌아다녔을 것이다. 전통사회에서 아기가 어떤 환경에서 자랐는지를 살펴보면 우리는 인간의 뇌가 정상적으로 발달하기 위해 진화가 어떤 계획을 세웠는지에 대해 힌트를 얻을 수 있다. 그때는 아기에게 책을 읽어 주기는커녕 말을 거는 일도 드물었다. 볼거리와 들을거리도 넘쳐났지만 그건 어떤 아기나 마찬가지였다. 아기가 엄마 품에 안긴 채 생활하는 생후 2년 동안에는 학습한다고 할 만한 게 거의 없지만 그렇다고 해서 이후로 학습능력을 발휘하지 못하는 것은 아니다. 때가 무르익으면 아기는 훌륭한 어른이 되기 위해 알아야 할 모든 것을 자연스럽게 학습한다.

상관관계로 말하자면, 독자들도 이쯤이면 어떤 과정으로 잘못된 상관관계가 만들어지는지 알 수 있으리라 믿는다. 자녀에게 책을 읽어주는 부모가 똑똑한 자녀를 두는 건 부모 자신이 똑똑하기 때문이다. 그들의 자녀가 똑똑한 이유는 지능이 일부 유전되기 때문이다. 자녀에게 책을 읽어주는 부모가 더 똑똑한 자녀를 두는 데에 어떤 환경적인 요인이 존재한다면 같은 부모에게서 길러진 성인 입양아 형제들의 IQ 상관계수가 0이 되지는 않았을 것이다. 아기에게 화려한 볼거리나 들을거리를 제공하면 아기가 더 영리해진다는 믿음에는 아무런 과학적 근거가 없다.[29]

인터넷 게시판에 글이 하나 올라왔다. 작성자는 자신을 "뇌 발달을 전공하는 대학원생"이라고 소개했다. 젊은 여성인 작성자는 생후 20개월

된 자기 아들이 놀라울 만큼 영특하며 눈치가 빠르다고 했다. 작성자 부모는 손자의 엄마 아빠가 영리해서 그렇다고 생각했던 모양이다. 작성자는 부모의 이런 생각이 "저의 양육에 대한 모독"이라고 여겼다. 이 젊은 엄마는 말했다. "나는 안정적인 애착을 형성하고, 친밀한 관계를 유지하고, 적절한 자극을 주기 위해 정말 힘겹게 노력해 왔어요."[30]

그는 열심히 했다. 그 점에 있어서는 만점을 주고 싶다. 하지만 양육이란 섹스가 그렇듯 고생스럽게 여길 일이 아니다. 진화는 우리에게 채찍만이 아니라 당근도 줬다. 자연은 인간이 어떤 일을 하도록 유도하기 위해서 그에 걸맞은 기쁨과 만족감을 보상으로 제공한다. 양육이 힘겹고 어렵기만 한 일이라면 침팬지들이 그 일을 견뎌낼 수 있겠는가? 부모란 양육을 **즐길** 수 있는 존재다. 양육을 즐기고 있지 않다면 어쩌면 힘에 부칠 정도로 노력하고 있는 건지도 모른다.

▶ 친구 같은 부모

진화는 당근도 주지만 채찍도 준다. 크고 강한 생물체가 동종의 작고 약한 생물체를 지배하는 것은 자연의 이치다. 큰 개체는 작은 개체에게 명령을 하고, 명령을 어기면 처벌한다. 그렇다, 불공평하다. 하지만 현실이 그렇다는 것이다. 자연은 공정함에는 벼룩 똥만큼도 관심이 없다. 침팬지 집단에서는 큰 수컷이 작은 수컷을 지배하며 서열 차이에 걸맞은 존경과 복종을 보이지 않으면 작은 수컷을 때린다. 같은 이유로 수컷은 암컷을 때리고 어린 침팬지들도 자기보다 어린 침팬지에게 같은 짓을 한다.

별로 옳아 보이지 않는 이 행동 패턴은 전통사회에서도 그대로 유지되었다. 매우 오래된 전통이다. 오늘날과 같은 공정함과 친절함에 대한 강박은 그리 오래지 않았다.

부모가 자녀에게 지배력을 행사하는 건 당연한 일이다. 부모가 자녀를 책임지는 것도 그렇다. 오늘날 부모들은 전문가들의 말에 겁을 먹어서 부모로서의 권위를 드러내길 매우 망설인다. 그러다 보니 가정을 적절하게 꾸려가는 데 어려움을 겪는다.

나는 양육가설 때문에 겁쟁이가 된 요즘 부모 밑에서 자란 아이들이 예전 아이들보다 더 낫다고 생각하지 않는다. 예전 세대는 오늘날처럼 아이를 세상의 중심인 양 추켜세우지도 않았고, 아이가 부모 말을 듣지 않으면 타임아웃보다 더 심한 벌을 주었다. 이런 양육 경험을 통하여 우리는 그런 환경에서도 아이는 잘 자라날 수 있음을 깨닫는다. 부모는 자녀보다 더 많이 알고 있다. 자녀에게 무엇이 옳은 행동인지를 이야기할 때 머뭇거릴 필요가 없다. 그리고 부모에게도 행복하고 평화로운 가정생활을 누릴 권리가 있다.

전통사회에서 부모는 자녀의 친구가 아니었다. 놀이친구도 아니었다.[31] 자녀를 즐겁게 해주는 것이 부모의 의무라는 발상은 우리 사회에서나 통하는 아주 괴상한 생각이다. 전통사회의 사람에게 "의미 있는 시간"이니 뭐니 하면 그는 배꼽을 잡고 웃을 것이다.

클린턴 행정부에서 노동부 장관을 지냈던 정치경제학자 로버트 라이시Robert Reich가 사직서를 내고 고향인 매사추세츠로 돌아갔을 때, 그의 마음 한편에는 열두 살과 열여섯 살 두 아들과 더 많은 시간을 보내려는 바람이 있었다. 하지만 현실은 그가 생각한 대로 돌아가지 않았다.

지금까지 들었던 "의미 있는 시간"이니 하는 얘기는 모두 잊어버려라. 십대 남자아이들은 그걸 원하지도 않고, 그 시간을 어떻게 보내야 하는지도 모르고, 그보다 더 하고 싶은 일이 많이 있다. 클린턴 내각을 떠나 집에 돌아온 후로 갑자기 주말에 여유가 생기자 나는 아들 녀석 하나에게 함께 "의미 있는" 시간을 보내자고 하고 아들의 대답을 기다렸다. 아들은 대답했다. "죄송해요,

아빠, 저도 아빠랑 경기를 보러 가고 싶긴 해요. 그런데, 뭐랄까, 데이비드하고 짐이랑 시내에 놀러가기로 했어요." "아빠, 그 영화 정말 괜찮을 것 같긴 해요, 그런데…뭐랄까, 솔직히 말하면, 저는 그거 다이앤이랑 보고 싶어요."[32]

두 아들이 아버지를 피한 것은 아니었다. 때로는 조언을 청해서 아버지를 흐뭇하게 만들었다. 아이들에게는 아버지 마음을 상하게 할 생각이 전혀 없다. 그들은 아버지를 사랑한다, 하지만…뭐랄까.

십대보다 어린 아이들은 함께 놀고 시간을 보내기가 더 쉽다. 하지만 그건 그저 아이들 스스로 놀 곳을 찾아다닐 자유가 별로 없어서 선택가능한 경우의 수가 적기 때문이다. 어린 아이들에게 선택권이 주어진다면 이제 겨우 아장아장 걸음마를 하는 아기라도 자기와 비슷한 다른 아기들과 어울리는 걸 더 좋아할 것이다. 근처에 부모가 있기를 바라기야 하겠지만.

▶ 전우 같은 형제

전통사회에서는 아이가 엄마 품을 떠나면 혈연관계로 맺어진—형제자매와 사촌 등으로 구성된—놀이집단에 들어간다. 이런 사회에서 일반적인 패턴은 아기의 바로 위 형제가 아기를 책임지고 부모는 손을 떼는 것이다. 그는 바로 아래 동생에게 닥칠지도 모르는 모든 위험과 피해에 대해 책임지고 동생을 보호한다. 동생은 형이 차지했던 어머니의 품을 물려받았던 바로 그 아이라는 점을 기억하자. 지난 수년간 어머니의 관심과 사랑을 독차지했던 바로 그 아이라는 점을.

형에게는 동생에게 지배력을 행사할 권리가 주어진다(또는 그렇게 하라고 강요받는다). 형이 동생을 통제하고 관리하는 것은 자연스러운 일이다.

전통사회에서는 평등이나 공정함 같은 데에 별로 신경을 쓰지 않았으므로 형의 권리 행사를 막을 필요도 없었다.[33]

우리 사회에서는 평등과 공정성에 대한 집착 때문에 형제 관계에서 이런저런 문제가 야기된다. 부모는 형이 동생에게 지배력을 행사하지 못하도록 막는데 그 과정에서 형제 관계에 수많은 문제가 발생한다. 부모가 형제 간의 지배 관계를 깨기 위해서는 동생 편을 들 수밖에 없는데, 이때 많은 경우 형은 부모가 동생을 더 사랑한다고 느낀다.

나는 이제 막 다섯 살 된 당신의 아이에게 세 살짜리 동생을 책임지라고 말하려는 게 아니다. 적어도 갑작스럽게 그래서는 안 된다. 하지만 부모가 자녀들 사이에서 무슨 문제가 발생하고 있는지를 이해한다면 아마도 부모는 형의 입장을 좀 더 공감할 것이다. 형은 두 가지를 빼앗긴다. 첫째는 부모의 관심이다. 모든 사회에서 부모들은 큰 자녀보다 어린 자녀에게 더 많은 관심을 기울인다.[34] 둘째는 어린 아이들 사이에서 대장이 될 자연스러운 권리다. 전통사회에서는 하나를 잃을 때 하나를 얻지만 우리 사회에서는 둘 다 잃는다.

나는 앞서 아프리카의 어린 남자아이 이야기를 소개했다. 아이는 갓난아기인 동생을 낚아채고 달아나는 덩치 큰 침팬지를 추격하다가 심한 부상을 당했다. 동생의 생명을 구했지만(그렇지 못했다면 침팬지는 동생을 잡아먹었을 것이다), 자기 자신의 생명은 잃을 뻔했다.[35] 아이의 어머니는 형에게 어린 동생을 돌보는 임무를 맡겼다. 대부분의 미국 어머니들은 꿈도 꾸지 못할 일이다. 아이는 어머니가 맡긴 책임을 아주 진지하게 받아들였다. 전통사회에서 형제는 경쟁자가 아니었다. 그들은 전우다.

▶ 이상하다

부모는 알 방법이 없다. 어떤 어머니는 아이에게 피아노 레슨을 시키는 데 열성적이지 않아서 아이는 악보를 볼 줄 몰랐다. 어떤 어머니는 마찬가지로 음악 교육에 미적지근한 태도를 취했지만 아이는 훌륭한 피아니스트가 되었다. 어떤 아이는 성공을 위한 모든 조건이 주어진 채 길 위에 올랐지만 주저앉아 있고, 어떤 아이는 온갖 역경을 극복해서 더 큰 성공을 쟁취한다. 웃긴 이름을 갖고 있거나 이사를 자주하는 것은 아이에게 재앙이나 마찬가지지만, 이름이 독특하거나 여기저기 떠돌아다니는 부모와 함께 사는 아이가 때로 대통령이나 시인 또는 유명한 생물학자가 되기도 한다. 전교생이 공부를 잘하는 학교에 들어가면 당신의 자녀도 성적이 좋아질지 모르지만 나는 콧대 높은 교외 지역 학교에서보다 애리조나 학교에 다닐 때 성적이 더 좋았다. 애리조나로 전학 간 첫날 생물 시험에서 1등을 하는 바람에 "우등생" 꼬리표를 달게 된 덕분이다. 사정이 이러하니 부모로서는 미리 알 방법이 없다.

위로가 될지는 모르겠지만, 조언 전문가들도 모르기는 마찬가지다.

그들의 충고를 성실하게 이행한 당신은 지금 어떤가? 그들은 당신이 모든 아이를 똑같이 사랑하지 않는다며 죄책감을 느끼게 만든다. 하지만 자연이 어떤 아이를 특별히 사랑스럽게 만든 것이 부모의 잘못은 아니다. 그들은 당신이 아이와 함께 의미 있는 시간을 충분히 보내지 않는다며 죄책감을 느끼게 만든다. 하지만 아이들은 친구들과 시간을 보내는 것을 더 좋아한다. 그들은 당신이 한부모 가정이거나, 동성애자 부부라며 죄책감을 느끼게 만든다. 그런 가정 형태가 아이의 인생에 장기적 문제를 유발한다는 분명한 증거는 발견되지 않았음에도 말이다. 그들은 당신이 아이를 혼낸다며 죄책감을 느끼게 만든다. 우리 조상들은 지금까지 몇 백만 년 동안 아이를 때리면서 가르쳐 왔다. 가장 나쁜 것은, 그들은 자녀에게 나쁜 일이 생길 때마다 당신이 죄책감을 느끼게 만들었다. 모든 문제에 부모를 탓하기는 쉽다. 프로이트가 담배 피우던 시절부터 부모는 동네북이었다.

조언 전문가들은 어떻게든 자녀 양육의 기쁨과 부모의 자발성을 앗아가고 양육을 힘들고 어려운 일로 만든다. 오래 전에 존 왓슨은 "자녀를 죽도록 사랑하는 것"이 얼마나 위험한지 통렬하게 비판했다. 왓슨은 가까스로 불쾌함을 참으며 자동차 안에서의 사건을 묘사한다. 차 안에서 왓슨의 경고는 무시당했지만, 왓슨의 계산 능력만큼은 빛을 발했다.

> 그리 오래지 않은 어느 날, 나는 어머니와 아내, 유모, 두 살과 네 살이 된 두 아들을 관찰했다. 차를 타는 두 시간 동안 한 녀석은 엄마에게 네 번, 유모에게 여덟 번, 할머니에게 스무 번, 도합 서른 두 번의 뽀뽀를 받았다. 다른 녀석도 거의 비슷하게 뽀뽀 세례를 받아 질식할 것 같았다.[36]

엄마의 뽀뽀가 가장 적었던 이유는 남편이 그 자리에 있었기 때문이다. 엄마가 아들들에게 입을 맞추는 건 남편의 생각에 정면으로 반하는 일이니 말이다. 네 번도 아마 몰래 했을 거다.

오늘날의 조언 전문가들은 왓슨과 정반대로 말한다. 그래서 자녀에게 뽀뽀하는 것이 잘못은커녕 도리어 부모의 의무인 양 말한다. 내가 아이라면 의사의 처방에 따른 하루 세 번 뽀뽀보다는 일 년에 한 번 받는 은밀한 뽀뽀가 더 나을 것 같다.

▶ 죄책감을 내려놓길

이번 장에서 나는 부모가 자녀의 성격과 행동, 태도, 지식에 영향을 주기 위해 할 수 있는 일에 대해 이야기했다. 아이에게 무엇을 먹일지, 예방접종을 어떻게 해야 하는지는 한마디도 하지 않았다. 그건 이 책에서 다룰 문제가 아니기 때문이다. 같은 이유에서, 정신장애 같은 문제에 대해서도 조언할 입장이 아니다. 이 책의 범위를 벗어난 영역에서 발생하는 문제도 분명히 있다. 자녀에게서 그런 문제의 징후를 본다면 이 책을 뒤적이지 말고 검증된 전문가를 찾아가는 것이 현명하다.

이 책의 대답이 독자들에게는 불만족스러울 수 있다는 걸 잘 알고 있다. 어떤 사람들은 자책하지 말라는 조언을 듣고도 자녀에게 마음에 들지 않는 부분이 있을 때마다 안심하지 못한다. 불안감을 주는 뉴스들을 기어이 찾아내는 사람도 있다. 아이가 어릴수록 특히 그렇다. 그들은 부모로서 무언가 할 수 있다는 느낌을 갖고 싶어 한다. 아이의 잠재성을 끌어올리기 위해 할 수 있는 일이 아직 있다고, 자녀에 대해 불만족스러운 부분을 개선할 수 있는 어떤 방법이 있을 거라고 믿고 싶어 한다. "더 많이 애쓰고 노력한다면 뭔가 할 수 있는 일이 분명 있을 거야!"

부모들은 지금까지 불량품을 구입했다. 그러니 사기를 당했다고 느낄 권리도 있다. 양육은 널리 통용되는 설명서도 잘 들어맞지 않는다. 성실하고 열심히 애쓴다고 해도 성공이 보장되지 않는다. 아무 잘못도 없는 좋은 부모가 때로 나쁜 자녀를 둔다.

우리는 엄청나게 발달한 기술문명 속에서 살고 있다. 우리 인류는 많은 아이들을 사망케 하거나 불구로 만드는 여러 질병의 퇴치법을 발견해왔다. 우리는 자연이 던지는 변화구를 성공적으로 받아치면서 오늘날까지 왔다. 대부분의 현대인이 자연이란 마치 우리 인간의 손아귀에 있는 듯 착각하는 건 그런 이유 때문일 것이다.

우리 부모들이 자녀를 원하는 방향으로 만들어갈 수 있다는 생각도 착각에 불과하다. 이제 내려놓자. 아이들은 부모의 꿈을 칠할 빈 캔버스가 아니다.

조언 전문가들의 이야기를 듣고 너무 걱정하지 마라. 자녀를 사랑하되 사랑해야 한다는 생각 때문에 사랑하지 말고 사랑스럽기 때문에 사랑하라. 양육을 즐겨라. 그리고 당신이 할 수 있는 만큼만 가르쳐라. 긴장을 풀어라. 자녀가 어떤 인간이 되는지는 당신이 아이에게 얼마만큼의 애정을 쏟았는지를 반영하지 않는다. 당신은 자녀를 완성시키지도, 파괴시키지도 못한다. 자녀는 당신이 완성시키거나 파괴시킬 수 있는 소유물이 아니다. 아이들은 미래의 것이다.

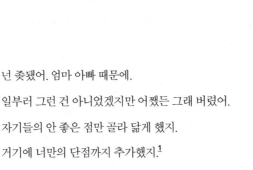

15. 심판대에 선 양육가설

> 넌 좆됐어. 엄마 아빠 때문에.
>
> 일부러 그런 건 아니었겠지만 어쨌든 그래 버렸어.
>
> 자기들의 안 좋은 점만 골라 닮게 했지.
>
> 거기에 너만의 단점까지 추가했지.[1]
>
> ―필립 라킨Philip Larkin

불쌍한 엄마 아빠. 아들에게 공개적으로 망신을 당하고 변명할 기회도 못 얻으셨다. 이쯤 되면 한마디 하실 법한데, 괜찮다면 내가 그분들을 대신해 보겠다.

> 네 아이의 불평은
>
> 뱀의 이빨보다 날카롭다.
>
> 네 말은 타당하지도 않고, 진실도 아니야.
>
> 녀석이 좆됐다니? 그래, 그렇다 해도 우리 때문은 아니야.

하지만 지금 심판대에 서 있는 건 필립 라킨의 부모가 아니다. 피고는 다름 아니라 아들이 네 줄짜리 엉터리 시로 부모에게 독설을 퍼붓게 만든 양육가설이다. 자, 친애하는 배심원 여러분, 피고가 저지른 온갖 사기와 절도 행각에 주목해 주시기 바랍니다. 사람들은 오랫동안 진실을 도둑맞아 왔습니다. 그 주범은 바로 양육가설입니다.

▶ 여태껏 사람들을 속인 죄

본인이 실패한 책임을 부모에게 떠넘긴 건 필립 라킨만은 아니다. 모두가 그렇게 한다(나도 힘들 때에는 그런 생각을 한다). 이렇게 책임을 전가하면 스스로를 탓하는 것보다는 확실히 편하다. 하지만 이러한 개인적 경향만으로는 양육가설이 우리 문화에 이토록 깊숙이 뿌리박히게 된 사연을 설명할 수 없다. 또한 1장에서 제시했던 "양육가설은 정신분석학(프로이트)과 행동주의 심리학(왓슨과 스키너)이 함께 작용한 결과"라는 설명으로도 양육가설이 만연하게 된 이유를 충분히 설명하지 못한다. 학문적인 심리학의 영역에 있던 것이 상아탑 밖으로 널리 확산된 건 어제오늘 일이 아니다. 토크쇼 진행자와 게스트, 시인과 농부, 당신의 회계사, 당신의 자녀들 모두 자기 문제에 대해서는 부모 탓을 하고 자녀 문제에 대해서는 자기 탓을 한다.

부모의 역할은 지나치게 부풀려졌다. 당신은 자녀의 성격에 실제보다도 더 많은 영향을 미칠 수 있다고 지금까지 속아 왔다. 책의 시작 부분에서 나는 과학 잡지 기자의 말을 인용했다. 그는 부모가 자녀가 어떤 인간이 될 것인지를 결정하는 데 이미 상당한 영향력을 갖고 있으므로 부모가 자녀의 유전자를 선택할 수 있는 미래를 굳이 기다릴 필요가 없다고 했다. 또 다른 기자는 〈뉴욕타임스〉에 "부모는 자녀가 스스로에 대한 이미지를 형성하는 데 가장 크고 중요한 역할을 감당한다"라고 말한다. 부모는 칭찬과 신체적인 애정표현을 통해 자녀가 긍정적인 자아상을 갖게 해야 한다고 요구받는다. 자칭 "엄마 박사"라는 어느 조언 전문가는 모든 아이들이 나이에 무관하게 당신의 스킨십과 포옹을 필요로 한다고 말하며 부모가 자녀에게 "애정과 수용을 표현하는 비언어적 메시지를 매일같이" 쥐야 한다고 말한다. 다른 조언 전문가 페넬로페 리치Penelope Leach는 당신이 부모의 과제를 잘 수행한다면 자녀가 훨씬 더 행복하고 자신감 있게 자랄 것이라고 한다. "아이는 당신과 맺는 관계, 그리고 당신이 아이에게 가르쳐준 모든 것들에 뿌리내리고 있다."[2] 조언 전문가들은 체벌과 언어적인 비난을 금지한다. 아이에게 "넌 나쁜 아이야"라고 말하지 말고 "네가 한 건 나쁜 일이야"라고 말해야 한다. 그렇게까지도 안 하는 게 좋다. "네가 한 일 때문에 엄마(아빠)는 기분이 나빠"라고 말해야 한다.

아이들은 그렇게 약하지 않다. 부모의 생각 이상으로 강하다. 바깥 세상이 보호 장갑을 끼고 아이를 살살 다뤄주지 않기 때문에 아이들은 강해지지 않으면 안 된다. 집에서는 "네가 한 일이 내 기분을 나쁘게 하는구나"라는 말을 들을지 몰라도 학교 운동장에서 아이들은 "이 미친 새끼가!"라는 말을 듣는다.

양육가설은 "하면 된다!"를 모토로 삼은 문화의 산물이다. 전자제품과 의료기술의 눈부신 발전 덕분에 우리는 태생을 상당부분 극복할 수 있게 됐다. 아이들은 각자 다르게 태어나지만, 문제없습니다. (자, 신사숙녀 여러분 모두 주목!) 아이를 이 신기한 기계에 넣고, 사랑과 통제, 타임아웃, 교육용 장난감을 혼합한 우리의 특허품을 넣으면, 짜잔! 여기 행복하고 똑똑하고 정서적으로 안정되고 자신감 있는 인간이 나왔습니다!

이것이 아마 우리 시대의 표상일 것이다. 모든 것을 극단으로 몰아가고 논리적인 경계를 넘어서도록 사고를 밀고 나가는 경향 말이다. 양육가설은 너무 크게 부풀려졌고 부모에게 너무 강압적인 요구를 해왔다. 그리고 이제는 여물다 못해 썩어가는 중이다.

▶ 먼저, 더 이상 피해를 끼치지 말 것

내가 양육가설이 무해한 판타지에 불과하다고 생각했더라면 이렇게 강력하게 불편함을 느끼지도 않았을 것이다. 아닌 게 아니라 양육가설에도 어떤 점에선 유익한 부작용이 있는지도 모른다. 적어도 이론적으로는 부모를 좀 더 착하게 만들고 있다. 자신이 저지른 어떤 실수가 자녀의 인생에 오래오래 흉터로 남을지도 모른다고 생각한다면 부모는 말과 행동에 좀 더 신경 쓰고 조심하지 않을까? 그러나 부모들이 더 조심했다고 해서 아동학대가 줄어드는 결과로 연결되지는 않았다. 요즘 젊은 친구들이 두세 세대 전의 아이들보다 행복하고 정신적으로 건강하다는 증거도 없다.[3]

양육가설이 뭔가 좋은 역할을 하고 있다는 근거는 없다. 하지만 피해를 끼치고 있다는 것은 분명하다. 한 아이가 그 신기한 기계에 들어갔는데 어떤 이유로 인해 행복하고 똑똑하고 정서적으로 안정되고 자신감 있는 인간으로 나오지 못했다면, 양육가설은 그 불운한 부모에게 끔찍한 죄책감의 짐을 지운다. 부모는 함께 생활하기가 힘들거나 어떤 면에서 공동체의 기준에 못 미치는 자녀를 두었다는 사실만으로도 부모는 고통받을 것이 분명하지만, 그에 더해 공동체 전체로부터 비난의 화살까지 온몸으로 받아내야 한다. 때로는 비난에 그치지 않고 법적인 책임을 져야 할 때도 있다. 벌금을 물리거나, 감옥에 보내겠다고 경고를 받는 등 말이다.

양육가설은 자녀들을 불안과 긴장 속에서 다루어야 할 대상으로 만들었다. 부모는 자기가 뭔가 잘못할까 봐 신경을 바싹 곤두세우고, 생각 없이 내뱉은 말 한마디나 눈빛이 아이의 앞길을 회복 불가능하게 망쳐버릴까 봐 두려워한다. 부모는 자녀의 하인이며 또한 주인을 결코 만족시키지 못할 노예가 되어버렸다. 왜냐하면 양육가설의 제창자들이 세운 기준은 너무 높아서 아무도 거기에 다다를 수 없기 때문이다. 밤에 푹 잘 시간도 부족한데 자녀와 의미 있는 시간을 충분히 함께 보내주지 않았다고 비난받는다. 부모는 항상 자신이 여러모로 부족하다는 느낌을 갖는다. 그래서 자녀에게 장난감을 잔뜩 사주면서 그 부족함을 보상하려 한다. 요즘 아이들은 엄청나게 많은 장난감을 갖고 있다.

양육가설은 가정생활에 위선적인 태도를 들여왔다. 의무적이고 가식적인 애정표현 속에서 진심이 담긴 애정표현은 의미를 잃었다.

양육가설은 과학 연구의 발전도 발목잡았다. 무의미한 연구가 범람했고—부모의 한숨과 자녀의 하품 사이의 상관관계를 조사한 한심한 연구도 있다—유용하고 가치 있는 발견은 묻혔다. 정작 연구자들은 이런 주제에 주목하고 질문해야 한다. 어떻게 하면 학급 아이들이 공부를 좋아하는 집단과 공부를 싫어하는 집단으로 나뉘지 않을 수 있을까? 어떻게 해야 교사는, 학교에서는, 문화권에서는, 이런 분열을 예방하고 아이들이 하나로 뭉쳐서 일치된 동기부여를 경험하게 할 수 있을까? 유전적인 이유로 문제적 성격을 갖게 된 아이들이 더 악화되지 않게 하려면 우리는 어떤 일을 해야 할까? 공격성이 강한 아이는 유년기에 또래집단으로부터 거부당했다가 청소년기에는 비슷한 아이들끼리 어울려 집단을 형성하고 이로써 시간이 갈수록 공격성이 강해지는데 이 악순환의 고리를 끊기 위해 우리는 어떻게 개입해야 할까? 아이들 집단의 기준을 좋은 쪽으로 이끌기 위해 우리는 어떤 영향을 미칠 수 있을까? 더 광범위한 문화가 십대 집단의 기준에 나쁜 영향을 끼치지 않게 하는 방법이 있을까? 집단을 형성하려면 몇 명이나 필요할까?

이 책에서 나는 이런 질문들에 대해 아무런 답도 제시할 수 없었다. 연구된 게 없기 때문이다.

▶ 피고 측 변론에 대한 반론

양육가설에서는 자녀의 앞날에 부모가 중요한 영향을 끼친다고 한다. 중요한 영향 말이다. 아이의 IQ가 어떻다거나 문항 수가 백 개가 넘는 설문지에서 '예'라는 답이 몇 개 더 많다거나 하는 얘기를 하는 게 아니다. 아이가 친구가 많은지 없는지, 대학에 가는지 고등학교 중퇴인지, 예민한지 무던한지, 성 경험이 없는지 임신을 했는지 하는 문제를 말하고 있다. 인간이 어떻게 행동하며 인생을 얼마나 잘 살아나갈지에 영향을 미치는 심리적 특질들에 대해 이야기하고 있는 것이다. 당신도, 그리고 당신과 함께 살고 함께 일하는 사람들도 알아차릴 수 있는, 남은 평생에 걸쳐 유지될 그 특질들 말이다. 사람들은 이런 차원에서 부모가 자녀에게 크고 장기적인 영향을 장기적으로 미친다고 생각한다.

부모가 정말 그런 영향력을 지녔다면 같은 부모에게서 자라난 아이들도 각기 다르게 성장하는 걸 보면—유전적 교집합으로 인한 유사성을 일단 배제한다면—부모의 영향은 아이들 각각에게 달리 작용하는 것이 분명하다. 같은 집에서 자라난 입양아 형제가 서로 다른 집에서 자라난 입양아들보다 성격적으로 서로 더 비슷하지는 않다. 같은 집에서 자란 일란성 쌍둥이가 각기 다른 집으로 입양된 일란성 쌍둥이들보다 더 많이 닮은 것도 아니다. 가정 환경이 아이들에게 어떻게 작용하든지간에 가정 환경은 아이를 더 성실하게도, 덜 사교적이게도, 더 공격적이거나 더 무모하게도 만들지 못하며 행복한 결혼 생활을 할 가능성을 높이지도 못한다. 최소한 아이들 모두에게 같은 작용을 하지는 않는다.

행동유전학자들은 이 사실을 발견해 놓고도 스스로의 발견 탓에 난처해졌다. 왜냐하면 그들 역시 남들과 마찬가지로 가정 환경이 절대적으로 중요하다는 믿음을 갖고 있었기 때문이다. 그래서 가정 환경이 아이들마다 **다르다**는 아이디어를 떠올리게 되었다. 결국 형제들이 공통적으로 지닌 요소는 중요하지 않은 걸로—적어도 예측가능한 영향력은 없다고—밝혀졌고, 공통적이지 않은 부분만 남아서 양육가설을 뒷받침할 책임을 온전히 감당하게 되었다.

너무 끼워 맞춘 설명 같기도 하겠지만 아예 틀린 말도 아니다. 실제로 부모가 자녀들을 완전히 동일하게 대할 거라고 가정할 근거는 없다. 좋은 부모가 되려면 자녀들 하나하나가 가장 잘할 수 있는 일을 찾아서 자기만의 고유한 능력을 기를 수 있도록 도와줘야 하지 않나? 이것이 양육에 대한 마르크스적 관점, 요컨대 '능력에 따른 생산, 필요에 따른 분배'*다.

이 말에는 분명 일리가 있다. 그래, 부모는 어떤 점에 있어 자녀들이 서로 다르게 자라나기를 원한다. 첫째가 활동적이고 말이 많다면 둘째는 좀 조용한 성격이면 좋을 것이다. 첫째가 피아니스트라면 둘째는 튜바를 맡는 게 가장 그럴싸한 그림일지도 모른다. 물론 둘째 아이가 투기 목적의 권투 선수나 마약 딜러가 되더라도 부모가 똑같이 행복할 거라는 말은 아니다. 둘째가 태어났을 때에 나와 남편은 "우리는 이미 공부 잘하는 애가 있으니까 둘째는 좀 다르게 키워 봅시다"라고 하지 않았다. 오히려 공부 잘하는 아이를 둘이나 두겠다는 따분한 계획을 그럴듯하게 그려 보았다. 부모가 모든 자녀에게 보편적으로 기대하는 친절함과 성실함, 지성 같은 특정 가치들이 있다. 그리고 적절한 한계 안에서 자유롭게 표현돼도 괜찮은 가치들도 있다. 하지만 보편적으로 요구되는 것이든 선택적으로 요구되는 것이든 가정 환경이 그 가치들에 장기적으로 영향을 미친다는 증거는 발견되지 않는다.

부모는 자녀들을 다르게 대하며 아이들은 정말 서로 다르다. 이 두 개의 명제는 반박의 여지가 없는 명백한 사실이다. 그러나 양육가설의 손을 놓지 못하는 행동유전학자들은 부모의 행동이 기존의 차이에 대한 반

---

* 마르크스가 1875년에 쓴 『고타 강령 비판』의 구절이다. —옮긴이

응이 아니라 아이들의 차이를 가져온 원인이라는 주장을 입증해야 한다. 허나 이 주장은 입증되지 못했다. 실제로는 아이들의 다양성에 비해 부모의 양육방식은 일관적이라는 증거들이 있다. 형제자매의 행동에서 나타나는 차이가 부모가 자녀를 대하는 방식의 차이보다 크다는 것이다.[4]

양육가설에 잘 부합하는 듯 보이는(하지만 실제로는 그렇지 않은) 한 가지 요인은 출생순서다. 부모는 첫째 아이와 둘째 아이를 각기 다르게 대하는데 이는 자녀가 태생적으로 지닌 성격 특질에 대한 반응이 아니다. 하지만 반세기가 넘는 동안 연구자들은 출생순서가 성격에 장기적으로 영향을 미친다는 가설을 뒷받침하는 증거를 찾아보려고 애썼으나 모두 수포로 돌아갔다. 형제와 함께 자란 사람과 외동으로 자라난 사람의 성격에서 일관된 차이를 찾아보려던 시도들도 실패했다. 부모가 자녀에게 결정적인 영향력을 끼치는 존재라면 외동아이의 성격이 부모 탓에 파탄나는 일도 벌어지지 않겠는가.

실망스럽게도 출생순서나 형제의 유무도 영향력이 없다니, 이제 양육가설을 뒷받침하는 가장 마지막 문을 두드려 보는 일만 남았다.

음, 양육가설은 아직 무너지지 않았다. 양육가설을 버티게 하는 주장들이 아직도 남아 있다. 바로 행동유전학적 증거, 곧 가정 환경 전반이 예측가능한 아무 영향력도 지니지 못함을 나타내는 데이터가 충분히 포괄적이지 않다는 주장이다. 여기에서는 데이터 수집 대상이 된 가정이 모두 "그럭저럭 괜찮은" 정상범위 안의 가정이라는 점이 문제가 된다. 어떤 학자는 정상범위에 있는 크게 나쁘지 않은 가정에서는 아이가 자라난 가정 환경이 중요하게 작용하지 않는다는 사실을 대중 앞에서 기꺼이 인정하기도 한다.[5] 하지만 그들은 여전히 정상범위를 **벗어난** 가정, 즉 특별히 나쁜 환경의 가정에서는 아이들이 영향을 받을 수 있다고 생각한다.

그들의 말은 결국 데이터에 속한 가정, "훌륭함"부터 "나쁨"까지는 해당되지만 "최악"까지는 아닌 범위에 속한 가정에서는, 자녀의 바람직함과 가정 환경의 바람직함 사이에 아무 관계가 없다고 실토하는 셈이다. 둘 사이의 관계는 데이터 수집 대상에서 제외된 극소수의 가정에서만 나타난다. 결국 그들이 수집해온 상당히 많은 데이터는 애초에 잘못짚은 것이거나 혹은 양육가설이 틀렸다는 증거로 작용하는 것이다. 하지만 아직도 수집하지 않은 사례들이 약간 남아 있으며 **바로 거기**에 양육가설이 옳다는 생각을 입증할 근거가 있다고 그들은 믿는다.

정말 빈약하기 짝이 없는 근거가 아닌가. 결국 평범하고 무탈하게 지내는 당신과 나 같은 부모는 자녀에게 아무런 뚜렷한 영향력을 끼치지 못하며 마치 공장 노동자들처럼 얼마든지 대체되어도 상관없다는 것이다. 그리고 자녀에 대한 영향력이 확실한 건 오로지 자녀를 가혹하게 학대해서 병원에 입원시키거나 기저귀를 갈아주지 않고 상한 음식을 먹이면서 난방도 되지 않는 냄새나는 아파트에 아이를 내버려두는 그런 최악의 부모뿐이라는 것이다. 다시 말해, 가정 환경이 자녀에게 영구적인 피해를 입힐 수 있을 만큼 나쁠 수도 있다는 것이다. 바로 이것이 양육가설이 붙들고 있는 최후의 희망이다.

양육가설 지지자들에 대해서는, 최후의 희망을 붙들고 계시라고, 최악이라고 분류될 자격이 있는 소수의 가정에는 진실을 밝혔을 수도 있다고 생각하시라고 내버려둘 생각이다. 물론 당신과 우리집은 아니다. 자녀가 부모가 원하는 대로 자라거나 행동하지 않는 평범한 우리 가정을 공격하는 무기로 양육가설을 사용하기에는 적절하지 않다.

▶ 다섯 가지 잘못된 생각

성장 과정에서의 경험은 아이의 성격과 행동 등을 결정짓는 데 어떻게 작용하는가? 양육가설은 이 질문에 답하기 위해 만들어졌다. 하지만 결국 잘못된 대답을 내놓았는데 이는 양육가설의 대답이 아동에 관한 여러 오해에 기초해 있기 때문이다.

첫 번째 오해는 아동의 환경에 관련된 것이다. 그들은 20세기에 와서야 널리 확산된 가정 구조인 핵가족 형태가 아동에게 주어진 자연스런 환경이라고 가정했다. 어머니와 아버지, 그리고 자녀 둘셋이 외부로부터 구분된 사적 공간에 모인 가정 환경을 전제한 것이다. 그러나 이런 가족 형태가 특별히 더 자연스러울 이유는 없다. 핵가족의 독립성─이웃의 간섭을 피해 고유한 개별 활동을 가능케 하는 힘─이란 불과 100년밖에 되지 않은 현대적인 발명품이다. 한 남자와 한 여자로 맺어진 일부일처제 역시 최신의 것이다. 인류학을 통해 알려진 문화권의 80퍼센트에서는 능력이 된다면 남자가 얼마든지 후처를 둘 수 있다.[6] 일부다처제는 인류 역사상 유구한 전통을 자랑하는 제도다. 아이들은 아버지를 이복형제자매들과 공유하거나 오늘날 부모의 이혼처럼 과거에는 부모가 일찍 죽는 일이 아주 흔했으므로 어머니나 아버지가 없이 자라야 하는 상황도 자주 겪었다.

두 번째 착각은 사회화의 본질에 대한 것이다. 아이의 과제는 자기가 속한 사회의 모든 구성원들과 같은 방식으로 행동하는 법을 배우는 것이 아니다. 사회의 구성원들이 행동하는 방식 자체가 각기 상이하기 때문이다. 어느 사회에서나 용납 가능한 행동의 기준은 행동 주체의 나이와 성별에 따라 다르다. 아이는 자기가 속한 사회범주의 구성원들처럼 행동하는 법을 배워야 한다. 대부분의 경우에 아이들은 이 과제를 자발적으로 수행한다. 사회화는 어른이 아이에게 시켜주는 것이 아니다. 아이가 스스로의 힘으로 해내는 것이다.

세 번째는 학습의 본질과 관련되어 있다. 나이가 달라지고 사회 맥락이 달라지면 그에 따라 행동도 달라져야 함은 너무나도 당연하다. 그러나 양육가설에서는 학습된 행동이란 마치 배낭처럼 어디를 가든지─집에서 학교로 이동할 때에도—항상 짊어지고 가는 것이라고 생각한다. 경험이 달라지면 다른 행동이 요구되므로—여기에서는 칭찬받던 행동이 저기에서는 놀림거리가 되기도 한다—사람들의 행동도 달라진다. 또한 양육가설에서는 집에서 이렇게 행동하던 아이가 학교에서 저렇게 행동한다면 둘 중에서는 가정에서의 행동이 더 중요하다고 가정한다(이 역시 틀렸다).

네 번째 착각은 본성(유전)의 본질에 대한 것이다. 떨어져서 자란 일란성 쌍둥이들이 어른이 되어 만날 때 똑같이 어깨에 견장이 달린 파란색 더블 포켓 셔츠를 입었더라는 신기한 얘기를 다들 들어 봤을 텐데도 불구하고 유전자는 아직 그 막강한 힘에 걸맞은 주목을 받지 못하고 있다. 필립 라킨은 자기가 부모의 문제를 똑같이 빼닮았다고 생각하기는 했지만 그것이 유전일 수도 있다는 것은 떠올리지 못했다. 그는 그 문제가 자기가 태어난 뒤에 부모가 한 행동 때문에 생긴 거라고만 이해했다.

다섯째 잘못은 인류의 진화 역사, 그리고 수백만 년 동안 우리 조상들이 집단생활을 했다는 사실을 외면한 것이다. 날카로운 송곳니와 발톱이 없는 이 연약한 생명체가 사나운 동물들이 위협하는 환경 속에서 살아남을 수 있었던 것은 바로 집단 덕분이었다. 하지만 우리 선조에게 있어서 가장 위협적인 존재는 육식동물이 아니었다. 인간 세계에서 가장 위험한 존재는 다른 인간 집단이었다. 지금도 마찬가지다.

▶ 대안: 집단사회화 이론

집단은 아이에게 주어지는 자연적 환경이다. 이 사실을 전제하고 출발하면 우리는 양육가설과 다른 방향으로 나아갈 수 있다. 유년기는 아직 미성숙한 인간이 집단 구성원들에게 인정받고 받아들여질 수 있는 존재로 스스로를 변화시켜가는 시기라고 생각해 보자. 인류가 조상 대대로 해야만 했던 과제가 바로 그것이다.

유년기 동안에 아이는 자기가 속한 사회에서 성별과 나이가 같은 이들에게 요구되는 행동을 배우고 그대로 행동한다. 사회화는 한 개체가 자신의 행동을 같은 사회범주에 속한 다른 구성원의 행동에 맞게 적응해가는 과정이다. 애니 프루Annie Proulx의 소설 『시핑 뉴스The Shipping News』(미디어2.0)에는 아버지가 딸 문제로 걱정하며 자신의 숙모와 상담하는 대목이 있다.

> "그냥 잠자코 지켜보는 게 어떻겠니. 어떻게 되나 한번 보자. 걔는 9월이면 학교에 들어갈 거야.…걔가 좀 특이하다는 건 동감이다. 가끔 좀 이상해 보이긴 하지.…그런데 말야, 우리도 안 그런 척할 뿐이지 사실 모두들 조금씩 특이하지 않니. 우리 모두에겐 이상한 면이 있어. 어른이 되어가면서 그런 이상함을 감추는 방법을 배우는 거야. 버니(딸 이름)는 아직 그러지 않을 뿐이고."[7]

우리는 스스로의 특이함을 감추는 법을 배운다. 사회화를 통해 우리는 덜 이상해 보이는 존재가 된다. 하지만 이런 위장술도 인생의 후반부로 갈수록 점점 약발이 떨어지기 십상이다. 나는 사회화가 마치 모래시계 같다고 생각한다. 처음에 우리는 제각각인 여러 개인이 모여 인생을 시작한다. 하위 집단으로 묶여감에 따라 (모래시계의 잘록한 부분처럼) 집단 압력이 작용하여 우리를 더 비슷해지도록 바꿔간다. 그러다가 어른이 되면 압력이 점차 약해지고 개인차가 다시 부각되기 시작한다. 사람들이 나이를 먹을수록 점점 괴팍해지는 이유는 더 이상 특이함을 감출 필요를 느끼지 못하기 때문이다. 특이하다고 해서 가혹한 형벌을 받지 않는다.

아이는 자기와 비슷한 아이들이 모인 집단에 동화되고 그 집단의 규범을 수용한다. 부모는 아이들과는 다른 존재이므로 아이들은 부모에 동화되지 않는다. 부모는 어른이다. 아이들은 자신을 아이로 인식하거나 집단 구성원의 수가 많아지면 남자아이나 여자아이 집단으로 인식하고 그 안에서 사회화를 경험한다. 현대 산업사회에서는 아이들이 집단을 형성할 수가 있기 때문에 오늘날에는 대부분의 사회화가 나이와 성별이 같은 아이들 집단에서 이루어진다. 사람들이 지구 위에 드문드문 흩어져 살던 과거에는 아이들이 나이와 성별이 뒤섞인 집단 속에서 사회화됐다.

부모와 자녀 간의 유대는 예전에도 있었지만 오늘날 우리가 보는 바와 같이 강렬하면서도 또한 죄책감을 불러일으키는 수준의 양육 관계는 예전에는 없었다. 부모가 자녀를 학교에 보내지 않고 그렇다고 해서 전문가에게 비난받지도 않는 사회에서는 아이들이 자기가 배워야 할 거의 모든 것을 다른 아이들로부터 배운다. 양육방식은 문화적 배경에 따라 극적으로 다르지만—매우 가혹하기도, 매우 상냥하기도 하다—세계 각지의 아이들 집단은 대개 비슷한 모양새를 보인다. 어느 사회에서든, 부모가 스폭 박사의 책을 읽지 않는 사회에서도 아이들이 무난히 사회화되는 이유다. 어느 사회에서든, 부모가 『잘 자요 달님』*을 읽어주지 않는 사회에서도 아이들의 뇌는 정상적으로 발달한다.

오늘날 아이들은 분명 부모에게서 많은 것을 배우고, 집에서 배운 것을 집단에 가져가기도 한다. 부모가 아이에게 가르쳐준 언어는 다른 아이들도 같은 언어를 사용한다면 집 밖에서도 계속 유지된다. 다른 문화적 요소에 있어서도 마찬가지다. 아이들은 대부분 문화적으로 비슷한 이웃 집단 속에서 성장하기 때문에—친구 부모들도 모두 같은 언어를 사용하고 같은 문화를 갖고 있다—집에서 학습한 것들은 대부분 계속 유지된다. 이런 사실 때문에 우리는 부모가 문화의 전달자라고 착각하기 쉽지만 실제로는 그렇지 않다. 문화의 전달자는 또래집단이다. 또래집단의 문화가

---

* 동화작가 마거릿 와이즈 브라운의 책.—옮긴이

부모의 문화와 다르면 언제나 또래집단 쪽의 문화가 살아남는다. 이민자 가정과 청각장애인 가정의 자녀도 어김없이 또래의 언어를 학습하며 부모가 가르쳐준 언어보다 그것을 선호하고 즐겨 사용한다. 결국 또래의 언어가 아이의 모국어가 되는 것이다.

아이가 집에서도 또래의 억양으로 이야기하는 건 세 살 무렵, 아이가 유치원에 겨우 들어갈 정도의 이른 나이에 나타난다. 어쩌면 그 이전에 시작되는지도 모른다. 심리학자 수잔 세비지룸바흐Susan Savage-Rumbaugh와 테리 킷퐁 아우Terry Kit-fong Au는 〈아동발달Child Development〉에서 이런 이야기를 들려준다.

> 우리가 아는 한 아기는 아직 어린 나이에 딜레마에 빠졌다. 생후 12개월부터 아기는 젖을 먹고 싶을 때 부모에게 "나이 나이!"('우유'의 중국어 발음)라고 말했다. 이 방법은 꽤 성공적이었다. 그런데 어린이집에 가보니 다른 아기들은 젖병을 찾을 때 "바 바!"라고 말하고 있었다. 이를 본 아기는 생후 15개월 무렵부터는 이것을 따라했다. 아기에게 이중생활은 분명 감당하기 힘든 일이었을 것이다. 며칠 뒤 어머니가 "나이 나이?"라고 묻자 아기는 강하게 고개를 젓고는 힘주어 말했다. "바 바!"[8]

부모가 또래 아이들의 부모와 같은 문화권에 속해 있더라도 여전히 아이는 집에서 학습한 행동이 집 밖에서도 통할지를 확신하지 못한다. 어떤 남자아이는 집에서 징징거리고 투정을 부려도 꾸지람을 듣지 않으며 두려움이나 애정 같은 감정을 자연스럽게 표현해도 된다. 하지만 또래집단에서는 쿨하고 터프한 아이로 보여야 한다. 그렇다면 그 아이는 공적으로 터프하고 쿨한 성격의 소유자가 되며 이런 성격은 어른이 될 때까지 지속된다. 그러나 집에서 습득한 성격도 완전하게 내버리지는 못할 것이다. 그 성격은 온 가족이 모인 크리스마스 저녁식사에서 나타날 것이다. 스크루지 영감에게 나타난 과거의 유령처럼.

유년기와 청소년기 또래집단에서 아이는 또래들의 행동과 태도를 취하고 반면 성별이나 인종, 사회계층, 습관이나 취향 등에 차이가 있는 다른 집단에 속한 아이들과는 차별화하려 한다. 각 집단 구성원들은 자기가 속한 집단을 선호하고 다른 집단과 자신을 구분지으려는 의지가 강하므로 집단 간 차이는 점점 더 커진다. 그리고 집단이 외부의 다른 집단과 격렬한 경쟁을 벌일 때가 아니면 집단 안에서의 차이도 점점 커진다. 어떤 면에서 아이는 또래들을 점점 더 닮아가는가 하면 한편으로는 더 구별되면서 자란다. 아이는 다른 집단 구성원과 자신을 비교해가면서 스스로에 대한 진실을 알아간다. 아이는 집단에서의 지위를 놓고 경쟁을 벌이며 때로는 지위가 상승하기도 하고 때로는 낮아지기도 한다. 아이는 또래들 속에서 역할이 정해진다. 각기 다른 역할을 스스로 선택하기도 하고 외적으로 부여받기도 한다. 일란성 쌍둥이들은 같은 또래집단에 속해 있더라도 결과적으로는 각기 다른 성격을 갖는데 이는 집단에서 서로 다른 경험을 하기 때문이다.[9]

유년기와 청소년기에 또래집단에서 얻은 경험은 성격에 영향을 끼치고 그 성격은 성인기까지 유지된다. 집단사회화 이론이 예측하는 바는 이렇다. 만일 우리가 아이들이 집 밖에서 경험하는 삶의 조건에 변화를 주지 않는다면, 아이의 학교나 이웃 환경에 개입하지 않고 그대로 내버려 둔다면, 부모를 임의로 바꿔치기한다고 해도 아이가 결국 어떤 어른으로 성장할지는 달라지지 않을 것이다.

▶ 뭘 그렇게 생각해

과학적 데이터에 기초한 논의만으로는 당신의 마음을 바꾸지 못할 것이다. 양육가설에 대한 당신의 신념은 엄정한 과학이 아니라 감정과 생각, 기억에 뿌리박혀 있으니까 말이다. 만일 부모가 당신의 개인사에서 중요한 인물이 아니었다면, 부모가 당신에게 강력한 영향을 끼치지 않았다면, 어째서 당신의 유년기 기억과 그 이후로 쌓여온 많은 추억 속에서 부모가 주연을 맡고 있는 걸까? 어째서 부모는 당신의 생각에 그렇게 자주 등장하는 걸까?

진화심리학자 스티븐 핑커는 『마음은 어떻게 작동하는가』에서 의식적 사고가 어떤 유형의 정보에는 쉽게 접근하는가 하면 다른 유형의 정보에는 그렇지 못하다는 점을 설명한다.

> 나는 당신에게 "뭘 그렇게 생각해?"라고 묻는다. 그러면 당신은 내게 당신의 망상, 하루 일정, 몸의 어디가 불편하고 아픈지, 지금 눈앞에 있는 색깔과 형체들, 들려오는 소리 등에 대해 이야기한다. 당신의 위에서 분비되는 효소, 현재 당신 심장의 박동, 호흡, 2차원 평면을 3차원 입체로 구성하는 당신 뇌의 정교한 계산, 당신이 구사하는 언어를 규정하는 문법, 유리조각을 집을 수 있게 해주는 근육의 정교한 수축과 이완에 대해서는 한마디도 하지 않는다.[10]

망상이나 통증에 대해 당신이 말할 수 있다고 해서 그게 3차원 입체를 지각하게 하는 뇌의 작용이나 문법적인 문장을 구사하고 유리조각을 집는 능력보다 더 중요하다고 할 수는 없다. 이 차이는 단지 인간의 의식이 어떤 정보에는 더 쉽게 접근할 수 있고 다른 정보에는 그렇지 못하기 때문이다.

스티븐 핑커와 그의 동료 진화심리학자들은 인간 마음의 또 다른 작동 원리를 제시했는데 그건 바로 모듈이다.[11] 마음은 특정 분야에 전문화되어 있는 여러 영역이 결합된 구조이며 각각의 영역은 자신의 역할을 수행하기 위해 정보를 수집하고 발송하여 신체에 지시를 내린다. 신체가 특정 작업을 수행하는 생물학적 기관들 각각의 결합체인 것처럼—폐는 피에 산소를 불어넣고, 심장은 피를 몸 전체로 순환시키는 역할을 한다—인간의 마음은 정신적인 기관(또는 부품, 또는 부서)으로 분화된 구조이다. 어떤 영역에서는 세계를 3차원적으로 지각하게 해주고, 다른 영역에서는 날카로운 유리조각을 집을 수 있게 해준다. 인간의 마음에 있는 영역들 중에서 어떤 영역은 의식이 접근할 수 있는 데이터를 내놓고 어떤 영역은 그렇지 않다.

나는 사회 행동을 관장하는 인간의 마음에 최소한 두 개의 서로 다른 영역이 존재한다고 믿는다. 하나는 개인 관계를 담당하고, 다른 하나는 집단 관계를 담당한다.

집단 관계 영역은 오랜 역사를 갖고 있으며 인간이 아닌 다른 생물종에서도 발견된다. 예를 들면 물고기 떼가 있다. 물고기는 자기 움직임을 집단의 움직임에 맞춰가야 하지만 집단 내의 다른 물고기들을 개별적으로 인지할 필요는 없다. 암컷인지 수컷인지, 큰 물고기인지 작은 물고기인지, 같은 종인지 다른 종인지는 구별할 수 있을지 모르겠지만 물고기 하나하나를 개별적인 수준에서 기억하지는 않는다. 설사 자기 새끼라고 해도.[12]

영장류의 사회생활은 좀 더 복잡하다. 영장류 역시 자기의 행동을 집단의 행동에 맞춰가야 하지만 그들은 개인적인 삶의 영역도 유지해야 한다. 영장류는 같은 공동체의 영장류 중에서 도움을 청할 수 있는 녀석과 피해 다니는 게 좋은 녀석은 누구인지 익혀야 한다. 이것은 우리 영장류가 꽃피운 뛰어난 재능이다. 인간은 누가 자기를 도와줬고 자기가 누굴 도와줬는지 기억한다. 인간은 직접 체험을 통해서나 주위로부터 전해들은 말을 통해 누가 믿을 만한 사람이고 믿어서는 안 될 사람은 누구인지를 알게 된다. 자기에게 해코지를 한 사람이 있으면 죽을 때까지 가슴 속에 분노를 품어두고 복수할 기회를 호시탐탐 노리기도 한다. 해코지를 한 사람 쪽에서도 자기가 누구에게 해를 입혔는지를 잊지 않고 기억하는 편이 안전하다. 우리는 개별 인간에 대해서도 훌륭한 기억력을 갖고 있다. 우리의 뇌에는 얼굴을 인식하기 위해 발달한 특수 영역이 있다.

우리의 의식은 개인 관계를 유지하는 뇌 영역에 쉽게 접근할 수 있다. 당신의 행동을 집단의 행동에 맞춰가도록 하는 뇌 영역은 의식적으로 접근하기가 어렵지만 그렇다고 해서 결코 덜 중요한 것은 아니다. 유리조각을 집는 근육의 움직임을 관할하는 뇌 영역이 그렇듯 집단 영역은 과제를 자동적인 차원에서 처리한다.

우리가 세상에 관해 수집하는 상당량의 정보가 무의식적인 차원에서 수집된다. 우리는 지금 많은 것을 알고 있지만 그걸 어떻게 해서 알게 되었는지에 대해서는 무지하다. 우리는 그저 알고 있을 뿐이다. 아이는 빨간 과일이 녹색 과일보다 달다는 것을 안다. 둘 중에 하나를 고르라고 한다면 아이들은 빨간 과일을 고를 것이다. 하지만 아이는 어째서 빨간 과일을 고르게 되었는지를 설명하지는 못한다. 외부 세계에 대해 정보를 수집하고 범주를 구성하고 범주의 평균적인 정보를 파악하는 것은 모두 의식 아래에서 진행된다.[13]

지금까지 이 책에서 말해온 과정은 일반적으로 의식 아래 차원에서 진행된다. 우리는 집단과 스스로를 동일시한다. 그리고 다른 사람들처럼 말하고 행동하는 법을 배우며 그들의 태도를 수용한다. 다양한 사회적 맥락에 따라 우리의 발화와 행동을 조율한다. 우리는 소속 집단과 상대 집단에 대한 스테레오타입을 발달시킨다. 이런 과정은 의식적 차원으로 불쑥 올라오기도 하지만 늘 그렇지는 않다. 지금까지 이 책에서는 아이가 의식하지도, 의도하지도 않은 채 하는 일에 관해 이야기했다. 의식 아래의 영역은 의식 위에 있는 마음의 영역들이 이런저런 일을 할 수 있도록 돕는다.

인간에게는 집단 관계와 개인 관계가 모두 중요하지만 어떻게 중요한지는 서로 다르다. 우리가 유년기에 또래들 사이에서 경험했던 것과 집에서 부모와의 관계 속에 경험했던 것은 각기 다른 방식으로 우리에게 중요하게 작용한다.

부모와 자녀의 유대는 평생 지속된다. 우리는 부모에게 딱 한 번만 작별 인사를 하지는 않으며, 이는 부모와 완전히 접촉을 끊지 않는다는 의미다. 부모님이 계신 집으로 갈 때마다 가족들과의 추억을 돌아보게 된다. 반면 우리의 어린 시절 친구들은 바람에 흩날리는 낙엽처럼 뿔뿔이 흩어졌고, 우리는 운동장에서 무슨 일이 있었는지 까맣게 잊었다.

유년기를 생각할 때 부모님이 떠오르는 건 개인 관계를 담당하는 마음 영역이 사고와 기억에서 정당한 몫 이상을 차지해버린 탓이다.

당신에게 무슨 문제가 있든 부모를 탓하지는 마라.

부록 1: 성격과 출생순서

첫째라는 특별한 지각은 평생에 걸쳐 유지될까? 동생으로 태어난 사람은 더 반항적일까? 이 질문은 형제와 함께 자란 사람들의 관심거리이며 사회과학자들에게도 이론적으로 중요한 의미를 갖는다. 한 세기가 넘도록 알프레드 아들러Alfred Adler부터 로버트 자이언스Robert Zajonc에 이르기까지 많은 심리학자들이 출생순서에 관한 이론을 구축했고[1] 이를 뒷받침할 증거를 찾아왔다. 첫째와 둘째, 셋째는 성격, 지능, 창의력, 반항심, 그리고 다른 요인에서도 차이가 있다. 이 차이를 발견한 심리학자들은 이를 출생순서 효과라고 불렀다.

출생순서에 관련된 차이는 종종 발견된다. 하지만 대개는 과대평가 혹은 잘못 해석된 것으로 밝혀졌다. 중립적인 검토자들이 면밀하게 연구 데이터를 살펴볼 때마다 출생순서 효과의 증거로 제시된 것들은 계속해서 뒤집혔다.

데이터를 살펴본 연구 검토자들은 결론이 독자들의 기대와 어긋난다는 걸 깨닫고 이탤릭체와 느낌표를 사용하여 보고서에 양념을 쳤다. 카미 스쿨러Carmi Schooler가 1972년 〈심리학 논평Psychological Bulletin〉에 게재한 논문의 제목은 "출생순서 효과: 여기도 아니고 지금도 아니다!"였다. 세실 에른스트와 율레스 앙스트는 1983년에 출간한 책에서 "출생순서와 형제의 수는 성격에 큰 영향을 미치지 않는다.…높은 상관관계를 갖고 있다고들 생각하는 환경적 변인은 성격과 행동의 예측 요인으로 기능하지 못한다"라고 밝혔다. 주디 던과 로버트 플로민은 1990년 형제 관계에 관해 책을 쓰면서 두 사람의 결론이 "널리 퍼져 있는 소중한 믿음에는 대치된다"고 말했다. 그들은 다음과 같이 결론을 정리했다. "일반인에게 심리적이고 정신병리학적인 개인차는…개인의 출생순서와의 연결 관계가 분명하지 않다."[2]

이 강력한 논증은 대중뿐 아니라 많은 사회과학자들에게 무시당했다. 1996년에 출생순서와 정치행동에 관한 책을 낸 알버트 소미트Albert Somit와 앨런 어원Alan Arwine, 스티븐 피터슨Steven Peterson은 출생순서 효과에 대한 믿음이 사라지지 않고 계속 부활한다고, 오뚜기처럼 넘어지고 다시 일어나고 있다고 지적했다. 소미트와 동료들은 "깊이 신봉되고 있는 믿음의 비이성적 실체"에 대해 말하면서 이 "불사의 흡혈귀—출생순서 효과에 대한 믿음—를 영원히 처치하기 위해" 특단의 조치가 필요할 것 같다고 말했다. 그들은 대낮에 흡혈귀의 심장에 말뚝을 박자고 했다.[3]

어째서 흡혈귀를 처치하기가 이토록 힘들까? 그건 바로 이 흡혈귀가 양육가설이라는 강력한 부적과 마법 방패로 보호받고 있기 때문이다. 심리학자든 심리학자가 아닌 일반인이든 아이의 성격이 어느 정도 환경의 영향을 받는다고, 그 환경이란 결국 가정을 가리키며 가정에서 성격이 주로 확립된다는 생각을 받아들이고 있다. 아이가 집에서 하는 경험은 아이의 위치, 즉 첫째인지 둘째인지 혹은 막내인지에 따라 달라지기 때문에 결국 연구자는 출생순서가 아이의 성격에 지워지지 않은 흔적을 남긴다는 생각을 당연하게 여긴다. 그들은 그 가설을 갖고 연구를 시작하며, 연구를 뒷받침하는 데이터를 찾아다니고, 가설의 논리를 허무는 데이터는 무시해 버린다. 출생순서 효과에 대한 믿음이 사라지지 않는 것은 그런 이유에서다. 누군가가 관 뚜껑을 다시 열어주기 전까지는 관 속에 누워 잠시 쉬고 있을 뿐이다.

관 뚜껑을 열어젖힌 가장 최근의 인물은 바로 과학사가 프랭크 설로웨이다. 그는 자신의 저서 『타고난 반항아』에서 출생순서 효과에 대한 자신의 이론을 펼쳐보였다.⁴ 설로웨이의 이론은 상당히 세련되며 나름대로 정교하다. 설로웨이는 같은 가정에서 자라났는데도 다른 성격의 어른으로 자라나는 형제들에 대한 행동유전학적 발견을 설명하기 위해 진화심리학의 개념을 활용한다. 그는 형제들이 부모의 애정과 관심을 얻기 위해 서로 경쟁하며, 이 과정에서 형제들이 각기 다른 역할을 수행하는 것이—아이들 각자가 나름의 개성을 개발하고 집에서 자기만의 역할을 찾는 것이—보다 적응적이라고 했다. 형제들 간의 차이는 각자의 생존전략이 반영된 결과이며 이는 부모에 의해 의도적으로 조작되지 않는다(적어도 직접적인 방식으로는). 여기까지는 나도 설로웨이의 생각에 전적으로 공감한다. 『타고난 반항아』는 다양한 분야에서 인상적일 만큼 많은 데이터를 수집하여 제시한다.

설로웨이와 나는 비슷한 전제에서 출발했지만 이내 각자의 길로 접어든다. 설로웨이는 아이가 집에서 자신의 역할을 찾는 과정에서 어떤 성격의 어른이 될지 결정된다고 생각한다. 설로웨이는(3장 참조) 첫째는 재미없고 시대에 뒤처졌으며 인습적인 인간이 되는 반면에 막내들은 새로운 경험과 생각에 개방적이라고 한다. 첫째는 강박적이고, 공격적이며, 지위향상을 추구하며, 질투심이 많다. 동생들은 무난하고 여유롭고 매력적인 성품의 소유자다. 말할 필요도 없이 설로웨이는 동생이다. 나는 첫째다. 타고난 반론자랄까.

설로웨이는 자신의 이론을 뒷받침하기 위하여 산더미 같은 데이터를 엮었다. 나는 설로웨이가 쌓은 산더미를 면밀히 파헤쳤고, 결국 설로웨이와 다른 결론에 도달했다. 이후의 논증은 딱 꼬집어서 『타고난 반항아』를 겨냥한 것이 아니라 사회과학 일반에 대한 것이다. 왜냐하면 설로웨이가 사용한 연구방법론과 그로 인한 오류는 흔한 것이기 때문이다. 나의 논증은 연구자가 뭔가를 진실이라고 미리 가정하고 이를 증명하려 하는 방식으로 연구를 진행할 때에 발생할 수 있는 오류를 설명하는 것이 목적이다.[5]

▶ 에른스트와 앙스트의 설문에 대한 설로웨이의 재분석

설로웨이가 쌓은 산더미가 겉보기만큼 그리 탄탄하지는 않을지도 모른다는 생각을 처음으로 떠올린 계기는 설로웨이의 책 『타고난 반항아』에 대해 〈사이언스〉에 실린 리뷰였다. 리뷰를 쓴 사학자 존 모델John Modell은 이 책에 대해 극찬을 보내면서도 동시에 불편한 몇 가지 비판을 통해 균형을 맞추고 있다. 설로웨이는 출생순서 관련 문헌들을 검토했던 1983년 데이터를 다시 분석했는데 존 모델은 이 점을 언급하면서 다음과 같이 말했다.

> 나는 데이터를 재분석한 설로웨이의 작업에 설득당했다. 문헌 검토 자료를 가지고 설로웨이의 작업을 재현해 보려고 하기 전까지는 말이다. 나는 설로웨이의 재분석 작업을 재현할 수 없었다. 아무리 애를 써도 재현은커녕 그 비슷한 것도 못했다.[6]

여기서 문제가 되고 있는 문헌 검토는 이 책 3장에서 설명했던 연구를 가리킨다. 스위스의 심리학자 세실 에른스트와 율레스 앙스트는 주도면밀하게 문헌을 검토했으며 그 결과를 두 사람의 1983년 책에 길게 실었다. 두 사람은 1949년부터 1980년 사이에 출생순서에 관하여 발표된 전 세계의 연구 문헌을 수집했다. 그들은 자신들이 수집한 연구 대부분이 적절하게 통제되지 못했으므로 아무 가치도 없다고 결론 내렸다. 연구자들은 대부분 형제관계의 크기(가족에서 자녀의 수)나 사회경제적 수준이라는 변인을 고려하지 않았다. 자녀 수가 적은 경우는 대체로 사회경제적 수준이 높은 가정에서 많이 발견되며, 자녀 수가 적을수록 첫째가 형제 수에서 차지하는 비율은 더 높아진다. 따라서 이런 변인을 통제하지 못했다면 출생순서와 관련된 인구학적 요인에는 혼란이 야기된다. 크게 성공한 사람들 중 첫째가 많다면 그건 첫째가 집안에서 높은 지위를 차지하기 때문이 아니라 출신 집안 자체의 교육과 소득 수준이 더 높기 때문이다.

변인이 뒤죽박죽되기 시작하면 나중에 이를 풀어서 정리할 방법이 없다. 출생순서 연구를 수행한 연구자에게 형제의 수와 가정의 사회경제적 수준에 대한 기록이 없다면 그 연구는 쓸모가 없다. 그러므로 에른스트와 앙스트는 이 두 가지 변인 전부를 또는 둘 중 하나를 통제한 얼마 안 되는 연구에 초점을 맞춘다. 그리고 그런 연구들에 기반하여 에른스트와 앙스트는 출생순서가 성격에 미치는 영향이 매우 적거나 아예 없다고 결론지은 것이다.[7]

성격에 대한 출생순서 효과를 입증하려는 설로웨이의 주장에서도 같은 연구들—형제의 수와 사회경제적 수준을(모두 또는 어느 하나를) 통제한 얼마 안 되는 연구들—을 참고 데이터로 활용한다. 사실상 에른스트와 앙스트의 연구는 설로웨이가 자신의 주장을 뒷받침하기 위해 사용한 유일한 데이터다.[8] 왜냐하면 『타고난 반항아』에 실린 통계 자료는 대부분 성격에 직접적으로 관련된 것이 아니라 역사적 인물들이 공식적으로 표명한 견해와 태도에 기초해 있기 때문이다. 견해나 태도는 성격과 관련이 있기는 하지만 결코 같다고 할 수는 없다. 견해는 평생에 걸쳐 언제든지 달라질 수 있지만 성격은 보통 어른이 된 후에는 거의 달라지지 않는다. 다윈의 『종의 기원』은 수많은 사람들의 견해를 바꿔 놓았지만 사람들

의 성격을 변화시켰다고는 할 수 없다.[9]

출생순서가 성격에 미치는 영향에 대한 설로웨이의 주장은 에른스트와 앙스트의 분석 결과를 새롭게 분석한 결과에 주로 근거하고 있다. 따라서 설로웨이의 재분석 과정을 재현하여 검증할 수 없더라는 〈사이언스〉 리뷰의 주장은 진지하게 받아들일 필요가 있다. 그래서 나도 모델이 그랬듯이 설로웨이의 작업을 재현해 보기로 했다.

설로웨이는 『타고난 반항아』에서 말한다. "사회계층과 형제의 숫자를 적절히 통제하지 못한 출생순서 연구들을 배제하고 나면 에른스트와 앙스트가 분석한 연구들 중에는 196개 연구가 남는다. 이들 연구의 참여자 수는 도합 12만800명에 이른다." 그는 뒤이어 이 196개 연구 중에서 72개가 자기 이론을 지지한다고 말한다. 즉, 첫째가 동생들보다 더 동조를 잘하고 전통을 중시하며 성취지향적이고 책임감이 강하고 배타적이며 질투가 많고 걱정이 매우 많고 자기주장이 강하더라는 것이다. 그 외에 14개 연구에서는 설로웨이의 이론과 반대되는 결과를 도출했으며 나머지 110개의 연구는 출생순서로 인한 유의미한 변화를 보여 주지 못했다. 이러한 결과는 『타고난 반항아』의 표 4에 실려 있다. 설로웨이의 통계 분석에 의하면 이런 결과가 우연하게 나타날 가능성은 10^{18}번에 한 번 나올까 말까 한 정도다.[10]

내가 첫 번째로 한 작업은 에른스트와 앙스트의 연구에서 출생순서와 성격에 관한 부분을 분석하여 설로웨이가 했던 것처럼 적절히 통제된 연구 196개를 걸러낼 수 있는지 확인하는 것이었다. 하지만 두 사람의 글과 표를 두 번씩 검토해본 결과, 내가 걸러낸 연구는 179개에 그쳤다. 설로웨이의 이론에 반하는 연구(13개)와 유의미한 변화를 보이지 못했던 연구(109개)의 숫자는 설로웨이의 분석과 비슷했지만 그의 이론을 지지하는 연구의 숫자는 20개나 덜 나왔다. 덧붙여 나는 어디에도 분류할 수 없었던 연구를 5개 발견했다.[11]

에른스트와 앙스트의 연구에서 뽑아낸 데이터를 데이터베이스에 넣고 저자 이름순으로 정렬하고 나니 의혹은 깊어졌다. 내가 골라낸 179개 연구 중에서 일부가 에른스트와 앙스트의 연구에서 반복적으로 등장했던 것이다. 하나의 연구에서 성격에 관한 여러 개의 질문에 관계된 결론을 내놓을 경우에 에른스트와 앙스트는 이 사실을 반복해서 명시했다. 동일한 출판물에서 동일한 저자에 의해 발표된 여러 연구 결과를 묶어서 중복된 것들을 걸러내면 남은 연구의 수는 116개로 줄어든다.

그제야 나는 설로웨이의 표 4 아래에 있는 각주를 확인했다. 거기에는 "연구에서 보고한 발견 각각이 하나의 '연구study'에 해당한다." 프랭크 설로웨이는 나와 주고받은 편지에서 내가 그 문장을 일찍 발견하지 못했고 그 의미를 바로 깨닫지 못했다며 나를 비난했다. 하지만 '연구'라는 말의 특이한 용법에 혼란스러워했던 건 〈사이언스〉의 리뷰도 마찬가지였다. 설로웨이는 『타고난 반항아』의 다음 판에서 이 점을 명확하게 밝히겠다고 약속했다. '이 점'이란 하나의 연구에서 여러 개의 발견이 나올 수도 있다는 것이다. 내가 에른스트와 앙스트의 문헌 분석을 실제로 살펴보고 찾아낸 것보다 더 많은 발견이 있었던 것처럼.

설로웨이가 나에게 보내준 정보, 그리고 그가 『타고난 반항아』의 문고판 후주(472페이지, 68번 주석)에 붙인 말을 본 후에야 나는 설로웨이가 에른스트와 앙스트의 문헌 검토 데이터를 어떤 방식으로 재분석했는지 더 잘 이해할 수 있었다.[12]

우선 설로웨이는 에른스트와 앙스트의 말을 전혀 받아들이지 않았다. 그는 표 아래에 "에른스트와 앙스트(1983:93-189)의 데이터를 표로 구성했다"라고 주석을 달았지만 많은 경우에 설로웨이는 에른스트와 앙스트가 검토한 연구들의 원래 데이터로 되돌아갔다. 그리고 그에 대한 나름의 생각을 정립했던 것이다. 그렇기 때문에 어떤 연구가 적절하게 통제되었는지, 보고된 연구 결과가 유의미한지에 관한 설로웨이의 의견은 에른스트와 앙스트의 의견과 종종 불일치한다. 설로웨이의 재분석은 거의 항상 자기 이론에 부합하는 연구 결과의 수를 늘리거나 출생순서가 아무 효과도 없다는 연구 결과 수를 줄이는 쪽으로 결론을 내린다. 설로웨이는 에른스트와 앙스트가 출생순서 효과를 발견하는 데에 부정적으로 편향되었다고 믿는다.[13]

설로웨이는 다른 연구들도 배제했는데 연구자가 검사 대상자의 숫자나 실시된 검사의 숫자를 명확하게 표시하지 않았거나 혹은 설로웨이의 이론에 관계있는 결론을 내놓지 못하는 연구들이었다.

설로웨이는 에른스트와 앙스트의 데이터를 재분석한 자신의 연구를 "메타분석meta-analysis"이라고 부른다. 오류를 수정하고 부적절하게 실시된 연구를 제거하는 것은 메타분석에 있어 마땅히 거쳐야 할 절차다. 그러나 다음 단계로 가면 우리는 익숙한 길에서 점점 멀어져간다. 에른스트와 앙스트는 하나의 연구에서 도출된 발견이 하나 이상의 성격 요인과 관계된 경우에는 그 연구를 글에서 수차례 반복하여 언급하기도 했다. 하지만 통계분석을 할 때에는 이런 중복을 피하고 있다. 반면에 설로웨이는 **연구**를 발견과 같은 의미로 사용하여 반복적으로 언급된 하나의 연구를 확대 해석하고 있다. 만일 연구자가 참여자 집단에 성격검사를 실시하여 첫째가 동생들보다 결단력 있고 책임감 있고 배타적이며 걱정이 많고 자기주장이 강하다는 결론을 얻었다면, 설로웨이의 정의를 따르자면 그의 이론에 부합하는 이 단일한 연구의 결과 다섯 개를 "연구 다섯 개"라고 계산할 수 있게 된다.

설로웨이가 제공한 정보를 통해 계산해 보니, 그가 셈에 포함시킨 연구의 실제 숫자는 116개를 넘지 않는다. 그리고 이 116개 연구에 참가한 연구대상자의 전체 인원수는 대략 7만5000명이다. 『타고난 반항아』에서 설로웨이는 적절한 통제가 이루어지지 않은 연구를 제외하면 "에른스트와 앙스트가 살핀 연구 중에서 196개 연구가 남고 이 연구들의 참여자 수는 도합 12만800명에 이른다"라고 했다. 이 말은 사람들을 호도하고 있다.

7만5000명도 많은 건 분명하다. 하지만 설로웨이의 통계 분석은 전체 대상자의 수가 12만800명이라는 잘못된 전제에 기초해 있다. 올바른 분석을 하려면 설로웨이의 주장에 부합하는 결과들이 모두 서로 독립적이어야 한다. 동전 던지기를 할 때 어느 면이 나올지가 서로 독립적인 것처럼 말이다. 단일한 연구대상자 표본에 여러 개의 잣대를 들이대고 여러 가지 결과를 얻어낸다면 표본의 특이성이—예컨대 신경과민한 첫째들이 유난히 많은 비중을 차지하고 있었다든지—이들을 대상으로 실시된 모든 검사 결과에 영향을 미친다. 특정 표본에서 우연히 어떤 결과가 나타날 가능성이 통계학자의 언어로 "5퍼센트 유의 수준"이었다면 같은 표본에서 또 다른 결과가 나타날 가능성은 5퍼센트를 넘는다.

더 심각한 문제는 설로웨이가 '차이 없음'으로 나온 결과의 숫자를 축소한다는 점이다. 설로웨이의 통계는 동전 100개를 196회 던졌는데 그중 앞면이 50개 이상으로 유의미하게 많이 나왔던 경우가 72회라면 그 결과는 우연이라고 보기 힘들다—무언가가 동전의 앞이 잘 나오도록 작용했을 것이다—라고 전제한다. 하지만 사실은 196번이 넘게 계속해서 동전을 던졌던 거라면? 그리고 당신이 바라는 대로 결과가 나오지 않을 때는 "이번 거는 무효!"라고 했던 거라면?

연구자가 다수 참여자를 대상으로 연구를 했는데 데이터를 살펴보니 유의미한 결과가 나오지 않았을 때, 그들은 2장에서 '분할정복'이라고 불렀던 방법을 사용하여 데이터를 재분류한다. 다양한 방법으로 데이터를 나눠 보면서 참여자 집단 중에서 의미 있는 결과를 내놓는 하위집단을 찾는 것이다. 이렇게 하면 발표할 만한 결과가 나올 우연적인 가능성이 증가한다. 또한 자기의 선입견에 일치하는 결과만 발표하도록 연구자를 편향시킨다. 하위집단에서 연구자가 원하는 방향으로 유의미한 결과가 나오면 발표를 할 테고, 하위집단 분석 결과가 '차이 없음' 또는 연구자가

원치 않는 방향일 경우에는 발표하지 않으면 그만이기 때문이다.[14]

'분할정복'의 흔적은 에른스트와 앙스트가 검토한 연구들 상당수에서 분명하게 드러난다. 출생순서 효과는 남자아이에게는 유의미하게 나타나지만 여자아이에게는 그렇지 않다, 중산층에서는 유의미하지만 노동자층에서는 그렇지 않다, 또는 그 반대인 경우도 있다, 식구가 적은 집에서는 유의미하지만 많은 집에서는 그렇지 않다, 고등학생에게는 유의미하지만 대학생 나이의 대상자에게는 그렇지 않다, 이런 식이다. 연구자는 데이터를 재분류하기 위해 여러 가지 교묘한 방법을 생각해 냈다. 어떤 연구에서는 출생순서 효과가 "특정 성별인 첫째"일 경우에만 발견된다고 한다. 다른 연구에서는 출생순서 효과가 긴장 수준이 높은 연구 참여자에게서만 발견된다고 말한다. 지금 제시한 사례는 모두 내가 설로웨이의 이론에 부합한다고 분류한 52개의 연구 결과 중에서 뽑은 것이다.

이런 발견들은 엄밀히 말해 "상호관계interaction"다. 하지만 상호관계가 의미 있으려면 반복적으로 발견돼야 한다. 단 하나의 연구에서 나타나는 상호관계라면 그건 의미 있는 결과가 되지 못한다. 연구자의 희망사항에 들어맞는 결과가 나타났을 가능성을 보여줄 뿐이다. 마치 동전의 앞면이 유의미한 숫자로 나온 덕에 발표된 동전 백 개 던지기 한 회차와 같다.

참여자 집단을 분할정복하는 건 시작에 불과하다. 여러 사람을 쭉 늘어놓고 그들에게 여러 가지 검사를 시킬 수도 있다. 또는 하나의 긴 검사를 받게 하고 참여자들의 답변을 여러 가지 요인에 따라 나누고서는 각각의 요인을 개별적으로 검토해볼 수도 있다. 설로웨이의 이론에 일치한다고 분류된 52개 연구 중 어떤 연구에서는 이런 결과를 내놓았다. 첫째가 집단의 압력에 더 쉽게 굴복하는 경향이 있지만 이는 두 가지 조건 중 하나가 충족되는 경우에서만 나타난다. 두 가지 조건은 1)첫째의 동생들이 다섯 개의 요인 중에서 하나에만 해당하는 집단 활동에 더 많은 관심을 보이는 경우와 2)첫째가 많은 검사 항목에서 동생들보다 두려움을 더 많이 나타냈지만 검사에서 나타난 두려움의 전반적인 수준에 있어서는 출생순서에 따른 유의미한 차이가 없는 경우다. 이렇게 복잡한 연구 결과를 내가 알고 있는 건 오로지 연구자가 이런 연구를 발표했고 에른스트와 앙스트가 이 연구에 대해 언급했기 때문이다. 나는 연구자들이 실시한 다른 검사 결과를 모두 알지는 못한다. 그리고 다른 검사 결과들은 절대 발표되지 않을 텐데 왜냐하면 그 결과는 흥미롭지 않기—즉 유의미하지 않기—때문이다. 설로웨이는 동전 100개를 196번만 던진 게 아니었다. 우리는 에른스트와 앙스트가 검토한 연구들 중에서 설로웨이가 유의미한 결과라고 계산한 72개의 연구가 나오게 하려고 동전 100개를 몇 번이나 던져야 했는지 알 도리가 없다.

▶ 메타분석의 문제

설로웨이는 『타고난 반항아』에서 말한다. "어떤 주제의 연구든 우리가 반드시 질문해야 할 것은 유의미한 연구 결과가 우연에 의한 기대 수준을 넘어서는가의 여부다. **메타분석**은 우리에게 이 질문의 답을 제공한다. 메타분석은 다수의 연구를 한데 묶음으로써 통계적 차원의 설득력을 부여한다."[15]

충분히 일리 있는 말이다. 하지만 설로웨이가 한 것은 일반적인 의미에서의 메타분석이 아니다. 보통 메타분석은 설로웨이가 염두에 두지 않는 두 가지 정보를 중요하게 고려하는데 첫째는 각 연구의 크기—얼마나 많은 수의 실험 참가자가 검사/관찰되었는가—이고 둘째는 연구 결과로 나타난 효과의 크기다. 더 많은 사람을 대상으로 하여 강한 효과가 나타난 연구는 소수를 대상으로 약한 효과가 나타난 연구보다 비중 있게 다뤄져야 한다. 제대로 된 메타분석에서는 실제로 그렇게 한다.[16]

출생순서 효과가 발견되는 연구에서도 그 정도는 대체로 작다. 그러나 효과가 약해도 연구 규모가 크다면, 즉 넉넉한 수의 실험 참가자를 대상으로 했다면 통계적으로는 유의미할 수 있다. 그러므로 출생순서 효과가 작게나마 실제로 존재한다면 연구 규모가 클수록 유의미한 효과가 더 자주 나타나야 한다.

그런데 에른스트와 앙스트가 검토한 연구들에서는 정확히 그 반대 양상이 드러났다. 나는 두 사람의 검토연구에서 가려낸 179개 연구 결과 중에서 참여자 수에 대한 정보가 없는 연구 16개를 배제한 후 참여자 수에 따라 세 개의 그룹으로—연구의 수는 거의 비슷하게 맞춰서—나누어 보았다. 그 결과가 다음 표에 있다. 출생순서 효과가 실재하지만 강도는 약하다는 점을 전제했을 때 우리가 예상할 수 있는 결과와 정반대의 경향이 나타나고 있다. 규모가 작은 연구에서 유의미한 결과가 더 자주 발견되며 규모가 큰 연구에서는 출생순서 효과가 별로 안 나타났다. 375명 이상의 참여자를 대상으로 한 연구 중에서 출생순서 효과의 긍정적인 결과를 제공하는 연구는 54개 중에서 불과 10개였다.

연구의 규모 (연구대상자 수)	결과			
	설로웨이의 이론에 부합함	설로웨이의 이론에 반함	차이가 없거나 비일관적이거나 불분명함	합계
작음 (31-140)	22	4	29	55
중간 (141-371)	17	4	33	54
큼 (384-7,274)	10	4	40	54

이 결과는 연구 규모가 작을수록 유의미한 효과가 더 자주 발견된다는 뜻이 아니다. 제대로 설명을 한다면 연구 규모가 작을수록 결과가 유의미하지 않을 경우에는 아예 발표하지 않는 경향이 있다는 뜻이다. 어깨를 한번 으쓱하고서 연구자는 다른 일에 착수한 것이다.[17]

사회과학에서는 차이가 없다고 밝혀진 연구 결과를 발표하지 않는 것이 문제라고 인정하기는 하지만 그걸 생명을 위협하는 문제로까지 여기지는 않는다. 하지만 이런 문제는 의학 연구에서도 마찬가지로 존재하며 의학 분야에 가면 문제가 심각해진다. 값비싼 신약이나 고통스러운 수술을 통해서도 환자의 상태가 호전될 가능성이 높아지지 않는다는 의미라면 '차이 없음'이라는 연구 결과는 중요하다. 하지만 의학 분야에서도 차이가 없다는 연구 결과는 보통 발표하지 않는다. 혹시 발표가 된다고 해도 출판되어 배포되기까지 더 오랜 시간이 더 걸린다.[18]

쓰레기를 넣으면 쓰레기가 나온다.* 이것은 컴퓨터공학 분야에서 쓰는 말이지만 메타분석에도 적용할 수 있다. 규모가 작은 연구들을 많이 긁어모아서 큰 하나의 연구를 만든다고 해서 그게 꼭 좋은 연구가 되는 건 아니다. 의학 분야에서는 규모가 작은 연구들은 대체로 적절히 통제되지 않는다. 환자는 임의 선택되지 않으며 새로운 치료법의 임상 실험 대상이 되는 건 병세가 심각하고 앓은 지 오래된 사람들이다. 이중맹검법도 적용되지 않는다. 즉, 치료를 실시하는 의사 본인이 치료의 효과가 있었는지를 판단하며 환자 자신도 자기가 지금 받는 치료법이 예전 것인지 새로운 것인지를 이미 알고 있는 상태에서 치료를 받는다.

새로운 치료법은 처음에는 규모가 작고 적절히 통제되지 않은 연구들을 통해 그 효과를 평가받는다. 치료에 대한 전망이 긍정적이라면 정의적 연구가 실시되는데 이런 연구를 가리켜 의학 연구자들은 최적표준gold standard이라 한다. 이 최적표준연구는 규모가 크고(적어도 1천 명 이상의 환자를 대상으로 한다), 무작위 할당이 실시되고, 이중맹검이 적용되며, 연구자는 치료법이나 신약을 개발하고 제공한 이들과 금전적 관계를 맺지 않는

---

* Garbage in, garbage out. GIGO라고도 한다. 유용한 결과를 얻으려면 유용한 데이터를 사용해야 한다는 뜻이다.—옮긴이

다. 반면에 심리학 분야에서는 안타깝게도 이런 연구를 찾아볼 수 없다. 심리학 연구들이 의학 저널에 실리는 경우도 있지만(13장 참조) 의학 연구를 심사하는 데 사용되는 잣대로 심리학 연구를 들여다보면 통과하기가 쉽지 않을 것이다.

〈뉴 잉글랜드 의학저널New England Journal of Medicine〉에 실린 논문에서는 최적표준연구 결과를 기존의 소규모 연구들을 대상으로 한 메타분석 결과와 비교했다. 결론은 다음과 같았다. "우리는 규모가 크고 무작위적으로 조작된 12번의 시행에서 나온 결과를 검토했다. 같은 주제에 대해 발표된 기존의 메타분석에서는 그 결과를 정확히 35퍼센트의 확률로 예측하지 못했다."[19] 두 개의 결과가 서로 불일치하는 경우, 분별 있는 의사라면 소규모 연구들을 검토한 메타분석 결과가 아니라 대규모로 실시되고 통제가 잘된 최적표준 연구의 결과를 신뢰한다.

출생순서 연구 중에서 최적표준 연구에 가장 근접한 것은 에른스트와 앙스트가 직접 실행했던 연구다. 에른스트와 앙스트의 연구 목적은 그들 자신의 문헌 조사 결과를 지지할 수도 있고 반박할 수도 있었다. 이 사실은 책 뒷부분에 기록되어 있다. 에른스트와 앙스트의 연구는 난공불락의 철옹성이다. 그들은 필요한 모든 통제 방법을 활용했고, 그들이 검토했던 모든 연구들 중에 가장 성실했던 연구보다도 더 많은 사람을 대상으로 했으며(젊은 성인 7582명), 개방성을 포함하여 성격의 다양한 열두 가지 양상을(자기보고 설문 방식으로) 측정했다. 형제가 둘인 가정에서 에른스트와 앙스트는 출생순서 효과가 열두 가지 성격 요인에 유의미한 영향을 끼치지 않는다는 점을 확인했다. 형제 수가 셋 또는 그 이상인 가정에서는 유의미한 영향이 하나 발견됐다. 동생들이 남성성에 있어 약간 낮은 수치를 보였던 것이다.[20]

어찌된 일인지 설로웨이는 『타고난 반항아』에서 에른스트와 앙스트의 연구를 언급하지 않았다.

▶ 1980년 이후의 출생순서

에른스트와 앙스트의 연구에는 1980년까지의 출생순서 관련 데이터만 검토되어 있다. 따라서 설로웨이의 연구 역시 1980년까지의 데이터로 한정되어 있다. 하지만 출생순서 연구는 그 이후로도 계속 실시되어 왔다. 나는 에른스트와 앙스트의 논문에 실리지 못한 1980년의 특정일 이후로 출판된 출생순서 관련 문헌을 찾아보기로 했다. 요즘 시대에는 대학 도서관에 드나들 자격이 없는 일반인도 그런 정보탐색을 쉽게 할 수 있다. 나는 온라인으로 (추가 비용을 내고) 〈심리학 초록Psychological Abstracts〉에 접속해서 그간 발표된 논문의 초록과 키워드를 검색할 수 있었다.

"출생순서"와 "성격 또는 사회적 행동"을 검색어로 논문을 찾아보았더니 123개의 논문이 나왔다. 이 중 출생순서 효과가 성격이나 사회적 행동에 미치는 영향에 관한 연구가 아닌 것과 초록에서 연구 결과를 보여주지 않는 것을 제외하고 나자 50개의 연구 논문이 남았다. 나는 이 연구의 결과들을 설로웨이의 이론에 부합하는지에 따라 부합함, 반함, 뒤섞임, 차이 없음, 불분명함'의 다섯 가지로 분류해 보았다.[21] 그 결과는 다음 표에 있다. 나는 에른스트와 앙스트와 같은 결론에 도달했다. 출생순서는 성인의 성격에 아무 영향을 미치지 못하거나 그 영향이 너무나 작고 신뢰성이 낮아서 실제적인 의미가 없었다.

설로웨이의 이론과의 상관성	연구의 수
부합함	7
반함	6
뒤섞임	5
차이 없음	20
불분명함	12

▶ 출처는 집이다

출생순서가 인간의 성격 형성에 중요한 영향을 미치지 못한다면 사람들은 어째서 출생순서를 중요하게 여기는 걸까? 그리고 첫째와 동생에 대한 대중의 생각이 오랫동안 변함없이 유지된 이유는 뭘까? 동생들의 성격에 대한 설로웨이의 설명은 사람들이 일반적으로 동생에 대해 갖고 있는 스테레오타입과 상당부분 일치한다. 설로웨이에 의하면 동생들은 성격이 무던하고, 활발하며, 반항적이고, 약간 미성숙한 티가 난다. 이런 스테레오타입이 사실이 아니라면 당신은 그런 생각을 어디서 배워왔을까?

출처는 바로 집이다. 출생순서에 대한 스테레오타입은 자녀의 행동을 관찰하는 부모와 형제의 행동을 관찰하는 자녀에게서 나왔다. 부모와 자녀가 집에서의 행동을 관찰한 결과다.

에른스트와 앙스트가 검토했던 연구들 중에는 부모에게 자녀의 성격을 설명하라고 하거나 아이들에게 형제의 성격을 설명하라고 한 후에 그 응답 결과를 분석한 연구가 있다. 그런 연구의 결과는 대체로 설로웨이의 이론과 우리의 스테레오타입에 잘 맞는다. 부모는 첫째가 진지하고 예민하며 책임감 있고 걱정이 많고 어른스럽다고 묘사한다. 동생들은 독립적이고 활발하며 반항적이라고 표현한다. 둘째들은 형이 윗사람 행세를 즐기고 공격적이라고 말한다.[22]

설로웨이의 메타분석 연구 데이터 중에는 이렇게 부모와 형제의 답변을 자료로 활용한 연구가 지나치게 많은 비중을 차지한다. 그런 연구의 결과는 대개 설로웨이의 이론에 잘 부합한다. 실제로 에른스트와 앙스트가 검토했던 연구 중에서 가족 구성원에 의한 평가를 분석한 연구는 75퍼센트가 설로웨이의 이론에 부합하는 반면, 자기보고식 질문지를 분석한 연구에서는 22퍼센트에 불과하다.

에른스트와 앙스트는 부모와 형제를 통한 평가가 서로 잘 맞지 않는다는 점에서 성격 평가에 가족 구성원을 활용하는 방법을 비판했다. 두 사람은 우선 자녀에 대한 부모의 판단은 타당성이 의심스럽다는 점을 지적했다. 이 책에서 언급했듯이 부모의 판단은 집 밖에 있는 사람들의 판단과 그다지 일치하지 않는다. 더구나 부모가 자녀의 성격을 묘사할 때에는 불가피하게 나이가 많은 아이(첫째)와 더 어린 아이(동생들)를 비교하게 되고, 당연히 나이가 많은 아이를 더 성숙하다고 평가할 가능성이 더 높다.

출생순서 효과는 부모와 형제들이 성격을 평가하는 방식으로 연구했을 때 자주 발견된다. 이런 연구는 일반적으로 가정의 바깥 환경에서 보이는 성격에 대한 판단 자료를 제시하지 못한다. 에른스트와 앙스트는 몇 가지 가설을 제시하는데, 그중 하나는 성격이 사회적 맥락과 관련되어 있다는 것이다. 첫째가 첫째답게 행동하고 동생이 동생답게 행동하는 것은 부모나 형제들의 존재가 인지되는 상황에서만으로 한정된다. 에른스트와 앙스트는 "첫째다운 성격이란 **부모-특정적**인 것일지도 모른다"고 말한다.[23] 4장에서 제시한 증거들은 에른스트와 앙스트의 가설에 일치한다. 아이는 부모와 형제들과 함께 있는 상황에서 어떻게 행동해야 하는지를 학습하지만 그 행동 양식을 가족 이외의 사람들이나 상황에도 적용시키지는 않는다.

성격에 관한 출생순서 효과는 분명 존재한다. 집 안에만. 사람들은 현관문을 나서는 순간 출생순서가 미친 영향을 집에 두고 나온다. 이것이 바로 가족 구성원에 의해 성격을 평가하는 절차를 밟지 않은 대부분의 행동·성격 연구에서 출생순서 효과가 나타나지 않는 이유다.[24]

▶ 혁신과 반항

『타고난 반항아』는 성격 일반이 아니라 혁신과 반항에 초점이 있다. 설로웨이에 의하면 동생들은 남들의 급진적이고 혁신적인 사고를 잘 수용하며 부모가 강요하는 구시대적인 생각을 거부하는 경향이 있다.[25] 이 가설을 뒷받침하기 위해 설로웨이는 역사적 인물이나 후대를 위해 자신의 말과 행동을 기록으로 남겨둬야 할 만큼 중요한 사람들이 공개적으로 남긴 말과 행동에 관한 데이터를 보여 준다.

『타고난 반항아』의 서평에서 역사학자 존 모델은 책에 실린 역사적 자료를 평가하기가 어렵다고 썼다. 서평에 의하면 저자의 "주장에 실린 열정은 독자가 책의 관점을 평가하기 위해 필요로 하는 것을 제시하기 보다는 독자를 압도하기 위해 기획된 듯한 텍스트를 만들어냈다."[26] 나도 비슷한 결론에 도달했다. 따라서 책에서 주장하는 바를 검증하기 위해 나는 다른 조사자들이 마련한 데이터를 활용해야 했다.

설로웨이의 이론에서는 첫째와 동생들이 정치적인 이슈에 대해 각기 다른 견해를 보일 것이라고 한다. 첫째는 보수적인 반면에 동생들은 더 진보적이라는 것이다. 출생순서와 정치 행동에 관해 1996년에 책을 낸 알버트 소미트와 앨런 어윈, 스티븐 피터슨은 관련 자료들을 검토한 뒤에 이런 결론을 내렸다.

> 우리는 정치 행동과 출생순서 사이의 관계에 관해 확인할 수 있었던 모든 문헌을 살펴보았다. 본 연구에서 포괄하는 정치 행동의 스펙트럼은 상당히 넓어서, 개인적 정치 참여, 정치에 대한 관심, 진보주의-보수주의, 언론의 자유에 대한 태도, 리더십에 대한 선호, 정치적 사회화, 마키아벨리즘과 비전통적 형태, 고위공직자의 선출직/지명직 임명에 이른다. 이러한 연구들 대부분의 데이터는 출생순서와의 유의미한 관계를 보이지 않는다. 유의미한 관계를 보

이는 연구들에서는, 완곡하게 말하자면, 비판적으로 분석해 봤을 때 결과의 타당성에 대한 짙은 의혹이 있다.[27]

설로웨이는 동생들이 더 반항적이며 부모의 기준을 따르려 하지 않는다고 주장한다. 아이와 젊은 청소년들이 반항하는 흔한 방식 중 하나는 학교 공부를 안 하는 것이다. 그들은 반항적으로 행동하면서 동시에 쉽게 수집할 만한 데이터를 남기는 것이다. 그래서 데이터를 수집해 보니 일반적인 믿음과는 반대되는 결론이 나왔다. 학교에서 실력 발휘를 못하는 경향성은 출생순서와 관련이 없다. 심리학자 로버트 맥콜Robert McCall에 의하면, "잘 설계된 연구에서는… 첫째보다 동생들에게서 학습부진이 더 흔하다는 주장을 확인하지 못한다."[28]

설로웨이는 동생들이 혁신적인 아이디어에 더 개방적이라고 주장한다. 심리학자 마크 룬코Mark Runco는 아이들의 "일탈적 사고divergent thinking"—잘 닦인 길을 벗어나는 사고—를 연구했다. 여기에서는 동생들보다 첫째와 외동이 높은 점수를 받았다.[29]

연구에서는 남편과 아내의 성격과 태도가 전반적으로 비슷한 경우에 결혼 생활이 더 원만하게 유지된다고 한다.[30] 출생순서가 성격과 태도에 중요한 영향을 미치는 것이 사실이라면 첫째끼리 또는 동생끼리 결혼하는 커플들이 더 행복한 결혼 생활을 해야 한다. 이 문제에 대해 내가 발견한 유일한 연구 결과에서는 반대 방향을 가리키고 있다. 심리학자 발터 토만Walter Toman은 출생순서가 불일치하는 커플의 이혼율이 더 낮다고 말한다.[31]

마지막으로, 설로웨이의 이론을 따른다면 사회가 급격한 변동을 경험하는 건 아마 인구 비율에서 동생이 높은 비중을 차지하는 기간 동안일 것이다. 프레드릭 타운센드는 이런 예측을 검증하기 위해 20세기 자료를 분석했는데 그 결과는 예측을 뒤집었다. 1960년대 미국의 반항적인 젊은

이들은 20살에서 25살 사이였는데 실제로 이들 중에 동생의 비율은 상대적으로 낮았다. 오히려 동생의 비율은 사회변동이 크지 않았던 1950년대에 훨씬 높았다. 동생의 비율이 다시 높아진 시기는 청춘의 반항이 점차 수그러든 1970년대였다.[32]

▶ 출생순서, 진화, 사회 변화

설로웨이의 이론은 적자생존—진화의 경쟁적 관점—에 대한 다윈주의적 개념에 기초해 있다. 설로웨이의 눈에 비친 형제는 가족 내의 자원을 더 많이 차지하려고 생사를 넘나드는 투쟁을 벌이는 존재들이다. 설로웨이가 생각하는 형제 관계의 모델은 카인과 아벨, 또는 가장 먼저 알에서 깨어난 새끼가 둥지에서의 경쟁을 없애기 위해 자기보다 작은 동생들을 부리로 쪼아 죽이는 푸른발가마우지다.

하지만 이런 형제 살인은 주로 한 어미에게서 함께 태어난 새끼들이 모두 함께 자라는 종에서나 발견된다. 영장류는 대체로 한 번에 한 명씩 일정한 시간 간격으로 새끼를 낳고 키운다.[33] 6장에서 소개한 일화에서처럼, 침팬지의 형제들은 어린 시절에는 함께 장난을 치는 친구이고, 나이가 들면 함께 적과 맞서 싸우는 듬직한 아군이다. 전통사회의 인간 형제도 마찬가지였다. 카인과 아벨의 이야기가 있긴 하지만 형제 살인은 우리 사회를 포함한 대부분의 인간 집단에서 매우 드문 살인 유형이라는 점은 분명하다.[34]

형제 살인이 더 쉽게 발생하는 조건도 있다. 모든 것이—왕국, 작위, 토지 등이—첫째에게만 돌아가고 동생은 그저 입맛만 다시는 시대와 지역에서는 형제 살인이 좀 더 흔하다. 이런 조건에서 벌어지는 살인 사건은 표면적으로 봤을 때 설로웨이가 말한 형제 간 경쟁 관계의 결과로 부모의 관심과 사랑을 얻고 가족 자원을 차지하기 위한 투쟁으로 보인다. 하지만 나는 형제 살인의 동기가 부모 앞에서 자기 지위를 향상시키고자 하는 동생의 열망이 아니라—첫째를 죽인다고 그 목적이 성취될 리 없다—자기가 성인이 되어 평생을 살아갈 사회에서 지위를 향상시키려는 열망이라고 생각한다. 장자 상속은 서열이 높은 형제를 가족 안에서는 물론 그들의 집단에서도 지배적인 존재로 만든다. 권력을 쥐기 위한 집단 내 투쟁은 살인을 초래할 수 있다. 이는 수많은 생물 종에, 그리고 모든 인간 사회에도 적용되는 사실이다.

형제 관계에 영향을 주는 요인은 집 안에서만이 아니라 집 바깥에도 존재한다. 경우에 따라 출생순서 효과가 나타날 수도 있는 이유가 바로 이것이다. 장자 상속이 규범이었던 유럽 국가들에서는 동생들이 첫째의 그늘 밑에서 자라야 했다. 이 그늘은 집에서만이 아니라 동생이 가는 어느 곳에나 있었다. 부유한 집안의 자녀는 가정교사에게 교육을 받고 가난한 집안의 자녀는 교육의 혜택을 전혀 받지 못했던 시대에 아이들은 하루 중 대부분의 시간을 형제들과 보냈다. 동생들은 형에게 집에서만이 아니라 놀이집단에서도 통제를 받았다. 나의 이론에서는 집단에서의 낮은 지위가 오랜 시간동안 계속된다면 아동의 성격에 영구적인 흔적을 남길 것이라고 예측한다.

오늘날 서구 사회에서는 장자 상속 제도가 사라졌다. 아이가 형제들과 시간을 보내는 장소는 대체로 집 밖에 없다. 집 밖에서 아이는 또래 친구들과 어울리면서 시간을 보낸다. 집에서 형에게 통제당하고 명령을 듣던 어린 동생이 자기 또래집단에서는 지배적이고 주도적인 지위를 차지할 수도 있다. 오늘날의 아이들은 대문을 나섬과 동시에 형제 관계를 통해 개발한 행동 패턴을 뒤에—집 안에—내던진다. 이민 가정의 아이들이 부모의 언어를 집에 놓아두는 것처럼.

장자 상속이 보편적이던 시대에는 출생순서 효과가 작용했을지도 모른다. 이 사실로 설로웨이의 책에 실린 역사적 자료들을 설명할 수 있을지도 모르겠다.[35] 성격에 대해 타당성 있는 측정 방식을 활용하는 요즘 연구에서는 출생순서 효과가 발견되지 않거나 무시해도 좋은 만한 수준에서 그친다. 그러니 카미 스쿨러는 이를 정확히 파악해 자신의 논문 제목으로 표현하지 않았겠나. "출생순서 효과: 여기도 아니고 지금도 아니다!"라고.

지능에 미치는 출생순서의 효과는 어떨까? IQ에 있어서는 첫째가 더 유리하다는 주장이 많은 글을 통해 꾸준히 제기된다. 하지만 나는 여전히 납득하지 못했다. 정말 첫째가 더 똑똑하다면 동생들보다 성적이 더 좋을 거라고도 예상할 수 있다. 하지만 그렇지 않다. 첫째가 대학에 더 많이 진학하는 것도 아니다.[36] 다행히도 나는 이 특정 논쟁 결과에 대해 아무런 이해관계가 없다. 내 이론은 지능이 아니라 성격과 사회 행동에 대한 것이기 때문이다. 성격은 출생순서의 영향을 받지 않는데 이는 집에서 획득한 행동 패턴이 집 밖에서는 유용하지 않기 때문이다. 반면에 집에서 획득한 사실 정보나 인지 기술은 어디에 가든지 유용하게 활용될 수 있다.

부록 2: 아동발달이론의 검증

이 책에는 당신이 처음 접했을 세 가지 명제를 담고 있다. 첫 번째 명제, 곧 명제 1은 부모에게 자녀의 성격을 좌지우지할 능력이 거의 또는 아예 없다는 것이다. 자녀가 부모의 성격과 행동을 닮는 이유는 두 가지다. 하나는 유전자를 물려받기 때문이고, 다른 하나는 부모와 자녀가 같은 문화 또는 같은 하위문화에 속해 있기 때문이다.

명제 2는 아이는 집 밖에서 또래들과 공유하는 환경 속에서의 경험을 통해 사회화되고 성격을 형성해 간다는 것이다.

명제 3은 일반화에 관한 것이다. 오랫동안 심리학자들은 행동 양식과 그에 동반된 감정이 하나의 사회적 맥락(또는 사회적 파트너)에서 다른 맥락으로 쉽게 전이된다고 가정했다. 세 번째 명제는 이 가정을 반박한다. 개인이 서로 다른 사회적 맥락에서 어느 정도 비슷한 행동 양식을 보이는 이유는 대부분의 경우 그런 행동을 유도하는 유전적 요인 탓이다. 유전자는 어디나 당신을 따라다니지만 부모와 형제를 상대하면서 습득한 행동은 부모나 형제와 함께 있을 때에만 유효하다. 아이가 과거에 학습한 행동을 새로운 맥락까지 적용시킬 이유는 없다. 아이는 새로운 행동을 학습하고 주어진 환경에 맞춰가는 데에 매우 유능하다.

사람들은 나의 주장을 요약할 때 명제 3은 별로 언급하지 않는다. 하지만 나는 세 번째 명제가 내 이론에서 가장 중요하고 독창적인 부분이라고 생각한다. 언론에서는 나의 주장을 "부모는 상관없다"라는 두 단어로 요약한다. 당연히 부모는 중요하다! 하지만 부모는 **어디서** 그리고 **어째서** 중요한가? 어디서에 대한 나의 대답은 명제 3에 기반한다. 부모는 집에서 중요하다. 어째서 중요할까? 다른 사람과의 관계는 모든 인간에게 중요하기 때문이다.[1]

▶ 제대로 된 연구

나는 이 책 전반에서 세 개의 명제를 뒷받침하기 위한 근거들에 많은 페이지를 할애했다. 하지만 더 많은, 더 나은 데이터는 언제나 필요하다. 이 책의 초판이 출판된 이래로 많은 관련 연구가 발표되었다. 나는 생산적 또는 비생산적인 연구 방법의 예를 보여 주는 차원에서 그중 몇 가지를 소개하고자 한다.

커비 디터데커드Kirby Deater-Deckard와 로버트 플로민의 연구는 나의 이론을 멋지게 검증했다. 그들은 생물학적 형제와 입양아 형제의 공격 행동을 연구했다. 아이들의 공격성은 수년에 걸쳐 부모와 교사가 여러 차례 평가했다. 그 결과는 나의 이론이 예측하는 바를 확인시켜 주었다. 부모는 형이 동생보다 더 공격적이라고 판단했다. 하지만 교사는 둘의 공격 성향이 거의 비슷하다고 평가했다.[2] 첫째는 집에서는 더 공격적이지만(부모의 판단에 의하면), 학교에서는 공격성이 더 심하지 않았다(교사의 판단에 의하면). 동생들을 이끌어가기 위해 첫째가 하는 행동, 그리고 동생들이 첫째에게 맞춰주기 위해 하는 행동은 집에서만 하는 행동이었다. 학교 운동장에서는 첫째들도 덩치 큰 아이에게 양보할 수 있고, 교실에서는 동생이 가장 키가 큰 아이일 수도 있다.

이 연구 설계는 두 가지에 의해 더욱 탄탄한 논리를 갖게 되었다. 첫째로, 디터데커드와 플로민은 형들과 동생들을 비교했다. 따라서 우리는 이 연구대상자 집단이 유전적으로 서로 동등하다고 무리 없이 전제할 수 있다. 둘 사이에 계통상 유전적 차이가 없기 때문이다. 그러므로 형과 동생을 비교하는 것은 유전이 측정 결과에 미치는 영향을 통제하는 간단한 방법이다.

둘째로, 디터데커드와 플로민은 부모(아이의 집안 행동에 대한 불완전한 지표)와 교사(아이의 학교 행동에 대한 좋은 지표)로부터 답변을 받았다. 평균적으로 첫째와 동생은 학교에서 비슷한 경험을 하지만, 집에서는 체계적으로 다른 경험을 하게 된다. 부모와 선생님의 서로 다른 판단은 내 이론을 통해 서로 다를 것이라고 예측한 두 가지 결과를 그대로 보여주었다. 부모와 교사의 판단이 서로 다르다는 것은 명제 3을 강력하게 뒷받침한다.

이제 아브샬롬 카스피와 테리 머핏(12장에서 나의 통찰을 촉발한 청소년 비행 관련 논문을 쓴 사람이다)의 연구팀이 실시한 두 개의 연구를 살펴보자. 두 연구는 쌍둥이들을 대상으로 했다. 쌍둥이 연구는 나도 "괜찮다고 생각하는" 방법이다. 첫 번째 연구에서는 아버지가 좋은 사람이라면 아이는 아버지와 함께 살 경우에 잘 자라고, 반면에 아버지의 "반사회적 행동 수준이 높다"면 아이가 아버지 **없이** 살았을 경우에 더 잘 자랐다고 한다. 반사회적인 아버지가 가까이 있으면 아이는 스스로 나쁘게 행동하는 경향이 있었다. 두 번째 연구에서는 신체적 학대를 당한 아이일수록 나쁘게 행동하는, 즉 반사회적 행동을 보이는 경향이 있었다.[3]

디터데커드와 플로민의 연구에서처럼 두 연구 모두 어머니와 교사를 통해 데이터를 수집했다. 어머니는 아버지의 존재 또는 부재, 아버지의 반사회적 행동, 아이가 신체적으로 학대를 당했는지(어쩌면 어머니 본인에 의해서도) 여부에 대해 응답했다. 어머니는 아이의 품행 장애와 반사회적 행동을 평가하기 위해 설계된 설문지에도 답했다. 교사도 유사한 설문지를 작성했다. 하지만 연구자들이 이 두 가지 설문지로 뭘 했는지에 주목하자. "아이의 종합적인 반사회적 행동 점수를 얻기 위해 어머니와 교사의 응답을 합산했다."[4]

연구자들은 어머니와 교사의 응답 결과를 분리해서 보여 주지 않고 합쳐버렸다. 따라서 발표된 논문만으로는 나쁘게 행동하는 아버지의 존재 또는 집에서 발생한 신체적 학대의 경험이 아이의 행동에 대해 집에서만 영향을 미치는지 또는 학교에서도 영향을 미치는지를 확인할 방법이 없다. 사실 아이의 행동에 대한 정보와 아버지의 반사회적 행동에 대한 정보(첫 번째 연구)와 아이의 학대 경험에 대한 정보(두 번째 연구)의 출처가 모두 어머니이기 때문에 집에서의 행동에 대한 설명에는 의심의 여지가 있다. 같은 개인이 서로 다른 두 개의 질문에 답할 때는 두 개의 대답 사이에 거의 항상 상관관계가 나타난다(13장에 있는 응답 편향에 대한 논증 참조). 교사의 평가를 추가한 것은 이 문제를 해결하는 데에 도움이 안 된다. 교사가 아이가 학교에서 보이는 행동에는 아무 문제가 없다고 평가해도 연구자들이 그 결과를 어머니의 평가와 합쳐버리면 아무 소용이 없다. 연구자들은 이 치명적인 오류를 처리하기 위해 한쪽 연구에서는 교사의 평가와 어머니의 판단 간의 상관관계를 표시하고 있다(5세 아이의 경우에는 0.29, 7세 아이의 경우에는 0.38).[5] 그러나 이런 평이한 상관관계는 관찰한 행동에 유전이 끼친 영향을 반영하는 것인지도 모른다. 나는 유전적 성향으로 인해 아이가 집과 학교에서 보이는 행동 간에는 어느 정도 일관성이 있으리라고 예상한다. 디터데커드와 플로민의 연구에는 이 같은 오류가 없었다. 왜냐하면 유전적인 이유로 첫째와 둘째가 서로 다를 거라고 생각할 이유가 없기 때문이다.

▶ 자녀-부모 효과

2000년에 12년 만에 마침표를 찍은 한 연구 결과를 정리한 중요한 책 한 권이 출간됐다. 연구자는 데이비드 레이스David Reiss(가족 치료 전공 심리 치료사)와 즈네 니더하이저Jenae M. Neiderhiser(행동유전학자), 마비스 헤더링턴E. Mavis Hetherington(발달심리학자), 그리고 로버트 플로민(행동유전학자)이었다. 연 구대상은 형제자매 720쌍이었으며 나이는 10살에서 18살까지였다. 모든 대상자가 양 부모가 있는 안정적인 가정에서 살았으나, 일부는 재혼 부 부였고 그래서 부모가 완전히 다르거나 부모 중 한쪽만 같은 형제도 일 부 있었다. 일란성·이란성 쌍둥이도 있었다. 따라서 연구대상자 형제가 서로 유전자를 공유하는 정도는 다양했다. 완전히 같거나(일란성 쌍둥이의 경우) 전혀 다르기도 했다(재혼 가정 형제의 경우). 이런 연구 설계는 연구대 상이 되는 행동이나 성격에 유전이 미치는 영향을 측정하는 데에 있어 엄청난 자유를 부여했다. 연구대상 행동에는 반사회적 행동, 사교성, 근 면성, 자존감, 자발성, 우울증 등이 있었다. 연구자들은 다양한 평가를 수 집하기 위해 아이의 어머니와 아버지, 대상자 본인, 그리고 훈련된 관찰 자들의 의견을 물었다. 각각의 평점을 합쳐서 평균으로 계산했지만 이번 연구에서는 문제없다. 평가 대상이 자녀와 부모의 집에서의 행동과 성격 이었기 때문이다. 연구자들은 집에서 얻은 평가와 학교에서 얻은 평가를 합치지 않았다.[6]

이 연구의 목적은 3장에서 '유전도 아니고 양육도 아닌' 것이라고 표 현한 것이 무엇인지 조사하는 것이었다. 즉, 형제들 사이의 성격 차이를 야기하는 원인으로 유전도, 둘이 공유하는 가정 환경도 아닌 무언가를 찾는 것이다. 연구자들은 형제들 사이의 차이를 설명해 줄 만한 가정 내 의 미세환경적 차이—예컨대 부모가 아이를 다르게 대한다든지—를 찾 고자 했다.

연구자들은 부모가 아이들을 다르게 대한다는 것을 발견했다. 좋다, 하지만 그걸로 형제들 간의 차이를 설명하지는 못한다. 형제들의 관계 양상—형제들의 나이가 서로 다르면 관계는 비대칭적이다—도 마찬가지였다. 레이스는 "유전도 아니고 형제가 공유하지도 않은 요인을 알아내기 위해 우리가 설계하고 12년에 걸쳐 진행한 대규모 연구에서 이렇게 빈곤한 결론이 도출되었다는 점은 실망스러운 뿐만 아니라 충격적이다"라고 인정한다.[7]

레이스는 실망했을지 모르지만 나는 아니었다. 이 연구는 중요한 결과를 도출했다. 부모가 아이들을 다르게 대하는 것이 아이의 행동에 대한 원인이라기보다는 오히려 결과라는 사실을 보여 주기 때문이다. 형제가 서로 다르게 행동하는 것은 부분적으로는 둘의 유전자가 다르기 때문이다. 부모는 이러한 유전적 차이가 겉으로 표현되면 각기 다르게 대응한다.

나는 형제들 사이의 차이 중에서 유전의 영향이 아닌 부분에서 도출한 '빈곤한 결론'이 당연한 결과라고 본다. 연구자들이 측정한 항목으로는 그 차이를 설명할 방법이 없다. 연구자 로버트 플로민은 나중에 그들이 형제 간 차이의 원인을 가족에서만 찾았던 점을 후회했다. 그는 "해리스(1998)가 날카롭게 지적했듯이" 가족 밖도 살펴보는 일종의 분산투자를 했더라면 더 나았을 거라고 했다.[8]

적어도 그들이 연구에 들인 시간과 노력이 모두 헛수고는 아니었다. 대규모로 신중히 진행된 이 연구는 우리에게 자녀-부모 효과에 대한 명백한 증거를 제공한다. 부모가 두 아이를 다르게 대한다면 그건 아이들이 실제로 다르기 때문이다. 여기서 유전적으로 다를 필요는 없다. 다르다는 말에 유전적 의미가 있지는 않으니까. 부모는 형과 동생을 다르게 대한다. 부모는 아픈 아이와 건강한 아이도 다르게 대한다. 부모는 심지어 유전자가 동일한(2008년에 연구자들이 〈미국 인간유전학 저널American Journal of

Human Genetics〉에서 일란성 쌍둥이들 사이에도 작은 유전적 차이가 있다고 발표하기 전까지는 이렇게 생각했다[9]) 일란성 쌍둥이에게도 어느 정도 서로 다르게 대한다.

어떤 발달심리학자들은 일란성 쌍둥이 연구가 자녀-부모 효과를 통제하는 좋은 방법이라고 믿는다.[10] 부모가 일란성 쌍둥이를 각기 다르게 대한다면 그건 유전적 차이 때문은 아닐 것이다. 그렇지 않은가? 하지만 일란성 쌍둥이 사이에 유전적으로 서로 차이가 있다는 사실이 알려지기 전에도 일란성 쌍둥이들 역시 (출생 시에도) 서로 100퍼센트 똑같지는 않다는 사실은 이미 분명했다. 실제로 일란성 쌍둥이들의 지인은 누가 누군지 바로 알아볼 수가 있다. "발달상 잡음developmental noise"이라고 하는 발달 과정에서 일정하게 존재하는 무작위성 탓에 일란성 쌍둥이 사이에도 지문이나 주근깨, 뇌 모양처럼 신체적 차이가 존재한다.[11] 한 쪽은 당뇨병이나 조현병을 앓는데 다른 쪽은 건강한 경우도 있다. 심지어 일란성 쌍둥이라도 유아기부터 각자 고유한 성격을 지닌다. 따라서 일란성 쌍둥이의 사례에서조차 부모는 차이를 발생시킨다기보다 이미 있는 아이들의 내재적 차이에 반응하는 것이다.

▶ 반사회적 행동 연구

반사회적 또는 공격적 행동에 대한 연구는 발달심리학뿐만 아니라 사회학과 범죄학 분야에서도 활발하게 이루어진다. 범죄학에서는 케빈 비버Kevin Beaver와 존 폴 라이트John Paul Wright가 이끄는 연구팀이 획기적인 연구를 하고 있다. 대부분의 범죄학자는 양육가설을 강력하게 신봉한다. 비버가 말했듯 범죄학자들은 "부모가 범죄의 주된 원인"이라고 믿는다. 내 책에 영향을 받은 비버와 동료들은 범죄학자들의 이 가설을 검증하기 위해 일련의 연구를 설계하고 실시했다.[12]

첫 번째 연구의 제목은 "부모는 자녀의 자기통제력 형성에 중요한 요소인가?"였다. 연구자들은 아이가 얼마나 많은 관심과 사랑을 받는지, 부모가 어떤 규율을 세우고 적용하는지를 포함해 부모의 양육방식을 평가했다. 연구자들은 아이가 충동과 감정을 통제하는 능력과 학교에서 올바르게 행동하는 능력을 평가하기 위한 질문을 교사와 부모에게 던졌다. 하지만 그들은 교사와 부모의 판단을 서로 분리했다. 쌍둥이 연구였으므로 연구자들은 유전적 요인이 자기통제력에 미치는 영향을 측정할 수 있었다. 유전이 차지하는 비중을 계산한 연구자들은 교사가 판단한 아동의 자기통제력이 부모의 양육 행동과는 무관함을 발견했다.[13]

자녀가 자기통제력을 형성하는 데 부모가 중요하지 않다면 뭐가 중요할까? 첫 번째 연구에서 나타나듯, 우선은 유전자가 중요하다. 다른 요소를 찾기 위해 두 번째 연구에서 자기통제력을 다시 살펴보았다. 부모와 교사가 아동의 행동을 다시 평가했고, 부모가 자신들의 양육 행동에 대해 다시 보고했다. 유전적 요인을 적절히 통제하지 못했지만(이 연구는 쌍둥이를 대상으로 하지 않았다) 그럼에도 양육 행동과 아이의 자기통제력 사이의 상관관계는 무시해도 좋을 정도였다. 연구자들이 살펴본 다른 요인 중에서 아이의 행동을 가장 강력하게 예측할 수 있는 지표는 교실의 다른 아이들이 보이는 행동 방식이다. 실제로 반 친구들이 문제 행동을 종종 하는 아이는 집에서도 낮은 자기통제력을 보였다.[14] 8장에서 나는 유치원의 놀이친구들에게 억양을 배워 온 미취학 어린이가 집에서도 그 억양을 사용하는 사례를 소개했다. 이 연구에서 같은 일이 다른 종류의 행동에서도 발생한다는 증거가 나타났다.

많은 사람들이 문제 가정에 사는 십대가 대체로 비버와 라이트가 "반사회적 생활양식antisocial lifestyle"이라고 부르는 행동을 할 가능성이 높다고 생각한다. 비버와 라이트의 세 번째 연구는 그 연결 관계를 검증한다. 이번에는 결론부터 공개하겠다. 연구 결과, 가족 기능은 십대 아이의 반사회적 생활양식 여부에 매우 제한적인 영향을 미치는 것으로 나타났다. 연구에서 평가한 가족 기능은 부모가 십대 자녀의 활동을 얼마나 잘 파악하고 있는지, 집에 아버지가 있는지, 부모가(둘 다 있는 경우) 훈육 방식에 서로 합의하는지, 가정이 잘 관리되고 있는지였다. 연구자들은 "그러나 반사회적 생활양식을 체화한 십대는 가정 기능에 부정적 영향을 미친다" 라고 말한다.[15] 다시 말해서 반사회적인 십대와 제대로 기능하지 못하는 가정은 자녀-부모 효과를 주고받는 관계라는 것이다!

마지막은 십대 아이의 반사회적 또래집단 소속과 관련된 연구다. 반사회적인 또래들이 아이에게 나쁜 영향을 미친다는 점은 아무도 의심하지 않는다. 하지만 대부분의 범죄학자와 발달심리학자는 올바른 양육이 아이가 잘못된 또래집단에 소속되는 것을 방지한다고 믿는다. 라이트와 비버가 동료들과 마지막 연구에서 검증한 것이 이 믿음이었다. 연구자들은 유전이 청소년이 반사회적 또래집단에 소속되는 데 미치는 영향을 평가하기 위해 행동유전학적 방법을 활용했다(연구대상자들이 쌍둥이었다). 연구자들은 특정 집단에서 유전이 상당한 영향을 미치는 반면 양육 행동은 아무 영향도 없음을 발견했다. 쌍둥이들이 동일한 양육 행동을 경험했든 그렇지 않든 또래집단 소속과 반사회적 행동과는 관련이 없는 것으로 나타났다.[16]

유전자는 십대 아이가 소속될 또래집단의 종류에 어떻게 영향을 미칠까? 유전자는 십대 아이의 성격과 지능과 재능에 영향을 미치므로 간접적인 영향이 있다고는 할 수 있다. 지적이고 성실한 성향의 유전자를 지닌 아이는 학구적인 또래집단에 속하는 경향이 있다. 유전적으로 위험을 즐기거나 자극을 추구하는 성향인 아이는 결국 부모가 별로 좋아하지 않는 부류의 집단에 속하는 경향이 있다. 12장에서 이야기했던 것처럼 "유유상종이라는 말마따나 공격성이 높고 자극 추구 성향이 강한 십대 아이는 자기와 비슷한 아이들을 금세 알아보고 무리를 만든다. 이런 성격은 어느 정도 유전적이기 때문에 아이가 자기와 비슷한 또래들을 찾는다는 것은 어떻게 보면 자기와 비슷한 유전자를 찾는 것이다."[17]

▶ 명제 2 검증

내가 방금 12장에서 썼던 단락을 다시 옮겨온 이유는 몇몇 발달심리학자들이 보나마나 제대로 안 읽었을 것이기 때문이다. 또래집단 구성원들은 처음부터 서로 닮아 있다는 사실은 내 이론이 틀렸다고 주장하는 사람들의 근거로 활용되었다.[18] 그 추론은 이렇다. 나는 아이가 또래집단에서 정체성을 찾고 집단의 행동과 태도를 받아들임으로써 사회화가 된다고 주장했다. 그러면 결과적으로 아이는 또래들을 점점 닮아갈 것이다. 그런데 실은 아이들이 처음부터 서로 닮아 있었다면? 그렇다면 아이들이 서로 닮았다는 걸 이론의 근거로 활용해서는 안 된다!

그래, 바로 그 이유 때문에 나는 집단 내 유사성을 다룬 표준 연구들을 내 이론을 뒷받침하는 근거로 활용하지 않았다. 그 인과관계를 구분하려면 영리한—예를 들면 킨더만의 연구 같은—방법이 필요하다. 킨더만은 아이가 한 집단에서 다른 집단으로 **이동할 때** 행동이 어떻게 바뀌는지를 추적했다. 그 결과, 또래집단 아이들은 처음에도 비슷하지만 집단 동화로 인해 나중에는 더 닮게 되는 것으로 나타났다. 또 다른 좋은 예는 로버스 동굴 연구다. 로버스 동굴 연구팀은 기존에 존재하는 아이들의 유사성을 통제하기 위해 비슷비슷한 남자아이들 여럿을 모아 무작위적으로 둘로 나눴다.[19]

그러나 집단 구성원들이 **모든** 점에서 다 비슷하지는 않다. 주로 구성원들을 묶어주는 특징이 서로 비슷하다. 킨더만의 연구에 실린 아이들 사례에서는 학업에 대한 긍정적 또는 부정적 태도, 반사회적 패거리의 경우로는 위험 감수 행동에 대한 선호 등이 그런 특징이었다. 집단에 동화된 결과로 유사성이 강화되는 동시에 다른 많은 측면에서 집단 구성원들은 서로 닮아가지 않기도 한다. 구성원 간의 차이는 집단 내의 분화로 인해 확대된다. 사회화는 대체로 동화를 통해 이루어지고, 성격 차이는 대체로 분화를 통해 이루어진다.

초판에서는 이 부분을 명확히 설명하지 않았다. 그래서 많은 독자들은 내가 다른 또래집단에 소속됨으로써 성격 차이—예컨대 형제들 간의 차이—가 발생한다고 설명하는 줄로 오해했다. 독자들은 같은 또래집단에 속한 형제들이 다른 또래집단에 속한 형제들보다 성격적으로 더 닮았는지를 확인해 보면 내 이론을 검증할 수 있다고 생각했다.[20] 물론 더 닮았을 수도 있다. 하지만 그럴 경우에 형제 간의 유사성은 같은 집단에 속했기 때문에 생긴 결과가 아니라 형제를 같은 집단에 속하게 만든 이유일 수도 있다. 내 이론에서는 쌍둥이나 형제가 같은 집단에 속하면 성격이 서로 비슷해질 거라고 예상하지 않는다. 학업에 대한 태도 같은 면에서 서로 닮아갈 수 있긴 하지만.

또 다른 오해는 집단 소속과 우정을 혼동하기 때문에 일어난다. 많은 사람들이 자기 집단에서 친구를 선택하는 것이 사실이다. 하지만 8장에서 설명한 것처럼 아이는 집단을 좋아하지 않아도, 심지어 집단 구성원들 모두가 자기를 안 좋아해도, 그 집단에 대해 동질감을 느낄 수 있다(나아가 그 집단을 통해 사회화될 수 있다). 사회화의 대상이 되는 집단이 실제로 아이들이 함께 어울려 다닌다는 의미에서 또래집단이어야 할 필요는 없다. 사회화를 담당하는 "집단"이란 사회적 범주다. 취학 연령의 여자아이들은 보통 무리지어 돌아다니지 않지만—친구 한두 명과 노는 걸 더 좋아한다—하나의 사회범주에 동일시할 수 있다. 친구는 서로의 행동에 대해 상호 간 영향을 미칠 수 있지만 그 영향은 일시적이다. 집단 사회화 이론에 의하면 우정은(다른 개인 관계들처럼) 지속적인 영향을 미치

지 못한다.[21]

어쩌면 명제 2를 하나의 명제인 것처럼 보이게 만든 점이 내 실수인지도 모르겠다. 사실 명제 2는 명제 2a와 명제 2b로 나뉜다. 명제 2a는 집단 동일시와 집단 동화로 설명했던 사회화에 관한 것이다. 명제 2b는 주로 집단 내 분화로 인한 성격 발달에 관한 것이다. 명제 2a에 대한 근거는 많지만—킨더만의 연구, 로버스 동굴 실험, 동급생 행동의 영향에 대한 비버와 그 동료들의 연구—명제 2b의 근거는 좀 더 필요하다.

내 예상으로는 유년기와 청소년기에 또래들 사이에서 높은(또는 낮은) 지위를 갖는다면 성인이 된 후에는 자신감이 강한(또는 약한) 성격이 될 것이다. 하지만 또래집단의 지위와 집단에서의 수용 여부는 별개일 수 있다. 반 친구들이 자기를 좋아하는지 싫어하는지와는 다른 문제다. 발달심리학자들은 "인기 있는" 아이와 "인기 없는" 아이에 대해 많은 데이터를 수집했다. 하지만 그들의 연구는 대부분 내 이론을 검증하는 데에 활용될 수 없다. 그들의 설문지는 대체로 "인기 있음"의 다양한 의미를 구별하지 못하기 때문이다. 공격적인 아이는 대체로 인기가 없지만 높은 지위를 차지하기도 한다. 대학생 나이의 사람들이 대상인 연구에서는 집단에 받아들여지는지와 집단에서 차지하는 지위 사이에는 중요한 차이가 있음을 보여 준다.[22]

메리 코버 존스Mary Cover Jones가 실시한(8장 끝에서 설명했다[91]) 오랫동안 하고 있는 소규모 연구는 또래집단 내의 분화가 장기적인 영향을 미친다는 내가 찾은 최고의 증거다. 존스는 청소년기에 키가 작았던 남자아이를 청소년기에 키가 컸던 남자아이와 비교해 둘의 성격 차이를 발견했다. 그리고 이런 성격 차이는 청소년기에 키가 작았던 아이들이 15년 후에는 키를 어느 정도 따라잡았는데도 여전히 남아 있었다. 청소년기에 또래들 사이에서 키가 작았던 남자는 15년 후에도 여전히 자신감이 부족하고 스스로에 대해 불만이 많은 성격이었다. 그리고 청소년기에 키가 컸던 남자는 더 높은 직급에 오르는 경향이 있었다.[23] 키 크고 성숙해 보이는 십 대 남자아이는 또래들 사이에서 높은 지위를 차지한다.

1957년에 발표된 존스의 연구는 반복 검증이 절실하다. 최근 연구에서는 심리학자가 아니라 경제학자들이 존스의 연구를 간접적으로 뒷받침한다. 경제학자들은 키 큰 남자가 어째서 키 작은 남자보다 높은 급여를 받는지 알아보고자 했다. 평균적으로 성인기에 키가 큰 남자는 청소년기에도 키가 컸다. 하지만 청소년기의 키와 성인기의 키는 상관관계가 완벽히 일치하지는 않다. 연구자들은 청소년기의 큰 키와 성인이 된 후의 큰 키가 미친 영향 각각을 통계적으로 분리할 수 있었고, 성인이 된 후의 급여를 결정하는 데에 가장 중요한 것은 성인기의 키가 아닌 청소년기의 키임을 밝혀냈다.[24]

나는 이 결과를 청소년기에 또래집단에서 차지한 지위의 높고 낮음이 성격에 장기적으로 영향을 미치는 증거라고 해석한다. 키 큰 남자가 급여를 더 많이 받는 건 큰 키 때문이 아니라 평균적으로 그들이 더 리더십 있고 자신감 있는 성격의 소유자이기 때문이다.

8장에서 언급한 다른 증거도 있다. 나이에 비해 키가 작은 남자아이에게 심리적 문제가 있을 가능성이 더 높았다. 하지만 이 점에 관련된 장기적인 연구 결과나 성격 데이터는 아직 보지 못했다. 이런 종류의 연구에는 엄청난 인내심과 많은 연구대상자가 필요하다. 키 작은 남자아이는 대부분 어른이 된 후에도 키가 작기 때문이다. 유년기나 청소년기의 작은 키가 장기적으로 영향을 미친다는 가설을 검증하는 동시에 어른 집단의 규모가 (통계적으로) 일관성을 유지하려면 상당량의 데이터가 필요하다.

여성의 경우에는 지위가 미치는 장기적 영향을 평가할 방법을 찾기가 훨씬 어렵다. 여자아이들 사이에서는 큰 키가 높은 지위로 연결되지 않기 때문이다. 외모가 예쁘면 지위가 높아지고, 외모가 뛰어난 여성일수록 자신감이 강하다는 연구는 있다.[25] 하지만 자신감이 강한 그 성격은 현재의 빼어난 외모 덕분일까, 아니면 청소년기에 있었을지도(혹은 없었을지도) 모르는 빼어난 외모 덕분일까? 외모를 통제하는 건 키를 통제하는 것만큼 간단하지 않다.

큰 키가 높은 지위로 연결되는 건 남자아이에게나 해당되지만, 성숙함은 유년기와 청소년기의 남녀 모두에게 높은 지위를 부여한다. 그렇다면 학교에 입학할 당시의 나이에 따라 성격의 차이가 있어야 한다. 초등학교와 고등학교에서 반 친구들 대부분보다 생일이 빠른 아이는 반 친구들 대부분보다 생일이 늦은 아이와 비교했을 때 평균적으로 몇 가지 차이를 보였다.[26] 거의 모든 주에서 유치원 입학 기준으로 차용하는 컷오프에 따르면 가장 어린 아이와 가장 나이 많은 아이는 약 1년 터울이다. 일찍 또는 늦게 입학하는 아이, 학년을 월반하거나 유급하는 아이, 컷오프 기준일이 다른 주로 이사를 한 아이를 빼고도 연구대상이 될 만한 잠재적 인원은 여전히 많다. 연구자는 이 연구대상자들을 나이 많은 쪽과 나이 적은 쪽으로 반반씩 나눌 수도 있고, 넷으로도 나눌 수 있고, 상위 25퍼센트와 하위 25퍼센트를 비교할 수도 있다. 성격 데이터는 이들이 성인이 된 다음 검사를 실시하여 얻을 수 있다. 이 방법의 장점은 유전의 영향을 자동적으로 통제할 수 있다는 점이다. 우리는 성숙이 빠른 사람과 느린 사람, 그리고 키가 큰 사람과 작은 사람 사이에 유전적으로 차이가 있다는 걸 알고 있다. 유전적 차이가 성격에 직접적으로(또한 간접적으로) 영향을 미칠 가능성은 제거하기가 어렵다. 하지만 첫째들은 동생들과 유전적으로 다르다고 생각할 이유가 없는 것만큼 9월에 태어난 아이와 3월에 태어난 아이가 유전적으로 다를 이유는 없다.

▶ 언어와 억양

당신도 눈치챘겠지만 유전의 영향을 배제하기 위해 내가 즐겨 사용하는 방법은 언어와 억양을 살펴보는 것이다. 어떤 언어 또는 억양을 습득하는 데는 유전적 편향이 없다. 언어와 억양은 전적으로 사회 환경, 특히 아이가 또래들과 공유하는 환경이 작용한 결과다. 9장에서 제시한 증거는 이민자 가정의 자녀, 청각장애인 부모의 자녀, 그리고 건청인 부모의 청각장애인 자녀를 관찰하여 얻은 것이다. 모든 경우에서 성인이 된 자녀가 사용하는 제1언어는 유년기와 청소년기에 또래들과 소통할 때 사용했던 언어다.

이 말을 오해하지 않기를 바란다. 어른이 된 후에도 여전히 "외국인" 억양으로 말하는 이민자 가정의 자녀들도 있다. 이런 경우에는 몇 가지 이유가 있다. 드물게는 일종의 사회성 결여 때문이다. 자폐아는 부모의 억양을 따르는데 이는 자폐아가 자신을 또래들과 동일시하지 않기 때문임이 분명하다.[27] 더 흔한 경우는 아이가 자기 고향 출신의 이민자들이 많이 거주하는 지역에서 자라거나 그곳 학교에 다니는 경우다. 그런 곳에서 아이는 두 개의 언어를 또래들과 공유하여 이중언어자가 된다. 고향의 억양을 유지하는 이유는 또래들이 그렇게 말하기 때문이다.

억양이 남는 다른 일반적인 이유는 나이이다. 십대 나이에 이민을 간 아이는 고향 억양을 완전히 버리지 못할 수 있다. 하지만 억양이 남는 나이는 사람마다 다르고, 그 이유도 아직 알려져 있지 않다. 어떤 사람은 언어적 재능 또는 남을 흉내 내는 능력이 뛰어나서 어느 나이에나 새로운 억양을 잘 학습한다. 열두 살에 미국으로 이민을 온 어떤 사람은 여전히 예전 억양을 버리지 못하고, 어떤 사람은 대학생 때 왔는데도 완벽한 미국 영어를 구사하기도 한다. 신체의 성숙과 관계가 있을까? 그렇다면 그 기준이 되는 나이는 여성이 더 빠를까?

또 하나 흥미로운 사례로, 남녀 아이가 약간 다른 억양으로 말하는 나라도 있다.[28] 나는 남자아이들이 여자아이들에 비해 부모가 생각하기에 "상스러운" 억양을 더 잘 받아들인다는 것을 깨달았다. 어쩌면 남자아이들은 자기가 속한 사회경제적 계층의 어른들이 말하는 억양을 맥이 없다고 느끼는지도 모른다. 그들에게 어른들은 계집애처럼 말하는 듯 느껴질 것이다.

남자아이는 자기가 계집애처럼 말하는 것을 싫어한다. 어떤 아이가 말하는 걸 듣는다면 우리는 직접 보지 않고도 아이의 성별을 대체로 구분할 수 있다. 성대가 발달하는 사춘기 이전에도 남자아이 목소리는 음높이가 여자아이들보다 낮다. 유년기에 나타나는 성별 간 음 높이의 차이는 생리학적으로 예측되는 수준 이상으로 크다.[29] 집단사회화 이론에 따르면 음 높이의 차이는 유년기 중반에 성별로 분화된 두 집단에서 벌어지는 사회화에 기인한다. 대조효과는 여자아이들 집단과 남자아이들 집단의 차이를 확대시키는데, 이 경우에는 음 높이 차이를 과장하는 작용을 하는 것이다.

집단사회화 이론을 통해 음 높이 차이에 대해 몇 가지를 예측할 수 있다. 남학교에 다니거나 여자아이 집단과 거의 또는 전혀 접촉하지 않는 아이는 남녀공학 학교에 다니는 남자아이보다 목소리가 높을 것이다. 그리고 남녀공학 학교에 다니는 남자아이는 집보다 학교에서 목소리가 더 낮을 것이다.

▶ 연구를 위한 가이드라인

첫째로, 연구 방법에는 유전이 측정 결과에 미치는 영향을 통제하거나 제거할 방법이 언제나 포함되어야 한다. 그렇다고 꼭 쌍둥이나 입양아를 대상으로 연구할 필요는 없다. 지금까지 봐온 것처럼 유전을 통제하는 다른 방법도 있다. 하지만 행동유전학적 수단을 활용하지 않고서는 답할 수 없는 연구 질문도 많다. 이론적으로는 연구자들이 모든 연구대상자의 전체 염기 서열을 분석해 유전의 영향을 직접적으로 통제하는 것도 조만간 가능할 것이다. 하지만 그 유전 정보의 의미를 파악하기까지는 아직 갈 길이 멀다. 행동과 성격은 수백 가지 유전자의 산물이며 유전자는 연구자가 이해할 수 없을 만큼 복잡한 방식으로 작동하고 상호작용한다. 현대 기술을 통해 우리는 몇 가지 유전자가 어떻게 작용하는지 연구할 수 있게 되었다. 이 연구 방식이 흥미로운 결과를 내놓을지도 모르겠으나 특정 행동에 영향을 미치는 모든 유전자와 조합을 통제하기에는 충분하지 않다.

두 번째 원칙은 인간이란 환경에 극도로 민감한 존재라는 사실을 연구자는 언제나 잊지 말아야 한다는 것이다. 학교에서 아이가 보이는 행동이 특정한 사회적 변인이나 개입에 영향을 받는다는 가설을 검증하고 싶다면 아이가 학교에서 보이는 행동을 편향없이 측정할 방법이 연구 설계에 포함되어야 한다. 아이 어머니에게 묻는 것은 좋은 방법이 아니다. 아이에게 묻더라도 질문하는 환경이 아이 집이어서는 안 된다. 연구실에서 질문한다 해도 아이 어머니가 아이를 직접 데려와서 연구실 안에 남아 있다면 집에서의 행동과 집 밖에서의 행동 사이의 구별이 흐려질 수 있다.[30] 곁에 부모만 있고 다른 아이들은 없는 연구실 환경은 학교보다 집에 가깝다.

어떤 경우에서나 연구실 같은 낯선 환경은 집단사회화 이론에서 예측하는 바를 검증하기에 좋은 조건이 아니다. 앞에서 나는 "과거에 학습했던 행동을 아이가 새로운 맥락에도 가지고 갈 필연성은 없다. 아이는 새로운 행동을 학습하고 주어진 환경에 맞춰가는 데에 매우 유능하다"라고 했다. 하지만 새로운 행동을 학습하기까지는 시간이 걸린다. 낯선 연구실에 던져진 아이에게는 그 새로운 조건에서 어떻게 행동해야 할지를 파악할 기회가 주어지지 않는다. 아이는 결국 예전에 학습했던 행동 중에서 가장 관계있어 보이는 아무 행동에 의존하게 될 것이다. 어머니가 같이 있다면 집에서처럼 행동할 것이다. 어머니가 없다면 학교에서 익힌 행동이 될지도 모른다. 상황 조건의 낯섦과 불확실함은 연구자가 눈치채지 못한 작은 잠재적 요인이 결과를 이쪽으로도 저쪽으로도 왜곡할 수 있음을 의미한다. 내 예측의 적용 대상은 익숙한 환경에서 보이는 행동이다.

또 다른 주의사항은 아이의 행동에 대한 정보를 제공하는 사람이 다른 정보도 제공하거나 연구의 다른 목적을 제시해서는 안 된다는 것이다. 공격적인 아이를 다루는 방법에 대한 교육 과정을 밟고 있는 교사에게 아이의 공격성을 평가하라고 하면 안 된다. 매주 방문 간호사에게서 상담을 받는 어머니에게 이런 개입 프로그램이 아이에게도 도움이 됐다고 생각하는지를 물어서는 안 된다. 십대 아이에게 비행과 마약 같은 탈선에 대해서 질문할 때에 부모가 자기를 어떻게 대하는지는 함께 묻지 말아야 한다(말할 필요도 없겠지만 이런 연구에는 유전에 대한 통제도 필요하다. 부모와 자식이 공유하는 유전자는 둘 모두의 행동에 영향을 미친다).

마지막으로, 연구자는 다음과 같은 주요 구별점을 잊지 말아야 한다.

- 집단 수용은 집단에서의 지위와 구별되어야 한다.
- 집단 수용과 집단에서의 지위는 우정과 구별되어야 한다. 집단으로부터 수용되지 않거나 지위가 낮은 아이도 그럼에도 불구하고 성공적인 우정 관계를 가질 수 있다.
- 집단 소속은 동화뿐만 아니라 분화도 야기한다. 사회화는 동화로 인해 일어나고, 성격 발달은 주로 분화에 기인한다.

이 책에서 주로 다룬 건 사회화다. 사회화는 중요하다. 하지만 아직 나머지 절반의 이야기가 남아 있다.*

---

* 나머지 절반의 이야기(성격 발달)은 저자의 후속작 『개성의 탄생』에서 볼 수 있다.─옮긴이

감사의 말

초판이 출간된 이래로 두 소중한 동료 데이비드 로우와 데이비드 리켄이 세상을 떠났다. 심리학에 상당한 공헌을 한 사람들이다. 내가 정보나 피드백이나 웃음이 필요할 때마다 찾는 정말 좋은 이메일 친구들이기도 했다. 두 분이 무척 그립다.

개정판의 책임편집은 힐러리 레드먼이 맡았다. 그의 유능한 도움과 명민한 판단력에 감사드린다. 나의 남편 찰스 S. 해리스는 양육가설 웹사이트(judithrichharris.info/tna)*를 구축하고 관리할 뿐 아니라 내가 책을 쓸 수 있도록 무척 많은 일을 했다. 백만 번을 말해도 부족할 만큼 감사한다.

---

* 이 책의 지은이 주디스 리치 해리스는 2018년 12월 29일 세상을 떠났고, 이 웹사이트가 마지막으로 업데이트된 날짜는 2019년 1월 25일이다(2022년 3월 기준). 〈한국일보〉 [가만한 당신]에 수록된 부고 기사는 http://bit.ly/K_JRHarris에서 읽을 수 있다. —편집자

옮긴이의 말

　주디스 리치 해리스의 『양육가설』을 처음 만난 것은 17년 전의 일이 었다. 당시 나는 심리학을 전공하는 대학교 2학년생이었다. 우연히 듣게 된 발달심리학 강의에서 한 학기 동안 공부했던 이후로 수년간 나는 이 책의 내용을 소화하는 데에 긴 시간을 보냈다.

　『양육가설』은 한 인간이 성장하고 성격이 형성되는 과정에서 부모가 차지하는 역할이 그리 결정적이지 않음을 넓고 깊은 논증으로 설명하는 책이다. 우리 사회는 부모가 자식의 삶에 대해 강력한 결정권을 지니고 있다는 뿌리 깊은 믿음을 가지고 있다. 극악한 범죄자가 나타났을 때 그 의 부모가 어떤 사람인지를 조명하고, 천재가 나타났을 때에는 그 부모 에게 뭔가 비밀스런 교육법이 있는지를 궁금해하는 식이다. 이런 관점에 서 자식은 어디까지나 빈 도화지 같은 존재이며 부모는 그 위에 그림을 그리는 화가의 역할을 한다. 멋진 그림이 그려지면 부모가 칭찬을 받고, 나쁜 그림이 그려지면 부모는 손가락질을 당해도 싼 것이다.

　이런 관점으로 보면 자식은 어디까지나 수동적 존재에 불과하다. 하 지만 자식은 부모 마음대로 주물러지는 무언가가 아니라 고유한 욕망과 필요를 지닌 존재들이다. 자식은 미래에 속해 있고 부모는 그 미래가 어 떤 세계인지를 알지 못한다. 우리는 자식의 미래를 통제하려다가 오히려 훼손시켜 버리는 부모들을 알고 있다.

해리스는 이 책을 집필한 목적이 '부모의 짐을 덜어주고자 함'에 있다고 썼다. 부모의 영향력을 과신하는 현대 사회의 크나큰 착각으로 인해 양육이 스트레스 쌓이는 부담스러운 일이 되어버렸다는 것이다. 하지만 나는 자식으로서 『양육가설』을 읽었고, 이 책을 통해 해방감을 느꼈다. 20대 초반에 갖은 심리적 혼란을 겪었던 나는 부모가 내 인생에서 결정적 존재가 아니라는 데에서 큰 위로와 격려를 얻었다. 그리고 오히려—자연히—부모님과의 관계도 한결 편안해졌다. 우리 모두는 부모이거나 자식이거나 또는 둘 다이다. 그래서 나는 기꺼이 모든 사람에게 이 책을 권하고 싶다.

미주

개정판 서문

1 이 첫 번째 어깨글자는 그냥 각주가 어떻게 표시되는지를 보여 주기 위한 예시이다. 어차피 여기까지 왔으니 한번 둘러보시길.

2 각종 리뷰와 논문, 찬반 언론의 전체 목록은 『양육가설』 웹사이트(judithrichharris.info/tna)에 있다. 아직 온라인으로도 접근 가능한 링크가 많이 있다. 관리자―내 남편―찰스 S. 해리스에게 메일을 보낼 수도 있다.

3 Pinker, 2002, pp. 381, 392-395.

4 "집단사회화 이론"이라는 용어는 『개성의 탄생No Two Alike』(Harris, 2006a)에서 제기한 확장판 이론에 대한 이름이 아니라, 『양육가설』에서 제기한 버전의 이론에 대한 것이다. 새로운 버전의 이론에 대해서는 적당한 이름을 떠올리지 못했다.

5 Nancy(2008)을 보라.

6 Tavris(1998)에서 인용한 C. Wade.

7 위너의 글은 온라인에서 확인할 수 있다(edge.org/q2005/q05_print.html&winner).

8 예를 들어 Begley(1998)에서 인용한 J. Gottman, J. Kagan, and W. Williams. 그리고 W. A. Collins, Maccoby, Steinberg, Hetherington, & Bornstein, 2000.

9 예를 들어 Bos, Sandfort, de Bruyn, & Hakvoort, 2008; Kochanska, Aksan, Prisco, & Adams, 2008; Sigelman & Rider, 2006.

10 예를 들어 Kochanska et al., 2008.

11 Oliwenstein, 2008, pp. 101, 105.

12 Grilo & Pogue-Geile, 1991; Keskitalo et al., 2008.

초판 서문

1 Harris, 1995, p.458.

2 Harris, Shaw, & Bates, 1979; Harris, Shaw, & Altom, 1985.

3 Waring, 1996, p. 76.

1. 양육은 환경과 같은 말이 아니다

1 Morton, 1998, p. 48.

2 Clinton, 1996.

3 Shakespeare: 『템페스트』(1611-1612), Act IV, Scene 1. Mulcaster: Gray(1994), 49쪽에서 인용.

4   Spock, 1968, p. 375(초판은 1946년에 출판됐다).

5   Watson, 1924, p. 104.

6   Watson, 1928.

7   나중에 알게 된 바로는 왓슨은 이 실험의 성공을 크게 과장했다. 『개성의 탄생』 5장을 보라.

8   Skinner, 1938.

9   보상의 부정적인 결과에 대해서는 Deci, 1971; Lepper, Greene, & Nisbett, 1973. 부정적인 결과가 없는 보상에 대해서는 Eisenberger & Cameron, 1996.

10   Goodenough, 1945, p. 656(초판은 1934년에 출판됐다).

11   Kellogg & Kellogg, 1933.

12   Gesell, 1940; Gesell & Ilg, 1943.

13   Maccoby, 1992, p. 108(원문에는 괄호 안에 참고문헌들이 표시되어 있다. 여기에서는 뺐다).

14   Glyn, 1970, p. 128.

15   Fraiberg, 1959, p. 135.

16   Martini, 1994.

2.   본성과 양육의 증거

1   Taubes, 1995.

2   Dishion, Duncan, Eddy, Fagot, & Fetrow, 1994.

3   0.19의 상관관계는 사실상 쓸모없는 것일지도 모르지만 그래도 설명이 필요한 수치다. 이 상관관계에 대해서는 4장에서 설명할 것이다.

4   Parke, Cassidy, Burkes, Carson, & Boyum, 1992, p. 114(강조는 원문). 분할정복 기술은 흔하게 활용된다. 예를 들어 Kochanska, Aksan, Prisco, & Adams(2008)을 보라.

5   Maccoby & Martin, 1983, p. 82.

6   Freedman, 1958; Scott & Fuller, 1965.

7   Pérusse, Neale, Heath, & Eaves, 1994; Rowe, 2002.

8   Plomin(1990)에서 행동유전학의 방법론을 잘 설명해주고 있다.

9   절반 정도의 차이에 대해서는 Bouchard, 1994; Plomin & Daniels, 1987; Tellegen, Lykken, Bouchard, Wilcox, Segal, & Rich, 1988. 더 정확히 말하면, 유전은 성격 특질의 측정 결과에 나타나는 **신뢰성 있는** 차이의 50퍼센트 정도를 설명한다. 신뢰성 있는 차이란 측정 오류(성격검사에서는 약 0.20 정도)를 제하고 남은 것이다. 성격 특질의 유전 가능성에 대한 측정 결과는 보통 0.50보다 0.40에 가깝다. 행동유전학 분석에서는 측정 오류로 인한 차이가 반대편, 즉 환경적 영향의 측정치에도 더해지기 때문이다. IQ 검사에서는 측정 오류가 더 낮다(약 0.10)IQ의 유전 가능성이 성격 특질보다 더 높게 계산되는 한 가지 이유는 바로 이것이다.

10   예를 들어 Plomin & Daiels, 1987; Scarr, 1993.

11   Bettelheim, 1959, 1967. 베텔하임에 대한 한 어머니의 반박은 Gold, 1997. 유전적 요인에 대해서는 Plomin, Owen, & McGuffin, 1994; Muhle, Trentacoste, & Rapin, 2004.

12   Rowe, 1981.

13   Plomin, McClearn, Pedersen, Nesselroade, & Bergeman, 1988; Hur & Bouchard, 1995.

14   Langlois, Ritter, Casey, & Sawin, 1995, p. 464.

15   Stavish, 1994; Saudino, 1997.

16   Kagan, 1989; Fox, 1989.

17   Bugental & Goodnow, 1998.

3 본성, 양육, 그리고 제3의 가능성

1 Bajak, 1986; Lykken, McGue, Tellegen, & Bouchard, 1992; L. Wright, 1995.

2 Bouchard, Lykken, McGue, Segal, & Tellegen, 1990; Plomin & Daniels, 1987; Tellegen, Lykken, Bouchard, Wilcox, Segal, & Rich, 1988.

3 Lykken et al., 1992.

4 2008년에 연구자들은 일란성 쌍둥이 사이에도 작은 유전적 차이가 존재함을 밝혔다(Bruder et al., 2008). 그 차이가 성격 차이에도 영향을 미치는지에 대해서는 더 지켜봐야 한다.

5 Loehlin & Nichols, 1976.

6 Plomin & Daniels, 1987.

7 Smetana, 1994, p. 21.

8 Plomin & Daniels, 1987; Plomin, Chipuer, & Neiderhiser, 1994; Plomin, Fulker, Corley, & DeFries, 1997.

9 이 발견은 오랫동안 굳건히 유지되어 왔다. 최근에 더 큰 규모로 행해진 연구에서는 공유된 환경이 성격에 미치는 영향이 "거의 없거나"(Bouchard & Loehlin, 2001, p. 252) "거의 희미했다."(Loehlin, Neiderhiser, & Reiss, 2003, p. 373) 연구 결과, 공유된 환경은 자존감에도(Kamakura, Ando, & Ono, 2007), 외로움에도(Boomsma, Willemsen, Dolan, Hawkley, & Cacioppo, 2005), 활동성 수준에도(Spinath, Wolf, Angleitner, Borkenau, & Riemann, 2002), 성격장애에도(Kendler, Myers, Torgersen, Neale, & Reichborn-Kjennerud, 2007) 영향을 미치지 않았다.

10 유해한 부모에 대해서는 Forward, 1989. 그 영향이라고 여겨지는 것에 대해서는 Myers, 1998, p. 112.

11 Maccoby & Martin, 1983, p. 82.

12 첫째가 원래의 지위를 잃는 것에 대해서는 Adler, 1927. 첫째는 다르게 다뤄진다는 점에 대해서는 Hoffman, 1991.

13 Bradshaw, 1988, pp. 33-35.

14 Dunn & Plomin, 1990, p. 85.

15 Ernst & Angst, 1983, p. x.

16 가족 크기와 사회경제적 수준을 통제하지 않은 연구에서는 거짓된 출생순서 효과들이 나타난다. 예를 들어 통제가 안 된 연구에서는 첫째들이 보통 더 성공한다는 결과가 나온다. 하지만 첫째가 더 크게 성공하는 까닭은 출생순서 때문이 아니라 첫째들이 가족 수가 적은 상류층 가정에 더 많기 때문이다(수가 적은 가족에는 동생들이 더 적다. 따라서 무작위적으로 동생을 하나 뽑는다면 그는 대가족 출신일 가능성이 높다. 첫째들은 소가족 출신일 가능성이 높고 소가족은 평균적으로 대가족에 비해 사회경제적 수준이 더 높다).

17 자녀가 셋 이상인 가족에서 동생들은 남성성이 더 낮은데 이런 결과는 우연이 아닌 것 같다. Blanchard(2001)을 보라.

18 Ernst & Angst, 1983, p. 284.

19 Sulloway, 1996.

20 Sulloway, 1996, p. 90.

21 Dunn & Plomin, 1990, pp. 63, 74-75; McHale, Croutet, McGuire, & Updegraff, 1995.

22 Jenkins, Rasbash, & O'Connor, 2003; Lancy, 2008.

23 Ernst & Angst, 1983, p. xi.

24 Harris & Liebert, 1991, pp. 322-325. 나는 이런 연구들이 지닌 문제점들을 지적했다.

25 Baumrind, 1967; Baumrind & Black, 1967.

26 여자아이들과 남자아이들의 차이에 대해서는 Baumrind, 1989. 백인 아이에게서만 발견되

는 부분에 대해서는 Darling & Steinberg, 1993.

27 중국계 미국인의 자녀 양육방식에 대해서는 Chao, 1994. 아시아계 미국인의 자녀 양육
    방식과 자녀의 특성에 대해서는 Dornbusch, Ritter, Leiderman, Roberts, & Fraleigh, 1987;
    Steinberg, Dornbusch, & Brown, 1992. 아프리카계 미국인의 자녀 양육방식과 자녀의 특성에
    대해서는 Deater-Deckard, Dodge, Bates, & Pettie, 1996.

28 Hoffman, 1989, p. 289.

29 Scarr, 1997b, p. 145. 그리고 Andersson(1992), Roggman, Langlois, Hubbs-Tait, & Rieser-
    Danner(1994)도 보라. 후속 연구에서는 다양한 결과들을 보여 주고 있다. 최근 큰 규모로 행
    해진 연구(Belsky et al., 2007)에서는 탁아 시설에서 더 오랜 시간을 보내는 아이들은 초등학
    교에서 더 공격성을 보인다는 점을 발견했다. 하지만 Hawley(2007)가 지적한 대로 "공격적
    인 자기 표현"—주도성을 빼앗기지 않으려 하는 성향—은 사회적 능력의 표현일 수도 있다.

30 Weisner, 1986.

31 Flaks, Ficher, Masterpasqua, & Joseph, 1995; Gottman, 1990; Patterson, 1992, 1994; Wainright,
    Russel, & Patterson, 2004.

32 유전자는 성적지향에 영향을 미친다. 하지만 새롭게 발견된 증거들(Längström, Rahman,
    Carlström, & Lichtenstein)에 의하면 동성애 성향의 유전 가능성은 남성들에게만 강하게 나
    타난다. 이 점이 동성 부모에게서 양육된 사람들 사이에서 동성애 비율이 더 높다는 분명한
    근거가 아직 보이지 않는 이유일지도 모른다. 지금까지 이러한 연구들의 참여자 대부분은
    레즈비언 커플의 자녀였다(예를 들어 Wainwright et al., 2004).

33 Gottlieb, 1995.

34 Golombok, Cook, Bish, & Murray, 1995.

35 Chan, Raboy, & Patterson, 1998.

36 Chen & Goldsmith, 1991; Falbo & Polit, 1986; Falbo & Poston, 1993; Meredith, Abbott, & Ming,
    1993; Veenhoven & Verkuyten, 1989; Yang, Ollendick, Dong, Xia, & Lin, 1995. 나는 자녀가 셋
    이내인 가정은 비교에서 배제했다. 작은 가족과 큰 가족 사이에는 사회경제적 수준을 비롯
    한 다른 여러 차이들이 있기 때문이다.

37 Rowe, 1994.

38 Bouchard, 1994, p. 1701.

39 10년이 지나도록 발달심리학자들은 조금씩 다른 방법론을 취하기는 하지만 어쨌든 여전
    히 가정의 요소에 집착하고 있다. W. A. Collis, Maccoby, Steinberg, Hetherington, & Born-
    stein(2000), Vandell(2000)을 보라. 나의 대답은 Harris, 2000c와 『개성의 탄생』의 3장을 보라.

4. 구분된 세계

1   Gruenberg, 1942, p. 181.

2   Coontz, 1992.

3   Thigpen & Cleckley, 1954. 1957년에 이 책을 토대로 동명의 영화가 나왔다.

4   James, 1890, p. 294(강조는 원문).

5   Carson, 1989.

6   James, 1890, p. 488.

7   Detterman, 1993.

8   이 실험들은 Rovee-Collier(1993)에 요약되어 있다. 아기들이 학습한 행동을 다른 맥락으로
    옮겨가지 못한다는 다른 증거들은 Adolph(2000)을 보라.

9   Kopp, 1989.

10 Garvey(1990) 38쪽을 보라.

11 Piaget, 1962.

12 Fein & Fryer, 1995a, p. 367.

13 Fein & Fryer, 1995b, pp. 401, 402.

14 Pelaez-Nogueras, Field, Cigales, Gonzalez, & Clasky, 1994, p. 358. 또한 Zimmerman & McDonald(1995)을 보라.

15 Goldsmith, 1996, p. 230; Fagot, 1995.

16 Abramovitch, Corter, Pepler, & Stanhope, 186, p. 228.

17 Stocker & Dunn, 1990, p. 239.

18 평등/불평등한 관계에 대해서는 Bugental & Goodnow, 1998. 갈등과 다툼이 더 자주 발생하는 경향에 대해서는 Volling, Youngblade, & Belsky, 1997.

19 Sulloway, 1996.

20 Ernst & Angst, 1983, pp. 167-171.

21 Abramovitch et al., 1986.

22 Rydell, Dahl, & Sundelin, 1995.

23 Dishion, Duncan, Eddy, Fagot, & Fetrow, 1994.

24 Bouchard, 1994; van den Oord, Boomsma, & Verhulst, 1994; Rebollo & Boomsma, 2006.

25 Saudino, 1997.

26 Burns & Farina, 1992.

27 Caspi, Elder, & Bem, 1987.

28 Pinker, 1994.

29 몬트리올의 영어 구사자 아이에 대해서는 Baron, 1992, p. 183. 핀란드의 스웨덴어 구사자 아이에 대해서는 P. Pollesello(1996. 3. 5) What is a native language?(alt.usage.english,sci,lang의 인터넷 뉴스).

30 Winitz, Gilespie, & Starcev, 1995.

31 Kolers, 1975, pp. 195, 190(원래는 1968년에 출판됐다).

32 A. Fletcher(1996. 12. 31), A word misspoken(rec.humor,funny의 인터넷 글).

33 Levin & Garrett, 1990; Levin & Novak, 1991.

34 Roth, 1967, p. 107.

35 한국어를 사용하는 부모에 대해서는 Lee, 1995, p. 167. 이디시어를 사용하는 부모에 대해서는 Meyerhoff, 1978, p. 43.

36 Mar, 1995, p. 50.

37 Sastry, 1996, p. AA5.

38 아이의 일에 대해서는 Snow, 1991. 언어를 배우기 전의 아이에 대해서는 Pinker, 1994, p. 40. 언어발달이 지체된 듯 보이는 두 살배기 아기에 대해서는 Kagan, 1978.

39 Herodotus, 440 B.C.E., Book 2.

40 유창한 영어 사용에 대해서는 Lenneberg, 1972. 질문을 공격적이라고 느낀다는 부분에 대해서는 Preston, 1994.

41 소꿉놀이에 대해서는 Garvey, 1990, pp. 88. 엄마가 의사인 여자아이에 대해서는 Maccoby & Jacklin, 1974, p. 364.

42 Opie & Opie, 1969, p. 305.

43 Barry, 1996.

44 Hartshorne & May, 1928.

45 Council, 1993, p. 31.

46 이런 문제 행동은 때로 데이터 깊은 곳에 묻혀 있기도 하다. 예를 들어 저명한 두 연구자가 부모의 이혼과 재혼이 자녀에게 미치는 영향을 연구한 글(Hetherington & Clingempeel, 1992)을 면밀히 살펴보라. 부정적 영향력은 대부분 집 안에서 인터뷰한 부모나 양부모 또는 아이들 자신의 답변에서 나타난다. 교사 세 사람이 아이가 학교에서 보이는 행동에 대해 답한 결과에서는 이혼 후 재혼한 부모의 아이들과 이혼하지 않은 부모의 아이들 간에 차이가 보고되지 않았다(p. 60). 부모가 이혼한 후 재혼하지 않은 경우에는 교사 한 명의 응답에서 아이들이 문제 행동의 징후를 더 많이 보이는 것으로 나타났다. 하지만 다른 교사의 응답에서는 그런 차이가 나타나지 않았고, 세 번째 교사의 응답은 데이터에서 빠져 있다(p. 58).

47 부모가 자녀를 어떻게 대하는지를 묻는 질문이 청소년들에게 자신의 행동에 대해 답하도록 하는 바로 그 설문지에도 들어가 있기도 하다. 예를 들어 Steinberg, Dornbusch, & Brown(1992) 725쪽을 보라.

48 Patterson & Yoerger, 1991.

49 부모의 편애의 영향에 대해서는 Brody & Stoneman, 1994l Stocker, Dunn, & plomin, 1989. 평생 지속된다는 부분에 대해서는 Bedford, 1992.

5. 다른 시간, 다른 곳에서

1   Minturn & Hitchcock, 1963, p. 288.

2   Minturn & Hitchcock. 1963, p. 317.

3   Dencik, 1989, pp. 155-156.

4   Hareven, 1985, p. 20.

5   Dencik, 1989; Fine, 1981.

6   Jacobs & Davies, 1981.

7   Rybczynski, 1986.

8   Eibl-Eibesfeldt, 1989. 앞의 각주에 실린 인용은 600쪽에 있다.

9   Anders & Taylor, 1994.

10   Morelli, Rogoff, Oppenheim, & Goldsmith, 1992, p. 608.

11   Schor, 1992, p. 92.

12   사적 공간으로서의 가정에 대해서는 Jacobs & Davies, 1991. 더 많은 아이들이 살아남은 것에 대해서는 Hareven, 1985.

13   Schütze, 1987.

14   Moran & Vinovskis(1985) 26쪽에서 인용.

15   영국 아이들의 식사에 관해서는 Glyn, 1970. Dr Holt and Dr, Spock; Hulbet, 1996, p. 84.

16   Schütze(1987) 51쪽에 인용된 Lewald(1871).

17   Schütze, 1987, p. 52.

18   Watson, 1928, pp. 81-82.

19   Schütze, 1987, pp. 56. 각주에 실린 헤처의 인용은 Schütze, 58쪽에 있다.

20   Ambert, 1994b; Sommerfeld, 1989.

21   Neifert, 1991, p. 77(강조는 원문).

22   Klaus & Kennell, 1976.

23   Schütze, 1987, p. 73.

24   Eyer(1992) 42-43쪽에 인용된 Jolly(1978).

25   Eyer, 1992, pp. 3-4.

26   Klopfer, 1971.

27 Crossette, 1996.

28 Trevatthan, 1993.

29 Morelli, Winn, & Tronick, 1987, p. 16.

30 Sommerfeld, 1989.

31 LeVine & B. LeVine, 1963, p. 141.

32 LeVine & B. LeVine, 1988.

33 Eibl-Eibesfeldt, 1989, p. 194; Pinker, 1997, pp. 443-444.

34 Eibl-Eibesfeldt, 1989; LeVine & B. LeVine, 1963; Whiting & Edwards, 1988.

35 Youniss, 1992.

36 Eibl-Eibesfeldt, 1989, p. 600-601.

37 오키나와에 대해서는 Maretzki & Maretzki, 1963. 아프리카 마을에 대해서는 LeVine & B. LeVine, 1963.

38 Whiting & Edwards, 1988.

39 Goodall, 1986, p. 282.

40 Whiting & Edwards, 1988.

41 Edwards, 1992.

42 Greenfield & Childs(1991) 150쪽에 인용된 Turok(1972).

43 Rogoff, Mistry, Göncü , & Mosier, 1993.

6. 인간의 본성

1 Kellogg & Kellogg, 1933, pp. 69, 149.

2 Kellogg & Kellogg, 1933.

3 de Waal, 1989, p. 36.

4 Kellogg & Kellogg, 1933, p. 141.

5 Fenson, Dale, Reznick, Bates, Thal, & Pethick, 1994. 도널드가 의대를 졸업했다는 사실(각주에 실렸다)은 1996년 9월 13일에 L. T. 벤저민으로부터 개인적으로 알게 되었다.

6 Astington, 1993; Leslie, 1994; Perner, 1991; Wellman, 1990. "마음이론"이라는 용어는 Premack & Woodruff(1978)에서 처음 사용되었다. 그들은 **침팬지**의 인지에 대해 흥미로운 몇 가지 질문을 제기하기 위해 이 용어를 사용했다.

7 Klinnert, 1984; Sorce, Emde, Campos, & Klinnert, 1985.

8 Eibl-Eibesfeldt, 1995.

9 인간의 경우에 가리키는 행위에 대해서는 Baron-Cohen, Campbell, Karmiloff-Smith, Grant, & Walker, 1995. 침팬지의 경우에 대해서는 Tomasello, 1995.

10 Terrace, 1985, p. 1022. 테라스는 침팬지가 수화 **단어**는 배울 수 있으나 온전한 수화 **문장**은 만들 수 없다고 결론지었다.

11 Baron-Cohen, 1995; Baron-Cohen et al., 1995.

12 Karmiloff-Smith, Klima, Bellugi, Grant, & Baron-Cohen, 1995.

13 Goodall, 1986.

14 승자가 베푸는 용서에 대해서는 de Wall, 1989. 암컷을 독점하려 하는 수컷에 대해서는 Wrang-ham & Petersen, 1996. 수컷들이 순서대로 돌아가는 일에 대해서는 Goodall, 1986, p. 443.

15 Goodall, 1988, p. 222. 구달은 말한다. "휴고와 나는 가서 소아마비 침팬지 앞에 섰다. 다행스럽게도 나타났던 침팬지는 옆으로 비켜섰다."(휴고 반 라윅은 구달의 책이 실린 인상깊은

사진들을 찍었던 사진가다).

16 Russell, 1993.

17 Goodall, 1986, p. 331.

18 Goodall, 1986, p. 506.

19 『여호수아』 6:22-25.

20 Montagu, 1976, p. 59. 그는 줄리안 헉슬리를 인용했다.

21 Pinker, 1994.

22 Goodall, 1984, p. 531.

23 Darwin, 1871, p. 480.

24 전쟁의 고고학적 자료에 대해서는 Keely, 1996. 인류 이전의 유산에 대해서는 Diamond, 1992b, p. 297.

25 Wrangham & Peterson, 1996.

26 Diamond, 1992b, p. 294.

27 Darwin, 1871, p. 481.

28 혈육 이론에 의하면, 한 인간이 자신의 생명을 내던짐으로써 둘 이상의 자녀 또는 형제(유전자의 50퍼센트를 공유하는 사람들)를 구하거나 8명 이상의 사촌을 구할 수 있다면(유전자의 12.5퍼센트를 공유하는 사람들) 그렇게 하는 것이 합리적이다. Pinker(1997) 398-402쪽을 보라.

29 Dawkins, 1976, p. 3. 나중에 도킨스는 이 말을 했던 것을 후회했다. 『이기적 유전자』의 30쇄 기념판에서 그는 "관용과 이타주의를 가르치는 것에는 잘못된 게 없다. 하지만 '타고나기를 이기적이다'라는 표현은 오해의 여지가 있다"라고 말한다(2006, p. ix).

30 Cosmides & Tooby, 1972; Pinker, 1997, pp. 403-405.

31 Goodall, 1986, p. 531.

32 여기에서 말하는 기간은 고인류학 문헌들을 읽고 알게 된 것으로 정확한 시간이 아니다. 예를 들어 "600만 년"이라고 할 때 이는 수백만 년의 시간이 소요됨을 가리킨다. 이 장에서 정리하고 있는 인류 진화의 이론은 1998년에 활용할 수 있는 데이터에 가장 잘 들어맞는 것이었다. 그 이후로 사정은 더 복잡해졌지만 기본 틀은 크게 바뀌지 않았다.

33 침팬지들이 공유하는 DNA에 대해서는 Culotta, 2005. 서로 다른 두 종의 새가 공유하는 DNA에 대해서는 Diamond, 1992b.

34 Holden, 1995; Torbus & Sliwa, 2002.

35 Diamond, 1992b, p. 32; M. Harris, 1989, p. 64.

36 de Wall, 1989, p. 247에서 인용.

37 『여호수아』 10장 24-26절.

38 Eibl-Eibesfeldt, 1989, p. 323.

39 Eibl-Eibesfeldt, 1989, p. 256.

40 Gould, 1980.

41 Parker, 1996.

42 Eibl-Eibesfeldt, 1995, p. 260-261.

43 Diamond, 1992b, p. 229.

44 〈의학 가설〉에 실린 논문(Harris, 2006b)에서 나는 인간의 털 없음에 관한 이론을 더 다듬었다.

45 Diamond, 1992b, p. 43.

46 『여호수아』 8:1-29.

47 Dunbar, 1993.

48   『여호수아』 5:13

49   Goodall, 1986, p. 579.

50   de Waal, 1989, p. 43.

51   Povinelli & Eddy, 1996.

52   Caporael, 1986.

53   Preston, 1994.

54   Rowe, 1994.

55   Chagnon, 1992, p. 177.

56   Trivers, 1985, p. 159.

57   Sulloway, 1996, p. 61.

58   Goodall, 1986, pp. 176-177.

7.   우리 대 그들

1   Golding, 1954.

2   Whiting & Edwards, 1988.

3   Montagu, 1967.

4   Golding, 1954, p. 242.

5   Darwin, 1871, pp. 440-481(강조는 나중에 추가했다).

6   Sherif, harvey, White, Hood, & Sherif, 1961.

7   Sherif et al., 1961, p. 78.

8   Tajfel, 1970, p. 96.

9   Sherif et al., 1961, p. 76.

10   Golding, 1954, p. 18.

11   Glyn, 1970; Hibbert, 1987.

12   Sherif et al., 1961, p. 104.

13   Hayakawa, 1964, p. 216.

14   범주화의 장점에 대해서는 Pinker, 1997. 범주화의 위험성에 대해서는 Hayakawa, 1964, p. 220.

15   Pinker, 1994; Rosch, 1978.

16   Roitblat & von Fersen, 1992; Wasserman, 1993.

17   아기들의 범주화 능력에 대해서는 Eimas & Quinn, 1994. 아기들의 개념 형성에 대해서는 Mandler, 1992. 아기를 과소평가한 부분에 대해서는 Piaget, 1952.

18   아기들의 범주화 기술에 대해서는 Eimas & Quinn, 1994; Mandler & McDonough, 1993; Levy & Haaf, 1994; Leinbach & Fagot, 어른과 아이의 얼굴 차이에 대해서는 Bigelow, MacLean, Wood, & Smith, 1990; Brooks & Lewis, 1976.

19   Fiske, 1992.

20   Hayakawa, 1974, p. 217.

21   Krueger, 1992; Krueger & Clement, 1994.

22   Wilder, 1986.

23   남자아이들의 욕하는 습관에 대해서는 Fine, 1986.

24   Sherif et al., 1961, p. 106.

25   튀어나온 못에 대해서는 WuDunn, 1996. 순응 압력이 없는 십대에 대해서는 Lightfoot, 1992.

26   Asch, 1987, pp. 462, 464(원래는 1952년에 출판됐다).

27 Stone & Church, 1957, p. 207.

28 Sherif et al., 1961. 집단의 익살꾼에 대해서는 p. 78. "노출광"에 대해서는 p. 92.

29 Chagnon, 1988, p. 988.

30 Diamond, 1992a, p. 107.

31 "애리조나에서 큰부리앵무새를 자연으로 돌려보내려던 노력이 결국 실패하다", 1995.

32 Turner, 1987.

33 Turner, 1987.

34 Dawkins, 1976.

35 Pfennig & Sherman, 1995.

36 Bem, 1996.

37 Diamond, 1992b, p. 102; O'Leary & Smith, 1991.

38 Hartup, 1983.

39 Segal, 1993.

40 Goodall, 1988.

41 Turner, 1987.

42 터너는 현저성의 수수께끼를 완전히 풀지 못했다. 터너의 대답이 우리가 사람들을 우리에게 현저한 특정 사회적 범주로 구분하는 이유를 설명해주지 못하기 때문이다. '주근깨가 있는 사람'과 '주근깨가 없는 사람'으로 나누는 건 왜 안 돼? "이름이 긴 사람"과 "이름이 짧은 사람"은? 이론적으로는 사람들과 우리 스스로를 범주화하는 방식에는 한계가 없다. 스티븐 핑커는 "유사성"으로 이 문제를 다루고 있다. 그리고 유사성에 대한 우리의 감각은 분명 타고난 것이라는 결론에 도달한다. 이는 사회범주에 있어서도 마찬가지다. 우리는 사람들을 특정한 방식으로, 특히 나이와 성별로 범주화하는 경향이 있다.

43 준거 집단에 대해서는 Shibutani, 1955. 심리적 집단에 대해서는 Turner, 1987, pp. 1-2.

44 de Waal, 1989, p. 1.

45 de Waal, 1989, p. 267.

46 Eibl-Eibesfeldt, 1989, p. 596.

47 Wilder, 1971(원래는 1935년에 출판됐다).

48 Turner, 1987, pp 1-2.

49 나중에 나는 사회화와 성격 발달을 구분해야 할 필요성을 깨달았다. 집단사회화 이론은 전자를 설명해주지만 후자에 대해서는 그렇지 못하다. 『개성의 탄생』에서 나는 성격 발달에 대한 새로운 이론을 제안한다. 이 이론에서는 동화와 차별화라는 상반된 과정이 어떻게 동시에 발생하는지를 설명한다.

50 Einstein, 1991, p. 40(원래는 1950년에 출판됐다).

8. 아이들 무리에서

1 Edwards, 1992; Fagen, 1993; Goodall, 1986; Kellogg & Kellogg, 1933; Napier & Napier, 1985.

2 Eckerman & Didow, 1988.

3 Ainsworth, 1977, p. 59.

4 Goodall, 1986, p.275.

5 Eibl-Eibesfeldt, 1995.

6 유인원이 어미를 떠나는 것에 대해서는 Goodall, 1986, p. 166. 인간의 경우에는 Leach, 1972; McGrew, 1972.

7 Ainsworth,1977;Ainsworth, Blehar, Waters, & Wall, 1978. 애착 연구에 대한 정리 내용은

Rubin, Bukowski, & Parker(1998)을 보라.

8   Egeland & Sroufe, 1981.

9   Ainsworth et al., 1978; Belsky, Rovine, & Taylor, 1984; Sroufe, 1985.

10   Bowlby, 1969, 1973. Bretherton, 1985; Main, Kaplan, & Cassidy, 1985.도 보라.

11   안정 애착과 또래 관계에 대해서는 Erickson, Sroufe, & Egeland, 1985; LaFreniere & Sroufe, 1985; Pastor, 1981. 문제해결에 대해서는 Matas, Arend, & Sroufe, 1978. 반대되는 결과에 대해서는 Howes, Matheson, & Hamilton, 1994; Youngblade, Park, & Belsky, 1993.

12   Lamb & Nash, 1989, p. 240.

13   Fox, Kimmerly, & Schafer, 1991; Main & Weston, 1981; Goossens & van IJzendoorn, 1990.

14   Ge et al., 1996; Jacobson & Wille, 1986; Scarr & McCartney, 1983.

15   뇌의 발달에 대해서는 Tanner, 1978. 시각 체계의 발달에 대해서는 Mitchell, 1980.

16   어미가 없는 원숭이에 대해서는 Harlow & Harlow, 1962. 또래와 자란 원숭이에 대해서는 Harlow & Harlow, 1962; Suomi & Harlow, 1975. 수오미(1997)에 의하면 어미 없이 또래와 자란 원숭이들에게는 미묘한 행동적 결핍이 있었다. 즉, 이런 원숭이들과 정상적인 조건에 자란 원숭이들 사이에 통계적 차이가 있었다는 것이다. 하지만 중요한 점은 어미 없이 또래와 자란 원숭이들이 원숭이의 정상적인 행동 범위 안에 놓인다는 것이다. 수오미의 원숭이에 대해서는 『개성의 탄생』에서 많이 이야기했다.

17   Harlow & Harlow, 1962, p. 146.

18   Freud & Dann, 1967, pp. 497-500(원래는 1951년에 출판됐다).

19   Hartup, 1983, pp. 157-158.

20   Kaler & Freeman, 1994, p.778. See also Dontas, Maratos, Fafoutis, & Karangelis, 1985.

21   Holden, 1996; Rutter, 1979.

22   Wolff, Tesfai, Egasso, & Aradom, 1995, p. 633.

23   Maunders, 1994, pp. 393, 399.

24   인적이 드문 농장에서 자란 아이에 대해서는 Parker, Rubin, Price, & DeRosier, 1995., 만성적 신체 장애를 가진 아이에 대해서는 Ireys, Werthamer-Larsson, Kolodner, & Gross, 1994, p. 205; Pless & Nolan, 1991.

25   Winner, 1997.

26   Montour, 1977, p.271; Primus IV, 1998, p.80.

27   빅터의 이야기는 Lane(1976)을 보라, 지니의 이야기는 Rymer(1993)을 보라.

28   Koluchov , 1972, 1976. 병리학적 증후가 없다는 점에 대해서는 1976, p.182.

29   아기가 아기를 모방하는 점에 대해서는 Eckerman & Didow, 1996; Eckerman, Davis, & Didow, 1989. 아기가 침팬지를 모방하는 점에 대해서는 Kellogg & Kellogg, 1933.

30   두 살 반 아이의 놀이 발달에 대해서는 Eckerman & Didow, 1996. 세 살의 경우에는 GÖncü& Kessel, 1988; Howes, 1985.

31   특정 또래에 대한 아이의 선호에 대해서는 Howes, 1987; Strayer & Santos, 1996; Rubin et al., 1998. 동갑내기 또래에 대해서는 Bailey, McWilliam, Ware, & Burchinal, 1993. 같은 성별의 또래에 대해서는 Maccoby & Jacklin, 1987; Strayer & Santos, 1996.

32   동갑내기가 드문 아이에 대해서는 Edwards, 1992; Konner, 1972; Smith, 1988. 나이 많은 아이들이 따로 집단을 형성하는 부분에 대해서는 Edwards, 1992.

33   형들이 동생들을 가르치는 점에 대해서는 Eibl-Eibesfeldt, 1989. 때리고 놀리는 부분에 대해서는 Martini,1994; Nydegger & Nydegger, 1963. 심한 싸움이 별로 일어나지 않는다는 점에 대해서는 Edwards, 1992; Konner, 1972; Martini, 1994. 자기들끼리 놀 때 싸움을 덜한다는 점에 대해서는 Lore & Schultz, 1993; Opie & Opie, 1969.

34 아이들이 말을 시작한다는 점에 대해서는 Kagan, 1978; Zukow, 1989. 대화 상대자에 대해서는 McDonald, Sigman, Espinosa, & Neumann, 1994; Rogoff, Mistry, Göncü, & Mosier, 1993.

35 Maretzki & Maretzki, 1963; Youniss, 1992.

36 Eibl-Eibesfeldt, 1989, p. 600.

37 오키나와 아이에 대해서는 Maretzki & Maretzki, 1963. 취옹의 아이들에 대해서는 Howell, 1988, pp. 160, 162.

38 Archer, 1992b, p. 77.

39 Mitani, Hasegawa, Gros-Louis, Marler, & Byrne, 1992.

40 Fry, 1988, p.1016. "라파스"와 "산안드레스"는 연구자가 이 마을들에 붙인 가상의 이름이다.

41 Harris & Liebert, 1991, p.95.

42 Martini, 1994.

43 Chagnon, 1992; Valero, 1970.

44 선택적인 모방에 대해서는 Jacklin, 1989; Perry & Bussey, 1984. 독일어를 말하지 않기로 한 아이에 대해서는 T. A. Kindermann, personal communication, August 9, 1995.

45 역할 놀이가 흔하지 않은 사회에 대해서는 LeVine & B. LeVine, 1963; Martini,1994; Pan, 1994. 어느 사회에서나 어린 여자아이는 진흙 파이를 만들어서 그걸 음식인양 연기하지만. 소꿉놀이는 그 이상이다. 소꿉놀이는 공통의 판타지 속에서 다른 성격으로 행동하고 다른 목소리로 말하고 다른 역할을 연기하는 일을 가리킨다. 진흙 파이는 보편적이지만, 소꿉놀이는 그렇지 않다.

46 Maclean, 1977.

47 도널드가 구아를 모방하는 점에 대해서는 Kellogg & Kellogg, 1933. 아이가 형을 모방하는 점에 대해서는 Brody, Stoneman, MacKinnon, & MacKinnon, 1985; Edwards, 1992; Zukow, 1989.

48 유기체에게는 보상이 필요하다는 점에 대해서는 Skinner, 1938. 아이들의 관찰 학습에 대해서는 Bandura & Walters, 1963; Rogoff et al., 1993.

49 Birch, 1987.

50 Baron, 1992, p. 181.

51 집단성에 대해서는 Tajfel, 1970. 그 특징에 대해서는 Turner, 1987.

52 Farah, 1992; Pinker, 1997; Rao, Rainer, & Miller, 1997.

53 나중에 나는 사회적 모듈에 서로 다른 세 가지 영역의 존재한다는 것을 깨달았다. 여기에서 "집단성"이라고 부르는 그 두 번째 영역이 사회화를 담당한다. 세 번째 영역은 『개성의 탄생』에서 설명한다. 둘 다 성격의 변화에 일정 역할을 하지만 세 번째 영역이 중심이다.

54 Scott, 1987.

55 자기가 여자라는 걸 아는 세 살 아이에 대해서는 Ruble & Martin, 1998. 인종은 중요치 않다는 점에 대해서는 Stevenson & Stevenson, 1960.

56 집단사회화 이론에 대해서는 Harris, 1995. 아이들에게 행해지는 것에 대해서는 Corsaro, 1997.

57 Adler, Kless, & Adler, 1992; Readdick, Grise, Heitmeyer, & Furst, 1996.

58 Reich, 1986, p.306.

59 Eibl-Eibesfeldt, 1989.

60 사람들 집단과 사회범주의 차이에 대해서는 Merten, 1996b, p. 40. 심리적 집단에 대해서는 Turner, 1987, p. 1.

61 "Daja Meston '96," 1995, p. 5.

62 Bagwell, Newcomb, & Bukowski, 1998. 5학년 아이에게 있어 친구를 사귄다는 점은 "식구들

과의 긍정적인 관계를 예측하게 해주는 유일한 요인이다."(p. 150). 우정과 집단에 의한 수용 및 거부는 서로 독립적으로 작용하는 것으로 보이며 이는 집단사회화 이론이 예측한 대로다.

63 우정과 또래집단 내 지위에 대해서는 Bukowski, Pizzamiglio, Newcomb, & Hoza, 1996; Parker & Asher, 1993. 친구는 보통 같은 또래집단의 일원이라는 점에 대해서는 Hallinan, 1992.

64 Edwards, 1992; Maccoby & Jacklin, 1987; Strayer & Santos, 1996.

65 자기 범주화와 같은 성별을 향한 선호에 대해서는 Alexander & Hines, 1994; Powlishta, 1995a.

66 T. A. Kindermann, personal communication, January 22, 1997.

67 S. M. Bellovin(1989, November 18). Toys and sexual stereotypes(Netnews posting in misc. kids).

68 Maccoby & Jacklin, 1974, P. 363.

69 상대 성별에 대한 태도에 대해서는 Sroufe, Bennet, Englund, & Urban, 1993; Thorne, 1993. 처벌에 대한 11살 여자아이의 설명은 Maccoby & Jacklin, 1987, P. 245

70 Hallinan & Teixeira, 1987; Hartup, 1983.

71 Schofield, 1981, p. 63.

72 Dencik,1989; Eisenberg, Fabes, Bernzweig, Karbon, Poulin, & Hanish, 1993; Hubbard & Coie, 1994.

73 Kerr, Lambert, Stattin, & Klackenberg-Larsson, 1994.

74 남녀 합반을 하면 서로를 싫어하게 된다는 점에 대해서는 Hayden-Thomson, Rubin, & Hymel, 1987. 남자아이들이 같은 반 여자아이들 전부를 싫어한다는 점에 대해서는 Bigler, 1995, p. 1083.

75 Smart & Smart, 1978, pp. 198-200; Smith, Snow, Ironsmith, & Poteat, 1993.

76 Corsaro, 1993, p.360.

77 7세 무렵의 인지 발달에 대해서는 Piaget & Inhelder, 1969. 그 무렵 집을 떠나는 것에 대해서는 Rybczynski, 1986; Schor, 1992.

78 이 문제에 관한 나의 대답은 Turner(1987)에 근거하고 있었다. 『개성의 탄생』에서는 다른 대답을 제기한다.

79 "우리"와 "나" 사이를 왔다 갔다 하는 것에 대해서는 Turner, 1987. 차별화의 방법을 찾는 것에 대해서는 Tesser, 1988. "개인주의적"(Triandis, 1994)이라고 하는 서구 문화권 사람들은 더 전통적인 문화권 사람들에 비해(터너의 말로 표현하면) 연속선상의 "나" 쪽에 더 가깝게 있는 경향이 있다.

80 Adler, Kless, & Adler, 1992; Maccoby & Jacklin, 1987; Maccoby, 1990; Tannen, 1990.

81 Sherif et al., 1961, p.77.

82 리더를 만드는 요인에 대해서는 Bennett & Derevensky, 1995; Masten, 1986; Hartup, 1983. 공격적인 아이는 인기가 없다는 점에 대해서는 Hayes, Gershman, & Halteman, 1996; Newcomb, Bukowski, & Pattee, 1993; Parker et al., 1995. 공격적인 아이가 늘 인기없는 건 아니라는 점에 대해서는 Bierman, Smoot, & Aumiller, 1993; Hawley, 2007. 멋대로 아무데나 분풀이를 하는 아이에 대해서는 Caspi, Elder, & Bern, 1987.

83 Chance & Larsen, 1976; Hold, 1977. 안타깝게도 "주목 구조"라는 용어는 자리를 잡지 못했다. 1998년부터는 "지배 위계"가 다시 쓰이고 있다.

84 Eckert, Tannen, 1990, p.218에서 인용

85 Savin-Williams, 1979; Weisfeld & Billings, 1988. 이는 남자아이들의 경우에 특히 그렇다. 성숙이 빠른 여자아이가 동갑 친구들 사이에서 늘 높은 지위를 차지하지는 않는다. 내가 보

기에 그 이유는 일찍 성숙한 여아아이들이 더 몸무게도 많이 나가는 경우가 많으며(Frisch, 1988) 우리 사회에서는 과체중인 사람이 낮은 지위에 머무는 경향이 있기 때문이다. 여자아이들을 대상으로 한 연구에서 BMI(체질량 지수)를 통제한다면 아마 남자아이들의 경우에서 발견되는 성숙함과 지위의 상관관계가 여자아이들에게도 나타나리라고 예상된다.

86　어린 수컷 침팬지가 형들을 찾는다는 점에 대해서는 Goodall, 1986. 어린 남자아이들이 형들을 찾는다는 점에 대해서는 Whiting & Edwards, 1988.

87　나이가 많은 아이들이 높은 지위를 차지한다는 점에 대해서는 Edwards, 1992, 지위가 낮은 아이들은 더 어린 아이를 친구로 사귄다는 점에 대해서는 Ladd, 1983.

88　Bennett & Derevensky, 1995; Parker et al.,1995.

89　Hartup, 1983; Parker & Asher, 1987.

90　Brooks-Gunn & Warren, 1988; Jones & Bayley, 1950; Richman, Gordon, Tegtmeyer, Crouthamel, & Post, 1986; Stabler, Clopper, Siegel, Stoppani, Compton, & Underwood, 1994; Young-Hyman, 1986.

91　Jones, 1957. See also Dean, McTaggart, Fish, & Friesen, 1986; Mitchell, Libber, Johanson, Plotnick, Joyce, Migeon, & Blizzard, 1986.

92　Coie & Cillessen, 1993; Parker et al.,1995.

93　Omark & Edelman, 1976. Harter, 1983; Newman & Ruble, 1988; Perry & Bussey, 1984; Stipek, 1992.도 보라.

94　Festinger, 1954; Stipek, 1992. "사회적 비교"는 페스팅어의 용어다.

95　Burns, "To a Louse," 1786. 번즈의 시는 한 아가씨의 모자 위를 기어다니는 루이즈(벌레)를 보고 쓴 것이다. 정말로

96　낯섦을 싫어하는 침팬지에 대해서는 Goodall, 1988. 아이들의 경우에 대해서는 K. Diamond, LeFurgy, & Blass, 1993; Hayes et al., 1996.

97　나이가 많을수록 아이들은 더 동질적인 집단으로 나뉜다는 점에 대해서는 Hallinan & Teixeira, 1987; Hartup, 1983. 패거리를 만든다는 점에 대해서는 Parker et al., 1995. 패거리의 구성원들이 서로 더 닮아간다는 점에 대해서는 Cairns, Neckerman, & Cairns, 1989; Kindermann, 1995.

98　Kindermann, 1993.

99　『마태복음』 13:12

9.　문화의 전달

1　Mead, 1959, p. vii.

2　Fry, 1988.

3　Mead, 1963, p. 56(원래는 1935년에 출판됐다).

4　Mead, 1963, p. 164.

5　아라페시족의 전쟁에 대해서는 Daly & Wilson, 1988. 호전적인 사람들이 자기 자식에게 상냥하다는 점에 대해서는 Eibl-Eibesfeldt, 1989. 야노마모족에 대해서는 Chagnon, 1992.

6　Ghodsian-Carpey & Baker, 1987; Gottesman, Goldsmith, & Carey,1997 ; van den Oord, Boomsma, & Verhulst, 1994.

7　자식이 배나 많다는 점에 대해서는 Chagnon, 1988. 체계적으로 전사를 키워낸다는 점에 대해서는 Cairns, Gariepy, & Hood, 1990. 이에 따르면 네다섯 세대에 걸쳐 선택적으로 교배를 하면 공격성이 눈에 띄게 차이나는 쥐의 계통을 만들어낼 수 있다.

8　Chagnon, 1992; 이런 옷차림의 불편함에 대해서는 p.86. 야노마모족의 남자들은 허리띠와

끈 하나 외에는 아무것도 입지 않는다.

9 맞은 만큼 때리라는 부분은 Eibl-Eibesfeldt, 1989. 장난으로라도 싸우는 건 안 된다는 점에 대해서는 Fry, 1988.

10 Parks, 1995, p. 15.

11 Parks, 1995, p. 175.

12 Reader, 1988, pp. 215, 214.

13 LaFromboise, Coleman, & Gerton, 1993.

14 Ungar, 1995, p. 49.

15 흑인 영어에 대해서는 Baron, 1992. 포르투갈어에 대해서는 Ferreira, 1996.

16 Hayakawa, 1964, p. 217.

17 LaFromboise et al.(1993)에 인용된 Polgar(1960).

18 Schaller, 1991, p. 90.

19 Schaller, 1991, p. 90.

20 청각장애인 문화에 대한 긍정적인 관점에 대해서는 Padden & Humphries(1988)을 보라. 부정적인 관점에 대해서는 Bertling(1994)을 보라.

21 Umbel, Pearson, Ferndndez, & Oiler, 1992, p. 1013.

22 예를 들어 Sidransky(1990) 63쪽을 보라.

23 Schaller, 1991, p. 191.

24 Sacks, 1989.

25 이 기적에 대한 설명으로는 Pinker(1994)을 보라.

26 A. Senghas, 1995; Kegl, Senghas, & Coppola, 1999.

27 A. Senghas, 1995, p. 502-503.

28 Bickerton, 1983.

29 『창세기』 11:1-9

30 Bickerton, 1983, p. 119.

31 R. Senghas & Kegl, 1994.

32 집단사회화 이론에서는 어째서 다른 문화 속에서 자라난 사람들이 어느 정도 서로 다른 성격을 갖게 되는지를 설명하나. 하지만 문화 내에 존재하는 성격 차이에 대해서는 충분한 설명을 제공하지 못한다는 점을 나는 나중에 깨달았다. 이것이 내가 다음 책을 썼던 이유다.

33 이 분석은 Zimbardo(1993, 원래는 1972년에 출판됐다)의 교도관과 죄수 실험에서 영감을 받았다.

34 죄수의 문화에 대해서는 Goffman, 1961, Chapter1; Minton, 1971, pp.31-32. 교도관을 속이는 일에 대해서는 Goffman, 1961, pp. 54-60.

35 Corsaro, 1997, pp. 42, 140.

36 Corsaro, 1985.

37 LeVine & B. LeVine, 1963.

38 Opie & Opie, 1969, pp. 7, 1, 5-6.

39 Sherif et al.(1961) 7장을 보라.

40 deMarrais, Nelson, & Baker, 1994.

41 Napier & Napier, 1985.

42 Glyn, 1970, pp. 128, 129, 135, 150. 웰링턴 경의 말로 알려진 것은 사실이 아닐지도 모른다. 웰링턴 경이 이튼에 다녔고 이후로 여러 차례 방문한 것은 사실이다.

43 Schaller, 1991, p. 90.

44 Golding, 1954.

45 영국 상류층에 대해서는 Glyn, 1970, p. 142. 야노마모족의 걱정에 대해서는 Chagnon, 1992; Eibl-Eibesfeldt, 1989.

46 Parks, 1995, pp. 63-64, 175.

47 Lewald, 1871, Schütze(1987) 51쪽에서 인용.

48 Council on Scientific Affairs, 1995.

49 LeVine & B. LeVine, 1963; LeVine & S. LeVine, 1988, p. 32.

50 Howrigan, 1988, p. 48.

51 부유한 가정에서의 모유 수유에 대해서는 Bee, Baranowski, Rassin, Richardson, &Mikrut, 1991. 경제적 빈곤층의 모유 수유에 대해서는 Jones, 1993, p. AA5.

52 Melson, Ladd, & Hsu, 1993; Salzinger, 1990.

53 Riley, 1990.

54 Salzinger, 1990.

55 Fry, 1988, p. 1010.

56 Coulton, Korbin, Su, & Chow, 1995; Deater-Deckard, Dodge, Bates, & Pettit, 1996; Dodge, Pettit, & Bates, 1994b; Kelley & Tseng, 1992; Knight, Virdin, & Roosa, 1994.

57 전 세계의 매우 다양한 자녀 양육 방법에 대해 알고 싶다면 *The Anthropology of Childhood* (Lancy, 2008)을 보라.

58 Roth, 1967, p. 107.

59 예를 들어 Keenan, Loeber, Zhang, Stouthamer-Loeber, & van Kammen(1995)을 보라. 이 연구에서는 부모의 양육 방법과 자녀의 문제 행동 사이의 상관관계를 발견하지 못했다. 문제아 또래 친구들의 영향에 대해서는 이미 고려한 연구였다. 또한, 이 책의 부록 2를 보라.

60 Friend, 1995.

61 런던의 비행 청소년 남자아이들에 대해서는 Farrington, 1995; Rutter & Giller, 1983. 이웃의 영향에 대해서는 Blyth & Leffert, 1995; Brooks-Gunn, Duncan, Klebanov, & Sealand, 1993. Rose et al.(2003)에서는 핀란드의 11-12세 아이들이 음주, 흡연, 종교에 대한 태도에 있어 동급생들을 닮는다는 점을 발견했다. 연구자들은 그들의 결론이 "커뮤니티, 동네, 학교 등의 차이가 아이들의 행동 발달에 직접적이고 자연스럽게 영향을 미친다는 점을 나타낸다"라고 결론지었다(p. 277).

62 Brooks-Gunn et al., 1993; Duncan, Brooks-Gunn, & Klebanov, 1994; 또한 Fletcher, Darling, Dornbusch, & Steinberg(1995)을 보라.

63 Peeples & Loeber, 1994, p. 141.

64 Kupersmidt, Griesler, DeRosier, Patterson, & Davis, 1995, pp. 366, 360.

65 Kolata, 1993, p. C8.

66 Bickerton, 1983.

67 예를 들어 Deater-Deckard et al.(1996)을 보라.

68 Hartshorne & May, 1928, 1971(원래는 1930년에 출판됐다).

69 Hartshorne & May, 1971, p. 197.

10. 성별이 결정한다

1 Bussey & Bandura, 1992, p. 1247.

2 Bussey & Bandura, 1992, p. 1248; Serbin, Powlishta, & Gulko, 1993, p. 1.

3 sex와 gender 중에서 어느 게 맞을까? 어떤 심리학자들은 사회범주에 대해서는 gender를 사용하고 생물학적 범주에 대해서는 sex를 사용한다. 하지만 이론에서는 둘을 구분하기가 실

제에서보다 더 쉽다. Ruble & Martin(1998)을 보라.

4   노래 가사를 알려 준 캐서린 래포포트에게 감사를 전한다.

5   같지는 않지만 비슷한 결론으로는 Archer, 1992a; Edwards, 1992; Maccoby, 1990; Maccoby & Jacklin, 1987; Martin, 1993; Powlishta, 1995b; Serbin et al., 1993; Tannen, 1990.

6   Lytton & Romney, 1991.

7   같은 성별의 부모와 관련없는 남성성과 여성성에 대해서는 Maccoby & Jacklin, 1974, pp. 292-293. 아버지 없는 남자아이에 대해서는 Serbin et al., 1993; Stevenson & Black, 1988. 레즈비언 커플의 딸에 대해서는 Patterson, 1992.

8   Kerr, Lambert, Stattin, & Klackenberg-Larsson, 1994.

9   Condry & Condry, 1976. 이 유명한 연구 뒤에는 비슷한 연구들이 많이 반복되었으나 모두가 같은 결과를 내놓지는 못했다. 그런 연구들의 리뷰에서는 아기를 남자/여자로 라벨을 붙이는 행위가 아기의 진짜 성별을 모르는 관찰자의 판단에 일관된 영향을 미치지 못하는 것으로 결론지었다. 유의미한 효과는 "가끔씩만 나타난다."(Stern & Karraker, 1989, p. 518).

10   Burnham & M. B. Harris, 1992.

11   Money & Erhardt, 1972. 아기는 포경 수술을 받았는데, 음경의 포피가 너무 단단히 조이고 있어서 줄일 수가 없었다. 의사는 수술을 위해 전기 소작기를 사용했는데 전류가 너무 높아서 전체 기관이 복구 불가능할 만큼 화상을 입었다.

12   머리 손질을 좋아한다는 점에 대해서는 Money & Ehrhardt, 1972, pp. 119-120. 다른 문제점들에 대해서는 p. 122.

13   Harris & Liebert, 1984, pp. 302-303; 1987, pp. 294-295; 1991, pp. 336-337.

14   M. Diamond & Sigmundson, 1997, p.300. 또한 As nature made him: The boy who was raised as a girl(Colapinto, 2000)을 보라.

15   J. Diamond, 1992c; Thigpen, Davis, Gautier, Imperato-McGinley, & Russell,1992.

16   챔블리족에 대해서는 Mead, 1963(원래는 1935년에 출판됐다). 진짜 챔블리족에 대해서는 Brown, 1991, p. 20.

17   같은 패턴이 어디에서나 발견된다는 점에 대해서는 Brown, 1991. 영향력 있는 지위의 남성에 대해서는 Eibl-Eibesfeldt, 1989. 전사로서의 남성에 대해서는 Wrangham & Peterson, 1996. 베이비시터로는 여자아이가 더 선호되며, 여자아이들은 아기를 안으려고 서로 다툰다는 점에 대해서는 Maretzki & Maretzki, 1963; Whiting & Edwards, 1988. 이스라엘 가정에서 인형을 학대하는 점은 Goshen-Gottstein, 1981, p. 1261.

18   Williams & Best, 1986.

19   Williams & Best, 1986, p. 244; Hilton & von Hippel, 1996.

20   Hilton & von Hippel, 1996; Pinker, 1997.

21   Swim, 1994. 또한 Halpern(1997), Jussim(1993)을 보라

22   Hilton & von Hippel, 1996.

23   여자아이는 간호사가 되어야 한다는 점은 Maccoby & Jacklin, 1974, p. 364.

24   Fabes, 1994; Leaper, 1994a, 1994b; Maccoby, 1994; Martin, 1994; Serbin, Moller, Gulko, Powlishta, & Colburne, 1994.

25   M. Diamond & Sigmundson, 1997, p. 299.

26   Morris, 1974, p. 3.

27   Green, 1987; Zuger, 1988.

28   Bern, 1989, p. 662.

29   M. Diamond, 1997, p. 205.

30   "Daja Meston '96," 1995, p. 5.

31 Maccoby, 1990, p. 514.

32 Fagot, 1994; Maccoby 1990; Serbin, Sprafkin, Elman, & Doyle, 1984.

33 서로를 피하는 이유에 대해서는 Leaper, 1994a; Maccoby, 1994. 남자아이들이 여자아이들 말을 안 듣는다는 점은 Fagot, 1994; Maccoby, 1990. 서로 다른 행동 방식은 Archer, 1992a; Fabes, 1994; Serbin et al., 1994. 두 집단으로의 범주화에 대해서는 Archer, 1992a; Powlishta, 1995b; Martin, 1993; Serbin et al., 1993.

34 Edwards, 1992; Schlegel & Barry, 1991; Whiting & Edwards, 1988.

35 Maccoby, 1995, p. 351(맥코비의 원문에는 괄호 안에 참고문헌들이 있었다. 나는 뺐다).

36 Thorne, 1993.

37 골목놀이에 대해서는 Opie & Opie, 1969. 어렸을 때 말괄량이였다는 점에 대해서는 Thorne, 1993, p. 113-114.

38 선 긋기에 대해서는 Thorne, 1993; Sroufe, Bennett, Englund, & Urban, 1993. 키스를 무기로 사용한다는 점에 대해서는 Thorne, 1993, p. 71.

39 Edwards, 1992; Maccoby, 1990; Thorne, 1993.

40 Gottman, 1994; Thorne, 1993.

41 예를 들어 Gilligan, 1982; Tiger, 1969; Wrangham & Peterson, 1996.

42 Richard Lovelace, "To Lucasta: Going to the Wars," 1649.

43 Bugental & Goodnow, 1998.

44 남자아이들이 더 빨리 달리고 더 세게 던진다는 점에 대해서는 Thomas & French, 1985. 다른 집단을 공격하는 남성에 대해서는 Wrangham & Peterson, 1996. 모든 전쟁은 남자아이같은 일이라는 점은 Melville, Civil War Poems, 1866.

45 Sherif et al., 1961, pp. 9-10.

46 Bj rkqvist, Lagerspetz, & Kaukiainen, 1992; Crick & Grotpeter, 1995.

47 Maccoby, 1990; Tannen, 1990. 또한 Adler, Kless, & Adler(1992), Archer(1992a)를 보라.

48 Thorne, 1993, p. 56. 손은 "두 문화"라는 생각에 다른 반론을 펼친다. 우선, 행동에 있어서의 성별 차이(예를 들어, 각 성별이 서로를 피하는 행동)는 사회적 맥락에 따라 어느 정도 드러나기도 하고 안 드러나기도 한다. 또한 여자아이와 남자아이 모두가 다 각 성별의 스테레오타입에 정확히 일치하지는 않는다.

49 이 단락을 쓴 후에 나의 관점은 달라졌다. 『개성의 탄생』에서 나는 이제 개인적인 지위 추구를 집단 내의 분화와 관련짓지 않으며, 그것을 자기 범주화의 방향이 "나에게로" 향한 결과라고 보지도 않는다.

50 Weisfeld, Weisfeld, & Callaghan, 1982.

51 Glyn, 1970, p. 129.

52 여자아이들이 덜 공격적이라는 점은 McCloskey, 1996; Whiting & Edwards, 1988. 여성들에게 있어 공격성의 억제에 대해서는 Bjorklund & Kipp, 1996.

53 Morelli, 1997, p. 209.

54 Draper, 1997; Draper & Cashdan, 1988.

55 Eibl-Eibesfeldt, 1989; Maccoby & Jacklin, 1974; Wrangham & Peterson, 1996.

56 선천성 부신 과형성 여자아이에 대해서는 Collaer & Hines, 1995; Money & Ehrhardt, 1972. 과거에 의사들은 생식기 모양으로는 남성도 아니고 여성도 아닌 것 같은 아기의 경우 빨리 수술을 할 것을 권했다. 오늘날에는 본인이 결정에 참여할 만한 나이가 될 때까지 수술을 미루는 것이 더 일반적이다(Weil, 2006).

57 Maccoby, 1994.

58 Maccoby, 1990; Provine, 1993; Tanner, 1990; Weinstein, 1991.

59 여자아이들의 자존감 추락에 대해서는 American Association of University Women, 1991; Daley, 1991; 하지만 Sommers(1994)를 보라. 영향이 크다고 오도당했으나 실제로는 영향이 작다는 점에 대해서는 Block & Robins, 1993.

60 Leaper, 1994b; Granleese & Joseph, 1994. Granleese & Joseph(1994)에 의하면, 남녀공학 학교에 다니는 여자아이들은 자존감이 외모적인 매력과 밀접한 관계에 있는 것으로 나타났다. 여학교에 다니는 여자아이들은 외모적인 매력이 덜 중요하다. Buss(1994)에 의하면 전 세계 모든 남성들은 여성의 외모적인 매력에 높은 가치를 둔다. 아름다운 여성은 짝으로 인기가 높으며 높은 사회적 지위를 차지한다.

61 지위가 낮으면 자존감도 낮아진다는 점에 대해서는 Leary, Tambor, Terdal, & Downs, 1995. 우울증은 여성들에게 더 흔하다는 점에 대해서는 Culbertson, 1997; Weissman & Olfson, 1995.

62 King, Naylor, Segal, Evans, & Shain, 1993; Myers, 1992.

63 Culbertson, 1997.

64 Bjorklund & Kipp, 1996; Kochanska, Murray, & Coy, 1997.

65 Wrangham & Peterson, 1996.

66 이건 우연히 발생한 일이 아니었다. 우리에게는 감사를 표해야 할 용감한 여성들의 긴 명단이 있다. 나는 나의 소중한 친구 Naomi Weisstein(1971, 1977)에게 감사를 표하고 싶다. 그는 우리 문화를 덜 성차별적일 수 있도록 역할을 했다.

11. 학교와 아이들

1 Carere, 1987, pp. 125, 127, 129-130.

2 방울뱀 팀과 독수리 팀에 대해서는 7장에서 다뤘다.

3 Dornbusch, Glasgow, & Lin, 1996; Winner, 1997.

4 학교를 싫어하는 태도에 대해서는 Neckerman, 1996, pp. 140-141. 아이들을 똑똑해지게 할지도 모르는 것들에 대해서는 Ceci & Williams, 1997.을 보라.

5 Kindermann, 1993.

6 어떤 연구에서는 아프리카계 미국인들이 유럽계 미국인들보다 더 높은 자존감을 보였다(Steele, 1997). 사회범주 내에서의 비교에 대해서는 Festinger, 1954; McFarland & Buehler, 1995; Stipek, 1992.

7 Harris & Liebert, 1991, pp. 404-405; E. Pedersen, Faucher, & Eaton, 1978.

8 E. Pedersen et al., 1978, p. 19.

9 제이미 에스칼란테에 대해서는 Mathews, 1988, p. 217. 조슬린 로드리게즈에 대해서는 Pogrebin, 1996, p. B7.

10 일본의 교실에 대해서는 Kristof, 1997. 일본 학교 운동장에서의 집단 따돌림에 대해서는 Kristof, 1995. 아시아계 아이들의 학업 성취가 앞선다는 점에 대해서는 Vogel, 1996.

11 N. Pedersen, Plomin, Nesselroade, & McClearn, 1992.

12 Herrnstein & Murray, 1994; D. Seligman, 1992.

13 D. Seligman, 1992, p. 160.

14 Mosteller, 1995.

15 Schofield, 1981, pp. 74-76, 78, 83(생략 부호는 원문).

16 소수집단 부모들의 높은 기대에 대해서는 Galper, Wigfield, & Seefeldt, 1997. 교육을 더 강조1한다는 점에 대해서는 Stevenson, Chen, & Uttal, 1990.

17 Herbert, 1997, p. 13; McWhorter, 2000.

18 성공한 아이티 사람들에 대해서는 Kosof, 1996, p. 60. 성공한 자메이카 사람들에 대해서는 Roberts, 1995.

19 Eyferth, Brandt, & Wolfgang, 1960, cited in Hilgard, Atkinson, & Atkinson, 1979.

20 다야 메스톤의 이야기는 8장에서 했다.

21 Jussim, McCauley, & Lee, 1995; Jussim & Fleming, 1996. 부모의 기대는 어떤 조건 하에서는 학생들의 학업 성취에 영향력이 약해지기도 하지만, 학생들의 인종과 민족, 성별 또는 사회 계층은 이런 영향에 있어 역할이 매우 적거나 아예 없는 것으로 나타난다. 교사의 기대는 일반적으로 개별 학생의 특성에 기반하고 있으며 학생의 과거 학업 수행을 감안하고 있고, 대체로 정확하다. 이런 이유로 학생들의 학업 성취가 교사의 기대대로 나타나는 경향이 있다. Madon, Jussim, & Eccles(1997) 804-805쪽을 보라.

22 Steele, 1997; Steele & Aronson, 1995.

23 Horner, 1969.

24 Alper, 1993; Sadker & Sadker, 1994.

25 Mann, 1997(지지 입장); Scarr, 1997a(반대 입장).

26 부모의 행동에 미치는 영향에 대해서는 Olds et al., 1997. 아이들에게는 영향이 없다는 점에 대해서는 White, Taylor, & Moss, 1992. Duncan & Magnuson, 2004; St.Pierre, Ricciuti, & Rimdzius, 2005. 후속 연구에서 이런 결론을 뒷받침했다. Duncan & Magnuson(2004), St.Pierre, Ricciuti, & Rimdzius(2005)를 보라.

27 가정 개입과 집단 개입의 차이에 대해서는 Barnett, 1995; St.Pierre, Layzer, & Barnes, 1995.

28 Grossman et al., 1997.

29 초판을 출판한 이후로 나는 개입에 관련된 연구들을 더 꼼꼼하게 비판적으로 살펴보았다. 그 분석 결과는 Harris(2000c, 2002, 2006a)에 있다.

30 Winitz, Gillespie, & Starcev, 1995.

31 Winitz et al., 1995, p. 133.

32 Evans, 1987, p. 170(생략 부호는 원문).

33 Ravitch, 1997, p. A35.

34 Kosof, 1996, pp. 26, 54.

35 나는 조셉이 이민자들 자녀의 일반적인 패턴(4장에서 다뤘다)을 따랐을 거라고 생각한다.

36 Fry, 1988.

37 Marano, 1995.

38 이중문화는 9장에서 다룬 메스콰이 인디언 남자아이의 경우를 보라(LaFromboise et al., 1993).

39 Brewer, 1991.

40 Kupersmidt, Griesler, DeRosier, Patterson, & Davis, 1995, p. 366; 또한 Peeples & Loe- ber(1994), Rose et al.(2003)을 보라.

41 Dornbusch, Glasgow, & Lin, 1996, pp. 412-413.

42 사전과 컴퓨터에 대해서는 Vogel, 1996. 지역의 영향에 대해서는 Duncan, Brooks-Gunn, & Klebanov, 1994.

43 Personal communication, T. A. Kindermann, October 22, 1997.

44 Capron & Duyme, 1989,

45 상관관계가 사라진다는 점에 대해서는 Plomin, Chipuer, & Neiderhiser, 1994. 자유로이 자신만의 성향을 따라간다는 점에 대해서는 Scarr & McCartney, 1983.

46 Stoolmiller, 1999.

47 Loehlin, Horn, & Ernst, 2007; van IJzendoorn, Juffer, & Klein Poelhuis, 2005.

48   Watson, 1924, 1장에서 인용.

49   Eccles et al.(1993)에서는 "존재감이 희박한"학생들의 학업 수행은 초등학교에서 중고등학교
      로 올라가면서 또는 작은 학교에서 큰 학교로 전학을 하면서 더 나빠진다고 밝혔다.

50   여학교에 대해서는 Alper, 1993; Sadker & Sadker, 1994. 전통적으로 흑인이 많은 대학교에
      대해서는 Steen, 1987.

51   Sherif et al., 1961.

12. 성장

1   Moffitt, 1993, pp. 675, 686.

2   Harris, 1995. 초판의 서문을 보라.

3   Chagnon, 1992, p. 85.

4   Yamamoto, Soliman, Parsons, & Davies, 1987.

5   성숙함과 지위에 대해서는 8장의 85번 주석을 보라.

6   Valero, 1970, pp. 82-84.

7   Benedict, 1959, pp. 69-70, 103(원래는 1934년에 출판됐다).

8   Benedict, 1959; Delaney, 1995.

9   Eibl-Eibesfeldt, 1989, p. 604.

10   Weisfeld & Billings, 1988.

11   우리를 닮은 아이들에 대해서는 Smith, 1987. 8세 아이의 죽음에 대해서는 R. Wright, 1994,
      pp. 174-175. 갓난아기가 관심을 받는다는 점에 대해서는 Jenkins, Rasbash, & O'Connor, 2003;
      McHale, Crouter, McGuire, & Updegraff, 1995.

12   독수리 팀과 방울뱀 팀에 대해서는 7장을 보라.

13   Fine, 1986, p. 63.

14   1997년의 여론조사에 의하면 부모가 다른 인종에 대해서 부정적인 말을 하는 걸 들었다고
      답한 십대는 8명 중 1명에 불과했다(Farley, 1997).

15   Schlegel & Barry, 1991.

16   Socrates: Rogers, 1977, p. 6. Aristotle: Cole, 1992, p. 778. 둘 다 널리 인용되는 말이지만 사실
      은 아닐 수도 있다.

17   Baltes, Cornelius, & Nesselroade, 1979.

18   Kindermann, 1993.

19   고등학교의 사회범주에 대해서는 Brown, Mounts, Lamborn, & Steinberg, 1993; Eckert, 1989.
      시골 학교에 대해서는 Laumann, Gagnon, Michael, & Michaels, 1994.

20   Brown et al., 1993; Juvonen & Murdock, 1993.

21   Merten, 1996a, pp. 11, 20.

22   자극 추구 성향에 대해서는 Arnett & Balle-Jensen, 1993; Zuckerman, 1984. 다른 아이들에게
      배척당하는 것에 대해서는 Parker, Rubin, Price, & DeRosier, 1995; Coie & Cillessen, 1993. 애
      초부터 균질적이라는 점에 대해서는 Rowe, Woulbroun, & Gulley, 1994. 범생이들이 점점 더
      범생이 된다는 점에 대해 사회심리학자들은 "집단사회화"라고 부른다. Myers(1982)를 보라.

23   Brown et al., 1993; Mounts & Steinberg, 1995.

24   Lightfoot, 1992, pp. 240, 235. 또한 Berndt, 1992.을 보라.

25   흡연 예측의 가장 좋은 단서에 대해서는 Stanton & Silva, 1992. 흡연을 하는 십대에 대해서
      는 L. M. Collins et al., 1987; Eckert, 1989; "Study Cites Teen Smoking Risks," 1995.

26   Rowe, 1994.

27   Barry, 1995.

28   Rigotti, DiFranza, Chang, Tisdale, Kemp, & Singer, 1997.

29   담배 산업에 맞서는 청소년들을 출연시킨 광고 캠페인이 효과를 보였으며(Farrelly et al., 2002), 부모가 아이들에게 흡연의 위험성을 훈계하는 광고 캠페인(담배회사들로부터 후원을 받았다)에서는 역효과가 났다. 그 "자녀들에게 말해 주세요." 광고를 본 십대들은 오히려 담배를 더 피웠다(Wakefield et al., 2006).

30   Moffitt, 1993, p. 674.

31   미디어의 영향에 대해서는 내가 확실히 틀렸다. 이 말을 쓴 이래로 미디어 폭력은 계속해서 증가했으나 폭력 범죄는 감소했다. 이러한 범죄 감소에 대해서는 Harris(2000b)에서 설명하고 있다.

32   Valero, 1970, pp. 167-168.

33   Caspi, 1998; Rowe et al., 1994.

34   Dobkin, Tremblay, Masse, & Vitaro, 1995; Rowe et al., 1994.

35   Lab & Whitehead, 1988; Mann, 1994; Tate, Reppucci, & Mulvey, 1995.

36   실제로 내가 예상했던 대로 반사회적 십대 아이들을 모아두면 그들은 범법 행위에 더 가까워지게 된다. Dishion, McCord, & Poulin(1999)을 보라.

37   Asch, 1987, pp. 481-482(원래는 1952년에 출판됐다).

38   예를 들어 Berndt(1979).

39   자기 인식을 얻는 것은 유년기에 해야 할 중요한 과제 중 하나다. 그 목적은 『개성의 탄생』에서 설명한 대로 아이들로 하여금 또래들과 성공적으로 경쟁할 수 있도록 하는 것이다.

40   James, 1890, p. 294.

41   성인 성격의 안정성에 대해서는 Caspi, 1998; McCrae & Costa, 1994. 석고처럼 굳어진다는 부분에 대해서는 James, 1890, p. 121.

42   Pinker, 1994, p. 281.

13. 역기능 가정과 문제아

1   "Maternal impressions," 1996, p. 1466(원래는 1896년에 출판됐다).

2   Guisewite, 1994.

3   Pitts, 1997, p. 23.

4   Grilo & Pogue-Geile, 1991; Keskitalo et al., 2008.

5   Lykken, McGue, Tellegen, & Bouchard, 1992.

6   Lykken et al., 1992; L. Wright, 1995. 에이미와 베스는 모두 가명이다.

7   Dickens, 1990(originally published in 1838).

8   Lykken, 1995; Mealey, 1995; Rutter, 1997.

9   Patterson & Bank, 1989.

10   Dishion, Duncan, Eddy, Fagot, & Fetrow, 1994.

11   Hartshorne & May, 1928.

12   올리버의 성격에 대한 나의 설명은 책에 기반한 것이다. 나는 『올리버 트위스트』를 드라마나 영화로 본 적이 없다. 디킨스에 의하면 올리버는 "고결한 천성과 따뜻한 마음의 소유자"(1990, p. 314)였다. 디킨스는 올리버가 "범블 씨의 목소리를 떠올리는 것만으로도 머리부터 발끝까지 몸을 부르르 떨었다"고 묘사한다.

13   Mednick, Gabrielli, & Hutchings, 1987.

14   Gottfredson & Hirschi, 1990.

15   Rowe, Rodgers, & Meseck-Bushey, 1992; Rowe & Waldman, 1993; Rutter, 1997.

16   Moffitt, 1993.

17   Murphy, 1976, cited in Lykken, 1995.

18   Buss, 1994, pp. 49-50.

19   McLanahan & Sandefur, 1994, pp. 1, 3(강조는 원문).

20   McLanahan & Sandefur, 1994. 그들은 인종과 사회 계층 차이를 통제했다. 아버지와의 잦은
     접촉에 대해서는 p. 98(강조는 원문).

21   McLanahan, 1994, p. 51; Krantz, 1989.

22   Crossette, 1996; McLanahan & Booth, 1989.

23   Adler, Kless, & Adler, 1992. 재정적 결핍이 극심하여 아이들로 하여금 충분한 음식 섭취를
     어렵게 한다면 그것은 아이들의 성장과 생명력, 나아가 지능에도 큰 피해를 줄 수 있다. 하
     지만 오늘날의 미국이나 다른 선진국에서는 결핍의 수준이 이 정도에 도달하는 경우가 그
     리 흔치 않아 보인다. 오히려 사회경제적 수준이 낮은 환경의 아이들일수록 과체중이 더 많
     다(Shrewsbury & Wardle, 2008).

24   Ambert, 1997, pp. 97-98.

25   Zimmerman, Salem, & Maton, 1995, p. 1607.

26   같은 결과—양쪽 부모 모두와 함께 사는 아이들이 한부모 가정에서 사는 아이들보다 더 앞
     서지 않는다—가 Chan, Raboy, & Patterson(1998)에서도 나타났다. 그들의 연구는 경제적으
     로 유리한 집단을 대상으로 했다.

27   McLanahan & Sandefiir, 1994.

28   또래들에게서 거부당하는 것에 대해서는 행동장애에 대해서는 Wood, Halfon, Scarlata,
     Newacheck, & Nessim, 1993. 학업상의 문제에 대해서는 Echkenrode, Rowe, Laird, &
     Brathwaite, 1995.

29   Wallerstein & Kelly, 1980; Wallerstein & Blakesiee, 1989.

30   Santrock & Tracy, 1978.

31   Chase-Lansdale, Cherlin, & Kiernan, 1995, pp. 1618-1619.

32   McLanahan & Sandefur, 1994, p. 3.

33   McGue & Lykken, 1992.

34   McGue & Lykken, 1992. 이 연구 참여자들의 나이는 34살에서 53살 사이였다.

35   Jockin, McGue, & Lykken, 1996. 연구에서는 이렇게 결론지었다. "그러므로 성격을 통해 이
     혼 위험성을 예측할 수 있다. 더 자세히 말해서, 그것을 가능케 하는 것은 주로 두 사람의 공
     통된 환경적 영향보다는 유전적 영향이다."(p. 296).

36   반사회적 성격장애가 유전될 수 있다는 점에 대해서는 Caspi, 1998; Gottesman, Goldsmith, &
     Carey, 1997. 범죄 행동에 관한 덴마크 입양 연구에서는 반사회적 성향의 남자들일수록 기
     꺼이 키우고 싶지 않거나 키우기가 불가능한 자식을 둔다는 점을 나타낸다. 그 유전적인 이
     유로서는 그런 남자들의 자식들은 반사회적인 성향을 가질 가능성이 더 높다. 이런 발견들
     을 종합해 보면 어째서 아버지 없는 남자아이들에게 범죄를 저지르는 성향이 더 강한지를
     설명할 수 있다.

37   문제 행동이 이혼으로 이어진다는 점에 대해서는 Block, Block, & Gjerde, 1986. 이혼과 반
     사회적 성격, 행동장애에 대해서는 Lahey, Hartdagen, Frick, McBurnett, Connor, & Hynd,
     1988.

38   Glick, 1988.

39   D. G. Myers, personal communication, February 2, 1998.

40   Daly & Wilson, 1996.

41 내 이론의 업그레이드 버전(Harris, 2006a)에 의하면 성격을 만들어가는 작업은 마음의 세 번째 영역이 담당한다. 하지만 개인 관계 영역에 대한 여기에서의 설명은 바뀌지 않았다.

42 Pinker, 1997.

43 Kagan, 1994. 4장의 46번 주석에서 Hetherington & Clingempeel(1992)에 대한 나의 코멘트를 보라.

44 앞에서 언급했듯이 이혼은 거주지의 변화 또는 두 거주 지역을 왕복하는 상황을 수반하는 경우에 아이의 집 밖 생활에도 영향을 미칠 수 있다. 하지만 이러한 행동유전학적 증거에 의하면 이러한 부정적인 영향은 성격에 유전자가 미치는 영향을 고려해 봤을 때 장기적으로 작용하지 못한다.

45 Straus, Sugarman, & Giles-Sims, 1997.

46 소설 『Bellwether』(Connie Willis, 1996)에서 중산층 유럽계 미국인들의 자녀 양육 방법에 대한 멋진 패러디를 볼 수 있다.

47 Gilbert, 1997.

48 Coulton, Korbin, Su, & Chow, 1995; Deater-Deckard, Dodge, Bates, & Pettit, 1996; Dodge, Pettit, & Bates, 1994b; Kelley & Tseng, 1992; Knight, Virdin, & Roosa, 1994.

49 Chao, 1994, 표 1.

50 Straus et al., 1997, p. 761.

51 연합통신의 기사는 Coleman, 1997. <JAMA>의 요약본은 JAMA: November 12, 1997, vol. 278, p. 1470.

52 Gunnoe & Mariner, 1997, p. 768.

53 학대당한 아이들이 더 공격적이라는 점에 대해서는 Dodge, Bates, & Pettit, 1990; Malinowsky-Rummell & Hansen, 1993. 친구 관계에서의 문제에 대해서는 Dodge, Pettit, & Bates, 1994a. 학업에서의 문제에 대해서는 Perez & Widom, 1994. 자기 자녀에 대한 학대에 대해서는 Wolfe, 1985.

54 Rothbaum & Weisz(1994)은 예외다. 그들은 부모의 자녀 양육 방법을 살펴보는 데에 있어 유전적 영향과 자녀-부모 효과를 함께 다루었다.

55 십 년이 지난 지금에 와서는 사회화 연구자들도 자기들이 발견한 부모와 아이 행동의 상관관계에 대해서 자녀-부모 효과는 물론 유전자도 일정 역할을 한다는 사실을 인정하는 사람이 적지 않다. 그러나 여전히 사회화 연구자들은 자기 데이터가 지닌 모호성을 직면하려 하지 않는다. 상관관계가 나타난 것이 유전 때문인지, 자녀-부모 효과 때문인지, 부모-자녀 효과 때문인지를 알아낼 방법이 없다고 해서 이 세 가지가 모두 영향을 미쳤으리라는 생각이 뒷받침되는 건 아니다. 다른 근거 자료에서는 부모와 자녀의 행동 간에 나타나는 상관관계가 전적으로 유전과 자녀-부모 효과에 기인하며 부모-자녀 효과는 없음을 시사하기도 한다.

56 Plomin, Owen, & McGuffin, 1994.

57 Vasta, 1982.

59 Ladd, 1992.

59 Ambert, 1994a, p. 121; 1997, p. 99. 글에 있는 퍼센트는 가장 최근(1989년)의 자서전 기록을 분석한 결과에 의한 것이다. 또한 Kochenderfer & Ladd(1996)를 보라.

60 Eckenrode et al., 1995.

61 합당한 통제에 대해서는 Smolowe, 1996. 라디에이터에 묶는 것에 대해서는 Gibbs, 1991.

62 초판을 썼을 때는 이 문장을 뒷받침할 진짜 근거가 없었기 때문에 주석을 달지 않았다. 지금은 근거(Stattin & Kerr, 2000)가 있다.

63 Myers, 1982.

64   Baumrind, 1967.

65   Wagner, 1997, p. 291.

66   Pike, Reiss, Hetherington, & Plomin, 1996; Smetana, 1995.

67   Weiss & Schwarz, 1996. 이들은 양육방식을 6가지로 규정했다. "권위적인" 부모의 아이들은
      더 바람직한 성격이나 문제가 덜하거나 하지는 않았다. "비관여적"이거나 "독재-지시적인"
      부모의 아이들의 점수는 유의미할 만큼 낮았으나 차이는 크지 않았다.

68   다중지능에 대해서는Gardner, 1983. 서로 다른 검사 점수의 상관관계에 대해서는 D. Seligman,
      1992.

69   Cohen, 1994, p. 1. 일부 문항은 수치로 응답하는 것이 아니었으므로 연구자들은 이런 문항
      에 대해 카이 검정을 실시했다. 이 작업은 미일과 리켄이 했고 코헨이 보고했다.

70   부모의 유대에 대해서는 Foreman, 1997. 부모-가족 간 연결성에 대해서는 Resnick et al.,
      1997.

71   Carlson, 1997.

72   분노의 유전 가능성에 대해서는 Rebollo & Boomsma(2006)을 보라.

73   Caspi et al., 1997.

74   Bradshaw, 1988; Forward, 1989.

75   예를 들어 Dawes, 1994; M. Seligman, 1994.

76   행복과 불행, 기억에 대해서는 Myers, 1992; Dawes, 1994, pp. 211-216. 일란성 쌍둥이의 기
      억에 대해서는 Hur & Bouchard, 1995. 유전이 행복에 미치는 영향에 대해서는 Lykken &
      Tellegen, 1996.

14. 부모가 할 수 있는 일

1   Lykken, 1995.

2   Lykken, 1995, p. 82.

3   Denrell & Le Mens(2007)는 자녀들이 직업이나 여가활동을 선택하는 데에 부모가 어떻게 영
     향을 미치는지를 설명해주는 사회적 영향에 대한 참신한 이론을 제시한다. 가깝게 연락하
     고 지내는 사람들은 어떤 대상에 대해 서로 비슷한 태도를 보이곤 하는데, 그것은 서로가
     서로에 대해 직접적으로 영향을 미치기 때문이 아니라 그들의 친밀한 관계가 어떤 개인이
     노출된 활동과 대상에 직접적인 영향을 미치기 때문이다(p. 398). 예를 들어, B가 A의 부모
     라고 하자. "만일 A가 표집할 활동에 B가 영향을 미친다면, A가 B에 동일시를 할 필요도 없
     고, A가 B의 지시를 따르고 싶어 할 필요도 없고, 또는 A가 B의 의견을 사회적 영향력을 지
     닌 유용한 것이라고 간주할 필요도 없다(p. 399)." 그러므로 만일 B가 의사라면 A는 의학적
     전문성과 관련된 활동이나 대상을 더 많이 '표집할' 것이다.

4   한 쌍둥이 연구(Waller & Shaver, 1994)에서는 아이들이 낭만적 사랑에 대한 태도를 가정
     에서 배울 수 있다는 근거를 제시한다. 하지만 이혼에 대한 쌍둥이 연구(McGue & Lykken,
     1992, 13장 참조)에서는 상반된 결과를 제시하고 있다. 이 연구에서는 부모의 결혼에 대한
     쌍둥이들의 경험이 그들 본인의 결혼의 성패에 영향을 못 미치는 것으로 보인다는 결론을
     내놓았다. 양육 행동으로 보면, 한 성인 입양아 연구(Rowe, 2002)에서는 사람들이 자기를 기
     른 부모를 관찰하는 방법으로 부모 역할을 배우지 않는다는 것을 밝혔다.

5   Serbin, Powlishta, & Gulko, 1993.

6   이러한 집단 내 차이에 대해 이제는 더 나은 설명을 할 수 있다(Harris, 2006a).

7   Heckathorn, 1992.

8   형제들 사이에서 경쟁이 줄어든다는 점에 대해서는 Sulloway, 1996. 부모들이 가족에서 빈

틈을 찾아 메운다는 점에 대해서는 Tesser, 1988.

9 출생순서에 대한 최근의 논쟁을 위해서는 『개성의 탄생』 4장을 보라.

10 Thornton, 1995, pp. 3-4, 43.

11 Mathews, 1988, p. 217.

12 Thornton, 1995; Moore, 1996.

13 Gottfried, Gottfried, Bathurst, & Guerin, 1994; Winner, 1996.

14 Winner, 1996, 1997.

15 Ladd, Profilet, & Hart, 1992.

16 똑똑한 아이들이 다수인 경우에 대해서는 Rutter, 1983. 문제 행동을 덜 할수록 또래들에게
    서 더 거부당하는 경우에 대해서는 Kupersmidt, Griesler, DeRosier, Patterson, & Davis, 1995.

17 Norman, 1995, p. 66.에서 인용

18 Hartocollis, 1998.

19 지금은 인텔과학경시대회라고 부른다.

20 8장에서 언급한 대로, 만성 질환 등으로 인해 또래들과 적절한 접촉이 결핍된 아이들은 사
    회적, 심리적 부적응의 위험이 높아진다(Ireys et al., 1994; Pless & Nolan, 1991).

21 Brody, 1997, p. F7; Clark, 1995, p. 1970.

22 Baumeister, Campbell, Krueger, & Vohs, 2003, p. 1. Dawes, 1994, pp. 9-10도 보라.

23 폭력에 대해서는 Baumeister, Smart, & Boden, 1996, p. 5. 위험 행동에 대해서는 Smith,
    Gerrard, & Gibbons, 1997.

24 Zervas & Sherman, 1994.

25 Rovee-Collier, 1993.

26 형제들 간의 관계를 해치는 부분에 대해서는 Brody & Stoneman, 1994. 가장 사랑을 덜 받은
    아이가 어른이 된 후에 대해서는 Bedford, 1992.

27 Anders & Taylor, 1994.

28 Bruer, 1997.

29 성인 입양아 형제들 간의 상관관계에 대해서는 Plomin, Fulker, Corley, & DeFries, 1997. 과
    학적 근거가 없다는 점에 대해서는 Bruer, 1997.

30 L. J. Miller(1997, September 10), Einstein and IQ(sci.psychology.misc에 올라온 인터넷 뉴스).

31 Lancy, 2008; Rogoff, Mistry, Göncü, & Mosier, 1993.

32 Reich, 1997, pp. 10-11.

33 Edwards, 1992.

34 Jenkins, Rasbash, & O'Connor, 2003; McHale, Crouter, McGuire, & Updegraff, 1995; Lancy,
    2008.

35 Goodall, 1986, p. 282.

36 Watson, 1928, pp. 69, 70.

15. 심판대에 선 양육가설

1 Larkin, "This Be the Verse," 1989, p. 140(원래는 1974년에 출판됐다).

2 부모는 이미 힘을 갖고 있다는 점은 Morton, 1998. 아이들의 자기 이미지에 대해서는 Brody,
   1997, p. F7. 날마다 애정과 수용의 메시지를 표현하라는 것은 Neifert, 1991, p. 77. 아이의 기
   반에 대해서는 Leach, 1995, p. 468(원래는 1989년에 출판됐다).

3 아동에 대한 신체적 학대의 기록은 1993년에 최고점에 이르렀으며 이 이후로 조금씩 줄
   어들고 있다(Jones, Finkelhor, & Halter, 2006). 반면에 정신 건강 문제는 계속해서 늘어나

고 있다. 오늘날 젊은 아이들의 정신 질환 비율은 과거의 같은 나이 아이들에 비해 더 높다(Kessler et al., 2005).

4   O'Connor, Hetherington, Reiss, & Plomin, 1995. 실제로 부모의 행동은 자녀가 지닌 특이점에 대한 반응임을 뒷받침하는 훌륭한 근거(Reiss, 2000)가 있다. 부록 2를 보라.

5   Lykken, 1997; Rowe, 1997; Scarr, 1992.

6   Lancy, 2008.

7   Proulx, 1993, p. 134.

8   Savage & Au, 1996.

9   이걸로 나는 어째서 같은 집에서 자라난 일란성 쌍둥이들이 서로 차이가 나는지의 문제와 작별했다.『개성의 탄생』을 쓰면서 발견한 대로, 이 문제는 해결하기 쉽지 않다.

10   Pinker, 1997, p. 135.

11   Buss, 1991; Cosmides & Tooby, 1992; Pinker, 1997.

12   Eibl-Eibesfeldt, 1995.

13   Lewicki, Hill, & Czyzewska, 1992.

부록1. 성격과 출생순서

1   Adler, 1927; Zajonc, 1983.

2   Schooler, 1972; Ernst & Angst, 1983, p. 284; Dunn & Plomin, 1990, p. 85.

3   Somit, Arwine, & Peterson, 1996, p. vi.

4   Sulloway, 1996.

5   Tavris & Aronson, 2007.을 보라.

6   Modell, 1997, p. 624.

7   Ernst & Angst, 1983.

8   설로웨이는 코크의 연구도 다루고 있다. 코크는 자녀가 둘인 가정의 5-6세 아이 384명을 단일 집단으로 연구하여 10편의 논문을 발표했다. 이 연구는 에른스트와 앙스트의 조사에도 포함되어 있으므로 추가적인 근거가 되어주지 못한다.

9   설로웨이는 지속적 성격 특질인 개방성의 측정 잣대로서 성년기에서의 의견 변화(예컨대 다윈의 진화론에 대한 수용 여부)를 활용한다. 하지만 하나의 의견이 변했는지 안 변했는지는 많은 수의 대상자들을 통해 검사하고 입증된 표준화 성격검사지와 같다고 할 수 없다. 그저 타당성도 검증되지 않은 성격검사지의 일개 문항에 더 가깝다. 의견 변화가 성격의 다른 측정 항목들과 상관관계가 있는지는 아직 확실하지 않다.

10   Sulloway, 1996, pp. 72-73.

11   나는 연구 참여자들 중에서 하나의 하위집단—예를 들어, 남성—에서만 설로웨이의 이론에 부합한 결과가 도출되고 다른 하위집단—예를 들어, 여성—에서는 상반된 결과가 도출되었던 연구들을 '차이 없음'으로 셈했다. 하나의 하위집단에서는 이론에 부합한 결과가 도출되고 다른 집단에서는 차이없다는 결과가 도출되었던 연구들을 '부합함'으로 셈했다. 내가 범주화하지 못했던 연구의 예는 에른스트와 앙스트가 이렇게 요약한 것들이었다. "중간에 있는 아이들은 첫째나 막내에 비해 더 잘 흥분하고, 더 침착하며, 두려움을 덜 느끼고, 더 성숙한 것으로 보인다."(1983, p. 167) 연구들을 셈한 기록은『양육가설』웹사이트의 출생순서 페이지에 올라가 있다(judithrichharris.info/tna/birth-order/index.html).

23   초판이 나온 이후로 10년간 설로웨이의 방법론에 대해 많은 것을 배웠다. Townsend (2000/2004)의 비판과 Johnson(2000/2004)의 논설, 그리고 나(Harris, 2000/2004)의 논평을 보라. 이 글들과 타운센드에 대한 설로웨이의 답변은 온라인에서 볼 수 있다(www.jstor.org/

stable/4236597, www.politicsandthelifesciences.org/Contents/Contents-2000-9/index.html). 또한 내가 온라인에 쓴 글 "The mystery of Born to Rebel: Sulloway's re-analysis of old birth order data"(2002)를 보라(judithrichharris.info/tna/birth-order/methods.htm).

13 Sulloway, 미발표 원고, January 25, 1998. 이 미발표 원고의 내용과 출처는 앞 주석에서 인용한 나의 온라인 글에 실려 있다.

14 데이터를 갈랐을 때 예를 들어 남성에게는 유의미한 출생순서 효과가 나타나고 여성들에게는 나타나지 않았다면 연구자는 남성에게서 유의미했다는 것뿐만 아니라 여성에게는 차이없음의 결과가 났다는 것도 기록해야 한다. 설로웨이는 미발표 원고에서 자신이 이렇게 작업했다고 했다. 하지만 내가 그 방식에 따라 계산을 해 봤다면 차이없음 결과는 110개 이상이 나왔을 것이다. 또한, 이런 방식의 계산도 여전히 셈에 포함되어야 할 차이없음 결과의 수를 축소한다. 데이터를 갈랐을 때 어느 한쪽 성별에서 출생순서 효과가 유의미하게 나타나지 않았다면, 이건 차이없음의 결과 두 개로 계산돼야 한다. 더 자세한 설명을 위해서는 12번 주석에서 인용한 나의 온라인 글을 보라.

15 Sulloway, 1996, p. 72(강조는 원문).

16 Hunt, 1997.

17 유의미하게 나타나지 않은 결과는 발표하지 않는 것을 '서류함 문제'라고 한다. 이에 대해서는 각주 12번에 인용된 온라인 글과 Harris, 2000/2004.를 보라.

18 발표되지 않는 경향에 대해서는 Hunt, 1997. 발표되는 데 시간이 걸린다는 점에 대해서는 Ioannidis, 1998.

19 LeLorier, Grégoire, Benhaddad, Lapierre, & Derderian, 1997, p. 536.

20 남성성의 차이는 생물학적인 원인에 기인한 것일 수도 있다. Blanchard(2001)는 동성애 비율이 동생들에게서—특히 형과 자란 남동생들에게서— 더 높다는 점을 발견했다.

21 결과가 불분명하다는 것은 설로웨이의 이론과의 관련성이 확실하지 않거나 그 결과가 초록에서 필요한 만큼의 명확성을 갖춰 표현되지 못했다는 뜻이다. 내가 논문 검색을 한 것은 1997년 8월 20일이었으며 1981년 1월부터 1997년 3월까지 게재된 논문들을 검색했다.

22 Ernst & Angst, 1983, pp. 97, 167.

23 Ernst & Angst, p. 171(강조는 원문).

24 Harris, 2000a.

25 부모들의 생각은 동생들이 살아가는 시기를 기준으로 보면 시대에 뒤떨어졌을 가능성이 더 높다는 점을 기억하라. 첫째가 부모의 태도를 더 많이 공유하고 있다면 그것은 아마도 첫째와 부모의 나이 차이가 동생과 부모의 나이 차이만큼 크지 않기 때문이다. 가족 규모가 크고 20년 이상의 기간 동안에 임신과 출산이 계속되던 때에는 이 차이가 중요할 수도 있다. 특히 문화 변동의 시기에는.

26 Modell, 1997, p. 624.

27 Somit, Arwine, & Peterson, 1997, pp. 17-18. See also Freese, Powell, & Steelman, 1999.

28 McCall, 1992, p. 17.

29 Runco, 1991(원래는 1987년에 출판됐다).

30 O'Leary & Smith, 1991.

31 Toman, 1971.

32 Townsend, 1997.

33 대부분의 유인원들은 하나씩 연속적으로 새끼를 키운다. 반면에 인간은 아기 하나를 키우는 동안에 더 어린 아기를 낳아 키운다. Harris, Shaw, & Altom(1985)의 186쪽 1번 주석을 보라.

34 Daly & Wilson, 1988.

35   『타고난 반항아』의 역사 자료들도 의문의 대상이 되어 왔다. Johnson(2000/2004)과 Townsend (2000/2004)를 보라.

36   IQ에 있어 첫째의 유리한 점에 대해서는 Bjerkedal, Kristensen, Skjeret, & Brevik, 2007. 첫째 가 성적이 더 좋다는 점에 대해서는 Ernst & Angst, 1983; McCall, 1992. 첫째가 더 많이 대학 진학을 하지는 않는다는 점에 대해서는, Blake, 1989. 지능에 있어 출생순서 효과에 반하는 다른 증거에 대해서는 Wichman, Rodgers, & MacCallum, 2006.

부록2. 아동발달이론의 검증

1   『개성의 탄생』 7장 "관계 체계"를 보라.

2   Deater-Deckard & Plomin, 1999.

3   Jaffee, Moffitt, Caspi, & Taylor, 2003; Jaffee, Caspi, Moffitt, & Taylor, 2004.

4   Jaffee et al., 2003, p. 114.

5   Jaffee et al., 2004, p. 47.

6   Reiss, with Neiderhiser, Hetherington, & Plomin, 2000.

7   Reiss, 2000, p. 407.

8   Plomin, Asbury, & Dunn, 2001, p. 231.

9   Bruder et al., 2008.

10   예를 들어 Caspi et al., 2004.

11   뇌가 약간 다르다는 점에 대해서는 Steinmetz, Herzog, Huang, & Hackländer, 1994.

12   K. M. Beaver, personal communication, June 7, 2008.

13   J. P. Wright & Beaver, 2005.

14   Beaver, Wright, & Maume, 2008.

15   Beaver & Wright, 2007, p. 640.

16   J. P. Wright, Beaver, DeLisi, & Vaughn, 2008.

17   뒷받침할 근거로서 Caspi(1998), Rowe, Woulbroun, & Gulley(1994)를 인용했다.

18   W. A. Collins, Maccoby, Steinberg, Hetherington, & Bornstein, 2000; Iervolino, Pike, Manke, Reiss, Hetherington, & Plomin, 2002; Kagan, 1998.

19   Kindermann, 1993; Sherif et al., 1961.

20   Loehlin, 1997.

21   Harris, 2000c.

22   공격적인 아이에 대해서는 Hawley, 2007. 집단 수용과 집단 지위에 대해서는 Kirkpatrick & Ellis, 2001; Leary, Cottrell, & Phillips, 2001.

23   Jones, 1957.

24   Persico, Postlewaite, & Silverman, 2004.

25   Jackson & Huston, 1975.

26   여자아이들 사이에서는 신체적으로 더 성숙했다는 것만으로는 높은 지위를 차지하지 못한 다. 왜냐하면 빠르게 성숙할수록 과체중이 될 가능성 역시 높아지기 때문이다(8장의 85번 주석을 보라). 따라서 나는 연구자들이 신체적 성숙도보다는 실제 나이를 살펴보는 게 나을 거라고 본다.

27   Baron-Cohen & Staunton, 1994.

28   Hrdy, 1999, p. 516.

29   Ely, 2004.

30   예를 들어 Kochanska, 1997.

참고문헌

Abramovitch, R., Corter, C., Pepler, D. J., & Stanhope, L. (1986). Sibling and peer interaction: A final follow-up and a comparison. *Child Development*, 57, 217-229.

Adler, A. (1927). *Understanding human nature*. New York: Greenberg. 아들러의 인간 이해(을유문화사, 2016).

Adler, P. A., Kless, S. J., & Adler, P (1992). Socialization to gender roles: Popularity among elementary school boys and girls. *Sociology of Education*, 65, 169-187.

Adolph, K. E. (2000). Specificity of learning: Why infants fall over a veritable cliff. *Psychological Science*, 11, 290-295.

Ainsworth, M. D. S. (1977). Attachment theory and its utility in cross-cultural research. In P. H. Leiderman, S. R. Tulkin, & A. Rosenfield (Eds.), *Culture and infancy: Variation in the human experience*. New York: Academic Press.

Ainsworth, M. D. S., Blehar, M. C., Waters, E., & Wall, S. (1978). *Patterns of attachment: A psychological study of the Strange Situation*. Hillsdale, NJ: Erlbaum.

Alexander, G. M., & Hines, M. (1994). Gender labels and play styles: Their relative contribution to childrens selection of playmates. *Child Development*, 65, 869-879.

Alper, J. (1993, April 16). The pipeline is leaking women all the way along. *Science*, 260, 409-411.

Ambert, A.-M. (1994a). A quantitative study of peer abuse and its effects: Theoretical and empirical implications. *Journal of Marriage and the Family*, 56, 119-130.

Ambert, A.-M. (1994b). An international perspective on parenting: Social change and social constructs. *Journal of Marriage and the Family*, 56, 529-543.

Ambert, A.-M. (1997). *Parents, children, and adolescents: Interactive relationships and development in context*. New York: Haworth Press.

American Association of University Women (1991). *Shortchanging girls, shortchanging America: A call to action*. Washington, DC: AAUW

Anders, T. E, & Taylor, T. R. (1994). Babies and their sleep environments. *Childrens Environments*, 11, 123-134.

Andersson, B.-E. (1992). Effects of day-care on cognitive and socioemotional competence of thirteen-year-old Swedish schoolchildren. *Child Development*, 63, 20-36.

Archer, J. (1992a). Childhood gender roles: Social context and organization. In H. McGurk (Ed.), *Childhood social development*: Contemporary perspectives (pp. 31-61). Hove, UK: Erlbaum.

Archer, J. (1992b). *Ethology and human development*. Savage, MD: Barnes & Noble Books.

Arnett, J., & Balle-Jensen, L. (1993). Cultural bases of risk behavior: Danish adolescents. *Child*

Development, 64, 1842-1855.

Asch, S. E. (1987). *Social Psychology*. Oxford, UK: Oxford University Press. (Originally published in 1952.)

Astington, J. W. (1993). *The child's discovery of the mind*. Cambridge, MA: Harvard University Press. 아동의 마음 발견하기(시그마프레스, 2007).

Bagwell, C. L., Newcomb, A. F., & Bukowski, W. M. (1998). Preadolescent friendship and peer rejection as predictors of adult adjustment. *Child Development*, 69, 140-153.

Bailey, D. B., Jr., McWilliam, R. A., Ware, W. B., & Burchinal, M. A. (1993). Social interactions of toddlers and preschoolers in same-age and mixed-age play groups. *Journal of Applied Developmental Psychology*, 14, 261-275.

Bajak, F. (1986, June 19). Firemen are twins, too. *The New Jersey Register*, p. 8A.

Baltes, P. B., Cornelius, S. W., & Nesselroade, J. R. (1979). Cohort effects in developmental psychology. In J. R. Nesselroade & P. B. Baltes (Eds.), *Longitudinal research in the study of behavior and development* (pp. 61-87). New York: Academic Press.

Bandura, A., & Walters, R. H. (1963). *Social learning and personality development*. New York: Holt.

Barnett, W. S. (1995, Winter). Long-term effects of early childhood programs on cognitive and school outcomes. *The Future of Children*, 5(3), 25-50.

Baron, N. S. (1992). *Growing up with language: How children learn to talk*. Reading, MA: Addison-Wesley.

Baron-Cohen, S. (1995). *Mindblindness: An essay on autism and theory of mind*. Cambridge, MA: MIT Press. 마음맹(시그마프레스, 2005).

Baron-Cohen, S., Campbell, R., Karmiloff-Smith, A., Grant, J., & Walker, J. (1995). Are children with autism blind to the mentalistic significance of the eyes? *British Journal of Developmental Psychology*, 13, 379-398.

Baron-Cohen, S., & Staunton, R. (1994). Do children with autism acquire the phonology of their peers? An examination of group identification through the window of bilingualism. *First Language*, 14, 241-248.

Barry, D. (1995, September 17). Teen smokers, too, get cool, toxic, waste-blackened lungs. *Asbury Park (N.J.) Press*, p. D3.

Barry, D. (1996, August 11). That awful sound is a parent singing within earshot of a teen. *Asbury Park (N.J.) Press*, p. D3.

Baumeister, R. F., Campbell, J. D., Krueger, J. I., & Vohs, K. D. (2003). Does high selfesteem cause better performance, interpersonal success, happiness, or healthier lifestyles? *Psychological Science in the Public Interest*, 4, 1-44.

Baumeister, R. F., Smart, L., & Boden, J. M. (1996). Relation of threatened egotism to violence and aggression: The dark side of high self-esteem. *Psychological Review*, 103, 5-33.

Baumrind, D. (1967). Child care practices anteceding three patterns of preschool behavior. *Genetic Psychology Monographs*, 75, 43-88.

Baumrind, D. (1989). Rearing competent children. In W Damon (Ed.), *Child development today and tomorrow* (pp. 349-378). San Francisco: Jossey-Bass.

Baumrind, D., & Black, A. E. (1967). Socialization practices associated with dimensions of competence in preschool boys and girls. *Child Development*, 38, 291-327.

Beaver, K. M. & Wright, J. P. (2007). A child effects explanation for the association between family risk and involvement in an antisocial lifestyle. *Journal of Adolescent Research*, 22, 640-664.

Beaver, K. M., Wright, J. E, & Maume, M. O. (2008). The effect of school classroom characteristics on low self-control: A multilevel analysis. *Journal of Criminal Justice*, 36, 174-181.

Bedford, V. H. (1992). Memories of parental favoritism and the quality of parent-child ties in adulthood. *Journal of Gerontology: Social Sciences*, 47, SI 49-SI 55-

Bee, D. E., Baranowski, T., Rassin, D. K., Richardson, J., & Mikrut, W. (1991). Breast-feeding initiation in a triethnic population. *American Journal of Diseases of Children*, 145, 306-309.

Begley, S. (1998, September 7). The parent trap. *Newsweek*, pp. 52-59.

Belsky, J., Burchinal, M., McCartney, K, Vandell, D. L., Clarke-Stewart, K. A., Owen, M. T., & the NICHD Early Child Care Research Network (2007). Are there long-term effects of early child care? *Child Development*, 78, 681-701.

Belsky, J., Rovine, M., & Taylor, D. G. (1984). The Pennsylvania Infant and Family Development Project: III. The origins of individual differences in infant-mother attachment: Maternal and infant contributions. *Child Development*, 55, 718-728.

Bern, D. J. (1996). Exotic becomes erotic: A developmental theory of sexual orientation. *Psychological Review*, 103, 320-335.

Bern, S. L. (1989). Genital knowledge and gender constancy in preschool children. *Child Development*, 60, 649-662.

Benedict, R. (1959). Patterns of culture. New York: Houghton Mifflin. (Originally published in 1934.) 국화와 칼.

Bennett, A, & Derevensky, J. (1995). The medieval kingdom topology: Peer relations in kindergarten children. *Psychology in the Schools*, 32, 130-141.

Berndt, T. J. (1979). Developmental changes in conformity to peers and parents. *Developmental Psychology*, 15, 606-616.

Berndt, T. J. (1992). Friendship and friends' influence in adolescence. *Current Directions in Psychological Science*, 1, 156-159.

Berding, T. (1994). *A child sacrificed to the deaf culture*. Wilsonville, OH: Kodiak Media Group.

Bettelheim, B. (1959, March). Joey: A "mechanical boy." *Scientific American*, 200, 116-127.

Bettelheim, B. (1967). *The empty fortress*. New York: Free Press.

Bickerton, D. (1983, July). Creole languages. *Scientific American*, 249, 116-122.

Bierman, K. L., Smoot, D. L., & Aumiller, K. (1993). Characteristics of aggressive-rejected, aggressive (nonrejected), and rejected (nonaggressive) boys. *Child Development*, 64, 139-151.

Bigelow, A., MacLean, J., Wood, C., & Smith, J. (1990). Infants' responses to child and adult strangers: An investigation of height and facial configuration variables. *Infant Behavior and Development*, 13, 21-32.

Bigler, R, S. (1995). The role of classification skill in moderating environmental influences on children's gender stereotyping: A study of the functional use of gender in the classroom. *Child Development*, 66, 1072-1087.

Birch, L. L. (1987). Children's food preferences: Developmental patterns and environmental influences. *Annals of Child Development*, 4, 171-208.

Bjerkedal, T., Kristensen, E, Skjeret, G. A., & Brevik, J. I. (2007). Intelligence test scores and birth order among young Norwegian men (conscripts) analyzed within and between families. *Intelligence*, 35, 503-514.

Bjorklund, D. F., & Kipp, K. (1996). Parental investment theory and gender differences in the evolution of inhibitory mechanisms. *Psychological Bulletin*, 120, 163-188.

Bjorkqvist, K, Lagerspetz, K. M. J., & Kaukiainen, A. (1992). Do girls manipulate and boys fight? Developmental trends in regard to direct and indirect aggression. *Aggressive Behavior*, 18, 117-127.

Blake, J. (1989, July 7). Number of siblings and educational attainment. *Science*, 245, 32-36.

Blanchard, R. (2001). Fraternal birth order and the maternal immune hypothesis of male homosexuality. *Hormones and Behavior*, 40, 105-114.

Block, J., & Robins, R. W. (1993). A longitudinal study of consistency and change in selfesteem from early adolescence to early adulthood. *Child Development*, 64, 909-923.

Block, J. H., Block, J., & Gjerde, R F. (1986). The personality of children prior to divorce: A prospective study. *Child Development*, 57, 827-840.

Blyth, D. A., & Leffert, N. (1995). Communities as contexts for adolescent development: An empirical analysis. *Journal of Adolescent Research*, 10, 64-87.

Boomsma, D. I., Willemsen, G., Dolan, C. V., Hawkley, L. C., & Cacioppo, J. T. (2005). Genetic and environmental contributions to loneliness in adults: The Netherlands Twin Register study. *Behavior Genetics*, 35, 745-752.

Bos, H. M. W., Sandfort, T. G. M., de Bruyn, E. H., & Hakvoort, E. M. (2008). Same-sex attraction, social relationships, psychosocial functioning, and school performance in early adolescence. *Developmental Psychology*, 44, 59-68.

Bouchard, T. J., Jr. (1994, June 17). Genes, environment, and personality. *Science*, 264, 1700-1701.

Bouchard, T. J., Jr., & Loehlin, J. C. (2001). Genes, evolution, and personality. *Behavior Genetics*, 31, 243-273.

Bouchard, T. J., Jr., Lykken, D. T., McGue, M., Segal, N. L., & Tellegen, A. (1990, October 12). Sources of human psychological differences: The Minnesota study of twins reared apart. *Science*, 250, 223-228.

Bowlby, J. (1969). *Attachment and loss: Vol. 1. Attachment*. New York: Basic Books.

Bowlby, J. (1973). *Attachment and loss: Vol. 2. Separation*. New York: Basic Books.

Bradshaw, J. (1988). *Bradshaw on the family: A revolutionary way of self-discovery*. Deerfield Beach, FL: Health Communications. 가족(학지사, 2006).

Bretherton, I. (1985). Attachment theory: Retrospect and prospect. In I. Bretherton & E. Waters (Eds.), Growing points of attachment theory and research (pp. 3-35). *Monographs of the Society for Research in Child Development*, 50 (1-2, Serial No. 209).

Brewer, M. B. (1991). The social self: On being the same and different at the same time. *Personality and Social Psychology Bulletin*, 17, 475-482.

Brody, G. H., & Stoneman, Z. (1994). Sibling relationships and their association with parental differential treatment. In E. M. Hetherington, D. Reiss, & R. Plomin (Eds.), *Separate social worlds of siblings: The impact of nonshared environment on development* (pp. 129-142). Hillsdale, NJ: Erlbaum.

Brody, G. H., Stoneman, Z., MacKinnon, C. E., & MacKinnon, R. (1985). Role relationships and behavior between preschool-aged and school-aged sibling pairs. *Developmental Psychology*, 21, 124-129.

Brody, J. E. (1997, November 11). Parents can bolster girls' fragile self-esteem. *New York Times*, p. F7.

Brooks, J., & Lewis, M. (1976). Infants' responses to strangers: Midget, adult, and child. *Child Development*, 47, 323-332.

Brooks-Gunn, J., Duncan, G. J., Klebanov, P. K, & Sealand, N. (1993). Do neighborhoods influence child and adolescent development? *American Journal of Sociology*, 99, 353-395.

Brooks-Gunn, J., & Warren, M. P. (1988). The psychological significance of secondary sexual characteristics in nine- to eleven-year-old girls. *Child Development*, 59, 1061-1069.

Brown, B. B., Mounts, N., Lamborn, S. D., & Steinberg, L. (1993). Parenting practices and peer group affiliation in adolescents. *Child Development*, 64, 467-482.

Brown, D. E. (1991). *Human universal*. Philadelphia: Temple University Press.

Bruder, C. E. G., Piotrowski, A., Gijsbers, A. A., et al. (2008). Phenotypically concordant and discordant monozygotic twins display different DNA copy-number-variation profiles. *American Journal of Human Genetics*, 83, 763-771.

Bruer, J. T. (1997). Education and the brain: A bridge too far. *Educational Researcher*, 26, 4-16.

Bugental, D. B., & Goodnow, J. J. (1998), Socialization processes. In W. Damon (Series Ed.) & N. Eisenberg (Vol. Ed.), *Handbook of Child Psychology: Vol. 3. Social, emotional, and personality development* (5th ed., pp. 389-462). New York: Wiley.

Bukowski, W M., Pizzamiglio, M. T., Newcomb, A. F., & Hoza, B. (1996). Popularity as an affordance for friendship: The link between group and dyadic experience. *Social Development*, 5, 189-202.

Burnham, D. K., & Harris, M. B. (1992). Effects of real gender and labeled gender on adults' perceptions of infants. *Journal of Genetic Psychology*, 153, 165-183.

Burns, G. L., & Farina, A. (1992). The role of physical attractiveness in adjustment. *Genetic, Social, and General Psychology Monographs*, 118, 157-194.

Buss, D. M. (1991). Evolutionary personality psychology. *Annual Review of Psychology*, 42, 459-491.

Buss, D. M. (1994). *The evolution of desire: Strategies of human mating*. New York: Basic Books. 욕망의 진화(사이언스북스, 2013).

Bussey, K., & Bandura, A. (1992). Self-regulatory mechanisms governing gender development. *Child Development*, 63, 1236-1250.

Cairns, R. B., Gariepy, J.-L., & Hood, K. E. (1990). Development, microevolution, and social behavior. *Psychological Review*, 97, 49-65.

Cairns, R. B., Neckerman, H. J., & Cairns, B. D. (1989). Social networks and the shadow of synchrony. In G. R. Adams, R. Montemayor, & T. Gullotta (Eds.), *Advances in adolescent development: Vol. 1. Biology of adolescent behavior and development* (pp. 275-305). Newbury Park, CA: Sage.

Caporael, L. R. (1986). Anthropomorphism and mechanomorphism: Two faces of the human machine. *Computers in Human Behavior*, 2, 215-234.

Capron, C., & Duyme, M. (1989). Assessment of the effects of socio-economic status on IQ in a full cross-fostering study. *Nature*, 340, 552-554.

Carere, S. (1987). Lifeworld of restricted behavior. In P. A. Adler, P Adler, & N. Mandell (Eds.), *Sociological studies of child development: Vol. 2* (pp. 105-138). Greenwich, CT: JAI Press.

Carlson, M. (1997, September 22). Here's a precious moment, kid. *Time*, p. 101.

Carson, R C. (1989). Personality. *Annual Review of Psychology*, 40, 227-248.

Caspi, A. (1998). Personality development across the life course. In W Damon (Series Ed.) & N. Eisenberg (Vol. Ed.), *Handbook of Child Psychology: Vol. 3. Social, emotional, and personality development* (5th ed., pp. 311-388). New York: Wiley.

Caspi, A., Begg, D., Dickson, N., Harrington, H., Langley, J., Moffitt, T, E., & Silva, P. A. (1997).

Personality differences predict health-risk behaviors in young adulthood: Evidence from a longitudinal study. *Journal of Personality and Social Psychology*, 73, 1052-1063.

Caspi, A., Elder, G. H., Jr., & Bern, D. J. (1987). Moving against the world: Life-course patterns of explosive children. *Developmental Psychology*, 23, 308-313.

Caspi, A., Moffitt, T. E., Morgan, J., et al. (2004). Maternal expressed emotion predicts children's antisocial behavior problems: Using monozygotic-twin differences to identify environmental effects on behavioral development. *Developmental Psychology*, 40, 149-161.

Ceci, S. J., & Williams, W. M. (1997). Schooling, intelligence, and income. *American Psychologist*, 52, 1051-1058.

Chagnon, N. A. (1988, February 26). Life histories, blood revenge, and warfare in a tribal population. *Science*, 239, 985-992.

Chagnon, N. A. (1992). *Yanomamö: The last days of Eden*. San Diego: Harcourt Brace Jovanovich.

Chan, R. W., Raboy, B., & Patterson, C. J. (1998). Psychosocial adjustment among children conceived via donor insemination by lesbian and heterosexual mothers. *Child Development*, 69, 443-457.

Chance, M. R. A., & Larsen, R. R. (Eds.) (1976). *The social structure of attention*. London: Wiley.

Chao, R K. (1994). Beyond parental control and authoritarian parenting style: Understanding Chinese parenting through the cultural notion of training. *Child Development*, 65, 1111-1119.

Chase-Lansdale, P. L., Cherlin, A. J., & Kiernan, K. E. (1995). The long-term effects of parental divorce on the mental health of young adults: A developmental perspective. *Child Development*, 66, 1614-1634.

Chen, J.-Q., & Goldsmith, L. T. (1991). Social and behavioral characteristics of Chinese only children: A review of research. *Journal of Research in Childhood Education*, 5, 127-139.

Clark, L. R (1995, June 28). Teen sex blues. *Journal of the American Medical Association*, 273, 1969-1970.

Clinton, H. R. (1996). *It takes a village, and other lessons children teach us*. New York: Simon & Schuster. 집 밖에서 더 잘 크는 아이들(디자인하우스, 1996).

Cohen, J. (1994). The earth is round (p < .05). *American Psychologist*, 49, 997-1003.

Coie, J. D., & Cillessen, A. H. N. (1993). Peer rejection: Origins and effects on childrens development. *Current Directions in Psychological Science*, 2, 89-92.

Colapinto, J. (2000). As nature made him: The boy who was raised as a girl. New York: Harper-Collins. 타고난 성 만들어진 성(바다출판사, 2002).

Cole, M. (1992). Culture in development. In M. H. Bornstein & M. E. Lamb (Eds.), *Developmental psychology: An advanced textbook* (3rd ed., pp. 731-789). Hillsdale, NJ: Erlbaum.

Coleman, B. C. (1997, August 14). Study: Spanking causes misbehavior. Associated Press (online).

Collaer, M. L., & Hines, M. (1995). Human behavioral sex differences: A role for gonadal hormones during early development? *Psychological Bulletin*, 118, 55-107.

Collins, L. M., Sussman, S., Rauch, J. M., Dent, C. W., Johnson, C. A., Hansen, W. B., & Flay, B. R. (1987). Psychosocial predictors of young adolescent cigarette smoking: A sixteen-month, three-wave longitudinal study. *Journal of Applied Social Psychology*, 17, 554-573.

Collins, W. A., Maccoby, E. E., Steinberg, L., Hetherington, E. M., & Bornstein, M. H. (2000). Contemporary research on parenting: The case for nature and nurture. *American Psychologist*, 55, 218-232.

Condry, J., & Condry, S. (1976). Sex differences: A study of the eye of the beholder. *Child

Development, 47, 812-819.

Coontz, S. (1992). *The way we never were: American families and the nostalgia trap.* New York: Basic Books.

Corsaro, W. A. (1985). *Friendship and peer culture in the early years.* Norwood, NJ: Ablex.

Corsaro, W. A. (1993). Interpretive reproduction in the "scuola materna." *European Journal of Psychology of Education, 8,* 357-374.

Corsaro, W. A. (1997). *The sociology of childhood.* Thousand Oaks, CA: Pine Forge Press.

Cosmides, L., & Tooby, J. (1992). Cognitive adaptations for social exchange. In J. Barkow, L. Cosmides, & J. Tooby (Eds.), *The adapted mind: Evolutionary psychology and the generation of culture* (pp. 163-228). New York: Oxford University Press.

Coulton, C. J., Korbin, J. E., Su, M., & Chow, J. (1995). Community level factors and child maltreatment rates. *Child Development, 66,* 1262-1276.

Council, J. R. (1993). Contextual effects in personality research. *Current Directions in Psychological Science, 2,* 31-34.

Council on Scientific Affairs, American Medical Association (1995, December 6). Female genital mutilation. *Journal of the American Medical Association, 274,* 1714-1716.

Crick, N. R, & Grotpeter, J. K, (1995). Relational aggression, gender, and social-psychological adjustment. *Child Development, 66,* 710-722.

Crossette, B. (1996, June 11). New tally of world tragedy: Women who die giving life. New York Times, pp. Al, A12.

Culbertson, F. M. (1997). Depression and gender: An international review. *American Psychologist, 52,* 25-31.

Culotta, E. (2005, September 2). Chimp genome catalogs differences with humans. *Science, 309,* 1468-1469.

Daja Meston '96: West meets East meets West (1995). *Brandeis Review, 15*(2), pp. 4-5.

Daley, S. (1991, January 8). Girls' self-esteem is lost on way to adolescence, new study finds. *New York Times,* pp. Bl, B6.

Daly, M., & Wilson, M. I. (1988). Homicide. New York: Aldine de Gruyter. 살인(어마마마, 2015).

Daly, M., & Wilson, M. I. (1996). Violence against stepchildren. *Current Directions in Psychological Science, 5,* 77-81.

Darling, N., & Steinberg, L. (1993). Parenting style as context: An integrative model. *Psychological Bulletin, 113,* 487-496.

Darwin, C. (1871). The descent of man. Reprinted in The origin of species and the descent of man. New York: Modern Library. No publication date given.

Dawes, R. M. (1994). *House of cards: Psychology and psychotherapy built on myth.* New York: Free Press.

Dawkins, R. (1976). *The selfish gene.* New York: Oxford University Press.

Dawkins, R. (2006). *The selfish gene (3rd ed.).* New York: Oxford University Press. 이기적 유전자 (을유문화사, 2010).

Dean, H. J., McTaggart, T. L., Fish, D. G., & Friesen, H. G. (1986). Long-term social follow- up of growth hormone deficient adults treated with growth hormone during childhood. In B. Stabler & L. E. Underwood (Eds.), *Slow grows the child: Psychosocial aspects of growth delay* (pp. 73-82). Hillsdale, NJ: Erlbaum.

Deater-Deckard, K., Dodge, K. A., Bates, J. E., & Pettit, G. S. (1996). Physical discipline among African American and European American mothers: Links to children's externalizing behaviors. *Developmental Psychology*, 32, 1065-1072.

Deater-Deckard, K., & Plomin, R. (1999). An adoption study of the etiology of teacher and parent reports of externalizing behavior problems in middle childhood. *Child Development*, 70,144-154.

Deci, E. L. (1971). Effects of externally mediated rewards on intrinsic motivation. *Journal of Personality and Social Psychology*, 18, 105-115.

Delaney, C. H. (1995). Rites of passage in adolescence. *Adolescence*, 30, 891-897.

deMarrais, K. B., Nelson, P. A., & Baker, J. H. (1994). Meaning in mud: Yup'ik Eskimo girls at play. In J. L. Roopnarine, J. E. Johnson, & C F. H. Hooper (Eds), *Children's play in diverse cultures* (pp. 179-209). Albany: State University of New York Press.

Dencik, L. (1989). Growing up in the post-modern age: On the child's situation in the modern family, and on the position of the family in the modern welfare state. *Acta Sociologica*, 32, 155-180.

Denrell, J., & Le Mens, G. (2007). Interdependent sampling and social influence. *Psychological Review*, 114, 398-422.

Detterman, D. K. (1993). The case for the prosecution: Transfer as an epiphenomenon. In D. K. Detterman & R. J. Sternberg (Eds.), *Transfer on trial: Intelligence, cognition, and instruction* (pp. 1-24). Norwood, NJ: Ablex.

de Waal, F. (1989). *Peacemaking among primates*. Cambridge, MA: Harvard University Press. 영장류의 평화 만들기(새물결, 2007).

Diamond, J. (1992a, March). Living through the Donner Party. *Discover*, 13, 100-107.

Diamond, J. (1992b). *The third chimpanzee*. New York: HarperCollins. 제3의 침팬지(문학사상, 2015).

Diamond, J. (1992c, June). Turning a man. *Discover*, 13, 70-77.

Diamond, K., LeFurgy, W., & Blass, S. (1993). Attitudes of preschool children toward their peers with disabilities: A year-long investigation in integrated classrooms. *Journal of Genetic Psychology*, 154, 215-221.

Diamond, M. (1997). Sexual identity and sexual orientation in children with traumatized or ambiguous genitalia. *Journal of Sex Research*, 34, 199-211.

Diamond, M., & Sigmundson, H. K. (1997). Sex reassignment at birth: Long-term review and clinical implications. *Archives of Pediatrics and Adolescent Medicine*, 151, 298-304.

Dickens, C. (1990). *Oliver Twist*. New York: Bantam Books. (Originally published in 1838.) 올리버 트위스트.

Dishion, T. J., Duncan, T. E., Eddy, J. M., Fagot, B. I., & Fetrow, R. (1994). The world of parents and peers: Coercive exchanges and children's social adaptation. *Social Development*, 3, 255-268.

Dishion, T. J., McCord, J., & Poulin, F. (1999). When interventions harm: Peer groups and problem behavior. *American Psychologist*, 54, 755-764.

Dobkin, P. L., Tremblay, R. E., Masse, L. C., & Vitaro, F. (1995). Individual and peer characteristics in predicting boys' early onset of substance abuse: A seven-year longitudinal study. *Child Development*, 66, 1198-1214.

Dodge, K. A., Bates, J. E., & Pettit, G. S. (1990, December 21). Mechanisms in the cycle of violence.

Science, 250, 1678-1683.

Dodge, K. A., Pettit, G. S., & Bates, J. E. (1994a). Effects of physical maltreatment on the development of peer relations. *Development and Psychopathology*, 6, 43-55.

Dodge, K. A., Pettit, G. S., & Bates, J. E. (1994b). Socialization mediators of the relation between socioeconomic status and child conduct problems. *Child Development*, 65, 649-665.

Dontas, C., Maratos, O., Fafoutis, M., & Karangelis, A. (1985). Early social development in institutionally reared Greek infants: Attachment and peer interaction. In I. Bretherton & E. Waters (Eds.), Growing points of attachment theory and research (pp. 136-146). *Monographs of the Society for Research in Child Development*, 50(1-2, Serial No. 209).

Dornbusch, S. M., Glasgow, K. L., & Lin, I.-C. (1996). The social structure of schooling. *Annual Review of Psychology*, 47, 401-429.

Dornbusch, S. M., Ritter, P L., Leiderman, E H., Roberts, D. F., & Fraleigh, M. J. (1987). The relation of parenting style to adolescent school performance. *Child Development*, 58, 1244-1257.

Draper, P. (1997). Institutional, evolutionary, and demographic contexts of gender roles: A case study of !Kung bushmen. In M. E. Morbeck, A. Galloway, & A. L. Zihlman (Eds.), *The evolving female: A life-history perspective* (pp. 220-232). Princeton, NJ: Princeton University Press.

Draper, P., & Cashdan, E. (1988). Technological change and child behavior among the !Kung. *Ethnology*, 27, 339-365.

Dunbar, R. I. M. (1993). Co-evolution of neocortex size, group size, and language in humans. *Behavioral and Brain Sciences*, 16, 681-735.

Duncan, G. J., & Magnuson, K. (2004). Individual and parent-based intervention strategies for promoting human capital and positive behavior. In P. L. Chase-Lansdale, K. Kiernan, & R. Friedman (Eds.), *Human development across lives and generations: The potential for change* (pp. 93-135). Cambridge, UK: Cambridge University Press.

Duncan, G. J., Brooks-Gunn, J., &L Klebanov, P. K. (1994). Economic deprivation and early childhood development. *Child Development*, 65, 296-318.

Duncan, G. J., & Magnuson, K (2004). Individual and parent-based intervention strategies for promoting human capital and positive behavior. In P. L. Chase-Lansdale, K. Kiernan, & R. Friedman (Eds.), *Human development across lives and generations: The potential for change* (pp. 93-135). Cambridge, UK: Cambridge University Press.

Dunn, J., & Plomin, R. (1990). *Separate lives: Why siblings are so different.* New York: Basic Books.

Eccles, J. S., Midgley, C., Wigfield, A., Buchanan, C. M., Reuman, D., Flanagan, C., & MacIver, D. (1993). Development during adolescence: The impact of stage-environment fit on young adolescents' experiences in schools and in families. *American Psychologist*, 48,90-101.

Eckenrode, J., Rowe, E., Laird, M., & Brathwaite, J. (1995). Mobility as a mediator of the effects of child maltreatment on academic performance. *Child Development*, 66, 1130-1142. Eckerman, C. O., Davis, C. C., & Didow, S. M. (1989). Toddlers' emerging ways of achieving social coordination with a peer. *Child Development*, 60, 440-453.

Eckerman, C. O., & Didow, S. M. (1988). Lessons drawn from observing young peers together. *Acta Paediatrica Scandinavica*, 77, 55-70.

Eckerman, C. O., & Didow, S. M. (1996), Nonverbal imitation and toddlers' mastery of verbal means of achieving coordinated action. *Developmental Psychology*, 32, 141-152.

Eckert, P. (1989). *Jocks and burnouts: Social categories and identity in the high school*. New York: Teachers College Press.

Edwards, C. P (1992). Cross-cultural perspectives on family-peer relations. In R. D. Parke & G. W Ladd (Eds.), *Family-peer relationships: Modes of linkage* (pp. 283-316). Hillsdale, NJ: Erlbaum.

Effort to reintroduce thick-billed parrots in Arizona is dropped (1995, May 30). *New York Times*, p. C4.

Egeland, B., & Sroufe, L. A. (1981). Attachment and early maltreatment. *Child Development*, 52, 44-52.

Eibl-Eibesfeldt, I. (1989). *Human ethology*. Hawthorne, NY: Aldine de Gruyter.

Eibl-Eibesfeldt, I. (1995). The evolution of familiality and its consequences. *Futura*, 10(4), 253-264.

Eimas, P. D., & Quinn, E C. (1994). Studies on the formation of perceptually based basic-level categories in young infants. *Child Development*, 65, 903-907.

Einstein, A. (1991). On the generalized theory of gravitation. *Scientific American*, Special Issue on "Science in the 20th Century," pp. 40-45. (Originally published in 1950.)

Eisenberg, N., Fabes, R. A., Bernzweig, J., Karbon, M., Poulin, R., & Hanish, L. (1993). The relations of emotionality and regulation to preschoolers' social skills and sociometric status. *Child Development*, 64, 1418-1438.

Eisenberger, R. & Cameron, J. (1996). Detrimental effects of reward: Reality or myth? *American Psychologist*, 51, 1153-1166.

Ely, R. (2004). Language and literacy in the school years. In J. B. Gleason (Ed.), *The development of language* (6th ed., pp. 395-443). Boston: Allyn & Bacon.

Erickson, M. F., Sroufe, L. A., & Egeland, B. (1985). The relationship between quality of attachment and behavior problems in preschool in a high-risk sample. In I. Bretherton & E. Waters (Eds.), Growing points of attachment theory and research (pp. 147-166). *Monographs of the Society for Research in Child Development*, 50(1-2, Serial No. 209).

Ernst, C., & Angst, J. (1983). *Birth order: Its influence on personality*. Berlin, Germany: Springer-Verlag.

Evans, A. D. (1987). Institutionally developed identities: An ethnographic account of reality construction in a residential school for the deaf. In E A. Adler, P. Adler, & N. Mandell (Eds.), *Sociological studies of child development: Vol. 2* (pp. 159-182). Greenwich, CT: JAI Press.

Eyer, D. E. (1992). *Mother-infant bonding: A scientific fiction*. New Haven: Yale University Press.

Fabes, R. A. (1994). Physiological, emotional, and behavioral correlates of gender segregation. In C. Leaper (Ed.), Childhood gender segregation: Causes and consequences (pp. 19-34). *New Directions for Child Development*, No. 65. San Francisco: Jossey-Bass.

Fagen, R (1993). Primate juveniles and primate play. In M. E. Pereira & L. A. Fairbanks (Eds.), *Juvenile primates* (pp. 182-192). New York: Oxford University Press.

Fagot, B. I. (1994). Peer relations and the development of competence in girls and boys. In C. Leaper (Ed.), Childhood gender segregation: Causes and consequences (pp. 53-65). *New Directions for Child Development*, No. 65. San Francisco: Jossey-Bass.

Fagot, B. I. (1995). Classification of problem behaviors in young children: A comparison of four systems. *Journal of Applied Developmental Psychology*, 16, 95-106.

Falbo, T., & Polit, D. F. (1986). Quantitative research of the only child literature: Research evidence and theory development. *Psychological Bulletin*, 100, 176-189.

Falbo, T., & Poston, D. L., Jr. (1993). The academic, personality, and physical outcomes of only children in China. *Child Development*, 64, 18-35.

Farah, M. (1992). Is an object an object an object? Cognitive and neuropsychological investigations of domain specificity in visual object recognition. *Current Directions in Psychological Science*, 1, 164-169.

Farley, C. J. (1997, November 24). Kids and race. *Time*, pp. 88-91.

Farrelly, M. C., Healton, C. G., Davis, K. C., Messeri, P., Hersey, J. C., & Haviland, M. L. (2002). Getting to the truth: Evaluating national tobacco countermarketing campaigns. *American Journal of Public Health*, 92, 901-907.

Farrington, D. P. (1995). The development of offending and antisocial behaviour from childhood: Key findings from the Cambridge Study in Delinquent Development. *Journal of Child Psychology and Psychiatry*, 360, 929-964.

Fein, G. G., & Fryer, M. G. (1995a). Maternal contributions to early symbolic play competence. *Developmental Review*, 15, 367-381.

Fein, G. G., & Fryer, M. G. (1995b). When theories don't work chuck 'em or change 'em. *Developmental Review*, 15, 401-403.

Fenson, L., Dale, R S., Reznick, J. S., Bates, E., Thai, D. J., & Pethick, S. J. (1994). Variability in early communicative development. *Monographs of the Society for Research in Child Development*, 59(5, Serial No. 242).

Ferreira, F. (1996). Biography. *American Psychologist*, 51, 315-317.

Festinger, L. (1954). A theory of social comparison processes. *Human Relations*, 7, 117-140.

Fine, G. A. (1981). Friends, impression management, and preadolescent behavior. In S. R. Asher & J. M. Gottman (Eds.), *The development of children's friendships* (pp. 29-52). Cambridge, UK: Cambridge University Press.

Fine, G. A. (1986). The dirty play of litde boys. Society/Transaction, 24, 63-67.

Fiske, S. T. (1992). Thinking is for doing: Portraits of social cognition from daguerreotype to laserphoto. Journal of Personality and Social Psychology, 63, 877-889.

Flaks, D. K., Ficher, I., Masterpasqua, F., & Joseph, G. (1995). Lesbians choosing motherhood: A comparative study of lesbian and heterosexual parents and their children. *Developmental Psychology*, 31, 105-114.

Fletcher, A. C., Darling, N. E., Dornbusch, S. M., & Steinberg, L. (1995). The company they keep: Relations of adolescents' adjustment and behavior to their friends' perceptions of authoritative parenting in the social network. *Developmental Psychology*, 31, 300-310.

Foreman, J. (1997, September 10). Study links parental bond to teenage well-being. *Boston Globe*, p. Al.

Forward, S. (1989). *Toxic parents: Overcoming their hurtful legacy and reclaiming your life.* New York: Bantam Books. 독이 되는 부모가 되지 마라(푸른육아, 2015).

Fox, N. A. (1989). Psychophysiological correlates of emotional reactivity during the first year of life. *Developmental Psychology*, 25, 364-372.

Fox, N. A., Kimmerly, N. L., & Schafer, W. D. (1991). Attachment to Mother/Attachment to Father: A meta-analysis. *Child Development*, 62, 210-225.

Fraiberg, S. H. (1959). *The Magic Years.* New York: Scribner's. 슬기롭고 행복한 아기로 만드는 마법의 시간 첫 6년(아침이슬, 2017).

Freedman, D. G. (1958). Constitutional and environmental interactions in rearing of four dog breeds. *Science*, 127, 585-586.

Freeman, D. (1983). *Margaret Mead and Samoa: The making and unmaking of an anthropological myth*. Cambridge, MA: Harvard University Press.

Freese, J., Powell, B., & Steelman, L. C. (1999). Rebel without a cause or effect: Birth order and social attitudes. *American Sociological Review*, 64, 207-231.

Freud, A., & Dann, S. (1967). An experiment in group upbringing. In Y. Brackbill & G. G. Thompson (Eds.), *Behavior in infancy and early childhood* (pp. 494-514). New York: Free Press. (Originally published in 1951.)

Friend, T. (1995, August 1). *A young man goes west to prosper*. New York Times, pp. B7, B11.

Frisch, R. E. (1988, March). Fatness and fertility. *Scientific American*, 258, 88-95.

Fry, D. P. (1988). Intercommunity differences in aggression among Zapotec children. *Child Development*, 59, 1008-1019.

Galper, A., Wigfield, A., & Seefeldt, C. (1997). Head Start parents' beliefs about their children's abilities, task values, and performances on different activities. *Child Development*, 68, 897-907.

Gardner, H. (1983). *Frames of mind: The theory of multiple intelligences*. New York: Basic Books. 지능이란 무엇인가(사회평론, 2016).

Garvey, C. (1990). *Play (2nd ed.)*. Cambridge, MA: Harvard University Press. 유아의 놀이지도 (학문사, 1995).

Ge, X., Conger, R. D,, Cadoret, R. J., Neiderhiser, J. M., Yates, W.. Troughton, E., & Stewart, M. A. (1996). The developmental interface between nature and nurture: A mutual influence model of child antisocial behavior and parent behaviors. *Developmental Psychology*, 32, 574-589.

Gesell, A. (1940). *The first five years of life: The preschool years*. New York: Harper & Bros.

Gesell, A., & Ilg, F. (1943). *Infant and child in the culture of today*. New York: Harper & Bros.

Ghodsian-Carpey, J., & Baker, L. A. (1987). Genetic and environmental influences on aggression in 4- to 7-year-old twins. *Aggressive Behavior*, 13, 173-186.

Gibbs, N. (1991, September 30). At the end of their tether. *Time*, p. 34.

Gibran, K. (1978). The prophet. New York: Knopf. (Originally published in 1923.) 예언자.

Gilbert, S. (1997, August 20). Two spanking studies indicate parents should be cautious. *New York Times*, p. C8.

Gilligan, C. (1982). *In a different voice: Sex differences in the expression of moral judgment*. Cambridge, MA: Harvard University Press. 다른 목소리로(동녘, 1997).

Glick, E C. (1988). Fifty years of family demography: A record of social change. *Journal of Marriage and the Family*, 50, 861-873.

Glyn, A. (1970). *The British: Portrait of a people*. New York: Putnams Sons.

Goffman, E. (1961). *Asylums: Essays on the social situation of mental patients and other inmates*. Chicago: Aldine.

Gold, P.-T. (1997, April 21). Bettelheim's legacy (letter to the editor). *The New Yorker*, p. 10.

Golding, W. (1954). Lord of the flies. New York: Coward, McCann, & Geoghegan. 파리대왕.

Goldsmith, H. H. (1996). Studying temperament via construction of the Toddler Behavior Assessment Questionnaire. *Child Development*, 67, 218-235.

Golombok, S., Cook, R., Bish, A., & Murray, C. (1995). Families created by the new reproductive technologies: Quality of parenting and social and emotional development of the children. *Child Development*, 66, 285-298.

Goncii, A., & Kessel, F. (1988). Preschoolers' collaborative construction in planning and maintaining imaginative play. *International Journal of Behavioral Development*, 11, 327-344.

Goodall, J. (1986). *The chimpanzees of Gombe: Patterns of behavior*. Cambridge, MA: Harvard University Press.

Goodall, J. (1988). In the shadow of man (revised ed.). Boston: Houghton MifHin. (First edition published in 1971.) 인간의 그늘에서(사이언스북스, 2001).

Goodenough, F. L. (1945). *Developmental psychology: An introduction to the study of human behavior (2nd ed.)*. New York: Appleton-Century-Crofts. (First edition published in 1934.)

Goossens, F. A., & van IJzendoorn, M. H. (1990). Quality of infants' attachments to professional caregivers: Relation to infant-parent attachment and day-care characteristics. *Child Development*, 61, 550-567.

Goshen-Gottstein, E. R. (1981). Differential maternal socialization of opposite-sexed twins, triplets, and quadruplets. *Child Development*, 52, 1255-1264.

Gottesman, I. I., Goldsmith, H. H., & Carey, G. (1997). A developmental and a genetic perspective on aggression. In N. L. Segal, G. E. Weisfeld, & C. C. Weisfeld (Eds.), *Uniting psychology and biology: Integrating perspectives on human development* (pp. 107-144). Washington, DC: American Psychological Association.

Gottfredson, M. R., & Hirschi, T. (1990). *A general theory of crime*. Stanford, GA: Stanford University Press.

Gottfried, A. W, Gottfried, A. E., Bathurst, K, & Guerin, D. W (1994). *Gifted IQ: Early developmental aspects: The Fullerton Longitudinal Study*. New York: Plenum Press.

Gottlieb, B. R. (1995, February 23). Abortion-1995. *New England Journal of Medicine*, 332, 532-533.

Gottman, J. M. (1994). Why can't men and women get along? In D. Canary & L. Stafford (Eds.), *Communication and relational maintenance*. San Diego, CA: Academic Press.

Gottman, J. S. (1990). Children of gay and lesbian parents. In F. W. Bozett & M. B. Sussman (Eds.), *Homosexuality and family relations* (pp. 177-196). New York: Harrington Park.

Gould, S. J. (1980). The panda's thumb. New York: Norton. 판다의 엄지(사이언스북스, 2016).

Granleese, J., & Joseph, S. (1994). Self-perception profile of adolescent girls at a single-sex and a mixed-sex school. *Journal of Genetic Psychology*, 154, 525-530.

Gray, P. (1994). *Psychology (2nd ed.)*. New York: Worth.

Green, R. (1987). *The "sissy boy syndrome" and the development of homosexuality*. New Haven: Yale University Press.

Greenfield, P M., & Childs, C. P (1991). Developmental continuity in biocultural context. In R Cohen & A W Siegel (Eds.), *Context and development* (pp. 135-159). Hillsdale, NJ: Erlbaum.

Grilo, C. M., & Pogue-Geile, M. F. (1991). The nature of environmental influences on weight and obesity: A behavior genetic analysis. *Psychological Bulletin*, 110, 520-537.

Grossman, D. C., Neckerman, H. J., Koepsell, T. D., et al. (1997, May 28). Effectiveness of a violence prevention curriculum among children in elementary school. *Journal of the American Medical Association*, 271, 1605-1611.

Gruenberg, S. M. (Ed.) (1942). *Favorite stones old and new*. Garden City, NY: Doubleday, Doran.

Guisewite, C, (1994, June 19). Cathy. *Asbury Park (N.J.) Press*, Comics section, p. 3.

Gunnoe, M. L., & Mariner, C. L. (1997). Toward a developmental-contextual model of the effects of parental spanking on children's aggression. *Archives of Pediatrics and Adolescent Medicine*, 151, 768-775.

Hallinan, M. T. (1992). Determinants of students' friendship choices. In E. J. Lawler, B. Markovsky, C. Ridgeway, & H. A. Walker (Eds.), *Advances in group processes: Vol. 9* (pp.163-183). Greenwich, CT: JA1 Press.

Hallinan, M. T., & Teixeira, R. A. (1987). Students' interracial friendships: Individual characteristics, structural effects, and racial differences. *American Journal of Education*, 95, 563-583.

Halpern, D. F. (1997). Sex differences in intelligence: Implications for education. *American Psychologist*, 52, 1091-1102.

Hareven, T. (1985). Historical changes in the life course: Implications for child development. In A. B. Smuts & J. W. Hagen (Eds.), History and research in child development. *Monographs of the Society for Research in Child Development*, 50(4-5, Serial No. 211).

Harlow, H. F., & Harlow, M. K. (1962, November). Social deprivation in monkeys. *Scientific American*, 207, 136-146.

Harris, J. R (1995). Where is the child's environment? A group socialization theory of development. *Psychological Review*, 102, 458-489.

Harris, J. R. (1998). The trouble with assumptions. *Psychological Inquiry*, 9, 294-297.

Harris, J. R. (2000a). Context-specific learning, personality, and birth order. *Current Directions in Psychological Science*, 9, 174-177.

Harris, J. R. (2000b). The outcome of parenting: What do we really know? *Journal of Personality*, 68, 625-637.

Harris, J. R. (2000c). Socialization, personality development, and the child's environments. *Developmental Psychology*, 36, 699-710.

Harris, J. R. (2000, published 2004). Personality and birth order: Explaining the differences between siblings. *Politics and the Life Sciences*, 19, 160-163.

Harris, J. R. (2002). Beyond the nurture assumption: Testing hypotheses about the child's environment. In J. G. Borkowski, S. L. Ramey, & M. Bristol-Power (Eds.), *Parenting and the child's world: Influences on academic, intellectual, andsocioemotional development* (pp. 3-20). Mahwah, NJ: Erlbaum.

Harris, J. R (2006a). No Two Alike: Human Nature and Human Individuality. New York: Norton. 개성의 탄생(동녘사이언스, 2007).

Harris, J. R. (2006b). Parental selection: A third selection process in the evolution of human hairlessness and skin color. *Medical Hypotheses*, 66, 1053-1059.

Harris, J. R., & Liebert, R. M. (1984). *The child: Development from birth through adolescence*. Englewood Cliffs, NJ: Prentice-Hall.

Harris, J. R, & Liebert, R. M. (1987). *The child: Development from birth through adolescence* (2nd ed.). Englewood Cliffs, NJ: Prentice-Hall.

Harris, J. R, & Liebert, R. M. (1991). *The child: A contemporary view of development* (3rd ed.). Englewood Cliffs, NJ: Prentice Hall.

Harris, J, R, Shaw, M. L., & Bates, M. (1979). Visual search in multicharacter arrays with and without gaps. *Perception & Psychophysics*, 26, 69-84.

Harris, J. R, Shaw, M. L, & Altom, M. J. (1985). Serial position curves for reaction time and accuracy in visual search; Tests of a model of overlapping processing. *Perception &*

Psychophysics, 38, 178-187.

Harris, M. (1989). *Our kind: Who we are, where we came from, where we are going.* New York: Harper & Row.

Harter, S. (1983). Developmental perspectives on the self-system. In P. H. Mussen (Series Ed.) & E. M. Hetherington (Vol. Ed.), *Handbook of child psychology: Vol. 4. Socialization, personality, and social development* (4 th ed., pp. 275-385). New York: Wiley.

Hartocollis, A. (1998, January 13). 13 Midwood High students take Westinghouse honors. *New York Times,* p. B3.

Hartshorne, H., & May, M. A. (1928). *Studies in the nature of character: Vol. 1. Studies in deceit.* New York: Macmillan.

Hartshorne, H., & May, M. A. (1971). Studies in the organization of character. In H. Mun- singer (Ed.), *Readings in child development* (pp. 190-197). New York: Holt, Rinehart & Winston. (Originally published in 1930.)

Hartup, W W (1983). Peer relations. In P H. Mussen (Series Ed.) & E. M. Hetherington (Vol. Ed.), *Handbook of child psychology: Vol. 4. Socialization, personality, and social development* (4th ed., pp. 103-196). New York: Wiley.

Hawley, P H. (2007). Social dominance in childhood and adolescence: Why social competence and aggression may go hand in hand. In P. H. Hawley, T. D. Little, & P. C. Rodkin (Eds.), *Aggression and adaptation: The bright side to bad behavior* (pp. 1-30). Mahwah, NJ: Erlbaum.

Hayakawa, S. I. (1964). Language in thought and action (2nd ed.). New York: Harcourt, Brace & World. 삶을 위한 생활 의미론(박이정, 2006).

Hayden-Thomson, L., Rubin, K. H., & Hymel, S. (1987). Sex preferences in sociometric choices. *Developmental Psychology, 23,* 558-562.

Hayes, D. S., Gershman, E. S., & Halteman, W. (1996). Enmity in males at four developmental levels: Cognitive bases for disliking peers. *Journal of Genetic Psychology, 157,* 153-160.

Heckathorn, D. D. (1992). Collective sanctions and group heterogeneity: Cohesion and polarization in normative systems. In E. J. Lawler, B. Markovsky, C. Ridgeway, & H. A. Walker (Eds.), *Advances in group processes: Vol. 9* (pp. 41-63). Greenwich, CT: JAI Press.

Herbert, B. (1997, December 14). The success taboo. *New York Times,* Section 4, p. 13.

Herrnstein, R J., & Murray, C. (1994). *The bell curve: Intelligence and class structure in American life.* New York: Free Press.

Hess, E. H. (1970). The ethological approach to socialization. In R. A. Hoppe, G. A. Milton, & E. C. Simmel (Eds.), *Early experiences and the processes of socialization.* New York: Academic Press.

Hetherington, E. M., & Clingempeel, W. G., with Anderson, E. R,, Deal, J. E., Hagan, M. S., Hollier, E. A., & Lindner, M. S. (1992). Coping with marital transitions: A family systems perspective. *Monographs of the Society for Research in Child Development, 57*(2-3, Serial No. 227).

Hibbert, C. (1987). *The English: A social history,* 1066-1945. New York: Norton.

Hilgard, E. R., Atkinson, R. L., & Atkinson, R. C. (1979). *Introduction to psychology (7th ed.).* New York: Harcourt Brace Jovanovich.

Hilton, J. L., & von Hippel, W. (1996). Stereotypes. *Annual Review of Psychology, 47,* 237-271.

Hoffman, L. W. (1989). Effects of maternal employment in the two-parent family. *American Psychologist, 44,* 283-292.

Hold, B. (1977). Rank and behavior: An ethological study of preschool children. *Homo*, 28, 158-188.

Holden, C. (Ed.) (1995, June 9). Probing natures hairy secrets. *Science*, 268, 1439.

Holden, C. (1996, November 15). Small refugees suffer the effects of early neglect. *Science*, 274, 1076-1077.

Horner, M. S. (1969, November). Fail: Bright women. *Psychology Today*, pp. 36-38.

Howell, S. (1988). From child to human: Chewong concepts of self. In G. Jahoda & I. M. Lewis (Eds.), *Acquiring culture: Cross cultural studies in child development* (pp. 147-169). London: Croom Helm.

Howes, C. (1985). Sharing fantasy: Social pretend play in toddlers. *Child Development*, 56, 1253-1258.

Howes, C. (1987). Social competence with peers in young children: Developmental sequences. *Developmental Review*, 7, 252-272.

Howes, C., Matheson, C. C., & Hamilton, C. E. (1994). Maternal, teacher, and child care history correlates of children's relationships with peers. *Child Development*, 65, 264-273.

Howrigan, G. A. (1988). Fertility, infant feeding, and change in Yucatan. In R A. LeVine, R M. Miller, & M. M. West (Eds.), Parental behavior in diverse societies (pp. 37-50). *New Directions for Child Development*, No. 40. San Francisco: Jossey-Bass.

Hrdy, S. B. (1999). *Mother nature: Maternal instincts and how they shape the human species*. New York: Pantheon. 어머니의 탄생(사이언스북스, 2014).

Hubbard, J. A., & Coie, J. D. (1994). Emotional correlates of social competence in children's peer relationships. *Merrill-Palmer Quarterly*, 40, 1-20.

Hulbert, A. (1996, May 20). Dr. Spock's baby: Fifty years in the life of a book and the American family. *The New Yorker*, pp. 82-92.

Hunt, M. (1997). *How science takes stock: The story of meta-analysis*. New York: Russell Sage Foundation.

Hur, Y.-M., & Bouchard, T. J., Jr. (1995). Genetic influences on perceptions of childhood family environment: A reared apart twin study. *Child Development*, 66, 330-345.

Iervolino, A. C., Pike, A., Manke, B., Reiss, D., Hetherington, E. M., & Plomin, R. (2002). Genetic and environmental influences in adolescent peer socialization: Evidence from two genetically sensitive designs. *Child Development*, 73, 162-174.

Ioannidis, J. P. A. (1998, January 28). Effect of the statistical significance of results on the time to completion and publication of randomized efficacy trials. *Journal of the American Medical Association*, 279, 281-286.

Ireys, H. T., Werthamer-Larsson, L. A., Kolodner, K. B., & Gross, S. S. (1994). Mental health of young adults with chronic illness: The mediating effect of perceived impact. *Journal of Pediatric Psychology*, 19, 205-222.

Jacklin, C. N. (1989). Female and male: Issues of gender. *American Psychologist*, 44, 127-133.

Jackson, D. J., & Huston, T. L. (1975). Physical attractiveness and assertiveness. *Journal of Social Psychology*, 96, 79-84.

Jacobs, F. H., & Davies, M. W (1991). Rhetoric or reality? Child and family policy in the United States. *Society for Research in Child Development Social Policy Report*, 5, Winter issue (Whole No. 4).

Jacobson, J. L., & Wille, D. E. (1986). The influence of attachment pattern on developmental changes in peer interaction from the toddler to the preschool period. *Child Development*, 57, 338-347.

Jaffee, S. R, Caspi, A., Moffitt, T. E., & Taylor, A. (2004). Physical maltreatment victim to antisocial child: Evidence of an environmentally mediated process. *Journal of Abnormal Psychology*, 113, 44-55.

Jaffee, S. R.; Moffitt, T. E., Caspi, A., & Taylor, A. (2003). Life with (or without) father: The benefits of living with two biological parents depend on the father's antisocial behavior. *Child Development*, 74, 109-126.

James, W. (1890). *The Principles of Psychology: Vol.* 1. New York: Henry Holt. 심리학의 원리 1(아카넷, 2005).

Jenkins, J. M., Rasbash, J., & O'Connor, T. G. (2003). The role of the shared family context in differential parenting. *Developmental Psychology*, 39, 99-113.

Jockin, V., McGue, M., & Lykken, D. T. (1996). Personality and divorce: A genetic analysis. *Journal of Personality and Social Psychology*, 71, 288-299.

Johnson, G. J. (2000, published 2004). Science, Sulloway, and birth order: An ordeal and an assesssment. *Politics and the Life Sciences*, 19, 221-245.

Jones, L. M, Finkelhor, D., & Halter, S. (2006). Child maltreatment trends in the 1990s: Why does neglect differ from sexual and physical abuse? *Child Maltreatment*, 11, 107-120.

Jones, M. C. (1957). The later careers of boys who were early or late maturing. *Child Development*, 28, 113-128.

Jones, M. C., & Bayley, N. (1950). Physical maturing among boys as related to behavior. *Journal of Educational Psychology*, 41, 129-148.

Jones, V. E. (1993, May 23). Program touts advantages of breast-feeding. *Asbury Park (N.J.) Press*, pp. AA1, AA5.

Jussim, L. J. (1993). Accuracy in interpersonal expectations: A reflection-construction analysis of current and classic research. *Journal of Personality*, 61, 637-668.

Jussim, L. J., & Fleming, C. (1996). Self-fulfilling prophecies and the maintenance of social stereotypes: The role of dyadic interactions and social forces. In N. C. Macrae, M. Hewstone, & C. Stangor (Eds.), *Stereotypes and stereotyping* (pp. 161-192). New York: Guilford Press.

Jussim, L. J., McCauley, C. R., & Lee, Y.-T. (1995). Why study stereotype accuracy and inaccuracy? In Y.-T. Lee, L. J. Jussim, & C. R. McCauley (Eds.), *Stereotype accuracy: Toward appreciating group differences* (pp. 3-27). Washington, DC: American Psychological Association.

Juvonen, J., & Murdock, T. B. (1993). Howto promote social approval: Effects of audience and achievement outcome on publicly communicated attributions. *Journal of Educational Psychology*, 85, 365-376.

Kagan, J. (1978, January). The baby's elastic mind. *Human Nature*, pp. 66-73.

Kagan, J. (1989). Temperamental contributions to social behavior. *American Psychologist*, 44, 668-674.

Kagan, J. (1994). *Galen's prophecy*. New York: Basic Books.

Kagan, J. (1998, September 13). A parent's influence is peerless. *Boston Globe*, p. E3.

Kaler, S. R., & Freeman, B. J. (1994). Analysis of environmental deprivation: Cognitive and social development in Romanian orphans. *Journal of Child Psychology and Psychiatry*, 35, 769-781.

Kamakura, T., Ando, J., & Ono, Y. (2007). Genetic and environmental effects of stability and change in self-esteem during adolescence. *Personality and Individual Differences*, 42, 181-190.

Karmiloff-Smith, A., Klima, E., Bellugi, U., Grant, J., & Baron-Cohen, S. (1995). Is there a social module? Language, face processing, and theory of mind in individuals with Williams syndrome. *Journal of Cognitive Neuroscience*, 7, 196-208.

Keeley, L. H. (1996). *War before civilization*. New York: Oxford University Press.

Keenan, K., Loeber, R., Zhang, Q., Stouthamer-Loeber, M., & van Kammen, W. B. (1995). The influence of deviant peers on the development of boys' disruptive and delinquent behavior: A temporal analysis. *Development and Psychopathology*, 7, 715-726.

Kegl, J., Senghas, A., & Coppola, M. (1999). Creation through contact: Sign language emergence and sign language change in Nicaragua. In M. DeGraff (Ed.), *Comparative grammatical change: The intersection of language acquisition, creole genesis, and diachronic syntax*. Cambridge, MA: MIT Press.

Kelley, M. L., & Tseng, H.-M. (1992). Cultural differences in child rearing: A comparison of immigrant Chinese and Caucasian American mothers. *Journal of Cross-Cultural Psychology*, 23, 444-455.

Kellogg, W. N., & Kellogg, L. A. (1933). *The Ape and the child: A study of environmental influence upon early behavior*. New York: McGraw-Hill.

Kendler, K. S., Myers, J., Torgersen, S., Neale, M. C., & Reichborn-Kjennerud, T. (2007). The heritability of cluster A personality disorders assessed both by personal interview and questionnaire. *Psychological Medicine*, 37, 655-665.

Kerr, M., Lambert, W. W., Stattin, H., & Klackenberg-Larsson, I. (1994). Stability of inhibition in a Swedish longitudinal sample. *Child Development*, 65, 138-146.

Keskitalo, K, Silventoinen, K., Tuorila, H., et al. (2008). Genetic and environmental contributions to food use patterns of young adult twins. *Physiology & Behavior*, 93, 235-242.

Kessler, R. C., Berglund, P., Demler, O., Jin, R., Merikangas, K. R, & Walters, E. E. (2005). Lifetime prevalence and age-of-onset distributions of DSM-FV disorders in the national comorbidity survey replication. *Archives of General Psychiatry*, 62, 593-602.

Kindermann, T. A. (1993). Natural peer groups as contexts for individual development: The case of children's motivation in school. *Developmental Psychology*, 29, 970-977.

Kindermann, T. A. (1995). Distinguishing "buddies" from "bystanders": The study of children's development within natural peer contexts. In T. A. Kindermann & J. Valsiner (Eds.), *Development of person-context relations*. Hillsdale, NJ: Erlbaum.

King, C. A., Naylor, M. W., Segal, H. G., Evans, T., & Shain, B. N. (1993). Global self-worth, specific self-perceptions of competence, and depression in adolescents. *Journal of the American Academy of Child & Adolescent Psychiatry*, 32, 745-752.

Kirkpatrick, L. A., & Ellis, B. J. (2001). An evolutionary-psychological approach to selfesteem: Multiple domains and multiple functions. In G. J. O. Fletcher & M. S. Clark (Eds.), *Blackwell handbook of social psychology: Interpersonal processes* (pp. 411-436). Malden, MA: Blackwell.

Klaus, M. H., & Kennell, J. H. (1976). *Maternal-infant bonding: The impact of early separation or loss on family development*. St. Louis: Mosby.

Klinnert, M. D. (1984). The regulation of infant behavior by maternal facial expression. *Infant Behavior and Development*, 7, 447-465.

Klopfer, P. (1971, July/August). Mother love: What turns it on? *American Scientist*, 59, 404-407.

Knight, G. P., Yirdin, L. M., & Roosa, M. (1994). Socialization and family correlates of mental health outcomes among Hispanic and Anglo American children: Consideration of crossethnic scalar equivalence. *Child Development*, 65, 212-224.

Kochanska, G. (1997). Multiple pathways to conscience for children with different temperaments: From toddlerhood to age 5. *Developmental Psychology*, 33, 228-240.

Kochanska, G., Aksan, N., Prisco, T. R., & Adams, E. E. (2008). Mother-child and father-child mutually responsive orientation in the first 2 years and children's outcomes at preschool age: Mechanisms of influence. *Child Development*, 79, 30-44.

Kochanska, G., Murray, K, & Coy, K. C. (1997). Inhibitory control as a contributor to conscience in childhood: From toddler to early school age. *Child Development*, 68, 263-277.

Kochenderfer, B. J., & Ladd, G. W. (1996). Peer victimization: Cause or consequence of school maladjustment? *Child Development*, 67, 1305-1317.

Kolata, G. (1993, May 25). Brain researcher makes it look easy. *New York Times*, pp. Cl, C8.

Kolers, P. A. (1975). Bilingualism and information processing. In R. C. Atkinson (Ed.), *Readings from Scientific American: Psychology in progress* (pp. 188-195). San Francisco: Freeman. (Originally published in 1968.)

Koluchova, J. (1972). Severe deprivation in twins: A case study. *Journal of Child Psychology and Psychiatry*, 13, 107-114.

Koluchovd, J. (1976). The further development of twins after severe and prolonged deprivation: A second report. *Journal of Child Psychology and Psychiatry*, 17, 181-188.

Konner, M. J. (1972). Aspects of the developmental ethology of a foraging people. In N. Blur- ton Jones (Ed.), *Ethological studies of child behavior* (pp. 285-303). London: Cambridge University Press.

Kopp, C. B. (1989). Regulation of distress and negative emotions: A developmental view. *Developmental Psychology*, 25, 343-354.

Kosof, A. (1996). *Living in two worlds: The immigrant children's experience*. New York: Twenty-First Century Books.

Krantz, S. E. (1989). The impact of divorce on children. In A. S. Skolnick & J. H. Skolnick (Eds.), *Families in transition* (6th ed., pp. 341-363). Glenview, IL: Scott, Foresman.

Kristof, N. D. (1995, July 18). Japan's schools: Safe, clean, not much fun. *New York Times*, pp. Al, A6.

Kristof, N. D. (1997, August 17). Where children rule. *New York Times Magazine*, pp. 40-44.

Krueger, J. (1992). On the overestimation of between-group differences. *European Review of Social Psychology*, 3, 31-56.

Krueger, J., & Clement, R. W. (1994). Memory-based judgments about multiple categories: A revision and extension of Tajfel's accentuation theory. *Journal of Personality and Social Psychology*, 67, 35-47.

Kupersmidt, J. B., Griesler, P C., DeRosier, M. E., Patterson, C. J., & Davis, P W. (1995). Childhood aggression and peer relations in the context of family and neighborhood factors. *Child Development*, 66, 360-375.

Lab, S. P., & Whitehead, J. T. (1988). An analysis of juvenile correctional treatment. *Crime & Delinquency*, 34, 60-83.

Ladd, G. W (1983). Social networks of popular, average, and rejected children in school settings. *Merrill-Palmer Quarterly*, 29, 283-307.

Ladd, G. W (1992). Themes and theories: Perspectives on processes in family-peer relationships.

In R. D. Parke & G. W. Ladd (Eds.), *Family-peer relationships: Modes of linkage* (pp. 3-34). Hillsdale, NJ: Erlbaum.

Ladd, G. W, Profilet, S. M., & Hart, C. H. (1992). Parents' management of children's peer relations: Facilitating and supervising children's activities in the peer culture. In R. D. Parke & G. W. Ladd (Eds.), *Family-peer relationships: Modes of linkage* (pp. 215-253). Hillsdale, NJ: Erlbaum.

LaFreniere, P. J., & Sroufe, L. A. (1985). Profiles of peer competence in the preschool: Interrelations between measures, influence of social ecology, and relation to attachment history. *Developmental Psychology*, 21, 56-69.

LaFromboise, T., Coleman, H. L. K., & Gerton, J. (1993). Psychological impact of bicultural- ism: Evidence and theory. *Psychological Bulletin*, 114, 395-412.

Lahey, B. B., Hartdagen, S. E., Frick, P. J,, McBurnett, K., Connor, R., & Hynd, G. W. (1988). Conduct disorder: Parsing the confounded relation to parental divorce and antisocial personality. *Journal of Abnormal Psychology*, 97, 334-337.

Lamb, M. E., & Nash, A. (1989). Infant-mother attachment, sociability, and peer competence. In T. J. Berndt & G. W. Ladd (Eds.), *Peer relationships in child development* (pp. 219-245). New York: Wiley.

Lancy, D. F. (2008). *The anthropology of childhood*. Cambridge, UK: Cambridge University Press.

Lane, H. (1976). The wild boy ofAvevron. Cambridge, MA: Harvard University Press.

Langlois, J. H., Ritter, J. M., Casey, R J., & Sawin, D. B. (1995). Infant attractiveness predicts maternal behaviors and attitudes. *Developmental Psychology*, 31, 464-472.

Langstrom, N., Rahman, Q., Carlstrom, E., & Lichtenstein, R (in press). Genetic and environmental effects on same-sex sexual behavior: A population study of twins in Sweden. *Archives of Sexual Behavior*.

Larkin, R (1989). *Collected poems* (A. Thwaite, Ed.). New York: Farrar, Straus & Giroux. 필립 라킨 시전집(문학동네, 2013).

Laumann, E. O., Gagnon, J. H., Michael, R. T., & Michaels, S. (1994). *The social organization of sexuality*. Chicago: University of Chicago Press.

Leach, G. M. (1972). A comparison of the social behaviour of some normal and problem children. In N. Blurton Jones (Ed.), *Ethological studies of child behavior* (pp. 249-281). London: Cambridge University Press.

Leach, P. (1995). *Your baby and child: From birth to age five* (2nd ed.). New York: Knopf. (This edition originally published in 1989.)

Leaper, C. (1994a). Editor's notes. In C. Leaper (Ed.), Childhood gender segregation: Causes and consequences (pp. 1-5). *New Directions for Child Development*, No. 65. San Francisco: Jossey-Bass.

Leaper, C. (1994b). Exploring the consequences of gender segregation on social relationships. In C. Leaper (Ed.), Childhood gender segregation: Causes and consequences (pp. 67-86). *New Directions for Child Development*, No. 65. San Francisco: Jossey-Bass.

Leary, M. R., Cottrell, C. A., & Phillips, M. (2001). Deconfounding the effects of dominance and social acceptance on self-esteem. *Journal of Personality and Social Psychology*, 81, 898-909.

Leary, M. R, Tambor, E. S., Terdal, S. K, & Downs, D. L. (1995). Self-esteem as an interpersonal monitor: The sociometer hypothesis. *Journal of Personality and Social Psychology*, 68, 518-530.

Lee, C.-R. (1995, October 16). Coming home again. The New Yorker, pp. 164-168.

Leinbach, M. D., & Fagot, B. I. (1993). Categorical habituation to male and female faces: Gender schematic processing in infancy. *Infant Behavior and Development*, 16, 317-332.

LeLorier, J., Gregoire, G., Benhaddad, A., Lapierre, J., & Derderian, F. (1997, August 21). Discrepancies between meta-analyses and subsequent large randomized, controlled trials. *New England Journal of Medicine*, 337, 536-542.

Lenneberg, E. H. (1972). On explaining language. In M. E. P. Seligman & J. L. Hager (Eds.), *Biological boundaries of learning* (pp. 379-396). New York: Appleton-Century-Crofts.

Lepper, M. R., Greene, D., & Nisbett, R. E. (1973). Undermining children's intrinsic interest with extrinsic reward: A test of the "overjustification" hypothesis. *Journal of Personality and Social Psychology*, 28, 129-137.

Leslie, A. M. (1994). Pretending and believing: Issues in the theory of ToMM. *Cognition*, 50, 211-238.

Levin, H., & Garrett, E (1990). Sentence structure and formality. *Language in Society*, 19, 511-520.

Levin, H., & Novak, M. (1991). Frequencies of Latinate and Germanic words in English as determinants of formality. *Discourse Processes*, 14, 389-398.

LeVine, R. A., & LeVine, B. B. (1963). Nyansongo: A Gusii community in Kenya. In B. B. Whiting (Ed.), *Six cultures: Studies of child rearing* (pp. 15-202). New York: Wiley.

LeVine, R. A., & LeVine, S. E. (1988). Parental strategies among the Gusii of Kenya. In R A. LeVine, P. M. Miller, & M. M. West (Eds.), Parental behavior in diverse societies (pp.27-35). *New Directions for Child Development*, No. 40. San Francisco: Jossey-Bass.

Levy, G. D., & Haaf, R. A. (1994). Detection of gender-related categories by 10-month-old infants. *Infant Behavior and Development*, 17, 457-459.

Lewicki, P., Hill, T., & Czyzewska, M. (1992). Nonconscious acquisition of information. *American Psychologist*, 47, 796-801.

Lightfoot, C. (1992). Constructing self and peer culture: A narrative perspective on adolescent risk taking. In L. T. Winegar & J. Valsiner (Eds.), *Children's* development within social context: Vol. 2. Research and methodology (pp. 229-245). Hillsdale, NJ: Erlbaum.

Loehlin, J. C. (1997). A test of J. R. Harris's theory of peer influences on personality. *Journal of Personality and Social Psychology*, 72, 1197-1201.

Loehlin, J. C., Horn, J. M., & Ernst, J. L. (2007). Genetic and environmental influences on adult life outcomes: Evidence from the Texas Adoption Project. *Behavior Genetics*, 37, 463-476.

Loehlin, J. C., Neiderhiser, J. M., & Reiss, D. (2003). The behavior genetics of personality and the NEAD study. *Journal of Research in Personality*, 37, 373-387.

Loehlin, J. C., & Nichols, R. C. (1976). *Heredity, environment, and personality: A study of 850 sets of twins*. Austin: University of Texas Press.

Lore, R. K., & Schultz, L. A. (1993). Control of human aggression: A comparative perspective. *American Psychologist*, 48, 16-25.

Lykken, D. T. (1995). *The antisocial personalities*. Hillsdale, NJ: Erbaum.

Lykken, D. T. (1997). The American crime factory. *Psychological Inquiry*, 8, 261-270.

Lykken, D. T., McGue, M., Tellegen, A., & Bouchard, T. J., Jr. (1992). Emergenesis: Genetic traits that may not run in families. *American Psychologist*, 47, 1565-1577.

Lykken, D. T., & Tellegen, A. (1996). Happiness is a stochastic phenomenon. *Psychological Science*, 7, 186-189.

Lytton, H., & Romney, D. M. (1991). Parents' differential socialization of boys and girls: A meta-analysis. *Psychological Bulletin*, 109, 267-296.

Maccoby, E. E. (1990). Gender and relationships: A developmental account. *American Psychologist*, 45, 513-520.

Maccoby, E. E. (1992). The role of parents in the socialization of children: An historical overview. *Developmental Psychology*, 28, 1006-1017.

Maccoby, E. E. (1994). Commentary: Gender segregation in childhood. In C. Leaper (Ed.), Childhood gender segregation: Causes and consequences (pp. 87-97). *New Directions for Child Development*, No. 65. San Francisco: Jossey-Bass.

Maccoby, E. E. (1995). The two sexes and their social systems. In R Moen, G. H. Elder, Jr., & K. Liischer (Eds.), *Examining lives in context: Perspectives on the ecology of human development*. Washington, DC: American Psychological Association.

Maccoby, E. E., & Jacklin, C. N. (1974). *The psychology of sex differences*. Stanford, CA: Stanford University Press.

Maccoby, E. E., & Jacklin, C. N. (1987). Gender segregation in childhood. *Advances in Child Development and Behavior*, 20, 239-287.

Maccoby, E. E., & Martin, J. A. (1983). Socialization in the context of the family: Parent-child interaction. In R H. Mussen (Series Ed.) & E. M. Hetherington (Vol. Ed.), *Handbook of child psychology: Vol. 4. Socialization, personality, and social development* (4th ed., pp. 1-101). New York: Wiley.

Maclean, C. (1977). *The wolf children*. New York: Hill & Wang.

Madon, S., Jussim, L., & Eccles, J. (1997). In search of the powerful self-fulfilling prophecy. *Journal of Personality and Social Psychology*, 72, 791-809.

Main, M., Kaplan, N., & Cassidy, J. (1985). Security in infancy, childhood, and adulthood: A move to the level of representation. In I. Bretherton & E. Waters (Eds.), Growing points of attachment theory and research (pp. 66-104). *Monographs of the Society for Research in Child Development*, 50 (1-2, Serial No. 209).

Main, M., & Weston, D. R. (1981). The quality of the toddler's relationship to mother and to father: Related to conflict behavior and the readiness to establish new relationships. *Child Development*, 52, 932-940.

Malinowsky-Rummell, R., & Hansen, D. J. (1993). Long-term consequences of childhood physical abuse. *Psychological Bulletin*, 114, 68-79.

Mandler, J. M. (1992). How to build a baby: II. Conceptual primitives. *Psychological Review*, 99, 587-604.

Mandler, J. M., Sc McDonough, L. (1993). Concept formation in infancy. *Cognitive Development*, 8, 291-318.

Mann, C. C. (1994, November 11). Can meta-analysis make policy? *Science*, 266, 960-962.

Mann, T. L. (1997, September). Head Start and the panacea standard. *APS Observer*, pp. 10, 24.

Mar, M. E. (1995, November-December). Blue collar, crimson blazer. *Harvard Magazine*, 98, 47-51.

Marano, H. E. (1995, September/October). Big. Bad. Bully. *Psychology Today*, pp. 50-82.

Maretzki, T. W, & Maretzki, H. (1963). Taira: An Okinawan village. In B. B. Whiting (Ed.), *Six cultures: Studies of child rearing* (pp. 363-539). New York: Wiley.

Martin, C. L. (1993). Theories of sex typing: Moving toward multiple perspectives. In L. A. Serbin, K. K. Powlishta, Sc]. Gulko (Eds.), The development of sex typing in middle childhood (pp. 75-85). *Monographs of the Society for Research in Child Development*, 58(2, Serial No. 232).

Martin, C. L. (1994). Cognitive influences on the development and maintenance of gender segregation. In C. Leaper (Ed.), Childhood gender segregation: Causes and consequences (pp. 35-51). *New Directions for Child Development*, No. 65. San Francisco: Jossey-Bass.

Martin, J. (1995, August 25). Miss Manners column. United Features (online).

Martini, M. (1994). Peer interactions in Polynesia: A view from the Marquesas. In J. L. Roopnarine, J. E. Johnson, & F. H. Hooper (Eds.), *Children's play in diverse cultures* (pp. 73-103). Albany: State University of New York Press.

Masten, A. S. (1986). Humor and competence in school-aged children. *Child Development*, 57, 461-473.

Matas, L., Arend, R. A., & Sroufe, L. A. (1978). Continuity of adaptation in the second year: The relationship between quality of attachment and later competence. *Child Development*, 49, 547-556.

Maternal impressions (1996, November 13). *Journal of the American Medical Association*, 276, 1466. (Originally published in 1896.)

Mathews, J. (1988). Escalante: The best teacher in America. New York: Henry Holt.

Maunders, D. (1994). Awakening from the dream: The experience of childhood in Protestant orphan homes in Australia, Canada, and the United States. Child & Youth Care Forum, 23, 393-412.

McCall, R. B. (1992). Academic underachievers. Current Directions in *Psychological Science*, 3, 15-19.

McCloskey, L. A. (1996). Gender and the expression of status in *children's* mixed-age conversations. *Journal of Applied Developmental Psychology*, 17, 117-133.

McCrae, R. R., Sc Costa, P. T., Jr. (1994). The stability of personality: Observations and evaluations. Current Directions in *Psychological Science*, 3, 173-175.

McDonald, M. A., Sigman, M., Espinosa, M. R, Sc Neumann, C. G. (1994). Impact of a temporary food shortage on children and their mothers. *Child Development*, 65, 404-415.

McFarland, C., & Buehler, R. (1995). Collective self-esteem as a moderator of the frog-pond effect in reactions to performance feedback. *Journal of Personality and Social Psychology*, 68, 1055-1070.

McGraw, M. B. (1939). Swimming behavior of the human infant. *Journal of Pediatrics*, 15, 485-490.

McGrew, W G. (1972). *An ethological study of children's behavior*. New York: Academic Press.

McGue, M., & Lykken, D. T. (1992). Genetic influence on risk of divorce. *Psychological Science*, 3, 368-373.

McGuffin, P., & Katz, R. (1993). Genes, adversity, and depression. In R. Plomin & G. E. McClearn (Eds.), *Nature, nurture, & psychology* (pp. 217-230). Washington, DC: American Psychological Association.

McHale, S. M., Crouter, A. C., McGuire, S. A., & Updegraff, K. A. (1995). Congruence between mothers' and fathers' differential treatment of siblings: Links with family relations and children's well-being. *Child Development*, 66, 116-128.

McLanahan, S. (1994, Summer). The consequences of single motherhood. *The American Prospect*, 18, 48-58.

McLanahan, S., & Booth, K. (1989). Mother-only families: Problems, prospects, and politics. *Journal of Marriage and the Family*, 51, 557-580.

McLanahan, S., & Sandefur, G. (1994). *Growing up with a single parent: What hurts, what helps.*

Cambridge, MA: Harvard University Press.

McWhorter, J. (2000). *Losing the race: Self-sabotage in Black America*. New York: Free Press.

Mead, M. (1959). *Preface to Ruth Benedict's Patterns of culture* (2nd ed.). Boston: Houghton Mifflin.

Mead, M. (1963). *Sex and temperament in three primitive societies* (3rd ed.). New York: Dell. (First edition published in 1935.)

Mealey, L. (1995). The sociobiology of sociopathy: An integrated evolutionary model. *Behavioral & Brain Sciences*, 18, 523-599.

Mednick, S. A., Gabrielii, W. F., Jr., & Hutchings, B. (1987). Genetic factors in the etiology of criminal behavior. In S. A. Mednick, T. E. Moffitt, & S. A. Stack (Eds.), *The causes of crime: New biological approaches* (pp. 74-91). Cambridge, UK: Cambridge University Press.

Melson, G. F., Ladd, G. W., & Hsu, H.-C. (1993). Maternal support networks, maternal cognitions, and young children's social and cognitive development. *Child Development*, 64, 1401-1417.

Meredith, W. H., Abbott, D. A., & Ming, Z. F. (1993). Self-concept and sociometric outcomes: A comparison of only children and sibling children from urban and rural areas in the People's Republic of China. *The Journal of Psychology*, 126, 411-419.

Merten, D. E. (1996a). Visibility and vulnerability: Responses to rejection by nonaggressive junior high school boys. *Journal of Early Adolescence*, 16, 5-26.

Merten, D. E. (1996b). Information versus meaning: Toward a further understanding of early adolescent rejection. *Journal of Early Adolescence*, 16, 37-45.

Meyerhoff, B. (1978). *Number our days*. New York: Simon & Schuster.

Minton, R. J. (1971). *Inside: Prison American style*. New York: Random House.

Minturn, L., & Hitchcock, j. T. (1963). The Rajputs of Khalapur, India. In B. B. Whiting (Ed.), *Six cultures: Studies of child rearing* (pp. 202-361). New York: Wiley.

Mitani, J. C., Hasegawa, T., Gros-Louis, J., Marler, P., & Byrne, R. (1992). Dialects in wild chimpanzees? *American Journal of Primatology*, 27, 233-243.

Mitchell, C. M., Libber, S., Johanson, A. J., Plotnick, L., Joyce, S., Migeon, C. J., &: Blizzard, R. M. (1986). Psychosocial impact of long-term growth hormone. In B. Stabler & L. E. Underwood (Eds.), *Slow grows the child: Psychosocial aspects of growth delay* (pp. 97-109). Hillsdale, NJ: Erlbaum.

Mitchell, D. E. (1980). The influence of early visual experience on visual perception. In C. S. Harris (Ed.), *Visual coding and adaptability* (pp. 1-50). Hillsdale, NJ: Erlbaum.

Modell, J. (1997, January 31). Family niche and intellectual bent (a review of Born to Rebel). *Science*, 275, 624-625.

Moffitt, T. E. (1993). Adolescence-limited and life-course-persistent antisocial behavior: A developmental taxonomy. *Psychological Review*, 100, 674-701.

Money, J., & Ehrhardt, A. A. (1972). *Man & woman, boy & girl*. Baltimore: Johns Hopkins University Press.

Montagu, A. (1976). *The nature of human aggression*. New York: Oxford University Press.

Montour, K. (1977). William James Sidis, the broken twig. *American Psychologist*, 32, 265-279.

Moore, T. R. (1996, September 22). Labor of love. *Asbury Park (N.J.) Press*, pp. Dl, DIO.

Moran, G. E, & Vinovskis, M. A. (1985). The great care of godly parents: Early childhood in Puritan New England. In A. B. Smuts & J. W. Hagen (Eds.), History and research in child development. *Monographs of the Society far Research in Child Development*, 50(4-5, Serial No. 211).

Morelli, G. A. (1997). Growing up female in a farmer community and a forager community. In M. E. Morbeck, A. Galloway, & A. L. Zihlman (Eds.), *The evolving female: A life-history perspective* (pp. 209-219). Princeton, NJ: Princeton University Press.

Morelli, G. A., Rogoff, B., Oppenheim, D., & Goldsmith, D. (1992). Cultural variation in infants' sleeping arrangements: Questions of independence. *Developmental Psychology*, 28, 604-613.

Morelli, G. A., Winn, S., &Tronick, E. Z. (1987). Perinatal practices: A biosocial perspective. In H. Rauh & H.-C. Steinhausen (Eds.), *Psychobiology and early development*. North Holland: Elsevier.

Morris, J. (1974). *Conundrum*. New York: Harcourt Brace Jovanovich.

Morton, O. (1998, January). Overcoming yuk. *Wired*, pp. 44-48.

Mosteller, E (1995). The Tennessee study of class size in the early school grades. *The Future of Children*, 5(2), 113-127.

Mounts, N. S., & Steinberg, L. (1995). An ecological analysis of peer influence on adolescent grade point average and drug use. *Developmental Psychology*, 31,915-922.

Muhle, R., Trentacoste, S. V., & Rapin, I. (2004). The genetics of autism. *Pediatrics*, 113, e472-e486.

Myers, D. G. (1982). Polarizing effects of social interaction. In H. Tajfel (Series Ed.) & H. Brandstatter, J. H. Davis, & G. Stocker-Kreichgauer (Vol. Eds.), *European monographs in social psychology*: Vol. 25. Group decision making (pp. 125-161). New York: Academic Press.

Myers, D. G. (1992). *The pursuit of happiness: Who is happy-and why?* New York: Avon. 마이어스의 주머니 속의 행복(시그마북스, 2008).

Myers, D. G. (1998). *Psychology* (5th ed.). New York: Worth. 마이어스의 심리학(시그마프레스, 2015년 번역본은 11판이다).

Napier, J. R., & Napier, E H. (1985). *The natural history of the primates*. Cambridge, MA: MIT Press.

Neckerman, H. J. (1996). The stability of social groups in childhood and adolescence: The role of the classroom social environment. *Social Development*, 2, 131-145.

Neifert, M. (1991). *Dr. Moms parenting guide: Commonsense guidance for the life of your child*. New York: Signet.

Newcomb, A. E, Bukowski, W M., & Pattee, L. (1993). Children's peer relations: A meta-analytic review of popular, rejected, neglected, controversial, and average sociometric status. *Psychological Bulletin*, 113, 99-128.

Newman, L. S., & Ruble, D. N. (1988). Stability and change in self-understanding: The early elementary school years. *Early Child Development and Care*, 40, 77-99.

Norman, G. (1995, May-June). Edward O. Wilson. *Modern Maturity*, 38, 62-71.

Nydegger, W E, & Nydegger, C. (1963). Tarong, an Ilocos barrio in the Philippines. In B. B. Whiting (Ed.), *Six cultures: Studies of child rearing* (pp. 692-867). New York: Wiley.

O'Connor, T. G., Hetherington, E. M., Reiss, D., & Plomin, R. (1995). A twin-sibling study of observed parent-adolescent interactions. *Child Development*, 66, 812-829.

Olds, D., Eckenrode, J., Henderson, C. R, et al. (1997, August 27). Long-term effects of home visitation on maternal life course and child abuse and neglect: Fifteen-year follow-up of a randomized trial. *Journal of the American Medical Association*, 278, 637-643.

O'Leary, K, D., & Smith, D. A. (1991). Marital interactions. *Annual Review of Psychology*, 42, 191-212.

Oliwenstein, L. (2008, June 23). Weighty issues. *Time*, pp. 100-105.

Omark, D. R., & Edelman, M. S. (1976). The development of attention structure in young children. In M. R. A. Chance & R. R. Larsen (Eds.), *The social structure of attention* (pp. 119-151). London: Wiley.

Opie, I., & Opie, P. (1969). *Children's games in street and playground.* London: Oxford University Press.

Padden, C., & Humphries, T. (1988). Deaf in America: Voices from a culture. Cambridge, MA: Harvard University Press. 미국의 농문화(교육과학사, 2014).

Pan, H.-L. W (1994). Children's play in Taiwan. In J. L. Roopnarine, J. E. Johnson, & E H. Hooper (Eds.), *Children's play in diverse cultures* (pp. 31-50). Albany: SUNY Press.

Parke, R. D., Cassidy, J., Burkes, V. M., Carson, J. L., & Boyum, L. (1992), Familial contribution to peer competence among young children: The role of interactive and affective processes. In R. D. Parke & G. W Ladd (Eds.), *Family-peer relationships: Modes of linkage* (pp. 107-134). Hillsdale, NJ: Erlbaum.

Parker, I. (1996, September 9). Richard Dawkins's evolution. *The New Yorker*, pp. 41-45.

Parker, J. G., & Asher, S. R. (1987). Peer relations and later personal adjustment: Are low- accepted children at risk? *Psychological Bulletin*, 102, 357-389.

Parker, J. G., & Asher, S. R. (1993). Beyond group acceptance: Friendship and friendship quality as distinct dimensions of children's peer adjustment. In D. Perlman & W. H. Jones (Eds.), *Advances in personal relationships: Vol.* 4 (pp. 261-294). London: Jessica Kingsley.

Parker, J. G., Rubin, K. H., Price, J. M., & DeRosier, M. E. (1995). Peer relations, child development, and adjustment: A developmental psychopathology perspective. In D. Cicchetti & D. Cohen (Eds,), *Developmental psychopathology: Vol. 2. Risk, disorder, and adaptation* (pp. 96-161), New York: Wiley.

Parks, T. (1995). *An Italian education.* New York: Grove Press.

Pastor, D. (1981). The quality of mother-infant attachment and its relationship to toddlers' initial sociability with peers. *Developmental Psychology*, 17, 326-335,

Patterson, C. J. (1992). Children of lesbian and gay parents. *Child Development*, 63, 1025-1042.

Patterson, C. J. (1994). Lesbian and gay families. *Current Directions in Psychological Science*, 3, 62-64.

Patterson, G. R., & Bank, L. (1989). Some amplifying mechanisms for pathologic processes in families. In M. R. Gunnar & E. Thelen (Eds.), *Systems and development: The Minnesota Symposia on Child Psychology: Vol.* 22 (pp. 167-209). Hillsdale, NJ: Erlbaum.

Patterson, G. R., & Yoerger, K. (1991, April). A model for general parenting skill is too simple: Mediational models work better. *Paper presented at the biennial meeting of the Society for Research in Child Development*, Seattle, Washington.

Pedersen, E., Faucher, T. A., & Eaton, W. W. (1978). A new perspective on the effects of first-grade teachers on children's subsequent adult status. *Harvard Educational Review*, 48, 1-31.

Pedersen, N. L., Plomin, R, Nesselroade, J. R., & McClearn, G. E. (1992). A quantitative genetic analysis of cognitive abilities during the second half of the life span. *Psychological Science*, 3, 346-353.

Peeples, F., & Loeber, R. (1994). Do individual factors and neighborhood context explain ethnic differences in juvenile delinquency? *Journal of Quantitative Criminology,* 10, 141-157.

Pelaez-Nogueras, M., Field, T., Cigales, M., Gonzalez, A,, & Clasky, S. (1994). Infants of depressed mothers show less "depressed" behavior with their nursery teachers. *Infant Mental Health*

Journal, 15, 358-367.

Perez, C. M., & Widom, C. S. (1994). Childhood victimization and long-term intellectual and academic outcomes. *Child Abuse & Neglect,* 18, 617-633.

Perner, J. (1991). *Understanding the representational mind.* Cambridge, MA: MIT Press.

Perry, D. G., & Bussey, K. (1984). *Social development.* Englewood Cliffs, NJ: Prentice-Hall.

Persico, N., Postlewaite, A., & Silverman, D. (2004). The effect of adolescent experience on labor market outcomes: The case of height. *Journal of Political Economy,* 112, 1019-1053.

Pérusse, D., Neale, M. C., Heath, A. C., & Eaves, L. J. (1994). Human parental behavior: Evidence for genetic influence and potential implications for gene-culture transmission. *Behavior Genetics,* 24, 327-335.

Pfennig, D. W., & Sherman, P. W. (1995, June). Kin recognition. *Scientific American,* 272, 98-103.

Piaget, J. (1952). *The origins of intelligence in children* (M. Cook, Trans.). New York: International Universities Press.

Piaget, J. (1962). *Play, dreams, and imitation in childhood* (C. Gattegno & E. M. Hodgson, Trans.). New York: Norton.

Piaget, J., & Inhelder, B. (1969). *The psychology of the child* (H. Weaver, Trans.). New York: Basic Books.

Pike, A., Reiss, D., Hetherington, E. M., & Plomin, R. (1996). Using MZ differences in the search for nonshared environmental effects. *Journal of Child Psychology and Psychiatry,* 37, 695-704.

Pinker, S. (1994). *The language instinct.* New York: HarperCollins. 언어본능(동녘사이언스, 2008).

Pinker, S. (1997). How the mind works. New York: Norton. 마음은 어떻게 작동하는가(동녘사이언스, 2007).

Pinker, S. (2002). The blank slate. New York: Viking. 빈 서판(동녘사이언스, 2004).

Pitts, M. B. (1997, March 28-30). The latest on what to feed kids. *USA Weekend,* pp. 22-23.

Pless, I. B., & Nolan, T. (1991). Revision, replication, and neglect: Research on maladjustment in chronic illness. *Journal of Child Psychology & Psychiatry & Allied Disciplines,* 32, 347-365.

Plomin, R (1990). *Nature and nurture: An introduction to human behavioral genetics.* Pacific Grove, CA: Brooks/Cole.

Plomin, R, Asbury, K., & Dunn, J. (2001). Why are children in the same family so different? Nonshared environment a decade later. *Canadian Journal of Psychiatry,* 46, 225-233.

Plomin, R., Chipuer, H. M., & Neiderhiser, J. M. (1994). Behavioral genetic evidence for the importance of nonshared environment. In E. M. Hetherington, D. Reiss, & R. Plomin (Eds.), *Separate social worlds of siblings: The impact of nonshared environment on development* (pp. 1-31). Hillsdale, NJ: Erlbaum.

Plomin, R., & Daniels, D. (1987). Why are children in the same family so different from one another? *Behavioral and Brain Sciences,* 10, 1-60.

Plomin, R., Fulker, D. W., Corley, R., & DeFries, J. C. (1997). Nature, nurture, and cognitive development from 1 to 16 years: A parent-offspring adoption study. *Psychological Science,* 8, 442-447.

Plomin, R, McClearn, G. E., Pedersen, N. L., Nesselroade, J. R., & Bergeman, C. S. (1988). Genetic influence on childhood family environment perceived retrospectively from the last half of the life span. *Developmental Psychology,* 24, 738-745.

Plomin, R, Owen, M. J., & McGuffin, P. (1994, June 17). The genetic basis of complex human behaviors. *Science*, 264, 1733-1739.

Pogrebin, R (1996, May 28). For a Bronx teacher, a winning tactic. *New York Times*, pp. Bl, B7.

Popenoe, D. (1996). *Life without father: Compelling new evidence that fatherhood and marriage are indispensable for the good of children and society*. New York: Free Press.

Povinelli, D. J., & Eddy, T. J. (1996). What young chimpanzees know about seeing. With commentary by R. P. Hobson & M. Tomasello and a reply by D. J. Povinelli. *Monographs of the Society for Research in Child Development*, 61 (3, Serial No. 247).

Powlishta, K. K. (1995a). Gender bias in *children's* perceptions of personality traits. *Sex Roles*, 32, 17-28.

Powlishta, K. K. (1995b). Intergroup processes in childhood: Social categorization and sex role development. *Developmental Psychology*, 31, 781-788.

Premack, D., & Woodruff, G. (1978). Does the chimpanzee have a theory of mind? *Behavioral and Brain Sciences*, 1, 515-526.

Preston, P. (1994). *Mother father deaf Living between sound and silence*. Cambridge, MA: Harvard University Press.

Primus IV (1998, March-April). Goodwill Sidis. *Harvard Magazine*, p. 80.

Proulx, E. A. (1993). *The shipping news*. New York: Simon & Schuster. 시핑 뉴스(미디어2.0, 2011).

Provine, R. R. (1993). Laughter punctuates speech: Linguistic, social and gender contexts of laughter. *Ethology*, 95, 291-298.

Rao, S. C., Rainer, G., & Miller, E. K. (1997, May 2). Integration of what and where in the primate prefrontal cortex. *Science*, 276, 821-824.

Ravitch, D. (1997, September 5). First teach them English. *New York Times*, p. A35.

Readdick, C. A., Grise, K. S., Heitmeyer, J. R., & Furst, M. H. (1996). Children of elementary school age and their clothing: Development of self-perception and of management of appearance. *Perceptual and Motor Skills*, 82, 383-394.

Reader, J. (1988). *Man on earth*. New York: Harper & Row.

Rebollo, I., & Boomsma, D. I. (2006). Genetic analysis of anger: Genetic dominance or competitive sibling interaction. *Behavior Genetics*, 36, 216-228.

Reich, P. A. (1986). Language development. *Englewood Cliffs*, NJ: Prentice-Hall.

Reich, R. (1997, June 13-15). Being a dad: Rewarding labor. *USA Weekend*, pp. 10-11.

Reiss, D., with Neiderhiser, J. M., Hetherington, E. M., & Plomin, R. (2000). *The relationship code: Deciphering genetic and social influences on adolescent development*. Cambridge, MA: Harvard University Press.

Resnick, M. D., Bearman, R S., Blum, R. W., et al. (1997, September 10). Protecting adolescents from harm: Findings from the National Longitudinal Study on Adolescent Health. *Journal of the American Medical Association*, 278, 823-832.

Richman, R. A., Gordon, M., Tegtmeyer, P., Crouthamel, C., & Post, E. M. (1986). Academic and emotional difficulties associated with short stature. In B. Stabler 8L L. E. Underwood (Eds.), *Slow grows the child: Psychosocial aspects of growth delay* (pp. 13-26). Hillsdale, NJ: Erlbaum.

Rigotti, N. A., DiFranza, J. R., Chang, Y., Tisdale, T., Kemp, B., & Singer, D. E. (1997, October 9). The effect of enforcing tobacco-sales laws on adolescents' access to tobacco and smoking behavior. *New England Journal of Medicine*, 337, 1044-1051.

Riley, D. (1990). Network influences on father involvement in childrearing. In M. Cochran, M.

Larner, D. Riley, L. Gunnarsson, & C. R. Henderson, Jr. (Eds.), *Extending families: The social networks of parents and their children* (pp. 131-152). Cambridge, UK: Cambridge University Press.

Roberts, S. V. (1995, August 21). An American tale: Colin Powell is only one chapter in a remarkable immigrant story. *U.S. News & World Report*, pp. 27-30.

Rogers, D. (1977). The psychology of adolescence. *Englewood Cliffs*, NJ: Prentice-Hall.

Roggman, L. A., Langlois, J. H., Hubbs-Tait, L., & Rieser-Danner, L. A. (1994). Infant daycare, attachment, and the "file drawer problem." *Child Development*, 65, 1429-1443.

Rogoff, B., Mistry, J., Goncii, A., & Mosier, C. (1993). Guided participation in cultural activity by toddlers and caregivers. *Monographs of the Society for Research in Child Development*, 58(8, Serial No. 236).

Roitblat, H. L., & von Fersen, L. (1992). Comparative cognition: Representations and processes in learning and memory. *Annual Review of Psychology*, 43, 671-710.

Rosch, E. (1978). Principles of categorization. In E. Rosch & B. B. Lloyd (Eds.), *Cognition and categorization*. Hillsdale, NJ: Erlbaum.

Rose, R. J., Viken, R. J., Dick, D. M., Bates, J. E., Pulkkinen, L., & Kaprio, J. (2003). It does take a village: Nonfamilial environments and children's behavior. *Psychological Science*, 14, 273-277.

Roth, P. (1967). *Portnoy's complaint*. New York: Bantam. 포트노이의 불평(문학동네, 2014).

Rothbaum, F., & Weisz, J. R. (1994). Parental caregiving and child externalizing behavior in nonclinical samples: A meta-analysis. *Psychological Bulletin*, 116, 55-74.

Rovee-Collier, C. (1993). The capacity for long-term memory in infancy. *Current Directions in Psychological Science*, 2, 130-135.

Rowe, D. C. (1981). Environmental and genetic influences on dimensions of perceived parenting: A twin study. *Developmental Psychology*, 17, 203-208.

Rowe, D. C. (1994). *The limits of family influence: Genes, experience, and behavior*. New York: Guilford Press.

Rowe, D. C. (1997). Are parents to blame? A look at The Antisocial Personalities. *Psychological Inquiry*, 8, 251-260.

Rowe, D. C. (2002). What twin and adoption studies reveal about parenting. In J. G. Borkowski, S. L. Ramey, & M. Bristol-Power (Eds.), *Parenting and the child's world: Influences on academic, intellectual, and socioemotional development* (pp. 21-34). Mahwah, NJ: Erlbaum.

Rowe, D. C., Rodgers, J. L., Sc Meseck-Bushey, S. (1992). Sibling delinquency and the family environment: Shared and unshared influences. *Child Development*, 63, 59-67.

Rowe, D. C., Sc Waldman, I. D. (1993). The question "How?" reconsidered. In R. Plomin & G. E. McClearn (Eds.), *Nature, nurture, and psychology* (pp. 355-373). Washington, DC: American Psychological Association.

Rowe, D. C., Woulbroun, E. J., & Gulley, B. L. (1994). Peers and friends as nonshared environmental influences. In E. M. Hetherington, D. Reiss, Sc R. Plomin (Eds.), *Separate social worlds of siblings: The impact of nonshared environment on development* (pp. 159-173). Hillsdale, NJ: Erlbaum.

Rubin, K. H., Bukowski, W., & Parker, J. (1998). Peer interactions, relationships, and groups. In W. Damon (Series Ed.) and N. Eisenberg (Vol. Ed.), *Handbook of child psychology: Vol. 3. Social, emotional, and personality development* (5th ed., pp. 619-700). New York: Wiley.

Ruble, D. N., Sc Martin, C. L. (1998). Gender development. In W Damon (Series Ed.) & N. Eisenberg (Vol. Ed.), *Handbook of child psychology: Vol. 3. Social, emotional, and personality development* (5th ed., pp. 933-1016). New York: Wiley.

Runco, M. A. (1991) Birth order and family size. In M. A. Runco (Ed.), *Divergent thinking* (pp. 13-19). Norwood, NJ: Ablex. (Originally published in 1987.)

Russell, R. J. (1993). *The lemurs' legacy: The evolution of power, sex, and love.* New York: Tarcher/ Putnam.

Rutter, M. (1979). Maternal deprivation, 1972-1978: New findings, new concepts, new approaches. *Child Development*, 50, 283-305.

Rutter, M. (1983). School effects on pupil progress: Research findings and policy implications. *Child Development*, 54, 1-29.

Rutter, M. (1997). Nature-nurture integration: The example of antisocial behavior. *American Psychologist*, 52, 390-398.

Rutter, M., Sc Giller, H. J. (1983). *Juvenile delinquency: Trends and perspectives.* New York: Penguin.

Rybczynski, W. (1986). *Home: A short history of an idea.* New York: Penguin.

Rydell, A.-M., Dahl, M., Sc Sundelin, C. (1995). Characteristics of school children who are choosy eaters. *Journal of Genetic Psychology*, 156, 217-229.

Rymer, R. (1993). *Genie: An abused child's flight from silence.* New York: HarperCollins.

Sacks, O. (1989). *Seeing voices: A journey into the world of the deaf.* Berkeley: University of California Press. 나는 한 목소리를 보네(가톨릭출판사, 2004).

Sadker, M., & Sadker, D, (1994). *Failing at fairness: How America's schools cheat girls.* New York; Scribners.

Salzinger, S. (1990). Social networks in child rearing and child development. *Annals of the New York Academy of Science*, 602, 171-188.

Santrock, J. W, & Tracy, R. L. (1978). Effects of *children's* family structure status on the development of stereotypes by teachers. *Journal of Educational Psychology*, 70, 754-757.

Sastry, S. V. (1996, May 12). Immigrants face challenge teaching children native languages. *Asbury Park (N.J.) Press*, p. AA5.

Saudino, K. J. (1997). Moving beyond the heritability question: New directions in behavioral genetic studies of personality. *Current Directions in Psychological Science*, 6, 86-90.

Savage, S. L., & Au, T. K. (1996). What word learners do when input contradicts the mutual exclusivity assumption. *Child Development*, 67, 3120-3134.

Savin-Williams, R. C. (1979). An ethological study of dominance formation and maintenance in a group of human adolescents. *Child Development*, 49, 534-536.

Scarr, S. (1992). Developmental theories for the 1990s: Development and individual differences. *Child Development*, 63, 1-19.

Scarr, S. (1993). Biological and cultural diversity: The legacy of Darwin for development. *Child Development*, 64, 1333-1353.

Scarr, S. (1997a, September). Head Start and the panacea standard: A reply to Mann. *APS Observer*, 10, 24-25.

Scarr, S. (1997b). Why child care has litde impact on most *children's* development. *Current Directions in Psychological Science*, 6, 143-148.

Scarr, S., Sc McCartney, K. (1983). How people make their own environments: A theory of genotype -> environment effects. *Child Development*, 54, 424-435.

Schaller, S. (1991). *A man without words*. New York: Summit Books.

Schlegel, A., & Barry, H., Ill (1991). *Adolescence: An anthropological inquiry*. New York: Free Press.

Schofield, J. W. (1981). Complementary and conflicting identities: Images and interaction in an interracial school. In S. R. Asher & J. M. Gottman (Eds.), *The development of children's friendships* (pp. 53-90). Cambridge, UK: Cambridge University Press.

Schooler, C. (1972). Birth order effects: Not here, not now! *Psychological Bulletin*, 78, 161-175.

Schor, Juliet B. (1992). *The overworked American: The unexpected decline of leisure*. New York: Basic Books.

Schütze, Y. (1987). The good mother: The history of the normative model "mother-love." In P. A. Adler, P. Adler, & N. Mandell (Eds.), *Sociological studies of child development: Vol. 2* (pp. 39-78). Greenwich, CT: JAI Press.

Scott, J. P. (1987). Why does human twin research not produce results consistent with those from nonhuman animals? (Commentary on Plomin & Daniels, 1987.) *Brain & Behavioral Sciences*, 10, 39-40.

Scott, J. P., & Fuller, J. L. (1965). *Genetics and the social behavior of the dog*. Chicago: University of Chicago Press.

Segal, N. L. (1993). Twin, sibling, and adoption methods: Tests of evolutionary hypotheses. *American Psychologist*, 48, 943-956.

Seligman, D. (1992). *A question of intelligence: The IQ debate in America*. New York: Birch Lane.

Seligman, M. E. P. (1994). *What you can change and what you can't*. New York: Knopf.

Senghas, A. (1995). Conventionalization in the first generation: A community acquires a language. *Journal of Contemporary Legal Issues*, 6, 501-519.

Senghas, R. J., & Kegl, J. (1994). Social considerations in the emergence of Idioma de Signos Nicaragiiense (Nicaraguan Sign Language). *SignPost*, 7(1), 40-46.

Serbin, L. A., Moller, L. C., Gulko, J., Powlishta, K. K., & Colburne, K. A. (1994). The emergence of gender segregation in toddler playgroups. In C. Leaper (Ed.), Childhood gender segregation: Causes and consequences (pp. 7-17). *New Directions for Child Development*, No. 65. San Francisco: Jossey-Bass.

Serbin, L. A., Powlishta, K. K., Sc Gulko, J. (1993). The development of sex typing in middle childhood. *Monographs of the Society for Research in Child Development*, 58(2, Serial No. 232).

Serbin, L. A., Sprafkin, C., Elman, M., & Doyle, A. (1984). The early development of sex differentiated patterns of social influence. *Canadian Journal of Social Science*, 14, 350-363.

Sherif, M., Harvey, O. J., White, B. J., Hood, W R., Sc Sherif, C. W. (1961). *Intergroup cooperation and competition: The Robbers Cave experiment*. Norman, OK: University Book Exchange.

Shibutani, T. (1955). Reference groups as perspectives. *American Journal of Sociology*, 60, 562-569.

Shrewsbury, V., Sc Wardle, J. (2008). *Socioeconomic status and adiposity in childhood: A systematic review of cross-sectional studies* 1990-2005. Obesity, 16, 275-284.

Sidransky, R. (1990). *In silence: Growing up hearing in a deaf world*. New York: St. Martin's.

Sigelman, C. K, Sc Rider, E. A. (2006). *Life-span human development* (5th ed.). Belmont, CA: Thomson Wadsworth.

Skinner, B. F. (1938). *The behavior of organisms*. New York: Appleton-Century-Crofts.

Smart, M. S., Sc Smart, R. C. (1978). *School-age children: Development and relationships* (2nd ed.). New York: Macmillan.

Smetana, J. G. (1994). Parenting styles and beliefs about parental authority. In J. G. Smetana (Ed.),

Belief about parenting and developmental implications (pp. 21-36). San Francisco: Jossey-Bass.

Smetana, J. G. (1995). Parenting styles and conceptions of parental authority during adolescence. *Child Development*, 66, 299-316.

Smith, G. E., Gerrard, M., & Gibbons, F. X. (1997). Self-esteem and the relation between risk behavior and perceptions of vulnerability to unplanned pregnancy in college women. *Health Psychology*, 16, 137-146.

Smith, M. S. (1987). Research in developmental sociobiology: Parenting and family behavior. In K. B. MacDonald (Ed.), *Sociobiologicalperspectives on human development* (pp. 271-292). New York: Springer-Verlag.

Smith, M. S. (1988). Modern childhood: An evolutionary perspective. In K. Ekberg Sc P. E. Mjaavatn (Eds.), *Growing into a modern world* (pp. 1057-1069). Dragvoll, Norway: Norwegian Centre for Child Research.

Smith, S. E., Snow, C. W., Ironsmith, M., & Poteat, G. M. (1993). Romantic dyads, friendships, and the social skill ratings of preschool children. *Early Education and Development*, 4, 59-67.

Smolowe, J. (1996, May 20). Parenting on trial. *Time*, p. 50.

Snow, C. (1991). A new environmentalism for child language acquisition. *Harvard Graduate School of Education Bulletin*, 36(1), 15-16.

Somit, A., Arwine, A., Sc Peterson, S. A. (1996). *Birth order and political behavior*. Lanham, MD: University Press of America.

Sommerfeld, D. P (1989). The origins of mother blaming: Historical perspectives on childhood and motherhood. *Infant Mental Health Journal*, 10, 14-24.

Sommers, C. H. (1994). *Who stole feminism? How women have betrayed women*. New York: Simon & Schuster.

Sorce, J. F., Emde, R. N., Campos, J. J., Sc Klinnert, M. D. (1985). Maternal emotional signaling: Its effect on the visual cliff behavior of one-year-olds. *Developmental Psychology*, 21, 195-200.

Spinath, F. M., Wolf, H., Angleitner, A., Borkenau, P, & Riemann, R (2002). Genetic and environmental influences on objectively assessed activity in adults. *Personality and Individual Differences*, 33, 633-645.

Spock, B. (1968). Baby and child care (revised ed.). New York: Pocket Books. (First edition published in 1946.) 아이를 낳고 기르는 엄마가 알아야 할 아이돌보기 130가지 상식 1, 2(송강, 1999)

Sroufe, L. A. (1985). Attachment classification from the perspective of infant-caregiver relationships and infant temperament. *Child Development*, 56, 1-14.

Sroufe, L. A., Bennett, C., Englund, M., & Urban, J. (1993). The significance of gender boundaries in preadolescence: Contemporary correlates and antecedents of boundary violation and maintenance. *Child Development*, 64, 455-466.

Stabler, B., Clopper, R. R., Siegel, P T., Stoppani, C., Compton, P. G., & Underwood, L. E. (1994). Academic achievement and psychological adjustment in short children. *Developmental and Behavioral Pediatrics*, 15, 1-6.

Stanton, W. R., & Silva, R A. (1992). A longitudinal study of the influence of parents and friends on *children's* initiation of smoking. *Journal of Applied Developmental Psychology*, 13, 423-434.

Stattin, H., & Kerr, M. (2000). Parental monitoring: A reinterpretation. *Child Development*, 71, 1072-1085.

Stavish, S. (1994, May/June). On the biology of temperament development. *APS Observer*, pp. 7, 35.

Steele, C. M. (1997). A threat in the air: How stereotypes shape intellectual identity and performance. *American Psychologist*, 52, 613-629.

Steele, C. M., & Aronson, J. (1995). Stereotype threat and the intellectual test performance of African-Americans. *Journal of Personality and Social Psychology*, 69, 797-811.

Steen, L. A. (1987, July 17). Mathematics education: A predictor of scientific competitiveness. *Science*, 237, 251-252, 302.

Steinberg, L., Dornbusch, S. M,, & Brown, B. B. (1992). Ethnic differences in adolescent achievement: An ecological perspective. *American Psychologist*, 47, 723-729.

Steinmetz, H., Herzog, A., Huang, Y., & Hacklander, T. (1994, October 6). Discordant brain-surface anatomy in monozygotic twins. *New England Journal of Medicine*, 331, 952-953.

Stern, M., & Karraker, K. H, (1989). Sex stereotyping of infants: A review of gender labeling studies. *Sex Roles*, 20, 501-520.

Stevenson, H. W., Chen, C., &Uttal, D. H. (1990). Beliefs and achievement: A study of black, white, and Hispanic children. *Child Development*, 61, 508-523.

Stevenson, H. W., Sc Stevenson, N. G. (1960). Social interaction in an interracial nursery school. *Genetic Psychology Monographs*, 61, 41-75.

Stevenson, M. R., & Black, K. N. (1988). Paternal absence and sex-role development: A metaanalysis. *Child Development*, 59, 793-814.

Stipek, D. (1992). The child at school. In M. H. Bornstein & M. E. Lamb (Eds.), *Developmental psychology: An advanced textbook* (pp. 579-625). Hillsdale, NJ: Erlbaum.

Stocker, C., & Dunn, J. (1990). Sibling relationships in childhood: Links with friendships and peer relationships. *British Journal of Developmental Psychology*, 8, 227-244.

Stocker, C., Dunn, J., & Plomin, R. (1989). Sibling relationships: Links with child temperament, maternal behavior, and family structure. *Child Development*, 60, 715-727.

Stone, L. J., & Church, J. (1957). *Childhood and adolescence: A psychology of the growing person*. New York: Random House.

Stoolmiller, M. (1999). Implications of the restricted range of family environments for estimates of heritability and nonshared environment in behavior-genetic adoption studies. *Psychological Bulletin*, 125, 392-409.

St.Pierre, R. G., Layzer, J. I., & Barnes, H. V. (1995, winter). Two generation programs: Design, cost, and short-term effectiveness. *The Future of Children*, 5(3), 76-93.

St.Pierre, R. G., Ricciuti, A. E, & Rimdzius, T. A. (2005). Effects of a family literacy program on low-literate children and their parents: Findings from an evaluation of the Even Start family literacy program. *Developmental Psychology*, 41, 953-970.

Straus, M. A., Sugarman, D. B., & Giles-Sims, J. (1997). Spanking by parents and subsequent antisocial behavior of children. *Archives of Pediatrics and Adolescent Medicine,* 151, 761-767.

Strayer, F. F., & Santos, A. J. (1996). Affiliative structures in preschool play groups. *Social Development*, 5, 117-130.

Study cites teen smoking risks (1995, April 24). Associated Press (online).

Sulloway, F. J. (1996). *Born to rebel: Birth order, family dynamics, and creative lives*. New York: Pantheon. 타고난 반항아(사이언스북스, 2008).

Suomi, S. J. (1997). Early determinants of behaviour: Evidence from primate studies. *British Medical Bulletin*, 53, 170-184.

Suomi, S. J., & Harlow, H. F. (1975). The role and reason of peer relationships in rhesus monkeys.

In M. Lewis & L. A. Rosenblum (Eds.), *Friendship and peer relations* (pp. 153-186). New York: Wiley.

Swim, J. K (1994). Perceived versus meta-analytic effect sizes: An assessment of the accuracy of gender stereotypes. *Journal of Personality and Social Psychology*, 66, 21-36.

Tajfel, H. (1970, November). Experiments in intergroup discrimination. *Scientific American*, 223, 96-102.

Tannen, D. (1990). *You just don't understand: Women and men in conversation*. New York: Ballantine. 그래도 당신을 이해하고 싶다(한언, 2012).

Tanner, J. M. (1978). *Foetus into man: Physical growth from conception to maturity*. Cambridge, MA: Harvard University Press.

Tate, D. C., Reppucci, N. D., & Mulvey, E. P. (1995). Violent juvenile delinquents: Treatment effectiveness and implications for future action. *American Psychologist*, 50, 777-781.

Taubes, G. (1995, July 14). Epidemiology faces its limits. *Science*, 269, 164-169.

Tavris, C. (1998, September 13). Peer pressure: A new study finds that parents don't have as much influence on how their children turn out as we thought. *New York Times Book Review*, pp. 14-15.

Tavris, C., & Aronson, E. (2007). *Mistakes were made (but not by me): Why we justify foolish beliefs, bad decisions, and hurtful acts*. Orlando, FL: Harcourt.

Tellegen, A., Lykken, D. T., Bouchard, T. J., Jr., Wilcox, K. J., Segal, N. L., & Rich, S. (1988). Personality similarity in twins reared together and apart. *Journal of Personality and Social Psychology*, 54, 1031-1039.

Terrace, H. S. (1985). *Nim*. New York: Knopf.

Tesser, A. (1988). Toward a self-evaluation maintenance model of social behavior. In L. Berkowitz (Ed.), *Advances in experimental social psychology: Vol. 21* (pp. 81-227). San Diego, CA: Academic Press.

Thigpen, A. E., Davis, D. L., Gautier, T., Imperato-McGinley, J., & Russell, D. W. (1992, October 22). Brief report: The molecular basis of steroid 5a-reductase deficiency in a large Dominican kindred. *New England Journal of Medicine*, 327, 1216-1219.

Thigpen, C. H., & Cleckley, H. (1954). *The three faces of Eve*. Kingsport, TN: Kingsport Press.

Thomas, J. R., & French, K. E. (1985). Gender differences across age in motor performance: A meta-analysis. *Psychological Bulletin*, 98, 260-282.

Thorne, B. (1993). *Gender play: Girls and boys in school*. New Brunswick, NJ: Rutgers University Press.

Thornton, Y. S., as told to J. Coudert (1995). *The ditchdiggers daughters: A black family's astonishing success story*. New York: Birch Lane Press.

Tiger, L. (1969). *Men in groups*. New York: Vintage.

Toman, W. (1971). The duplication theory of social relationships as tested in the general population. *Psychological Review*, 78, 380-390.

Tomasello, M. (1995). Commentary. *Human Development*, 38, 46-52.

Torbus, O., & Sliwa, F. (2002). Ambras syndrome-A form of generalised congenital hypertrichosis. *Pobki Merkuriusz Lekarski*, 12, 238-40.

Townsend, F. (1997). Rebelling against Born to Rebel. *Journal of Social and Evolutionary Systems*, 20, 191-204.

Townsend, F. (2000, published 2004). Birth order and rebelliousness: Reconstructing the research in Born to Rebel. *Politics and the Life Sciences*, 19, 135-156.

Trevathan, W. R. (1993, February). Evolutionary obstetrics. Paper presented at the annual meeting of the *American Association for the Advancement of Science*, Boston.

Triandis, H. C. (1994). *Culture and social behavior*. New York: McGraw-Hill.

Trivers, R. (1985). *Social evolution*. Menlo Park, CA: Benjamin/Cummings.

Turner, J. C., with Hogg, M. A., Oakes, P]., Reicher, S. D., & Wetherell, M. S. (1987). *Rediscovering the social group: A self-categorization theory*. Oxford, UK: Basil Blackwell.

Umbel, V. M., Pearson, B. Z., Fernandez, M. C., & Oiler, D. K. (1992). Measuring bilingual children's receptive vocabulary. *Child Development*, 63, 1012-1020.

Ungar, S. J. (1995). Fresh blood: The new American immigrants. New York: Simon & Schuster.

Valero, H., as told to E. Biocca (1970). *Yanoáma: The narrative of a white girl kidnapped by Amazonian Indians* (D. Rhodes, Trans.). New York: Dutton.

Vandell, D. L. (2000). Parents, peer groups, and other socializing influences. *Developmental Psychology*, 36, 699-710.

van den Oord, E. J. C. G., Boomsma, D. I., & Verhulst, F. C. (1994). A study of problem behaviors in 10- to 15-year-old biologically related and unrelated international adoptees. *Behavior Genetics*, 24, 193-205.

van IJzendoorn, M. H., Juffer, F., & Klein Poelhuis, C. W. (2005). Adoption and cognitive development: A meta-analytic comparison of adopted and nonadopted children's IQ and school performance. *Psychological Bulletin*, 131, 301-316.

Vasta, R. (1982). Physical child abuse: A dual-component analysis. *Developmental Review*, 2, 125-149.

Veenhoven, R., & Verkuyten, M. (1989). The well-being of only children. *Adolescence*, 24, 155-166.

Vernberg, E. M. (1990). Experiences with peers following relocation during early adolescence. *American Journal of Orthopsychiatry*, 60, 466-472.

Vogel, G. (1996, November 22). Asia and Europe top in world, but reasons are hard to find. *Science*, 274, 1296.

Volling, B. L., Youngblade, L. M., & Belsky, J. (1997). Young *children's* social relationships with siblings and friends. *American Journal of Orthopsychiatry*, 67, 102-111.

Wagner, B. M. (1997). Family risk factors for child and adolescent suicidal behavior. *Psychological Bulletin*, 121, 246-298.

Wainright, J. L., Russell, S. T., & Patterson, C. J. (2004). Psychosocial adjustment, school outcomes, and romantic relationships of adolescents with same-sex parents. *Child Development*, 75, 1886-1898.

Wakefield, M., Terry-McElrath, Y., Emery, S., et al. (2006). Effect of televised, tobacco company-funded smoking prevention advertising on youth smoking-related beliefs, intentions, and behavior. *American Journal of Public Health*, 96, 2154-2160.

Waller, N. G., & Shaver, E R. (1994). The importance of nongenetic influences on romantic love styles: A twin-family study. *Psychological Science*, 5, 268-274.

Wallerstein, J. S., & Blakeslee, S. (1989). *Second chances: Men, women, and children a decade after divorce*. New York: Ticknor & Fields.

Wallerstein, J. S., & Kelly, J. B. (1980). Surviving the breakup: How children and parents cope with divorce. New York: Basic Books.

Waring, N.-P (1996, July 3). Social pediatrics. *Journal of the American Medical Association*, 276, 76.

Wasserman, E. A. (1993). Comparative cognition: Toward a general understanding of cognition in behavior. *Psychological Science*, 4, 156-161.

Watson, J. B. (1924). Behaviorism. New York: Norton.

Watson, J. B. (1928). Psychological care of infant and child. New York: Norton.

Weil, E. (2006, September 24). What if it's (sort of) a boy and (sort of) a girl? New York Times Magazine (online).

Weinstein, C. S. (1991). The classroom as a social context for learning. *Annual Review of Psychology*, 42, 493-525.

Weisfeld, C. C., Weisfeld, G. E., & Callaghan, J. W. (1982). Female inhibition in mixed-sex competition among young adolescents. *Ethology and Sociobiology*, 3, 29-42.

Weisfeld, G. E., & Billings, R. L. (1988). Observations on adolescence. In K. B. MacDonald (Ed.), *Sociobiologicalperspectives on human development* (pp. 207-233). New York: Springer- Verlag.

Weisner, T. S. (1986). Implementing new relationship styles in American families. In W. W Hartup & Z. Rubin (Eds.), *Relationships and development* (pp. 185-205). Hillsdale, NJ: Erlbaum.

Weiss, L. H., & Schwarz, J. C. (1996). The relationship between parenting types and older adolescents' personality, academic achievement, adjustment, and substance use. *Child Development*, 67, 2101-2114.

Weissman, M. M., & Olfson, M. (1995, August 11). Depression in women: Implications for health care research. *Science*, 269, 799-801.

Weisstein, N. (1971). Psychology constructs the female. *Journal of Social Education*, 35, 362-373.

Weisstein, N. (1977). "How can a little girl like you teach a great big class of men?" the chairman said, and other adventures of a woman in science. In S. Ruddick & R Daniels (Eds.), *Working it out* (pp. 241-250). New York: Pantheon.

Wellman, H. M. (1990). *The child's theory of mind*. Cambridge, MA: MIT Press.

White, K. R, Taylor, M. J., & Moss, V. D. (1992). Does research support claims about the benefits of involving parents in early intervention programs? *Review of Educational Research*, 62, 91-125.

Whiting, B. B., & Edwards, C. P. (1988). *Children of different worlds: The formation of social behavior*. Cambridge, MA: Harvard University Press.

Wichman, A. L., Rodgers, J. L., & MacCallum, R. C. (2006). A multilevel approach to the relationship between birth order and intelligence. *Personality and Social Psychology Bulletin*, 32, 117-127.

Wilder, D. A. (1986). Cognitive factors affecting the success of intergroup contact. In S. Worchel & W. G. Austin (Eds.), *Intergroup relations* (pp. 49-66). Chicago: Nelson-Hall.

Wilder, L. I. (1971). *Little house on the prairie*. New York: Harper & Row. (Originally published in 1935.)

Williams, J. E., & Best, D. L. (1986). Sex stereotypes and intergroup relations. In S. Worchel & W. G. Austin (Eds.), *Intergroup relations* (pp. 244-259). Chicago: Nelson-Hall.

Willis, C. (1996). Bellwether. New York: Bantam. 양 목에 방울 달기(아작, 2016).

Winitz, H., Gillespie, B., & Starcev, J. (1995). The development of English speech patterns of a7-year-old Polish-speaking child. *Journal of Psycholinguistic Research*, 24, 117-143.

Winner, E. (1996). *Gifted children: Myths and realities*. New York: Basic Books.

Winner, E. (1997). Exceptionally high intelligence and schooling. *American Psychologist*, 52, 1070-

1081.

Wolfe, D. A. (1985). Child-abusive parents: An empirical review. *Psychological Bulletin*, 97, 462-482.

Wolff, R H., Tesfai, B., Egasso, H., & Aradom, T. (1995). The orphans of Eritrea: A comparison study. *Journal of Child Psychology and Psychiatry*, 36, 633-644.

Wood, D., Halfon, N., Scarlata, D., Newacheck, P., & Nessim, S. (1993, September 15). Impact of family relocation on *children's* growth, development, school function, and behavior. *Journal of the American Medical Association*, 270, 1334-1338.

Wrangham, R., & Peterson, D. (1996). *Demonic males: Apes and the origins of human violence.* Boston: Houghton Mifflin.

Wright, J, P., & Beaver, K. M. (2005). Do parents matter in creating self-control in their children? A genetically informed test of Gottfredson and Hirschi s theory of low self-control. *Criminology*, 43, 1169-1202.

Wright, J. E, Beaver, K. M., DeLisi, M., & Vaughn, M. G. (2008). Evidence of negligible parenting influences on self-control, delinquent peers, and delinquency in a sample of monozygotic twins. *Justice Quarterly*, 25, 544-569.

Wright, L. (1995, August 7). Double mystery. *The New Yorker*, 45-62.

Wright, R. (1994). *The moral animal.* New York: Pantheon.

WuDunn, S. (1996, September 8). For japan's children, a Japanese torment. *New York Times*, p. 3.

Yamamoto, K., Soliman, A., Parsons, J., Sc Davies, O. L., Jr. (1987). Voices in unison: Stressful events in the lives of children in six countries. *Journal of Child Psychology dr Psychiatry*, 28, 855-864.

Yang, B., Ollendick, T. H., Dong, Q., Xia, Y., & Lin, L. (1995). Only children and children with siblings in the People's Republic of China: Levels of fear, anxiety, and depression. *Child Development*, 66, 1301-1311.

Youngblade, L. M., Park, K. A., & Belsky, J. (1993). Measurement of young *children's* close friendship: A comparison of two independent assessment systems and their associations with attachment security. *International Journal of Behavioral Development*, 16, 563-587.

Young-Hyman, D. (1986). Effects of short stature on social competence. In B. Stabler & L. E. Underwood (Eds.), *Slow grows the child: Psychosocial aspects of growth delay* (pp. 27-45). Hillsdale, NJ: Erlbaum.

Youniss, J. (1992). Parent and peer relations in the emergence of cultural competence. In H. McGurk (Ed.), *Childhood social development: Contemporary perspectives* (pp. 131-147). Hove, UK: Erlbaum.

Zajonc, R. B, (1983). Validating the confluence model. *Psychological Bulletin*, 93, 457-480.

Zervas, L. J., & Sherman, M. F. (1994). The relationship between perceived parental favoritism and self-esteem. *Journal of Genetic Psychology*, 155, 25-33.

Zimbardo, P. G. (1993). Pathology of imprisonment. In B. Byers (ed.), *Readings in Social Psychology* (pp. 15-19). Boston: Allyn & Bacon. (Originally published in 1972.)

Zimmerman, L., & McDonald, L. (1995). Emotional availability in infants' relationships with multiple caregivers. *American Journal of Orthopsychiatry*, 65, 147-152.

Zimmerman, M. A., Salem, D. A., & Maton, K. I. (1995). Family structure and psychosocial correlates among urban African-American adolescent males. *Child Development*, 66, 1598-1613.

Zuckerman, M. (1984). Sensation seeking: A comparative approach to a human trait. *Behavioral and Brain Sciences*, 7, 413-471.

Zuger, B. (1988). Is early effeminate behavior in boys early homosexuality? *Comprehensive Psychiatry*, 29, 509-519.

Zukow, E G. (1989). Siblings as effective socializing agents: Evidence from Central Mexico. In P. G. Zukow (Ed.), *Sibling interaction across cultures: Theoretical and methodological issues* (pp. 79-104). New York: Springer-Verlag.

찾아보기

ABC!